# 法学院

Law School: Legal Education in America from the 1850s to the 1980s

50年代 the 1850s 19世纪

80年代 the 1980s 20世纪

Robert Stevens

**美国法学教育百年史：**
**19世纪50年代至20世纪80年代**

〔英〕罗伯特·史蒂文斯 / 著　李立丰 / 译

北京大学出版社
PEKING UNIVERSITY PRESS

著作权合同登记号　图字:01-2015-7722
图书在版编目(CIP)数据

法学院:美国法学教育百年史:19世纪50年代至20世纪80年代/(英)罗伯特·史蒂文斯(Robert Stevens)著;李立丰译.—北京:北京大学出版社,2017.9
　ISBN 978-7-301-28671-5

Ⅰ.①法… Ⅱ.①罗… ②李… Ⅲ.①法学教育—概况—美国 Ⅳ.①D971.2-4

中国版本图书馆 CIP 数据核字(2017)第205576号

Law School: Legal Education in America from the 1850s to the 1980s, by Robert Stevens.
Copyright © 1983 by the University of North Carolina Press.
本书的简体中文版本经北卡罗来纳大学出版社授权出版(Chapel Hill, North Carolina 27514 USA, www.uncpress.unc.edu)。

| | |
|---|---|
| 书　　　名 | 法学院——美国法学教育百年史:19世纪50年代至20世纪80年代<br>FAXUEYUAN——MEIGUO FAXUE JIAOYU BAINIAN SHI: 19 SHIJI 50 NIANDAI ZHI 20 SHIJI 80 NIANDAI |
| 著作责任者 | 〔英〕罗伯特·史蒂文斯　著　李立丰　译 |
| 责任编辑 | 柯　恒　陈晓洁 |
| 标准书号 | ISBN 978-7-301-28671-5 |
| 出版发行 | 北京大学出版社 |
| 地　　　址 | 北京市海淀区成府路205号　100871 |
| 网　　　址 | http://www.pup.cn　http://www.yandayuanzhao.com |
| 电子信箱 | yandayuanzhao@163.com |
| 新浪微博 | @北京大学出版社　@北大出版社燕大元照法律图书 |
| 电　　　话 | 邮购部62752015　发行部62750672　编辑部62117788 |
| 印刷者 | 三河市北燕印装有限公司 |
| 经销者 | 新华书店 |
| | 890毫米×1240毫米　A5　15.25印张　368千字<br>2017年9月第1版　2017年9月第1次印刷 |
| 定　　　价 | 59.00元 |

未经许可,不得以任何方式复制或抄袭本书之部分或全部内容。
**版权所有,侵权必究**
举报电话:010-62752024　电子信箱:fd@pup.pku.edu.cn
图书如有印装质量问题,请与出版部联系,电话:010-62756370

谨献给各位同侪，

以及缅怀格兰特·吉尔莫\* 与阿瑟·莱夫\*\*

---

\* 格兰特·吉尔莫(Grant Gilmore,1910—1982 年)，美国商法学家，《统一商法典》主要起草人，曾任教于耶鲁、芝加哥等著名大学。——译者注
\*\* 阿瑟·莱夫(Arthur Leff,1935—1981 年)，美国法理学家，以坚定反对规范法学派而闻名于世，曾任教于耶鲁等著名大学。——译者注

# 目 录

| | |
|---|---|
| 致谢 | 001 |
| 前言 | 007 |
| 一、历史 | 001 |
| 二、概念 | 030 |
| 三、机制 | 053 |
| 四、范式 | 077 |
| 五、市场 | 109 |
| 六、控制 | 138 |
| 七、观察 | 165 |
| 八、文化 | 191 |
| 九、现实 | 226 |
| 十、标准 | 251 |
| 十一、追求 | 280 |
| 十二、重建 | 301 |
| 十三、职业 | 342 |
| 十四、信仰 | 390 |
| 参考书目 | 425 |
| 索引 | 451 |
| 译后记 | 471 |

# 致 谢

撰写本书的乐趣之一,在于笔者得此契机,与诸多律师(lawyers)\*,以及非律师人士沟通、交流。对曾慨然伸出援手的各位,谢意本无从言表,但仍深深感念。由衷感谢曾拨冗审阅本书最终定稿,特别是之前不同版本草稿的布鲁斯·阿克曼(Bruce Ackerman)、拉尔夫·布朗(Ralph Brown)、约翰·海因茨(John Heinz)、威廉·霍恩施泰因(William Hohenstein)、罗杰·莱恩(Roger Lane)、大卫·帕克(David Papke)、约翰·亨利·施莱格尔(John Henry Schlegel)、罗斯玛丽·史蒂文斯(Rosemary Stevens)、普雷布·斯托尔兹(Preble Stolz)、彼得·蒂奇奥特(Peter Teachout)、威廉·唐宁(William Twining)、G. 爱德华·怀特(G. Edward White),以及阿道弗斯·威廉斯(Adolphus Williams)。笔者从以上各位的真知灼见中获益良多,特此鸣谢。当然,本书的某些诠释、分析,或许与各位先晋尚存歧见。因此必须补充一点,文责

---

\* 在此将"lawyers"一词翻译为"律师",而非"法学家"(见〔美〕罗伯特·史蒂文斯:《法学院:19世纪50年代到20世纪80年代的美国法学教育》,阎亚林等译,中国政法大学出版社2003年版,致谢部分),或"精通法律者"(见〔英〕戴维·M.沃克:《牛津法律大辞典》,李双元等译,法律出版社2003年版,第668页),以及"法律工作者""法律家""代表自己出庭者"(见薛波主编:《元照英美法词典》,北京大学出版社2014年版,第806—807页)等译法,主要原因如下:首先,在美国法语境下,"lawyers"一词专指注册的法律执业者,近义词包括"attorney"及"counsel"等(参见 Bryan A. Garner ed.,*Black's Law Dictionary*, West Publishing Co., 2009, 9th ed., p.968),一般不包括虽然从事法律职业,但未经注册的非法律执业者,如律师助理、专利代理人等。其次,能够指代上述含义的中文表述,相对而言最为准确的,就是律师。反之,法学家与法律家之类的表述方式有过分拔高之嫌。而法律工作者、法律执业者或代表自己出庭者等表述方式,或表达繁冗拖沓,不符合一般表达习惯;或太过泛泛,无法突出"lawyers"一词所指代的高度职业化特质;或过于片面,无法完整呈现"lawyers"一词所指代的全部范围,故均不采。最后,"lawyers"一词在日文中一般译为"弁護人",即中文的"律师"(〔日〕河村重治朗编:《初级クラウン和英辞典》,三省堂1981年版,第395页),亦可佐证译者观点。——译者注

自负。

笔者得到了以下各位的研究助力:受惠于耶鲁大学法学院1974级同学帕特里夏·哥黑根(Patricia Geoghegan)对于19世纪70年代至19世纪末这30余年间相关资料的细致整理,笔者才有可能重新审视与此相关的传统观点。另外,需要特别感谢布林茅尔学院(Bryn Mawr College)1980级、耶鲁大学法学院1983级同学玛丽·本杰明(Mary Benjamin),玛丽曾于1979年、1980年暑假期间担任笔者的学术助手,不仅承担了繁杂的具体研究工作,更对本书得以最终定稿居功至伟,笔者对此多有亏欠。此外,需要感谢帮助笔者核实文献的诸位同学:路易莎·阿什米德[Louisa Ashmead,哈弗福德学院(Haverford College)1979级],罗伯特·艾尔伍德(Robert Elwood,哈弗福德学院1982级),赛思·法根(Seth Fagen,哈弗福德学院1982级),保罗·萨维奇(Paul Savage,哈弗福德学院1983级),以及彼得·弗里德(Peter Freed,宾夕法尼亚大学法学院1979级)。

本书最终得以成型,受惠于"福特基金会"前后两次项目赠款。同时,笔者还接受了"全美人文科学基金"(the National Endowment for the Humanities)提供的研究资助,以及"耶鲁大学社会政策研究所"(the Yale Institution for Social and Policy Studies)给予的配套经费。本书成稿过程中,斯坦福大学法学院以及"伦敦高等法学研究所"(the Institute for Advanced Legal Studies in London)为前往调研的笔者提供了热情接待。本书最终成稿于1981年的春季学期(Trinity Term)\*,笔者当时正在牛津大学"社会法中心"(the Socio-Legal Center)担任访问学者,兼任牛津大学沃尔森学院(Wolfson College)研究员。对于社会法中心

---

\* 牛津大学的"Trinity Term"又被称之为"圣三一学期",是指该大学每学年的第三个,也是最后一个完整学期。2002年以后,圣三一学期一般从每年4月下旬开始,6月上旬结束,持续8周。因此,又被称之为春季学期。——译者注

及沃尔森学院,笔者心存感激。另外,需要向一直鼓励、支持本书写作的约翰·怀特黑德(John Whitehead)致以诚挚敬意。

在过去的近30年间,作为一名法学教育实践的直接参与者,笔者必须承认,在牛津大学以及耶鲁大学接受的法学教育,在伦敦担任商事律师以及在纽约某海事律师事务所的执业经验,以及在耶鲁大学17年以上的执教生涯,共同塑造了本人的法律直觉。除此之外,笔者还有在伦敦政治经济学院、牛津大学以及美国西北大学、得克萨斯州大学以及斯坦福大学法学院的任教经验。其中的最后6年,笔者虽然开始渐渐淡出法学教育事业,却意外获得了某种与众不同的观察视角。在此期间,笔者曾先后担任佛蒙特法学院院董、杜兰大学法学与历史学教授及该校教务长,现任哈弗福德学院校长。如果说一所文科学院的校长工作看似与法学教育的核心事务毫不相干,那么笔者想特别强调,哈弗福德学院培养出的法学家灿若群星,如安东尼·阿姆斯特丹(Anthony Amsterdam)\*、约翰·布拉德韦(John Bradway)\*\*、罗伯特·布劳克(Robert Braucher)\*\*\*、霍华德·马歇尔(Howard Marshall)\*\*\*\*、弗雷德·罗德尔(Fred Rodell)\*\*\*\*\*等,不一而足。还要补充一句的是,这里的同事,无论是教师,还是行政教辅,都罕见地认为,他们的院

---

\* 安东尼·阿姆斯特丹(1935年— ),纽约大学法学院教授,精研美国宪法第四修正案,曾长期与"全美有色人种协进会"(National Association for the Advancement of Colored People)合作,代理民权诉讼,其中较为典型的如1972年其所代理的"福尔曼诉佐治亚州"案(Furman v. Georgia),对于美国死刑问题产生了深远影响。——译者注

\*\* 约翰·布拉德韦(1890—1985年),曾任杜克大学教授,杜克大学法律诊所项目负责人,是美国法律诊所运动的先驱之一。——译者注

\*\*\* 罗伯特·布劳克(1916—1981年),曾长期担任哈佛大学法学院教授,主要研究商法、合同法,逝世前一直担任马萨诸塞州最高法院大法官。——译者注

\*\*\*\* 霍华德·马歇尔(1905—1995年),美国创奇商业大亨,曾任教于耶鲁大学法学院,其对于石油工业生产相关法律问题的研究,奠定了当今美国石油工业的法律基础。——译者注

\*\*\*\*\* 弗雷德·罗德尔(1907—1980年),曾长期担任耶鲁大学法学院教授,美国现实主义法学理论先驱,以强烈批判美国法学教育与法律专业闻名于世。——译者注

长不一定要"有文化"。

诚如所见,本书无可避免地涉及笔者之前发表的相关研究成果。[1]尤其是,一些章节的内容曾以"为 19 世纪 70 年代有保留地点赞:以美国法学院为例"(Two Cheers for 1870: The American Law School)为题,发表在《美国历史观》(Perspectives in American History)1970 年第 5 卷上,该文后来又被收录进伯纳德·拜林(Bernard Bailyn)以及唐纳德·弗莱明(Donald Fleming)1973 年主编的《美国历史中的法》(Law in American History)一书。之外的一些内容,特别是本书第 6 章,曾于 1980 年发表于《瓦尔帕莱索大学法学评论》(Valparaiso University Law Review)第 15 卷第 179 页以下,当时所用标题为"1879 年至 1979 年的法学院与法学教育:纪念瓦尔帕莱索大学法学院建院 100 周年讲话"(Law Schools and Legal Education, 1879-1979: Lectures in Honor of 100 Years of Valparaiso Law School)。本书中夹杂了一些实证研究的内容,相关数据引自 1973 年发表在《弗吉尼亚法学评论》(Virginia Law Review)第 59 卷第 551 页以下的《法学院与法科学生》(Law Schools and Law Students)一文。对获准在本书中再次使用这些文本材料,笔者深表谢忱。

笔者在一些学术机构所作的讲座,或者主持的学术研讨会的讲义,也加功于本书的最终成稿。特别感谢纽约州立大学布法罗分校、天普大学、多伦多约克大学邀请笔者前往演讲。向"美国法律史学会"(the American Society for Legal History)以及耶鲁大学社会政策研究所提交的论文同样极具参考价值。受伦敦政治经济学院邀请所作的公

---

[1] 例如,可参见"Aging Mistress: The Law School in America," 32;"Crisis in Legal Education," in Bok, ed., "Issues in Legal Education";"American Legal Education," 242;"Democracy and the Legal Profession," 695. 而与英国相关部分,当然包括 Abel-Smith and Stevens, *Lawyers and the Courts*, chaps. 1, 7, and 13; Abel-Smith and Stevens, *In Search of Justice*, chap. 10. 亦参见 Stevens, "Unexplored Avenues in Comparative Anglo-American Legal History," 1086.

开讲演,以及在英国华威大学、肯特大学主持的学术研讨会,都促使笔者运用比较思维与视角,产生了正本清源的效果。1979年,在瓦尔帕莱索大学法学院建院百年庆典上所作讲演,对于本书文理结构的最终确定,发挥了极大的促进作用。

十分有幸,笔者得到了负责图书、档案的各位同仁的鼎力相助。笔者曾查阅过位于纽约的"全美基督教青年会"(the National YMCA)、普林斯顿大学以及"圣安东尼奥公立图书馆"(the San Antonio Public Library)所藏档案。华盛顿特区的马丁·路德·金图书馆"华盛顿地方志"(The Washingtoniana Collection)\*特藏、丹佛公立图书馆"西部史料"(the Western Collection)特藏为笔者提供的资料,堪称巨细靡遗。此外,笔者还曾调取过下列法学院的文件档案:乔治·华盛顿、约翰·马歇尔、迈阿密、新英格兰(波西亚)、东北、宾夕法尼亚、圣玛丽(圣安东尼奥)、旧金山、斯坦福、萨福克、天普、杜兰、加州大学洛杉矶分校、瓦尔帕莱索、西新英格兰(斯普林菲尔德基督教青年会)以及耶鲁。特别感谢耶鲁大学法学院阿瑟·查蓬特(Arthur Charpentier)等工作人员、斯坦福大学法学院梅隆·雅克布斯坦恩(Myron Jacobstein)等工作人员,以及哈弗福德学院艾德温·布隆聂(Edwin Bronner)等工作人员。本书的成功收笔,与以上各位的努力密不可分。最后要感谢安妮特·丹德瑞(Annette D'Andrea),以及一遍又一遍打印本书手稿的笔者

---

\* "The Washingtoniana Collection"在不同语境下有不同含义,如可指关于美国第一任总统华盛顿生平、遗嘱等相关的文档集成,可参见 Anonymous, *Washingtoniana: A Collection of Papers Relative to the Death and Character of General George Washington, with a Correct Copy of His Last Will and Testament: to Which are Added His Legacy to the People of America*, Gale, Sabin Americana (2012)。本文提到的马丁·路德·金图书馆"华盛顿地方志",是指1905年,由时任馆长乔治·鲍尔曼博士(Dr. George F. Bowerman)所创建的专门收藏与华盛顿地区相关的文献资料的特定类型馆藏,时间跨度涵盖18世纪至今,内容包括书籍、照片、地图、官方文件乃至口述史记录等印刷品。——译者注

助理安·麦凯丽(Ann MacKay),感谢桑德拉·艾斯多弗(Sandra Eisdorfer)先后两次从笔者这里取走本书手稿,并为其早日出版而热心、高效地加以编辑。

1982 年 1 月 1 日
于哈弗福德学院

# 前 言

为美国法学院撰写通史的理由,相对而言不难解释。毕竟,法学院,是一种强大且神秘的存在。对于他国律师,特别是所谓"教授型"(Professorate)律师而言,美国法学院俨然成为其羡慕的对象。[1]顶尖美国法学院似乎已在业界、学界乃至整个国家中占据了难以撼动的权力位阶,反观其他工业化国家的法学专业,却很难获得与此类似的学术地位。和其他普通法国家相比,美国的法学院毕业生往往能在政界、商界、劳工界甚至社会改革等方面发挥更大作用。在这个国家,法学教授们不仅享有令人羡慕的优渥生活,更在专业领域,对法学思想、法律程序与法律机制发挥着重要影响。法学院,不仅被认为是法律职业的权力中枢,更在美国的权力结构中发挥举足轻重的影响力。

然而,对于一位历史学者或社会学者而言,法学院各项角色中最具挑战性的,莫过于其在法、律师以及高等教育的社会进化过程中发挥了何种功用。法,是美国社会生活的中心,加之法学教育曾发挥的巨大历史作用,都使得法学院身处围绕法学专业本身、法学专业定位乃至法的本质等争论核心。美国的发展史,在很多方面,正是一部捍卫平等与追求卓越的冲突关系史。法律职业发展史——当然不可避免的也是法学院的历史,同样折射着精英主义与民主主义的激烈碰撞。法的概念本身,反映着美国政治、社会的微妙细节,塑造了法学教育,反过来又被其所塑造。这一现象本身,就足以用来作为对于法学院进行彻底研究的根据。

令人吃惊的是,在20世纪60年代之前,针对法学教育还没有出现什么严肃的学术研究成果。除了里德(Reed)*负责的卡内基基金会研究项目之外², 美国法学教育的历史还少为人知, 在一流法学院中, 法律史学科充其量只能算是"二等公民"。尽管法学应纳入社会科学的口号已被鼓吹了50多年, 但针对法学教育, 甚至针对整个法律职业, 实证数据的采集工作都可谓空白。尤为值得一提的是, 法学教授们看似十分乐见于这种对于法学教育历史的无知状态。

如果说在过去的15年间, 所有这一切都发生了颠覆性变革, 显然有误导之嫌, 但的确, 也出现了重要的进展。在此期间, 法律史经历了涅槃式中兴, 法的理论与实证研究、法律服务、律师的重要性得以提升, 对于法律职业的理论研究, 一改之前遭人否定的尴尬处境, 成为显学。³ 即便如此, 法学教育史研究整体上仍然与学术潮流、政治发展以及社会进步脱节。本书则尝试在此方面有所突破。

法学教育的历史, 以某种奇异的样态, 呈现出条块分割的倾向。如果将学术研究的关注范围限定在目前既存的法学教育范式, 就需要回溯百年, 探究当下占据主导地位的相关概念、机制的历史源流。一个多世纪的法学教育发展宛如白驹过隙, 其间的领跑者寥若晨星。其中最为值得一提的, 是通过适用判例教学法实现的法学教学法的突破。通过研习判例教授法律的方法, 与问答式的"苏格拉底教学法"具有先天的亲缘性, 进而主导着过去110多年间的美国法学教育。

这种主导教育模式, 也曾遭遇挑战。法学院模式的批判者, 顺理成章地对于判例教学法大肆挞伐。然而, 事实证明, 判例教学法的生命力极其顽强。这一方法最初因为在科学地教授白纸黑字的成文法时具有可操作性与高效性, 因而获得存在合理性, 现在, 很少有人会继

---

\* 阿尔弗莱德·里德(Alfred Z. Reed,1875—1949年), 美国卡内基基金会工作人员, 主要从事教育问题研究。——译者注

续看重判例教学法的可操作性,大多数人认为,判例教学法的优势不在于传授的知识内容本身,而在于其对分析技能的培育。尽管所有批评的炮火都指向了这一教学范式,却从未出现任何真正能取而代之的替代选择。照本宣科式的教学方式无法卷土重来,法与社会科学的暧昧纠缠从未动摇判例教学法的核心地位,高歌猛进的诊所式法律教学改革也只对其产生了些许形式影响。判例教学法过去是,现在也明显还是最佳的法学教学手段。

一种教学方式得以存续,至少在形式上一脉相承,将不可避免地产生影响。由此不难理解,作为判例教学法的缔造者,哈佛大学法学院为何能引领美国法学教育长达一个世纪。事实上,时至今日,"哈佛范式"仍经常被用来作为检验教学质量、明确学术争议焦点的试金石。判例教学法占据主导地位产生的另外一大影响,还在于所谓"教育创新"具有的周期性本质。所有的教育变革,都会出现某种意义上的钟摆效应,法学教育因为将判例教学法的适用区间作为自身的理论外延,由此更具周期性。

哈佛作为法学教育核心的主导性,还导致将法学院视为法学教育唯一提供者这一逐渐为人所接受的理念,充斥着社会及学术理念的种种激烈对抗与冲突。哈佛是将追求学术繁荣、培育卓越人才及捍卫机会平等视为己任的 19 世纪民主派大学的典型代表。然而,机会平等不等于实质平等,日益增多的移民团体通常情况下也不会关注什么学术繁荣或卓越人才的培育。因此,法学教育的主体,并非致力于上述理念的精英学府,而是其余的州立或私立教育机构。尽管在美国历史中,经常有观点主张,法也应当像其他专业一样,作为一门"生意"加以学习,但这一看法显然与法的职业主义背道而驰。处于领军地位的学术机构与专业人士追求的目标,是通过法学院,提升美国法律职业的整体品质与"话语权"。依此逻辑,美国式的多元主义将让位于统一标准与整齐划一。然而,法学院为了迎合大多数未来律师的需求做出的刻意调整,成为当今法学教育模式与结构的轴心。这在很大程度上可以解释学徒制法学教习范式何以式微,法律职业何以细分,对于法律技巧何以追求,法律政策的面向何以多重,以及诊所式教学何以流行。

因为机制的存在与新老交替的进行,不仅法学院看起来变得类似,法律职业本身也获得同质性,进而催生出一种全新的法律职业主义理念。美国法律职业的领导者们,对于美国法律职业日益显明的多元化倾向,特别是对过去一个世纪这种倾向的变本加厉,抱持无动于衷的态度。此种迷思战胜了现实,导致学术与实务出现了混同,同时还干扰到对于法学专业、学术以及职业之间可能存在之界限所进行的理论研讨。其实,过去被纳入到法学教育范畴的大多数问题,都可以通过其所服务的历史与政治目标加以理解。

---

[1] 例如,布赖斯(Bryce)曾谈及:"不知道除了法学教育,美国还有什么地方能够超越自己的母国(指英国)。"Bryce, *The American Commonwealth*, 2:623. 在过去的一个世纪,国外观察家的看法与此大同小异。

[2] Reed, *Training for the Public Profession of the Law*; Reed, *Present-Day Law Schools in the United States and Canada*.

[3] 或者有观点会补充认为,经过对于法律职业——如果这个职业真实存在——一个多世纪以来"歌功颂德"式的研究,最近15年间对于法律职业的研究则转而建立在乔治·伯纳德·萧伯纳(George Bernard Shaw)在《医生的困境》(*The Doctor's Dilemma*)一书中提出的下列表述基础上:"所有的职业划分,都是对抗外行人的共谋。"真相,可能存在于上述两种极端观点之间。

# 一、历史

　　北美独立战争打响之际,对于这一地区"体制内"的法律职业而言,发挥主导影响作用的是英国法意义上的"代理人"(Attorney)\*以及"事务律师"(Solicitor)\*\*,而非"出庭律师"(Barrister)\*\*\*。自然而

---

\*　"Attorney"一词,在传统英格兰法中,专指经他人授权代为行事之人,即所谓"代理人",包括私人代理人与法律代理人两类。前者又被称之为事实代理人,指接受委托而代替他人从事一定行为之人。法律代理人,指接受他人委托代为出庭诉讼之人,尤其是在有关的诉讼程序阶段,代理人之行为对委托人产生法律效力。从1292年开始,代理人开始独立成为一类律师。1574年,法律代理人被排除在四大律师学院之外,与仅接纳代理人和诉状律师的衡平律师协会建立了联系。17世纪,代理人数量猛增,业务范围也开始涵盖所有普通诉讼与财产转让司法文书的草拟,仅在疑难案件中才与出庭律师协商办案。19世纪,法律代理人与事务律师开始合流。从1831年法律协会成立开始,打算担任法律代理人或开业律师的人必须通过专门考试获得资格。1873年,(法律)代理人这一表述被"最高司法法院的诉状律师"的称呼取代。所有诉状律师、代理人和代诉人均可成为最高法院的诉状律师。参见薛波主编:《元照英美法词典》,北京大学出版社2014年版,第116页;〔英〕戴维·M.沃克:《牛津法律大辞典》,李双元等译,法律出版社2003年版,第82—83页,以及Richard E. Garner ed. , Black's Law Dictionary , West Publishing Co. , 2009, 9th ed. , p.147。——译者注

\*\*　"Solicitor"一词,在英格兰地区,传统上指在衡平法院中,承担撰写诉状等法律文书工作等常设办事人员,可被译作"事务律师",又被译为诉状律师。最初,这个职业群体地位低于代理人,被视为普通的民事代理人。但到了15世纪,事务律师这种所谓初级律师,开始逐渐获得与代理人同等的法律地位。其业务范围包括普通的法律咨询、参与民商事谈判、起草遗嘱等法律文书、担任民商事法律顾问,有权出庭参与初级法院案件审理,在特定场合可获得出任中低级司法官员的机会。现在,要成为事务律师,必须跟随出庭律师接受一定时间的培训,通过专门的考试,获得事务律师资格,取得年度执业证书。参见薛波主编:《元照英美法词典》,北京大学出版社2014年版,第1270页;〔英〕戴维·M.沃克:《牛津法律大辞典》,李双元等译,法律出版社2003年版,第1046页,以及Richard E. Garner ed. , Black's Law Dictionary , West Publishing Co. , 2009, 9th ed. , p.1520。——译者注

\*\*\*　"Barrister"一词,自15世纪以来,在英格兰、威尔士等传统普通法地区,用来指代获准在上级法院执业、获授权代理当事人进行法律诉讼等所谓"出庭律师",也被译为"大律师"。在英格兰,大律师不得兼任事务律师,也不得从事其他职业或商贸活动,与王室法律顾问(Queen's Counsel),也被译作皇家大律师,统称为律师。长期以来,这种律师资格由4大律师公会所把持。想要获得出庭律师资格,不仅需要具备特定教育水准,还需要参加专门委员会等遴选、实习培训等后续淘汰过程。获得执业资格的出庭律师,可以就法律问题提供咨询、撰写法律文书、出庭辩护。值得一提的是,出庭律师享有在高等法院出庭的专属权,以及在下级法院与事务律师并存的出庭权。没有事务律师的参与,出庭律师一般不得单独会见当事人,或者向当事人提供咨询,也不得接受当事人的委托代理出庭。在英格兰等地区,高级司法职务一般由有出庭律师资格的人出任。资深出庭律师,可由大法官推荐,被女王任命为王室法律顾问。需要指出的是,进入到20世纪90年代,英格兰等地区律师等严格分类制度开始出现松动。具体参见薛波主编:《元照英美法词典》,北京大学出版社2014年版,第136页;〔英〕戴维·M.沃克:《牛津法律大辞典》,李双元等译,法律出版社2003年版,第104—105页,以及Richard E. Garner ed. , Black's Law Dictionary , West Publishing Co. , 2009, 9th ed. , p.171。——译者注

然地,在争取独立的同时,北美杰出律师们还致力于建构起一套包括正式考录机制在内,被称之为"学徒见习制"(Apprenticeship)的法律职业培训体系。[1]虽然在英国殖民时代后期,学徒见习制只在北美城市地区获得强制推广,但在1783年\*之前,的确很少出现从未进行过学徒见习的全职律师。

反之,在某些北美殖民地,律师的职业分层相对而言体现得更为显明,尽管1783年之后,在弗吉尼亚州,以"出庭律师—事务律师"为中心的传统律师层级的顶部与底部出现消解,但在美国北部发展势头较好的其他各州,律师的职业分层趋势依然进展明显。[2]在这些州,普通代理人,只有在具备数年的职业历练后,才有可能获准成为出庭律师,进而有资格代理该州最高法院审理的案件:在此基础上,如果要成为所谓"大律师"(Counselor),仍然需要更多经验的累积。律师分层机制如何运转的佐证或许空洞薄弱[3],但其实践的基本要求却相对明晰:例如,在马萨诸塞州,这意味着5年的学徒见习,而大学毕业生的见习期可以在此基础上获得1年减免。[4]毫无疑问,学徒见习制,意味着要实现从传统的教学体验骤然转换为接受高强度的压迫甚至"剥削"。[5]在美国最初的13个州中,只有一个州没有就律所见习期作出硬性规定。[6]因此,实际上,建国之初的美国律师资质架构,至少在准入条件层面,要比英国来得更为严格。

见习制度的常态化,加之与英国联系的实质断绝,都成为私立法学院的助产士。这些法学院,往往由在培养律师实习生方面成绩斐然、口碑卓越的执业律师事务所发展而来。[7]其中,最负盛名的,莫过于1784年始建于康涅狄格州的"利奇菲尔德法学院"(the Litchfield Law

---

\* 1783年9月3日,英王代表与殖民地代表于凡尔赛宫签订"1783年巴黎条约",英国正式承认美利坚合众国成立,这也标志着从1775年4月19日"列克星敦枪声"开始的北美独立战争的胜利结束。——译者注

School)<sup>*</sup>,该院肇始自泰平·里夫(Tapping Reeve)<sup>**</sup>在北美独立战争期间积极开展的法学教学活动。在里夫及詹姆斯·古尔德(James Gould)<sup>***</sup>的领导下,利奇菲尔德法学院选用的教材虽然取自英国法学家布莱克斯通(William Blackstone)<sup>8 ****</sup>的相关著述,但却做了本土化改良,以适应美国国情,从而吸引了来自这个新生国度各州的莘莘学子纷至沓来,争相迈入律师行业这条传说中从政的"快车道"。[9]利奇菲尔德法学院鼓吹,其所教授的法,是"作为一门科学的存在,这门科学不仅仅,或不主要是机械科学或对于碎片化知识的单纯简单收集堆砌"。[10]在这个意义上,利奇菲尔德法学院,在推动美国法学教育的文化建设层面,具有独树一帜的重要性。其他在19世纪走上历史前台的私立法学院,尽管影响力无法与之比肩,但其中也有不少在美国法学教育发展进程中发挥过这样或那样的作用。[11]

独立战争,强化了美国教育的本土向度。基于社会及地理因素,18世纪的美国高校不仅在社会基础层面要比剑桥、牛津等英国大学更

---

\* 这一时期的所谓"法学院",因为办学规模较小,师资力量薄弱,特别是无权颁发受官方认可的学历文凭,因此也有人将其称之为"法律学校"。可参见郝倩:《"利奇菲尔德"模式:美国早期私立法律学校及其影响》,载《中国法学教育研究》2012年第1期。虽然这种提法较为准确,但为了避免不必要的混淆,且实质意义不大,故本译文并未采取这种叫法,特此说明。——译者注

\*\* 泰平·里夫(1744—1823年),美国律师、教育家。在早期律师执业过程中,里夫就开始持续招募学徒。最初,这些学徒在见习期间,除了跟随里夫办案外,还需要研读里夫所著法律教材。后来,里夫开始偶尔公开宣讲法律原理。1784年,随着见习学徒数量的增加,里夫在自家附近新建了一栋不大的建筑,决定开办法学院,同时为办学拟定了14个月时长的课程设置,涵盖法律执业所需全部法律内容,其中很多都是英国普通法的北美改良版,学生在学习过程中往往仔细誊写讲义,以备未来执业之用。1798年,里夫开始担任康涅狄格州高等法院法官,于是,里夫聘请自己从前的学生詹姆斯·古尔德帮忙管理学院事务。随着学校规模日益扩大,入学人数激增,古尔德于是在自己家附近也开办了法学教室,学生奔走其间,聆听两位老师的教诲。里夫于1820年退休,此后直至1833年,古尔德成为法学院的负责人。——译者注

\*\*\* 见上译者注。

\*\*\*\* 威廉·布莱克斯通(1723—1780年),英国法学家,代表作为《英国法释义》(Commentaries on the Laws of England)。该书于1765—1769年出版,由此时间点推断,本文中所指著述应为该书。——译者注

宽,而且其学术进路也显得相对更广。很早,美国各地的律师组织就给予高校毕业生以优待[12],而且,作为明显的积极回应,相较于英国大学,美国高校更接受普通法的教习。甚至在殖民地时代,北美地区高校就已开始讲授政治学、"文官政府"(Civil Government)及国际法,美国独立之后更在某种意义上需要正式法学教育,从而加速了这一趋势。另一方面,美国独立后高校数量的激增,为实现这一趋势创造了可能性。[13]

美国首位"法学教授"的头衔,非杰斐逊(Thomas Jefferson)\* 的见习导师乔治·威思(George Wythe)\*\* 莫属,1779 年,威思被"威廉玛丽学院"(College of William & Mary, WM)\*\*\* 聘为法学教授,兼任该院治安官。[14]自此,美国大学中的法学教授的教席数量始如雨后之笋般激增。[15]这些法学教授有何成就,很难一语定论。很多人获得教席,完全是政治安排,与自身学术水平毫无关系。一些法学教授在教学方面毫无建树,影响甚微。另外一些人在授课时,秉持时任耶鲁大学校长埃兹拉·斯泰尔斯(Ezra Stiles)\*\*\*\* 1777 年为在大学推广法学通识教育而提出的教学理念:"邦国之民,盖受良好法律、权利与民主之教化,实难祗辱于奴隶人之手也。"[16] 相较而言,詹姆斯·肯特(James Kent)\*\*\*\*\* 在哥伦比亚开展的法学教学活动,从内容来看更具专业性,

---

\* 托马斯·杰斐逊(1743—1826 年),美国建国之父之一,《独立宣言》起草人之一,并曾任美国第三任总统。——译者注

\*\* 乔治·威思(1726—1806 年),美国首位法学教授,杰出学者,美国《独立宣言》签署人之一,托马斯·杰斐逊、约翰·马歇尔(John Marshall)等美国著名人士的法学导师。——译者注

\*\*\* 威廉玛丽学院,也称威廉与玛丽学院,得名于英王威廉三世和玛丽二世,创立于 1693 年,是全美历史第二悠久的高等院校,仅次于 1636 年建立的哈佛大学,曾培养出多位美国正副总统及大量杰出政要。——译者注

\*\*\*\* 埃兹拉·斯泰尔斯(1727—1795 年),美国教育家、神学家、作家。曾于 1778 年至 1795 年担任耶鲁大学第七校长。现在,耶鲁大学内设有以其名字命名的学院。——译者注

\*\*\*\*\* 詹姆斯·肯特(1763—1847 年),美国法学家,《美国法释义》作者。——译者注

实际上,肯特的讲义,正是其后来影响深远的《美国法释义》(Commentaries on American Law)一书的纲要。在通识教育与职业教育模式之间,还存在一些多少有些命运多舛的其他尝试,如1812年之后,大卫·霍夫曼(David Hoffman)*曾在马里兰大学设想开办7年制的法学专业[17],而杰克逊(Andrew Jackson)**总统任内担任总检察长的本杰明·巴特勒(Benjamin Butler)***曾于1835年为纽约大学设定过一份详尽的法科教育计划。[18]相对而言,时任马萨诸塞州最高法院首席大法官的艾萨克·帕克(Isaac Parker)为法学职业化付出的努力显得更为成功,帕克在罗亚尔(Isaac Royall, Jr.)****向哈佛大学捐建法学院后,于1815年成为根据这一捐赠所设定的法学教授讲席的首位受益人[19],当然,帕克的成功只能在1817年哈佛大学法学院正式设立后才逐渐得以体现。还有观点认为,1825年由杰斐逊创立的弗吉尼亚大学,才真正在法学教育民主化进程中能够取得极大成就。在弗吉尼亚大学,法学教育被纳入到本科教学体系,目标在于培育具有"辉格党"(Whig Party)*****视野的立法、行政及司法人才。尽管弗吉尼亚大学

---

\* 大卫·霍夫曼(1784—1854年),美国律师、法学家,曾积极参与美国政治活动,后一度移居伦敦。——译者注
\*\* 安德鲁·杰克逊(1767—1845年),美国第七任总统,民主党创建人之一。
\*\*\* 本杰明·巴特勒(1818—1893年),美国律师、政治家,曾担任美国众议员以及马萨诸塞州州长等职务,鼓吹白人至上主义。——译者注
\*\*\*\* 小艾萨克·罗亚尔(1719—1781年),殖民地时代北美大地主,在哈佛大学法学院的创设过程中扮演至关重要的作用。1779年,罗亚尔设立遗嘱,将其所拥有的土地赠与哈佛大学用以创设法学院以及首个教授职位,由此,1817年,哈佛大学法学院创设。1936年,罗亚尔家族族徽被选定为哈佛大学法学院院徽。21世纪初,因为罗亚尔曾在殖民地时代蓄奴,开始有人呼吁哈佛大学法学院放弃这一院徽。2016年,哈佛大学法学院最终决定,对院徽加以修改,去除代表罗亚尔家族族徽的部分。——译者注
\*\*\*\*\* 辉格党作为美国早期政党,取名自反对英国王室君主专权的英国辉格党,自1832年至1856年间持续运作,主张国会立法权高于总统内阁的行政权,赞同现代化与经济发展纲领,反对总统专断。——译者注

法学院引领的潮流并未持续[20],但这种所谓法学教育的"南部传统",总体上还是要比美国北部涵摄更广。

然而,事实上,这一时期各高校尝试将法科建设导入学术研究向度的努力,整体而言没有取得成功。教授头衔或缺乏法度,或者有名无实,只有在如利奇菲尔德那样的私立法学院,才能觅到真正的法律职业训练。[21]也在此时,将教授法律视为启发民智的通识教育模式,与将教授法律视为职业技术研究的职业教育模式的二元对立,开始真正意义上形成。

19世纪20年代早期,法学教育机制出现重要进展。高校开始为私立法学院提供能够遮风挡雨的庇护伞。私立法学院之所以想要依附高等学府,图的是高校的声誉名望,更因为在大多数州,只有高校才具备颁发学位的资质。至于高校为什么对此感兴趣,原因不明。[22]或许,这样做可以让高校在律师这个地方精英阶层中拥有更大的影响力。或许,律师们认为依附于高校可以保护自己免受无妄之灾,抑或者律师界与高校在反对"杰克逊流民主主义"(Jacksonian Democracy)＊方面具有共同利益。显然,高校不需要为这种安排掏一分钱。所有证据都显示,当时的法学院,只能自负盈亏。[23]耶鲁于1824年兼并当地一所法学院时的做法是,将该院所有学生移籍至耶鲁,同时任命该院"老板",大卫·达基特(David Daggett)＊＊法官填补其法学教授的空缺。[24]哈佛的法学教育从1829年开始步入正轨,一方面,哈佛延揽约瑟夫·

---

＊ "杰克逊流民主主义"(Jacksonian Democracy),一般指曾任美国总统的安德鲁·杰克逊为代表的政治派别所持理念,持续时间从1828年杰克逊当选总统开始,一直到1850年前后奴隶问题激化为止。在此之前,美国主流政治理念是所谓"杰克逊流民主主义",19世纪20年代,随着民主共和党分裂,杰克逊的支持者们开始创建现在意义的民主党。除此之外,这一概念范畴还可以用来指代19世纪30年代至1854年以民主主义为指导原则的美国政治理念,强调总统权力,甚至主张牺牲议会权力来补强行政权力,呼吁法官应由选举而非任命产生。——译者注

＊＊ 大卫·达基特(1764—1851年),曾任美国参议员、康涅狄格州纽黑文市长、康涅狄格州上诉法院法官,参与创建耶鲁大学法学院。——译者注

斯托里(Joseph Story)\* 大法官加盟教席,以壮门面[25];另一方面,"招安"约翰·阿什姆(John Ashmun),将其麾下的"北安普顿法学院"(the Northampton Law School)全部学生纳入哈佛法学院,从而扩大了生源。[26] 1847年,杜兰大学创建法学院的办法,也是合并了由瑞典学者古斯塔夫·史密斯(Gustavus Smith)所管理的"路易斯安那法学院"(the Louisiana Law School)。[27]与先行一步的北卡罗来纳大学,做法如出一辙。[28]

这种"学"与"用"的强强联合,对已经崭露头角的学术机构而言,看起来是个好兆头。然而,19世纪20年代之后,受到来自于所谓"杰克逊流民主主义"的压力,顶尖法学院,和顶尖医学院一样,在推动后来看属于"进步"的改革方面,遭遇到比高等院校本身更大的阻力。

合众国创建的前20余年间,法律职业的地位获得了实质提升。英王派驻的总督与殖民地(有时甚至是外籍)法官已成明日黄花,其他精英集团同样威风扫地,与此相对,各州最高法院的重要性不可避免地日渐增强,加上位于华盛顿的联邦最高法院逐渐成形,无一不再彰显法律职业正在这个国度冉冉升起。美国的律师,享有英国同行无福消受的政治及社会地位,类似的显赫身份,英国律师仅在17世纪"光荣革命"\*\*时期才短暂获得过。的确,有证据显示,在独立战争结束之

---

\* 约瑟夫·斯托里(1779—1845年),美国法学家,曾于1811年至1845年担任美国联邦最高法院大法官,同时也是杰克逊流民主主义的坚定反对者。——译者注

\*\* 所谓"光荣革命",是指1688年,实际信奉天主教的英王詹姆斯二世终于得子,这就导致信仰英格兰国教的长女玛丽无法继承王位。为防止天主教徒承袭王位,代表资产阶级与新贵族的辉格党人和部分托利党人决定推翻詹姆斯二世,邀请詹姆斯二世的女婿、荷兰执政奥兰治亲王威廉保护英格兰的宗教、自由和财产。1688年,威廉率军登陆英格兰,詹姆斯二世出逃德意志,途中被截获送回伦敦。后经威廉同意,詹姆斯二世逃亡法国。1689年英格兰议会宣布詹姆斯二世逊位,由威廉和玛丽共同统治英国,称威廉三世和玛丽二世。同时议会向威廉提出一个《权利宣言》。光荣革命实质上是资产阶级新贵族和部分大土地所有者之间所达成的政治妥协,之后,英国逐渐建立起君主立宪制。——译者注

初,对于律师以及其他需要专门技能的职业,社会尚存敌意。[29]然而,借由1831年至1832年游历美国的体察,亚历克西·德·托克维尔(Alexis de Tocqueville)发表过如今已算是耳熟能详的著名论断,"美国的新贵们,占据着法官的宝座,捧着律师的金饭碗"[30],"在美国,很少有什么政治问题,或早或晚,不演变为司法问题"。[31]

即便如此,对于19世纪前叶法律职业以及法的地位,仍很难一言以蔽之。此种概括的难度,不会因为晚近对于18世纪至19世纪初英国律师与法的地位的曲解倾向而有任何降低。[32]在这一时期的英国,"曼斯菲尔德爵士"*倡导的司法立法方兴未艾,英国法官面对汹涌而来的工业革命大潮,在商事领域,大胆创制新型法规。[33]实际上,只是在《1832年改革法案》(the Reform Act of 1832)**出台之后,加之功利主义理念在这一时期迅速获得认可,法律形式主义才开始渐渐扼住英国法律思想的咽喉。[34]独立战争之后,美国很多州法院的司法模式,与英国法院的做法存在惊人的类似,即使有些许不同,也大体上可归因于摆脱英国殖民统治后,英美两国在经济、社会发展方面的不同步。在美国律师,至少出身于东部老殖民地的律师看来,伦敦仍然是孕育法律思想、建构司法制度的天然中心。

在人们对美国法律职业第一个兴衰周期的传统解读时,应铭记下列考量:20世纪初,查尔斯·沃伦(Charles Warren)***通过追溯教育水准颇高的美国律师界如何在"杰克逊流民主主义"暴政下陷入没落,

---

* 这里的所谓"曼斯菲尔德爵士",是指首位获此封号的威廉·莫里(William Murray,1705—1793年)伯爵,曾担任英格兰及威尔士首席大法官,为英国法的改革作出巨大贡献。——译者注
** 《1832年改革法案》,是指英国在1832年通过的关于扩大下议院选民基础的法案。该议案改变了下议院由保守派独占的状态,加入了中产阶级的势力,是英国议会史的一次重大改革。——译者注
*** 查尔斯·沃伦(1868—1954年),美国律师、法学家,曾因1922年出版的《美国联邦最高法院史》(The Supreme Court in United States History)一书荣获普利策奖。——译者注

为美国法律职业的早期研究定下了基调[35],这一悲情视角,同样成为20世纪60年代克鲁斯特(Anton-Hermann Chroust)\*对于美国律师发展史所进行的经典研究的特色。[36]此类观点背后的根据,与对于"杰克逊流民主主义"的惯常理解不谋而合;无法否认,在19世纪20、30乃至40年代,对于法律职业及其社会地位,的确存在极其猛烈的打压。

尽管对于"杰克逊流民主主义"的批判至今大体仍然成立[37],但历史学家开始逐渐质疑某些早期观点是否以偏概全,最近,这种质疑进一步扩展至法律职业的历史研究领域。事实上,根据对于其他社会中律师职业的研究,在一个缺乏等级身份的社会中,律师或取而代之从事法律职业的人,反而持续增加,因此,这种质疑,应该与法,而不是法律职业实际相关。[38]因为缺乏君主或范围明确的贵族阶层,加之明确的功利主义世界观,同时不存在有效的职业竞争,美国这个新生国度,不可避免地需要借助律师这个行业,才能实现各种国家职能。随着美国经济规模、领土疆域的不断扩展,律师变身为负责实施改变的"工程师",这种改变,可以部分解释为什么即使今天,美国的律师仍然发挥比任何其他发达国家的同行更大的作用。同样,这还可以解释为什么试图证明在"杰克逊流民主主义"居于统治地位时期,法律职业精神趋于没落的证据不完全具备说服力。[39]

自始,包括独立战争前后,律师始终需要面临各式各样的猛烈攻击。[40]19世纪30年代,对于"律师阶层"的攻击达到史无前例的程度,在很多人看来,正如托克维尔所言,律师是天然的贵族,但对于美国社会是否需要这种精英阶层,他们的看法却与托克维尔截然相反。由此导致的最为明显的改变,就是在很多州,法官转由选举产生,即便如此,法律实务界依然面临日益猛烈的批判。[41]

---

\* 安东-赫尔曼·克鲁斯特(1907—1982年),曾长期担任美国圣母大学教授。——译者注

在 19 世纪 30 年代之前，某些州就已经取消[42]或弱化[43]了学徒见习的要求。然而，因为正式教育已然破落，作为其外在表征的法律职业精神也开始崩解。法律职业内部的行会理念，以及连博学律师眼中都略带神秘的普通法，都使得美国律师需要面对很多英国同行根本不需要应对的压力。例如，在 1832 年，在马里兰州，学徒见习的要求基本上就算名存实亡了。这一制度先后于 1836 年在马萨诸塞州，1837 年在缅因州，1838 年在新罕布什尔州遭到废除。[44]1800 年，美国当时的 19 个司法区\*中，有 14 个规定有固定期限的学徒见习制度。到了 1840 年，30 个司法区中，还存在此种要求的，只剩下 11 个。1860 年，相关比例进一步降至 39 比 9。[45]此种动向对于成建制的法学教育的影响，显而易见。[46]据统计，1840 年时，全美总共只有 9 所依附于大学的法学院，学生总人数也只有区区 345 人。

高校与法学院之间的交集，来去匆匆。[47]1825 年及 1835 年间两次尝试未果后，普林斯顿于 1846 年创建了法学院，由当地律师、法官负责管理，但很快，在 1852 年，该法学院在仅培养 6 名毕业生后，宣告关门大吉。华盛顿大学前身，"哥伦比亚人大学"（Columbian University）曾于 1826 年至 1827 年短暂开办过法学院，同样短命的，还包括本杰明·巴特勒提议创建，只维持了 1 年（1838—1839 年）的纽约大学法学院。1845 年，阿拉巴马大学校董会授权从该大学分立出一间法学院，但没有学生愿意将学籍迁入，导致该法学院不得不在 1846 年停办。[48]

如果将所有"肃杀之气"都怪罪到"杰克逊流民主主义"的滥权头

---

\* 所谓"司法区"（Jurisdiction）一词含义相当复杂。虽然在常态表达当中，司法区大致与州相当，但除此之外，联邦本身也属于一种司法区，而且在联邦司法区内部，还可以分为联邦上诉法院管辖的司法区以及联邦地区法院管辖的司法区，各州内部也包括不同的司法区。除此之外，美国军方的司法管辖也较为复杂。为了避免不必要的困扰，这里对此不作详述。但需要牢记的是，各司法区的刑事司法程序或者做法往往不同，而这种区别的存在往往超越了单纯的各州的物理界限，本文所指的司法区，其范围仅为美国各州、美国联邦与美国军事管辖权。——译者注

上,只能扩大误解。殖民地时代的政治氛围,不可能对于组织有序的法律职业界有所通融,至于19世纪初在宾夕法尼亚等州出现的废除法律职业的论调,更是由来已久。[49]但另一方面,州与州之间,法律文化与氛围迥异,因此律师的地位也随之存在天壤之别。在这个意义上,1820年至1850年间出现的,与其说是学术发展,莫不如说是地域发展。和高度阶级自觉的英国社会相比,美国东部所谓"新英格兰地区",算得上开化、平等了,但二者都无法与阿巴拉契亚山脉以西的边疆地区相提并论。尽管对于这里的律师状况不甚了了,但可以想见,其情况必定与美国东部有所差别,广袤的西部边疆本身,也为此提供了充分的对比空间与多元文化背景。[50]

从纯粹职业角度,1800年之后,很多地方律师协会的确出现解体迹象,但最近的一项研究表明,导致这种现象出现的根源,并非因为反律师情绪抬头,而是因为律师自己对于组织失去了信心与兴趣,转而通过律师杂志及其他活动,维系法律职业的团结与影响力。[51]在19世纪前期,伟大法官们之所以可以畅游学术海洋,很大一部分原因在于法律职业的强大实力。例如,斯托里大法官通过自己的著述完成了普通法的美国本土化[52](并且意想不到地排除了这个全新国度移植大陆法的可能性)[53],同时,联邦最高法院不仅确立了司法审查制度,还通过对"斯威夫特诉泰森"案\*(*Swift v. Tyson*)的判决,使得普通法成为联邦准据法。[54]成文法运动,在19世纪40年代达到高潮,目的旨在实现对于法律的"除魅",自然受到来自律师的坚决反对[55],但到了19世纪50年代,去除附着在法律体系上封建残余的改革在很大程度上已经不

---

\* "斯威夫特诉泰森"案,即 *Swift v. Tyson*, 41 U.S. 1 (1842)。在本案中,联邦最高法院判定,联邦法院在审理涉及管辖权的案件时,依法必须适用相关各州对于争议问题的具体立法,但在该州立法机关对此问题尚未制定相关立法时,不得适用该州的普通法。也就是说,联邦法院在审理州立法机构没有明确制定立法的案件时,有权发展联邦普通法。——译者注

再遭遇阻力。随着"诉讼程式"(the Forms of Action)*宣告终结,律师们遭遇不得不将法律加以合理化、概念化的尴尬处境。[56]

因此,即便对于"杰克逊流民主主义"以及正式法规的改变多存议论,不可否认的是,在美国大城市,如波士顿,顶级律师们在1830年所扮演的角色、所过的生活、所享有的地位,与1800年乃至1900年相比,其实相去无几。[57]在华盛顿,联邦最高法院正迎来发展的黄金期。[58]同时这也是"地方诸侯",如新罕布什尔州最高法院大法官多伊(Charles Doe)[59]**及马萨诸塞州最高法院大法官肖(Lemuel Shaw)[60]***掌控话语权的时代。到了1830年时,马萨诸塞州各级法官对于陪审团的控制甚至达到了殖民地时代法官都无法想象的程度。[61]19世纪前半叶,是法官创造性极大化时期,对此,不同历史观点皆表认同。对于赫斯特(Hurst)****而言,这种创造性代表着司法开始秉持经济自由化理念[62],对于莫顿·霍维茨(Morton Horwitz)*****来说,这一时期的法官,基于阶级偏见,借司法工具之名,行压制大众之实。[63]卡尔·卢埃林(Karl Llewellyn)******则认为,这是一个长于宏大叙事的时代。[64]在格

---
* "诉讼程式",是指英国普通法时期通用的提起法律诉讼应遵守的不同程序,在这一时期,当事人只有通过向法院购买令状的方式,才能完成一系列庭审前的必要法律步骤,不同的令状,对应不同的程序及赔偿的不同数额。19世纪,英国废除了令状所代表的这种"严格的诉讼程式",把司法审判从程序的桎梏中解放了出来,但是传统的思维惯性和司法运作模式,依然在潜在地发挥着决定性的作用,正如梅特兰所言,"我们已经埋藏了诉讼程式,但它们仍从坟墓里统治我们"。详细介绍,参见姜栋:《英国普通法"程序先于权利原则"的思考》,载《河北法学》2007年第4期,第152页以下。
** 查尔斯·多伊(1830—1896年),美国著名法史学家,曾于1876年至1896年担任新罕布什尔州最高法院大法官,因为致力于废除当时繁冗的普通法司法程序,获得后世高度肯定。——译者注
*** 莱缪尔·肖(1781—1861年),美国法学家,曾于1830年至1860年担任马萨诸塞州最高法院大法官。——译者注
**** 詹姆斯·威拉德·赫斯特(James Willard Hurst,1910—1997年),被誉为美国当代法史学之父,毕业于哈佛大学,长期任教于威斯康星大学法学院,其学术研究影响极其深远。——译者注
***** 莫顿·霍维茨(1938—　),哈佛大学法学院法律史教授。——译者注
****** 卡尔·卢埃林(1893—1962年),美国著名现实主义学派法理学家,被誉为美国20世纪学术引证率最高的美国学者之一。——译者注

兰特·吉尔莫眼中,这是"大发现的时代"。[65]也是在此时期,诸如凯威律师事务所(Cravath, Swaine and Moore)、凯威莱德律师事务所(Cadwalader, Wickersham and Taft)等业界知名的顶尖律所应运而生。[66]事实已经证明,律师在工业革命中居功至伟。奴隶主、蒸汽船运寡头和银行都发现,律师至关重要。律师在政治生活中的存在感也与日俱增。尽管立法机构动作频频,美国的律师们,仍然恪守传统的话语体系。[67]

当1842年,新罕布什尔州规定,任何年满21岁的公民都有权获得法律执业资格时,该州的职业法律人对于这些未经法律训练的外行,大加排斥。最终导致尽管在1872年之前,从来没有人就律师执业资格的授予与褫夺提起诉讼,但早在1859年,新罕布什尔州最高法院就设定规则,正式承认了律师的"职业内部协会"。[68]相对来说,印第安纳等州的律师职业民主化,并未受到来自职业律师的强力反对。[69]某些职业律师对此持欢迎态度,认为这符合美国崇尚的竞争精神,因此本身算不上对于律师职业界的侵犯。[70]上述事实表明,法律职业本身实际上坚不可摧,至少,如卢埃林所言,"每个社会都需要由某些人来从事特定'律师类型的工作'"。[71]在美国社会中,这种"工作",实际上不存在职业竞争。

此般种种,本不应令人吃惊。在过去的数十年中,人类学家一直告诉我们,被称之为法的社会控制机制,只有在其能够反映为社会普遍接受的规范时,才具有有效性(或具有穿透性,如其所言)。显然,美国存在法律职业培训的需求——无论这种需求属于自上而下,还是自下而上,抑或者双向并存——从而保证日趋法制化的社会得以有效运转。在1800年之后不久,英国式等级森严、类似神职的法律职业特征,已然在美国荡然无存,正规法律教育的迅速没落,加上律师协会的快速解体,都无疑标志着"杰克逊流民族主义"正值如日中天。然而,这种异化,并非如传统观点所言那般急转直下。早在19世纪50年代,随着法学院纷纷复建,以及对法律职业界内部规范有序的兴趣持续升温,出现了峰回路转的迹象。法,又一次开始被视为一种需要学识的职业。[72]

---

[1] 和英格兰地区的事务律师一样,北美地区的法律代理人作为法庭内设的工作人员,其人事权掌握在最高法院手中,尽管某些情况下,最高法院会授权律师协会负责此事。推动20世纪美国试图建立统一律师协会(也就是说所有律师必须加入律师协会)的内在动因,在于效法英格兰的出庭律师管理模式,建立律师的权利自治机制。

[2] "尽管独立战争切断了北美地区与英国四大律师公会的联系,事实上消灭南部各州的上层律师,但是在北部各州,类似的情况却并未出现。马萨诸塞州本土原生的律师等级制度,得到了长足发展,在同样采用由郡县认定律师资格的新英格兰地区广为流行,进而传播到了纽约地区。类似的潮流,甚至一度还在美国西北地区有所体现。" Reed, *Training for the Law*, 81-82. 亦参见 Nolan, "The Effect of the Revolution on the Bar," 969.

[3] 这其实是对于里德所持观点的概括与形容,这位研究者或许在鼓吹应回归律师等级体制时,对于相关的历史根据有些言过其实。Reed, *Training for the Law*, 79 ff.

[4] Ibid., 82-84.

[5] 对此,(美国第六任总统)约翰·昆西·亚当斯(John Quincy Adams)曾记录过最佳状态下的学徒见习制。1787年,亚当斯曾这样描述过自己的导师塞弗勒斯·帕森斯(Theophilus Parsons):"对我们来说,律师事务所里有帕森斯存在,算得上最大的福利。他本人就堪比一座法律图书馆,对于法律执业的任何方面都十分精通。但帕森斯最大的优点,在于其乐于解答问题的程度远超弟子们爱问问题的程度。作为一位从来没有被问倒过的导师,帕森斯不仅会就问题本身作答,还会将与之相关的其他关联问题一一道来,如数家珍。我开始相信,能有这样一位见习指导老师,算得上是一种福分。"引自 Warren, *Histo-*

ry of the American Bar*, 1:135.

约翰·昆西·亚当斯的父亲,(美国第二任总统)约翰·亚当斯在马萨诸塞州伍斯特的律师事务所见习时,也曾被要求大量阅读自然法、普通法、民法以及国际法的相关著述。Ibid.,1:136-37。但有证据显示,老亚当斯不仅没有完成所有见习作业,同时还对自己的见习导师颇有微词。Gawalt, *The Promise of Power*,132,135。(美国第三任总统)托马斯·杰斐逊则是在(《独立宣言》签署人之一,美国著名法学家)乔治·威思开办的律师事务所,努力完成了自己的见习生涯。Jefferson, "Autobiography," in *Writings of Thomas Jefferson*, 1:4。(美国著名法学家,《美国法释义》作者)詹姆斯·肯特,在纽约州波基普西市(Poughkeepsie)的律所见习经验与此类似。参见 James Kent, "An American Law Student of a Hundred Years Ago," in AALS, *Select Essays in American Legal History*, 1:837。通过保罗·哈默林(Paul Hamlin)开展的严谨研究,我们得以窥视在殖民时代的纽约,法科生面临何种执业要求,应具备何种执业培训条件。Hamlin, *Legal Education in Colonial New York*, passim.

弗吉尼亚州并不存在强制性的律所见习制度,但参与见习者的"磨损率"不可谓不高。Smith, "Virginia Lawyers, 1680-1776," 183-84。见习工作无非是千篇一律、枯燥无味的文书校对,见习学徒与普通文书抄写员的唯一区别在于,前者被认为应在尽可能不依赖见习导师的情况下,搞清楚柯克在其所著《英格兰法律总论》(Institutes of the Lawes of England)第一编中针对利特尔顿(Littleton)土地法的评论观点。因此,即使在威思的律所拥有愉快见习经历的杰斐逊都曾这样写道:"一直以来,我始终认为让年轻人跟随律师见习,至多算是跟着打杂。"Ibid., 186。

当时,想要在纽约参与此种"打杂",需要缴纳 200 英镑的见习费,其他地区的情况与此大同小异。对此,颇具贵族范儿的威廉·利文斯顿(William Livingstone)在《纽约报童周刊》(*The New York Weekly Post-Boy*)上用笔名发表了评论。评论修辞讲究,但其内容可以被概括为,"我的意思并不是说书本可以完全取代钢笔,但必须指出的是,如果说可以通过永无止境地誊抄判例就可以把法律学到手,那简直是滑天下之大稽。"Hamlin, *Legal Education in Colonial New*

York, 41. 利文斯顿等人主张,应当由高校承担法学教育的责任。

⁶ 律师职业体系相对而言最为完备的弗吉尼亚州,在美国独立战争之后,用律师资格考试取代了律所见习制度。Reed, *Training for the Law*, 85, 97-98. 但从总体上,这一时期的美国律师资格考试制度,与英国的情况类似,皆不发达。Ibid., 94 ff.

⁷ Ibid., 128 ff.

⁸ 1771—1772 年,布莱克斯通的著述首次在美国出版。

⁹ 利奇菲尔德法学院于 1833 年停办时,总共培养出超过 1 000 名毕业生,在 805 位有名可考的校友中,包括 2 位美国副总统,3 位美国联邦最高法院大法官,34 位各州最高法院大法官,6 位政府部长,2 位驻外大使,101 位参议员,28 位参议员,14 位州长,10 位副州长。Fisher, *Litchfield Law School: Biographical Catalogue of Students, 1774-1833*, 3, 4. 利奇菲尔德法学院作为美国最早获得成功的法学院,在 19 世纪几乎拥有神话般的地位,法学期刊时不时会登载对其大肆褒扬的论文,尽管其中出现的数据多有冲突。参见 "Law Schools and Their Course of Study," 4 *Western Jurist* 1-12(1870); "The Litchfield Law School," 20 *Albany Law Journal* 72-73(1879); "Methods of Legal Education," 34 *Albany Law Journal* 84-85(1886)(该文错误地宣称,利奇菲尔德法学院最终演化为哈佛法学院);及 "The Litchfield Law School," 4 *Law Notes* 207-9(1901).

¹⁰ Dwight, *Travels in New England and New York*, 4:295.

¹¹ Reed, *Training for the Law*, 132; Hamlin, *Legal Education in Colonial New York*, 24.

¹² 早在 1756 年,纽约地区某些郡县就出台规定,高校毕业生在律所的学徒见习仅需 3 年,而没有高校文凭者则需 7 年。1771 年,马萨诸塞州萨福克郡(Suffolk County)则要求,申请律师执业者必须完成高等教育或具备同等学力。Reed, *Training for the Law*, 112-113.

¹³ 截至 1820 年,美国大学数量超过 100 所。

¹⁴ 对于威思开办的律所所产生的职业影响,参见 Hurst, *The Growth of American Law*, 257. 尽管时间不长,但(第四任美国联邦最高法院首席大法官)

约翰·马歇尔也曾跟随威思学习,对于这一时期威廉玛丽学院法学教育的详尽介绍,参见 Beveridge, *The Life of John Marshall*, 1:157-59,174-76.

[15] 1790 年,詹姆斯·威尔逊(James Wilson)获聘为宾夕法尼亚大学前身费城学院(the College of Philadelphia)法学教授,大卫·霍威尔(David Howell)则成为布朗大学的法理学教授。1793 年,詹姆斯·肯特被任命为哥伦比亚大学法学教授,1799 年,乔治·尼古拉斯(George Nicholas)担任了特兰西瓦尼亚大学(Transylvania University)法政治学教授。1801 年,伊莱泽·古德里奇(Elizur Goodrich)出任耶鲁大学法学教授,到了 1806 年,丹尼尔·查普曼(Daniel Chapman)被聘为明德学院(或称米德伯理学院,Middlebury College)法学教授. Reed, *Training for the Law*, 116-17, 134-37. 亦参见 Warren, *History of the American Bar*, 2:189.

[16] Chroust, *The Rise of the Legal Profession in America*, 2:189.

[17] 霍夫曼最初的课程设置包括13门必修课以及4门(后增加至9门)选修课。课程内容涵盖范围很广(包括道德、政治哲学、政治经济学、历史及地理)。尽管一脉相承于布莱克斯通的法学理论仍属课程重点,但霍夫曼笃信布莱克斯通的兼容并包式法学理念,认为只有这样,才能"赋予最广大受众以最强大的理解力",同时"将所有人类行为与关注重点都包括其中"。尽管霍夫曼认同"法具有道德属性"这一现在已成共识的理念,但他同时相信,(曾任哈佛大学法学院院长)兰德尔(Langdell)将法律视为物理一样的自然科学。虽然法律本身,无论是其神圣的起源,还是对于人类行为的影响结果,都具有内在的道德属性,但另一方面,法学学者,应与科学家一样,能够单纯凭借方法论设计,通过检验"历史遗存"就可以理解把握学科的基本原则:"……如果要体验法学研究的乐趣,就必须首先了解相关原则,寻找共性,从而将大量科学问题按照研究方法或关注度加以整合排序,这就好比在地理学研究中,求知若渴且获得成功的矿物学家或地质学家会收获不足为外人道的巨大喜悦一样。" Proem.

霍夫曼的诸多教育理念,都来自于其对法以及法学研究的上述理解。其中最为重要的,莫过于对方法的强调。法作为一门充满理性的科学,只有通过系统方法才能对其加以研究。霍夫曼与同时代的很多同行都认为,人脑存在不同分区,分别承担判断、想象、记忆以及推理等不同功能,但他同时对过度依赖死记硬背学习法律的积弊深恶痛绝。因此,霍夫曼十分强调进行法学研究及历史分析。换句话说,布莱克斯通所著《英国法释义》固然属于重要的学习参考,但法科学生更应通过研习法的发展流变,把握其本质与根据。没有任何学术著作,可以替代这种个人经验。

霍夫曼憧憬的 7 年制法科教育模式需要配备至少 6 位法学教授。尽管其本人坚持了 6 年教学活动,但其试图完成的教学改革却并未变为现实,在之后的 25 年间,霍夫曼转而潜心撰修其那本长达 876 页的鸿篇巨制。Hoffman, *A Course of Legal Study Addressed to Students of Law in the United States*.

[18] 参见 Butler, *Plan for the Organization of a Law Faculty in the University of the City of New York*. 巴特勒认为,法科学生需要"特殊的法学教育模式",因此设计了 3 年正式教育加 1 年律所见习的模式。Ibid. , 7. 见习期间,仍需继续完成课堂教学任务。Ibid. , 29. 采取全新教学模式的纽约大学法学院,将取代金德胡克法学院(the Kinderhook Law School),成为纽约滨海地区的标志性法学院,就好像代表纽约西部的汉密尔顿学院,代表康涅狄格州的耶鲁大学法学院,以及代表马萨诸塞州的哈佛大学法学院一样。Ibid. ,6.

[19] 据研究,逝世于 1781 年的罗亚尔,可能是效法牛津大学著名捐赠人瓦伊纳(Viner),作出了将土地遗赠给哈佛大学的决定。Sutherland, *The Law at Harvard*, xiii-xiv. 帕克的贡献在于改变了法学教育的侧重点,强调学生需要在"有能力的导师指导下学习……从而获得一般情况下最好由杰出律师传授的实务技能"。Warren, *History of the American Bar*, 1:299.

[20] Bruce, *History of the University of Virginia*, 2: 102-3. 在 1825 年,弗吉尼亚大学的法科生人数为 26 人,到了 1835 年,这个数字增加至 67 人,1839 年,继续增至 71 人,但到了 1849 年,该大学法科生人数开始下降,减少为 66 人,1869 年,又恢复为 71 人。Reed, *Training for the Law*, 450-51.

[21] 例如,理查德·皮尔森(Richard Pearson)在北卡罗来纳州蒙特维尔(Montsville),后来迁至里士满山(Richmond Hill)开办了一所私立法学院,该校声称招收了超过 1 000 名法科生,其中很多来自其他各州,同时,还在法学教学

中采取了所谓问答式的"苏格拉底教学法"(Socratic Method)。Coates,"The Story of the Law School at the University of North Carolina," 8.

在1786年到1832年间,盲人律师彼得·冯·肖克(Peter Van Schaak)于纽约州哥伦比亚郡开设的法学院,招生人数超过100人。Van Schaak, *Life of Peter Van Scbaak*.

弗吉尼亚州内也开办有多所一流私立法学院。1810年,克利德·泰勒(Creed Taylor)在该州里士满(Richmond)开办的法学院,后来搬至尼德汉姆(Needham)等地,并坚持到大约1830年前后才停止招生。小亨利·圣乔治·塔克(Henry St. George Tucker, Jr.,),于1824年至1831年在温切斯特开办了法学院。约翰·罗麦克斯(John Lomax)于1833年至1844年在弗雷德里克斯堡(Fredericksburg)创办的法学院以严格的"苏格拉底教学法"著称。1831年至1839年间,布里斯科·杰纳德·鲍德温(Briscoe Gerard Baldwin)在斯陶顿(Staunton)开办法学院,其位置后来被卢卡斯·鲍威尔·汤普森(Lucas Powell Thompson)法官接任,并继续开办至1849年。同一时期,约翰·怀特·布罗肯布罗夫(John White Brockenbrough)筹建起列克星顿法学院,选用"教义法学式问答法"(Catechetical Method of Instruction)开展教学,该院在1861年因内战中断办学前,共招收了超过200名学生。Bryson, "The History of Legal Education in Virginia," 155, 176-83.

[22] 1832年,在达内法学楼(the Dane Law Building)启用仪式上,时任哈佛大学校长的约西亚·昆西(Josiah Quincy)宣称,应当让"社会"明白"嫁接法学研究与公共教育所能带来的真正益处"。尽管昆西也谈及了师徒见习制反自由主义的一面,但他似乎对提升律师执业资格标准的兴趣,要远远大于对促进法学教育学术化的兴趣。Miller, *Legal Mind in America*, 201, 207.

(1827年之前,只有1位教授的哈佛大学法学院一直在苦苦挣扎。后来,哈佛大学校友内森·达内[Nathan Dane]捐款创设达内法学教授教席位,并坚持聘任时任美国联邦法院大法官的约瑟夫·斯托里就任该教职。因此,后来的一段时间,哈佛大学法学院又被称之为"达内法学院"。——译者注)

[23] Reed, *Training for the Law*, 137-40; Sutherland, *Law at Harvard*, 49-59.

一、历史

[24] Reed, *Training for the Law*, 140-42. 基于某些只能意会的理由,直到不久前,耶鲁大学法学院仍暗示自己才是利奇菲尔德法学院的一脉相承的嫡传后裔。参见 *Bulletin of Yale University*: *Law School* (1960-1961), 12. "似乎这种主张唯一的根据是,一位从南方逃来的黑奴'老格雷姆斯'(Old Grimes),曾担任过利奇菲尔德法学院杂役,后来又继续担任耶鲁大学法学院的杂役。" Reed, *Training for the Law*, 131.

[25] 尽管斯托里要求学生"致力于研习哲学、修辞学、历史与人类学"(Story, *Miscellaneous Writings*, 527),但其真正的教学理念,却特别强调实践。总体来说,这个时期哈佛大学法学院的学生,无法自由选修其他学院课程,同时,斯托里坚持将法与行政学、政治学加以区分。Ibid., 515, 535-36.

[26] Reed, *Training for the Law*, 142-43. 这个时期,在马萨诸塞州的阿默斯特(Amherst)与尼德汉姆等地,还存在其他的法学院。

[27] Tulane Archives, Special Collections, Howard-Tilden Library, Tulane University. 亦参见 Luis J. Banos, "The Early Years of Tulane Law School"(paper presented at the Tulane Law School, New Orleans, La., Spring 1978); Jonathan Craft, "The Law Department of the University of Louisiana"(paper presented at the Tulane Law School, New Orleans, La., Spring 1978).

[28] 1845 年,北卡罗来纳大学合并了由威廉·霍恩·拜透(William Horn Battle)法官在教会山开办的法学院。Coates, "The Story of the Law School at the University of North Carolina," 7.

[29] 例如,18 世纪 80 年代,在纽约及康涅狄格等地,法律职业不仅地位低下,且饱受敌意,参见 Horton, *James Kent*, 38. 亦参见 Gawalt, "Sources of Anti-Lawyer Sentiment in Massachusetts, 1740-1840," 283.

[30] Tocqueville, *Democracy in America*, ed. Bradley, 1:282.

[31] Ibid., 290.

[32] 参见 Horwitz, *The Transformation of American Law*, 1780-1860; Nelson, *Americanization of the Common Law*.

[33] 散见于 Stevens, "Unexplored Avenues in Comparative Anglo-American Le-

gal History".

³⁴ Stevens, *Law and Politics*, 28-34, 77-83。在英格兰,发展的不同倾向决定了这些要素的重要属性。1832 年之后,英国议会开足马力地工作,制定了大量影响英国人生活各个方面的立法。19 世纪 70 年代之前,英国的公民服务发展迅速,且能做到举贤任能。与之相对,这个时期美国的立法机构作风懒散,行政机关冗员充斥。虽然州长往往属于强力人士,但却几乎无法得到行政机构的有效配合。由此一来,在州府所在之地,最高法院成为硕果仅存的常态运行政治机构。法律职业危机四伏之时,律师的重要性却与日俱增。在实质意义上,英国模式变得愈发无关紧要。美国律师开始分化且日益专业化,与此同步,美国法官们也开始扮演英国同行们闻所未闻的独特角色。

³⁵ 散见于 Warren, *History of the American Bar*.

³⁶ Chroust, *Rise of the Legal Profession*. 特别关注其第 2 卷。能够与此相提并论的研究,参见 Miller, *The Life of the Mind in America*, 99ff.

³⁷ Schlesinger, Jr., *The Age of Jackson*, chap. 25.

³⁸ 相关内在矛盾,参见 Perry Miller, *The Legal Mind in America*, and *The Life of the Mind in America*.

³⁹ 例见 Meyers, *The Jacksonian Persuasion*;与纽约相关的部分, Benson, *The Concept of Jacksonian Democracy*.

⁴⁰ 托克维尔眼中的美国图景,绝非仙境:"在美国,从没有什么贵族或饱学之士,美国人极易滥用财富,律师,因此占据了最高的政治阶层,也是社会最富裕的阶层。对于他们来说,根本无需开拓创新,墨守成规自然成为其对于公共秩序的天然旨趣。如果让我说美国新贵在哪里,我会毫不犹豫地说,不是那些缺乏共同纽带的富人,而是那些占据着法官宝座或捧着律师金饭碗的人。"

"对于在美国所发生的一切反思越多,就越容易接受律师,作为一个群体,成为民主最为强力,如果不是唯一强力的对手。在这个国家,显而易见的是法律职业,借由其所独具的属性(无论好坏),有能力抵消民选政府固有的弊端。当美国民众被热血政客弄得五迷三道,随波逐流于其浮躁政见时,必然会受到来自律师潜移默化影响的制衡与阻拦。这些律师,用其所内在的贵族化倾向压制美国的民主属性,用其对于历史的迷信般痴迷压制对于创新的热爱,用其狭隘的目光压制宏大的布局,用其习惯性的拖冗压制包含热忱的当机立断。"Tocqueville, *Democracy*, 1;288-89.

[41] "我敢大胆预测,这种创新,迟早会酿成大祸。"Ibid. ,279.

[42] 包括1801年至1802年的美国西北地区(印第安纳州及俄亥俄州),1807年的佐治亚州,1809年的田纳西州,以及1812年的北卡罗来纳州。

[43] 如在1817年的新泽西州。

[44] 好不容易建立起来的律师见习制度,在路易斯安那州、密西西比州、阿肯色州、威斯康星州以及爱荷华州等地被一夕废除,相关细节参见 Chroust, *Rise of Legal Profession*, vol. 2, chap. 3.

[45] 截至1860年,仍然存在学徒见习制度的,仅包括1个南方州(南卡罗来纳州),以及1个阿巴拉契亚山脉以西的州(俄亥俄州)。更有甚者,保留了这一制度的州,往往也会缩短见习期,或者干脆放松见习要求,使之成为一种"助手制"(Clerkship)。Reed, *Training for the Law*, 86-87.

[46] 例如,1829年,(时任美国联邦最高法院大法官)约瑟夫·斯托里获聘哈佛大学法学教授,标志着哈佛大学法学院开始迈向美国一流法学院。截至1844年,该院学生人数为163人,当时来看,实属罕见。尽管斯托里本人作出了极大的学术贡献,但哈佛大学法学院的基调,日益"商业化"。1823年开始的申请者必须具备高校文凭或同等学力的要求,到了1829年,已然销蚀殆尽。很多根本不符合进入哈佛大学其他学院的人,获准进入法学院。入学后,学生来去自由,殊为随意。艾萨克·帕克设计的学制,后来从三年降到一年半,已经名存实亡,更别提什么考试制度了。与法律实践无关的课程,大体遭到裁撤。

"放弃首席大法官(指艾萨克·帕克)的学制设计,原因显而易见。哈佛开设法学时,令人不可思议地根本没有进行成本计算。这一时期的哈佛过度扩张,最终导致资金捉襟见肘,不得不进行重组,而这,可被视为很多美国大学发展道路的缩影。除了学费之外,哈佛大学根本没有钱来支持法学院,因此,尽可能地多招生,只要能付得起学费,就成为必然的选择。一切,都变成了锱铢必较的金钱交易……如果说哈佛大学最近引领着法学教育的研究生化改革,那么自然要提起也是哈佛,曾发出过鼓励法律职业与高等院校做'露水夫妻'的信号。哈佛将自己的盛名出租给下列做法:让执业律师摇身一变,成为哈佛的教授,同时,让律师开办的私立学校挂上了哈佛法学院的牌子。哈佛法学学位,授给了完全没有受过学术训练之辈。"Reed, *Training for the Law*, 140.

[47] 可以将宾夕法尼亚州作为标本,对于当时美国各州争相开办正规法学教育的实态加以感知。"宾省人通常将法律职业鄙视为一种必要的'恶',认为其与贵格教派崇尚良好人际关系,致力于以平和的方式解决争端的传统存在天壤之别。"

然而,到了1790年,宾夕法尼亚州大学校董会决定,创设法学教授讲席,并聘任时任该州最高法院大法官的詹姆斯·威尔逊担任这一职务。到了1791年,授课就已经不了了之。1817年,这一讲席再次恢复,不到一年,就因为新的继任者患了疯病而宣告终结。1850年,校董会再次尝试聘请乔治·沙斯伍德(George Sharswood)出任这一讲席,这一次,该校新设立的这个学科总算得以存续下去。同一时期,成立于1821年,主要作为一个学术团体的"费城法学会"(the Law Academy of Philadelphia),尽管从未试图忤逆宾夕法尼亚大学,但也开始发挥培训法律助理的功能。

在州府费城之外,"狄金森学院"(Dickinson College)也在1821年考虑创建一所法律系,并于1833年,与约翰·里德(John Reed)法官在卡莱尔(Carlisle)开办的法律学校建立起联系。里德被聘任为狄金森学院教授,该学院学生获准去法律学校听课,但双方认可,狄金森学院无需为此支付任何费用。1850年,里德教授去世,其所开办的法律学校由此关门。之后不久,大约在19世纪70年代开始重新招生,并在1890年,成为独立的"狄金森法学院"(the Dickinson School of Law)。

还有很多其他类似的尝试,只能扼要介绍。1834年,"杰斐逊学院"(Jefferson College)曾讨论过创设法学教授职位的问题;1939年,"宾夕法尼亚学院"(Pennsylvania College, Gettysburg)已经努力寻找到了担任法学教授的可能人选;"富兰克林学院"(Franklin College)1846年聘任了1名法学教授。哈特福德大学于1850年以及"凯特林大学"(the University of Kittering)于1854年先后重新整合,主要目的也都是建立法学院。1854年,宾夕法尼亚州议会发起创建"洛克·黑文法学院"(Lock Haven Law School),"巴克内尔大学"(Bucknell University)先后于1859年及1901年两次认真考虑创设法学院。1871年,"阿勒格尼学院"(Allegheny College)被"卫理公会管委会"(the Methodist Board of Control)要求"在可能的情况下尽快设立法学系"。

1838年至1848年间,"马歇尔学院"(Marshall College)通过学费聘请亚历山大·汤普森(Alexander Thompson)法官担任教授,开办法律系。詹姆斯·波特(James Porter)法官于1837年获聘担任"拉菲特学院"(Lafayette College)法理学教授;有迹象表明,该学院在1876年至1878年期间,曾开办过法律系,在1896年还有风声说要恢复开办法律系。"利哈伊大学"(Lehigh University)曾在1878至1879年短暂设立过法学院。1870年至1873年,"林肯大学"(Lincoln University),一所黑人大学,也曾设过法学院。1843年至1849年,"西部大学"(Western University)开设法学院,并于1861年,以及1871年两度试图恢复招生。1872年,西部大学法学院重新开始办学,但维持了不到一年又告失败。1883年,复开未果后,1895年,才得以重开。同年,位于费城的天普大学法学院(Temple Law School)创建。Sack, *History of Higher Education in Pennsylvania*, chap. 19.

[48] 1872年,该法学院重新开张。Mackenzie, "Farrah's Future," 121.

[49] Friedman, *A History of American Law*, passim.

[50] 对此,可以通过西部边疆本身就是一个相对概念,以及在此地区的一审与上诉审体现的司法正义完全不同等事实加以说明。这是一个极具多样性的地域。另一方面,西部边疆生活着颇具好莱坞风格的法官与律师,如19世纪30年代在密苏里州执业的律师凯撒·卡斯曼(Caesar Kasm),参见 Baldwin, *The Flush Times of Alabama and Mississippi*, 24-26, 以及根据1818年伊利诺伊州宪法选举产生的3名法官之一,约翰·雷纳德(John Reynolds),参见 King, "A Pioneer Court of Last Resort," 573, 576. 这里的律师,往往为了达成目的不择手段,而庭审现场,看上去更像是个马戏团。参见 Brackenridge, *Recollections of*

*Persons and Places in the West*, 93, 以及 King, "Riding the Circuit with Lincoln," 48.

与此同时,形成鲜明对比的是,俄亥俄州最高法院,从创建之初,就拥有最为杰出的法官,参见 Reed, ed., *Bench and Bar of Ohio*。密苏里州的情况多少与此相同,参见 English, *The Pioneer Lawyer and Jurist in Missouri*。还有一些地方的情况也差不多。对于西部边疆地区,如对1790年至1870年田纳西州坎伯兰郡(Cumberland County)地方律师的研究显示,当时该地区存在高度专业化的律师组织,以及非常明显的职业竞争。参见 Calhoun, *Professional Lives in America*, chap. 2. 与之类似的结论,还可见于一份针对1796年至1836年间密歇根州韦恩郡(Wayne County)律师执业及受教育程度的研究报告:"没有证据显示这里的律师是一群乡巴佬,更没有证据显示这里适用在电影里无数次出现过的所谓'边疆法则。'"Brown, "The Bar on a Frontier," 126.

亦参见 Bloomfield, "The Texas Bar in the Nineteenth Century," 261, 以及 Harris, "The Frontier Lawyer's Library," 239. 对于任何试图考察西部边疆地区法学教育的人,都必须面对同样存在矛盾冲突的数据。林肯从未接受过正式法学教育,就是明证。另一方面,也有研究持截然不同的看法。例如,有人罗列证据,试图证明西部边疆地区和"发达"的东部地区一样重视法学教育。例如,肯塔基州的"特兰西瓦尼亚大学"从1799年就开始进行法学教育活动。19世纪40年代辛辛那提出版的《西部法律期刊》(the *Western Law Journal*),在内容质量方面丝毫不逊色于美国东部地区出版的同类刊物。南北战争之后,美国西部各州同样热衷于为律师设定严苛的执业资格标准。

[51] 从全州范围来看,马萨诸塞州2018名律师当中,有1408人于1760年至1840年间接受过高等教育。Bloomfield, *American Lawyers in a Changing Society*, 1776-1870, chap. 5; Gawalt, *The Promise of Power*, passim. 这一时期律师职业稳定性的其他证据(至少是在田纳西州坎伯兰郡),参见 Calhoun, *Professional Lives in America*, chap. 3。

对于律师态度的转变理由,可以部分通过所谓"临界"理论加以说明。1770年,马萨诸塞州执业律师人数为71人,到了1810年,增至493人。但并没有出现质量的下滑。1770 年至 1840 年,埃克森郡(Essex County)中,100 名法科学生中,有 14 人具有高等学历。Gawalt, *The Promise of Power*, passim.

[52] 或许可以进一步补充说,这项工作开始于肯特,后来又进一步得到了帕森斯及沃克等学者的丰富完善。

[53] Stein, "Attraction of the Civil Law in Post-Revolutionary America," 403, 416.

[54] Gilmore, *Ages of American Law*, chap. 2.

[55] Reppy, ed., *David Dudley Field*, passim. See also Miller, *Life of the Mind*, 239-65, 及 Honnold, *The Life of the Law*, chap. 3.

[56] White, *Tort Law in America*, 8-12.

[57] 对于波士顿生活的风情刻画,可见《美国法律人》(the *American Jurist*, 1828-43)以及《法律报道》(*Law Reporter*, 1838-66)。还可参见帕森斯在其所著《合同法》一书的致谢及序言,其对波士顿律师,从邦克·希尔(Bunker Hill)到时任哈佛大学法学院图书管理员克里斯托弗·哥伦布·兰德尔(Christopher Columbus Langdell)等进行了描写。Parsons, *Law of Contracts*, iii-xii. 亦参见 Parsons, *Memoir of Theophilus Parsons*, passim. 尽管对于普通法律师与法典编纂者的区别有过分简化之嫌,但派瑞·米勒(Perry Miller)在其所著《美国的法律之心》(*The Legal Mind in America*)中,还是捕捉到了内战前精英律师阶层的腔调做派。

[58] Warren, *History of the American Bar*, chap. 15. 19 世纪 40 年代经常在联邦最高法院出庭的大约 35 名律师,皆出身于知名大学的法学院,其中 8 人担任过参议员,4 人担任过众议员,还有 6 人担任过总检察长。

[59] Reed, *Chief Justice*.

[60] Levy, *The Law of the Commonwealth and Chief Justice Shaw*. 亦参见 Chan, *Lemuel Shaw*.

[61] Nelson, *Americanization of the Common Law*, 8.

[62] Hurst, *Law and Conditions of Freedom in the Nineteenth Century*; Hurst, *Law and Economic Growth*.

⁶³ 参见 Horwitz, *The Transformation of American Law*, 188, 201, and passim.

⁶⁴ Llewellyn, *The Common Law Tradition*, 62-72. 卢埃林选用的模型,分别是1842年的纽约,以及1844年的俄亥俄。

⁶⁵ Gilmore, *Ages of American Law*, chap. 2.

⁶⁶ Swaine, *The Cravath Firm and Its Predecessors*, 1819-1947, vol. 1; Taft, *A Century and a Half at the New York Bar*, passim.

⁶⁷ 19世纪80年代,布赖斯注意到了这一现象:"70年前为边沁所诟病的偏见,70年后依然在密西西比河沿岸游荡,而70年前,这里,还被印第安人与河狸所占据。在芝加哥,那片孤独的沼泽,仍然充斥着已经遭到1850年至1852年《英国普通法程序法》(the English Common Law Procedure Acts)废止的'特别抗辩权'(Special Demurrers)、重复侵害,以及极其繁复的诉讼形式。" Bryce, *The American Commonwealth*, 2:625. 布赖斯的观点,或许错了。即使在强制诉讼程式遭到废除后,司法实践中依然会沿用这些中世纪就已存在的称谓。更为有趣的是,布赖斯进一步认为:"因此,可以发现与60年前英国保守派律师相同的典型特征:不喜欢理论,墨守成规,不愿意接受哪怕一丁点儿宽泛的原则。"即便这种说法有其正确的一面,也与英国后维多利亚时代的高度形式主义有所差别。

⁶⁸ Reed, *Training for the Law*, 90.

⁶⁹ 印第安纳州宪法规定:"任何品行良好且有投票权之公民,皆有权获准在各级法院从事法律执业。" Article 7, Section 21 (1951). 对于1850年至1851年该州宪法设定此条款的历史密辛,参见 Robinson, "Admission to the Bar as Provided for in the Indiana Constitutional Convention of 1850-1851," 209。当时与会150名代表中,从事农业的有62人,远超律师的人数(39人),制定本条款的目的,旨在祛除笼罩在法身上的神秘光环。但同时,试图废除继续适用英国普通法的立法努力,并未获得通过。Ibid., 210.

这种态度,在来自门罗郡(Monroe County)的代表发言中体现得淋漓尽致:"诚如福斯特先生所言,很多年前,当他刚刚移住本州时,只有大学毕业生,以及获得州医疗主管机构颁发执业资格者才可以行医。这条规定已经遭到废止。现在，无论具有何种学历，无论采取常规疗法，还是采取诸如'同质接种法'（Homopathists）、汤普森疗法或'逆证治疗'（Allopathists）等，都属合法。在宗教领域，一般来说，学生不仅要获得大学文凭，还要在神学院进行常年修行，才能获得神职资格。现在的情况，也已经有所不同。那么，为什么法学要获得特殊优待呢？这3种职业，都需要加以民主化。其他州的做法是，凡是品性良好者，都可以法律执业。职业律师们，不应该担心这些不懂行者的竞争。应当让法学，像神学或医学那样，进行市场开放。"Ibid., 212. 投票结果，这一部分议案以84比27，获得通过。

[70] 约翰·尼尔斯（John B. Niles）的看法是：

> 对于律师的敌视，我深恶痛绝，对于律师想有特权的误解，我身心俱疲，甚至无言以对，毕竟，我就是一位律师。在罗马共和国，律师或法务工作者不需要取得职业资格。降低门槛，欢迎竞争。人格、学识与能力，将成为真正的资质。如果不具备上述资质，势必无法取得良好业绩。法，是一门博大精深的学问，至少，可以用来捍卫文明社会的各种法益。通过简化执业条件，让每个人成为自己的法律代言人，就好比让每个人都写下一部自传，名字叫《自己的事情，自己做》（原题直译为《我们，都是自己的洗衣妇》——译按）。[Ibid., 211-12]

即使在律师执业资格废止前夜，法庭依然固守对于执业律师之前的教育程度要求。参见 Gavit, "Legal Education and Admission to the Bar," 67; Gavit, "Indiana's Constitution and the Problem of Admission to the Bar," 595, 734.

19  世纪之交，因为技术原因，导致废除这一宪法规定的努力功亏一篑。1932年，借由公民投票，上述宪法规定遭到废止，同时，废止的决定得到了司法判例的支持。参见 *In re Todd*, 208 Ind. 168, 193 N. E. 865 (1935).

即便存在各种各样的说辞，但在1894年，统计数据显示，印第安纳及其相邻各州中，律师在全体选民中所占比例，并未出现明显变化。在印第安纳、伊利诺伊、爱荷华以及俄亥俄州，每4位选民中，有1位律师。在印第安纳州，每348名公民中有1位律师。这个比例在伊利诺伊州为394∶1，在爱荷华州为

325∶1,在俄亥俄州为 360∶1。参见 Benton, "Annual Address," 227, 244-45.

[71] Llewellyn and Hoebel, *The Cheyenne Way*, chap 2.

[72] 据纳萨维尔·史蒂芬森(Nathaniel W. Stephenson)的回忆,1855 年,亚伯拉罕·林肯(Abraham Lincoln)曾为此颇为懊恼。当时,林肯作为律师助理,参与在辛辛那提市审理的一起专利诉讼,并在审理过程中,遭遇到受过大学法科教育的对手的怠慢。

回家的路上,林肯与拉尔夫·埃默森(Ralph Emerson)曾进行过如下交谈:

林肯:我要回家去研究法律。

埃默森:你现在不已经是伊利诺伊州最好的律师了么?

林肯:哦,可能吧。我现在的确处在一个很好的位置,我也相信自己能够把现在手边的事情处理好。但这些受过大学教育,一辈子埋头研究法的家伙,正在大举杀入西部,难道你还没感觉到么? 他们对于案子的研究深度,是我们所无法企及的。现在,这帮家伙已经深入到辛辛那提了,很快就会进入伊利诺伊。我必须赶紧回家去好好学习法律。我不比他们差,等他们到了伊利诺伊的时候,我想,我已经准备好对付他们了。[Stephenson, *An Autobiography of Abraham Lincoln*, 118.]

## 二、概念

20　　更高档次的律师职业再获关注,即使从更为关注"实效"的功利主义角度来看,也属于美国社会生活中"机制化"这一宏大历史潮流所裹挟的碎片。[1]当时,流行于18世纪,通常披着"科技"外衣的所谓"理性主义"(Rationalism)* 备受追捧。职业群体深感于必须尽快实现专业化与职业细分。例如,药学院的数量,从1801年至1825年的2间,增至1851年至1875年的8间,进而在19世纪末的最后25年,跃升为38间。1801年仅有12所医学院,到了1880年,已暴增至100所。[2]与此同时,高等教育运动也在加速。[3]1861年,科罗拉多大学创始人所表达的建校理念,颇具代表性,"本大学之宗旨,在于鼓励不同学科,如科技、文学、神学、法学以及实践医学等知识之融合"。[4]

职业群体态度的转变,虽然存在这样或那样的理由,但主要还是因为当时的美国社会,在最大限度上回应了日益壮大的中产阶级对于改善外部环境秩序的要求。[5]至于为何中产阶级会产生此种要求,尚不清楚。部分原因或许在于这一时期所流行的科学主义精神,在某种程度上也可能因为需要重新恢复被工业革命以及"西进运动"所肢解的社会秩序,更不排除伴生于固有(同时也是为大众所接受的)区分机制的原生细化要求。法,就为美国社会提供了这样一个机会。

---

\* "理性主义",是指肇始于笛卡尔,承认人的推理可以作为知识来源的理论基础的一种哲学方法,17世纪至18世纪盛行于欧洲等地,某种程度上体现科学和民主思想,因此被视为启蒙运动的哲学基础。——译者注

一般认为,弗雷德里克·特纳(Frederick Jackson Turner)<sup>*</sup>从地域学角度提出,边疆地区的"安全阀"(Safety Valve)<sup>**</sup>作用业已丧失。然而,边疆概念的消逝,可以从多重意义加以理解。这对于美国人思维范式的智识面向产生了深远影响:"生活在维多利亚时代中期的北美殖民者,极具竞争精神,在他们看来,未来的实质内容,尚未成定论。因此,需要通过战争,或在教室、法庭、商店乃至客厅内,对于各自的看法加以探索、争辩、检验。"[6] 1875 年至 1900 年间,一方面,大学橄榄球队等极具观赏性的竞技体育活动迅速崛起;另一方面,大学与法律职业得以长足发展。

　　在托克维尔式所著《论美国的民主》出版 60 年后,布赖斯(James Bryce)<sup>***</sup>提出,"在一个没有爵位、地主与军功阶级的国家,大众能够感知到的人际差别,主要是各自的职业差别,以及其所蕴含的不同文化水准,差别的程度,决定着身份的高低。"[7]至少对于男性白人来说,在所有的职业中,法律职业显而易见成为攫取良好社会声誉与更高身份地位的最佳途径。[8]

　　19 世纪 50 年代,机制化的法学教育重获新生。在美国东部,法学院的相继复建(包括哥伦比亚大学法学院、纽约大学法学院以及宾夕

---

\* 弗雷德里克·特纳(1861—1932 年),美国著名历史学家、教育家,强调跨学科及定量分析方式,关注美国西部研究,是美国历史上所谓"边疆学派"的旗手,认为美国人移民西部边疆,塑造了美国人的性格,更奠定了美国民主的基础。——译者注

\*\* 资本主义的竞争以及人口的迅速增长在美国东部各州造成经济、社会的紧张和政治结构的老化。西部的发展吸引了东部的剩余劳动力和边缘政治势力,从而缓和了东部社会的矛盾。特纳使用了"安全阀"这一字眼来概括西部的作用。由于西部的财富和就业机会,东部企业里的工人再没有必要任凭资本家摆布,也没有必要接受不公平的报酬。西部的土地是不要钱的,工人们不能忍受资本家的盘剥和压迫时至少还可以弃工务农。由此一来,西部不仅保护了劳动人民,而且也保护了民主精神和自由制度,相关内容可参见〔苏〕杰缅季也夫:《美国史学中的边疆论》,施斌译,载《国外社会科学文摘》1998 年第 2 期,第 42—43 页。——译者注

\*\*\* 詹姆斯·布赖斯(1838—1922 年),英国自由党政治家、外交家、历史学家,曾长期充任英国议会下院议员,1914 年授封为子爵,并任海牙国际法院法官。——译者注

法尼亚大学法学院),导致到了 19 世纪 60 年代,这一地区已开办有 21 间法学院。[9]通过这些法学院的宣传册,可以多少窥见其所秉持的教育理念。当时,美国不论南北,都较为认同 100 年前布莱克斯通在牛津大学贯彻的教育理念,即法是训练"绅士"的理想工具。1858 年,佐治亚大学法学院奠基仪式上,院方明确指出:"我们诚挚欢迎的,不仅仅包括有志于献身法律事业的诸君,还包括生活在这片土地上,致力于将从父辈承继而来的产业发扬光大的各位,对于你们来说,学习法律原则的价值无可估量。"[10]纽约大学还关注着其他群体,"在美国,成千上万年轻人已经,或者即将掌握巨大财富。其中,很多人虽志不在此,仍然希望通过学习某项专业,充分利用其所带来的巨大优势。这些人,无一不野心勃勃,觊觎着州,或者联邦议会的宝座"。同时,纽约大学还急于吸引另外一群年轻人,"对于这些掌控美国商事及商业利益的人来说,通晓商法,实属必然。我们欢迎各地有志研习政法之青年,报考本院"。[11]

　　为了达成这一宏大目标,围绕法学教育项目的范围开始出现种种热议。纽约大学对外宣称创建法学院的原因,在于"满足公众获知立法**技术**、法律**理论**与**实践**的迫切需求"。[12]对于佐治亚的未来律师们来说,学习的内容"绝非裁判规则的简单堆砌,而是一种将制裁建立在相互关联的永恒真理原则基础上的逻辑体系"。阿尔巴尼大学(The University of Albany)法学院,则将法律教学视为"一门科学,乃至一门艺术"。[13]相对来说虽未大张旗鼓,但新设立的不知名法学院却对真实的建院目的直言不讳。阿尔巴尼大学法学院就对在律所研习法律的做法大肆挞伐,"茫茫大海之上,有谁会想在一位只在浴盆里研究过航海的年轻人引领下,御浪前行?"佐治亚大学法学院恪守的信条是:"获得律师资格的学生,应当具备在不借助外力,独自从上至布莱克斯通的

《英国法释义》,下至《基缇论合同法》(Chitty on Contracts)＊中收集资料的能力。"纽约大学法学院,同样看不上学徒见习制,认为"见习者根本无法真正获得任何的法律指导、法学释义乃至法学测试。只能不加辨别的囫囵吞枣,根本分不清哪些法律原则依然有效,哪些早已失效。这些人在执业后,往往要以牺牲可怜的当事人利益为代价,才会发现,之前的所谓学习,根本没有获得任何让自己成为杰出律师,退一步,哪怕是合格律师的看家本领"。中产阶级强烈要求律师执业前接受系统培训的呼声,得到了那些对学徒见习制日益不满的人的强有力支持。

法学教育,一跃成为蓬勃发展的产业。据统计,1850年,全美律师人数为23 939人,1870年达到40 376人,到了1880年,跃升至64 137人。[14]尽管底层律师沿袭了亚伯拉罕·林肯式的"赤脚律师"(the Circuit Rider-office Lawyer),甚至某些西部片中刻画的如牛仔般"独行侠"执业模式[15],但如脱缰野马般迅猛发展的美国工业,催生出诸多大企业,加之对于专业化的渴求,二者共同作用,使得新型律师事务所得以脱颖而出,此类律师事务所往往由多名合伙人及律师助理组成,旨在满足美国企业的发展需要。

南北战争前,新型律师事务所事实上就已见雏形。1820年前后创建于"纽约以北地区"＊＊的凯威律师事务所的前身,就曾开创性地将"信托"这一概念应用于新兴企业的融资问题。但其是在美国内战后,通过涉足纽约市银行、铁路等行业,才成为业界翘楚。[16]大卫·达德利·菲尔德(David Dudley Field)＊＊＊的执业生涯,折射的正是律师行

---

＊ 《基缇论合同法》,是一部至今已经发展到32版的英国权威合同法教科书,以首任编写者约瑟夫·基缇(Joseph Chitty)命名。——译者注
＊＊ "纽约以北地区",泛指纽约州纽约市以北地区,不包括纽约市、长岛及哈德逊河谷地区。——译者注
＊＊＊ 大卫·达德利·菲尔德(1805—1894年),美国著名律师,美国民事程序法的奠基人之一,为诉讼程式从传统普通法到现代成文法的历史跨越做出了重要贡献。——译者注

二、概念

业的这种新陈代谢。在 1860 年之前,菲尔德一直在纽约州从事庭审辩护。同年,他聘任托马斯·谢尔曼(Thomas G. Shearman)\* 帮助其撰写学术专著。1864 年,谢尔曼升任菲尔德的办公室主任。1867 年,菲尔德的一名合伙人聘请刚从哥伦比亚大学法学院毕业的约翰·斯特灵(John W. Sterling)\*\* 担任自己的助理。1873 年,菲尔德远赴欧洲,致力于从事国际仲裁活动,随后,举世闻名的谢尔曼与斯特灵律师事务所(Shearman and Sterling LLP)应运而生。[17] 6 年后,沙利文与克伦威尔律师事务所(Sullivan and Cromwell LLP)也宣告成立。[18]

正是在这种氛围下,早在 1847 年,汉密尔顿学院(The Hamilton College)就聘任西奥多·德怀特(Theodore W. Dwight)\*\*\* 为法学、历史学、国内政策与政治经济学教授。1852 年,汉密尔顿学院正式创建法律系。[19]德怀特迅速成为这一复兴期法学教育的执牛耳者。德怀特笃信,法学职业势必复兴,复兴的法学职业势必需要正规的法学教育。他当然知道,"靠自学或学徒见习方式成长起来的顶尖律师们,对于是否有可能通过职业教育获得足够的法律知识,持高度质疑的态度"。[20]然而,他还是秉持"理论先实践而行"[21]这一理念,竭力证明当时顶尖律师观点的谬误。这与布莱克斯通和康德的思想,一脉相承。

德怀特的理念[22]吸引着支持机制化法学训练的人们关注的目光,而其在汉密尔顿学院的职位,也被事实证明,仅仅是一块垫脚石。1826 年至 1847 年期间,哥伦比亚并未进行任何法学教学活动,之后的发展,更为反常。然而,1857 年,作为大学初创期学科建设的一部分,哥伦比亚大学设立法理学院。1 年后,德怀特被礼聘为担任该院负责

---

\* 托马斯·谢尔曼(1834—1900 年),美国律师、政治经济学家,对于税法颇有研究。——译者注
\*\* 约翰·斯特灵(1844—1918 年),美国律师,耶鲁大学早期主要捐赠者,终生未婚。——译者注
\*\*\* 西奥多·德怀特(1822—1892 年),美国法学家、教育家。——译者注

人。其对纽约律师界的影响一时无人能及。作为纽约市律师协会创始人之一[23],德怀特还在这一时期建立的其他类似职业组织中,担任重要职务。1891年德怀特辞去现职时,他的教义宣讲、课堂训练与模拟庭审,对于很大一部分纽约律师的职业生涯养成,已产生了实质影响。[24]

德怀特在南北战争结束后极力推动的两件事,即法学院的增设,与律师影响力的扩展,都与这一时期美国的经济发展与社会重建息息相关。随着美国工商企业的迅猛发展,有些观察家开始担心仰仗公司、信托荫泽的新型律师事务所的前景。[25]但这种观点,并非主流。早年毕业于耶鲁的本杰明·西里曼(Benjamin Silliman)*,在1867年哥伦比亚大学毕业典礼上,借用托克维尔对律师"天然贵族"(Natural Aristocrats)[26]的盛赞,期待哥伦比亚的毕业生,不仅要成为商人,特别是华尔街商人的诉讼代理人,更要成为他们的合作者,"在这个世界上,只有在华尔街,才会有如此多品行高贵、积极进取、慷慨好客、诚实守信、正直无瑕的君子,连这里的太阳落山时,投下的都是折射圣父、圣子、圣灵爱的余晖"。哥伦比亚,作为顶尖法学院,地位堪称法学教育界的"西点军校"。[27]

哥伦比亚野心勃勃,计划在19世纪70年代,继续稳固其作为最重要法学院,或更准确来说,最重要法学培训项目的地位。德怀特对于哥伦比亚大学法学院的重新建构,实际上,就是要在培养法律实务工作者方面,放手一搏。学徒见习制,至多与现在常见的法学诊所教育类似:学生在导师的监督下,与当事人面对面处理现实法律问题。然而,现实中的学徒见习制,却很难做到这一点。就算是最为勤勉负

---

\* 本杰明·西里曼(1816—1885年),美国早期著名学术世家子弟,致力于科学研究与普及。——译者注

责的导师,也无法为学徒提供一种真正的全方位训练。[28]德怀特无意彻底放弃见习教学,事实上大部分学生仍需要每天花部分时间去律师事务所见习[29],而是努力为实践教学,营造一种学术氛围。这就需要针对具体案例,进行系列讲评,辅之以定期考试、课堂教学、突击测验与模拟庭审。这套教学体系,可被称之为"规模式"法学讲评法。

尽管担心适得其反,但少数律师,特别是那些顶尖律师,还是做好了准备,放弃学徒见习制,转而支持院校法学教育。到了1870年前后,专业期刊上呼吁完善法律职业的呼声,已呈此起彼伏之势。[30]一篇先后发表于《阿尔巴尼法学杂志》(the *Albany Law Journal*)与《西部法律人》(the *Western Jurist*)上的文章质疑,为什么法律职业"如此全然不顾自己的英名,完全不在乎与法律执业相关的荣誉,如此轻易承认一群又一群庸俗之辈的执业资质,很少考虑这些人是否能够保证自己具有与之相应的道德、智识水准与能力"。[31]没用多久,通过被称之为"法学院"的机构提供部分法学训练的理念,就迅速与机制化努力的另一个层面——即提高行业门槛从而确保律师能力水平、提高律师职业圈子的封闭性——联系起来。[32]

然而,提高职业门槛,并不必然意味着要无条件地接受院校法学教育模式。在19世纪末、20世纪初,大部分法律职业者体验的,依然是所谓"在职"法律培训。[33]反观法学院,提供的则是一种旨在完善立法质量、律师素质,从而提升法律职业地位的系统性、学术性服务。因此,在19世纪70年代,出现了所谓"下滑趋势",法"从一种自由主义科学,沦为一种纯粹的生意"。[34]而"法律科学是一门人文科学",律师应承担起"帮助解决限制法律进步的道德难题"。[35]尽管呼吁上述理念,但也有少数法律执业人士认识到过度学术培训可能导致的不良后果,例如,《阿尔巴尼法学杂志》还曾刊文,认为对于法科学生,模拟法庭毫无价值,就好像对于医科学生来说,装出来的病痛毫无价值

一样。³⁶

这种争议,相对来说并未获得太大影响。毕竟,当时没有人主张3年的法学训练全部应当在法学院内完成。³⁷律师协会的领导者们孜孜以求的,是某种更为根本的东西:对于见习制度的统一要求,同时规定部分见习可以在法学院内完成,以及一种行之有效的律师资格考试制度。³⁸对于全美法学界来说,用法学院来替代学徒见习制度,都说得通。其所呼吁建构的这种有组织的法学教育体系,既可以被自认为有能力设定律师行业标准的东北律师所接受,也可以被终日忧心于落后时代大潮的美国南部、西部地区律师所接受。

律师协会的领导者们清醒地认识到,如果要求更为严格的法学训练,更为系统的执业资格*考试³⁹,将会收紧律师执业的入口,这在另一方面也会导致与此相关的民主性降低。或许因为从未上过一天法学院,林肯能随随便便获得律师执业资格(以及其本人作为律师执业资格评议委员时表现出来的随意态度)这一点,已然成为律师行业口耳相传的仪轨。⁴⁰但是,律师职业群体对于提升法律服务标准的渴求,很快就冲垮了杰克逊时代残留下来的"过时"的民主理念。

1860年,美国基本上还不存在什么法律职业标准。同年,在美国39个司法区中,只有9个要求在申请律师执业资格前,必须完成特定时长的法律学习,甚至连这种法律学习,也更多地被理解为通过担任律师助理,而非担任学徒的方式加以完成。⁴¹虽然除了新罕布什尔及印

---

\* 对于"Bar Exam"这一英文表述,很多人将其翻译为"律师资格考试",而非"律师执业资格考试",主要可能因为对于"职业责任联考"(The Multistate Professional Responsibility Examination,简称MPRE)的误解所致。理由之一,职业责任联考,是律师执业资格考试的前提条件,而非律师执业资格考试的后续独立程序,目前美国50多个司法区中,有3个司法区,如马里兰、波多黎各及威斯康星州,明确不采用这一测试,康涅狄格与新泽西州则规定,法学院学生如果在其就读学校所选职业道德科目获得C以上的成绩,就可以免考。原因之二,退一步,即使将其作为律师资格考试的后续执业资格申请条件,也因为其是在1980年才首次开始适用,因此,就本书研究的时间维度来看,基本上都属于尚未采用该测试的阶段。基于上述原因,本书采用"法律执业资格测试"这一译法。——译者注

二、概念

第安纳州之外,其他各州几乎都存在律师执业资格考试,但这些考试大多数为口试,形式殊为随意。[42]律师协会的负责人通过考察调研,逐渐意识到,这种情况不能,也不应该继续下去。随着南北战争接近尾声,法律界开始逐渐将注意力转移到提升律师执业的进入门槛这一问题上来。

19世纪70年代至90年代,收紧律师的职业入口效果明显。到了1890年,全美39个司法区中,已经有23个开始正式要求必须完成特定时长的学习或见习。与此同时,各州逐渐开始在律师执业资格考试中采取委员会制,1878年,新罕布什尔州创设了一个常设委员会,专门负责律师执业资格问题,该常设委员会通过收取申请费保证自身运转,从而为各州设定了发展的摹本。[43]这一时期,在1870年时还只有纽约州采用的律师执业资格笔试,也日趋成为各州效仿的普遍做法。[44]

美国国民总体上对于考试技术层面、平等层面的确信,使得律师执业资格考试,在美国获得热烈响应与积极认同,在英国,这种确信同样推动了英国大学及公民服务的改革。然而,这种简洁明快的功利主义解决范式的内在逻辑,显然会钝化对因贫困而无法做好应对准备的弱势人群的政治与社会关注。推动改革向前推进的主要论点,在于提升法律服务标准的社会责任感。正如某位伊利诺伊州律师在1879年所说的那样:"就提升职业诚信与执业能力这一问题的重要性而言,申请者获得律师执业资格的便利性不应加以考虑,或应当忽略不计。"[45]

新程序的推行,并非毫无争议。围绕更好的解决办法所产生的争议之一,就是所谓"文凭特权"。这一问题,最先出现在纽约。19世纪50年代,纽约州对于律师执业资格考试的申请者,并没有任何法律学习的要求[46],仅仅规定了某种形式颇为奇特的口试。[47]不要求申请者学习法律,法学院就很难吸引学生报考,但1855年,西奥多·德怀特似乎想到了应对之策,这一年,他安排一位汉密尔顿学院法科毕业生参加了一场由 3 名律师担任考官的口试,通过口试的学生,自动获得了律师执业资格。值得一提的是,这 3 位律师,同时也是汉密尔顿兼职法学教授。[48]在法学院还被视为学徒见习制的某种扩展延伸的时代,这种做法并非完全无理。1859 年,这种文凭特权,扩展适用至阿尔巴尼法学院,翌年,又扩展适用于哥伦比亚大学与纽约大学。[49]凭借此项特权,法学院得以延揽越来越多的学生入学,就哥伦比亚大学而言,甚至可以保证学生在校两年。虽然律师执业资格考试本身不一定是万灵丹,但或利用学生想凭借文凭特权而避免考试的欲望,抑或学生系统学习法律的需求,法学院得以维持自身的经济自足。[50]

对于律师界的领导者而言,文凭特权并不讨喜,毕竟,这意味着律师的入口控制权,从法律实务工作者,转移到了法学教育者手中。路易斯·德拉菲尔德(Lewis Delafield)\*,开诚布公地指出:"律师乃公器也,岂能私相授受?"他同时指出,1860 年至 1875 年间,单单在纽约,就有约 2 400 名法科学生,利用了文凭特权。[51]加入反对阵营的,还包括那些因为缺乏财力、声望无法享有此项特权,但又持酸葡萄心理的普通法学院。哈佛未能享有此项特权,被用来作为口实,攻击哥伦比亚大学法学院等既得利益者。"我们可以推定,如果连哈佛大学这样的名校都没有让持有其文凭的学生自动获得通往马萨诸塞州律师界这一名利场的特别通行证,那么望其项背者更不能僭越这一做法。"[52]

德怀特一直努力捍卫哥伦比亚大学法学院享有的此项特权,他不仅指摘州律师执业考试的弊端,还宣传院校法学教育的优长[53],但都于事无补。1875 年,纽约市律师协会成立特别调查委员会,指派路易斯·德拉菲尔德担任主委。不出所料,调查委员会决定取消文凭特

---

\* 路易斯·德拉菲尔德(1863—1944 年),美国律师,曾担任美国社会科学协会主席、纽约州律师协会副主席等职务。——译者注

二、概念

权,转而设立一个常设考试委员会,负责组织统一的书面律师执业资格考试。[54]同年,马萨诸塞州最高法院法官在阿尔巴尼召集会议,正式呼吁立法机关取消文凭特权。[55]大厦将倾,但千足之虫,死而不僵,直到1882年纽约州的新规出台,文凭特权才最后遭到废止。不出所料,法学院在籍学生人数开始下降,但其下降幅度,并未如各个法学院所担心的那般夸张。[56]纽约州废止文凭特权后,其他各州纷起效尤,但这一做法,并未彻底绝迹。[57]

可以说,围绕文凭特权所起纷争,只是提高律师职业进入门槛这一潮流之内的小小浪花。呼吁成立全国性律师组织,以提升法律服务品质的发起人,正是文凭特权的坚定反对者,时任"美国社会科学协会"(American Social Science Association)\* 主席的路易斯·德拉菲尔德。在他看来,为很多法律职业人士,甚至部分法官加功的大众流行观念,即应当降低律师进入门槛,方便所有申请者执业的看法,根本上是错误的。德拉菲尔德认为,上述自由放任的做法,意味着法律服务已经成为一门生意,但在他看来,法律服务,应当是一项公共服务。作为承认律师行业垄断属性的回报,各州应当获得授权,对于律师执业者的品行与学识加以要求。他反对任何"放水"的做法,坚持认为,对于"不称职"的律师,应予坚决清除,对于"不称职"的申请者,应予坚决否决。[58]

德拉菲尔德在萨拉托加(Saratoga)召开的美国社会科学协会1876年年会上发表了上述想法。这种呼吁,显然有的放矢。美国社会科学协会1876年年会发表宣言,呼吁成立全国性的律师组织。[59]1878年,

---

\* "美国社会科学协会"1865年成立于马萨诸塞州波士顿,主要组织教育、艺术、商业贸易、社会经济与法理学等问题研究,成员超过1 000人。——译者注

"美国律师协会"(the American Bar Association,简称 ABA)<sup>*</sup>的成立,很大程度上正是上述呼吁的结果。[60]美国律师协会成立之初,规模尚小,1888年,仅有约750名会员。但创建伊始,美国律师协会就将提升职业水准,列入议事日程,[61]同时,也对于德拉菲尔德的观点颇为在意。德拉菲尔德的建议包括三部分:"最好的制度,应当要求所有的律师执业资格申请者都在学校学习法律原则,至少在律师事务所见习1年,最终通过法院选定的公正考试方组织的考试。"[62]因为当时法学院纷纷创建或复建,见习期的延长保证了律师事务所的见习,"公正考试方"也渐露苗头,德拉菲尔德提出的解决办法似乎获得了某种可操作性。同时,这也回应了现代法学院不断加速发展的功利主义需求。

---

[1] 参见 Boorstin, *The Americans*, vol. 3; Bledstein, *The Culture of Professionalism*; and Larson, *The Rise of Professionalism*.

[2] Bledstein, *The Culture of Professionalism*, 84. 与此类似,兽医学院的数量,从1800年至1850年的0,增至1900年的15间,而1800年时还只有12所的医学院,一个世纪之后,已经增长至186所。

[3] "1870年时,越来越多的美国院校能够授予本科学位,其医学院与法学院的数量,甚至比整个欧洲的类似学院数量总和还要多。"Ibid., 33.

[4] Davis, *Glory Colorado!*, 6. 其他创建于这一时期的高校,包括成立于1876年的约翰·霍普金斯大学,参见 French, *A History of the University Founded by Johns Hopkins*, 以及成立于1871年的雪城大学(Syracuse University),参见 Galpin, *Syracuse University*.

[5] 晚近的一项针对职业精神的研究,将这种发展,概括为"一种对于特殊社

---

\* "美国律师协会"成立于1878年8月21日,属于面向律师及法科学生的自愿性组织,主要设定法学院的教学标准,为法律职业设定道德规范,目前会员人数超过41万,总部位于伊利诺伊州芝加哥市。——译者注

二、概念

会身份的集体呐喊……一种对于向上社会流动的集体动员"。Larson, *The Rise of Professionalism*, xvi.

⁶ Bledstein, *The Culture of Professionalism*, 73.

⁷ Bryce, *The American Commonwealth*, 2:626.

⁸ 在其专著的起始部分,布赖斯提出:"律师阶层最适合被称之为精英阶层,虽然从人数比角度,略逊于资产阶级,但作为一个整体却更为有力,理由是,律师人数更多,在地方更为活跃。"Ibid., 303. 律师也认识到了自己的影响力。1870年,《阿尔巴尼法学杂志》就告诉读者:"对于任何年龄阶段的文明人来说,律师都是提升、净化白人种族的重要工具。""An Address to Law Students,"1:165. 在此之前,1853年,《利文斯顿法律杂志月刊》(*Livingston's Monthly Law Magazine*)就曾大肆称赞律师界的领袖们,"这些凭借自身天赋、活力与创造力获得成功的美国人,为我们上了生动一课,值得加以效仿。认识到他们的盛名建立在自身成就、良好品行以及巨大成功的基础上,势必会对新一代美国人产生积极影响"。1 *Livingston Monthly Law Magazine* 71(Jan. 1853).

⁹ Reed, *Training for the Law*,152-54. 早期法学院之间的异同,可参见该书第154—159页。尽管早在1790年,宾夕法尼亚大学就设有法学教授的职位,但直到1852年,才正式成立法学院。参见 Patterson, "The Law School of the University of Pennsylvania," 99, 106. 一度被误认为是纽约历史最悠久的哥伦比亚大学法学院,实际创建于1858年,参见 Dwight, "Columbia College Law School, New York," 141. 纽约大学成立仅仅8年后,就于1838年成立了法学院。纽约大学早期发展历程,可参见"Law School of the New York University," 1 *The Law Reporter* 121(1838). 经历了成立初期的失败后,19世纪50年代,纽约大学法学院复建。

¹⁰ 接下来的讲话说道:"我们希望你们成为这片土地的代言人,成为高等法院法官等国之栋梁,不仅访贫问苦,还应定分止争。为此,更为捍卫佐治亚种植园主的荣光,必须熟读法律。"University of Georgia, Law Department, *Announcement*, Athens,1 June 1859.

¹¹ New York University, Law Department, *Annual Announcement of Lectures*,

*1858-59*, 9-10.

¹² Ibid. , 10-11.

¹³ *Circular and Catalogues of the Law School of the University of Albany for the Year 1856-57*, 9.

¹⁴ Reed, *Training for the Law*, 442.

¹⁵ 以曾任美国律师、众议院议员的威廉·迪克森(William W. Dixon)的执业生涯为例,他的父亲生于英国,来到美国后在纽约从事律师执业,并获得成功。1858 年,威廉于爱荷华州获得律师执业资格,专长矿产资源法,后来,辗转于田纳西、阿肯色、加利福尼亚、内华达州等地开展律师活动,最终才落脚在蒙大拿州。参见 *University of Montana, Dedication and History: School of Law*, 24-25(1961)。

¹⁶ 参见 Swaine, *The Cravath Firm and Its Predecessors, 1819-1948*; Hurst, *The Growth of American Law*, 303-7。服务于华尔街的律师事务所虽然处于上升期,但却时刻面临被公司、企业挖墙脚的威胁。在 19 世纪 90 年代,格里菲斯律师事务所的一名合伙人,就离职成为圣达菲铁路公司(the Santa Fe Railroad)法务,另外一名离职的合伙人,则成为 JP 摩根的法律顾问。即便如此,1900 年,该律师事务所仍有 5 名合伙人、5 名律师助理。

¹⁷ 参见 Earle, *Mr. Shearman and Mr. Sterling and How They Grew*。尽管菲尔德本人一直侧重庭审诉讼,但谢尔曼却逐渐偏向为工业大亨,如美国水路运输大亨范德堡(Vandetbilt)等提供法律服务。菲尔德离开后,该律师事务所的非讼业务得以发展并成为律师事务所等主营业务,经典案例如洛克菲勒公司的石油并购业务。此外,律所涉足的业务还包括钢铁、棉花、煤炭,以及如"第一国民城市银行"(the First National City Bank)等领域。1880 年,谢尔曼与斯特灵律师事务所已经配备了当时足以彰显身份地位的电话和打字机等办公设备。Ibid. , 14,125, 137.

在美国的其他地方,20 世纪中期的各大律师事务所的前身纷纷崭露头角。1885 年,洛杉矶市的人口仅为 11 000 人左右,但其强劲的发展势头,驱使杰克逊·格里菲斯(Jackson Graves)与亨利·奥麦勒维尼(Henry O'Melveny)合作,这也成为后来美迈斯律师事务所(O'Melveny and Myers LLP)的前身。Clary, *History of the Law Firm of O'Melveny and Myers*, vol. 1, chap. 5. 10 年之后,耶鲁大学毕业生韦恩·麦克威赫(Wayne MacVeogh),短暂担任宾州西切斯特大学(West Chester)助教,研究法经济学等交叉学科后,将自己的律师事务所从海尔斯堡搬至费城,开始与颇具学术能力的乔治·比斯菲慕(George Tucker Bispham)合作,后者毕业于宾夕法尼亚大学,同时获得法学学位,曾出版过有关衡平法的专著。二人的合作迅速见到成效,开始代理宾州铁路以及某些银行,这也是后来德杰律师事务所(Dechert, Price & Rhoads)的原型。Massey, Jr., *Dechert, Price and Rhoads*, chap. 1.

[18] 参见 Sullivan and Cromwell, *A Century at Law*, 1879-1979; Dean, *William Nelson Cromwell*.

[19] Goebel, ed., *A History of the School of Law, Columbia University*, 34.

[20] Ibid., 42.

[21] Ibid., 35.

[22] 德怀特在《绿袋》(the *Green Bag*)杂志创刊号上撰文,阐述了自己的教学方法。根据他的设计,学生每天都需要在接受口试前,完成一定量的针对性阅读作业。"为了确保此种安排产生实效,需要对于学生进行提问,从而确定其是否学习过该问题、是否理解了该问题,从而确保其在听课时能够有的放矢,问答自如。"所有学生入学时都必须听课,以便学会如何"品味"法学命题。德怀特注意到,没有哪种教学方法,可以兼顾资质平庸者与天赋异禀者的需求,但因为大学毕业生有过类似的经验,可以适应他所设计的教学方法。1889 年,德怀特曾宣称:"30 余年间,还没有出现任何一例让学生感觉不满的事件。"参见 Dwight, "Columbia College Law School, New York," 141, 146.

[23] Martin, *Causes and Conflicts*, 135-36; 195-96.

[24] Goebel, *School of Law, Columbia*, 40-41.

[25] 相关观点例见 Bryce, *The American Commonwealth*, 2:628. "越来越多商贾巨富、工商龙头愿意花大价钱购买'有问题'的法律服务,诱使很多知名律师趋之若鹜,已然为我们敲响了警钟。"

概括性论述二十世纪美国法律演变历程的第一本著作!

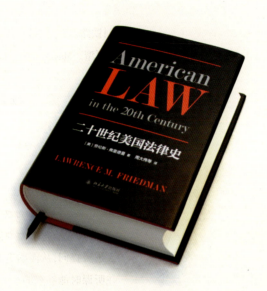

# 二十世纪美国法律史

〔美〕劳伦斯·弗里德曼 著 周大伟 等 译
出版日期:2016/7
定 价:98.00元
ISBN 978-7-301-27251-0

> 有人说21世纪是中国人的世纪，这并不仅仅指的是中国大陆，还包括超出中国国界以外使用汉语和拥有中国文化的地域。倘若果真如此，这将不是一个儒教的中国，而是一个科技发明和进步的中国，一个贸易发展和市场开放的中国。这样的中国将别无选择地借鉴美国法律中的经验。至少在一个关键点上没有悬念：那就是，它必须是一个法治的社会。
>
> —— 劳伦斯·弗里德曼

> 弗里德曼教授曾在交谈中告诉我说，他不嗜烟酒，晚年开始喜欢喝茶；他不打高尔夫球，对外出旅游也兴致不高；他唯一的爱好就是写作，甚至早年还写过几部与谋杀案有关的侦探小说。如今他已经八十多岁了，几乎每年还能写作出版一本法学著作和多篇学术论文。弗里德曼教授在学术上取得的巨大成功，似乎对新一代年轻学者们频频发出暗示：如果你打算终生投身学术研究，看来首先要做好当一个经典"宅男"的准备。
>
> —— 周大伟

本书是美国法律史研究领域的领军人物、斯坦福大学教授劳伦斯·弗里德曼的代表作。本书概括性地论述了20世纪美国法律演变的历程，涵盖了过去100年美国法律所触及的各个社会层面，行文富有叙述轶事的有趣风格，易于为广大普通读者理解。本书有助于读者了解美国法律变迁的社会文化脉络，掌握其中真正的立法精髓，理解美国社会进步的真实动力。

劳伦斯·弗里德曼，世界知名的法律史学家，美国法律史研究及"法与社会运动"领军者，美国人文与科学院（American Academy of Arts and Sciences）院士。20世纪50年代初毕业于芝加哥大学法学院（JD 1951; LLM 1953），从1968年起任教于斯坦福大学法学院，现为Marion Rice Kirkwood法学教授（1976年至今）。曾任美国法律史学会（American Society for Legal History）会长、法律与社会学会（Law and Society Association）会长。

[26] *Address by Benjamin D. Silliman before the Graduating Class of the Law School of Columbia College*（12 May 1867）．

[27] Ibid．

[28] 1896 年，查尔斯·利比（Charles Libby）提出："在律师事务所的见习生，沦为见习生在律师事务所里自己看书，间或瞥两眼周边正在处理的法律实务的细枝末节。这种法律习得模式如何能够让人满意?！这种法律理解模式如何能够获得进步?！" Libby，"Legal Education，" 27. 19 世纪 70 年代至 80 年代，围绕学徒见习制的利弊得失，曾出现过争论，但 19 世纪 90 年代的律师协会报告显示，当时普遍认为，单靠见习制，无法为法律执业提供充分的准备。根据这种制度，对于见习生或助手的严格监督十分罕见，学习的法律知识十分有限，往往局限于一时一地。更大的问题在于，很多律师事务所都聘有专业法律助理（通常是没有找到工作的法学毕业生），因此，对于在律师事务所的见习生而言，根本无事可做。参见 "Lawyer's Clerks: Their Duties, Their Pay, and Their Many Discouragements," 56 *Albany Law Journal* 12（1897）．有些论文也谈到了执业律师方面所面临的困难。"事实上，对于一位业务繁忙的律师来说，根本就不存在每天花一个小时的时间，就法律原则指点年轻后辈这回事。" Jones，"Report of the Committee on Legal Education and Admission to the Bar," 97, 100. 来自西弗吉尼亚的哈奇森（J. A. Hutchinson）这样向美国律师协会描述他眼中的学徒见习制："在一间乡下律师布满灰尘、沉寂冷清的办公室里，在此见习的家伙为了申请律师执业资格，一个人孤单地翻阅着布莱克斯通或肯特的专著，现在或许还需要看几眼基缇等学者的学说，自生自灭，他能获得的唯一指引（大多数情况下，任何指引都不存在），只是自己的一点常识。或许，他会向导师问几个含混不清的问题，能得到的，也仅仅是语焉不详的只言片语作答。" "Appendix to the Report of the Committee on Legal Education," 4 *ABA Reports* 278（1881）．

　　针对学徒见习制相关争议的分析所遭遇到的困难之一，即在于很难找到这一机制在 19 世纪运行的所谓"范本记述"。常见的，大多是一面倒的歌功颂德之作，或一面倒的尖酸批判。在肯特等学者观点占据主导地位的年代，对于

二、概念

自己的见习生涯留有回忆的,都还很难算得上是真正的法律执业者。但从相关自传等历史文本来看,在19世纪末,即使对于那些上过法学院的人来说,也依然认为见习制,即使不是强制性的,对于那些想出人头地的律师来说极为关键。例如,(美国知名律师、外交家,曾代理过涉及排华法案等影响美国历史进程的重大案件——译者注)约瑟夫·乔阿特(Joseph Choate)在哈佛大学毕业后,于19世纪50年代进入哈佛学院学习,就曾担任过政治家、律师勒维瑞特(Leverett Saltonstall)的见习生,后又在"Butler, Evarts and Southmayd律师事务所"见习4年。Strong, *Joseph H. Choate*, 23-25。19世纪60年代毕业于汉密尔顿学院以及纽约大学之后,(曾任地方检察官、陆军部长、国务卿、纽约州参议员、制宪会议主席等重要职务,1912年诺贝尔和平奖获得者——译者注)伊莱休·鲁特(Elihu Root)也曾在"Mann and Parsons律师事务所",按照惯例,无薪见习一年。Jessup, *Elihu Root*, 1:66。19世纪80年代,知名律师亨利·奥梅莱尼(Henry O'Melveny)在获得律师执业资格后,仍然前往洛杉矶进行律所"见习"。Clary, *O'Melveny and Meyers*, 38-40。

在费城,约翰·马歇尔·盖斯特(John Marshall Gest)在就读宾夕法尼亚大学法学院的同时,还在一间律师事务所见习。"见习第一天的经历,令我终生难忘。无论是研读沙斯伍德(Sharswood)对于布莱克斯通法学观点的阐述,还是从格式条款中总结各种令状或戒律,所有的一切,都是我闻所未闻的。这就是我每天见习的常态。我们这些见习生们,需要负责向法庭书记官提交法律文件、起草法律协议,参与质押、抵押等类似合同文本的制定,出席公开拍卖。我们需要作为产权保险公司代表,前往合同登记办公室、遗嘱注册办公室等地进行不动产流转与抵押调查,这一法律业务,在当时,还鲜为人知……我们,就是以这种方法,把法律学到了手。"Gest, *Legal Education in Philadelphia Fifty Years Ago*, 16。

[29] 参见 Dwight, "Admission to the Bar," 142。

[30] 例见 "An Address to Law Students," 1 *Albany Law Journal* 165 (1870):"对于任何年龄阶段的文明人来说,律师都是提升、净化白人种族的重要工具。"

下面收录的自传,可以对于 19 世纪 70 年代到 80 年代期间这种需求的广度与适用性加以说明:" Admissions to the Bar," 1 *Central Law Journal* 353 (1874); Miller, "The Ideals of the Legal Profession," *1874-1881 Iowa State Bar Association Proceedings* 194 (1912); " Law Schools," 12 *Chicago Legal News* 273 (1880); Osborn, " Annual Address," 2 *Ohio State Bar Association Reports* 71 (1882); " Report of the Committee on Legal Education and Admission to the Bar; *Tennessee Bar Association Reports* 50 (1882)": " We think we can trace a decline in the general practitioner at the bar, even in our time"; " Legal Education," 3 *Kentucky Bar Association Reports* 16 (1884).

当然,并不是所有人都对于变革满腔热忱。例见"Admission to the Bar", 15 *American Law Review* 295 (1881):"巨大的变革接踵而至,看起来现在这代学生的唯一存在价值,就是充当试验用的小白鼠,实验的结果,取决于这种培训模式能在多大程度上被更为幸运的后辈所采用。"

[31] 律师资格考试的相关问题,参见 1 *Albany Law Journal* 350(1870),重印于 4 *Western Jurist* 306 (1870). 威廉·哈蒙德(William Hammond)认为:"获得律师资格,要比获得其他安身立命的执业资格容易得多。"Hammond, "The Legal Profession—Its Past—Its Present—Its Duty," 1. 13.

[32] 例见 Hammond, " Legal Education and the Study of Jurisprudence in the West and North West," 165; Hammond, " Legal Education and the Present State of the Literature of the Law," 292.

[33] 密苏里州卡罗尔顿一名富家子的典型受训经历,可参见 Barber, *Missouri Lawyer*, chap. 1. 他的见习,始于 1896 年,首先是阅读布莱克斯通、肯特、基缔等学者的著作,然后开始誊写、提交法律文书的训练,最终,需要通过时长为 4 个小时的口试("我的一生中,之前没有,之后也没有经历过如此考验心理素质与知识水平的时刻")。Ibid., 15.

[34] Washburn, " Legal Education:Why?", 213, 215.

[35] Ibid,. 216.

[36] 参见"Law Apprenticeships," 5 *Albany Law Journal* 97 (1872). 公平起见,

文章同时承认,"年轻学生花费在律所见习的时间,也基本上属于浪费。"Ibid.,98. 该文主张,应当用正式的见习制度,取代之前的学徒见习制度,同时坚称,只有在律师事务所,才能学习到诸如撰写书面诉状等实践技能。亦参见"Law School,"12 *Albany Law Journal* 212(1875).

[37] 对于只上过法学院而没有见习经验的法学院毕业生的评价,可参见来自巴尔的摩的亚历山大(J. J. Alexander)发表的下列观点:"或许他们当中的大多数人学习的课程,都和神父或和尚所受的教育类似。"4 *ABA Reports* 287(1881).

[38] "除非律师界能够认识到提升律师执业资格的紧迫性,从而将那些庸庸碌碌之辈排除在外,否则法律职业将自取其辱,成为他人奚落、讥讽的目标,捉弄的对象。""Admission to the Bar,"4 *Western Jurist* 308,重印于 1 *Albany Law Journal*, 350.

[39] 有人化名投书,指出"负责律师资格审查的委员们对于资质要求漠不关心,只消私下进行 5 到 10 分钟的测试,就能获得律师执业资格"。1 *Central Law Journal* 353(1874);另外一篇重印于 the *New York Daily Register*("Examinations for Admission to the Bar")in 7 *Chicago Legal News* 38(1874)的论文认为,纽约的情况同样适用于芝加哥。"从东到西,我还没有听过有什么法律执业资格考试,是一个资质一般的普通人,在有经验的人指导下通过 3 个月的训练所无法通过的。"Hammond,"The Legal Profession,"13. 类似的观点数不胜数,涵盖地域包括纽约、新泽西及佐治亚州等地,例如:Delafield,"The Conditions of Admission to the Bar,"7 *Pennsylvania Monthly* 968(1876);"Examinations for Admission to the Bar,"3 *New Jersey Law Journal* 95(1880);"Admission to the Bar,"ibid., vol.,5, 95(1882);6 *Alabama State Bar Association Reports*(1884),提出内战后美国南部局势成为提高律师执业资质标准的障碍;"Legal Education,"3 *Kentucky Bar Association Reports* 26(1884);"The Learned Fifth,"1 *Columbia Jurist* 89(1885),重印了某次纽约律师资格考试的 15 道问题,指责这些问题与法学毫无干系;"Report of the Committee on Legal Education and Admission to the Bar,"4 *Georgia Bar Association Reports* 178, 184-85(1887),担心

执业资格审查委员们对于申请律师执业资格的人太过友善,急于保证这些人通过测试。

[40] 参见 Hurst, *Growth of American Law*, 281-83.

[41] Reed, *Training for the Law*, 87. 在要求特定时长法律学习的司法区,如马里兰、北卡罗来纳、俄亥俄等州,学习时间为 2 年。其他州,如康涅狄格、罗德岛、佛蒙特、新泽西、宾夕法尼亚与特拉华州,要求完成 3 年法律学习。助理制可被视为见习制的改良版,根据助理制,学生从单纯学习教科书,改变为跟随"老板"学习,要随时冲进老板办公室听从吩咐,要兼任誊写员或打字员,或者要负责安排老板的行程。在这种情况下,法律的学习,只能依靠机缘巧合的方式。Dwight, "Education in Law Schools in the City of New York Compared With That Obtained in Law Offices," 157, 159.

[42] 黑人如何努力通过律师执业资格考试的励志故事,参见 Bloomfield, *American Lawyers in a Changing Society*, 314-16。

[43] Reed, *Training for the Law*, *102-3*. 然而,改变,来得十分缓慢。休伊·朗(Huey Longs)于 1915 年进行口试,这已经成为路易斯安那州的一个传说。当被海商法律师乔治·特里白里(George Terriberry)问及对于海商法的了解时,休伊回答:"不了解。"在被追问如何处理海商法案件时,休伊说道:"我会与特里白里律师合作,并且平分律师费。"休伊通过了口试。Williams, *Huey Long*, 81.

[44] 例见"Examination for Admission to the Bar in Virginia—the Past—the Future," *2 Virginia Law Register 310* (1896);"Examinations in Law for Admission to the Bar in the State of New York," 20 *Proceedings New York State Bar Association*;"Legal Education," 44 *American Law Register* 361 (1896);"Report of the Committee on Legal Education," 2 *Pennsylvania Bar Association Reports* 128 (1896). 从很多报告及文章来看,在出现争议结果时,往往会在口试之外,增加笔试作为补充测试。但毋庸置疑的是,单纯将口试作为律师执业资格测试的做法,遭到一致谴责。"几乎在所有情况下,律师执业资格考试的形式都是口试,负责口试的委员缺乏充分准备,同时也对这件事完全不上心。""Report of the Com-

mittee on Legal Education and Admission to the Bar," 17 *Texas Bar Association Proceedings*(1898). In "How Shall Our Bar Examinations be Conducted?," 3 *Western Reserve Law Journal* 129（1897），马萨诸塞州萨福克郡(Suffolk County)的律师执业资格试题，后来被作为笔试的典型加以发表。下面这道题，堪称经典：

> A 在公路边，建有一间马厩，里面养了几匹马。A 违反法规，将马厩的招牌伸到了公路之上。因为疏忽大意，A 养的一匹马跑了出来，践踏了 B 的花园，造成了财产损失。同时，大风吹落招牌，砸伤了下面合法经过的 C。B 是否有权向 A 主张财产损害赔偿？C 是否有权向 A 主张人身损害赔偿？[Ibid., 133]

其他推荐或支持笔试的报告，参见 Libby,"Legal Education"; Rogers, "Legal Education"。

⁴⁵ Armstrong,"The Terms of Study of the Law Student," 354. 通过往来信件可以发现，阿姆斯特朗的解决办法，是将穷人绝对排除在外，但不一定排除文化水平不高或道德低下的申请者。Ibid., 367.

⁴⁶ 1846 年纽约州宪法规定："任何年满 21 岁，品行良好的男性公民，只要具备必要的学习资质与能力，即有权在本州范围内从事法律执业。"

⁴⁷ 很多相关决定，被清楚地整理在"Examination for Admission to the Bar"中，最初发表于 the *New York Daily Register*, 16 October 1874, 后来重印于 7 *Chicago Legal News* 38（1874）.

⁴⁸ 里德提出，最初为汉密尔顿法学院毕业生成立单独的律师考试委员会，是为了减少该院所处地理位置为律师执业资格考试带来的不便，但其实际运行的状态，无异于完全脱离法院的控制。Reed, *Training for the Law*, 251. 1866 年，波默罗伊(Pomeroy)要求纽约州最高法院任命 3 位杰出律师，对于纽约大学开展最终调查。Jessup, *Elibu Root*, 1:62.

⁴⁹ 了解相关历史，对于纽约市律师协会的认知颇有帮助，参见 *Report of a Committee on Admission to the Bar* 3-6(1876)。事实上，在纽约推广之前，文凭特

权就已经出现,只是没有引起注意而已。例如,1842年至1849年,弗吉尼亚大学就享有此项特权,1855年,路易斯安那大学也获得了文凭特权,该大学正是杜兰大学的前身。

⁵⁰ 对于哥伦比亚大学法学院是否应当享有文凭特权,《阿尔巴尼法学杂志》进行过系统介绍。"Current Topics," 9 *Albany Law Journal* 336(1874);"Correspondence," ibid. , vol. 9, 361;"Law Schools—Admission to the Bar," ibid. , vol. 9, 406;"Admission to the Bar," ibid. , vol. 2, 360(1865);"Admission to the Bar," ibid. , vol. 13, 142(1876).《国家》(*The Nation*)杂志也曾讨论过这一问题。"The Work," 22 *The Nation* 90(1876);"The Bar and the Law Schools," ibid, vol, 22, 109. 涉及这一问题的其他地区杂志,可参见"Law Schools," 8 *Western Jurist* 584(1874);"Law Schools—Admissions to the Bar," 1 *Central Law Journal* 320-21(1874);"Law Schools—Reform Needed," ibid. , vol. 1, 335;"Law Schools—Admission to the Bar, "ibid, vol. 1, 360;"Law Schools," ibid. , vol.1,419. "The Conditions of Admissions to the Bar," 7 *Pennsylvania Monthly* 968(1876);"Legal Education," 12 *Canada Law Journal* 187(1876).

⁵¹ Delafield, "The Conditions of Admission to the Bar," 964-67.

⁵² "Admission to the Bar,"1 *Central Law Journal* 321.

⁵³ Dwight, "Education in Law Schools," 157-66.

⁵⁴ Report of the Committee on Admission to the Bar, 29-31. 报告提出:

> 在听取意见过程中,没有哪位教授能够说明,为什么应当鼓励法学院享有文凭特权,同时,这些受访者都表达了一种共同的看法,也就是说,如果废止此项特权,法学院的人数将大幅下降。
> 
> 对于第一点,我们无法认同;对于第二点,我们认为,对于那些因此对法学院望而却步的人来说,也不会有什么损失。[Ibid. , 13]

⁵⁵ Goebel, *School of Law, Columbia*,105.

⁵⁶ 1881年至1882年,哥伦比亚大学法学院的学生人数为471名,到了

1882 年至 1883 年,学生人数减少到 400 人,1883 年至 1884 年,继续下降至 365 人,1884 年至 1885 年,维持为 365 人,1885 年至 1886 年,降至 345 人。Ibid., 106-7, 433. 德怀特甚至提出:"难以想象,尽管不能继续享有文凭特权,还是有很多年轻人继续挤在学校,学习法律。"Ibid., 107-8.

[57] 1890 年时,共有 16 个州的 26 所高校享有文凭特权。美国律师协会曾于 1892 年、1908 年、1918 年以及 1921 年,提出废除这一特权的主张。1901 年,"美国法学院协会"(AALS)也对其表示谴责。但到了 1928 年,文凭特权,至少还在 13 个州适用,或部分适用。Reed, *Present-Day Law Schools*. 53-54.

[58] Delafield, "The Conditions of Admissions to the Bar," 960.

[59] 纽约市律师协会成立于 1870 年,参见 Martin, *Causes and Conflicts*. 对于这一时期各州与地方律师协会的发展情况介绍,参见 Reed, *Training for the Law*, 206.

[60] 对于美国社会科学协会催生了美国律师协会的有价值介绍,以及二者之间亲缘关系的确证,参见 Goetsch, *Essays on Simeon E. Baldwin*, 24-30. 鲍德温不仅帮助耶鲁大学法学院在 1869 年免于关门,而且还在长达 50 年间坚定不移地站在耶鲁一边。他还担任过康涅狄格州的州长。

[61] Rogers, "The American Bar Association in Retrospect," 172. 亦参见 Smith, "History of the Activity of the American Bar Association in Relation to Legal Education and Admission to the Bar," 1.

[62] Delafield, "Conditions of Admission to the Bar," 969.

## 三、机制

  19世纪70年代之前,北美地区还不存在现代意义的大学,只存在通过宣讲、诵读等方式教授希腊语、拉丁文、道德哲学与数学的专科院校。尽管19世纪初,甚至早在英国殖民时代,这种僵化局面就已有所松动[1],但直到1865年之后,才开始劲吹教育现代化之风。虽然耶鲁及普林斯顿大学当时不为潮流所动,但哈佛,却在1869年被任命为校长的科学家查尔斯·艾略特(Charles Eliot)*引领下,开创出了一片崭新(如果不是全新的话)天地。艾略特笃信任人唯贤、兼容并蓄的建校理念,为各学科门类进入大学教育体系扫清了障碍。这一时期,不仅规模较大的私立大学获得大量社会捐赠[2],根据《莫里尔法案》(the Morrill Act)[3]获得土地拨付的大学得以纷纷创设,美国各地还开始出现中小规模的私立高等院校[4],到了19世纪80年代,更涌现出一批全新类型的私立职业院校。

  南北战争之前,美国法学教育主要通过如利奇菲尔德之类的私立法学院校[5]取得了些许成就。其实在内战爆发之前,曾有几所大学兼并过私立法学院,但由此产生的法律系,无论是在哈佛还是在杜兰大学,都处于非主流的边缘,这些大学的主要任务,依然是提供4年制、课程设置高度严密的人文社科教育。4年制人文社科教学课表中,几乎涵盖了培育年轻学子所需的全部课程,也为校长(某些情况下是所

---

\* 查尔斯·艾略特(1834—1926年),美国科学家、教育家,1869年至1909年期间担任哈佛大学校长,在该校历史上任职时间最长,并成功地将哈佛从偏居一隅的地方院校,建设成世界一流的研究型大学。他还是诺贝尔文学奖获得者、诗人艾略特(T. S. Eliot)的侄子。——译者注

谓法学教授,这一教职很大程度上类似今天的大学助教)提供了在第4学年传授政治经济学、国际法或宪法等领域知识的机会。这种发展,与当时哈佛大学的斯托里学院(the Story School)\*,或耶鲁大学的达基特学院(the Daggett School)\*\*风马牛不相及,这些学院招收本科生,目的当然不是为学生营造精致的内心世界。从战略层面来看,这显然与4年制的文学课程设置存在某种竞争关系;从战术层面来看,这些学院属于营利性的职业教育机构;从教育层面来看,这类法学院,更像,或根本上就是商学院。

　　1870年,当克里斯托弗·哥伦布·兰德尔继任院长时,这所法学院虽然依附于后来成立的哈佛大学,但其本身与当时的哈佛学院没有任何关系。⁶ 总体上,学生需要选择,或者进入哈佛学院,或者进入哈佛法学院,二者不能兼得。法学院的学生,最多能够选修哈佛学院的某些课程,后者的某些学生会在大一或大二,乃至毕业后转至法学院。法学院的大部分学生,都是高中毕业生,只有很少一部分,毕业于哈佛学院或其他高等院校。耶鲁、哥伦比亚以及宾夕法尼亚的情况与此类似,更别提那些不太出名的院校了。⁷ 因此,在19世纪70年代至20世纪20年代间,尽管美国法学教育的学制,从一到两年,延长为三年,但本质上,依然属于一种本科教育。⁸

　　1850年之后哥伦比亚大学的发展势头,以及其在法学院"改良"运动中的领军地位,最终随着哈佛大学法学院的崛起,在1870年之

---

\*　主要是指哈佛大学法学院创建之初,1829年前后聘任时任美国联邦法院大法官的约瑟夫·斯托里担任教授的特定阶段。——译者注

\*\*　主要是指耶鲁大学于1824年兼并大卫·达基特法官开办的法律学校,并由其担任耶鲁大学法学院教授的特定阶段。——译者注

后,渐渐黯然失色。小奥利弗·霍姆斯(Oliver Wendell Holmes, Jr.,)*与阿瑟·塞奇维克(Arthur Sedgwick)** 率先撰写了一篇虽未经联署,但声讨哈佛法学教育陈旧体制的战斗檄文[9],但哈佛法学院的真正崛起,需要归功于下面两份人事任命:即聘请艾略特[10]担任哈佛大学校长,以及1870年聘请兰德尔[11]担任新设立的哈佛法学院院长[12]职务。兰德尔担哈佛大学法学院院长直至1895年[13],在其任期内,哈佛法学院不仅一跃成为美国一流法学院,而且其所建构的法律培养、训练架构与机制,也被法律职业界领军人物们视为标本与楷模。更为重要的,法律,最终并无可辩驳地,被承认为一门适合大学教育体制的专业。[14]这些功(过),不仅应归于兰德尔(其本人似乎对于自己引领的变革毫无体察),还应归于艾略特,其所设计的哈佛本科、研究生教育改革创新,潜移默化地影响着兰德尔。[15]在很大程度上,正是通过艾略特的个人努力,特别是其"社会关系",才使得哈佛法学院的教改,获得其他学者、院校的赞同与接受。相比之下,因为兰德尔的刻意谨言慎行,导致公众对其所开展的工作,"知之甚少"。[16]

然而,在其担任院长期间,深深打上兰德尔烙印的种种改革措施[17],在与哈佛大学法学院建立联系的法学院校中,得以迅速推广。根据兰德尔与艾略特的设计,哈佛大学法学院最好采纳两年制,学生可

---

\* 奥利弗·霍姆斯(1841—1935年),美国诗人老奥利弗·温德尔·霍姆斯之子,美国著名法学家,联邦最高法院大法官。1861年毕业于哈佛大学,随后加入美国联邦军参与内战,并在战争中负伤。内战结束后,霍姆斯返回哈佛大学攻读法律,1866年在波士顿执业。1870年,霍姆斯成为《美国法律评论》编辑,1882年成为哈佛大学法学院教授和马萨诸塞州最高法院法官,1899年他被任命为该法院的首席法官。1902年8月11日,西奥多·罗斯福总统提名霍姆斯为联邦最高法院大法官,并一直续任至1932年主动退休,其法学思想与司法理念,对于美国政治、经济乃至社会体制,产生了深远影响。——译者注
\*\* 阿瑟·塞奇维克(1844—1915年),美国法学家、法学教育家,1864年毕业于哈佛大学,获得文学学士学位,后加入军队参与内战并被俘。其对于侵权赔偿、法学教育等问题提出很多真知灼见,特有的批判立场影响后世。——译者注

以随时入学开始学习。兰德尔担任院长后,最初建构起的是第一学年与第二学年的课程设置,也就是后来为人所知的"分级课程制"(the Graded Curriculum)。而其长远目标则更为宏大。在兰德尔心中,除了发展着重强调上诉案件分析的教学体系外,还应该将法律职业融入大学教育,所谓大学教育,并非本科教育,而是在本科学位基础上的额外三年继续教育。[18]在法学专业被承认为研究生教育之前,兰德尔提议的三年制学位体系,就已经开始变为现实。1871年,哈佛大学法学学士的学制,从18个月延长至两年。1876年,哈佛大学监事会(the Board of Overseers)*同意以规章的形式,鼓励法学学士教育的学制延长为三年。1899年,强制性的三年学制目标最终得以实现[19],尽管,即使在哈佛大学,这一硬性要求也会出现变通执行的情况。[20]

其他法学院,在对两年制法学学士加可选更高学历的法学教育体制冷嘲热讽后,也逐渐开始适用三年学制。[21]但将法律作为研究生教育的做法,则显得更难获得承认与肯定。在第一次世界大战爆发之前,只有哈佛大学及宾夕法尼亚大学,很严肃地将法律设置为一种研究生专业[22],并且,至少按照宾夕法尼亚大学的设计,法学院的学习与律师事务所的见习,应并行不悖。[23]而像斯坦福之类的大学,在刚引入法律课程时,仅将其作为一门本科专业,根据这种斯坦福模式,法律和艺术、科学等学科一样,学生毕业时获颁文学学士学位。[24]然而,到了1921年,根据里德向卡内基基金会提交的首份法学教育报告,斯坦福大学和哥伦比亚大学、西储大学(Western Reserve)以及耶鲁大学法学院等,都已经开始要求入学者,除非是本校在读本科生,必须具备本科学历。

这一时期,上述改变并非主流。从全美范围来看,20世纪早期法

---

\* 哈佛大学"监事会"作为哈佛大学的两个管理机构之一,大体负责该校的一些宏观制度咨询,其成员多为杰出校友。——译者注

学教育的主要变化,体现为将法学院的入学标准向其他本科专业看齐。即使对于所谓名校,实现这一目标也绝非易事。例如,1899年,因为康奈尔大学宣布,对于法学院,同样适用其他院系的入学标准,即入学者需完成4年制高中教育,其招生人数规模从125人骤降至62人。[25]同样的"人数骤降",还发生在某些法学院将入学标准限定在高中文凭以上的时候。1909年,当明尼苏达大学法学院开始要求入学者需完成一年大学教育时,其新生班级人数规模从前一年的203人下降到了69人。[26]

19世纪90年代到20世纪初这段期间,法学院的典型地位,十分类似于哈佛大学劳伦斯科技学院(the Lawrence Scientific School of Harvard)[27]或耶鲁大学谢菲尔德科技学院(the Sheffield Scientific School of Yale)[28],也就是说,本科水平的技术型学院,属于大学内的"二等公民"。1904年,当雨果·布莱克(Hugo Black)\*就读阿拉巴马大学时,虽然根本无法申请进入该校的学术部(艺术与科学学院),但却可以毫不费力地被法学院录取。[29]为此,3年前,在乔治敦大学,还曾发生过一些不愉快事件。虽然乔治敦大学其他院系的入学门槛很高,但其法学院却连申请者至少具备高中文凭都不要求。反对乔治敦大学兴办体育项目的人愤怒地发现,该校法学院录取学生中,体育特长生的比例高得离谱。[30]

即便如此,哈佛大学法学院作为业界标杆,依然是法学教育市场的引领者,其所开创的改革范围,不仅涵盖学生,也包括师资。1873年,哈佛大学法学院任命詹姆斯·埃姆斯(James Barr Ames)为助教,

---

\* 雨果·布莱克(1886—1971年),美国政治家、法学家,联邦最高法院大法官。1927年至1937年,布莱克出任代表阿拉巴马州的美国联邦参议员。1937年,经罗斯福总统提名担任美国联邦最高法院大法官,直至1971年,也被认为是20世纪最具影响力的美国联邦最高法院大法官之一。——译者注

堪称里程碑事件。作为最早一批学术性法律人才，埃姆斯初出茅庐，在法律实务方面并无专长可言，获任教职，完全因为其在法律教学研究方面极具潜力。当时，埃姆斯刚从哈佛大学法学院毕业，几乎没有律师执业经历，但却完全符合兰德尔眼中的法学教授要求："一位法学教师，应当是可以陪伴生徒，走上法学新路之人，对此，教师应当具备足够的经验，足以从容应对。因此，教授法律的适格条件，并不是在律师事务所的实务经验，不是为人处世之道，也不是庭审辩论之技巧，总而言之，不是法律适用经验，而是法律学习经验。"[31]因此，这种判例教学体系具备充分的自足性，已经不能再容司法实务者染指。尽管哈佛大学监事会对于埃姆斯的教职任命态度暧昧，将信将疑，但其的确成功地在哈佛，将判例教学法塑造为一种"信仰"。[32]埃姆斯很受学生欢迎，也明显具备比判例教学法的创始人兰德尔更强的教学能力。[33]针对埃姆斯的任命，[34]艾略特曾谈道："如果顺利，在这个国家，将会出现一批从未担任过法官或律师，但仍然可以作为阐释者、分类者及历史挖掘者，占据重要位置、发挥重大影响力的法学教师，我敢大胆预测，这将是我国法律职业组织发展历史中最为影响深远的一场变革。"[35]

在埃姆斯担任哈佛大学法学院教职之前（事实上，也包括之后的一段时间），法学院教授或者由从事司法实务，每周仅抽出几个小时上课的执业律师担任，或者由之前具有丰富经验的法律实务工作者转行全职担任。埃姆斯获得哈佛大学法学院的聘任，开一时之风尚，使得法学院得以融入蓬勃发展的美国高等教大潮之中，开始与法律职业本身渐行渐远。尽管埃姆斯本人其实比兰德尔更重视法律教义，但其任职，首次将法律职业区分为"学术"与"实务"两类，这种区分，不仅顺理成章地导致 1900 年，完全独立于美国律师协会的"美国法学院协会"（the Association of American Law Schools, AALS）得以创建，更加剧了 20 世纪早期围绕法律教育标准出现的迷思与纷争。

哈佛，是美国法学教育创设新型教学法的领跑者，是新型法学教育工作者的塑造者，是新型法学教学组织架构的构建者。但其课程设置的涵摄范围，并未出现太大变化，这并不令人感到奇怪，毕竟，在此方面，哈佛本来就占据主导地位。19世纪早期，正式开设法学科目变化较大[36]，但在1900年之前，兰德尔与埃姆斯就已预见到法学教育在课程设置方面会出现实质趋同。而且，在兰德尔任内[37]，还根据法律职业需要，在哈佛1852年版课程设置基础上[38]，设计出一套实质以职业教育为导向的课程设置。[39]

哈佛大学法学院凭借自身办学规模及影响力，成为其他依附于大学的法学院争相效仿但无法超越的目标。[40]还有一些全国性法学院试图通过增设国际法[41]、比较法及法理学[42]，或率先引入经济学、行政学等[43]属于当代社会学的课程，增加自身办学的学术特色，与哈佛为代表的法学职业教育有所区分。但，这显然并非易事。德怀特领导下的哥伦比亚大学法学院，对于兰德尔领导的哈佛大学法学院开设的任何非法学课程，都持敌视态度。对此，想在哥伦比亚大学法学院站住脚的政治学者弗朗西斯·列伯(Francis Lieber)，吃过苦头，有着切身之痛。[44]除此之外，1887年，耶鲁大学还推出过一种新型的法学学位，即"民法学士"(B. C. L.)，针对的就是"那些不想从事任何法律实务或法律职业，只是希望了解美国政治、法律体制，扩大自身对于国家治理理解的人士"。[45]尽管这种建构非职业化法学学位的努力，注定失败[46]，但其本身，却彰显出创设"学术型"法律人才背后隐藏的深层次问题。

这一问题，在哈佛大学法学院卷入芝加哥大学法学院创建始末的逸闻中，体现得最为明显。1900年，当威廉·哈珀(William Rainey Harper)*

---

\* 威廉·哈珀(1856—1906年)，美国教育家、著名学者，曾任芝加哥大学首任校长，并曾兼任布莱德利大学首任校长。哈珀自小被誉为神童，14岁大学毕业，不仅在很短的时间内，将芝加哥大学建设成为一流大学，还对美国社会学、古埃及学等学术领域做出巨大贡献。——译者注

当选新成立的芝加哥大学校长,准备设立法学院时,曾向哈佛大学校长艾略特及哈佛大学法学院院长埃姆斯寻求支持、征求建议。(实际上,他当时请哈佛大学法学院教职员工餐叙,席间恳请各位前往芝加哥"江湖救急",)但同时,针对这一企图,褒贬不一。时任芝加哥大学执委会委员、神学院教授古鲁莎·安德森(Gulusha Anderson)*致信哈珀,警告说:"哈佛办学模式侧重理论,属于教条主义,根本没资格让芝加哥对其模式加以复制,芝加哥的校风更重实际,远胜于哈佛。"

40 尽管遭遇各种反对,但芝加哥大学筹建法学院的脚步,并未因此停滞,同时还计划从哈佛借调约瑟夫·比尔(Joseph Beale)**担任法学院院长。同时,芝加哥大学执委会委员、政治学者厄恩斯特·弗洛伊德(Ernst Freund)***针对新建法学院,起草了一份公开信,并用相当长的篇幅,强调法学院"有义务培育、鼓励针对法理学、法律史以及立法等问题进行系统、比较地科学研究"。这份公开信的不寻常之处在于,在哈佛已经开设的课程之外,他还预见到了开设国际法的问题。除此之外,弗洛伊德还建议,在法学院二年级课程中,创设如税法、宪法、法理学、罗马法等选修课程。当比尔获知上述建议时,十分吃惊。"我们在哈佛都没开设过这些课程",他叹道,大有心灰意冷之感。哈佛大学法学院埃姆斯院长也说道:"我们学院,一致反对开设与纯法律无关的课程……我们认为,只有能够讲授法律的律师,才有资格担任法学院教授。"比尔甚至断言,"我在这样的法学院里根本毫无用武之地",但他最终,还是去了芝加哥。试验的进展尽如人意,建成后的芝

---

\* 古鲁莎·安德森(1832—1918 年),美国神学家。——译者注
\*\* 约瑟夫·比尔(1861—1943 年),美国哈佛大学法学院教授,并曾任芝加哥大学法学院首任院长。知名形式主义法学派人士,擅长公司法等领域。——译者注
\*\*\* 厄恩斯特·弗洛伊德(1864—1932 年),美国知名法学家,为美国行政法学的发展做出过巨大贡献,还曾于 1908 年筹组"移民保护联盟"(the Immigrants' Protective League)。——译者注

加哥大学法学院,超越了比尔的担心以及某些芝加哥大学教授的预期,在很大程度上十分接近哈佛大学法学院。[47]

实际上,在很多法学院,都存在横亘于理论与实践之间的鸿沟,这是因为,法学院的创设目的,大体上在于满足法律职业的培训需要,而大学,却越来越倾向于自认为是学术的中心。例如,19世纪90年代,乔治·华盛顿大学校长威灵格(Welling)就喜欢将自己的法学院称之为"比较法理学"学院。[48]但事实上,当时,这只是一间能够较为成功地帮助政府雇员通过律师资格考试的夜校,[49]乔治敦大学在19世纪90年代时,也只是一间夜校,招收了1 000名左右的非全日制学生,但也对外宣称,该院特别关注法律道德、法律哲学以及法律史等"非法律"专业。[50]当然,在华盛顿的三所顶级大学中,相较于上面提到的两所,更为出名的,非美国天主教大学(the Catholic University)莫属。在这所大学里,法学院不仅被冠以"社会科学学院"的光环,而且还因其学术地位,拥有普通法、罗马法等三个法学专业博士专业。即便如此,天主教大学法学院仍然需要绞尽脑汁地网罗教职人才,以至于1899年两名教师辞职后,法学院院长不得不向校长吐槽,"找到符合您所希望的,适合本大学法学院建设要求的老师,难比登天。就凭现在这一丁点儿薪水,年复一年,根本没办法找到合适的人才来完成工作任务"。[51]

学术理想与市场现实之间的冲突,愈演愈烈。对于其他法学院来说,照搬哈佛大学法学院同质化、程式化的课程设置是否有意义,也不是一个能够马上就可以搞清楚的问题。对于不太知名的法学院来说,适用标准的国家统一课程设置的问题,很快就暴露出来。[52]1909年,伊利诺伊大学的埃尔伯特·卡勒斯(Albert Kales)建议,既然伊利诺伊大学法学院中65%至95%的毕业生希望留在本地执业,那么与其让他们学习全国统一的课程,倒不如专门研究本地法律来得契合实际。[53]这一点,也为那些有志于从事法学研究的人,提出了值得关注的问题点:美国法,真得如兰德尔所言,是一个统一的法律体系么?为了保证判例体系能够与传授被称之为"律师思维"的方法论保持协调,兰德尔等人坚持这一看法,而这也获得统一州法委员会全国代表大会(National Conference of Commissioners on Uniform State Laws)[*]的背书。然而,这一问题,却始终如鲠在喉般悬而未决。

对于全国性法学院来说,这些问题从未荡起一丝涟漪。当美国教育委员会(the United States Commissioner of Education)1891年公布全国各法学院课程设置时[54],哈佛大学法学院仅仅开设了22门课,而耶鲁大学开设的课程多达55门,其中,有18门,被列为"非技能类"课程。开课数量位居第二的西北大学法学院,相比之下只开设了5门"非技能类"课程。[55]在后来的几年中,随着兰德尔在哈佛力推选课制的努力最终于1896年获得成功[56],并迅速在顶尖法学院得以推广[57],才使上述差距得以部分弥合。尽管在这些全国性法学院中,选课制与课程范围的拓展已然成为常态,但对于不太出名的地方法学院来说,情况却与此大相径庭。[58]埃尔伯特·卡勒斯对于地方律师执业需求的关注,詹姆斯·豪(James Hall)迟迟不愿意采用选课制,本身来看,无疑是正确的。但就核心骨干课程方面来看,事实上,截至1920年,几乎所有法学院都已经接受了哈佛模式。[59]

1870年至1920年的50年间,有一个法学院,在知识水准、组织架构、专业程度、收支状况、社会影响等各项指标方面,全面压倒了其他任何法学院。某些人开始担心,这个教育界的"八爪怪"成长太快,对于整个法学教育体系把持太牢、太深。[60]或许,无论如何,至少可以让人

---

[*] 统一州法委员会全国代表大会,美国一个非营利、非法人社团组织,成立于1892年,致力于对存在统一可能性与必要性的领域,制定全国统一法。目前,该委员会有来自全美各司法区政府指派的代表约350人,全部具有律师执业资格,身份涵盖议员、法官与学者等。其最为大家所熟知的成就,就是与美国法学会(American Law Institute)联合制定的《统一商法典》。——译者注

松一口气的是,专业整合的基础业已成形,终于可以通过创制正统的教育体系,以及配套的教育架构、课程设置,对于"法律"加以定义。早期的法学教育,并未能够培养出托克维尔所预言的"贵族"。现在,至少,被视为"技术摇篮"的法学院,可以培养出驾驭全新法律体系的技术贵族。

---

[1] 迪克纳(Ticknor)在哈佛大学推广现代语言课程,西里曼(Silliman)则在耶鲁大学开设化学与地理等专业。阿默斯特学院(Amherst College)尝试开设选修课进而建构现代课程体系,而杰斐逊创建的弗吉尼亚大学则努力营造"平等主义"氛围。可参见 Veysey, *Emergence of the American University*.

[2] 在此期间,北卡罗来纳州"三一学院"(Trinity College)在院长克洛维尔(Crowell)的领导下,尝试"现代化",尽管得到了来自卫理公会教派的赞助与支持,但资金的匮乏,使得上述改革的实现举步维艰。就在功亏一篑之际,该院接受了卫理公会教派信徒、烟草大亨本杰明·杜克(Benjamin Duke)及其家族成员的巨额捐赠。1904 年,三一学院开设法学系。Porter, *Trinity and Duke*, passim. 此外,1857 年由浸礼会教徒创办的芝加哥大学虽然曾于 1886 年被迫关门,但因为聘任了耶鲁毕业生威廉·哈珀担任校长,并获得浸礼会教徒约翰·洛克菲勒(John D. Rockefeller)的捐赠,得以于 1890 年恢复办学,并在世纪之交,推动设立法学院、医学院等计划。Storr, *Harper's University*, passim.

[3] 这项于 1862 年通过的法案,最初主要针对开设农业及机械工程等课程的州立大学划拨土地。1890 年,《莫里尔法案》经过修正,除了拨付土地之外,还开始提供资金支持。有些州利用此项资助开设新的院校(俄亥俄、西弗吉尼亚、阿肯色及加利福尼亚州);还有些院校凭借资助增设专业院系(耶鲁、布朗、达特茅斯、康奈尔),其中,只有康奈尔大学,至今依然保留着接受土地划拨支持院校的身份。Rudolph, *The American College and University*, 252-53.

[4] 典型的院校,如位于印第安纳州的瓦尔帕莱索大学。1859 年,卫理公会教派信徒分别开设瓦尔帕莱索男子学院与女子学院,但因为缺乏资金,不得不

在1869年暂停招生。1878年,该院在亨利·布朗(Henry Baker Brown)的领导下,重组为北印第安纳师范学院与商学院(the Northern Indiana Normal School and Business Institute),1879年,合作法学院开始招生,到了1900年,师范学院更名为瓦尔帕莱索学院,1905年,法学院与其合并。1907年,瓦尔帕莱索大学成立。20世纪20年代,瓦尔帕莱索大学转变为路德教派院校。*Indiana: A Guide to the Hoosier State*,310(1947),以及 *Valparaiso University Law School, Announcement for the Sessions of 1978-1979*,8(1978)。

⁵ 即使在美国内战结束后,依然存在类似于利奇菲尔德的私立法学院。例如,1878年,约翰·迪拉德(John H. Dillard)与罗伯特·迪克(Robert B. Dick)联手创建格林斯博罗法学院(the Greensboro Law School),开办第二年,学生人数就已经达到87名。Coates, "The Story of the Law School at the University of North Carolina," 7. 关于南北战争对于美国南部地区的影响,有学者曾于1884年指出:"弥合、调整因为内战导致的政治、社会结构失调局面,仍需时日。民意与法律联手保护公民免受教师、医生以及律师等人无知、傲慢、狡诈、讹诈与无能的损害。"提高职业水准,有助于南方社会与政府的恢复重建。Foster, "Report of the Committee on Legal Education and Admission to the Bar," 124,132.

⁶ 1871年,诺亚·波特(Noah Porter)在就任耶鲁大学校长的典礼上发言,认为对于大学而言,开办法学院尤为必要,这种看法在当时可谓难能可贵。参见 Hicks, *Yale Law School, 1869-1894*, 8.

⁷ 1879年,北印第安纳师范学院开设的法律课程,与其他专业一样,面向本科生。根据1879年该校(即现在的瓦尔帕莱索大学前身)招生目录,新设立的法学院,并不存在任何具体的招生要求。到了1900年,也仅仅规定,任何有能力支付学费且品行良好者,都可以随时入学、随意插班。学满两年,每年三个学期者,获颁法学学士学位(LL. B)。

印第安纳大学法学系,于1877年停办,也属于本科教育,其课程开设较为随意,1842年至1877年间,教师流动变化颇为剧烈。尽管1877年该系招收到41名学生,但仍被迫关闭。在学费收取有限的情况下,印第安纳大学自身无力支付足够的薪资聘请有能力的教授任教。1889年,在大卫·班达法官(Judge

David B. Banta)领导下,印第安纳大学法学系恢复招生。参见 Wylie, *Indiana University*, 1820-1890, 56-90.

哥伦比亚人学院(乔治·华盛顿大学前身)在其招生目录中规定,申请法学院入学者,仅需提供有能力学习法律的证明即可。后来,1899 年至 1900 学年度招生目录,才将入学标准提升为高中毕业及同等学力。

[8] 1898 年,西蒙·鲍德温(Simeon Baldwin)估计,法科学生中,约有 20% 左右具有大学学历。Baldwin, "The Readjustment of the Collegiate to the Professional Course," 1.

法学院方面迟迟没有动作,或许因为担心一下子提高入学标准会导致入学人数出现滑坡。但律师界对此看法却不尽相同。很多法律执业者急于推动提升入学条件。1905 年,伊利诺伊州多数律师对此表现出肯定的态度("Inquiry into the Present Condition of Legal Education," 39 *American Law Review* 581 [1905]),1915 年,劳伦斯·麦克斯韦尔(Lawrence Maxwell)认为,没有接受过人文教育者,不可担任律师。Maxwell, "The Importance of a Pre-Legal Education as a Preparation for the Practice of Law," 29. 来自北达科他州的布隆森(H. A. Bronsen)强调,对于没有大学文凭的人来说,需要花费额外的时间与精力,才会在法学院取得成功。"The Advisability of a Longer Law School Course and of a Higher Standard of Admission," 85. 但这并不意味着所有律师对此众口一词,20 世纪初,对于这一问题曾出现过显著争议。

还有观点鼓吹,接受法学教育前,不仅应当完成基础教育,而且必须完成经典人文社会科学的教育。相关意见可以参见下列会议中代表提出的观点:"从专业角度来看,学习法律必须完成人文学科,特别是经典人文学科的学习才能胜任","律师培训的价值,体现为经典的学习"。Starr (Chicago bar), "The Value to the Lawyer of Training in the Classic," 409. 还有补充观点认为:"最重要的,是接受拉丁语及希腊语的培训极具价值,借此可以培养学生在未来律师执业过程中分析复杂问题的思维能力……一个在生活中取得成功的人,一定是有能力通过努力学习掌握自身思维过程,如学习拉丁语、希腊语及数学的人。" Harlow Davock (Detroit bar), Ibid., 430-31.

1909年,美国法学院协会执委会对于接受法学教育的前期基础教育报告显示,进入法学院学习,前提需要掌握英语、拉丁语或希腊语、德语或法语、数学或科学、历史以及实验心理学。2 *American Law School Review* 333(1909).

⁹ "Harvard University Law School," 5 *American Law Review* 177 (1870).

¹⁰ 查尔斯·艾略特1834年生于波士顿,1853年毕业于哈佛。1854年至1863年,艾略特在哈佛先后担任数学讲师,后任数学、化学教授,后游学欧洲1年,1865返回美国后任麻省理工学院化学教授,直至被聘任为哈佛大学校长。

¹¹ 克里斯托弗·兰德尔1826年生于新罕布什尔州新波士顿,从埃克塞特学院(Phillips Exeter Academy)毕业后,兰德尔曾于1848年至1849年就读于哈佛,但未获学位。1851年,兰德尔重返哈佛法学院,一边担任图书管理员,一边研习法律。1853年,获得法学学士学位后,在纽约市执业,直至1870年1月受艾略特聘请担任达内法学讲座教授(the Dane Professorship of Law),参见Sutherland, *The Law at Harvard*, 156-66.

艾略特这样描述他与兰德尔的交往经历:"我依然记得,1851—1852学年,当我还是一名大学新生时,经常会在晚上去探访某位就读于哈佛神学院的朋友,在那里,我听说了有位年轻人正在补订帕森斯合同法讲义(Parsons on Contract talk about law),他当时正在吃晚饭,站在炉火边,津津有味地享用粗茶淡饭,一盘黑面包和牛奶。我当时还是个孩子,只有18岁,但我知道,站在我面前的,是一位天才。1870年,我回忆起这位先生令人印象深刻的专长,在纽约找到了他,并邀请他出任达内法学讲座教授一职。"引自Hurst, *The Law Makers*, 261-62.

¹² 当时,"院长"还算是一个全新头衔,兰德尔的工作职责,基本上可以被视为是教职人员的秘书。但兰德尔,将这份工作,转变为当前的一份"要职"。Sutherland, *The Law at Harvard*, 166-67; Harvard Law School Association, *Centennial History of the Harvard Law School, 1817-1917*, 27 (1917). 对于兰德尔被选认为院长的前前后后,参见Henry James, *Charles W. Eliot*, 1:268, 及Charles W. Eliot, *A Late Harvest*, 47-48.

¹³ 对于兰德尔取得成就的独特系统性评介,参见Stolz, "Clinical Experi-

ence in American Legal Education," 55。

[14] Woodard, "The Limits of Legal Realism," 709-18.

[15] 有学者引用杜兰(Touraine)对于艾略特为哈佛所作贡献的评价:"对于哈佛的成功,根本无法忽视艾略特在其中发挥的个人作用。作为一位托利派民主党人,一位商业新贵的代表成员,一位保守主义者,一位功利主义信徒,一位商会及初级教育义务化的坚定反对派,艾略特本质上是一位理性主义者,一位社会达尔文主义拥趸,基于高度的社会责任感,特别关注社会精英的养成。受进化论者斯宾塞(Spencer)及其代言人赫胥黎的影响,艾略特将进化论引入知识界。在其看来,根据由事实到理论的实践路径,知识势必由简入繁。"艾略特的努力,对于法学院、医学院以及本科教育中的科学课程,产生了重大影响。Chase, "The Birth of the Modern Law School," 329, 333.

[16] Ibid., 339.

[17] "如果遭遇到没有办法克服的反对意见,为了顾全大局,就有可能需要牺牲掉某些个人。由此不难理解,为什么艾略特可能更希望经常故意不去弄清楚谁应当为什么负责这件事。"Ibid., 345.

[18] 在19世纪90年代中期,哈佛大学法学院的学生中超过3/4具有本科学历;而在哥伦比亚大学法学院,有学位的学生不足总数的1/2;在西北大学,这个比例为39%;在耶鲁,大约为31%;密歇根大学法学院中,只有约17%的学生具有学士学位。在纽约州,申请律师执业资格的人中,具有大学学历的人所占比例约为35%,但从全国范围来看,在19世纪,申请律师执业资格的人中只有约8%的人具有学士学位。Auerbach, *Unequal Justice*, 94-95.

[19] 在德怀特及其继任者于1891年放弃抵制案例教学法8天后,哥伦比亚大学法学院也开始尝试建立三年制的法学教育体制。Goebel, *School of Law, Columbia*, 45. 但已经入学的学生,对于校方单方面延长学制的做法表示愤怒,当时已经进入二年级的大部分学生,包括很多日后的杰出律师,拒绝在法学院再待一年。Ibid., 151-52.

[20] 塞缪尔·威利斯顿(Samuel Williston)自传中讲述的故事,可以在某种程度上帮助我们理解哈佛建立三年制法学教育体制的迫切心情,以及推行这种

体制所遭遇的难题。塞缪尔于 1882 年于哈佛大学获学士学位,短暂工作后,他回到哈佛大学法学院继续求学。"当时,最长的法科学制就是两年,大多数学生都认为,在学校接受一年或一年半法学理论教育就已足够,因为这种习惯,加上当时哈佛大学法学院的课程设置相对有限,很多学生都在第二学年结束时离校,我当时也有此计划。"最后,塞缪尔因为得到校方给予的 150 美元奖学金而没有离校,这笔钱,刚好支付一年的学费。参见 Williston, *Life and Law*, 83. 1887 级哈佛大学法学院校友约翰·威格莫尔(John Henry Wigmore),就依据当时的惯例并未选修三年级课程,而只参加了最终的考试。Roalfe, *John Henry Wigmore* 10.

[21] Reed, *Training in the Law*, 176. 这一发展的唯一深远影响,就是后续出现了在某种程度上具有等价性的特殊学位,如"法学硕士"(LL. M.)及"法学博士"(S. J. D.),诸如此类。Ibid., 172. 1863 年至 1865 年,哥伦比亚曾设立过一年制的法学硕士课程。几年后,哈佛大学与波士顿大学也曾做过类似尝试。Ibid., 176. 其中,只有耶鲁大学从 1876 年开始设立的一年制或二年制法学研究生项目,算得上取得了成功。*Report of Acting Dean*, *Yale Law School, 1902-1903*, 103; Reed, *Training for the Law*, 176. 截至 1890 年,全美共有 8 所法学院提供法学研究生教育,当然,还有一些院校尝试未果。Ibid. 上述 8 所法学院中,部分院校提供的法学研究生教育,是作为两年制法学学士教育的补充而存在的。

最初,设立法学研究生教育的目的,主要是服务其他领域。Ibid., 304. 例如,耶鲁大学最早的政治史与社会学等课程,就出现在民法博士项目中。Hicks, *Yale Law School*,1869-1894, 27. 哈佛于 1910 年至 1911 年开设博士学位课程时,就包括罗马法研究专业。Sutherland, *Law at Harvard*, 233.

多出来的一学年,除了具有区隔、"衔接"作用之外,对于法学院来说,研究生教育模式似乎意义不大。只有哈佛看起来像个例外。其所设置的法学博士项目课程涵盖(除了众望所归的罗马法与法理学之外)国际法、行政法、程序法改革等问题。*Centennial History of the Harvard Law School*,59;Redlich, *Common Law and the Case Method*, 46n. 尽管哥伦比亚与耶鲁大学也都开设法学研究生

项目(例如,耶鲁大学的法学研究生规模,始终维持在10人到20人左右),但
直到20世纪20年代,这些大学的法学研究生项目才真正步入以研究为导向
的正轨,才真正做好严肃认真教学的准备。Goebel, *School of Law, Columbia*,
333; *Report of the President of Yale University, 1922-23*, 198; *Report of the President of Yale University, 1926-27*, 118.

²² 哈佛大学最早于1875年,开始尝试对于法学院申请者要求具备本科学
历或同等学力。尽管这一要求获得艾略特校长的批准,但未获哈佛大学监事
会的支持。1895年至1896年,哈佛大学法学院才正式做出这一要求,但因为
存在各种例外豁免,直到1909年,才完全生效。Warren, *History of the Harvard
Law School and of Early Legal Conditions in America*, 394-98. 然而,据统计,1896
年至1919年间,哈佛大学法学院招收的3488名学生中,只有49人未获得学士
学位。Seligman, *The High Citadel*, 41-42.

1916年,宾夕法尼亚大学开始要求申请进入法学院学习的人具备本科学
历。还有些法学院,除了要求本科学历之外,还对于不具备本科学历的申请
者,要求必须参加入学考试。例见 Rogers, "Law School of the University of
Michigan," 189-208. 1898年时,爱荷华州立大学法学院并未强制要求申请入
学者具有本科学历,但认为其可以作为参考指标。参见 McClaim, "Law Department of the State University of Iowa," 374. 当约翰·戴维斯(John W Davis)
1894年投考华盛顿与李法学院(Washington and Lee Law School)时,60多位学
生中只有两名学生具有学士学位。其中一年制的学制安排,对戴维斯来说无
意中捡了便宜,因为1893年美国出现的金融恐慌,戴维斯之前已经在自己父
亲的律师事务所里"读"了14个月的法律。Harbaugh, *Lawyer's Lawyer*, 19-24.
1870年,随着私立的列克星敦法学院被华盛顿大学收编,华盛顿与李大学法学
院正式成立。参见 Bryson, "The History of Legal Education in Virginia," 155.

值得一提的是,即使对于那些选拔标准最为苛刻的法学院来说,在20世
纪30年代之前,选择的余地其实都不大。阿瑟·萨瑟兰(Arthur Sutherland)指
出:"在1910年前后,从美国知名大学毕业,获得进入哈佛大学法学院的同行
者,仍然不是什么值得大书特书的荣耀。去法学院的,都是差生。"Sutherland,

*The Law at Harvard*，221。那些年，法学院的档案中，经常包括大量有关未能通过考试的学生记录。例如，1904 年至 1908 年，耶鲁大学法学院就有 174 名学生因为考试不及格遭到退学，其中只有 5 名具有大学学历。Report of the Dean，*Yale Law School*，*1908-1909*，219。哈佛大学法学院的考试更是出了名的难，一个班级常有 1/3 无法通过。Sutherland，*Law at Harvard*，221。虽然哥伦比亚大学在此期间也要求每门课进行考试，但在 1914 年之前，这些考试基本上都还只是装点门面的走过场。Goebel，*School of Law*，*Columbia*，233，473n。

哈佛大学法学院还一直努力将报考法学院的本科生学制，从四年转为三年。随着 1877 年，法学院的学制正式延长至三年，哈佛大学学术委员会正式考虑将申请继续去法学院深造的预科生学制改为三年。1890 年，哈佛大学教执委投票接受这一建议，但却未获哈佛大学监事会批准。但直到 1901 年时，艾略特校长依然主张，对于法学预科生，本科学制应减少为三年。参见 Abbott，*The Undergraduate Study of Law*，1。

实际上，在此期间，虽然一方面努力延长法学教育的学制，但另一方面，一些法学院还关注于同时缩短本科教育与法学教育的总学制。耶鲁大学法学院院长罗杰斯（Rogers）在 1904 年的报告中指出："越来越多有思想的教育者认为，学生在 6 年内拿到文学学士学位与法学学位，是有可能的"（155）。根据这种逻辑，当时出现了一种颇为流行的"混合学制"，根据这一项目安排，符合要求的本校大四学生，可以进入法学院选修一年级的课程，而其选修的课程所获得的学分，可以获得其原来专业与法学院的双重承认与双重计算。在 19 世纪 90 年代，哈佛和耶鲁都曾出现过此类项目。Pierson，*Yale：College and University*，*1871-1937*，1：213；Warren，*History of the Harvard Law School*，2：469。最终，"混合学制"渐渐失势，原因在于，大学四年级学生的成绩，无法匹敌法学院一年级学生的成绩。

[23] "到了 1887 年前后，法学教育流程，开始变成了兼容法学院教育与律师事务所见习的奇怪组合。我当时即在彼得林·沃德（Biddleand Ward）律师事务所注册实习，同时还是宾夕法尼亚大学法学院一年级的学生。当时，法学院与律师事务所之间的合作正日益增多。当时，全职法学教授尚不多见，几乎所

有的授课教师,都是在教学方面有些才能的法律执业人士。当时,法律职业只分两类,或者当律师,或者当法官。"Pepper, *Philadelphia Lawyer*, 48.

[24] Mitchell, *Stanford University, 1916-1941*, 86. 截至 1921 年,全美只有 4 所法学院要求申请入学者具备三年大学学历,还有 23 所法学院要求两年大学学历,另外有 20 所法学院,要求申请者具备一年大学学习经历。当时,超过半数的法学院,仅要求申请者具备高中,甚至更低的学历。Reed, *Training for the Law*, 392-93.

[25] Woodruff, "History of the Cornell Law School," 91. 随后,"进展"不断加速。1911 年,该校开始要求申请者须具备一年大学学习经历,1919 年,这一要求增至两年。Ibid., 99-100.

[26] Stein, "In Pursuit of Excellence——A History of the University of Minnesota Law School," 511.

[27] 哈佛大学劳伦斯科技学院创办于 1847 年,以捐赠者阿伯特·劳伦斯(Abbott Lawrence),一位铁路大亨的名字命名。然而,劳伦斯科技学院因为师资力量薄弱,在竞争中不敌麻省理工学院,最终不得不并入哈佛大学艺术与科学学部。参见 Morison, *Three Centuries of Harvard, 1636-1936*, 279-80, 306, 371.

[28] 耶鲁大学最早于 1846 年创建了两名科技教授的职位,但直到 1858 年,因为约瑟夫·谢菲尔德(Joseph E. Sheffield)的捐赠,才确保这个所谓"耶鲁科学学院"得以实际运转。1872 年,该学院成为独立的法人实体,并且设立了独立的院董会,开始招收本科与研究生。最终,因为科学课程被纳入常规的本科教育,该学院最终被架空,仅仅停留在纸面上。参见 Furness, *The Graduate School of Yale*, 28-37, 82-89.

[29] Black, "Reminiscences," 1, 7. 尽管布莱克大法官在阿拉巴马大学就学期间曾经转过不同院系,但后来担任美国联邦参议员的艾尔伯特·贝弗里奇(Albert Beveridge)1886 年从迪堡大学(DePauw University)毕业并获得文学学士后,进入印第安纳波利斯大学法学院求学,他曾决心跟随后来担任美国总统的本杰明·哈里森(Benjamin Harrison)学习,但遭到拒绝,随即,他成为后来担

三、机制

任美国联邦参议员的约瑟夫·麦克唐纳(Joseph McDonald)的徒弟。实习不到 6 个月,贝弗里奇就被授薪,12 个月之后,升为主任助理,14 个月之后,成为事实上的合伙人。Bowen, *Beveridge and the Progressive Era*, 32-33.

[30] Durkin, *Georgetown University: The Middle Years, 1840-1900*, 252.

[31] 引自 Seligman, *The High Citadel*, 37.

[32] 出于平衡考虑,哈佛大学监事会同时聘请詹姆斯·塞耶(James B. Thayer)加盟法学院,并要求其在最初任教的两年间,采取传统的讲授式教学法。同时,哈佛大学还聘请了波士顿一间知名律师事务所(Ropes and Gray)的创始人约翰·格雷(John Chipman Gray)担任教职。Seligman, *The High Citadel*, 37-38. 在埃莫斯的聘任问题上,艾略特发挥的作用至关重要,甚至,聘任埃莫斯,主要是艾略特的主意。Fessenden, "The Rebirth of the Harvard Law School," 493, 511.

[33] Seligman, *The High Citadel*, 37.

[34] 埃姆斯 1873 年开始在哈佛大学法学院任职,1873—1874 学年,哈佛大学法学院招生人数为 141 人,1874—1875 学年,学生人数微升至 144 人,但到了 1875—1876 年,入学人数升至 173 人。Ibid., 37.

[35] 引自 Sutherland, *The Law at Harvard*, 184.

[36] 利奇菲尔德法学院所教授的法律内容,主要是布莱克斯通的相关学说。从 1813 年就读于该校的罗杰·鲍德温(Roger Baldwin)的课堂笔记来看,授课内容包括下列主题:法学导论(50)、婚姻关系(194)、遗嘱处分与执行(69)、警察权与羁押(41)、合同法律行为(378)、侵权法(74)、证据法(72)、诉讼(281)、法律实务(68)、商法学(266)、衡平法(51)、刑法(64)、不动产及其处分(364). Reed, *Training for the Law*, 453.

某些早期法学教授的授课内容范围很广,学术倾向偏政治学,这种被学者称之为"南方传统"的宽泛教学方式,一直持续到 19 世纪 90 年代。Currie, "The Materials of Law Study," pt. 1, p. 375.

[37] 向来勤奋的里德,还按照占比,做出了下列统计:(*Training for the Law*, 454):

|  | 布莱克斯通 1765—1769 年 | 利奇菲尔德法学院 1794 年 | 利奇菲尔德法学院 1813 年 | 哈佛法学院 1835—1838 年 |
| --- | --- | --- | --- | --- |
| 商法、合同法等 | 2 | 31 | 33 | 40 |
| 衡平法 | 2 | 4 | 3 | 14 |
| 诉讼实务与证据法 | 13 | 13 | 21 | 14 |
| 刑法 | 21 | 0 | 3 | 0 |
| 不动产法 | 25 | 18 | 18 | 7 |
| 其他部门法、法学导论 | 37 | 34 | 22 | 25 |
|  | 100 | 100 | 100 | 100 |

[38] 当时开设的课程包括:布莱克斯通与肯特的学术思想、物权法、衡平法、合同法、财物委托与公司法、合伙与代理、航运与宪法、诉权与证据法、保险与商品买卖法、冲突法、票据法、刑法、遗嘱、仲裁、家庭关系法,以及破产法。Ibid., 458.

[39] 1870 年之后增设等课程包括:侵权法(1870 年)、法理学(1872 年)、联邦程序法(1872 年)、信托法(1874 年)、抵押法(1876 年)、担保法(1882 年)、准合同(1886 年)、损害赔偿法(1890 年)、市政企业法(1908 年)、商业限制法(1926 年);当时,传统"财物委托"(Bailments)概念已被"承运人"(Carriers)概念所取代,布莱克斯通和肯特为代表的传统观点已经少有人提。细节参见 Reed, *Training for the Law*, 458.

[40] 1903—1904 年,哥伦比亚大学法学院尝试进行大规模的课程设置改革,但因为意见分歧太大,最终不了了之。Goebel, *School of Law, Columbia*, 180-90.

[41] 1899 年之后,哈佛大学法学院也曾不定期开设过国际法课程。*Centennial History of the Harvard Law School*, 76.

查尔斯·谢泼德(Charles Shepard)于 1915 年提出,不要求入学申请者基础学历的法学院,往往会调整自身课程设置,从而满足不同水平学生的需求。因此,诸如国际法、历史、经济、行政、社会学以及政治学等非法学专业课程,将成为不具备大学学历的法学院学生的必修课,成为具有大学学历法学院学生的选修课。Shepard, "The Education of the Lawyer in Relation to Public Service," 220.

对于法学本科院校中法学课程的发展分析,参见 Colby, "The Collegiate Study of Law"。科尔比,是达特茅斯法学院帕克讲座教授。

[42] Reed, *Training for the Law*, 299-301. 耶鲁大学的西门·鲍德温提出,基础法学教程,可以让学生更好理解法,以及其对于美国社会产生的影响。"夯实法学基础十分重要,只有这样,才能避免只见树木,不见森林的情况发生。"参见 Baldwin, "The Study of Elementary Law, the Proper Beginning of a Legal Education," 1.

[43] Reed, *Training for the Law*, 302-3. 例如,从 1874 年开始,耶鲁就一直宣传其课程设置具有"广谱性",不仅涵盖政治与历史,套用里德的表述,"还大举进军经济学领域"。这或许指的是耶鲁大学法学院早期尝试开设税法的努力,也可能是指其当时开设的公共金融或交通经济学等课程。Reed, *Training for the Law*, 302. 1874—1875 学年的耶鲁校历记载,法学院一年级开设的课程包括国际法、美国法律史、法理学、普通法、英国宪法、医事法学、法学方法论,以及思想教育(由耶鲁大学校长波特主讲),法学院二年级、三年级开设的课程包括国际法、比较法理学、罗马法、美国宪法、宗教法、政治经济学。Hicks, *Yale Law School, 1869-1894*, 30.

[44] 列伯作为普鲁士政治流亡者,曾于 1835 年至 1856 年,任教于南卡罗来纳学院,后因其废奴主张被迫辞职。19 世纪 40 年代,斯托里曾试图为其在哈佛大学法学院谋取一个教授职位。1857 年,列伯获聘哥伦比亚大学政治、历史学教授,翌年,该校法学院成立后,哥伦比亚大学校董会任命其同时担任法学院教授,一同获聘的,还有道德哲学教授查尔斯·纳热内(Charles Nairne)。然而,1860 年,德怀特拒绝批准列伯教授的课程成为考试课,而其本人教授课程,却被列为考试课。这一做法,获得校董会的支持。列伯在德怀特的强势主导面前,一直处于"跛脚"状态,直至其于 1872 年辞去教职。Goebel, *School of Law, Columbia*, chap. 3.

⁴⁵ Hicks, *Law School, 1869-1894*, 36.

⁴⁶ 这一学位项目学制两年,课程内容涵盖美国法律基础、国际法、公法与私法、法理学、政治学、优士丁尼法学总论等。从项目创建到 1916 年项目终止,只有 9 名学生获得学位。Ibid., 36-37. 这一学位设置对于耶鲁大学来说,仅仅具有实验性质而已。

⁴⁷ Ellsworth, *Law on the Midway*, passim.

尤金·万姆堡(Eugene Wambaugh)在 1892 年接受邀请(但未出任)西储大学法学院院长职务时,提出了类似于比尔的条件,即在三年制法学学士培养问题上,必须适用案例教学法、全日制教学体制、严格的入学标准。Cramer, *The Law School at Case Western Reserve University*, 25.

⁴⁸ Kayser, *Bricks Without Straw*, 150. 自从 1870 年,该院两名教授采用传统讲授式教学法讲授四门课:布莱克斯通的《英国法释义》、阿鲁雷德·威廉斯(Alured Myddelton Williams)的《不动产法》、乔舒亚·威廉斯(Joshua Strange Williams)的《动产法》,以及基缇的《合同法》。King, "The Law School 45 Years Ago."

⁴⁹ 出于平衡利益的考量,1902 年,乔治·华盛顿大学加入美国法学院协会后,终止了法学夜校项目,授课时间,相应调整为每天上午及傍晚,1903 年,还增聘了两名全职教授。Jones, "The George Washington University Law School." 1906 年,威灵格校长向校董会汇报,"法学院转型成功,已不再是一间夜校,或者主要用来培训政府雇员的机构"。*Columbian-George Washington Law School Association Bulletin*, 1921.

⁵⁰ Durkin, *Georgetown University*, 95.

⁵¹ Hogan, *The Catholic University of America*, 1896-1903, 51.

⁵² 也不是说和知名法学院一点关系没有。尽管仍然坚持讲授特定的基本法律原则,哈佛也开始于 1890 年开设教授马萨诸塞州司法实践的课程,于 1892 年开设教授纽约州司法实践的课程。*Centennial History*, 84.

⁵³ 参见 Kales, "A Further Word on the Next Step in the Evolution of the Case Book," 11. 支持卡勒斯观点的亨利·鲍兰廷(Henry Ballantine)提出,应当特别

关注本地司法机关释出的相关判例。Ballantine,"Adapting the Case Book to the Needs of Professional Training," 135.

[54] *1890-91 Report of the Commissioner of Education*, 376-416(1894).

[55] Reed, *Training for the Law*, 352.

[56] 兰德尔推荐选课制的理由在于,可以通过选课制度创设新课程,从而保证法学院课程设置的"平衡"。充分贯彻选课制的意义在于,学生必须具备独立自主进行学业设计的能力。Ibid., 308-9.

[57] Ibid., 306-11;某些顶尖法学院早已采用选课制。1897 年,美国法学会法律教育与律师资格委员会(Committee on Legal Education and Admission to the Bar)推荐选课制。参见 20 *Reports of the American Bar Association* 366-67 (1897). 1905 年,美国法学院联盟主席报告,在相当多法学院,选课制都已经获得相当重要地位,甚至在某些法学院,已经占据主导。参见 Huffcut, 248. 芝加哥大学法学院院长詹姆斯·豪认为选课制的确有一定价值,但对于主要需要实践性课程的地方性法学院而言,却未必如此。

[58] "至少在 56 所附属于大学的法学院中,几乎毫无例外,都将课程设置集中于学生毕业之后马上就会用到的私法实践课程。学生被灌输的,是技术性方法,而非对于法律的哲学理解。"U. S. Department of Education, *Report of the Commissioner 1890-91*, 378.

[59] 根据里德的列举,20 世纪 20 年代,美国法学院的课程大体包括:代理权、委托与执行、破产法、票据法、冲突法、宪法、合同法、公司法(公营)、公司法(私营)、损害赔偿法、家庭关系法、平权法、证据法、保险法、抵押法、合伙、诉状书写、物权法、准合同法、商法、担保法、侵权法、信托法、遗嘱与执行。Reed, *Present-Day Law Schools*, 254. 这些,毫无疑问,都是照搬哈佛的课程设置。正如 1922 年,《美国法学院联盟杂志》(the AALS journal)上登载的一篇文章所言:"宛如一个模子刻出来的法学教育,奴颜婢膝地跟在一两个历史最悠久、影响力最大的法学院屁股后面,亦步亦趋。"Spencer and Harno, "The Correlation of Law and College Subjects," 85.

[60] 例见 Archer, *The Educational Octopus*.

## 四、范式

1869年,查尔斯·艾略特在其担任哈佛大学校长的就职演说中指出:"所谓大学,盖兼容并包之所。"[1]德国的科技主义,开始显现出北美风格。尽管托斯丹·凡勃伦(Thorstein Veblen)*后来抱怨:"法学院这种玩意儿,和舞蹈学校一样,根本就和大学不搭界。"[2]但在艾略特看来,学习交际舞没有什么不对,他甚至还将其设为哈佛的必修课。[3] 19世纪末,全美各个高校都试图通过扩展课程设置范围[4],创建有别于19世纪50年代英美大学学科设置的新院系,以实现实践教学的目标。[5]

在20世纪初,上述努力进展颇为顺利,"进步主义时期"(Progressive period)**的知识分子,开始关注美国高等教育过分注重实用性,片面追求专业性的问题。[6]即使最负盛名的私立大学,也好像在接受斯宾塞或赫胥黎的主张,即教育应当服务于日益专业化的工业社会的需求方面,表现得过于热情。[7]例如,20世纪20年代,对于巴特勒领导下哥伦比亚大学的迅速商业化,亚伯拉罕·弗莱克斯纳(Abraham Flexner)***表达了自己的担忧,其实,顶尖法学院,早就拜倒在大型商事律师事务所的石榴裙下了[8],其他院系,也毫无例外,专门研习为特定职场而开展的素质培训。[9]经典的"自由教育"理念,逐渐让位给现代多

---

\* 托斯丹·凡勃伦(1857—1929年),美国经济学巨匠,制度经济学鼻祖,辛辣的社会批评家,代表作为《有闲阶级论》,在经济学方法论问题上影响巨大。——译者注
\*\* "进步主义时期",一般是指1900—1917年间,美国政治、经济和社会领域出现的改革运动,进步主义运动以中产阶级为主体,社会各阶层积极参与,旨在消除美国从自由资本主义过渡到垄断资本主义所引起的种种社会弊端,重建社会价值体系和经济秩序。——译者注
\*\*\* 亚伯拉罕·弗莱克斯纳(1866—1959年),美国教育家,因为在美国、加拿大医学及高等教育改革方面所作贡献而闻名。——译者注

元主义的本科教育模式。选课制,已然将自由教育彻底毁灭,但高等教育的主流,却制造出来一个严肃教育的苍白摹本。这样,尽管名义上的自由教育已然存在,但本科与研究生阶段的职业训练,至少获得了大众给予的全新认可。同时,大学的领导者们,则将职业训练,视为激动人心的挑战。正如艾略特所言:"传递信息、塑造品味固然是教育的一部分,但最为迫切的,是培育行动力。"[10]顶尖法学院,与蓬勃发展的律师事务所,共同成长。

顶尖大学强调"生活实际"的做法,很好契合了学界弥漫的科学主义精神,催生出将彻底铲除自由教育全部余孽(即传统的"三门科"与"四门科")\* 作为最终目标的全新学科。正如历史、经院哲学与政治学[11]开始出现所谓"科学"基础那样,科学精神也开始"入侵"法学。或许,对于这一时期哈佛办学理念的概括,最好以哈佛学院哲学教授约翰·菲斯克(John Fiske)\*\* 的下列表述为例加以说明:"从科学目的角度出发,任何观点的正确性,取决于其与被观察对象之间的契合程度,而非其余某些形而上前提假定的背离程度。"[12]从单纯的知识讲授、规则测试,走向判例分析,显然是法学院获得学术声誉的通行证。[13]事实证明,判例教学模式,成为法律这种"极富想象力思维活动"的最佳载体。传承了几代法科学生的传统教学方式,即首先认定事实,然后向教授扮演的法官陈述己方观点、依据法律的"正确性",以及某些非法律原则的"必需性",论证或批驳已有司法观点。

哈佛大学法学院最为明显的压倒性领先优势,在于教学法。判例教学模式,虽然并非兰德尔首创[14],但却因其坚定不移地系统性推广,闻名于世。[15]在治学理念上,兰德尔与德怀特一样,都认为法学属于科

---

\* "the Trivium and Quadrivium",主要是指欧洲中世纪大学的标准课程设置,所谓"三门科"由文法、逻辑和修辞学组成;所谓"四门科"由算术、几何、天文和音乐组成。——译者注

\*\* 约翰·菲斯克(1842—1901年),美国哲学家、历史学家。——译者注

学范畴:"如果不是这样的话,大学,就不会屈尊去开设这个学科。如果不是这样的话,法学就沦为纯粹的手艺,倒还不如用传统的学徒见习制来得更好。"然而,兰德尔早就断言:"作为一门科学的法学,具有自身的特定原则与规则体系。真正的律师,必须有能力,以一种稳定且确定的方式,解决纠结在一起的复杂人间事务……而掌握这种能力的最佳捷径,即使不是唯一途径,就是研习与此相关的真实判例……而且,法律规则的数量,其实也没有大众想象的那般繁复。"[16]尽管兰德尔讨论的是一种19世纪语境下的科学,但其对于法律科学的判断,似乎也可以为培根\*所认同。

兰德尔,不仅将自己的上述看法,严格限制在法律规则语境范围之内,同时还建立在法律规则最好通过上诉法院的判例加以理解这一前提基础之上。兰德尔主张,借此,可以超越州界甚至国界(甚至拓展至位于伦敦的英国皇家高等法院),建构法律原则。从殖民时代开始,联邦主义者就已经清醒地认识到地方法日益趋同的现实,并对此深感不安。认为特定法律原则具有全国普遍适用性的看法,无疑冲击到将各州视为具有独立权属司法区的认知。兰德尔的设计初衷,在于研讨上诉法院的判例,会在某种意义上纠正今后一段时间司法实践对于既定法律原则的背离。在理论上,这种被兰德尔称之为内在统一、自足自洽、价值中立,且可以适用于全新情况的内在统一原则,无疑是一种相当完美的理念。

特别是,上述几个推定,成为后来所谓"判例教学模式"的根基。在兰德尔的影响下,哈佛大学法学院的教授与学生,开始主要根据法

---

\* 弗朗西斯·培根(Francis Bacon,1561—1626年),英国文艺复兴时期最重要的散文家、哲学家。英国唯物主义哲学家,实验科学、近代归纳法创始人,对科学研究程序进行逻辑组织化的先驱,被马克思誉为"英国唯物主义和整个近代实验科学的真正始祖",现代生活精神的伟大先驱。——译者注

律规范的逻辑,对于上诉法院的司法判决,展开分析。这种做法,与近似于传统法学院"小测验"的问答式教学法渐渐融合,最终演化为颇负盛名的"苏格拉底教学"[17],尽管最终基于其他根据,判例教学体制(以及苏格拉底教学法)获得了正名[18],但最初,这些做法的本来目的,是从判例中分离出哈佛模式着力寻找的为数不多的若干普通法原则,同时考察法官(假定并非接受过哈佛式训练)以何种方式背离上述原则。[19]

尽管艾略特的科学观,很多方面具备了20世纪的时代特征,但兰德尔的情况,却与此不同。1887年,他在英国《法律季刊评论》(the English *Law Quarterly Review*)上发表文章,系统地阐述了自己的教育观。文中,兰德尔提出,希望通过自身的示例,争取将美国法学教授的地位,提升到与欧洲大陆法学教授相同的位置。"虽然这在很大程度上取决于教授供职的法学院,但此外,仍需要满足下列两个条件,才能达成这一目标:将法律视为一门科学,以及将与该科学相关的所有材料归纳到教科书之中。"[20] 兰德尔始终混同科学的经验属性与理性活动属性。但在这个过程中,其从未放弃自己的观点,即法律属于科学,法学教育的核心,是法学图书馆:"我们一直认为,图书馆对于教授和学生而言,就是最佳的工作坊,正如实验室之于物理学家或化学学家,自然历史博物馆之于动物学家,植物园之于植物学家一样。"[21]

那些将法律视为纯粹科学的观点,是对兰德尔学说的断章取义。例如,同为哈佛大学法学院教授的尤金·万姆堡曾提议,通过如下方法,寻找判例的判决要旨:

> 首先,仔细厘清判例中可能出现的法律观点。然后,让学生在这个法律观点中加入逆转其含义的修饰词,之后考察,如果法庭认为修改后的观点为真,并依据其作为判决根据,那么之前的判决结果是否出现改变。如果答案是肯定的,无论之前发现的法律观点如何精妙,至少对于这一观点而言,目前的这个案件,都不

得作为判例加以使用。如果答案是否定的,那么,就可以将本案作为之前发现的法律观点,甚至其他相关法律观点的效力来源。简而言之,如果某个判决涉及某一个法律观点、某一个法律主张或某一项法律原则时,被称之为判决理由的,只能是那些可以左右判决结果的概括原则。[22]

然而,这种法律解读模式,忽略了兰德尔,乃至艾略特或埃姆斯所强调的判例体系的一项重要特征。在这些人看来,当时大学乃至法学教育的关键,在于强化"实践性",在批判既有法学教育缺乏实践性的基础上,其强调判例教学模式的实用主义特征。艾略特在其就职演说中,曾直言不讳:"亟待解决的实际问题,不是教什么,而是怎么教。"[23]对于之前的教育体制,艾略特的描述或许多少有些不尽公平,"教授式教学法,就好比花了很大努力,将水抽出来,却倒在筛子上,健康有益的水,就这样白白浪费了"。[24]而埃姆斯对于传统大学教育模式的看法,就显得相对公允,"这种教育体制缺乏魄力,以至于其所培养的学生,不像成年人,倒更像是每天囫囵吞枣、死记硬背的小学生"。[25]

埃姆斯的上述观点,体现出当时很多教育家已经开始认识到,"科学"的教学法,意味着要突出"实践性",后者反过来,也意味着接受达尔文主义,即承认适者生存。接受了这一点,就意味着承认科学主义。判例教学模式所彰显的强者气概,在《哈佛大学法学院百年史》(Centennial History of the Harvard Law School)中有精准刻画:"对于判例教学体制的受用者而言,就好像突然被丢进某个知名判例中的当事人那样,猛然间两眼一抹黑。在这片法律的洪荒之地,根本就没有什么标明道路或陷阱的路线图,只能靠自己不断摸索前行。不断碰壁,不断遭遇挫折之后,才能让其感觉到,已经开始建构起属于自己的法律知识体系。法条文的内容逐渐内化于心,一切,都变成了自己的一部分。"[26]但埃姆斯希望每个人都不要忘记,除了能够赋予受教育者以勇气之外,判例教学模式的根本属性,在于"实践性","即使我们不能随意传招现实中的当事人参与教学,也可以用无数当事人亲身经历过的已决判例,来为我们的学生所用"。[27]兰德尔在其所著《合同法》当中,曾将判例,强调为习得法律执业能力的可行之路。[28]甚至,连哈佛大学监事会,也通过平衡学院型教师与实务型教师在法学院教职员工中的人数比例,明显体现出一种实用主义态度。[29]但饶有意味的是,随着兰德尔设计的法学教学体系渐行渐远,其与法务实践的连接程度也不断衰减。

在哈佛,艾略特、兰德尔与埃姆斯之间的奇异组合,在当时特定时空条件下,营造出一个运转异常良好的教学体制。艾略特贡献自身的想法与"行动力",兰德尔则是第一践行者,更被视为标志性人物,最后,埃姆斯的天赋异禀与满腔热血,不断修正、推进这一体制的前行。[30]判例教学模式,满足当时最先进的教学需求:兼具科学性、实用性,以及某种程度上的优胜劣汰属性。其前提在于,一个统一的、原则化的客观规则体系,应该,或似乎应该被用以引发内在一致的积极反应。从理论上来说,判例模式既要对于法律问题机械地提供答案[31],但又同时能够营造出一种适者生存的氛围。

判例教学模式,除了具备以上这些基本特征,且对于法学院的类型建构发挥重大影响之外,还因为具备一定意义的适应性,从而获得成功。尽管兰德尔的最初设计,并不包括任何具体的课堂教学技巧[32],但其很快就将苏格拉底教学法与小测验等教学方法吸纳进来[33],埃姆斯与路易斯·布兰代斯(Louis Brandeis)\*都十分热衷于兰德尔的教学法[34],但其他人,显得相对更为保守。在衡平法课堂上,罗斯科·庞

---

\* 路易斯·布兰代斯(1856—1941年),美国法学家,曾任联邦最高法院大法官。作为哈佛法学院历史上毕业成绩最优秀的学生之一,布兰代斯先于波士顿执业,开办律师事务所,同时笔耕不辍,提出诸如"隐私权"等里程碑式法学概念,热心公共服务,被称之为"法律界的罗宾汉"。——译者注

德(Roscoe Pound)*曾言:"这真是一门十分奇怪的课程……兰德尔关注的问题,从来都是'为什么',以及'如何做',似乎对于学生是否掌握特定法律规则,能否阐述该规则,反倒不太在意。总是在问,法院如何作出的判决?为什么会作出这样的判决?这就是他的基本观点。"[35]约瑟夫·比尔则评论道:"兰德尔太过学究,很多学生都抱怨,他的课讲得可谓气势恢宏,但涉及的确并非法律问题。"[36]尽管根据兰德尔的设计,法律教学的内容,是一系列确定的、客观的、具有内在联系的法律规则,但其实质,却在于通过检视不合理性或任意性,强调方法论。

兰德尔虽然在哈佛哲学发展的"黄金期"[37]一直担任法学院院长,但却在哈佛哲学发展史上未留其名,这一现象,并非毫无深意。后来的学者,如威廉·基讷(William Keener)**,思维显得更为深邃[38],在其看来,法律原则的数量,近乎无限。[39]基于这一理念,基讷和其他学者,并不强调判例教学模式在传授实体法律原则方面的重要意义,转而关注判例教学模式在培育学生法律思维方面的独特作用。换句话说,对于判例教学模式的支持依据,日益转化为其可以帮助学生"像律师"那样思考。方法,而非本体,成为判例教学体系的核心。事实上,在埃姆斯的引领下,蕴含这一迥然不同思路的判例教科书,已被开发出来。在其编著的9部判例教科书中,不同判例依据所涉及的问题主旨被加以编排组合,选择判决的标准,也变成了其所涉及事实的独特性,以及法官观点的分歧度[40],而不是像兰德尔那样,单纯依据时间先后顺序加以排列(方便学生辨别法学理念的历史发展脉络与轨迹)。

1907年,埃姆斯这样论述支持这一转型的内在动因:[41]

---

\* 罗斯科·庞德(1870—1964年),美国20世纪最负盛名的法学家之一,"社会学法学"运动的奠基人,对当代法学理论的发展产生了重要的影响。他从社会学的角度分析了"法"这种现象,提供了一种全新的方法论,给法学研究带来了不同的思维模式。——译者注
\*\* 威廉·基讷(1856—1913年),美国法学家、法官,曾担任哥伦比亚大学法学院院长。——译者注

我们在哈佛希望传递的,是一种法律推理能力,因为我们相信,人是可以训练出来的,通过英美法学发展史中能够觅到的最佳方式教育学生,通过仔细分析英国普通法体系中最伟大法官的判词,我们的学生将获得比在任何其他州更好地掌握法律推理能力的条件,也更有可能获得解决实际法律问题的能力。[42]

尽管兰德尔强调,将判例教学模式作为研究法则,具有科学性,但在实际上,其所主导的转变,却与此方向有所不同。

判例教学模式的持久影响力,将美国法学教育的基础,从实质转变为过程,使得美国法学界的关注重点,至少从法学理论意义上,逐渐转变程序研究,而非规则研究。埃姆斯等早期职业法学教授们,或许并没有意识到自己从事的教学活动有何特别。然而,当兰德尔将要求学生以论文形式系统阐述法律原则的做法,改变为原始的问题解决模式时,就已基本奠定了判例教学法的基调。这一转变,不仅让很多学生抓狂[43],而且还使得美国法以其多元而非一元的研究范式,显著区别于当今其他普通法国家。埃姆斯和一些同事一度尝试整合案例汇编与相关的传统教科书[44],但这种做法并没有维持多久,很快,埃姆斯等人又开始用判例教学模式全方位训练学生的"法律思维"。[45]

"科学性"与"实用性",成为判例教学模式的看家法宝。基讷十分笃定,"在这一教学体系中,学生必须将法视为一种科学,一种应从已决判例中找寻的原则体系",[46]进而其认为:"也就是说,学生们实际所做的,是在导师的指引下,像无法得到任何帮助的律师那样,处理、解决问题。"借此,学生的推理能力得以持续发展,分析、综合能力得以不断提升,同时,还可以获得对于法律真实样态的认知。[47]判例教学模式证明,自己不仅是一种极佳的教学方式,更在学理层面兼容并蓄各种学说观点。

如果说1891年前后,美国顶尖大学已经"接受了这一信念",那么对于美国律师协会而言,情况却大有不同。后者的拒绝并不出乎意料。判例教学模式的风靡,在很多方面颇具讽刺意味,此时,律师界的主导权,正在经历从庭审律师到追求"无讼"的非讼律师的改朝换代。同一时期,法学院关注的,却明显是如何"生产"杰出的庭辩高手。律师界领袖们,即使可能并不太懂,却依然认为,法学理论,是一种"善"。与此类似,研习以罗马法为基础的大陆法体系,虽然会让兰德尔感到不安,但却很吸引这些律师领袖[48],在"美国律师协会"的各种会议上,要求法学院更多开设社会科学课程的呼声,不绝于耳。[49]总之,尽管"美国律师协会"坚定支持法学教育在架构规范方面进行改革,但却不是判例教学模式,或仅仅关注法律规则研究的法学教学范式的天然盟友。

法律实务工作者,无论从其智识水平,还是政治立场,难免不会对判例教学模式心存芥蒂。早在1876年,《中部法学期刊》(the Central Law Journal)就曾载文谴责判例教学模式"不加区别地囫囵吞枣,甚至还将某些已经被推翻的判例掺杂其中"。[50]法学院的教授们是否有能力驾驭判例教学模式,也多少存疑[51],甚至"有传言法学院这样训练出来的毕业生,不适合做律师,反而适合做淹没在故纸堆里的学究"。[52]连约翰·格雷(John Chipman Gray)\* 也不得不承认:"如果是一个傻子教授,面对一个傻子学生,那么适用判例教学模式也不能保证后者一定通过律师执业资格考试……这种教学法,的确对于参与者的智力水平要求很高。"[53]这也正是判例教学模式反对者的着力点。密歇根大学法学院的亨利·罗杰斯(Henry Wade Rogers)\*\* 就坚称,"判例教学模式,

---

\* 约翰·格雷(1839—1915年),美国物权法学家,哈佛大学法学院教授,美国联邦法院大法官霍利斯·格雷(Horace Gray)的同父异母兄弟。——译者注

\*\* 亨利·罗杰斯(1853—1926年),曾任密歇根大学法律系主任、西北大学校长、耶鲁大学法学院院长,以及美国联邦第二巡回上诉法院法官。——译者注

根本就不适用于资质平庸的学生",[54]德怀特,从来都不承认判例教学模式具有普适性,但他指出,使用这种教学法,对于普通学生而言,简直算得上一种折磨。[55]律师界的领导者们,一直致力于提升业界的知识水准,但对他们来说,显然无法接受一种会将自己的子女排除出未来律师队伍的教育体制。

律师协会负责人或许搞不清"科学性"到底是什么,"但却知道科学性像什么"。他们特别痴迷于英国司法的高度形式化,这种形式化,随着议会投票权的历次成功扩大,逐步提高。尽管兰德尔所用话语为"科学主义",但律师界的很多人还是正确地意识到,兰德尔所要做的,将会破坏律师协会通过支持1892年投入自己麾下的统一州法委员会全国代表大会等组织所营建的微妙平衡。另外,律师协会还认为,适用判例教学体系,会催生滥讼,这一点在公司法律师看来,多少有些不屑。非诉业务律师主导的"美国律师协会",更喜欢英式诉讼程序的设计,在这一诉讼体系中,诉讼成本的高企有很强的息诉效应。尽管推行判例教学模式的法学院,旨在为新型的公司法律师事务所培养学生,但这些律师事务所却认为,判例教学模式,会给自己埋雷。

正是在这种语境下,美国律师协会法学教育委员会在其1891年报告中,针对哈佛式法学教育体系,发起迎头痛击。在标榜"卷入必然会走向人身攻击的这场争论,势必会贬损美国律师协会,甚至我们这个卑微的教育委员会的声名"[56]之后,报告首先反对将法学教育作为研究生教育的制度设计[57];其次,指摘判例教学模式的"不科学性"。在其看来,律师的理想状态,应当是通过娴熟的专业知识,保护自己的客户免于诉讼之苦。在不向学术灌输法律规则体系的情况下简单介绍判例,会导致一种巨大的"恶",表征为年轻律师不仅不会约束自己当事人,反而乐于参与诉讼,在诉状中左右逢源地援引判例,将烂摊子丢给法庭解决。"话糙理不糙。我们相信,这就是现在对于初学者所进行的法学教育将导致的必然结果,美国律师协会有义务对此加以说明。"[58]

美国律师协会法学教育委员会认为,应当教给学生的,是基本的法律规则:

> 同样显而易见的,难道不是应该在学生已经将法律原则了然于心后,才开始讲授具体法律适用,特别是判例法的法律适用么?法律,无法由判例堆砌,正如任何一种科学,都无法通过研究者的思想实验得以构建一样……在此方面,法律和其他任何科学门类毫无区别,所有的科学,处理的都仅仅是抽象概念与抽象真理。特殊的区别在于,法律判断,属于借由公民合意,或立法机关制定立法对于基本事实或总体认知进行的判断。但在自然科学之中,并不存在任何类似的上诉机制,用来检验、纠正这种判断。法律判断中,判例的效力具有终局性,而这种效力,只存在于法院将法律规则适用于不同案件后形成的书面判决中。[59]

无论在哥伦比亚发生了什么,"德怀特们"仍然牢牢掌控着美国律师协会法学教育委员会。

美国律师协会1892年年会报告中体现出的敌意,同样强烈。该份报告正式提出,如果基讷认为判例是一种法源,那么,他就大错特错了。[60]虽然该报告同时认为:"目前,美国法学院的状况,总体尚好,因为很多导师,都是从事法律实务的一线律师。"但其对于判例教学模式的炮火,远未停歇。"判例教学模式的缺陷,或许还是不可避免的缺陷,在于其往往局限于法律的灰色地带,从不关注律师推理所主要依据的既定法律原则……对于真实纠纷的刻意研讨,对于既定法律规则的刻意无视,导致一班法科毕业生无知无畏,敢于介入任何诉讼争端,乐于为任何盲目诉讼的当事人提供法律服务,却从来不会在本来可以避免诉争的情况下,为其提供更为安全的法律建议……法科学生不应认为,自己进入法学院的目的,就是为了变成讼棍。"[61]虽然这算是对于英国法学教学模式的颂扬,但含沙射影的意味,不证自明:"仅仅因为我们用对于法律内在逻辑一致性与科学性的颂扬闭塞了法学初学者的视听,就认为这班人可以在所谓'实践性'的垃圾堆里创出一条科学之路,显然荒谬至极。"[62]对于判例教学模式的批判,并未到此终结,"对我来说,判例教学模式(如果某些法学院采用了此种教学法)会使得法律以一种毫无关联、彼此孤立的碎片化形式,而不是连贯、稳定的发展形势体现出来,根本无法说明案例之间的彼此关联与相互关系,根本不具备精心准备的讲授式教学所应具有的鲜活与一体化特征。"[63]

事实证明,美国律师协会1891年年会与1892年年会,是法律界对于判例教学模式大肆挞伐的"绝响之作"。到了1893年年会时,哈佛派以及基讷的支持者们逐渐开始掌握话语权,尽管仍然存在反对判例教学模式的声音,但多少已经曲高和寡了。[64]判例教学模式的成长,变得势不可挡,判例教学模式创建者——哈佛的英名,已不容抹黑。正如艾略特这样调侃自己对于哈佛大学法学院的看法:"恕吾粗鄙,实在不知美国,或者这个世界,还存在比哈佛更成功的法学院。哈佛大学法学院,已经到达法学教育的珠峰之巅。"[65]然而,哈佛大学法学院本身,却仍感觉如履薄冰。埃姆斯曾提到,1895年当选美国律师协会主席的莫尔菲尔德·斯托里(Moorfield Storey)\*"绝对不会放弃自己吹毛求疵的毛病。"对于哈佛一方来说,现在还没到功成名就的最终时刻。[66]

另一方面,随着1890年,原本供职于哈佛的威廉·基讷转而加盟哥伦比亚大学法学院,导致在该法学院,兰德尔主张的法学教学法,开

---

\* 莫尔菲尔德·斯托里(1845—1929年),美国律师、民权活动领袖,1909年至1929去世,一直担任全美有色人种协进会首任会长。——译者注

始逐渐压倒原本扎根于此的德怀特式教学法。尽管基讷宣称,"自哈佛创设判例教学模式之初,就开始获得越来越多人的支持,凡是体验过这种教学范式,或者见识过其教学成果的人,无一不对此表示赞同",但大部分哥伦比亚大学法学院教授对此反应冷淡。德怀特本人于 1891 年辞职,随后又有一大票法学院教授追随其而去。即便如此,在时任哥伦比亚大学校长西斯·罗(Seth Low)\*的支持下,基讷得以坚持博采判例教学模式与授课教学法之长。[67]尽管哥伦比亚大学法学院的教员们不一定会全盘接受兰德尔创建的哈佛式教学法,但罗校长已经下定决心,要踩着艾略特的脚印前行。另外一件里程碑事件,发生在 1895 年,因兰德尔退休,艾略特选择由埃姆斯继任哈佛大学法学院院长。

德怀特与兰德尔走上历史前台之际,美国法律职业教育"正逢丰收时"。世纪之交,国家级法学院中,兰德尔设计的哈佛模式,风头压倒德怀特领导的哥伦比亚大学模式,逐渐显明。1895 时,哈佛大学法学院的师生规模,包括 10 名教授与 400 名学生,到了 1907 年,学生人数增至 700 多名,教授也变为 14 名。[68]尽管哥伦比亚大学法学院的学生人数,在 1890 年也超过了 400 人,但到了 1907 年,又一度跌至不足 250 名。[69]

即使将种种上述诱因考虑在内,兰德尔设计的法学教育方法的蹿红速度,也可谓如火箭般迅猛。很短时间内,其就开始在顶尖法学院"圈内"开始流行,随着哥伦比亚法学院之类也开始向潮流低头,其余法学院无不顺势而为,大举跟进。1893 年,威格莫尔与艾伯特(Abbott)获聘出任西北大学法学院教授,以及 1900 年比尔担任芝加哥大

---

\* 西斯·罗(1850—1916 年),美国教育家、政治家,曾担任布鲁克林市长、哥伦比亚大学校长、美国驻外大使以及纽约市长等职务。——译者注

学法学院教授,都进一步释放出历史变革的信号。哈佛大学校长艾略特寄语威格莫尔:"祝贺你,将要开始全新的传道之旅。师者,传道者也。在法学教育领域,尤需如此。"[70] 比尔则建议威格莫尔:"预祝您在西部工作顺利,马到功成。至少还有一位能够并肩合作的战友追随你,因此不会一事无成。事实胜于雄辩,芝加哥大学法学院与哥伦比亚大学法学院就是例证,毫无疑问,西北大学法学院,也不会是例外。"[71] 至于耶鲁,因为当时的资助方还只是想维持学院的规模,而不想像哈佛、哥伦比亚或芝加哥那样扩建为大学,因此,尚不算第一阵营成员。实际上,在此期间,耶鲁算得上标准法学院的平庸范本。在与美国律师协会的论辩过程中,埃姆斯曾言:"我从来没奢望得到这个耶鲁毕业生(应指德怀特——译按)的同情。我所感兴趣的,是静待耶鲁法学院的改弦更张。"[72] 这注定不会太遥不可及。[73]

当美国第六巡回上诉法院法官威廉·塔夫脱(William Howard Taft)* 兼任辛辛那提大学法学系主任,并于1895年对该系加以重组时,选择判例教学模式作为教改基础。[74] 截至1900年,新创建的斯坦福大学法学院已聘任了5名全职教授,这些教授无一例外,全部将基讷视为行为标杆,践行判例教学模式。[75] 一流州立大学,也都开始对于采用判例教学模式跃跃欲试。19世纪90年代,威斯康星大学校长查尔斯·亚当斯(Charles Adams)** 引进查尔斯·格雷戈里(Charles Gregory)担任法学院院长助理,判例教学模式随即在此得到推广。时任法

---

\* 威廉·塔夫脱(1857—1930年),美国第二十七任总统,任内曾逐步采取年度预算,建立邮政储蓄体系,鼓励保护自然资源,大力推行反托拉斯法等。塔夫脱还曾任过律师、地方检察官、州高级法院法官、司法部副部长、法庭庭长、法学教授、美国第一任菲律宾总督等职务。——译者注

\*\* 查尔斯·亚当斯(1835—1902年),美国教育家、历史学家。曾担任康奈尔大学校长,以及威斯康星大学校长。——译者注

学院院长埃德温·布赖恩特（Edwin E. Bryant）\*一直将法学院作为"一间理想中的律师事务所"加以管理，同时，对判例教学模式嗤之以鼻，认为其"狭隘、拖沓且不专业"。[76]但当1903年，哈里·理查德（Harry Richards）就任威斯康星大学法学院院长后，判例教学模式最终胜出，理查德能够说服自己，坚持为更重要的问题竭诚奋斗，如通过适用哈佛式教学改革，将碌碌之辈逐出法律业界之外。[77]这种情况，在内设于大学之内的法学院，包括不怎么出名的法学院之中，颇为普遍[78]，在这些学校看来，采用这一创新性教学方法，无疑是迅速获得学界承认的捷径。[79]哈斯汀法学院在沃伦·奥勒尼（Warren Olney）担任院长之后[80]，放弃了之前较为原始的所谓"波默罗伊判例分析法"（Pomeroy Case Method）。\*\*而且，判例教学模式的出现，势必引发连锁反应，法学院入学标准随之水涨船高，学制也要相应延长。[81]例如，1906年，随着蒙特·里曼（Monte Lemann）与拉尔夫·舒瓦茨（Ralph Schwarz）从哈佛加盟杜兰大学法学院担任讲师，判例教学模式同时引入该院，仅仅一年后，杜兰大学法学院就开始要求申请者必须具有高中文凭，同时学制也延长至三年。

即使在耶鲁，也可以寻觅到判例教学模式影响力不断增强的蛛丝马迹，而这种发展也被认为最终将耶鲁大学法学院推入顶尖法学院行列。[82]耶鲁大学法学院一直引以为豪的"耶鲁教学法"，内容包括讲座与每日诵读。[83]尽管早在1891年，就开始有人影印单独的判例卖给耶鲁的学生，作为教科书的补充材料，但直到1903—1904学年，耶鲁大

---

\* 埃德温·布赖恩特（1835—1903年），美国法学家、律师，曾任威斯康星大学法学院院长。——译者注

\*\* "波默罗伊判例分析法"，是指在兰德尔创建所谓"判例教学法"之前，由波默罗伊在纽约大学尝试推行的相关法学教学模式，这一教学模式，在某些方面具有判例教学法的基本特征，因此可被视为判例教学法的原型。相关内容可参见 D. Barker, The American Case Method and its Influence on Modern Legal Education, *Alta* (2006). ——译者注

学法学院才开始针对三年级学生,开设判例指导课程。随着阿瑟·科宾(Arthur Corbin)<sup>*</sup>成为耶鲁大学法学院继院长之后第二位全职教授,判例教学模式这股新潮流,已然迫近。很快,科宾教授就开始针对包括一年级新生在内的全部学生同时适用教科书及判例。后来,约翰·埃哲顿(John W. Edgeton)及威廉·万斯(William Reynolds Vance)<sup>**</sup>陆续加盟。到了1912年时,耶鲁大学法学院破釜沉舟,规定"只要获得院长同意,任何课目的授课教师,都可以自行决定是否采用判例教学模式开展教学活动",此言一出,翌年,几乎所有的课程,无论是一年级还是三年级,都已开始采用判例教学模式。[84]事情发展至此,并未结束。对于耶鲁来说,万事俱备,只差一名哈佛出身的法学院院长了。"大招"最终出现,1916年,托马斯·斯万(Thomas Swan)<sup>***</sup>就任该职。尽管改用判例教学模式已经势在必行,仍然有部分耶鲁法学院教授对此心存不满。有人就写道:"很明显,法学院的管理层,正在照搬哈佛模式改造我们的法学院,这种照搬,注定漏洞百出,收效甚微。因此,在斯万院长上台不到一年,很多老师,包括我,先后挂冠而去。"[85]

  还有一些法学院,一方面慑于判例教学模式的威名,对其亦步亦趋,但另一方面,骨子里却多有抵触。1908学年,瓦尔帕莱索大学法学院首次推行判例教学模式时,该院老师大多对此将信将疑。这一年的校历,记载了围绕判例教学模式的争论,我们可以通过校历开头部分的下列记载,想象下当年会场内的风云诡谲:"完全从判例中学习法律

---

\* 阿瑟·科宾(1874—1967年),美国合同法学家,曾任耶鲁大学法学院教授,其对于合同法的研究,为20世纪美国合同法奠定了学术基础。——译者注
\*\* 威廉·万斯(1870—1940年),美国著名法学家,曾担任耶鲁大学法学院院长。——译者注
\*\*\* 托马斯·斯万(1877—1975年),美国法学家,杰出法官。先后毕业于耶鲁大学与哈佛大学,曾担任耶鲁大学法学院院长,并长期担任美国联邦第二巡回上诉法院法官。——译者注

知识的做法会让学生疲于奔命,不仅浪费时间,而且学到的知识还缺乏系统性,呈现出碎片化状态。对于资质一般的学生而言,长时间浸淫判例,将会削弱其区分判断的能力。因此,仍有必要让学生研读传统教科书。看来,并不是所有人都热衷于兰德尔那套。"[86]

法律实务界人士对于判例教学模式,虽然态度也有所保留,但早在 19 世纪 80 年代,这一全新教学法的优势,就已经开始显现。《美国法律评论》(*American Law Review*)的编者按指出:"任何英美法的学习者,只有用足够长的时间投身于实践去把握法律习惯,这样才成为更为全面的律师、更为可怕的对手、更为可靠的顾问。"[87]一度也保持怀疑态度的霍姆斯大法官,在试验了兰德尔的判例教学模式之后指出:"适用新方法一两个礼拜,在经历了最初目瞪口呆的迷惘期过后,我发现我的学生获得了单靠教科书所无法获得的敏锐洞察力,起码我自己从每天接触到的新体验中,获益良多。"[88]

20 世纪之初,判例教学模式,虽然还没有获得一致认可,但已被视为一种法学教育的方法创新。这一成功,尽管很大程度上取决于判例教学模式的戏剧性,以及使学生积极开展思维训练的调动性二者之间的互动,还取决于另外一个要素。毫无疑问,判例教学模式的流行,与趋炎附势的人类特性相关,一旦知名法学院采用了这一教学法,那些跟在屁股后面的法学院必然跟进。这种所谓精英主义取向,不仅体现在法学院这一机制之中,还体现在体制中的每个人身上。毫无疑问,课堂之上,法学教授们挥斥方遒,体感影响力不断膨胀,这些人也乐见于原本死磕课本的助理变身为光芒四射的演员。更为重要的是,法科学生也感受到了这种吸引力。到了 19 世纪 90 年代时,进入法学院学习,不再是什么稀罕事儿,对于想特立独行的人来说,选择适用判例教学模式的法学院,不失为标新立异的好选择。当然,这些人也会多少考虑到学习的实用性,适用判例教学模式培育起来的新一代律师,反过来也倾向于在教学活动中适用这种方法。

抓了一手好牌的判例教学模式,还藏着一张王牌,这就是巨大的吸金能力。兰德尔设计的教学模式获得成功后,大班授课制得以推行。尽管多少不同,但在哈佛大学法学院,兰德尔基本上维持了1∶75的师生比例[89],判例教学制度,加上苏格拉底教学法,使得授课可以在最大规模的礼堂里组织开展。采用苏格拉底教学法,意味着放弃死记硬背与小型测验,而这两者,都是传统法学院讲授式教学模式的支柱与根基。实际上,判例教学模式下,授课过程将小型测验内化其中,从而成功将传统教学法中侧重学生个人的特质,扩展至大规模的集体授课过程。因此,判例教学法成本更低,学生、老师的体感更好。这就是为什么那些效法哈佛模式的法学院,很少追求什么更好的师生比等问题。对于大学管理者来说,任何能够让一个老师教很多学生的教育项目或教育创新,显然都是不能抗拒的诱惑。哈佛教育模式意味着法学院可以自主自足。[90]耶鲁大学校长艾略特对于兰德尔运用"凯尔特智慧"(Celtic Wisdom)发明的这种经济上极富诱惑力的判例教学模式颇以为然,而兰德尔,则投桃报李。[91]

广谱的适应性及连贯性相互结合,确保了判例教学模式能够获得成功。1906年时,乔治·华盛顿大学教授詹姆斯·斯科特(James Scott)宣称:"作为训练学生法律思维与法律推理能力的最佳方式,判例教学模式显然是学习法律的最佳途径。"[92]截至1902年,全美范围内注册的92所法学院中,12所明确采用了判例教学模式,到了1907年,这个数字攀升至30所。[93]这一批人,有意或无意地准确感知到这种时代脉动,激发大众争相效尤。科学内涵、显而易见的实用性、标榜的精英主义、经济上的巨大成功、掌握"律师思维",种种要因相互杂糅,产生出这股"无坚不摧"的热潮。

1 Eliot, Inaugural Address at Harvard College (1869);再印于 Hofstadter and Smith, eds., *American Higher Education*, 2:601.

2 Veblen, *Higher Learning in America*.

3 "我经常说,如果要我在哈佛开一门必修课,就一定要开舞蹈课。"Charles Eliot, "Inaugural Address," 载于 Hofstadter and Smith, *American Higher Education*, 601.

4 例如,1879 年,美国联邦最高法院大法官塞缪尔·米勒(Samuel F. Miller)宣称:"我是知识爆炸论的忠实信徒。在铁路、电信、新闻出版业的影响下,现代人类前进的步伐不断加速,因此,浪费四年大学时光,学习已死的语言、抽象的计算,大体上荒谬至极。"Miller, "The Ideals of the Legal Profession," 202.

5 对于课程设置范围的拓展概述,参见 Veysey, *The Emergence of the American University*; Buck, *Social Sciences at Harvard, 1860-1920*; Haskell, *The Emergence of Professional Social Science*.

1915 年,哥伦比亚大学校长查尔斯·哈斯金斯(Charles Homer Haskins),正式将之前的所谓"经院学",改称为社会科学。"社会科学具有的实践性,并非在微观层面让人获得生存技能,而是在宏观层面建构人生价值。"Rudolph, *The American College and University*, 365. 19 世纪末,传统经典课程体开始崩解。就法律专业而言,历史、经济等传统学科,除非能够迅速迎合 19 世纪的科学与经验主义价值观,否则根本无法维持以往的重要地位。通过在课程中引入"归纳法",人文学科的教授们,为自己的课程找到了和法学类似的合法性。维齐(Veysey)认为,在 19 世纪末之前,美国各大学拓展课程设置范围的努力,因为经济条件的限制,并未取得成功,直到内战后,随着美国国力的增强,以及赶超欧洲名校的强烈意愿,情况才有所转机。

6 Veysey, *Emergence of the American University*, 90. 同样的,凡勃伦(Veblen)写道:"这些法学院一门心思都在琢磨如何培训好实践者,而非法学家;法学教授与学生的关系,更类似于教练与运动员。似乎迫在眉睫需要学习的,只是成功的实践策略与各种权宜之计,至于那些讨论法律体系根基的形而上论述,则很少涉及。教学设计与目标,都在于如何能够让学生将法律的战术运用烂熟于心。"Veblen, *Higher Learning in America*, 155.

⁷ 考虑到法律业界的态度,对于法学院来说,这似乎也是顺势而为。例如,南卡罗来纳州律师托马斯·雷纳尔(Thomas N. Raynor)曾这样表明自己的态度:说好听点,我们州对于律师的准入标准可谓"宽宏大量",但从适者生存的角度来看,应当将不适格者,杜绝于法律职业大门之外。Raynor, "Necessity of Preparation for the Bar," 61.

⁸ 对此,律师界的看法也认为,虽然这算不上最佳,但也是可以接受的做法。有学者认为,学生没有选择,必须学习公司法。"一直以来都极为重要的商法、与货币或金融工具相关的法律、与个人物权相关的法律,正在逐渐没落,被张牙舞爪追赶而来,没有一定之规的公司权利、义务、责任所压制。"Duke, "Some Thoughts on the Study and Practice of Law," 133.

⁹ Veysey, *The Emergence of the American University*, 67-68.

¹⁰ Ibid., 91. "行动力"对于艾略特而言,绝非浮华辞藻,借此,不仅可以概括艾略特本人的特征,还可以说明艾略特认识到,在其所生活的时代,行动力已经成为在激烈变革的社会中,个人取得成功的必要条件。约翰·查普曼(John Jay Chapman)通过募款一事,对于艾略特的极强"行动力",进行了列举:

> 艾略特在募款时的狂热说辞,能让母猪上树,靠这个本事,艾略特支撑起了哈佛。如果将其比作旋律,则音调简单粗暴,绝非天外之音,完全从实用主义角度出发的东拼西凑。但就是这样蹩脚的音符,激扬起哈佛的共鸣——建构起我们的学院、剧场、诊所、宿舍、博物馆,这些当代美国的象征,既不可避免,又必不可少,更是通向未来的大门。至于艾略特在此发挥的作用,我们只能说:"这是一个多么美好的人为时代,这是多么娴熟的政治手腕。"[引自Chase, "Birth of the Modern Law School," 339]

¹¹ 经济学的崛起,参见O'Connor, *Origins of Academic Economics in the United States*;与哲学兴起相关的介绍,参见Roback, *History of American Psychology*;历史学部分,参见John Higham, with Leonard Kreger and Felix Gilbert, *History*;

获得普遍肯定的社会学研究,参见 Mills, *Sociology and Pragmatism* 与 Odum, *American Sociology*. 政治学的萌芽,参见 Bernard Crick, *The American Science of Politics*. 相关概述可参见 Buck, *Social Sciences at Harvard*, 1860-1920.

[12] John Fiske, *Outline of Cosmic Philosophy*, 1:272.

[13] 对于这种改变,不应嗤之以鼻。对于法学院、医学院的教学改革,艾略特提出:

> 如果哈佛大学法学院、医学院将传统授课式教学法作为自身唯一教学手段,对于差别迥异的不同班级,千篇一律的教学也不会有什么问题,除非某位教师感觉到有必要结合学生知识的盲点或弱点,改变教案。但在这两个学院改用纠问式教学法之后,很大一部分学生因为自身素质的低下、能力的参差,一时根本无法适应。推广书面测验,也使得学生文化水平的弱点暴露无遗。[引自 Warren, *History of the American Bar*, 2:396]

[14] 参见 Chase, "The Birth of the Modern Law School," 332-43. 亦参见 Hastings College of Law, *Golden Jubilee Book*, *1878-1928* (1928),主要介绍约翰·波默罗伊(John Pomeroy)在纽约大学适用判例教学法讲授衡平法的例子。对于这一在兰德尔之前就开始采用判例教学法的例子的真实性,于1867年在纽约大学获得法学学位的菲利普·杰萨普(Philip Jessup)的自传中,得到了证实。Jessup, *Elibu Root*, 1:61. 1878年,在波默罗伊转往加州大学哈斯汀法学院任教之初,曾被要求必须使用讲授式教学法,但很快,他又改回适用"修正的"判例教学法。

[15] 兰德尔的一意孤行,差点害自己丢掉工作。在刚开始执教时,兰德尔的人气极差,甚至被称为"老怪物",只有七八个学生选他的课。因为采用判例教学法,哈佛大学法学院入学人数骤降,1874年,开始有谣言说兰德尔会被炒鱿鱼。但就在这个时候,峰回路转,潮流巨变,兰德尔力推的法学教学法终于获得了肯定与支持。Seligman, *The High Citadel*, 35. 亦参见 Gilmore, *The Ages of American Law*, 41-48.

[16] Langdell, *A Selection of Cases on the Law of Contracts*, vii. At p. iv, 兰德尔

提出:"例如,对我来说,似乎可以在没有僭越时下限度的情况下,将对于合同法这一法律部门的实质法律原则发展而言至为重要的判例加以选择、整理、编排。"

艾略特校长后来提到:"兰德尔教授采取的法学教学法,类似于物理学中的实验教学法,虽然他认为,法学院唯一需要的实验室,就是一间堆满书的图书馆。"Eliot, *A Late Harvest*, 54.

[17] 对于兰德尔最初推广其所设计的新教学法的形象描述,参见 Chase, "The Birth of the Modern Law School," 329-30.

[18] 和判例教学法一样,对哈佛大学而言,苏格拉底教学法也不仅是一种灵感的复兴。德怀特也将自己的教学法,描述为具有"苏格拉底式、说明性以及评注性"等特征。引自 Goebel, *School of Law*, Columbia, 55, n.14.

[19] Reed, *Training for the Law*, 376, 378. 兰德尔的判例教材体例,主要是按照时间顺序,就几个主要的法律问题,对于相关判例(特别是老旧判例)的整理。相关法律原则的发展,同样成为判例选取的依据。*Cases in Equity Pleading*(1878)与 *A Selection of Cases on Contracts*(1879)中,就包括有对于相关判例的总结:"简约但不简单,对于学生而言极有裨益。"

兰德尔在后来的著述中,对此并不认同:"摘要主要是为了更好理解判例而编写,结果越写越多,判例,才是摘要真正的效力来源。如果引用了其他的法源,一定是出于特定的目的。编者从未反对过对于特定问题,进行系统的法源汇编。另外,这样做还有一个前提,就是推定读者在阅读摘要时,手边是有相关判例全文的,如果读者对于判例本身不熟悉,则必须想办法让自己熟悉。" Langdell, *Summary of the Law of Contracts*. 该书中,包括 108 页的判例摘要。

后续的判例教材,并未沿用这一做法,唯一的例外是 James Barr Ames' *Selection of Cases on the Law of Bills and Notes* 以及 Joseph H. Beale's *Selection of Cases on the Conflict of Laws*. *Centennial History of the Harvard Law School*, 80-81.

[20] Langdell, "Harvard Celebration Speeches," 124.

[21] Ibid. 如前所述,艾略特的法学教育理念,在很大程度上,成为兰德尔前进的独立源泉。例如,1874 年,艾略特这样对比法学教育与医学教育:

药学与医学,的的确确,需要部分依赖于书本知识,但更重要的,还是需要从病人或伤者的身体学起。而法学,则几乎毫无例外地,需要从记载、提炼、分析法律原则与判例的教科书中习得。医学院学生,必须花费大量时间在医院实习,但对于法科学生来说,在没有熟练司法实践技巧之前,去法庭旁听,无疑是在浪费时间。在这个意义上,只有法学院的图书馆,而不是法庭或律师事务所,才能和医院相提并论。[引自 Chase, "Birth of the Modern Law School," 341-42]

[22] Wambaugh, *The Study of Cases*, 17-18.

[23] Hofstadter and Smith, *American Higher Education*, 617.

[24] Ibid., 610. 尽管对于传统讲授式教学法缺点的批判多少有些言过其实,但艾略特并未错误评估针对这一传统教学法,当时法学界所普遍存在的抵触情绪或反对态度,很多法学教授甚至还开展了一场声势浩大的批判运动,炮火主要集中于讲授式教学法太过枯燥,缺乏说服力。Dennis, "Object-Teaching in Law Schools," 228. 另外,学生很有可能会忽略真正的重点,或者无法准确把握问题的实质。Case, "Methods of Legal Study," 69. 泰德曼(Tiedeman)教授注意到,如果学生在进入法学院之前,受到过良好训练,那么讲授式教学法无疑是最优选择,但因为法学院新生素质往往参差不齐,且缺乏针对性训练,从而导致讲授式教学法变得不受欢迎。Tiedeman, "Methods of Legal Education," 150, 151. 还有学者认为讲授式教学法,尽管对于老师来说最为方便,但"对于一些宏大法律命题而言,这种由一名对此熟悉的人,将其介绍给一群对此一无所知的人的办法,无疑会导致混淆。没办法,学生只有大抄特长笔记,或购买与此问题相关的参考书"。Baldwin, "The Recitation System," 1, 2. 总体而言,该当谴责的,并不是讲授式教学法本身,而是将其作为唯一的教学法。对于艾略特一棍子打死的批判方式,赞同者寥寥。

[25] Ames, *Lectures on Legal History and Miscellaneous Essays*, 362.

[26] *Centennial History*, 130.

[27] 当时,并非所有的观察家都认同哈佛的理念。毫不意外,德怀特与其追

随者,就是最坚定的反对者之一。参见 Dwight, "What Shall We Do When We Leave Law School?," 63. 德怀特提出:"以有害的方式阅读判例,会造成精神损害……这些判例,就是迷宫。被蛊惑整天忙于研读判例的人,缺乏指导,一头雾水。"Ibid., 64. 德怀特的支持者,约翰·狄龙(John Dillon)提出:"最好的办法,不是丢给法律初学者 1 000 个判例,而是最好先讲述基本原则,然后让学生阅读教科书,最后研讨几个经典判例。"Dillon, "Method and Purposes of Legal Education," 10, 12, 亦参见 Smith, "The True Method of Legal Education," 211.

[28] Langdell, *Cases on Contracts*, viii.

[29] 可参见 Edward Warren, *Spartan Education*. 聘请塞耶来抵消埃姆斯,只是其中一例。根据哈佛大学法学院 1900 级学生沃伦的回忆,当时法学院的"四大金刚",分别是塞耶、格雷(Gray)、史密斯与埃姆斯。沃伦本人的偶像是塞耶,这位教授每周只上课两天,其余时间从事律师执业。1904 年作为助教返回哈佛大学法学院后,沃伦本人也在波士顿开办了律师事务所。他声称,自己这样做,是因为受到了校长艾略特的鼓励,后者认为法学院教授应当兼任律师,这种安排,使其获得教学任务 5% 的减免优待。Ihid., 13.

[30] 这三位,可以浪漫地比作缔造当代意大利的三大功臣:马志尼(Mazzini)、加富尔(Cavour)、加里波第(Garibaldi),即史学家特里维廉(G. M. Trevelyan)笔下所描绘的,统一意大利过程中的"心脏、大脑与剑"。

亦参见 Sutherland, *The Law at Harvard*, 162-204:"艾略特的能量、在长达 40 年间对于法学院发展进步毫不动摇的理解与支持、对于法学教授资质的独到眼光、敢于冒险的创新精神、对于埃姆斯与兰德尔的鼎力相助,都成为两人担任法学院院长时期领导法学院转型的必要条件。"Ibid.,164.

[31] 爱德华·怀特(G. Edward White)提出,内战后,受过教育的美国人开始倾向于接受这样一种理念,即宇宙秩序的缔造者并非宗教、形而上或某种先验的教义,而是美国工业文明的组织性特征。因为对超验的文明开化人类丧失信心,这些人开始寄希望于通过判例教学法这种工具获得控制与秩序。White, *Tort Law in America*, 22-26.

[32] 对于没有适用判例教学法的法学院在课堂教学中问答比例的研讨,参见

Baldwin,"The Recitation System"。

[33] Fessenden,"The Rebirth of the Harvard Law School," 398-508; Beale, "Professor Langdell—His Later Teaching Days," 10; Bachelder,"Christopher C. Langdell," 440-41.

[34] Ames, *Lectures on Legal History*, 362-63; Mason, *The Brandeis Way*, 34-38.

[35] Sutherland,"One Man in His Time," 7, 10.

[36] Beale,"Professor Langdell," 10.

[37] Kucklich, *The Rise of American Philosophy*.

[38] Keener, *Cases on the Law of Quasi-Contracts*, iii-iv.

[39] 虽然就此问题,当今法理学界倾向于支持兰德尔,但同时也会承认,在不同问题阈,法律原则的数量存在显著差别。

[40] 1875年,埃姆斯首部判例教科书《侵权法判例》(*Cases on Torts*)出版。《哈佛大学法学院百年史》这样评价:"真正确定美国法学院教科书体例的人,是埃姆斯。他所选择的,并非探求法学理念的历史发展轨迹,而是通过事实的独特性与法官意见的分歧性两大特点选择判例,从而刺激学生积极思考,引导学生逐步熟悉相关领域法律基本原则与判决理由……这一思路,至少被其信徒,如基讷、万姆堡等年轻学者,视为经典的案例教学方法。"*Centennial History*, p. 81. 埃姆斯著述评介,亦参见 White, *Tort Law in America*, 18 ff.

[41] 1913年受卡内基基金会邀请,赴美调研案例教学法的维也纳大学教授约瑟夫·莱德里奇(Josef Redlich),率先察知这一转型。Redlich, *The Common Law and the Case Method*. 特别参见"Shift of Emphasis under Langdell's Successors: Training the Legal Mind," in ibid., 23-25.

[42] 埃姆斯在讨论艾尔伯特·怀特的一篇论文时,发表了这一观点。31 *Report of the American Bar Association* 1025 (1907).

[43] Bachelder,"Christopher C. Langdell," 441.

[44] Phelps,"Methods of Legal Education,"148-49.

[45] Keener, *Cases on Quasi-Contracts*; Keener,"The Inductive Method in Legal

Education," 28 *American Law Review* 709（1894）.

[46] Keener, *Cases on Quasi-Contracts*, iv.

[47] Keener, "The Inductive Method in Legal Education," 17 *Reports of the American Bar Association* 482（1894）.

[48] "在兰德尔院长看来,英美法,就应该独立研讨,不应与其他学科,如行政学、经济学、国际法或罗马法等,搅和在一起。"Eliot, *A Late Harvest*, 53.

[49] "Report of Committee on Legal Education," 4 *ABA Proceedings* 327-29（1881）. 美国律师协会1881年会议认为,从理想状态来看,法学课程中应补充更多的人文社会科学课程,从而让学生做好准备,毕业后更好从事律师、政党领袖、外交家、财政或教育部门负责人、法官、议员乃至政治家等职业。但这些都是长远目标,当下迫在眉睫的,是尽可能地培养可以干活的律师。Ibid., 330-332.

[50] "The Higher Legal Education," 3 *Central Law Journal* 540（1876）.

[51] 缅因州律师协会负责人就担心,很多法学老师,对于判例教学法根本一无所知。Kibby, "Legal Education," 33.

[52] Schouler, "Cases Without Treatises," 1. 但值得一提的是,舒勒(Schouler)因为认为纯粹判例教学法结构松散,反倒对于哈佛大学法学院的做法颇以为然。

[53] Grey, "Cases and Treatises," 756, 758.

[54] Rogers, "Law School of the University of Michigan," 194. 后来,罗杰斯显然改变了这种看法。在担任西北大学校长期间,罗杰斯聘任了主张判例教学法的威格莫尔担任法学院教授,后来,罗杰斯又担任了臣服于判例教学法裙下的耶鲁大学法学院院长。

[55] Dwight, "Columbia College Law School of New York," 146.

[56] "Report of Committee on Legal Education," 14 *ABA Proceedings* 332（1891）.

[57] "不应像某些人所主张的那样,将法学院的入学资格限制在大学毕业生范围之内,而是应当将其扩展至任何借由英语,接受过良好教育的人。"

Ibid. , 331.

⁵⁸ Ibid. , 334.

⁵⁹ Ibid. , 335-40.

⁶⁰ "Report of Committee on Legal Education," 15 *ABA Proceedings* 317, 313 (1892).

⁶¹ Ibid. , 340-41.

⁶² Ibid. , 340.

⁶³ Ibid. , 368. 亦参见 Appendix, "Memorandum from Boston University Law School".

⁶⁴ 参见 McClain, "The Best of Using Cases in Teaching Law," 16 *ABA Reports* 401 (1893).

⁶⁵ 引自 Sutherland, *The Law at Harvard*, vii.

⁶⁶ Roalfe, *John Henry Wigmore*, 36.

⁶⁷ Goebel, *School of Law, Columbia*, 140.

⁶⁸ Sutherland, *Law at Harvard*, 215.

⁶⁹ Reed, *Training for the Law*, 195-96.

⁷⁰ Roalfe, *John Henry Wigmore*, 33.

⁷¹ Ibid. , 35-36.

⁷² Ibid. , 36.

⁷³ 到了19世纪90年代中期,根据美国教育局长的评估,有3所法学院排他地完全适用判例教学法,有9所法学院在某种程度上适用这种教学法,33所法学院主要采用讲授教学法,还有24所法学院基本上照本宣科。U. S. , *Report of the Commissioner of Education*, 1893-94, vol. 1. 宾夕法尼亚州律师协会的报告显示,哈佛大学、西北大学、宾夕法尼亚大学、斯坦福大学与爱荷华大学法学院,几乎完全采用判例教学法。1 *Pennsylvania Bar Association Reports* 118 (1895).

⁷⁴ Address by William Howard Taft at the dedication of the College of Law, University of Cincinnati, *Dedication* 8-9 (1925). 然而,塔夫脱在致信哈佛大学法

学院,求解如何开展判例教学法时,可能多少会感觉有些尴尬。同年,其所领导的法学系终于与辛辛那提大学合并.McGrave, *The University of Cincinnati*, 130-31.

[75] Kirkwood and Owens, *A Brief History of the Stanford Law School*, 14.

[76] "执迷于判例的律师,将法律根据凌驾道德直觉之上,甚至狂妄地认为,仅凭法律根据,就可以指导司法。有鉴于此,机械照搬判例的做法,不仅使得律师作为独立道德评判中介的角色陷入危机,还会动摇对很多19世纪律师来说作为职业行为实质的根基。"Johnson, *Schooled Lawyers*, 118.

[77] Ibid., 102-6, 117-18.

[78] 1896年,在康奈尔大学,"除了实践课之外,其余课程均已适用判例教学法",Woodruff,"History of Cornell Law School," 104. 圣母大学于1889年首次适用判例教学法,到1905年,这一教学法已经占据了主导地位。Moore, *A Century of Law at Notre Dame*, 24, 27. 虽然华盛顿与李大学法学院院长塔克(Tucker)极力抵制判例教学法,但随着1916年哈佛毕业生莫里·达德(E. Merril Dodd)引入这一火种,到了1923年,已成燎原之势。Bryson,"*History of Legal Education in Virginia*," 197. 作为夜校的里士满法学院,在1905年哈佛毕业生沃特·麦克尼尔(Walter Scott McNeill)加盟后,声称自己是"美国南部最早适用判例教学法的法学院"。Mays, *The Pursuit of Excellence*, 19.

[79] 有记载显示,杜兰大学法学院院长桑德斯(Saunders)曾如是说:"为了让我们这所法学院跻身全国最佳之列,必须效法哈佛大学法学院的办学模式,也就是说,判例教学模式,学生通过研究判例,而不是在缺乏实践体会的情况下,仅仅只是被告知抽象法律原则,以此方式学习法律。" *New Orleans Daily Picayune*, 16 August 1906, 2.

[80] Barnes, *Hastings College of Law*, 128. 随着哈佛大学法学院1898级毕业生罗伯特·哈里森于1901年加盟哈斯汀担任助教,判例教学法就此扎根。

1909年,俄克拉荷马大学新设法学院,首任院长朱利安·穆内特(Julian Charles Munnet)刚从哈佛大学法学院获得学位不久,同时也是判例教学法的忠实信徒。Gittinger, *The University of Oklahoma. 1892-1942*, 61; McKown, *The*

Dean, passim.

[81] 1894 年,威斯康星大学法学院率先延长学制至三年。早在 1889 年,该院就要求申请者至少具有高中学历,到了 1892 年,已经开始部分要求申请者具备本科文凭。Johnson, *Schooled Lawyers*, 87. 因此,在 1903 年理查德担任院长之前,该院已经将法律职业教育的培养目标,调高了某些标准。

西北大学法学院改为三年制,始于 1895 年。Rahl and Schwerin, *Northwestern University School of Law*. 1907 年,当瓦尔帕莱索大学法学院采用判例教学法时,同时也将入学申请条件调升为必须具备高中文凭或同等学力。1917 年,在鲍曼院长(Dean Bowman)的领导下,该院学制从两年调整为三年,同时开设文法课程。University Archives, Valparaiso University, Valparaiso, Ind.

[82] 参见 Schlegel, "American Legal Realism and Empirical Social Science," 464.

[83] Hicks, *Yale Law School, 1869-1894*, 28-35. 1887—1888 年年报中有这样一段表述:"应用的教学法,主要就是背诵。法学院的老师们坚信,同时也是耶鲁大学的传统观念,精确、永久记忆抽象科学的原则、规则的最好方法,就是学生自行研读教材,之后对其进行考试及课堂讲解。"Ibid., 33.

[84] Ibid., 43-44.

[85] Sherman, *Academic Adventures*, 193.

[86] 最为死硬的顽固派,莫过于弗吉尼亚大学。弗吉尼亚大学法学院秉持托马斯·杰斐逊的教导,坚持自由办学理念,并在 1845 年至 1895 年间,处于约翰·迈讷(John Barbee Minor)的领导之下。如此长的时间跨度,使得弗吉尼亚大学法学院的院史编纂者,用美国南部特有的客套修辞,而非尊重史实的态度,提出"迈讷与兰德尔比肩,属于 19 世纪后半段美国最具影响力的法学教育家"。迈讷的教育理念是,法学研究的基础,必须广泛、深入,法科学生,除了要学会实践技巧之外,还应该掌握法学理论与推理过程,所有这些,都应该通过研读教材、法条以及节选的法官意见,来加以掌握。课堂教学,应当包括老师教授与师生问答两部分,学生每天需要完成书面作业,参加定期测验。这种教学理念根深蒂固,甚至到了 1921 年时,时任弗吉尼亚大学法学院院长里勒

(Lile)仍然据此反对判例教学模式。Ritchie, *The First Hundred Years*, 54.

[87] "General Notes: Law Students," 15 *American Law Review* 348 (1881).

[88] Oliver Wendell Holmes, Jr., "The Use and Meaning of Law Schools, and Their Method of Instruction," 923. 吉尔莫这样分析兰德尔与霍姆斯之间的关系:

> 兰德尔的想法,多少有些原始、简单,相比之下,霍姆斯的观点则微妙、复杂,甚至最终变得暧昧不清。后者的贡献在于,对"兰德尔主义"进行学术包装,从而使其获得学界肯定。霍姆斯进行的分析条理清晰,颇具说服力,以高度凝练的法律叙述,将所有责任原则化繁为简,并赋予其哲学意义上的连贯性,建构起一种可以解释所有可认知的具体个案,无需关注任何现实特殊性的统一理论体系。兰德尔主义与霍姆斯主义,就像无限接近的两条平行线,最终得以重合。[Gilmore, *Ages of American Law*, 56.]

[89] 兰德尔管理下的哈佛大学法学院的财务状况,具体参见 *Centennial History*, passim.

作为极高师生比的某种补偿,哈佛给予法学院教授极高的薪资。英国学者布赖斯对于美国大学教授薪资之低,特别是相对于美国的经济发展水平、生活成本,深感震惊。唯一的例外,是相对来说后成立的"新"大学,芝加哥大学教授当时的平均年薪为7 000 美元,而同时期哈佛大学法学院教授的薪酬,平均为5 000 美元。Bryce, *The American Commonwealth*, 2:672.

[90] 如果要理解判例教学模式的推广,就必须考察附属于大学的法学院的组织架构与财务状况。美国内战爆发时,美国最好的法学院,也仅聘任有3名全职教授。1866 年,密歇根大学法学院率先将名额增至4人。这个教师规模,哥伦比亚大学与哈佛大学法学院,直到1874 年才得以实现。随着教师人数的增加,随着法学院与其所依附大学之间关系日趋紧密,围绕法学院财务状况的质疑逐渐升温。直到这个时候,附属于大学的绝大多数教学机构,都是该机构教职员工自负盈亏的经营性机构。在这个意义上,此时少数"非私立"的法学院,

是指弗吉尼亚、哈佛、密歇根大学法学院。然而,这种情况逐渐发生改变。1878 年,哥伦比亚大学开始为德怀特支付薪酬,而自从 1887 年建立之初,康奈尔大学法学院就在财务上属于康奈尔大学的下属二级单位。此后,顶尖法学院纷纷效仿:宾夕法尼亚大学法学院于 1888 年,纽约大学法学院于 1899 年,西北大学法学院于 1891 年,北卡罗来纳大学法学院于 1899 年,耶鲁大学法学院于 1904 年,完全实现转隶。没有依附于大学以及某些勉强算得上高等教育机构的法学院,从未放弃自己的财务自主,或者所谓的私立目的。还有很多人认为,知名法学院,从未彻底摆脱给人以"私立"的印象。参见 Reed, *Training for the Law*, 183-92; Reed, *Present-Day Law Schools*, 102.

整体而言,法学院和其依附的大学之间关系不甚良好。例如,根据耶鲁大学 1906—1907 年的统计,该校每位学生分摊的教学成本中,法科的成本最低,仅为 115 美元,而法学院在所有院系之中,对于大学的贡献值最低,1899 年仅为 82 814 美元。*Reports of President*, *Yale University*, *1907-08*, 15, and *1920-21*, 21. 然而,从预算需求的角度,在 20 世纪之初,耶鲁处于完全无压力,甚至少有结余的状态。1900—1901 年之后的 10 年间,耶鲁大学收入超过支出达 58 000 美元。Report of the Dean, *Yale Law School*, *1910-11*, 218. 1902 年,哈佛大学的财务状况也算不错,收支盈余达 23 000 美元。*Centennial History*, chart following p. 376. 在法学院创建之初,随着校舍、师资以及图书馆建设,支出会不断扩大。然而,20 世纪早期美国经济的相对繁荣,或许仅对某些法学院起到了良好效应。里德的统计显示,耶鲁与哈佛,位居收入排行榜前列。Carnegie Foundation, *Annual Review of Legal Education* 5 (1928). 但可以推定,还有少数法学院在创建之初财务紧张,有些法学院甚至支付不起加入美国法学院协会所需的 10 美元会费。

[91] "艾略特校长十分开心……哈佛大学所做的,仅仅是履行其对于法学、医学专业应尽的义务,这两个专业在过去的半个世纪里,自降品格,惨无人道地将大量根本不适格的人引入进来,对其个人与这个职业,造成了持久的伤害。艾略特主张提高标准的看法,虽然多少有些出人意料,但事实证明完全正确,对于大学来说,也是好事:任何在法学界享有盛名的教学机构,都可以通过

四、范式

提高入学及培养标准,立即或在短期内获利。对于学生要求的提高,很快就会见到效果,这班各方面得到极大完善的学生,将在极短的时间内,提升法学院的声誉与影响力,使其更具价值,更被珍视。"Seligman, *The High Citadel*, 38-39. 报告显示,当兰德尔刚到哈佛大学法学院时,受到的捐赠不足37 000美元,结余25 000美元。后续的财务报告显示,从兰德尔接手之后,哈佛大学法学院开始逐步呈现欣欣向荣的景象,除了某一年之外,哈佛大学法学院都因为账目没有出现赤字而得到名义上的奖励。*Centennial History*, 378.

  [92] Scott, "The Study of the Law," 4.

  [93] Seligman, *The High Citadel*, 43.

## 五、市场

美国律师协会对于法律职业的升级呼吁,法律及相关学科对于学术的兴趣重燃,与现代意义上的大学的破土萌发之间并行不悖,关系密切。与此同时,全新法学教育产业深层次嵌入蓬勃发展中的大学的迹象,显露无遗。对于顶尖法学院而言,走出这一步显然出于社会声誉的考量,用经济术语来说,就是区分市场。当然,也有观点认为,此举旨在避免法学院沦为消费者(学生)的跟屁虫。[1] 从社会学视角出发,通常会将职业以及学术的发展,描绘为"社会分层"(Social Stratification)的缩影。[2] 尽管当时在爱荷华州,学者威廉·哈蒙德(William Hammond)*曾质疑申请法学院需要高校学位这一要求,其依据是在美国,律师的人数远超高校毕业生[3],但几乎所有人都认同有必要提高法学院的办学水准,以便弥补见习制自身的整体不足。

普林斯顿大学,在 1848 年至 1852 年期间,曾经开设过法学院(毫不意外地,同样通过收编私立法学院的形式),这一时期,也不算很认真地考虑过重新投入(这样做当然会进一步促进)方兴未艾的法学教育事业这件事。早在 1890 年,时任普林斯顿大学校长弗朗西斯·巴顿(Francis Patton)**曾写道:"我们普林斯顿大学开设了哲学专业、神学专业,但我们的学生要读法学院,却只能去哈佛大学或哥伦比亚大学,这真是一种耻辱。只要能找到能捐赠 50 万美元的人,我就会筹建

---

\* 威廉·哈蒙德(1829—1894 年),美国律师、教育家,在法学教育领域颇有建树。——译者注
\*\* 弗朗西斯·巴顿(1843—1932 年),美国教育学家、神学家、教育行政学家,曾任普林斯顿大学第十二任校长。——译者注

自己的法学院。"⁴1891年,借由德怀特愤然离开哥伦比亚大学这一契机,普林斯顿大学曾考虑过在纽约市筹建法学院⁵,但最终还是不了了之。

对于那些最终得以成型的法学院来说,各自发展的速度也难称同步。当斯坦福女士与大卫·乔丹(David Start Jordan)*校长筹建斯坦福大学时,就曾于1893年从西北大学挖来内森·艾伯特(Nathan Abbott)**,但直到1899年,该校的法学院才走上正轨。⁶与之不同,创设于1865年的爱荷华法学院,1868年正式成为爱荷华州立大学的一部分。⁷到了19世纪80年代,该法学院已成为爱荷华州培养律师的主要基地,并开始逐步提升自身的教学水准。⁸而密歇根大学法学院,则迅速跨入美国中西部顶尖法学院的行列,19世纪60年代,每年招收学生就已超过200名。⁹

至于另外一些法学院,如康奈尔大学法学院,则定位于"学术导向",招募"一名全身心从事教学的全职教授",同时鼓励学生选修历史、政治学院开设的相关课程。¹⁰1872年创建波士顿大学法学院的元老,并不认同当时出现的哈佛教学模式,而是坚持以"实践导向的法律科学"为教学目标,鼓励学生与实务律师接触。¹¹宾夕法尼亚大学法学院,则和后来的做法如出一辙,脚踩两只船。一方面,紧贴法律实务界;另一方面,又是美国最早颁发法学学士以外学位的法学院。¹²在某种意义上,要说标准的法学院,莫过始建于1887年的布法罗法学院(Buffalo Law School),该院最开始由当地律师协会设立,旨在替代之前

---

\* 大卫·乔丹(1851—1931年),美国水产学家、教育家、优生学家。曾任印第安纳大学校长,以及斯坦福大学首任校长。1891年,受利兰·斯坦福(Leland Stanford)夫妇之邀,出任其在加州创建,并以其夭折幼子名字命名的"小利兰·斯坦福大学"(Leland Stanford Junior University,即我们所熟知的斯坦福大学)校长,并为该校的建设作出巨大贡献。——译者注
\*\* 内森·艾伯特(1854—1941年),美国杰出法学教授,专门致力于法学教育,曾任斯坦福大学法学院院长。——译者注

无可取代的学徒见习制。布法罗法学院的特点在于,以实践性为主导,非全日制办学,学费低廉,面向女性及少数族裔学生开放。[13]

非全日制法学院,开发了法学教育市场的全新领域。早在19世纪60年代时,针对有工作,但工作与法律实务无关的学生,就已开始出现此类法学院。美国内战后,随着华盛顿特区公职人员数量的激增,非全日制法学院应运而生。乔治·华盛顿大学的前身,哥伦比亚人学院,于1865年开风尚之先,针对工作日下班时间为午后3点的联邦政府雇员,量身订制了法学教育项目。[14]1870年,在华盛顿哥伦比亚特区,新的市场竞争对手,如乔治敦大学法学院以及"国民大学"(National University)等开始窜起。[15]这一风潮迅速蔓延。尽管在华盛顿特区,非全日制法学院锁定的目标,绝大多数都是白人[16],特别是盎格鲁-撒克逊人(Anglo-Saxon Population),但到了19世纪80年代后期,在主要人口为外来移民的城市,非全日制法学院也开始蓬勃发展。更为重要的是,移民群体很早就认识到,在美国,法律与教育的重要性[17],以及成为一名律师的迫切性,特别是可以借此给自己带来的好处。1884年,俄勒冈州波特兰地区开始筹建西北法学院(Northwestern College of Law)。\* 1888年,位于纽约市,后来被纽约大学合并的大都会法学院(The Metropolis Law School),以及后来并入芝加哥大学的芝加哥法学院分别开设夜间部。紧接着,1892年,明尼苏达大学开设法学夜校,以扩大学生规模。[18]巴尔的摩大学(后来并入马里兰大学)于1889年开设非全日制法学院。[19]进入到20世纪90年代,这种势头更有变本加厉的趋向。

非全日制教育的存在合理性,就在于可以以量取胜。最初声称要

---

\* 西北法学院,其前身是1885年创建于波特兰地区的俄勒冈大学法学院,1915年,该法学院决定搬迁,部分拒绝搬迁的教员留了下来,创建了西北法学院。1965年,该法学院与路易斯·克拉克学院(Lewis & Clark College)合并,现在被称为路易斯·克拉克学院西北法学院。——译者注

建设精英型、学术性法学院的乔治敦大学,发现到头来反而是夜间部开办的红红火火,招生规模甚至突破了1 000人。乔治敦方面对此的解释是,总部位于罗马的"耶稣会"(Society of Jesus)十分担心美国反天主教情绪的发酵。1897年,当有些社会公众质疑乔治敦大学浮夸的办学风格,认为其根本不配最顶尖法学院时[20],乔治敦大学发现,面对全美国规模最大、效益最丰厚的非全日制法学教育这块肥肉,自己已经甘之如饴,无法割舍。

如果打字员职业的出现(女秘书取代了男助理),为全日制教育增加了生源,那么煤气以及电力照明的出现,或许也在某种程度上推动着夜间部法学教育的发展。1891年,随着纽约大学在德怀特信徒的力主下,宣布是否隶属于某大学并非颁发法学学位的前提条件,夜间部法学教育,或非全日制法学院教育,开始逐步站稳脚跟。[21]当发现可以靠招生收费的利润维持运转时,私立法学院顺势满血复活。

在1889—1890学年,全美范围内,共有6家全日制法学院,学制为3年、4年不等,在校人数为1 192人,1间同时开设日间部以及夜间部的法学院,招生人数为134人,9家法律夜校,共招收学生403人。与之形成鲜明对比的是,51间仅开设日间部的法学院,共计招生3 949人。55所短期法学院或所谓速成班,招生为3 294人。到了1899—1900学年,24所全日制法学院招生人数为3 992人。而74所其他类型的非全日制法学院,招收人数则达到了7 631人。[22]尽管非全日制法学教育,特别是不隶属于大学的独立法学院的大规模扩张,直到1900年之后才开始显现,但全国性法学院重要性及自信心的式微,早在1895年其实就已出现苗头。[23]全新类型的学生群体已然成型。这些人,和资质更好的同龄人相比,更为清晰地认识到,就读法学院,是从事法律职业的敲门砖,进而提升自己的社会地位、改善自己的经济状况,换句话说,并不主要是为获得某种教育体验。[24]

市场需要受到良好教育的劳动者,潜在的劳动者需要适当的机会与能力。从根本上说,如果没有市场消费者的强力追捧,像哥伦比亚人学院、芝加哥大学法学院等也不会取得成功。随着第二代移民开始尝到生活水准提升、免费公共教育等甜头,他们开始觊觎一度只能由有钱阶层才能享受的接受高等教育这一"奢侈品",对于这些经济上尚处于劣势的人来说,这已经不再是一个可望而不可即的目标。很多人都急于抓住这个机遇,毕竟,在这个崇尚达尔文与斯宾塞"优胜劣汰"理论的社会,根本就没有给未受教育者留有一席之地。

非全日制法学院的成功,警醒了法律职业的领军人士们。他们认识到,巨大的市场需求、适当的教学设施、简便的可操作性,不仅使得私立法学院起死回生,更保证其立于不败之地。1870年时,21所法学院招收了2 200名学生(也就是说,每10万国民中有4名法科学生)。到了1890年时,全美61所法学院共有4 500名学生(每10万国民中有7名法科学生)。[25]然而,市场的膨胀,导致标准的分化。随着各州纷纷开始重新要求法科学生必须见习,而法学院本来可以作为见习制度的替代机制存在,因此,"之前颇具同质性的法学院,现在开始选边站队,一边是能够充分利用政府的严格规定,充分做大做强的法学院;另一边则是则是充分利用这种自由,仅仅为学生提供如何顺利通过律师执业资格考试的应试训练。这些学院颁发的学位看起来别无二致,也没有哪个有权机关对其优长短缺做出评价"。[26]

截至1916年,全美共有24所高门槛全日制法学院,学生共计4 778人;43所低门槛全日制法学院,共招生7 918名学生;50所非全日制法学院,学生总计在籍7 464人;23所提供短期课程的速成型法学院,招收学生2 043人。法学院建设运动取得长足进展,到了1917年,只有7个州没有建立法学院。同等重要的是,法学教育还出现了城市化的特点。同样是在1917年,全美人口超过10万人的城市中,59%存在法学院:芝加哥市有9所,华盛顿市有8所,纽约市有5所,圣路易斯及旧金山市各有4所法学院。[27]

老牌法学院与私立法学院之间的战线[28],犬牙交错。当威廉·哈珀受到洛克菲勒资助,筹建芝加哥大学法学院时,最初有人提议合并华盛顿特区的哥伦比亚人学院[29],毕竟,这两所学校都具有新教传统,而哥伦比亚人大学也曾争取过洛克菲勒的资助。华盛顿特区巨大的法学教育市场,还导致出现了下面这个很说明当时现实情况,多少令人忍俊不禁的小插曲。教皇派驻美国的宗座代表,弗朗西斯科·萨托利(Francesco Satolli)\*大主教于1894年提出,在美国天主教大学\*\*快速组建法学以及医学教育团队的做法,就是从耶稣会运营的乔治敦大学抽调现任教师。萨托利将这一想法与教皇里奥八世(Pope Leo XIII)以及耶稣会的首脑进行了沟通,但却忽略了与天主教大学以及乔治敦大学校长就此事交涉。这两所学校首次得知计划中的变动,还是因为宗座代表致信乔治敦大学法学院院长以及医学院教职员工,要求其"依据圣父之名,合并到天主教大学"。[30]因为此项交流,乔治敦大学可以获得175 000美元补偿。对此,乔治敦大学校长约瑟夫·理查兹教士(Joseph Richards)\*\*\*态度积极,甚至多少有些意味深长:"之所以同意这一想法,是因为对于任何圣父所认为的如何办好我国天主教大学,我们表示无私支持。同时,这样做,也为日后我们兼并天主教大学开辟了道路。"[31]

尽管校长的反应还算平静,但乔治敦大学医学院与法学院的两

---

\* 弗朗西斯科·萨托利(1839—1910年),意大利罗马教廷神职人员、教育家,曾任教廷派驻美国的首任宗座代表。——译者注
\*\* 美国天主教大学成立于1887年,是美国罗马天主教会官方大学,也是美国天主教高等教育中心所在,全校有九成学生都笃信罗马天主教。——译者注
\*\*\* 约瑟夫·理查兹(1851—1923年),美国神学家、教育家,曾于1888—1898年担任乔治城大学校长。——译者注

位院长,可就没这么淡定了。毕竟,当时"教皇无谬论"(Papal infallibility)*刚刚颁布才20年,至少还没有达到最极端的状态。刚收到宗座代表信函的乔治敦大学法学院院长,就直言不讳地宣称:"不能因为教皇里奥八世的直接命令,就让法学院的教授交流到天主教大学去。"³²乔治敦大学医学院院长,同样是非医学专业出身,同样深感愤怒,并向校长施压,后者报告罗马教廷,"两位院长惊闻此讯,目瞪口呆"。乔治敦大学校长还向教皇总管陈请,计划很可能失败,因为在新教徒学生看来,这一定是天主教要的阴谋诡计。³³

天主教大学作为接收圣恩的一方,在收到相关风声的时候,反应多少有些微妙。虽然和乔治敦大学一样,天主教大学对于人员调配十分不快,但出发点却大相径庭。时任天主教大学校长的约翰·基恩主教后来写道:"乔治敦大学的法学院和医学院,并不符合我们的预期,这些都只是一些夜校,学生也大多数是白天忙于工作,只能晚上抽空学习的政府雇员,而我们,是真正的大学,全日制服务于学生的大学。"³⁴简而言之,乔治敦大学法学院,不配并入天主教大学。萨托利事件,足以说明到了1894年时,法学教育机构的分层达到了何种细密程度。而这,只是争议的开始。

然而,随着较小规模法学院的兴起,与之相关的商业或新型商业安排层出不穷。例如,1888年创建于丹佛市的布莱克斯通法学院(The Blackstone Law School),于1892年和丹佛大学达成合作协议,成为其所属法学院。根据协议,不仅教授的薪酬通过收取学费支付,甚至直

---

\* "教皇无谬论",是指1870年,由教皇皮乌斯九世(Puis IX)正式颁布的一项很严格的天主教教义,规定教皇在什么情况下的言论才可算绝对无错误。教皇无谬论,并不是指他所说的每一句话都是绝对正确,而是他代表教会所宣告关于信仰和道德的训令,才列入无误的范围。实际上,这条教义的内容是说,教皇在公告信仰教理上不存在错误,而非指教皇是永远正确的。根据是耶稣对彼得的承诺,教皇能保留犯错的可能性。当他行使作为所有信徒的牧者和教师时,他凭借其最高的使徒权威,去定义一些有关信仰和道德的教条并由全教会执行。——译者注

五、市场

到20世纪20年代,该院图书馆里的藏书都归教授们所用。[35]其他法学院,也大多存在非常复杂的制度安排。1859年,联盟法学院(the Union College of Law)拒绝西北大学递出的橄榄枝,决定投身(老)芝加哥大学,成为其附属法学院。到了1873年,(老)芝加哥大学开始与西北大学共管联盟法学院,随着1886年(老)芝加哥大学退出教育市场,西北大学大权独揽,并在1891年,将联盟法学院正式转制为隶属于自身的法学院。[36]与此类似,成立于1867年的圣路易斯法学院(St. Louis Law School),在几经兴衰沉浮之后,最终变身为圣路易斯华盛顿大学法学院。[37]

那是一个充斥兼并收购、机构重组、市场投机的时代,受影响的不仅包括美国工商业,也包括法律教育行业。[38]创业于19世纪末、20世纪初的新兴法学院,对此特别敏感,很多时候,会比那些已经建成良久的法学院,更善于利用这些市场机会。1872年,阿尔巴尼法学院修改章程,正式并入联盟大学(Union University),成为旗下联盟学院的一部分。1879年成立的辛辛那提法学院(Cincinnati Law School),通过签署合作协议的形式,于1897年并入辛辛那提大学,1910年宣布脱离该大学,1917年,再次被辛辛那提大学收购。北卡罗来纳州内虽然建有数所历史悠久的名牌私立法学院,但从19世纪40年代开始,该州州立大学仅设一位法学教授讲席,在19世纪90年代之前,法科学生连真正的大学本科都不算,同一时期,州立大学中法学教授领受的是工资,而非通过收取学费的方式获得薪酬。[39]但其很快就遭遇到企业化经营的新晋法学院的有力挑战。维克森林学院(Wake Forest College)于1894年设立法律系,10年后,就已经发展到可以炫耀北卡罗来纳州40%的执业律师毕业于此的程度。[40]

北卡罗来纳大学,并非唯一一个面临州政府资助难以为继的州立高校。例如,在加利福尼亚,因为州政府在涉足法学教育方面裹足不前,加州最高法院首席大法官瑟兰努斯·哈斯汀(Serranus Clinton Hastings)[41]决议提供资助,筹建后来为人所熟知的哈斯汀法学院。[42] 1878年哈斯汀在做出捐赠时,希望建立一所研究生水平的法学院,而其本人推托未果,勉任院长。但不到10年,哈斯汀法学院发现,就连要求申请者具备高中文凭,都已经很难推行了。[43]在加州南部,一群经常在一起讨论法律问题的律师助理,于1896年达成合意,集资聘请一位法律指导老师,三年之后,这些人一起组建了洛杉矶法学院(the Los Angeles Law School)。1903年,南加州大学成立法学院之后,合并了洛杉矶法学院。[44]

在这段法学教育的"为所欲为"期,圣劳伦斯大学(St. Lawrence University),一所位于纽约州北部的人文学院,为我们提供了一个颇为吸引眼球的范例。圣劳伦斯大学自办的法学院,只维持了两年(1869—1871年),之后30年间,就再也没有颁发过法学学位。1903年,靠在布鲁克林经营私立商学院发家的诺曼·赫弗里(Norman Hefley),决定进军法学教育产业。但其所开办的法学院,没有学位授予权,这项权限,只有在法学院运营超过一年后,才有资格申请。但布鲁克林法学院(the Brooklyn Law School)院长偶然从圣劳伦斯大学的宣传手册中发现,该校的法学学位授予权,一直冷藏未用。本来,圣劳伦斯大学的招生范围,限于生活在纽约州北部地区属于新教徒的盎格鲁-撒克逊裔美国人,但其决定与面向生活在贫民区的移民子弟开办的布鲁克林法学院合作,开办在本校以南360英里之遥的分校。[45]到了1929年,布鲁克林法学院招生规模达到3 312人,高居全美第二,拥有人数最多的移民学生群体。[46]圣劳伦斯大学校史编写者多少有些隐晦地写道:"布鲁克林法学院收支状况良好,积聚了大量财富,而圣劳伦斯大学也因为自己的付出,特别是在教育方面的指导,获得了丰厚的回报。"[47]就这样,一所"广受赞誉"的名校,认可了一所在社会下层聚

五、市场

集区开设的私立法学院在经营方面的竞争力,并且从中受益。

某些情况下,大学附属法学院在学术上取得的"成功",催生了私立,起码是非精英型法学院的创设。例如,威斯康星大学,创办于1848年,按照惯例,开设了四门本科专业:科学、教育、医学及法学。[48]历时20年,威斯康星大学的法学院终于得以建立,直到19世纪末,才基本做到学费收入与办学支出平衡。[49]最初,该法学院虽然拥有学位授予权,却仍然将自己仅仅视为学徒见习制的补充教育机构。[50]后来到了19世纪90年代,在移植哈佛法学院的教学模式后,威斯康星大学法学院逐渐获得全国性声誉。这种精英式发展道路,使得该州出现了针对不同学生群体的不同办学需求。作为回应,1908年,标榜教学的实践导向,面向贫苦移民子弟的马奎特法学院(Marquette Law School)设立。与此类似,1911年,明尼苏达大学法学院任命来自于耶鲁的威廉·万斯担任院长,以"提高教学水准",而万斯的举措之一,就是关掉威斯康星大学法学院的夜间部。结果可想而知,1900年成立的圣保罗法学院(the St. Paul College of Law),虽属于夜校,但发展势头甚好,后来更出现了两所私立法学院,创建于1912年的明尼阿波利斯法学院(Minneapolis College of Law),以及创建于1913年的明尼苏达法学院(Minnesota College of Law)。[51]

尽管大学与私立法学院之间的合作,可能如圣劳伦斯大学与布鲁克林法学院那般顺调,但更为典型的样态,应当类似于马奎特法学院与威斯康星大学之间的互动关系。在大学看来,私立学院更多属于现实的竞争者,而非潜在的合作者。或许对于任何一所私立教学机构的态度,最后都等同于某种半遮半掩,但却颇具说服力的区分,即在有价值的穷人与没有价值的穷人之间的区分,这不禁让人联想起围绕社会福利的斗争。上述区分,往往在地方层面,体现得尤为明显。例如,波士顿,就可被视为激烈竞争的焦点区域。在这里,哈佛位于咫尺之遥的剑桥区,波士顿大学则牢牢占据着城市的中心城区,在这种情况下任何开办私立学院的人,都配得上勇猛无畏的称号。然而,就在19世纪早期,两所私立法学院,即波士顿基督教青年会法学院(the Boston YMCA Law School)以及格里森·阿彻(Gleason Archer)\* 开办的萨福克法学院(Suffolk Law School),却逆势开张。

被波士顿基督教青年会法学院招收的学生,被视为"有价值的穷人"。说到基督教青年会的起源,就必须提到乔治·威廉斯(George Williams)\*\* 所创建的福音宣讲组织,随着这一组织在美国大获成功,毫无疑问有助于基督教青年会获得大众接受。19世纪90年代,基督教青年会正式进军教育界,截至20世纪20年代,其所开办的学校数量超过365间,涵盖诸多学科,在校学生人数超过12万人。其中,包括至少10所法学院,其中,最为重要的,莫过于波士顿基督教青年会法学院。[52]

从最开始,波士顿基督教青年会法学院就得到了体制的优待。1897年,"洛威尔机构"(the Lowell Institute)\*\*\* 开始通过基督教青年会进行授课,内容包括基础电力学、高级电力学以及法学。随后,基督教青年会设立了自己的法学部,并邀请哈佛大学法学院院长埃姆斯担任首次主讲人。基督教青年会的教育事业发展蓬勃,后来,这一部门被分列出来,成立了东北学院(Northeastern College),其教职员队伍中

---

\* 格里森·阿彻(1880—1966年),出身贫寒,依靠自身努力与他人相助,毕业于波士顿大学法学院,萨福克大学、萨福克法学院创建人。——译者注

\*\* 乔治·威廉斯(1821—1905年),基督教青年会创始人。威廉斯在青年时代是一名无神论者,后来皈依基督教,在伦敦从事布匹生意时,深感青年工人所处工作环境恶劣,遂带领他人创建基督教青年会,希望通过坚定信仰和推动社会服务活动来改善青年人精神生活和社会文化环境,现已蓬勃发展于世界各地,在约110个国家有青年会组织,总部设在瑞士日内瓦。——译者注

\*\*\* "洛威尔机构",1839年开始运营,是一间位于美国波士顿的教育基金会,目的为公众提供免费初级、高级学术讲座。洛威尔机构以1836年捐赠基金的小约翰·洛威尔(John Lowell, Jr.,)命名。——译者注

包括很多顶尖律师,如布兰代斯,就曾执教于其夜间部。基督教青年会法学院还于 1917 年在沃切斯特,1921 年在斯普林菲尔德及普罗维登斯等地开设分校。[53]

尽管基督教青年会旗下各个学院在波士顿及美国各地蓬勃发展,但对于其他私立学院来说,日子可能就没有这样好过了。格里森·阿彻开办的萨福克法学院一方面必须在没有任何业界支持的情况下,与拥有更多杰出教授的东北学院[54]展开激烈竞争。在很多法律界人士看来,萨福克法学院是在帮助"不值得帮助的穷人"。1915 年,时年 35 岁的阿切在自己的第一本自传中,认为美国社会存在两大威胁:"红色"威胁(共产主义分子)以及"深红"威胁(哈佛)。之所以为穷人开办法学院,就是为了抗拒这两大威胁,构建堡垒。[55]从 1906 年开始,萨福克法学院开设的课程,都具有高度实践性,采取老师讲、学生记的教学方法。[56]阿彻在与哈佛大学艾伯特·洛威尔(A. Lawrence Lowell)*的斗争中,始终不遗余力。尽管遭到哈佛的阻挠,萨福克法学院还是于 1914 年成功获得州政府授权,有权颁发法学学位。[57]此后,该院发展迅猛,招生人数从 1915 年的 460 人,增长至 1922 年的 1 512 人,到了 1924 年,更增至 2 018 人。1928 年,阿彻仍然对外宣称,萨福克法学院是全世界规模最大的法学院,号称在校学生近 4 000 人。

波士顿以外其他地区,也见证了基督教青年会的成功。1908 年,托莱多基督教青年会法学院(The Toledo YMCA Law School)成立,一年后,或许因为基督教青年会教育秘书支票跳票事件,该法学院脱离基督教青年会,并入托莱多大学。[58]1908 年,扬斯顿基督教青年会(the Youngstown YMCA)也开始涉足法学教育,到了 1911 年,就已经成功开

---

* 艾伯特·洛威尔(1856—1943 年),美国教育家、法学家,曾任哈佛大学法学院院长,在教学法改革等方面贡献颇多,也因为其教育理念,引发了一定争议。——译者注

发出能保证学生顺利通过律师资格考试的应试教育课程,并在与基督教青年会开办的其他教育课程,如机械制图、冶金、商学、速记等展开竞争,面向非英语国家移民的英语教学、招牌制绘、数学、汽车修理等,取得了一定优势。[59] 在辛辛那提,早在1893年就得以创建的"法律夜校",作为辛辛那提与汉密尔顿基督教青年会的分支机构,于1917年正式搬迁入基督教青年会办公大楼。[60] 基督教青年会法学院的迅速成长,对来自于天主教方面的竞争者,即所谓"哥伦布骑士会"(the Knights of Columbus)。\* 骑士会在1918年第一次世界大战结束时,为参战的美国军人募集了超过1 000万美元的善款,并将这笔资金导入了可被视为"退伍军人安置法案"\*\* 的早期天主教版本计划之中,内容包括资助穷苦天主教徒就读法学院。[61]

因此,对于白人,哪怕是贫苦的外国移民来说,就读法学院的可能性,持续增加。但对于黑人及女性来说,门槛则变得更高了。尽管看起来,黑人进入法律职业相对于女性更早,但其所获得的成功,却相对更为有限。[62] 早就需要面对社会排斥的黑人,还需要为争取自身法律执业的权利,同白人中产阶级进行斗争。19世纪,对于黑人律师的记述屈指可数,当时的法学杂志,显然并不乐见这个问题。但约翰·朗斯顿(John Mercer Langston)的职业生涯,看起来多少算是个异数。这位弗吉尼亚种植园主的儿子,身体内流淌着一半黑人、一半印第安人的

---

\* "哥伦布骑士会",是世界上最大规模的天主教互助会。1882年,迈克尔·麦吉夫尼(Michael J. McGivney)神父于康涅狄格州纽黑文,创建了这一组织,并以发现新大陆的哥伦布命名。这一组织,从最初中下阶层天主教徒的互助会,逐步发展为提供慈善、促进天主教徒教育水平、捍卫各个国家天主教徒利益的公益组织。——译者注

\*\* "退伍军人安置法案",是指美国政府为安置"二战"老兵制定的一项福利法案,内容包括低息房屋贷款,低息创业启动资金,就读大学学费、生活费的现金补贴,免费高中或专业教育,以及至多一年的失业救济。适用对象为战时服役超过120天,且未被劝退的士兵,并不要求其实际参与作战行动。历史学家普遍认为,此项法案在政治、经济等方面,都具有积极意义,不仅使得"二战"老兵获得相对"一战"老兵更好的待遇,更在很大程度上维持了"二战"后美国的经济繁荣。——译者注

血液。1849年,朗斯顿进入当时全美范围内肯招收黑人的四所大学之一——欧柏林学院(Oberlin College)——\* 就读神学专业,在担任过费勒蒙·比利斯(Philemon Bliss)\*\* 的助理之后,朗斯顿于1854年获得在俄亥俄州从事律师执业的资格,有些人将此归功于其表现,认为其以不输给白人的表现通过了律师资格考试。后来,朗斯顿成为1868年设立的霍华德法学院首任院长(Howard Law School),进而就任霍华德大学校长。[63]霍华德法学院本来可以使得黑人律师的人数得到快速增加,而且因为不要求入学门槛,且采用二年制学制,以及很多政府雇员攻读该校的夜间部,霍华德法学院曾盛极一时。[64]但苦日子,就在前面。1877年,法学院学制改为三年,1879年,国会宣布,霍华德法学院不得使用联邦拨付的教育款项。[65]1887年,霍华德法学院仅剩下了12名法科学生,其中包括8名黑人[66],雪上加霜,1893年的经济大萧条,差点让霍华德法学院关门大吉。[67]统计数字显示,尽管全美范围都存在有黑人律师,并在1890年达到历史高点的431人,超过了女性律师[68],但这一势头很快就被"吉姆·克罗法"(the Jim Crow Law)\*\*\* 所扼杀。到了1900年时,黑人律师为728人,远不及女性律师的数量。[69]

  法学院的机制化与市场竞争化过程,伴随着女性在法律职业与高等教育中崭露头角。"早期美国女权运动,自觉反对维多利亚时代的陈腐礼教,更反对根深蒂固女性劣等论。这种思潮,首先出现在投身

---

 \* 欧柏林学院,是一所美国顶尖的私立文理学院,位于俄亥俄州,是美国第一所实行黑人与妇女平等教育、让二者拥有与白人男性同等的大学教育机会以及获得大学学位的权利的高等学府,也是自由主义的先驱,其音乐学院和交响乐团也享誉全美。——译者注

 \*\* 费勒蒙·比利斯(1813—1889年),毕业于汉密尔顿学院,主修法律,1840年获得律师执业资格,先后担任俄亥俄州巡回法院法官、美国国会议员密苏里州最高法院大法官、密苏里大学哥伦比亚分校法学院院长等职务。——译者注

 \*\*\* 吉姆·克罗法,是指在美国南部执行种族隔离的州法与联邦法的总称。自南北战争之后出现,效力一直持续到1965年,内容主要包括在公共场所,执行种族隔离,美国黑人因此陷入所谓"隔离但平等"的事实不平等处境。——译者注

于废奴运动的中产阶级受教育女性之中,这些人逐渐发现,自己的这种参与,正面临当下美国社会对于女性社会角色成见的极大威胁。"[70] 在法律职业中,对于女性平等权的承认,来得尤为迟缓。美国女性发现,当律师,要比当医生难得多,这是因为相较于医学职业,法律职业更为机制化,更早地进行执业认证。

阿拉贝拉·曼斯菲尔德(Arabella Mansfield)是美国近代史上首位获准执业的女性律师,她于1869年取得在爱荷华州执业的资格。第二年获准在密苏里州执业的利玛·班卡鲁(Lemma Bankaloo),则可能于1870年3月,在圣路易斯,成为美国历史上第一位参与案件审理的女性律师。[71]同年,艾达·科普利(Ada Kepley)在位于伊利诺伊州的联盟法学院获得法学学位,从而成为有史以来首位获得法学学位的女性。[72]但联邦法院反对女性从事律师执业,并于1869年驳回了米拉·布莱德威尔(Myra Bradwell),这位成功担任《芝加哥法律新闻》(the Chicago Legal News)编辑的律师执业申请。美国联邦最高法院维持了这一决定,约瑟夫·布莱德利(Joseph Bradley)\* 大法官对此发表了"臭名昭著"的意见:"女性专属的怯懦、敏感等本质特征,明显不适合很多社会职业,妇女最高的任务与宿命,就是承担为人妻母的神圣职责,这是造物主的法则。文明社会的规则,只能与事物的总体特征相契合,而不能建立在例外基础上。"[73]然而,到了1878年,贝尔瓦·洛克伍德(Belva Lockwood)\*\* 成功完成了联邦法院向女性律师开放的使命。[74]

尽管存在来自联邦最高法院的喝止,美国女性依然在争取成为律

---

\* 约瑟夫·布莱德利(1813—1892年),美国法学家,曾担任美国联邦最高法院大法官,并在1876年总统选举委员会相关法律争议中发挥过关键作用。——译者注
\*\* 贝尔瓦·洛克伍德(1830—1917年),美国律师、政治家、教育家、作家,为美国女性权利平等运动做出巨大贡献。——译者注

五、市场

师的权利。早在 1869 年,爱荷华州就承认女性可以报考法学院。该州最高法院首席大法官奥斯汀·亚当斯(Austin Adams)宣称:"爱荷华州迪比克的女性能够进入法学院,这种出现本身极大促进了人文教育的正当性,还可以鼓励年轻女生,赋予其自信心。"[75] 密歇根大学随即跟进,在 1872 年,波士顿大学法学院开始招收女生。1878 年,两名女生成功申请哈斯汀法学院。[76] 但顶尖法学院,却始终对此抱持敌意。一位耶鲁校友在 1872 年发表了如下观点:"理论上,我赞成女性学习法律,甚至从事律师职业,条件是必须长得丑!"1886 年,爱丽丝·乔丹(Alice Ruth Jordon)真的向耶鲁法学院提交入学申请,理由是"贵校招生简章上并未列明不招女生"。同年,耶鲁管理当局紧急在简章中加入下列条款,"请注意,相关课程说明只针对男性"。[77] 1883 年,哥伦比亚人大学(乔治·华盛顿大学的前身)董事会本来准备招收女生,但包括两名联邦最高法院大法官在内的法学院全体教师,都认为"同意女性报考法学院缺乏民意基础。迄今为止,只有一名女性申请过本院,而其学习法律的需求,完全可以通过本市的霍华德法学院加以满足"。[78] 19 世纪末、20 世纪初,顶尖法学院绝不妥协的态度,导致艾伦·马西(Ellen Spencer Mussey)\*与艾玛·吉列特(Emma Gillett)成立兼招男生与女生的华盛顿法学院(the Washington Law School)。[79] 1870 年,全美共有 5 名女性律师,到了 1880 年,注册女性律师达到 75 人,截至 1900 年,女性律师人数飙升至 1 010 人。[80]

女性参政运动的抬头,使得法学院面临的压力与日俱增。[81] 1899 年,纽约女性律师俱乐部成立,同年,呼吁哈佛法学院向女生开放的运动蓬勃开展。哈佛法学院教师内部争论激烈,兰德尔反对招收女生,

---

\* 艾伦·穆萨(1850—1936 年),律师,教育家,女性法学教育的先驱者。1898 年,她与艾玛·吉列特创立华盛顿法学院(现与美利坚大学合并),1917 年,双方创建哥伦比亚特区女性律师协会,1919 年,帮助创建美国女性律师协会。——译者注

对此，一般认为，"兰德尔不希望自己任教的课堂上出现女性的身影，因为担心这样会影响男学生的优异表现，但他无法否认招收女生这种主张内在的正当性"。最终，哈佛法学院教职人员同意招收女生，条件是拉德克利夫学院（Radcliffe College）* 同意承认这些申请者为毕业生。虽然拉德克利夫学院对此态度积极，但这一想法却遭到哈佛大学校方否决。[82]这一决定，在一定程度上，当然，仅仅是在一定程度上，催生出1908年创建于波士顿的波西娅法学院（Portia Law School）。** 这所美国历史上唯一仅招收女生的法学院，产生的原因有些复杂。这是格里森·阿彻律所合伙人阿瑟·麦克里恩（Arthur W. MacLean）的主意。有证据显示，这是麦克里恩的一项商业计划，由其主导女性市场，由阿彻主导男性法学教育市场。当然，他们的友谊，随着麦克里恩开始向男性颁发法学学士学位，宣告寿终正寝。[83]然而，与此同时，在波士顿，大量高中毕业生得以进入波西娅法学院攻读法学学位。[84]

当1911年，《女性律师杂志》（*Women Lawyers' Journal*）创刊发行时，从全国范围来看，情势已悄然改变。这一年，法学院女毕业生还无法在阿拉斯加州与佐治亚州执业[85]，华盛顿法学院还在宣称："本院为费城以南唯一招收女生的法学院。"[86]1915年，哈佛大学法学院再次拒绝女生的入学申请，作为回应，约瑟夫·比尔为女性学生创建剑桥法学院（the Cambridge Law School），宣称，这所法学院将为女性尽可能地复制一所哈佛大学法学院。尽管预期颇高，同时还有来自拉德克利夫

---

\* 拉德克利夫学院曾是位于美国马萨诸塞州剑桥的一个女子文理学院，创建于1879年，为美国七姐妹学院之一。1963年始授予其毕业生哈佛—拉德克利夫联合文凭；1977年与哈佛签署正式合并协议；1999年全面整合到哈佛大学。哈佛学院和拉德克利夫学院，分别是只招男生和女生的两所本科院，两个学院的课程设置基本相同，学生的质量和水平也不相上下，只是拉德克利夫学院在招生、经费及校产等方面仍保持其独立性。拉德克利夫学院不仅是美国著名的女子学院之一，而且是世界知名的妇女学术团体。——译者注

\*\* 波西娅法学院创建于1908年，是美国第一所专门招收女生的法学院，其名字来源于莎士比亚的名剧《威尼斯商人》。后来，该校更名为新英格兰法学院。——译者注

学院、史密斯学院(Smith College)<sup>*</sup>以及布林茅尔学院(Bryn Mawr College)<sup>**</sup>等名校的申请者加功,仍然没有办法保证其办学步入正轨。[87]但第一次世界大战,又在另一方面,推动着这样趋势。截至1918年,在华盛顿特区,共有177名女生在法学院学习[88],同年,女性不仅获准成为美国律师协会会员,还得以进入福特汉姆大学及耶鲁大学法学院求学。[89]尽管在1950年之前,哈佛始终不批准女性提交的入学申请,但在方兴未艾的法律职业中,那些地位举足轻重的机构里女性的身影呈上升之势,与此同时,随着"弗莱克斯纳报告"(the Flexner)<sup>***</sup>所引发的改革,女性开始被迫离开医学专业。[90]

---

[1] First, "Competition in the Legal Education Industry," 311, 341.

[2] Larson, *The Rise of Professionalism*, 166-67.

[3] Hammond, "Legal Education and the Study of Jurisprudence," 170, 176.

[4] Thomas Jefferson Wertenbaker, *Princeton, 1746-1896*, 377.

[5] 1835年,普林斯顿大学还曾试图说服另外一位从哥伦比亚大学离职的教授、曾担任殖民地时代纽约法院大法官的肯特帮忙创建法学院,肯特的答复是:"我太老了,已经过了适合重新创业的年纪。"Ibid., 229-30.

[6] 截至1900年,斯坦福大学法学院在籍学生为145名,全职教授5人。参见 Mitchell, *Stanford University*, 1916-1941, 86; Kirkwood and Owens, "A Brief History of the Stanford Law School";以及 Reed, *Present-Day Law Schools*, 412.

---

\* 史密斯学院,创建于1871年,是美国最出色的私立女子文理学院之一。该学院位于马萨诸塞州的北汗普郡市,是美国著名的七姐妹学院联盟成员之一。——译者注

\*\* 布林茅尔学院,创建于1885年,是美国最出色的私立女子文理学院之一。该学院位于美国宾夕法尼亚州,是美国著名的一所百年名校,是美国著名的七姐妹学院联盟成员之一。——译者注

\*\*\* 亚伯拉罕·弗莱克斯纳(1866—1959年),美国教育家,因为其在美国、加拿大医学等高等教育改革方面做出的巨大贡献,其所做出的调研报告,曾导致美国医学教育体制发生重大变革,并因此享誉世界。——译者注

⁷ Hansen, "The Early History of the College of Law, State University of Iowa, 1865-1884," 31,41. 该校自称为密西西比以西首家法学院。

⁸ 从 1884 年到 1889 年,获得爱荷华州最高法院承认的执业律师中,超过一半来自该法学院。1889 年,爱荷华大学法学院开始呼吁提高入学标准,但也承认:"单凭一己之力,无法将标准提高到超过国民预期的程度。"McClain, "Law Department of the State University of Iowa," 376.

⁹ Rogers, "The Law Department of Michigan University," 129, 133. 截至 1889 年,该院招生规模已经仅次于哈佛大学法学院。在法学期刊颇具话语权的时任院长罗杰斯(后担任过西北大学校长,以及耶鲁大学法学院院长),曾宣称密歇根大学法学院校友比其他任何法学院多。Rogers, "Law School of the University of Michigan," 198. 等到 1900 年时,该院学生人数已经达到 883 人。Reed, *Present-Day Law Schools*, 454.

¹⁰ 1887 年成立时,该院招生人数为 55 人,到了 1889 年,招生人数达到 104 人。Hutchins, "The Cornell University School of Law," 473, 486, 487.

¹¹ Swasey, "Boston University Law School," 54-65; and Curtis, "The Boston University Law School," 218-25.

¹² 1889 年,宾夕法尼亚大学法学院共有 6 名全职教授,144 名学生,当时上课地点位于费城市中心的杰拉德信托公司 6 楼。同时,该法学院还提供最终演变为法学硕士的研究生培养教育。Patterson, "The Law School of the University of Pennsylvania,"106, 107.

¹³ "该所法学院最早算得上当地律师协会开办的一个用来充分训练未来准备从事律师执业的学徒的机构,特别重视建立学员与当地司法部门的联系。1899 年首届毕业生全部获得了法律执业资格。"Norton, "The Buffalo Law School," 421, 426. 此时,该法学院还隶属于尼亚加拉大学(Niagara University). Pederson, *The Buffalo Law School*, 23-24. 之后不久,布法罗法学院移至商业区办学,从而更靠近当地的司法机关。"这间法学院素来讲求实际,教给学生的,净是些未来安身立命所必需的东西。"1887 年,该院招收的首届学生,只有 12 人。但到了 1889 年,就猛增至超过 100 人。"Buffalo Law School and the

Bar of Erie County," 59 *Albany Law Journal* 25,27(1899). 1892 年,布法罗法学院并入布法罗大学,成为其第三个学院。Pederson, *Buffalo Law School*,42.

[14] 上课时间也不十分固定。Kayser, *Bricks Without Straw*, 128. 1884—1885 年,哥伦比亚人学院校历记载,"授课时间往往需要押后至下午 4 点,从而配合学生的下班时间,以便保证其可以赶来学习"。Ibid., 5. 到了 1891—1892 学年,晚上 6 点之前,已经基本没有开课了。Columbian University, *Law School Catalog*, 1891-1892. 哥伦比亚人学院董事会成员对于创建该法学院的理由一清二楚,某位校董写道:"这里有大量具有大学学历或很有文化的年轻人,供职于政府,虽然自由时间很少,但仍希望学习法律。" Kayser, *Bricks Without Straw*,124. 法学院的发展势头一片大好。到了 1867 年时,每位兼职教授年收入就已经达到 2 000 至 3 000 美元。Ibid., 131.

[15] 国民大学于 1869 年组建,1870 年开始运营。尽管其开设有医学院、牙医学院(1884—1903 年),并且于 20 世纪 20 年代,兼并了一间学院,但国民大学本质上属于一家法学院,1954 年,国民大学并入乔治·华盛顿大学。

[16] 根据《1895 年哥伦比亚人大学法学院校历》(the *Columbian University Law School Year Book for 1895*),82 名在籍学生中,只有一人的出生地,明显不是美国,而所有学生,都是英国后裔。其中,51 人供职于联邦政府,其中很多人担任政府雇员的目的,就是为了来华盛顿特区攻读法学院。除此之外,还有一些学生从事专利审查人或国会议员助理等工作。有 10 名学生是律师助理,甚至还有几个人已经获得了律师执业资格。另外 3 名学生供职于专利事务所,2 名学生供职于银行,3 名学生从事商业活动,2 名学生为不动产经纪人,3 名学生是教师,2 名学生是政府速记员。剩下的 8 名法学院学生没有工作,包括 4 名未毕业的大学生。

[17] 纽约法律帮助协会(The New York Legal Aid Society),就是德国移民积极活动的产物。Smith, *Justice and the Poor*, 134. 在波士顿,爱尔兰裔律师也在积极延揽爱尔兰后裔的客户。Handlin, *Boston's Immigrants*, 74. 并不是所有爱尔兰裔律师都是自学成才,或者从不知名的法学院获得学位。帕特里克·柯林斯(Patrick Collins),作为马萨诸塞州首位参议员,就是 1871 级哈佛大学法

学院学生,后来并获得律师执业资格。Ibid., 224.

[18] 夜间部总共招收 45 名学生。Stein, "In Pursuit of Excellence," 494.

[19] Reed, *Training for the Law*, 396-97.

[20] Durkin, *Georgetown University*, 222.

[21] Reed, *Training for the Law*, 192. 1891 年时,德怀特所面临的情况可谓今非昔比。不仅对抗哈佛教学法的努力未见成效,自己力主的哥伦比亚模式反倒变得岌岌可危。从哥伦比亚大学法学院辞职之后,乔治·蔡斯(George Chase)、罗伯特·佩蒂(Robert Petty)等人先后离职,以抗议该院放弃德怀特所主张的教学法。德怀特的这些信徒们,转而以纽约大学法学院为据点,继续完成德怀特这位"足以全面塑造英美法学的最伟大的法学教育家"未竟之大业。2 The Counsellor [ of New York Law School ] 10 (1892-93). 亦参见 Goebel, *School of Law, Columbia*, 145. 这一新生法学院,在 19 世纪 90 年代,成为哥伦比亚大学法学院极有力的竞争者。导致哥伦比亚大学法学院招生人数从 1890—1891 学年的历史高点的 623 人,降至 1892—1893 年的 265 人。Ibid., 447. 而纽约大学法学院第一年招生人数就达到 345 人。1 The Counsellor 19-20(1891-92).

[22] Reed, *Present-Day Law Schools*, 531. 针对 1899—1900 学年,原文中的相关数字多有疏漏,大体上,19 世纪 90 年代的统计数字都因为 1893 年美国教育局报告的不可靠而容易导致误解。Reed, *Training for the Law*, 465.

[23] 全国性法学院与其他类型法学院之间竞争的硝烟味,可以从法学院规模的急剧此消彼长窥以一斑。如果将美国内战导致的变动因素排除在外(与此相关问题,可参见 Carnegie Foundation for the Advancement of Teaching, *Review of Legal Education 1918*, 1-12 [1918]),1870 年,全美规模最大的法学院,为密歇根大学法学院,学生人数超过 400 人,当时正在库里(Cooley)的领导下,走向辉煌。排名第二的是乔治·华盛顿大学的前身,即哥伦比亚人大学法学院,其后顺次为哈佛、阿尔巴尼、弗吉尼亚法学院。10 年后,规模第一的桂冠,落在了学生人数为 573 人的哥伦比亚大学法学院身上,紧随其后的,分别为密歇根大学法学院及哈斯汀大学法学院。到了 1890 年,虽然哥伦比亚大学法学院与密歇根大学法学院仍然维持领头羊的地位,但却面临地方非全日制法学院的

强有力竞争。从1911年至1922年,乔治敦大学法学院成为第一名,学生超过1 000人。总体参见 Reed, *Training for the Law*, 195-97.

²⁴ 对此问题,可参见伦敦法社会学会(Law Society's School of Law in London)会长的评价:"里德先生所提到的非全日制法学院,服务对象主要是那些在入学时对于法律概念根本不具备任何专业认知的学生,这些人或许在努力尝试成为职业法律人,或者仅仅是想学会与自己从事行业相关法律知识的普通男女。总之,大家学习法律的目的,完全属于各取所需。"Jenks, "Legal Training in America," 152, 154-55.

²⁵ Reed, *Training for the Law*, 442.

²⁶ Reed, *Present-Day Law Schools*, 13,讨论了"Creative Period, 1865-1890".

²⁷ Reed, *Training for the Law*, 193-95, 448-49. 除此之外,宾夕法尼亚和特拉华州,即使在"杰克逊流民主主义"统治期间,依然坚持法学预科教育。Ibid., 314. 费城只有2所法学院的原因,或许就是因为宾夕法尼亚州的见习导师制度,使得没有推荐人的学生,很难被法学院录取。

²⁸ 从在校生数量来看,1870年创建的乔治敦大学法学院位列第一,招生1 052人。1855年创建于纽约市的福德汉姆法学院,位居第4,1911年之前始终处于独立经营状态的萨福克法学院,占据第6位。Reed, *Training for the Law*, 425, 429, 430, 452.

²⁹ 参见 Ellsworth, *Law on the Midway*, 31. 1890年,哈珀曾做出过这一提议,当时哥伦比亚人大学校长詹姆斯·威灵格,于1893年也曾表示过接受这一合并建议。但最终哈珀因为情况的变化,放弃了这一想法。

³⁰ Ahern, *The Catholic University of America, 1887-1896*, 98-108.

³¹ Durkin, *Georgetown University*, 219.

³² Ahem, *The Catholic University*, passim. 汉密尔顿院长继续谈到,"乔治敦大学法学院的学生,自于其他学科的毕业生所组建的,尽管这些人都深爱着自己的母校。法学院的教授在此教书,不仅仅为了获得薪水,而是出于对于乔治敦大学的热爱。交流教授的提议,不仅毫无可操作性,而且近乎犯罪"。

Ibid. ,102.

³³ Durkin, *Georgetown University*, 217.

³⁴ Ibid. 天主教大学法学院院长威廉·罗宾逊(William C. Robinson)对于自己领导下的学院,有着十分高远的发展规划。"迄今为止,美国的法律专业都被视为一项生意,律师,也只是中间人,或者当事人的仆从。"只有将法律视为一门科学,才可能改变这一局面,罗宾逊当然不想法学教育重蹈覆辙,回归生意。参见 Robinson, "A Study of Legal Education"。

³⁵ 实际上,该院教授的薪资包括两部分:基于教学课时长短的基本工资,这部分主要通过学费支付,以及在图书馆联合会中所持股份的分成收益。Reed, *Present-Day Law Schools*, 87.

³⁶ Rahl and Schwertin, *Northwestern University School of Law*; Babb, "Union College of Law, Chicago," 330. 在 1900 年时,该院共有学生 211 人。Reed, *Present-Day Law School*, 479.

³⁷ 圣路易斯法学院 1869 年首届毕业生只有 12 人,到了 1889 年,也只有学生 80 人左右,接受赠款仅为 77 000 美元。Allen, "The St. Louis Law School," 283, 288, 291.

³⁸ 市场影响不可避免地会影响商品价格,特别是很多中小型法学院,以及新设立的法学院,寄很大希望于通过低学费招收更多学生入学。瓦尔帕莱索大学的宣传手册可做一例,1879 年,其中首次出现关于法学院的介绍,封皮上赫然写道:"本校的学费,全西部最低!"翻开封皮后,在内容介绍部分,校方承诺,选择本校法学院的学生,仅需要缴纳同类法学院半数的学费即可入学。到了 1900 年时,该校已在宣称自己的收费全美最低。宣传手册中宣称的所谓"学费",食宿收费低廉的理由,据说是该校一位负责人,在长期仔细研究食谱后,给予了法学院特殊的"个人关注"。University Archives, Valparaiso University, Valparaiso, Ind.

³⁹ Coates, "Law School of University of North Carolina," 17-23.

⁴⁰ *Dedication of the New Building of the School of Law*:*Wake Forest College* (1957).

⁴¹ 哈斯汀本人的职业生涯可谓波澜万丈。1814年,哈斯汀出生于纽约,后搬迁至印第安纳及爱荷华州等地。24岁时,哈斯汀已经成为爱荷华州议员。1846年,更晋身为美国国会议员。1848年,哈斯汀开始担任爱荷华州最高法院首席大法官,随着1849年席卷美国的淘金热,哈斯汀专任加利福尼亚州最高法院首席大法官。哈斯汀本人从未攻读过法学,更未上过大学。他是通过在20岁时担任纽约一家专科学校校长时自学的法律。1851年,哈斯汀出任加利福尼亚州检察总长,但两年后就宣告辞职,一心赚钱。Hastings College of Law, *Golden Jubilee Book*, 1878-1928 (1928).

⁴² 1889年时,哈斯汀法学院共有77名学生,同时招致极大敌意,很多人都觉得,从这毕业的律师实在是太多了。Slack, "Hastings College of Law," 524; Hastings College of Law, *Golden Jubilee Book*, *1878-1928*. 针对哈斯汀法学院意味不明的法学教育定位,参见 Reed, *Present-Day Law Schools*, 85-86. 尽管哈斯汀法官本人赞成与加州大学合并,但却遭到院董会的反对。后来,根据1918年达成的一份谅解备忘录,哈斯汀法学院合并到加州大学之后,可以享有相关权利,但无需负担相关义务。二者关系最典型的体现,就是哈斯汀法学院的延迟退休规定。即使到现在,哈斯汀法学院也可以根据这一规定,聘请从其他法学院退休的杰出教授。

⁴³ Hastings College of Law, *Golden Jubilee Book*, *1878-1928*.

⁴⁴ 早期,该院教授的薪酬标准为每学时1.12美元,而该院最先聘请的教员,不出所料,还包括一名美式足球教练。University of Southern California, *Dedication Ceremonies: School of Law Building*, 35(1926).

⁴⁵ Richardson, *Dedication of the Brooklyn Law School (St. Lawrence University)*.

⁴⁶ 在1925年圣约翰法学院(St. John's Law School)创办之前,布鲁克林法学院在纽约长岛地区没有任何竞争对手。"布鲁克林,被视为职业教育的沃土,不仅因为这里的人口基数很大,且保持持续增长,更因为这里是老百姓的聚集地,是全美最大外国裔人口聚居地。或许圣劳伦斯大学本身并没有意识到,自己对于犹太人、意大利人以及其他族裔人士何等重要。这些人终身奋

斗,目的就是为了获得一技之长,拥有大学学位。为了达成这一目标,他们可谓不惜代价。布鲁克林法学院的最大贡献,就是为那些可能根本没有办法在其他地方获得职业教育的人士,提供了一个机会。"Pink and Delmage, *Candle in the Wilderness*. 241.

[47] Ibid., 240.

[48] Curtis and Carstensen, *The University of Wisconsin*, vol. 1, passim.

[49] 在州立大学中,这种拖沓并非特例。1868年加州大学章程,就包括设立法学院的内容。几次尝试未果之后,加州大学于1878年"合并"哈斯汀法学院,到了1906年,加州大学又决定,基于伯克利分校的法理学部,开办"自己"的法学院,伯克利法理学部设立于1881年,到了1902年,已经开始招收三年制法学本科。一份1908年致加州律师协会的公开信,呼吁在美国西部应当出现一所不仅学风良好,更在声誉上比肩哈佛、哥伦比亚的法学院。Ferrier, *Origin and Development of the University of California*, 432-34, 459, 593, 596.

[50] Johnson, *Schooled Lawyers*, 78.

[51] Stein, "In Pursuit of Excellence," 864, 867. 万斯言行一致,他主张,纽约市不从事法律职业活动的领导人中,有40%没有办法维持自己的生活,很多人陷入没米下锅的状态,还有一些人铤而走险,甚至被关入大牢。Vance, "The Function of the State Supported Law School," 410.

[52] 整体参见 Bouseman, "The Pulled Away College," 10. 本书相关部分的材料,来自于基督教青年会全国理事会档案。亦参见 Hopkins, *The History of the Y. M. C. A. in North America*.

1919年,基督教青年会经营7间法学院。到了1936年,法学院数量增至10所。Bouseman, *The Pulled Away College*, 84. 亦参见 Hutchins, "Birth and Development of the Salmon P. Chase College School of Law within the Structural Organization of the Y M. C. A".

[53] 参见 Mary O'Byrne, "A Y. M. C. A. Law School: Northeastern University School of Law, 1898-1945" (Paper presented to the History Department, Yale College, 1976); Jackson, "NU Law School," 10.

⁵⁴ O'Byrne, "A Y. M. C. A. Law School," 22.

⁵⁵ 参见 Archer, *The Educational Octopus*, passim.

⁵⁶ 但参见 Archer, *Suffolk Law School Systems and the Case Method of Teaching Law*(1924).

⁵⁷ 参见 Archer, *The Impossible Task*; Archer, "Fifty Years of Suffolk University," Alumni Banquet Booklet(1956), Law School Archives, Suffolk Law School, Boston, Mass.

⁵⁸ First, "Legal Education and the Law School of the Past,"135, 主要从经济史角度,对托利多法学院进行研究。

⁵⁹ Zimmerman, "A History of the Youngstown Law School".

⁶⁰ Dieffenbach, "The Origin and Development of the Salmon P. Chase College of Law," 1.

⁶¹ *Report of the Supreme Board of Directors, Knights of Columbus: Educational and Welfare Activities for the Fiscal Year Ended June 30, 1925*. See also Columbus University, School of Law and School of Accountancy, *Announcement*, 1932-1933, 10:

> 哥伦比亚大学开支的很大一部分,都要归功于哥伦比亚骑士会为所有"一战"参战士兵设立的奖学金。当资金行将用尽时,哥伦比亚骑士会的地方支部接管了这一项目,并誓言将其进行到底。后来的情况证明,有必要放弃完全免费的奖学金制,新的捐赠者希望使得无钱上学的人受到相应教育,因此采取了学费减免,但要求入学者必须支付最低学费。

⁶² 有证据显示,在南北战争之前,新奥尔良地区就存在黑人律师。Robert Morris, A black, Practiced in Boston before the Civil War. Handlin, *Boston's Immigrants*, 70.

⁶³ 霍华德法学院首批毕业生中,有 10 位黑人。亦参见"John Mercer Langston and the Training of Black Lawyers," in Bloomfield, *American Lawyers in a Changing Society*, 302.

[64] Logan, *Howard University*, 48.

[65] Ibid., 87, 120.

[66] Ibid., 86.

[67] 统计数字起伏很大，1892 年，该院颁发 29 个法学学士学位，而 1900 年，仅有一名学生获得学位，这个数字到了 1923 年又变成了 23。Ibid., 133.

[68] 例如 1850 年统计，纽约市有 4 位黑人律师。

[69] U. S. Department of Commerce, Bureau of the Census, *Negro Population: 1790-1915*, 526 (1918).

[70] Petters, "The Legal Education of Women," 234.

[71] Martin, "Admissions of Women to the Bar," 76, 78.

[72] Harris, *Beyond Her Sphere*, 112.

[73] *Bradwell v. The State*, 83 U. S. 130, 131 (1873).

[74] "Shall Women be Admitted to the Bar?," *1 The Legal News* (Montreal) 184 (1878). 米拉·布莱德威尔主编的《芝加哥法律新闻》提到了新出台的法律，并且就女性为何没有被赋予投票权发出质问。"这些依附于男人的女人们，宣称自己听到应当争取投票权时吓了一跳，如果这些人不渴望这种权利，怎么强迫其都没有用。""Admission of Women to the Bar," 11 *Chicago Legal News* 179 (1897).

[75] Petters, "The Legal Education of Women," 234.

[76] 这两位女生的申请理由是，哈斯汀法学院是哈斯汀大学的组成部分，而哈斯汀大学招收女生。最终，其并未进入哈斯汀法学院就读。Slack, "Hastings College of Law," 518, 520.

[77] Hicks, *Yale Law School, 1869-1894*, 72-76.

[78] Keyser, *Bricks Without Straw*, 166.

[79] 马西女士通过给自己的丈夫担任助理，最终成为律师。而吉列特小姐，虽然是女性，但仍于 1880 年就读于霍华德法学院。在此之前，也有白人中产阶级女性，就读黑人大学的经历。当二人开始讲课时，马西女士负责宪法，吉列特小姐负责根据布莱克斯通的理论教授普通法，其目的是帮助女生申请哥

伦比亚人大学法学院。但 1899 年,哥伦比亚人大学又一次拒绝了女性的入学申请。马西女士被告知,很多保守派坚持认为,女性不适合法律专业。马西女士最终决定创建自己的法学院,1898 年,华盛顿法学院应运而生。Hathaway,*Fate Rides a Tortoise*, chap. 12.

在 19 世纪 90 年代之前,纽约大学出现了女生班,有老师负责给他们上课,但都不会获得学分。Petters, "The Legal Education of Women," 239.

[80] U. S. Department of the Interior, Bureau of the Census, *Women in Gainful Occupations*, *1870-1970*,42(1979).

[81] 对于 1900 年各州女性就读法学院的情况,参见 Petters, "The Legal Education of Women." 共有 34 个州承认女性有权攻读法学学位,女生人数最多的是伊利诺伊州,共有 87 名女生。Ibid. , 234.

[82] *Centennial History*, 55.

[83] 1925 年,当法学硕士项目发足时,面向男生及女生。这是麦克里恩促使法学院不分性别招收计划的一部分。1918 年,波西娅法学院获得学位授予权,并于同年开始颁发法学学士学位。1929 年,马萨诸塞州教育局不允许该校向男生颁发学位,理由是女性法学院的教学水准过低。*Evening Globe*(Boston),5 March 1929. 1938 年,波西娅法学院最终获得向男性颁发法学学士学位的权力。Law School Archives, New England (Portia) Law School, Boston, Mass.

[84] 根据 the *Portia Law School Catalog*, *1925-1926*, 12,历年学生规模如下:

| | | | |
|---|---|---|---|
| 1908—1908 | 2 | 1917—1918 | 91 |
| 1909—1910 | 10 | 1918—1919 | 106 |
| 1910—1911 | 24 | 1919—1920 | 131 |
| 1911—1912 | 32 | 1920—1921 | 177 |
| 1912—1913 | 32 | 1921—1922 | 226 |
| 1913—1914 | 30 | 1922—1923 | 303 |
| 1914—1915 | 40 | 1923—1924 | 338 |
| 1915—1916 | 46 | 1924—1925 | 384 |
| 1916—1917 | 76 | | |

该宣传手册声称:"相当多女性在几乎所有科目,都达到了比男性更高的

学习标准。"Ibid., 19. 同时,其还宣称:"现在,我们大多数女性毕业生,得以在马萨诸塞州成功执业,在涉及不动产、遗嘱继承、物业管理、家庭法等方面,特别是涉及女性当事人的案件中,大显身手。"

[85] 1 *Women Lawyers' Journal* 11(1191).

[86] Ibid., 7.

[87] Ibid., vol.5, p.15 (1915). 亦参见 *New York Times Magazine*, 3 October 1915. 据说比尔在自己的女儿,同时也是该校首届学生决定退学结婚后,就事实上放弃了学院经营。

[88] 华盛顿法学院有 98 名女生,乔治·华盛顿大学法学院有 58 名女生,国立大学有 18 名女生,霍华德大学法学院有 3 名女生。9 *Women Lawyers' Journal* 6(1919).

[89] Ibid., vol. 8, pp. 5, 13 (1918).

[90] 1870 年,全美共有 544 名女性医生(占医生总数的 0.8%);到了 1890 年,女性医生数量增至 4 557 人(占医生总数的 4.4%);1900 年,这个数字增长至 9 015 人(占医生总数的 6%)。随着弗莱克斯纳主导的改革不断推进,很多专门招收女性学生的医学院被迫关门,直接导致女性医生的数量出现下降。到了 1930 年,全美女性医生的数量仅为 6 825 人,占医生总数的 4.4%。波士顿行医的女性医生占比从 1900 年的 18.2%,下降至 1960 年的 5.8%。Walsh, *Doctors Wanted*, chap. 6.

## 六、控制

以美国律师协会为首的法律职业体制,在19世纪80年代至20世纪20年代茁壮成长期,充分吸纳了当时流行的功利主义理念。法律职业一度被视为工业化浪潮的组成部分,由此,不难理解法律职业的领军人物为何十分关注可交换性,为何沉溺标准化,而这又正是工业精神的两个重要面向。这种做法的始作俑者是为数不多的一群精英分子,他们时常缅怀19世纪40年代盛行的本土主义,普遍接受北欧人种至上论。当美国国会就移民问题举行听证会,并最终出台《1924年国籍法》(National Origins Act of 1924)*,专门限制东欧、南欧移民时,美国法律界则再次认为这种规定属于种族"进步"。

另一方面,美国法律职业界始终多元,其成员扮演的角色,往往大相径庭。尽管"谢尔曼与斯特灵"等华尔街律师事务所巨头,已经开始介入公司经营方针的制定,但纽约市的大多数执业律师,仍处于单打独斗状态,往往只能勉强糊口,即使不用每天为案源发愁,跟着救护车屁股后面跑,但至少也生活在社会的底层。随着非全日制法学院以及法律夜校的大量涌现,法律职业内部,开始心照不宣地将其职业分层与法学院之间日益明晰的等级高下联系起来。对此,美国律师协会不能熟视无睹,毕竟其于1878年成立的目的,就是为了提升法律职业的

---

\* 《1924年国籍法》,与《1924年排亚法案》(Asian Exclusion Act)一起,并称为《1924年移民法案》(The Immigration Act of 1924),或"约翰逊—里德法案"(Johnson-Reed Act),是一部根据1890年美国人口统计确定基数,将每年各国移民美国的限额控制在已在美国的该国移民数量的2%,最初,该法的目的是为了限制来自于南欧与东欧的移民,同时,也严重限制了来自非洲、亚洲及阿拉伯地区的移民数量。根据美国国务院美国史研究机构的分析,立法者希望通过本法,保持美国国民的同质性,但有趣的是,这部法律并未限制拉美裔移民的数量。——译者注

质素。¹本来,美国律师协会倾向于将多元性加以机制化,尽管这与浸润美国的平权理念截然相悖。19世纪末,美国律师协会的这种逆潮流而动开始变本加厉,这一时期,不仅在律师执业界,即使在工商业界,标准化都算得举国上下关注的热点。²尽管对于判例教学法意见尚不统一,但几乎所有人都同意一点,必须由标准统一的法学院来控制法学职业的入口。

在1879年首次召开年会时,美国律师协会法学教育委员会及律师执业资格委员会不仅故调重弹,呼吁在全国推行统一的律师三年考察制,还积极为一项成本高昂的标准化项目进行游说。³委员们一方面承认,美国律师执业资格标准在1840年至1870年间下滑明显,同时坚持,作为从事法律这种学识渊博的伟大职业的一员,一般认为应当具有很多优点,有经验、有特长的人,有权获得优待。⁴委员们对此毫无疑问,因为"教育乃公德之父、私德之母",应当通过"科学"教授法律的法学院,实现对于法律职业的提升与完善。⁵在这些人眼中,当时大多数法学院的现状,无法令人满意,毕竟学制太短,委员们还关注法学院的入学机制问题,担心目前的考试太过浅显,学位随随便便就授予给了很多根本没资格毕业的草包头上。⁶法学院需要拉近和法律职业的关系,并且"遵守特定情况下必须遵守的限制性规则",应当效法欧陆法、德等国的科学教育理念。⁷有必要开设充分科学研究罗马大陆法的课程,还有观点认为,宪法史与政治学也不应被忽视。⁸要不惜代价,"抗制"法科学生应"偏重"实际的想法。⁹结果是,除了一些虚与委蛇之外,委员们决定,法学院,应当由至少4名待遇良好、训练有素的教授负责公共管理职务,毕业需要进行书面考试,获得毕业文凭前需要见习,在州或地方律师协会推荐下,进入到经过评级的法学院学习三年,学习的课程内容,建立在大卫·霍夫曼对于法学教育的设计基础之上。¹⁰

这份报告,只得到了三名委员的联署,虽然十分明确地指出了法学教育机制化的走向,但却无法得到大多数美国律师协会成员的支持。因此,在1880年,出现了一个相对和缓的折中路线[11],直到1881年,美国律师协会作为一个整体,才正式涉入这场历经百年的长征。同年,美国律师协会代表大会通过决议,建议(而不是试图要求)法学院适用三年学制,尽管其同时要求法学院应当在三年内,保证学生完成全部学业。进一步来说,这份决议建议各州可以将三年学习期视为见习期。[12] 一位来自马里兰州的代表,认为法学院的重要性在于"可以有效减少在不具备基本能力养成的情况下,凭借找导师关系走后门的方式混进律师队伍,通过变身为不称职的律师,逃避作为一名笨学生所面临的各种尴尬处境"。[13]

然而,对于将责任转嫁给法学院的做法,并非没有批判意见。另外一位来自马里兰州的与会代表,抱怨称"法学院的课程设置,使其看起来与训练神父或教士的神学院颇为类似……我发现,法学院的毕业生,在起草诉状、缔结合约等方面,缺乏实践知识,其工作效率,甚至赶不上没有上过法学院的其他律师"。[14] 然而,诚如一位阿拉巴马州代表的总结:"如果律师协会的各位想要结成一个行业工会或职业团体,同时依法设定新加入者的会员期限及申请条件,毫无疑问,会导致申请加入律师协会的门槛越来越高。"[15]

尽管创建之初雷声颇大[16],到19世纪80年代时,美国律师协会还只是美国顶尖律师的一个社交组织。其内部气氛沉闷,导致1888年"全国律师协会"(the National Bar Association)这个竞争对手顺势而起,这个新生协会与"美国医学协会"(the American Medical Association)*一

---

\* "美国医学协会",成立于1847年,是美国规模最大的医生、医学院学生组织,其宗旨在于为了公共福祉,提升医学技术与科学水平,维护医生及病人的合法权益,提升公共健康水平,游说立法机关制定优惠立法,为医学教育募集资金,制定医生执业规范,同时编辑出版《美国医学协会杂志》(the *Journal of the American Medical Association*, JAMA),这也是世界范围内发行量最大的医学周刊。——译者注

样,由来于地方律师协会的代表组成。[17]作为应对之策,美国律师协会也开始向各地代表大献殷勤,劝诱其入会,因此,到了1889年时,全国律师协会开始走向没落。[18]然而,这种颇具竞争力的分离主义,使得美国律师协会法学教育委员会,在其主任、时任圣路易斯法学院(华盛顿大学)院长的威廉·哈蒙德的领导下逐渐活跃起来。这届委员会,并没有像前任那样好高骛远,而是于1890年呼吁由各州最高法院负责律师执业资格的遴选工作,同时,申请者需要完成的两年的法律学习,在此期间,需要尽可能待在法学院。[19]尽管这一决议未获通过,但能被大家接受的意见导向,已经愈发清晰。

1891年美国律师协会年会,主要就律师执业资格申请,以及律师职业资格考试的相关统计数据,展开讨论。律师职业资格考试回归严肃认真状态,部分受制于当时的大气候,更在某种程度上得益于美国律师协会对于文凭特权的否定态度。随着文凭具有的特权色彩逐渐暗淡,律师执业资格考试变得越来越严肃,从而为剥夺学校相关权力提供正当性。1870年,马萨诸塞州某些郡县开始采用书面的律师执业资格测试[20],1877年在纽约也出现了同样的情况。[21]地方律师协会,出于维护声誉、减少竞争等考量,总体上一般努力游说其所在地州,采取硬性的律师执业资格申请标准。1878年,美国律师协会开始附和这种观点。逐渐,由地方律师协会控制的"资格审查委员会"(Boards of Examiners),取代各州最高法院,成为律师执业资格考试的主办方。从1876年的新罕布什尔州开始,美国各地的资格审查委员会,能够通过收取申请费的方式,维持自身运转。同时,一种特定的代理模式,也开始出现。立法机构通常将组织律师执业资格测试的权力,授予该州最高法院,而其又将此项权力,转授给律师执业资格审查委员会。实践中,各州律师执业资格审查委员会,无一例外地掌控在该州律师协会手里。[22]职业自律,向前迈出了重要一步。[23]

1891年美国律师协会年会,再一次强调了就读法学院的重要性。该协会教育委员会十分关注每年获得律师执业资格的律师当中,只有五分之一曾就读法学院这一事实。没有哪一个州对于就读法学院有过任何硬性要求,对此,显然在当时那一代,无法有所突破。[24] 1891年年会所作决议,在第二年美国律师协会年会中,继续得到关注与讨论,虽然出席1892年年会的代表人数少得可怜,但事实证明,相关研讨的重要意义无与伦比。1892年美国律师协会年会决议,呼吁法学教育的学制改为两年全日制。虽然如此,对于那些希望继续待在学校深造的学生,也可以为其设立研究生课程。决议反对盈利型法学教育与文凭特权,正式要求律师执业资格测试,应当由各州最高法院负责。建议法学院由各州运营,且至少聘有一名全职法学教授。[25] 1891年美国律师协会年度报告的极强说服力,导致1893年,美国律师协会成立了第一个下设分支机构,即"法律教育与律师执业资格部"(the Section of Legal Education and Admissions to the Bar)。[26]该部马上就拿法学院的学制说事[27],并且作为这一趋势动向的一部分,1895年,"法律教育与律师执业资格部"批准向代表大会提交动议,呼吁法学院强制推行三年学制。[28]尽管这一决议最终被退回,但"法律教育与律师执业资格部"的态度,却变得愈发坚决。

  尽管存在上述决议,辞藻也颇为华丽,但美国律师协会能做到的,恐怕也只是说服,到了1895年前后时,其已经对于提升律师的教育水准问题,不具任何实际影响力了。因为很多州开始要求,或恢复要求律师执业资格申请者必须见习,在有组织的律师协会的努力下,在法学院学习的时间,逐渐被视为在律师事务所见习的时间。然而,没有任何一个州要求必须进入法学院就学,19世纪90年代的大多数律师,从未上过大学,或者进入法学院学习过。甚至有几个州,都不要求律师执业资格申请者具有高中学历。让律师协会领导人感到不爽的是,正式教育在神学、医学领域出现戏剧性回归的同时,在法学领域,却起色不大。[29]

19世纪90年代投奔华尔街崛起中的律师事务所的精英律师,或许是从耶鲁、哈佛大学法学院毕业后的前几年,在这些律师事务所中见习,以获得必要的法律技能。然而,绝大多数州的普通律师,或许只能在未经历任何体制内训练,甚至连高中文凭都没有,通常在只接受少得可怜的律所实习的情况下就进行法律执业。实际上,正是美国体制的这种"自愿性",让詹姆斯·布赖斯印象深刻。[30]布赖斯对于顶尖法学院的杰出成就赞赏不已,同时宣称,起码在这里,是依靠供求关系来追求完美的。如果要申请律师执业,也没有义务一定要去法学院学习这些课程,同时,律师执业资格测试往往失于宽泛,并不要求申请者进行充分的准备。在他看来,这种做法极具价值,非常有助于法律职业的成功,对于拥挤在大教室内,花上两三年时间科学地研究法律的年轻人来说,本来应作为学徒或初级合伙人,将这些时间花在执业律师的办公室内。[31]这显然不是美国律师协会的本意。

尽管前途暗淡,但律师协会并不愿意放弃其"职业化"的计划。1896年,美国律师协会同意,律师执业资格的申请者必须具有高中学历,且在法学院学习两年。到了1897年,要求的学习期限被延长至三年,同时希望各州立法机关对此不仅表示支持,而且将学习法律的方式限制为就读法学院。[32] 1908年,美国律师协会开始讨论,是否要求律师执业资格申请者在就读法学院之前,需要具备至少两年高校学习经历,[33]尽管当时要求的,还是申请者只需具备高中学位即可(这一要求一直持续到1921年)。1909年、1911年以及1912年,美国律师协会法学教育部连续三年建议,申请律师执业资格的标准规则为或者是在律师事务所实习四年;或者在法学院就读三年,之后在研究生院就读一年或在律师事务所见习一年。[34]

与此同时,另外一股游说的势力,也在积极行动。随着埃姆斯担任哈佛大学校长出现的新兴职业,即"学术型律师"(Academic Lawyers),尚无自身的统一组织。实践型律师已经成立了美国律师协会,但其并未像很多法学家希望的那样,投入充分时间关注法学教育,更有甚者,还对判例教学法大放厥词。1899 年,在学术性律师施加压力的情况下,美国律师协会呼吁成立由"享有盛誉"的法学院组成的学术联盟,从而导致 1900 年,12 所法学院组成了"美国法学院协会"。[35] 其成员面向的是法学院,而非个人。[36] 申请加入协会的法学院,需要满足特定最低条件,如就读学生需要具备高中文凭,两年学制(每年 30 周),学生可以使用藏有美国联邦判例选以及所在州判例选的图书资源。[37] 1905 年,申请入会的法学院学制被提高为三年,在 1907 年之后,所有两年制法学院都被褫夺会籍。到了 1912 年,停止接受日间部与夜间部教学时长相同的法学院的入会申请。[38] 同年,美国法学院协会年会报告提出,除了白天的课程安排之外,在夜间同样开设正常的课程,不可避免地会降低教学标准。因此,美国法学院协会庄严宣告:"协会的政策是,今后将不再接纳任何采用此类课程设置的法学院入会。"[39] 明显准备放手一搏的架势。

　　1916 年,美国法学院协会准备进一步推进改革,讨论是否在 1920 年之后不再承认任何夜间开设的法律课程。尽管这一决议最终只是提交给美国律师协会执委会,但美国法学院协会的态度却愈发坚决。在争论过程中,来自威斯康星州的法学教授,后来曾担任爱荷华大学校长的尤金·吉尔莫(Eugene Gilmore)＊宣称,大学培养出的律师足以满足整个国家的需求,我们不需要点灯熬油、绞尽脑汁地想办法让

---

　　＊ 尤金·吉尔莫(1871—1953 年),曾担任过菲律宾代理总督、爱荷华州法学院院长、爱荷华大学校长以及匹兹堡大学法学院院长等职务。——译者注

这些穷小子通过律师执业资格测试。[40]也是在这次讨论中,美国法学院协会通过决议,要求会员法学院至少聘请三名"实质"全职的法学教授,尽管对此要求,马凯特大学(Marquette University)＊及匹兹堡大学法学院扬言:"只要你真的这样要求,我们马上退出协会。我们不愿勉为其难地跻身在这个协会之内,也不愿接受突然改变我们既有教学架构的强加条件。"[41]

跟美国医学协会不同,美国律师协会只是一个面向个人会员的自愿性组织,在各州及郡县层级,没有像医学协会那样严整细密的基层组织。法学教育委员会1901年度报告指出,尽管美国医学协会成功游说各州成立健康委员会,迫使想从事医学职业的学生只能选择攻读医学院,但美国律师协会却无法说服立法机关,强制想从事律师执业的学生就读法学院。[42]进一步来说,尽管美国律师协会实际上吸纳了业界的领军人物,但其也只能代表律师整体的一小部分。1900年,全美律师中,只有1.3%加入了美国律师协会,20年后,这个比例缓慢增至9%。[43]

美国法学院协会面临的尴尬局面与此类似。在19世纪的最初20年间,其能代表的,一直只是全部法学院学生的相对少数[44],导致这种情况出现的原因,部分原因在于很多无法满足该协会要求的法学院先后退出[45],但更大的原因在于,这一期间出现了大量未加入该协会的私立法学院以及非全日制法学院。[46]美国法学院协会对此十分关注,并在其组织的各种会议上频频加以提及[47],但于事无补,选择不加入该协会的法学院依然我行我素。因为美国律师协会与美国法学院协会在业界的代表性不足,因此很难说服各州立法机构将其所主张的改革措施

---

＊ 马凯特大学,美国最大的天主教耶稣会大学之一,坐落在威斯康星州,创建于1881年8月28日,最初是为当地的德国移民后裔提供神学教育,1909年成为世界上第一所接受女性的天主教大学。马凯特大学亦是一所篮球名校。——译者注

立法化,即便其在各州立法机构中拥有颇多会员,但这些人基本上都缺乏良好的教育背景与实践经验。更加雪上加霜的是,美国律师协会与美国法学院协会这两个组织之间往往缺乏配合。如果将美国法学业界比喻成一座冰山,那么二者不仅仅占据冰山一角,彼此之间的嫌隙更深。

尽管在初期,美国法学院协会似乎乐于依附美国律师协会[48],但很快,蜜月期就宣告结束。"大型商事律师事务所的律师,与大学法学教授,都属于新时代的新生势力,二者属于城市工业社会现代化、专业化的双生子,因此具有先天性的同室相煎倾向。"[49]这两个专业组织的关系,一直维系到1914年,这一年,或许出自故意,美国律师协会将年会的召开时间调整在大学开学之后,导致法学教授很难参加。

美国律师协会与美国法学院协会各自为政,分别提出的标准不仅差异颇大,而且很容易造成混淆,这也使得各州立法机关可以以此为理由,搁置法律业界提出的各种标准化议案。到了1870年,全美只有16个司法区规定,意图申请律师执业者,需在律师事务所实习一定期间,没有任何一个州将就读法学院作为影响因素加以考虑。[50]如布赖斯所言,法学院之前都是在公开市场直接进行竞争,但他没有谈及,对此,美国法学院协会成员学院,往往十分不满。针对公开竞争,很多法学院都在寻找降低或消除竞争的良策,其中,往往需要借重于利用,甚至左右地方的立法机构。

对此的早期例证,莫过于所谓"文凭特权"(the Diploma Privilege),据此立法授权,法学院可以认定学生是否具有获得律师执业资格的能力。美国律师协会从创建伊始,就反对此项特权,试图建构一种由地方执业律师控制的地方律师执业资格审查机制,作为提升执业标准的对策。尽管后来某些司法区在地方层级废除了此文凭特权,但从联邦层面,却迟迟未有动作,直到1892年,美国律师协会决定采取措施对其给予迎头痛击。自此之后,文凭特权快速失势,1917年,尽管在15个州,仍有22所法学院继续享有这一特权,但在加利福尼亚州及明尼苏达州,大部分法学院已经不能继续行使这一特权。[51](即使到了1965年,还有4个州继续残留某种形式的文凭特权)。[52]然而,截至20世纪20年代,文凭特权的废止,已成大势所趋。

随着文凭特权逐渐遭到废止,在美国律师协会以及地方律师协会的努力下,立法机构开始主导各州的律师执业资格测试。截至1917年,在37个司法区,存在集权制的律师资格审查委员会。[53]与此同时,要求律师执业资格申请者或者具有见习经历,或者具有法学院学历的司法区数量,快速增加。1860时,在39个司法区中,还只有9个有此项要求,但到了1890年,49个司法区中,已有23个存在此种要求。到了1917年,有此要求的州已经增至36个,其中28个司法区要求需具备三年学历或见习期。[54]

在律师协会的引领下,很多州的立法机构开始行动起来,采取措施提升法律职业的标准。然而,即使在1917年,还没有任何州要求律师执业资格申请者必须有法学院学历。对此,美国法学院协会忍无可忍。尽管理论上,美国律师协会所做的,是要求律师执业资格申请者必须进入法学院学习,但在美国法学院协会看来,这只能算是隔靴搔痒。[55]很多次,美国律师协会在有机会的情况下,并没有在其代表大会力推增加法学院入学要求的议案。[56]火上浇油的是,非协会成员的法学院招生人数与日俱增。美国法学院协会知道,是时候采取行动了。

最终受到美国律师协会加功,美国法学院协会要求改革美国法学教育背后的动机,可谓复杂。在一份颇为详尽的经济学研究中,哈里·福斯特(Harry First)将美国法学院协会列为"卡特尔"(Cartel),认为其采取或鼓吹的任何一项"改革",与其说是出自教育目的,还不如说是出自控制市场的目的。[57]通过推动由精英法学院控制教育市场,将在竞争中无法匹敌且获利颇丰的非协会法学院挤出市场,抑制竞争,提高教学标准,从而使得法学院,而非学生,掌控法学教育市场。[58]杰拉德·奥尔巴克(Jerold Auerbach)*从社会历史学家的视角提出,将判例教学法视为"科学"的意识形态,导致兰德尔派法学教育者坚信,自己可以通过发挥自身具备的"科学家"技能,改良社会、消灭丑恶。[59]自视为社会领袖,他们认为,只有那些具备相同道德价值观与意识形态,同时具备相同学术背景的人,才有资格进入法律职业界,而必须将那些教育水平不高,缺乏经验,以及道德存在弱点的申请者,排除在外[60],其中,当然包括那些非土生土长的美国人。[61]在奥尔巴克看来,提高律师执业标准的努力,主要是想将犹太人、黑人以及外来移民排除在外。[62]

律师协会与法学院协会的领导人,都可以算得上是精英,上述经济角度或社会学层面的论调,都包含有很大程度的真实成分。正如1915年,富兰克林·达纳赫(Franklin Danaher)对美国律师协会法学教育部所言:"你们,可以通过提高标准,不仅仅是教育标准,还包括经济标准,使得张三、李四之类的普通人望而却步,从而实现律师协会在道德、学识方面的提升。"[63]然而,如果单纯从这种相对有限的角度来考虑问题,当然是有失公允,提高标准背后的动机,相当复杂。提高标准的做法,其实属于一个更为宏大的法学教育机制化努力的组成部分,而且,无论背后推动律师协会领导人的动机为何,可以明确的是,他们致力推动的,是律师在教育水准、道德水准方面的提升。精英法学院,不能异想天开,而必须面对法学院内存在异质化分层的现实[64],精英主义,很多停留在口头,往往不切实际。[65]然而,来自二三流法学院的反

---

\* 杰拉德·奥尔巴克(1946— ),美国历史学家,美国韦尔斯利大学(Wellesley College)教授。——译者注

对,加上美国律师协会与美国法学院协会之间存在的竞争关系,或许会迟滞提升标准的进程,但却根本不会将其彻底束之高阁。尽管经济考量看似使得法律职业群体无法直接谴责普通法学院,但说到防止外国移民进入法学院或从事律师执业这项"壮举",却很少出现反对声浪。

的确,律师协会的领导人,也秉持现在一般所认为的本土白人至上主义。在这些精英分子看来,专门针对外国移民的法学院,尽管可能会赚钱,但教学水准太低,必须尽快加以铲除。1909年,美国律师协会法学教育部无视威格莫尔提出的"最好承认世界主义的现实,不能因为某种理念,就在未来的20年,让我们伟大的外国移民面临不公正待遇",要求律师必须具备美国国籍。[66]尽管可怜的美国法科学生,依然被视为市场内交易的商品,或者至少与之类似的东西,从而使其不太会面临直接的规则限制,但全美范围内酝酿的排外情绪,却似乎为立即堵死外国人在美国从事律师执业的道路提供了背书。

尽管所谓学术型律师通常情况下提出排除法律夜校的理由,在于确保律师具有必要的执业能力、服务公众的精神及必要的职业道德[67],但美国律师协会的做法,却更为直截了当。第一次世界大战,使得情况愈发恶化。[68]负责立法的政客认为,对于犹太人、外国移民及蜗居在城市中的下层市民来说,法律职业可能成为其颠覆美国生活方式的最佳捷径。[69]一位来自西弗吉尼亚州的美国律师协会代表,如此一般有力地鼓吹在"考量到适当的原则,以及美国政府的设立宗旨的情况下",就读法学院之前,需要完成大学教育,"蜂拥而至的外国移民教育水平极低,对于美国的宪政体制也毫无感知"。[70]一位同样赞成申请法学院必须具备大学学历的纽约州代表,措辞相对而言更为简洁,"律师绝对有必要能说会写英语,注意,是英语,而非波希米亚语、希伯来语或盖尔族语(Gaelic)"。[71]

有观点认为,奥尔巴克过分强调了美国律师协会与美国法学院协会排除外国移民的努力,但只要考察当时的相关学界观点就会发现,对于任何贬损律师协会的人,业界往往关注其出身背景。有些时候,学术界和律师协会一样直言不讳。例如,在当时的康涅狄格州,毫无疑问存在上述偏见,而当地顶尖大学的态度,无疑十分契合这种氛围。1922 年,耶鲁大学入学招生委员会对于所谓"犹太人问题"表达了深切关注,同年,一位耶鲁大学的心理学教授警告该州律师协会,"外族移民的入侵",正在削弱在典型美国律师所接受的职业训练特征带来的良好职业精神与感觉。耶鲁大学法学院院长斯万于 1923 年建议康涅狄格州律师协会,外国裔的学生在申请进入法学院学习之前,需要比出生在美国的学生,在大学学习更长时间。[72]同样是在这一年,在一次耶鲁大学校务会上,斯万反对将成绩作为法学院的限制性入学基础,认为如此一来,将会让大量外国裔学生进入法学院,耶鲁的学生构成也会因此变成由劣等、劣等社会阶层学生构成。[73]

　　简而言之,从 20 世纪开始,针对法律夜校及非全日制法学院的攻击责难,似乎杂糅着令人感到疑惑的公共利益、经济投机主义以及种族偏见。另外一个与此相关,但多少有些不同的要素,就是所谓"职业荣誉感"。这种荣誉感,根植于 19 世纪晚期的所谓"职业主义文化"。律师与法学教授们,此时刚刚成立属于自己的职业团体,正热忱地捍卫自己的机制免受来自任何被认为"外来者"的侵扰。"科学"的名号,以及对于判例教学法的坚持,都为这种荣誉感提供了坚实的基础[74],任何不遵守这种新的教义的人,都在蚕食法律职业精神的担当性与完整性。[75]19 世纪末法学期刊杂志上,充斥着对于法律职业荣光的溢美之词[76];某位作者甚至这样写道:"律师,是上帝与凡人之间的首位信使。"[77]通常,此类文章都会详细描绘通过设定较高标准能够达成的一种理想化,但绝非可望而不可即的职业愿景。同样重要的是,这些杂志上同时也充斥着对于律师人满为患的哀叹,以及对于提升标准的呼吁。[78]

面向底层或外来移民学生的法学院形象,当然和上述理想相去甚远。这些学生(极少情况下,也包括女生),可能根本无法承担攻读适用判例教学法的法学院,甚至没钱就读全日制法学院,而其自身,可能也没有做好接受判例教学法训练的准备。维持完美律师理念的唯一办法,就是彻底铲除那些不沿用正统教学法,或者不按通常教育模式招收学生的法学院。业界希望通过要求各州立法机关增设就读法学院之前必须接受大学教育等条件,提升法学院的架构要求,从而使得这些法学院无力满足,自然交出其所占市场份额,特别是面对中低收入阶层学生的那部分市场。然而,在"一战"爆发前,上述运动收效甚微,美国律师协会与美国法学院协会之间的嫌隙,加上州立法机构的不作为,都使得追求"完美"法律职业的努力,举步维艰。[79]

1910年出版的"弗莱克斯纳报告",成为压倒骆驼的最后一根稻草[80],面对类似标准问题的医学职业,先行一步,在改革现状方面也更为坚决。1904年,美国医学协会成立了医学教育委员会,正是该协会,催生出"弗莱克斯纳报告"。即使在该报告问世前,弗兰克斯纳的调查访问,已导致了很多边缘医学院关门大吉。[81]1900年,共有160所医学院,在校生共计25 213人,与此相比,此时全美法学院共有102所,在校生12 526人。到了"弗莱克斯纳报告"公布的时候,医学院的数量下降至131所,在校生也减少为21 394人,而法学院的数量,则不少于124所,学生数量为19 567人。"弗莱克斯纳主义"仅仅允许奉行科学主义的医学院得以生存。

在随后的几年中,情况的变化更为剧烈。1917年时,只剩下94所法学院,这个数字到了1919—1920学年,进一步降至85所,在校生为13 789人。当时,法学院的数量仍不少于146所,在校人数高达24 503

人。⁸² 与此同时,医学院的入学标准得以显著提高。1914 年,要求申请者需要具备高中文凭,1916 年,这一标准提高至一年大学学习经历,到了 1918 年,再次调高至两年大学学历。⁸³ 而且,各州也开始倾向于支持提升标准。这些变革,让学界、实务界领军人士深感不爽,尽管可能原因不同,但多少都冒犯了其职业荣誉感。医学教育已经将自己"洗白",将夜校、非全日制、设施简陋、师资力量匮乏的医学教育机构彻底排除,但在法学界,类似的教学单位却大行其道。⁸⁴ 实际上,因为私立法学院的毕业生大量进入各州立法机构,导致其通常情况下可以十分自由地颁发学位。⁸⁵ 对于力推标准化的支持者而言,前景似乎一片渺茫。

---

¹ 幕后推动美国律师协会创设的人,是耶鲁大学法学院教师,同时也是在纽黑文任职的西蒙·鲍德温法官,其后来曾担任过康涅狄格州州长。对鲍德温法官和美国律师协会之间的关系,参见 Jackson, *Simeon Eben Baldwin*, 79-81.

1878 年 1 月,美国律师协会筹委会应来自 12 个州的 14 名代表联署发出,共有来自 21 个司法区的 75 名律师(代表美国 6 万名执业律师)与会。虽然美国律师协会并未明确将完善法学教育列为建会目标,但却在 7 个常设委员会中列入法学教育委员会、律师执业资格审查委员会。1878 年 7 月,美国律师协会首次大会召开期间,律师执业资格委员会被要求在下次年会时提交统一全美律师执业资格审查的计划书。Rogers, "The American Bar Association in Retrospect," 172; Reed, *Training for the Law*, 207-8; Smith, "History of the Activity of the American Bar Association in Relation to Legal Education and Admission to the Bar," 1.

² 随着 1901 年美利坚合众国标准局(the U. S. Bureau of Standards)的成立,这场标准化运动渐入高潮。1900 年,美国众议院度量衡委员会指出:"对于手工业、商业、科学仪器制造业,以及政府、学校、高校的科学活动来说,没有什么法案比这项标准化议案更重要了。"推动标准化运动,以及这项法案的人,是

美国海岸与地理测量局(the Coast and Geodetic Survey)总监亨利·普利切特(Henry S. Pritchett)。Pritchett, "The Story of the Establishment of the NBS," 281. 普利切特同时兼任麻省理工学院院长,因为主张与哈佛合并,遭到麻省理工学院教师抵制,后离职,转任卡内基基金会总裁,在其指导下,里德完成了针对美国法学教育的报告,弗莱克斯纳完成了关于美国医学教育的调查报告。Cochrane, *Measures of Progress*.

³ 对于在自己居住的州最高法院执业满三年的律师,其他州及地方律师协会,应当赋予其平等的律师权利、义务。2 *ABA Reports* 235 (1879).

⁴ Ibid.,211-212. 1881年,美国律师协会内部的争论,又一次回到了这一主题。来自缅因州波特兰的内森·韦伯抱怨,在1843年之前,律师执业资格并不低,但这一年,立法者受妖言蛊惑,基于对于律师根深蒂固的歧视,将一切既存规则彻底扫地出门。"Appendix to Report on Legal Education," 4 *ABA Reports* 241(1881). 韦伯进一步解释,律师协会不承认未进入法科院校学习的人有资格申请执业资格,从而规避掉了相关规则。Ibid., 241. 来自新罕布什尔安多夫的约翰·雪利(John Shirley),认为该州"降低门槛"的政策,基础在于据说律师团体十分排外,无法代表人民,法官与律师,司法与辩护方沆瀣一气,置民众于水火。在律师协会内部,从来不承认律师应当具有什么"道德品格"。Ibid., 243, 244.

⁵ "Report of the Committee on Legal Education and Admissions to the Bar," 2 *ABA Reports* 209, 212, 216-17 (1879).

⁶ Ibid., 217.

⁷ Ibid., 219.

⁸ Ibid., 220. 也有人警告,事情永远不会发展到和巴黎或伦敦完全一致:"我国政治体制、年轻人的生活态度、法律自由发展历史的限制,如此种种,都使得此时在我国,根本不具备类似的条件。"Ibid., 288. "耗时的大学预科制度,以及通过教授宣讲学习法律的做法,都无法得到我国立法者和人民的容忍与接受。"W. Preston (Kentucky), "Appendix to the Report on Legal Education," 4 *ABA Reports* 289 (1881). 这种情况,在当时美国的边陲之地,体现得更为真

切:"在美国西部,强制性要求律师执业资格申请者必须进行长时间的准备,尤为困难。年轻人面临着巨大的压力。虽然这里的律师大部分都没有接受过完整系统的教育,因此,他们也无法理解,或者要求他人这样做。"James M. Woolworth (Nebraska), ibid., 300.

⁹ Ibid., 223. 报告还声称:"年轻人处于性格形成期,而在此时此地的美国,根本不存在任何防止年轻人追求实际的威胁。"Ibid., 224. 与此同时,发言者还认为,教授教学法并不是异想天开。例如,授课应当循序渐进,而不能一口吃成胖子,同时,这也并不是宣告追求实用性或可操作性的使命终结。其反而认为,教授可以在具有科学实践性的助教帮助下完成教学活动。Ibid., 229.

¹⁰ 委员们接受的教学计划,要求在三年在校期间,完成下列13门主干课:道德及政治哲学、英格兰市政法基础与宪法原则、物权与侵权赔偿、人身权与侵权补偿、衡平法、商法、犯罪与刑罚、国际法、海商法与海事、罗马法、宪法、比较法以及政治经济学。Ibid., 235-36.

¹¹ 这一折中路线呼吁美国律师协会给予其办学支持,提供推荐课程,争取获得在招生方面的优惠政策。其中强制要求进入法学院学习的部分,没有获得支持。Smith, "History of the A. B. A.," 2.

¹² 发言者谈及他们所目睹的机制化法学教育的逐渐回潮。"Report of Committee on Legal Education," 4 *ABA Reports* 237(1881). 鲍德温考虑创建法学院(242);新罕布什尔地区的律师,越来越多地选择在剑桥、波士顿、阿尔巴尼等法学院学习(242);随着1876年新罕布什尔州恢复律师执业资格测试,法科学生开始埋头学习,而不是每天出没于各大律师事务所(249);马里兰大学新成立的法学院,花了很大力气推动法律学习,从而提升学生参加律师执业资格考试的基本能力(264)。

¹³ Ibid., 265.

¹⁴ J. J. Alexander (Baltimore), ibid., 265.

¹⁵ D. S. Troy, ibid., 281-82.

¹⁶ "在任何经认证且办学规范的法学院中学习的时间,也在所有州被认为可以等量折抵律师事务所见习时长,在计算律师执业资格申请者是否满足必

要的学习条件时,具有同等效力"(Resolution 3)。4 *ABA Proceedings* 28-30 (1881)。

[17] 其创建者,也是首任主席,来自密苏里州的詹姆斯·布拉德海德(James A. Broadhead)告诉美国律师协会,全国律师协会共有 2 000 名会员,代表全美的 1 万名律师。Reed, *Training for the Law*, 209-12.

[18] 但这一组织的名称保留了下来,转而成为美国黑人律师全国性组织的名头。

[19] 美国律师协会1890年度报告的开篇写道:"法学教育常委会对于是否突破前几届成员之前至少10年对此问题的不作为,犹豫再三……" 13 *ABA Reports* 327 (1890)。

[20] 里德暗示,因为哈佛学生在律师执业资格测试中表现差强人意,促使兰德尔推出相当严格的年度测试。Reed, *Training for the Law*, 357.

[21] 在此之前,律师执业资格测试大体上只徒具其表。一位出席美国律师协会年会的阿拉巴马州代表说:"据我回忆,没有谁申请律师执业资格曾遭遇驳回"(D. S. Troy)。"Report of Committee on Legal Education," 4 *ABA Reports* 281 (1881)。其他批评律师执业资格测试敷衍了事的介绍,参见 ibid., 285 (Tennessee); 290 (Kentucky); 296 (Illinois).

[22] Gilb, *Hidden Hierarchies*, 63.

[23] 截至1917年,在37个司法区,存在集权型的律师执业资格审查委员会。Ibid. 102-3.

[24] 14 *ABA Reports* 301, 330-3(1891). 报告中的失望情绪显而易见。"有哪位睿智的律师能够相信,像我国这样的民选政府,可以很好地保证公民的身体不受无知、无能之辈的侵扰,却必须任由其侵害人民的财产、造成社会及商业关系紧张甚至不睦,甚至放任国家成为任其鱼肉的对象。"Ibid., 329. "任何额外增加的教学要求,任何为完成这一终身职业而在训练、培训方面取得的进步,都会使得竞争更加公平,都会提升优胜劣汰的成功概率,因为其虚弱了天生睿智、继承财富及其他出身、财富所带来的领先优势,而这些,对于履行受人高度信任的律师职责来说,并无契合之处。"Ibid., 320.

六、控制

²⁵ Reed, *Present-Day Law Schools*, 99-100, 110, 113, 261, 267.

²⁶ 该部成员共计 27 人，向美国律师协会的所有成员开放，可以直接向美国律师协会提交建议，后者则可以将这些建议交办给法学教育委员会。Ibid., 22-23.

²⁷ 在"法律教育与律师执业资格部"考虑这一问题之前，曾听取过奥斯汀·艾伯特要求法学教育更注重理论性、程序性的建议。"Existing Questions of Legal Education," 16 *ABA Reports* 371（1893）. 对于当时还属于一般文科教育体系的法律教育科目而言，这种讨论变得颇有意味。"Legal Education," ibid., 390. 艾伯特呼吁在大学推广历史教学法。

²⁸ Reed, *Present-Day Law Schools*, 23.

²⁹ 参见 Appendix B to the report of the ABA Committee on Legal Education in 1891. "Report of the Committee on Legal Education," 14 *ABA Reports* 353（1891）. 1878 年，全美法学院 3 012 名学生中，拥有本科学历的共有 703 人。这一数字，在神学院为 4 320 人（1 186 人），医学院中为 9 942 人（760 人）。截至 1889—1990 学年，这个数字演变为，法学院 3 517 人（793 人），神学院 7 927 人（2 876 人），以及医学院 13 879 人（1 376 人）。有观点认为，尽管大多数神学院、医学院学生回归体制内接受训练，但只有 20% 希望日后从事法律职业的人，选择进入法学院学习。

³⁰ "在大多数州，负责对想申请律师执业的人进行测试的法官，通常情况下会将面试申请人的职责，授权给两三名助手负责。申请者某些时候会被要求具有曾在律师事务所见习的经验，但这一要求很容易就可以加以规避，而测试本身，很难说是严格的，更像是一种形式。尽管如此宽松，在美国的某些城市，其法律服务水平，并不低于，甚至高于伦敦的事务律师或出庭律师。导致这种情况出现的原因，在于美国有很多非常优秀的法学院。"紧接着，他还写道："我不知道美国除了法学教育之外，还在哪些方面明显领先于其他国家。"布赖斯曾在剑桥担任过民法教授。Bryce, *The American Commonwealth*, 2:623. 可以将上述观点，与 1883 年艾尔伯特·戴雪（Albert V. Dicey）在牛津的就职演说（Can English Law be Taught in the Universities?）加以对比"如果将大学能否

教授英国法这个问题,以诉讼的方式,交给一群杰出的律师评判,无疑,答案可能不会多种多样。他们可能会毫不犹豫、异口同声地回答,英国法无法讲授,只能学习,而学习法律的最佳场所,应当是法庭或律师事务所"。相同的悲观情绪,亦参见 Bryce's valedictory lecture, *Legal Studies in the University of Oxford*(1893),相关研讨,参见 Abel-Smith and Stevens, *Lawyers and the Courts*, 166 ff.

[31] Bryce, *The American Commonwealth*, 2:623.

[32] 尽管缺乏明确的时间记录,但在律师事务所见习的人数的确出现了下降。参见 Danaher, "Courses of Study for Law Clerks," 559. 在介绍了可能适用于律师助理的不同培训项目之后,他指出,在律师事务所见习,应该属于就读法学院之外的最佳替代措施。很多人一直坚持,最好的解决办法,就是混同法学院教育与律师事务所见习。参见 Swindlehurst, "Legal Education and Law Practice," 214. 但在 1903 年时,这种观点并不为美国顶尖法学院院长们所接受,美国法学院协会进行了一项调查,问题是:"在法学院求学期间,是否应建议学生参与律师事务所见习?"有 6 位院长(耶鲁、纽约大学、辛辛那提、路易斯维尔、波士顿及哈斯汀法学院)表示反对,4 位院长(堪萨斯、爱荷华、田纳西及威斯康星)表示赞成,还有两位院长意见摇摆。1 *American Law School Review* 83(1903). 即使对那些支持混同两种教学方式的院长来说,也一般倾向于认为法学院的教学经验,应当优先于在律师事务所的见习经验。Richards, "Shall Law Schools Give Credit for Office Study?," 514.

[33] 到了 1900 时,哈佛大学法学院已经开始要求申请者必须具备大学文凭,哥伦比亚大学与芝加哥大学也表示要对此加以效法。*Report of the Acting Dean, Yale Law School, 1901-02*, 115. 耶鲁虽然也曾对此问题进行过研讨,但耶鲁大学校长哈德利于 1902 年提出:"如果要求法学院申请者具备大学学历,将会对于公共利益,以及本校的长期利益造成负面影响。"*Report of President, Yale University*, 1901-02, 14. 然而,仅仅 4 年之后,耶鲁大学法学院院长亨利·罗杰斯(Henry Rogers)则要求立即采取这一招生政策。*Report of the Dean, Yale Law School, 1905-06*, 149. 1909—1910 学年,耶鲁大学法学院的入学要求是申请者需要具备两年以上大学学历,到了 1911—1912 学年,标准上升为 4 年大学

学历。Hicks, *Yale Law School, 1895-1915*, 42-43. 而其招生人数,从 1908—1909 学年的 438 人,骤降至 1914—1915 学年的 133 人。Hadley, *Arthur Twining Hadley*, 157. 在 1916—1917 学年,全美范围内只有 7 所法学院要求申请者至少具备 3 年大学学历。Carnegie Foundation, *Annual Review of Legal Education*, *1918*, 3.

³⁴ Reed, *Present-Day Law Schools*, 49, 51, 131; Sullivan, "The Professional Associations and Legal Education," 412-15. 到了 1908 年,对于非全日制法学院,也可采用四年学制;然而到了 1916—1917 学年,只有不到 1/4 的法律夜校属于四年学制,其中少数几所甚至只提供两年学制。Carnegie Foundation, *Annual Review of Legal Education*, *1918*, 3; ibid., *1921*, 6.

³⁵ 1901 年时,联盟会员数量为 32 所。这个数字,不足当时全部 108 所法学院的 1/3。参见 Seavey, "The Association of American Law Schools in Retrospect," 158. 这篇文章指出,很多法学院选择不加入联盟,是因为支付不起 10 美金的年费。

³⁶ 就这种区分的真正意义,存在不同见解。哈里·福斯特强调法学院协会的邀请对象为法学院,协会内部的表决权也属于法学院,这意味着这一时期美国法学教育由一些试图控制该市场的卡特尔类型法学院所掌控。First, "Competition in the Legal Education Industry," 335. 另一方面,里德,则将法学院协会视为法学教授个人的一种联合,并提出法学院协会的控制主体,并非是其选派的代表。

³⁷ Seavey, "The Association of American Law Schools," 158. 1903 年,有一所法学院被褫夺协会会员资格,截至 1910 年,其他 9 所法学院自动退出。1915 年,哈斯汀法学院也因师资不足等原因退出法学院协会。Reed, *Present-Day Law Schools*, 28.

³⁸ Stolz, "Training for the Public Profession of the Law," in Packer and Ehrlich, *New Directions in Legal Education*, passim; Reed, *Present-Day Law Schools*, 25, 18, 110, 314; Sullivan, "Professional Associations," 410.

³⁹ Reed, *Present-Day Law Schools*, 314. 里德认为:"政策本身,要比支持政

策的根据,更具说服力……这份宣言指出,任何试图满足那些只在晚上有时间去法学院学习的学生需要的尝试,都是和魔鬼的妥协。实际的解决办法,建立在完全不同的根据基础上,也就是说,明确区分全日制与非全日制法学院,对于双方都有好处。"Ibid. 阿瑟·科宾的下列表述,算得上最宽厚的精英法学院的观点:"如果非全日制法学院的那些将大部分精力都放在个人执业上的兼职教授,使用照本宣科的方式讲授法律,而那些文化水平不高的学生,只花很少的时间来学习法律,这样也可以将这些学生教成学识渊博的法律专家,那么,我和我的同事们,真的应该辞职改行。" Corbin, "Democracy and Education for the Bar," 728-29. 辩论中,来自哈佛大学的约瑟夫·比尔持不同看法,"法律夜校的存在有其合理性,其能够满足真正的市场需求,能够教育真正的律师"(751)。

[40] 4 *American Law School Review* 26 (1916).

这一言论令约翰·马歇尔法学院院长爱德华·李(Edward T. Lee),感觉如鲠在喉,李认为:"看在头脑的份上,别轻易'一刀切'。"Lee, *The Study of Law and Proper Preparation*, 5-6. 在1918年法学教育部年会上,李的发言无疑激怒了其他代表,他谈到,"上帝在过去、现在所选择的那群人——即犹太人及爱尔兰人,在芝加哥的法律夜校中占据绝对上风。当然,他的意思是,最好的法学教育,是由法律夜校提供的。" 4 *American Law School Review* 379 (1918).

[41] 4 *American Law School Review* 279 (1916).

[42] 24 *Reports of the American Bar Association* 400 (1901).

[43] Reed, *Training for the Law*, 216. Roughly 10 percent of the members actually attended meetings. Ibid., 218.

[44] 1901年,美国法学院协会成员法学院招收的学生占到全部法科学生的52%,非协会成员法学院学生占比为48%。到了1910年,平衡被打破,前者的占比下降至46%,后者占比增值54%。1926年的统计数字更加引人注目,只有35%的法科学生就读协会成员法学院,而高达65%的法科学生就读于非协会成员法学院。Reed, *Present-Day Law Schools*, 29.

[45] 参见 First, "Competition in the Legal Industry," 336-37, 344.

[46] 1901年至1916年,美国法学院协会成员法学院招生人数增加了24.9%,与此相比,非协会成员法学院招生人数增加了100%。Auerbach, "Enmity and Amity," 565, n. 47.

[47] 参见 First, "Competition in the Legal Education Industry," 347.

[48] Auerbach, *Unequal Justice*, 89.

[49] Ibid., 74.

[50] Reed, *Training for the Law*, 266.

[51] Ibid.

[52] "Admission to the Bar by State, 1965," 35 *The Bar Examiner* 89-90 (1966). 这4个州分别是密西西比、明尼苏达、西弗吉尼亚以及威斯康星州。

[53] Reed, *Training for the Law*, 102-3.

[54] Ibid., 90-91.

[55] 在美国律师协会召开的前44次会议中,只有9次提及了法学教育及律师资格的问题。Reed, *Training for the Law*, 18-19.

[56] First, "Competition in the Legal Education Industry," 352.

[57] "如果法学教育是一门产业,那么美国法学院协会就是商会,由提供大体类似商品或服务的提供商结成的一个组织。我们或许因此希望发现美国法学院协会从事的活动类似于工商业的商会(规范成员的行为,目的不在于利益最大化,而在于精英主义偏好的最大化实现),相关的活动包括收集、传递供求信息、控制产量、为产品设定标准、管控分歧、游说推动统一定价体系。对于美国法学院协会的调查显示,其所实施的行为,包括除了定价之外的全部上述活动。"Ibid., 332-33.

[58] Ibid., 332-60.

[59] "在这个变革年代,法学教授们将法律视为实施社会工程的工具,认为其具有超越简单为客户服务的更大社会意义。"Auerbach, *Unequal Justice*, 76. 奥尔巴克引用了1906年,宾夕法尼亚大学教授威廉·路易斯(William Draper Lewis)所说的下列这句话:"如果说我们认识到法律职业并未尽到自身应当承担的公共义务,那么就需要少数一些毕生致力于法学教育事业的人,为大家指

明方向。"Ibid. , 82.

[60] Ibid,107,引自卡内基基金会总裁的发言。

[61] "尽管律师所使用的是专业的法言法语,但其措辞背后,却蕴含着对于威胁盎格鲁-撒克逊新教传统的人的深深敌意……'一战'结束后,法学教授与律师们,开始将注意力转移至反城市主义、反犹太主义以及反本土主义。"Ibid. ,99.

[62] 总体参见 ibid. , 74-124. 奥尔巴克的确指出了排外主义背后的一个简单动机:在律师执业资格考试问题上,精英法学院的毕业生,未必得到比非精英法学院毕业生更特殊的优待。

[63] 3 *American Law School Review* 35（1911）.

[64] "然而,绕不过去的问题,是在具有不同利益,实力差别很大的协会成员法学院之间,就各方能够接受的教学标准,达成一致意见。如果美国法学院协会的任务,就是简单列出各个成员认为最佳的标准,那么显然不会出现上述问题。但其从未认为自己代表的,只是法学教育产业很小的一部分。"First, "Competition in the Legal Education Industry,"343.

[65] 1918 年,当有人提议将美国律师协会法学教育部转隶美国法学院协会时,遭遇到很多代表的反对,这些人担心,来自美国东部的那些巨型法学院,将会借此主导法学教育市场,导致法学教育部的全部功能都移转至美国法学院协会。4 *American Law School Review* 389（1918）.

1919 年,美国法学院协会通过决议,限制法律夜校法律培训结果的可承认性,此举遭遇到来自于马凯特大学很多教员的激烈反对。弗朗兹·艾森豪威尔(Franz Eschweller)谈道:"我们不认为应该被要求牺牲那些出身贫寒,因为条件所限只能就读法律夜校的人的利益,毕竟上夜校所需时间,要比日间部多出一年,而如果要坚决贯彻这一严格要求,就意味着这些人最好放弃在夜间就读。"4 *American Law School Review* 526（1919）. 注意到这一决议的密尔沃基法学院教职员工,一致通过了一项决议表示反对。"我们希望与你们保持一致。但我的上帝! 请不要做迫使我们离开我们所从事的这份服务公众的事业!"Ibid.

⁶⁶ 2 *American Law School Review* 316 (1909).

⁶⁷ 但基本的观点,可能类似。早在1915年,威斯康星大学法学院院长就曾这样评论,如果看看大城市法律夜校的学生名单,就会发现很多外国人的名字。外来移民及其子孙们,牢记在自己祖国律师所具有的荣光,将这一头衔视为出人头地的跳板。这就导致相当多狡猾的年轻人,虽然没有受过良好的教育,但却想尽办法,投机取巧地混过律师执业资格考试,这些人笃信的是适者生存,从不将上帝教导的道德理念放在眼里。正是这些人的存在,使得律师协会投诉委员会叫苦不迭。Richards, "Progress in Legal Education," 63.

⁶⁸ 一位在得克萨斯州执业的德国裔律师被褫夺执业资格,因为这位律师声称:"德国一定会赢得'一战',这就是我所希望的。"Auerbach, *Unequal Justice*, 104.

⁶⁹ 15 *Handbook of A. A. L. S.* 107. 1913年,查尔斯·罗内(Charles Harts Lorne)在法学教育部会议上提出这一问题,他认为"应当将来自于大城市,在申请律师执业资格时体现出不适任律师职业性格特质的申请者,整体排除"。*American Law School Review* 368 (1913). 除此之外,反犹太主义也很流行。例如,1915年美国律师协会法学教育部年会上,该部主任沃尔特·史密斯(Walter George Smith),恶意嘲讽犹太人这一"历史悠久的民族",从不承认自己会犯错。4 *American Law School Review* 32(1915).

⁷⁰ Richards, "Progress in Legal Education," 60.

⁷¹ Ibid., 67.

⁷² Haldeman and Goetsch, *A History of the First One Hundred Years of the Connecticut Bar Association, 1875-1975*, 11.

⁷³ Schlegel, "American Legal Realism," 472, n.89.

⁷⁴ 约翰·马歇尔法学院的爱德华·李提出,因为缺乏必要的教学时间,很多法律夜校都不会采用判例教学法。Lee, "Evening Law Schools," 290. 李还提出,法律夜校的学生中,几乎包括欧洲所有国家的移民,不仅有基督教徒、犹太人、黑人,甚至还有印第安人。

⁷⁵ 联邦大学联盟法学院(the National Union Law School)院长查尔斯·卡鲁

西(Charles Carusi),在为法律夜校辩护的过程中,明确指出,反对法律夜校的观点,代表的是老派法学院的观点,在卡鲁西看来,判例教学法,只在纯粹教学领域属于流行的做法。Carusi, "Legal Education and the Bar," 91. 同时,他还为如"拉萨尔拓展大学"(La Salle Extension University)之类的函授型法学院辩护。

[76] 其中包括:H. B. Hutchens, "Legal Education: Its Relation to the People and the State," 1 *Publications of the Michigan Political Science Association* 1-25 (1895)(认为美国政府管理的成功,应归因于律师的参与); George B. Dorris, "Admission to the Bar," 6 *Oregon Bar Association Proceedings* 43-47 (1896); Richard L. Hand, "Preparation for the Bar," 53 *Albany Law Journal* 119-47 (1896)(宣称律师对于财富具有超然态度与完美品格); Franklin J. Dickman, "The Demand for a High Standard of Legal Culture and Education," 3 *Western Reserve Law Journal* 109-18 (1897)(法律"尊崇科学","具有深度哲学根据"); Richard C. Jones, "Report of the Committee on Legal Education and Admission to the Bar,"21 *Alabama State Bar Association Proceedings* 97-104 (1898)(无论战时还是平时,毋庸置疑的是,美国律师始终是大众思潮的引领者).

[77] Dorris, "Admission to the Bar," 46.

[78] 参见 Jordan, "Pettifogging Law Schools and the Untrained Bar," 19; "Examinations for Admission to the Bar in Virginia—the Future," 2 *Virginia Law Register* 310-11. "认识到下列事实,绝非危言耸听的悲观主义:一方面,成百上千年轻人挤破头想从事我们这份职业;另一方面,他们当中的很多人根本没有认识到对于获得律师资格的他们而言,要想达到我们的高度,过程远非尽如人意,甚至不可避免地会遭遇自身不乐见,甚至更为严重的结果。"Report of the Committee on Education, 2 *Maryland State Bar Association Reports* 67-77(1897).

[79] 在1928年的那份报告中,里德记录下了一个可能被律师协会领导人用来作为警示大家低标准可能导致大危害的故事:

下面这个故事不容易忘。极富创业精神的X先生,曾是一名菲律宾军人、社会鼓动家及生物实验人员,来美后,在准备申请加利福尼亚州律师执业资格的过程中,X 先生在旧金山开办了一个学习班,后来,搬迁至 M 镇,在这里,X 先生与其学习班首届毕业生中的一位女性结婚,并将她升为初级合伙人。1914 年,就在 X 律师事务所后院,他开办了"X 法学院"。丝毫不受学术传统的束缚,X 先生研究出一种全新的教学方式,他天才般地发现,使用普通打字机,就可以在电影胶片上打印成段的法律定义。通过幻灯机,他可以将这些文字投射在银幕上,于是,借助这种工具,X 先生每周上两次晚课,在播放幻灯片的同时,进行相应的评论,同时对学生造成视觉、听觉的震撼。居住在 M 镇上的普通人,只要进入到这间"视听教室",和其他学生听上一会儿课,就会深深折服于这种创新教学法。授课间隙,X 先生会向学生分发打印好的材料,上面包括诸如"请界定口头遗嘱与书面遗嘱的异同"之类的测试题。如果 X 先生不是随即因为在没有获准的情况下进行政治宣讲而被判服刑,他的法学院生意将更加红火。这不仅是因为其教学活动受这一突发事件影响暂时中断,还因为两名芝加哥大学毕业生趁机占据了他的地盘,并且用"M 法学院"的名号,另起炉灶,开办了与之竞争的法学院。Reed, *Present-Day Law Schools*, 73, n. 2.

[80] Flexner, *Medical Education in the United States and Canada.*

[81] 对于这一阶段的医学教育情况,参见 Stevens, *American Medicine and the Public Interest*, chap. 3.

[82] Reed, *Training for the Law*, 443.

[83] Stolz, "Training for the Law," 8.

[84] 另外一件让美国律师协会领导者恼火的事情,是医学教育经过改革完善后,在影响力与美国医师协会注册的人数方面发展迅速,其成员从 1900 年 8 000 多人,迅速增至 1914 年的 33 000 人。同时期,美国律师协会成员人数始终维持在 8 000 人左右。ABA, *Special Communication in re the Membership Situation* (1 January 1914).

[85] Reed, *Training for the Law*, 192.

## 七、观察

尽管"一些(波士顿的律师)事务所在招聘律师时,根本不会考虑毕业于萨福克法学院的大量爱尔兰裔学生"[1],但格里森·阿彻或其他私立法学院的诉求,却让美国律师协会以及美国法学院协会听起来多少有些格格不入。1879 年,美国律师协会宣布:"相较于学徒见习,通过在法学院求学的方式学习法律的优势,如果说还存在争议,那么这种争议也相对很小。在不轻视单纯的实践优势的同时,最佳传授法律知识的方式,最终还应倾向于院校培养。"[2] 显然,私立法学院的实际情况与美国律师协会的上述观点相去甚远,但在 20 世纪,这些院校的招生规模,却在持续扩张。渐渐地,美国律师协会与美国法学院协会都开始对其心生敌意,这种态度背后的动机较为复杂,涉及公共利益、职业尊严、经济收入以及社会歧视等多种考量。

"弗莱克斯纳报告"或许让美国律师协会倍感不适,但,因为这种愤慨,特别是这份报告引发的成功效应,都给美国律师协会留下了极深印象。"弗莱克斯纳报告"公布 3 年后,在忍无可忍的情况下,美国律师协会法学教育及律师资格审查委员会宣布:"当务之急就是要求卡内基基金会对于美国法学教育的开展情况作出类似的调查。"[3] 卡内基基金会教育促进委员会主任亨利·普里切特(Henry S. Pritchett)\*,同样十分迫切地希望沿着"弗莱克斯纳报告"的路子,针对法学教育开

---

\* 亨利·普里切特(1857—1939 年),美国天文学家、教育家。曾担任麻省理工校长、卡内基基金会教育促进委员会(the Carnegie Foundation for the Advancement of Teaching, CFAT)主任等社会职务。——译者注

展调研,实际上,他本来希望先于医学教育进行这项研究,但抱憾未果。因此,在其后的 20 年间,阿尔弗雷德·里德(Alfred Z. Reed)[*],一位非法律专业背景出身的卡内基基金会职员,针对法学教育与法律职业,进行了一系列专门研究。[4]1921 年,里德的首份报告,"法律公职之训练"(Training for the Public Profession of the Law)发表。这是里德最为重要、也最为激进的一份研究报告。

实际上,里德在 1921 年发表的这份报告,是第二份,而非首份针对美国法学教育的研究报告。早在 1914 年,同样是在卡内基基金会的资助下,奥地利观察家约瑟夫·莱德里奇(Josef Redlich)已经发表了《美国大学法学院中的普通法与判例教学法》(The Common Law and the Case Method in American University Law Schools)这一报告。在莱德里奇报告发表时,顶尖法学院就已经开始采用判例教学法了。然而,莱德里奇仅仅走访过 10 家法学院[5],而在 1909 年,其实地走访上述法学院 4 年之前,美国已有至少 124 家法学院,在校学生达到 19 498 人。[6]莱德里奇报告所倚重的适用判例教学法的顶尖法学院,很难代表美国法学院的整体状况,从这个意义来看,其观点在重要性方面,势必无法与里德的见解比肩。[7]

如果要理解里德对于美国法律职业的相关见解,特别是其所引发的争论,就必须多少留意美国法学院的快速发展。莱德里奇,尽管走访的大多数是精英法学院,仍然隐约意识到,至少存在两个不同的法学教育市场。他提出:"在美国,无处不在的极端民主主义,使得大多数顶尖法学院,完全不同于英国的剑桥或牛津。""即使在哈佛大学,或者在很大程度上顶尖的州立大学法学院,如密歇根或威斯康星,以

---

[*] 阿尔弗雷德·里德(1875—1949 年),卡内基基金会工作人员,曾对于美国法学教育问题进行过系统调查并发表报告。——译者注

及当时的两所芝加哥大学,都可见来自社会各阶层的学生,农夫之子,或者都市中产的后代。"莱德里奇还认为,私立法学院"主要满足的是对于大学教育的理解不同于传统欧洲或美国居民的特定社会阶层的需求,在这些人看来,法学教育和其他生意无异,将在法学院接受法学教育,完全等同于去商学院学习经商"。[8]

7年后,里德所描绘的画卷更为恢弘,笔调更为凝重。运用和弗莱克斯纳类似的概念范畴,里德对于法律职业的看法,虽然与律师协会的领导者们对于法律职业的传统理想刻画类似,但却得出了被很多人视为颇为摩登的不同结论。在他看来,法律职业,和医学职业一样,属于"公共职业"。"执业律师"为社会提供的不仅仅是一种社会所希望被提供的良好社会服务,更是一种国家治理机制的组成部分。从广义上来讲,律师的职能,具有政治属性。导致这一结论的原因,并非主要因为美国大部分立法者、司法者乃至所有法官,都产生自执业律师……更重要的原因在于事实证明,如果没有专门的法律职业提供建议及法律代理,公民个人根本无法获得公平正义。[9]

尽管之前律师协会的领导者们将律师的公共职能作为提升职业标准,将法律职业群体限制在获得精细、科学训练的精英群体的主要根据,但里德最终的结论,与此截然相反。他将20世纪20年代的美国,看做是一个被理论上一元的律师职业群体所代理的多元社会。[10]在他看来,法律专业的引领者的素质很高,其对于法律的掌握能力,会随着法学院的发展与日俱增,但是与此形成鲜明对比的是,美国法律职业的其他阶层,情况却在日趋恶化,而这,明显背离了律师职业一元论的看法。[11]

与律师协会的领导者们不同,里德希望论证的是,一元的律师架构势必破局。他反对用大学的标准设定条条框框,无论是通过律师执业资格考试,还是通过授权认证的方式,目的都只有一个,就是将学术能力靠后的法学院,排除在外。从长远角度来看,需要由具备不同专业技能与禀赋的律师,来满足社会不同阶层的不同需要。实际上,里德主张,应在律师业界内部通过机制建构的方式,消化这种内在的差异性。为了支持这种差异性,里德列举出了其所发现的4种不同类型的法学院,其中,至少有3种法学院,在他看来,具有存在的必要性。[12]正是因为支持法学院以及律师职业的类型化区分,使得里德需要直面鼓吹律师职业一元论的势力。[13]

这些势力,尽管可能没有认识到里德报告中道听途说成分所占比例,但当其真的面对这些问题时,也并非毫无准备。虽然1914年以后,美国律师协会与美国法学院协会不在同一时间召开年会,但二者在把持其领导地位方面,依然存在密切的合作关系。就在里德的报告写作过程中,美国律师协会法学教育与律师职业资格审查委员会,面对劣质法学院的疯狂成长,决定建议下猛药、用重典。[14]尽管并非用于投票表决,但1916年及1917年连续两年,美国律师协会法学教育部都呼吁将就读法学院(三年全日制,或四年非全日制法学院学习经历),作为参加律师执业资格考试的前提条件。[15]然而,与此同时,美国法学院协会,因为对于美国律师协会所作此种努力存在某种不满,试图采取迂回战术,侧面包抄。法学院协会也想效法"弗莱克斯纳报告",将"劣质"法学院驱逐出业界。问题在于,法学教育质量的看门人有3个,并且彼此之间存在竞争关系:美国律师协会法学教育委员会,美国律师协会法学教育部,以及美国法学院协会。1915年,理顺多头管理格局的努力正式发足,这种努力的结果,顺理成章地出现在1916年美国法学院协会主席沃尔特·库克(Walter Wheeler Cook)\*的一篇讲话

---

\* 沃尔特·库克(1873—1943年),早年在哥伦比亚大学学习数学,并曾赴德学习数学物理,后来转学法律,曾任密苏里、威斯康星、芝加哥、哥伦比亚及耶鲁大学法学院教授。因为具有科学研究背景,库克十分关注法学教育方法的科学化改良。——译者注

中。库克呼吁照搬"医学教育理事会"(the Council on Medical Education)的范式,成立法学教育理事会。1917年,美国法学院协会开始施压,正式要求美国律师协会成立上述组织。很快,事实上在没有任何讨论的情况下,美国律师协会就于1917年代表大会上,成立了法学教育理事会这一机构(实际就是将之前的教育委员会改组为理事会),同时,出于提防,并未将理事会按照法学院协会希望的那样强化权力设置,"力图避免这一机构落入法学院联盟的手中"。[16]为了安抚美国法学院协会,美国律师协会随即将美国法学院的七梁八柱,即哈佛、威斯康星、明尼苏达、哥伦比亚以及西北大学法学院的院长,安排进入理事会。

法学教育理事会(即之前的教育委员会)曾试图吃掉法学教育部,并在实质上掌控各州的律师执业资格审查委员会。未果后,不到两年,出于内部权力集中的政治考量,美国律师协会决定废止法学教育理事会,转而通过在法学教育部下设类似理事会的方式,对其取而代之。虽然各顶尖法学院对此极力抵制,但并未能够阻止其在美国律师协会1919年代表大会上获得通过。美国律师协会不悦之余,单方面提高了其自身的会员标准,事实上最终对非全日制法学院,关上了大门。进而,美国法学院联盟决定,通过"抱团参会"这一简单易行的办法,接管美国律师协会法学教育部,原因很简单,和美国法学院联盟不同,美国律师协会建立在个人会员基础上。[17]

美国法学院协会的计划成功奏效。教授们塞满了美国律师协会法学教育与律师执业资格审查委员会1920年年会的会场,一方面可以确保在其制定政策过程中,这些杰出的法学教授可以发声;另一方面,迫使律师协会任命伊莱休·鲁特(Elihu Root)*担任新的法学教育理事会主任。鲁特领导下的教育理事会,在各种势力相互冲突的夹缝中,寻找到了一条左右逢源的妥协之道。一方面,其认为,只有在法学院,才能获得必要的法学教育,在申请进入法学院学习时,申请者必须具备两年以上大学学历。另一方面,如果法律夜校变为四年制,则也可以承认其合法的教学单位性质。对于律师执业资格审查委员会来说,也会因为文凭特权遭到律师协会正式否定而感到满意。法学教育理事会还要求美国律师协会赋予其对于法学院进行认证的权力。

美国律师协会法学教育部对于这份报告表示肯定,于是,鲁特会同美国联邦最高法院大法官威廉·塔夫脱,试图在美国律师协会1921年代表大会上推动这份报告获得通过。[18]然而,此举至多只存在某种可能性。翌年,美国法学院协会主办了一次由地方及各州律师协会代表参加的研讨会,旨在说服这些代表支持美国律师协会法学教育理事会的工作。[19]如果受到美国律师协会背书的"鲁特报告"真的在20世纪20年代推广执行,那么一定会触及与法律执业领导者关系密切的律师职业一元论。然而,所有这一切,都发生在"里德报告"起草期间,而此时,里德正因为感觉到雷戈纳德·史密斯(Reginald Heber Smith)**在其于1919年发表的报告《公正与贫困》(Justice and the Poor)***中剽窃了自己的观点而懊恼不已。就在"鲁特报告"发表一个月之后,"里德报告"最终发表。[20]

---

\* 伊莱休·鲁特(1845—1937年),美国著名的律师和杰出的政治家,曾先后担任地方检察官、陆军部长、国务卿、纽约州参议员、制宪会议主席等重要职务,1912年诺贝尔和平奖获得者。——译者注
\*\* 雷戈纳德·史密斯(1889—1966年),美国律师、法学家。——译者注
\*\*\* 《公正与贫困》,是一篇发表于1919年,有关于法律与道德关系的文章,主旨在于呼吁为贫困人群提供法律援助。史密斯在报告中批评了当时的美国律师执业现状,认为应当让所有人都感受到公平正义。在文章中,史密斯写道:"如果无法接触法律武器,那么体制不仅将剥夺穷人唯一的庇护,还将赋予压迫者有史以来最为残暴、最为有效的武器。"——译者注

里德在为卡内基基金会完成的首份报告，"法律公职之训练"中，已经提出"应当将律师职业的事实分层作为事实加以承认"。尽管这一基调多少让读者吃惊不已，但其建议却绝非全然创新；时不时，总会有些人玩"回归律师职业分级制"这个概念。19世纪70年代，兰德尔就偶尔会将自己的毕业生，称之为"大律师""辩护律师"（Advocates）*，而不是笼统的律师或代理人。[21]耶鲁大学的沃尔特·库克以及卫斯理·霍菲尔德（Wesley Hohfeld）**也曾在里德前往该校收集资料时，提出律师职业分层的问题。[22]在首份报告中，里德建议，对此问题，最为民主、最为平等、最为"美国范儿"的解决之策，就是分别成立不同的律师协会，建构不同类型的法学院，这种建议，无论是对美国法学院协会，还是美国律师协会而言，显然两头不讨好。[23]

美国律师协会代表的是最成功的执业律师群体，也正是这些精英律师们，致力于提高法学教育的门槛。美国法学院协会由精英法学院组成，他们梦想有一天，依附于大学的全日制法学院，会让所有私立法学院无路可走。鲁特领导下的法学教育理事会，在看到里德报告初稿后[24]，这样评价："尽管律师从事的工作涉及复杂的人类关系，但在任何情况下，对于律师的智识要求是相通的，需要其具备高度的道德责任感，以及水平实质相同的知识储备。"[25]与此同时，耶鲁大学的阿瑟·科

---

\* "Advocate"一词，在罗马法中，指为他人的诉讼提供程序性意见或代表他发言的人。以前，在英格兰地区，这一词汇仅限于指在教会法院和海事法院执业的律师，但现在这些法院已经向所有出庭律师开放，因此不再具有意义。参见薛波主编：《元照英美法词典》，北京大学出版社2014年版，第44页；在美国，Advocate一词有时与律师等词同义使用。参见〔英〕戴维·M. 沃克著：《牛津法律大辞典》，李双元等译，法律出版社2003年版，第31页；用来指代为他人提供法律帮助、辩护或者代为起诉的法律工作者。参见 Richard E. Garner ed.，*Black's Law Dictionary*，West Publishing Co.，2009，9th ed.，p.171. ——译者注

\*\* 卫斯理·霍菲尔德（1879—1918年），美国法学家。虽然著述不多，但其研究结果对于权利、自由概念的认知，影响颇大。后来，耶鲁大学法学院为了纪念霍菲尔德的贡献，设立了以他名字命名的纪念讲席。——译者注

七、观察

宾教授,在就任美国法学院协会主席的就职演讲中,也花大量篇幅驳斥了破坏律师职业一元论的主张。[26]

表面上看,美国律师协会—美国法学院协会在二者之间,站到了更具民主性的一边。重拾里德报告所暗示的应采取英国设置不同律师公会的做法,不禁令人回想起殖民地时代,在弗吉尼亚等地等级分明的阶级存在。然而,正如医学职业改革虽然将劣质医学院赶出教育市场,从而提升了中产阶级所享有医疗服务的质量,但却以牺牲贫苦民众的医疗服务权利为代价那样,很多人都认为,20世纪90年代医疗服务匮乏的问题,在很大程度上应归因于"弗莱克斯纳报告"将医学教育转变为依托大学开展的科学导向研究。[27] 如果美国律师协会—美国法学院协会的看法获得成功,那么美国的法学教育分布状况,可能远不如现在普遍。当然,不适格的律师,可能也会更少一些。

即使在19世纪80年代,也有证据显示,律师职业远非像其领导人所希望的那样属于一个整体。里德及其他"鲁特报告"反对者所强调的标准问题、平等问题,以及公共责任问题,都依然存在。在20世纪20年代,这并不意味着美国律师协会—美国法学院协会遭遇失败。相反,随着1920年联席会议机制的恢复[28],这两个组织重新开始合作,尽最大努力无视里德及其他私立法学院的领导人,持续施压,希望其理念会开花结果。种子已被种下,法律职业界争论的焦点问题,变成了法学院及其相关教学要求,并且已经开始对美国法律文化产生深远影响。但其推广标准化及提升法律教学要求的努力,进展缓慢。

尽管美国律师协会与美国法学院协会都关注标准及平等问题,但就法学院而言,还有其他烦恼。判例教学法,到了20世纪20年代,已经成为顶尖法学院的标准教学法,在第一次世界大战期间,首次遭遇系统性的分析批判。因为顶尖法学院在很大程度上将自身的声誉及专业化程度建立在这种哈佛式教学法基础之上,因此,任何对于这种传统的集中批判,都算得上是非常严重的威胁。尽管在指导法律分析方面,判例教学法效果显著,但如果这种全新教学模式无此优势的话,反倒显得多少有些奇怪。约瑟夫·莱德里奇在其1914年针对判例教学法的调研报告中,梳理总结过这种教学法的很多不足。这些要点,7年后在里德的首份报告中,得到了再次强调。

当然,判例教学法在此之前也曾受到过批判。那些嫉妒哈佛成功的法学院,将此视为其致命弱点,认为可以恣意挞伐。其中最为典型的,莫过于德怀特的恶评,而他背后的业界支持者甚众。学生对于判例教学法的热心程度,远不及教授。直到里德与莱德里奇之前,很少能够在批评之外,听到同情之音。尽管老牌法学院丝毫不避讳地提出,莱德里奇的研究大多来自道听途说,但这两个人一位是外国人,一位是非律师,作为具有一定专业知识的中立观察家,他们作出的批评,无法再被作为吃醋的竞争者或不合格的学生的抱怨被简单搁置。[29]

判例教学法的成功,意味着在法学院的所有年级,都将对其加以适用。随着判例教学法逐渐被视为教授实体法律规则的工具,也就是说更侧重其教学方法论的意义,学生中开始出现对其重复本质的批判。莱德里奇早就指出,判例教学法实质与普通法配套,用来教授成文法与其他相关知识,因此,在教授美国法时,应选择更为适当的方式。[30]他将判例教学法在美国大获成功的原因,部分归结于1913年开始,在判例教学的同时,配套教科书也开始大行其道。[31]同样,虽然对"苏格拉底教学法"印象深刻,但莱德里奇认为,如果没有模拟法庭、法学俱乐部[32]、教授的个人辅导[33],以及或许更为重要的法律评论的加功,其也不会如此成功。[34]

然而,法律评论毕竟面向小众。那么,在大班上课时研讨判例的效果如何呢?莱德里奇提出:"大多数时候,只有反应奇快或天资聪颖的学生,才能参与这种课堂讨论。"[35]实际上,在哥伦比亚大学,德怀特反对引入判例教学法,理由是其"并不适用于作为法律职业界主体,并将一直作为职业界主体的能力一般的普通人,而这些人,将与少数能力超群者共同接受法律训练"。[36]从长远角度来看,顶尖法学院,可以通过竞争式选拔的方式,在很大程度上解决有学生拖后腿的问题。对于此类法学院来说,主要问题变成了如何处理学生对于判例教学法不断升高的敌意的问题。然而,在普通法学院中,莱德里奇更为关注的是,虽然大部分学生鲜遭关注,但具备天分或善于表达的学生依然会脱颖而出,导致这种现象的原因在于,这些学校的师生比不合理,因此必须容忍甚至鼓励推行判例教学法。

从自己接受的德式教条教育的视点出发,约瑟夫·莱德里奇发现,除了普通学生遭遇的困境之外,还存在其他风险。他认为,过度使用判例教学法,将事实上也已经危及到兰德尔及其同志所倡导的科学对待法律理念:

> 不可否认,长期以来,新一代的美国法学教授的表达力,通过判例教科书,这种全新的判例教学法所需要的全新教学指导工具,源源不断得以体现。这项工作,在上一代,已经通过一种非常全面且令人满意的形式得到完成。但在另一方面,同样可以肯定的是,这种学术表达方式,使得很多当代著名法学家无法在法律史及法教义学等领域耕耘出本应取得的丰硕成果。[37]

莱德里奇提出,为了尽量弥补上述缺陷,应当将法学院的学制,从2年延长至4年,"只有这样,才有可能让大多数学生不仅接受法律分析训练,而且还可以接受系统的课堂授课,而这反过来又会在很大程度上激发严肃认真的美国法律科学研究"。[38]与此问题相关的,还包括莱德里奇眼中判例教学法对于法史、法理的影响。令他感到遗憾的是,缺乏深度探究法律问题的科学探索,缺乏介绍法律基本概念范畴的导论课程,更没有概括介绍法律的总论课程。莱德里奇认为,美国的普通法正在走向"碎片化",偏离一元论的学术路径。[39]

莱德里奇最后捎带谈到的结论,就是法律研究缺乏实践维度。所谓科学研究范式,不可避免地需要带有某种程度是实证研究的色彩,具体到法学研究,就是法律诊所教学。"弗莱克斯纳报告"的核心理论主张就在于医科学生应当放弃抽象理论学习,重返实验室与病房,只有在这里,才能接触到货真价实的东西:尸体,以及可能变成尸体的病人。兰德尔本来也提出,尽管适用判例教学法的学生得以从律师事务所中堆积的案卷或充斥的当事人中抽身出来,但仍需要在法学院的教室或图书馆这些实验室,获得"案件分析"(或如兰德尔更喜欢用的词,实践或科学的)经验。

莱德里奇恪尽职守,翔实记录了当时判例教学法中实践教学的相关理论,但显然,其并未为之所动。基讷与庞德接过兰德尔与埃姆斯的火炬,推动法律教学活动从抽象理论向实践教学更进一步。1888年,基讷宣称:"根据判例教学法,学生必须将法律视为包括在具体判例中的一种原则体系,在这个意义上,判例对于学生,就好比地质样品之于地质学者。"[40]生物学者出生的罗斯科·庞德,在1903年在内布拉斯加大学的就职演说中,以更为形象的方式提出:"就像科学老师不会轻易将显微镜与手术刀交给学生,任由其研究科学而不是课本那样,我们是否也应该在将判例选塞给学生任由其学习真实法律时反复掂量呢?"[41]但对于莱德里奇来说,这种将实践研究等同于研习上级法院判例的做法,显然不尽如人意。[42]

说句公道话,即使对于学界人士予取予求的美国律师协会领导人,也开始对于这些在全然的法律学术氛围中训练出来的精英法律人产生质疑。将非全日制老师培养出来的非全日制学生排除在业界之外是一回事,但顶尖法学院开始变本加厉,让丝毫没有法律实务经验的老师整日训练学生的做法,也十分令人担心。在1909年美国律师

七、观察

协会代表大会上,来自纽约州律师执业资格审查委员会的富兰克林·达纳赫认为,纽约州允许从未担任过律师助理的学生参加律师执业资格考试,犯了"严重错误"。[43] 1910年,美国律师协会建议,法学院三年学习结束后,毕业生应当至少见习一年,同时要求美国法学院协会支持这一意见。[44] 1913年,美国律师协会正式要求美国法学院协会接受这一规则,但遭到了亨利·罗杰斯领导下的美国法学院协会的坚决反对。[45]因为对后者来说,判例教学法带有十分明确的实践色彩,对此,实务界人士显然太过孤陋寡闻了。

然而,莱德里奇对于判例教学法的很多意见保留,同样也为里德所认同。里德认为,"哈佛大学法学院的出发点,未必都出自好的动机",在某种程度上,"兰德尔之所以推行判例教学法,也是迫不得已"。[46]因为判例数量极其庞大[47],判例的编写体例进展迟缓[48],因此,仅凭借少量判例就推导法律原则的做法,成为法律教学的常态。和莱德里奇一样,里德也认识到判例教学法自身在成长过程中会出现转型。随着法律原则的数量明显超越了兰德尔预估的程度,至少在法律问题上,经验重于逻辑的事实,都使得判例教学法的目的不可能再仅仅是让学生掌握特定,哪怕很少的法学知识。适用判例教学法的法学院也不再是让学生完全掌握现行的判例法,而是让其掌握判例的未来走向。[49]这种改变,与1886年哈佛大学法学院推行选课制一样,至多具有象征性意义。法学院就只是让学生掌握法律之地这个外延清晰的概念,已经日渐式微。

然而,里德的批判,相较于莱德里奇来得更为猛烈:

> 认为应掌握即使较为宽泛的判例法的观点早已被丢到一边。一部分判例法的确仍需掌握,但大部分肯定不再需要。对于学生来说,美国法已经不再是一个可以概括性了解的领域,而需要在错综复杂的法律规定中,沿着正确的方向,做一定范围的澄清。

从事法律实务的年轻人,将这种经过训练的头脑作为一柄利斧,用后半生沿着这个方向,披荆斩棘,勇往直前。<sup>50</sup>

和莱德里奇一样,里德也对缺乏品质优良的学者专著而深感遗憾,并为此提出三点解释:

> 直到最近,我们都没有,或许现在也没有,太多通晓法律的教授,有能力编撰一本好教科书……对于采用判例教学法这一异常劳心费神的教学法的老师,需要花费大量时间在课堂教学上,几乎没有时间和精力进行学术研究。另外,有些人还隐约感觉写教科书是帮教义学的忙,从而与学校的主流教学法格格不入。[51]

事实上,里德对于判例教学法的态度,并非如其所指出问题那般尖锐。他承认,在律师培养方面,适用判例教学法,要比适用其他教学法效果更好。[52]里德主要关注的,是因未普遍适用哈佛范式教学法,导致法学教育同质化的问题。判例教学法对于接受过大学教育的全日制法科生,适用效果最好,这些学生可以在上课前阅读材料,从而做好讨论的充分准备。但对于成功推广这一教学法更为至关重要的,是必要的教师队伍。"我认为,在精于苏格拉底问答法的真正学者手中,判例教学法无疑是最佳的法学教学法。但如果在一个半吊子手里,判例教学法就成为所有选择中最差的教学法。"[53]因此,里德才会深深忧虑于判例教学法的迅速推广,特别是法学教育市场成长最为迅速的部分——法律夜校[54],这些法学院校的师资,显然无法有效运用这一要求颇高的教学法。如其在报告中所明确的那样,这种批判,并不是意图反对法律夜校本身的存在正当性。相反,在一个推定为一元法学教育体系当中,竞争的压力迫使法律夜校采取一条适合其教学能力与办学需要的教学模式,而这实际意味着法学教育市场应当多元。只有承认律师与法科学生的异质性需求,才能对其分别适用相应的教学法。

七、观察

莱德里奇与里德报告中提出的批判揭示了哪些真理？适用判例教学法，意味着这种方法与其要解决的实际问题渐行渐远？抑或只是因为聘请的都是没有或者缺少司法实践经验的教授闯的祸？[55]能否有根据地认为，判例教学法压抑了法学研究，打消了杰出法学家针对法律进行研究而非就事论事的积极性？[56]留给20世纪七八十年代的问题中，最为根本的在于，法学院是否仅仅是一种修辞学意义上的高端学府，或更不客气地说，是否法学院培养的净是一些分析能力超群的巨人，同时又是一群道德意义上的侏儒？近年来，对于判例教学法的批判，集中于其培养的律师属于善于发现根本原则的"客观主义的科学家"，而无法培养出具有技术消化能力，敢于通过"基本道德、社会价值"建构法律原则的律师。[57]这样一种二元对比不可避免地有过度简化之嫌，实际上，可以认为判例教学法最根本的影响恰恰相反。然而，盲目服从德式科学主义，势必导致在智识、道德等方面出现缺失。回头来看，判例教学法高度形式化阶段，恰恰也最为接近荒腔走板。从最开始，判例教学法的学术及教学功用，就存在内在冲突，但同时，其贡献也是巨大的。

尽管可以肯定，判例教学法存在很多问题，但毫无限制地批判这种哈佛大学法学院及其所代表的教学范式，与对其无条件的接受同样不可取。尽管可能并不必要，但需要反复强调的重要一点是，认为法律是一门科学的信仰，并非哈佛及其信徒所独有，而是一个坚持大众方法论时代最为普遍的想法。一位后来成为天主教大学社会科学学院院长的耶鲁大学法学院教授，在19世纪90年代曾说："法律作为一个科学体系，包含基本原则，以及从要求某人从事特定社会行为的权利中推导出来的特定规则。"其中，原则具有普适性，没有例外或适用条件。从这些原则中进行合法推导，需要遵循逻辑过程，该过程，不以人的意志为转移，不随时空条件的变化而变化，不因推导主体的改变而改变。[58]

判例教学法本身,尽管容易导致课程设置的雷同,但同样具备不同面向。对于小奥利弗·霍姆斯来说,这种方法并不是一种仅仅用于科学分析的有限经验。在为判例教学法辩护的过程中,霍姆斯提出:"有人说,如果想让某一法律原则具有价值,就必须赋予其本体。必须证明,这一原则在真实的法律体系中,以何种方式发挥作用,能够发挥多大作用。必须证明这一原则如何逐渐与具体的事例相互协调,没有任何原则,单凭自身就得以成立。最终,还必须证明这一原则与其他原则的历史谱系关系,不同原则的起源不同,出现时点不同,必须将这一点考虑在内,否则,无法对这一原则进行真正的评价。"[59]简而言之,霍姆斯可以接受兰德尔主义所鼓吹的科学性,同时,像很多人那样,试图为其设置现实主义的基础。霍姆斯对于法律史的"狂暴"性心知肚明,在这篇文章中,他提出,一方面,判例教学法可以在大规模教学活动中使用,更可以用来造就律师[60];另一方面,在德国科学的影响下,判例教学法逐渐将法律史学也纳入进来。[61]这样看来,判例教学法具有类似于正在萌芽期的社会科学的学术目的。无疑,霍姆斯对自己所做的一清二楚,可以肯定的是,因为兰德尔的这一创新缺乏任何严肃的内在理论根据,霍姆斯可以借此十分容易地将对于法律规则的科学分析,转换为对于事实的科学分析。哈佛教学模式有足够的空间,为霍姆斯这种对于判例教学法学术目的的现实主义解读,提供根据。

无论霍姆斯、莱德里奇、里德以及当代学界专家教授如何就判例教学法的优长短缺争来辩去,无论学界领军人士因为这种教学方式遭遇批判而感到如何下不了台,在里德1921年首次发表报告时,这一教学体制,已经成为当时美国大多数法学院的标配。历史车轮隆隆向前。尽管遭遇州立大学、顶尖私立大学的反对,奥地利观察家与卡内基基金会调查员的质疑,判例教学法依然高歌猛进。这是一个后维多

七、观察

利亚时代的褪色期,更是 20 世纪标准的褪色期。到了 20 世纪 20 年代,任何在法学教育产业中有点存在感的人,都在适用判例教学法。只有阿彻、李[62]及其支持者,没有选择随波逐流。

---

[1] Trout, *Boston, the Great Depression and the New Deal*,16.

[2] "Report of the Committee on Legal Education of the American Bar Association,"2 *Reports of the ABA* 209-36.

[3] 函件标明日期为 1913 年 2 月 7 日。引自 Stolz, "Training for the Law," 8.

[4] 里德出生于科罗拉多的一个医生家庭,1897 年从哈佛大学毕业后,一边在哥伦比亚大学攻读博士学位,一边在纽约担任家庭教师。1911 年,里德获得博士学位,并于 1938 年其 38 岁时,进入卡内基基金会负责法学领域的调研工作,并一直工作至 1934 年。1949 年,里德逝世。*Who Was Who*, 1950, 2:441.

[5] Redlich, *Common Law and the Case Method*, vi. 其中,6 所当时已经采用判例教学法的法学院是:纽约大学、哥伦比亚、哈佛、密歇根、西北与芝加哥大学法学院。Ibid., 26.

[6] 里德提交首份报告的重要性,除了收录的数据巨细靡遗之外,还体现在其他很多方面。可以从下列介绍,多少感受下这一时期法学教育的发展:当德怀特被任命为哥伦比亚大学法学院院长时,美国共有 18 所法学院,在校生 600 人左右。美国内战爆发时,法学院的数量增加至 22 所。根据里德的统计,1870 年至 1890 年,美国法学院的数量实现倍增,并于 1890 年至 1910 年期间再次翻倍。报告发表时,美国法学院的数量已经增至 142 所。Reed, *Training for the Law*, 193.

[7] 普里切特主任对于莱德里奇报告的质量不甚满意。该报告的原文以德文完成,据信,两人还曾就报告的翻译一事发生过争执。在普里切特看来,报告枯燥平淡。然而,这并非卡内基基金会与莱德里奇最后的接触。20 世纪 20 年代,当莱德里奇落魄时,他又一次向卡内基基金会寻求资助。Savage, *Fruit*

*of an Impulse*,111。最终,莱德里奇的 1926 年至 1935 年,在马萨诸塞的剑桥地区度过。

⁸ Redlich, *Common Law and the Case Method*, 70. 尽管从科学的法学教学法角度来看,这些多少商业化的法学院,根本一无是处,但其的确满足了美国人民的实际需求,在这个国家的经济生活中,获得了正当性,牢牢根植于将法律职业视为实践性交易的传统民主观点。Ibid., 70-71.

⁹ Reed, *Training for the Law*, 3.

¹⁰ "当下情况,即所有非全日制法学教育都顶着正当性帽子的罪恶之处,非常罪恶之处,皆在于一元律师架构理论受到普遍接受,即通过统一考试的方式检验是否满足要求。这种模式,虽然曾经可以充分满足早期散居型社会的需要,但现在时过境迁,已经无法继续发挥作用。在所谓标准化律师的概念引领下,律师之间会因为接受教育理念不同引发冲突,甚至导致互相伤害,事实上,理念的不同,会导致执业律师的极端差异化。一言以蔽之,让法律夜校承担开设与全日制法学院完全相同的课程等义务,显然对于法律夜校伤害颇深。"

"通常情况下我国律师执业资格测试体系可以描绘如下:各州,通过律师执业资格委员会,应对所有申请律师执业资格者进行测试。但实际情况下,各州组织的律师执业资格考试,与法学院,都没有尽到应有的筛选作用,导致泥沙俱下,很多不具备应有能力的人,也大量混入律师队伍。考虑到法律夜校的大肆宣传可能人为地刺激了法学教育的需求,但毫无疑问,尽管最近有关方面正在努力提升律师执业资格考试的难度,但现在通过考试获得执业资格的无能之辈却远远多于之前考试宽松的时代,当时虽然杰出法学院数量不如现在多,但起码当时大多数申请者还在老派律师事务所见习过。" Ibid., 57-59. 对此,批评意见可以认为,里德对于 19 世纪后半期改变美国的社会力量的看法,有些太过天真。

¹¹ "除了上面提到的如今情况的阴暗面,还存在值得一提的光明面,也就是说,法律职业中始终存在坚持英国法律职业古老传统的要素。起初,这一要素是指从大学毕业后进入顶级律师事务所实习的法科学生,而现在,这一要素

七、观察

虽然定义模糊,但仍然倾向于指代毕业于顶尖法学院的法科学生。尽管低端律师的情况越来越糟,但顶尖律师,至少从其对于法律的掌握程度来看,通过接受法学院训练,却变得越来越好。因此,在各州技术上来看一元的律师界,实际上已经变得区分度极大。"Ibid., 60.

[12] 法学院的 11%,共计 16 所,学制,无论是否全日制,不满 3 年。这类法学院,被认为注定要消失的类型。接下来,21% 的法学院,共计 30 所,属于高门槛全日制法学院,皆依附于大学或学院,承认哈佛大学法学院在业界的领军地位,全部采用判例教学法。第三类法学院共有 40 所,占法学院总数的 29%,可具体将其归入低门槛全日制法学院一类,这类法学院基本上不要求,或只要求很低的前期学历。里德认为,这类法学院存在的根据在于,很多学生无力在全国性高校接受前后 7 年的专门训练,但可以完成 3 年的全日制法学教育。第四类法学院,占法学院总数的 39%,共计 55 所。这些都是私立法学院,且都不隶属于任何高校。"这些高校从来不考虑什么崇高的教育或职业理念。"虽然倾向于清除此类高校,但里德指出:"根据本人判断,从美利坚合众国建国基本原则来看,不可能,也不应该消除此类业已存在且发展迅猛的法学院。努力的方向,应当是想办法将此类法学院转化为更好的类型。"Ibid., 414-16.

[13] "不同类型法学教育的进展,建构起不同类型的律师职业群体,而每个类型的律师群体,都十分乐于对于自身的类型属性大肆褒扬。在这种内在的个体偏好影响下,每个类型的律师群体,觉得仅仅宣扬自身还不够,更有必要在整个律师界都推行自己的法学教育观。"法学院的专家型院长们,试图将法学院建成法官的摇篮,将美国法律转变为她应该有的样子。而律师执业资格的测试方,面对多如繁星的法学院,试图让学生依据现行法律,准备资格考试。最终,法律夜校的经营者最为清楚不过,让林肯口中的素人参与立法,从事法律执业,不仅对于个人,乃至对于社会的重要性。这些观点都有其可取之处。但没有一种观念,能在满足自己目的的同时,满足其他利益主体的考量。试图让任何一类法学院承担法学教育的全部重任,都会使得法律职业陷入声名狼藉的尴尬处境。Ibid., 417-18.

[14] Donna Fossum, "Law School Accreditation Standards and the Structure of A-

merican Legal Education," 515, 517.

¹⁵ Reed, *Present-Day Law Schools*, 37.

¹⁶ 美国律师协会执委会并未向理事会拨付任何费用,导致其遭遇很大的财务问题。Reed, *Present-Day Law Schools*, 39. 斯托尔兹(Stolz)认为,美国律师协会面临的这些"学人"势力,一方面自视甚高;另一方面认为美国律师协会应当在法学教育问题,倾听并照搬自己的意见。Stolz, "Training for the Law," 15.

¹⁷ 诚如明尼苏达大学法学院院长万斯教授所言:"我们必须团结,必须与美国律师协会保持团结。如果要实现我们的理想,现在有很多事情要做,我们必须出席美国律师协会的各种会议……我们必须承认一个事实,之前的那一仗,我们败了,而这次,我们一定要做得更好!"引自 Lee, *The Study of Law and Proper Preparation*, 14.

¹⁸ 报告引发了很大争议。查尔斯·卡鲁西(Charles Carusi)的反应是:"我以1100万人之名反对,反对这份如此保守、如此狭隘、如此不公,如其所言,'重要的,并不是你有何特长,如果你不是少数几所名校的毕业生,那么,就注定,注意,不存在一线希望,你没有机会代理你的同胞,或为其提供法律建议'。"4 *American Law School Review* 682(1921). 詹姆斯·安德鲁斯(James Andrews)补充道:"这份报告,出自美国法学院协会之手,借由其在美国律师协会中的那些身份显赫的成员,得以通过。我以最保守的观点指出,这一切,就是走过场。"Ibid., 695. 乔治·普赖斯(George Price)以问代答:"美国律师协会是否想通过降低标准,以便容忍那些没有文化的外国人?你难道想设定能够给这些家伙一席之地的简单标准?"Ibid., 689.

排除外籍律师的问题,或许是"鲁特报告"必然导致的结果。塔夫脱对此的说辞较为委婉,这样做"只不过让社会免于律师界中无能之辈、少教养者及粗心莽撞之徒的侵扰"。*Handbook of the Association of American Law Schools, 1921*, 143. 法律夜校的经营者们,将这份报告斥之为针对外来移民,"不仅十分危险,而且没有正当理由,缺乏必要性,毫无美国气概"。鲁特自己则认为,两年的美国大学生活,足以保证未来的律师们"将美国式生活方式、思维习惯

七、观察

与直觉感受融入呼吸之中"。Ibid., 155. 就排斥贫苦阶层的问题,塔夫脱将自己的理性放置一边,提出:"接受大学教育的机会,并不限于美国东部的老牌名校,或者顶尖州立大学,现在,各个州都有很多大学。对于这个国家每位想成为律师的年轻人而言,其所居住的地区附近,遍布着各种高等教育机构,只要这些年轻人足够勇敢、足够坚韧、足够自制,这些高校就会为其提供受教育的机会。如今,成百上千的年轻人,正在这样做。"47 *ABA Reports* 498-99 (1922).

[19] Stolz, "Training for the Public Profession of the Law," Appendix II to Appendix A, Packer and Ehrlich, *New Directions in Legal Education*, 235-45. 对于这次会议产生的影响,参见 Vold, "Improving North Dakota Bar Association Requirements," 59.

[20] 里德认为史密斯"吞吃了自己蛋糕中的一部分"。里德报告的完成进度,还因为某些法学院因为之前"弗莱克斯纳报告"导致的寒蝉效应不愿合作而遭到拖延。普里切特因为里德报告进度迟缓而火冒三丈。Savage, *Fruit of an Impulse*, 150-51. 里德可不是省油的灯,在自己的报告中,他对于哈斯汀法学院的批判火力全开。Barnes, *Hastings College of Law*, 216. 有观点称,1921年,47岁的里德结婚后,性格和缓了不少。

[21] Reed, *Training for the Law*, 92.

[22] Stolz, "Training for the Law," 247-48. 在1915年,律师执业资格审查委员会与美国律师协会法学教育部的联席会议上,来自纽约州的查尔斯·格里芬(Charles Griffin)指出:"就在邻州新泽西,仍然区分事务律师与出庭律师。在新泽西,通过律师执业资格测试的人,宣誓成为代理人,只有在执业满3年,且向律师协会证明其满足条件,才可能获得升任大律师。"4 *American Law School Review* 35(1915).

[23] 福斯特认为:"法学院,或业界拒绝由低端法学院训练出来的学生组建不同的律师协会的理由,在经济层面很容易理解。低端法学院会成为精英法学院的替代品,从而导致劣币驱逐良币效应。"First, "Competition in the Legal Education Industry," 357, n. 267.

[24] 里德允许鲁特领导下的教学理事会翻阅自己的手稿,动机不明。或许是

因为鲁特与普里切特关系密切,因此有近水楼台的便利条件。Jessup, *Elihu Root*, 2:468. 福斯特则将此举为某种策略,从而让鲁特的教学理事会在后来的辩论中占领先机,然而,福斯特并未对此作出详细解释,多少显得意味不明。

[25] Stolz, "Training for the Law," 247.

[26] Corbin, "Democracy and Education for the Bar," 143. 科宾认为,改革法学院入学条件,"无法通过将律师分出核心业务律师与非核心业务律师、有能力律师与无能力律师,或者白猫黑猫的方式来加以实现。应该说,这种建议与美国历史传统与行为方式格格不入。以区隔法律职业为原则,根本不会催生出什么合理的解决方案。也就是说,根本不存在针对两种律师,设立两种类型法学院,开展两种不同类型法学教育的空间"。Ibid., 147, 150.

[27] Stevens, *American Medicine and the Public Interest*, passim.

[28] Auerbach, *Unequal Justice*. 奥尔巴克针对州立法机构发言时,补充道:"争取更高标准,对于律师职业的组织有序,对于法学教授来说,都具有现实意义。"Ibid., 118. 颇具讽刺意味的是,里德对于美国律师协会与美国法学院协会的重新合作褒奖有加:"长期以来,美国律师协会与美国法学院协会之间互相责难,行南辕北辙之事。现在,终于能够言归于好,意义重大,在我看来,更预示着法学教育的美好未来。"4 *American Law School Review* 761 (1921).

[29] 就莱德里奇对此指摘的反应,可参见 Beale, "The Law School as Professor Redlich Saw It," 617; Stone, "Dr. Redlich and the Case Method in American University Law Schools," 262; Baldwin, "Education for the Bar in the United States," 437; Kocourek, "The Redlich Report and the Case Method," 321; Venny, "The Case Method of Teaching Law," 182; 15 *Handbook of the Association of American Law Schools* 77(1915).

对于里德首份报告最为激烈的评论,参见 Albert M. Kales, Review of Reed's *Training for the Public Profession of the Law*, 35 *Harvard Law Review* 96 (1921), 里德对此的回应,参见 Reed, "Scholarship or Opinion?," 355; Stone, "Legal Education and Democratic Principle," 639; 里德对此的回应,参见 Reed, "Criticism of Carnegie Foundation Bulletin," 114; 斯通对此的再反驳,参见

Stone, "Dean Stone's Rejoinder to Mr. Reed's Reply," 187; Lewis, "Agreements and Differences between the Report of the Committee on Which the Action of the Association Was Taken and the Carnegie Foundation Report," 39; Nilsson, "Legal Education and Admission to the Bar," 104; and Reed, "The Lawyer as a Privileged Servant of Democracy," 154.

    ³⁰ Redlich, *The Case Method*, 35, 50.

    ³¹ 他个人更加倾向于使用学术专著,而非教科书。Ibid. ,41 ff.

    ³² 哈佛的"精神领袖俱乐部"(The Pow Wow Club)成立于1870年,最初的目的,是为了每周组织一次模拟法庭。Sutherland, *Law at Harvard*, 344. 在哥伦比亚大学,也出现过类似的俱乐部,尽管这种早期的实验未获成功。哥伦比亚官方的校史学家将学生缅怀德怀特时代,称之为"颓废现象"。Goebel, *School of Law, Columbia*, 103-4. 即使在哥伦比亚大学放手让学生组织模拟法庭之后,情况也没有马上好转。但最终,在哥伦比亚大学法学院,模拟法庭活动开始红火起来,在1912—1913学年就吸引了超过250名学生参加。但和耶鲁与密歇根大学不同,哈佛大学与哥伦比亚大学法学院并未针对低年级学生开设模拟法庭。Goebel, *School of Law, Columbia*, 179, 471; *Report of the Dean, Yale Law School, 1903-04*, 161, 164; Brown with Blume, *Legal Education at Michigan, 1859-1959*, 505-11.

    ³³ 《哈佛大学法学院百年史》指出,至少有一位教授,詹姆斯·埃姆斯,能够通过"自己掌握的社会科学知识,对于个人责任的崇高要求,以及法学理念,让自己的学生放开眼界"。Appendix 1, 179, 引自哥伦比亚大学教授克奇维(Kirchwey)。

    ³⁴ 法律评论通常与课程设置分立,并且(特别是在所谓"好"的法学院)受学生管理控制,但是当时,以及之后都有很多教职人员认为,法律评论并不是算是一种很好的教学手段。特别参见 Llewellyn, *The Bramble Bush*, 107. 莱德里奇甚至认为,法律评论在很大程度上造就了判例教学法在事实上取得的成功。Redlich, *The Case Method*, 33. 1887年,《哈佛大学法律评论》在美国率先出版。Warren, *History of the Harvard Law School*, 2:440. 1891年,耶鲁大学随

后出版了自己的《耶鲁法律杂志》。Hicks, *Yale Law School, 1869-1894*, 65. 1896年,宾夕法尼亚大学法学部合并当时已经出版发行的《美国法律纪事》(*American Law Register*)作为自己的刊物。Goebel, *School of Law, Columbia*, 430, n. 97.《哥伦比亚大学法律评论》也于1901年成立。Ibid., 183-84. 其他学校迅速跟进,并且展开竞争,追求"卓越"。参见Rodell, "Goodbye to Law Reviews—Revisited," 279. 据里德统计,在1927年前后,共存在过42种法学院刊行的期刊评论。Reed, *Present-Day Law Schools*, 566. 到了1970年时,美国各法学院发行的法律评论种类超过百种。

35 Redlich, *The Case Method*, 40.

36 Cited in Goebel, *School of Law, Columbia*, 144.

37 Redlich, *The Case Method*, 49-50.

38 Ibid., 46. 法学教授们对于莱德里奇报告的反映,颇为令人回味。尽管大多数学界领袖怒不可遏,但也有特立独行者唱反调。弗莱德里克·伍德沃德(Frederick Woodward)院长提出:"在所谓判例教学活动中,播放某些兰德尔最忠实信徒的唱片,听起来就像是最老派的授课。"4 *American Law School Review* 99(1915). 埃尔伯特·科库里克(Albert Kocourek)认为:"判例教学法只是既有几种法律学习方式之一,其本身具有特殊性,适用对象更为有限。判例教学法本身的确效率很高,但其危险在于,会让人感觉到在学习法律的过程中,不可能存在其他方式,或其他方式都是缺乏效率的。"Ibid., 103.

39 莱德里奇明显对于鲍德温法官对于判例教材与判例教学法的概括十分感兴趣:"其实质上就是很多判例的观点节选……从特例无法习得科学。必须从一般到特殊,这样才能发现特例的真正含义。"引自Redlich, *The Case Method*, 41.

40 Ibid, 16.

41 Ibid.

42 总体上,对于莱德里奇报告的反应说明,法学教育的当权派,并不乐见对于判例教学法的批判。尽管莱德里奇报告中对于判例教学法不无溢美之词,但不足以满足美国法学院协会的领导者们。就好像"一战"后掌握美国法学教育话语权的那些人对于里德报告的反应那样,"一战"前当权派对于莱德里奇报告火冒三丈。法学院协会主席认为报告中出现的批评意见不值一提,莱德里奇在捕风捉影,其他人则对于莱德里奇的结论大加批判。参见"Minutes of the AALS Convention," 4 *American Law School Review* 90(1915)。后来担任哥伦比亚大学法学院院长以及联邦最高法院大法官的哈兰·斯通谈到,"我的观察和经验是,莱德里奇过分强调因为适用判例教学法给一年级法科学生所造成的压力,过分弱化了其对于适用这种教学法的老师在给一年级法科学生授课时的能力要求"。Ibid., 93. 弗莱德里克·伍德沃德院长则宣称,自己曾经在给法科一年级学生授课时,试验过莱德里奇所建议的方法,结果发现其弊大于利。Ibid., 100. 很多批评者认为,莱德里奇为增加课堂授课所建议的四年学制太长。与此类似,这些人往往认为,大班授课具有合理性。约瑟夫·比尔认为:"你能发现最好体现大众心理学的教学方式就是大班授课,这会使得每个人都得到额外的动力去思考,去推理,去得出自己的结论。"Ibid., 108.

[43] 2 *American Law School Review* 312(1909)。

[44] 例如,杜兰大学的达德利·麦克居内(Dudley McGovney)教授,3 *American Law School Review* 17(1911)。

[45] Ibid., 462-74(1913)。

[46] "除了其所具有的某种实践意义之外,判例教学法本身并不具备任何原创性。" Reed, *Training for the Law*, 371.

[47] Ibid., 373-74.

[48] Ibid., 374-77.

[49] Ibid., 379.

[50] "没有为学生开设为客户提供法律咨询或从事庭审诉讼的训练,只有理论知识的传授……不关注政府行政或边境问题,只关注技术性的私法问题;不关心立法机构制定的成文法,只关注法官作出的判例,而在这一部分,也只关注所谓全国性的通行规则,没人关注缺乏连续性的地方性规则。忽略的这部分,只好交给下一代人解决了。任何一个教育门类所提供的教育产品,必须具备学术可增长性,从而跟得上其学生在未来发展的需要。但律师所要做的,不

仅仅是跟得上法律的发展,还要在法学院学习时就跟得上当时适用法律的发展。"Ibid. , 379-80.

[51] Ibid. , 388.

[52] Ibid. , 380.

[53] Ibid. , 382.

[54] "或者一方面,虽然无论如何采用了判例教学法,但却没有导致任何好的教科书或授课型法学院,或者另一方面将其束之高阁,但法学院却因为无意或有意为之,误导有意申请法学院的人不愿适用判例教学法。现在哈佛教学法的风行,特别是意图让自己领导下的法学院赶上潮流的校长或院长间的流行,只能说是一种纯粹的运气。"Ibid. , 381.

[55] 1915 年,在美国法学院协会代表大会上,教皇致辞,提出:"我认为,执业律师与法学教授分道扬镳的趋势越来越明显。" "Minutes of the AALS Convention," 4 *American Law School Review* 90, 108(1915). 1929 年,位于芝加哥的约翰·马歇尔法学院院长这样批判主导美国律师协会的精英法学院:"我不认为法学院的教授只能由那些从来没有出过庭,从来没有过客户的专职教师担任。我也不认为美国律师协会应当直接或间接地支持任何法学教育体制,或者通过命令的形式,明确规定法学院应当聘任多少位专职教授。"Address by Edward T. Lee before the ABA Section of Legal Education, 10 October 1929. John Marshall Law School Archives, Chicago, Ill.

[56] 参见 Redlich, *The Case Method*, 49-50:

> 无疑,从浩如烟海的判例中选择判例,持续选择可以用于教学的适当判例,并且将其按一定顺序在教科书当中加以排列,是一件很了不起的工作。但从另一个方面来看,这种繁冗的文字工作,让很多很有潜力的美国法学家没有时间在本来可以产出丰硕成果的法律史、法教义学等领域进行耕耘。

[57] Johnson, *Schooled Lawyers*, xvii.

[58] Rohinson, *A Study of Legal Education*, 15.

[59] Holmes, "The Use and Meaning of Law Schools, and Their Methods of Instruction," 919, 922.

[60] Ibid., 920.

[61] Ibid., 921.

[62] 爱德华·李1861年生于康涅狄格州的一个爱尔兰移民家庭,他的父辈在土豆饥荒期间从欧洲移民至此。1873年,他的父亲,一位小工商业主因为美国经济恐慌而破产。但李想办法从哈特福德高中(Hartford High School)毕业,并考入哈佛学院。因为需要赚钱,因此到了25岁才从哈佛毕业。毕业后,李成为代表康涅狄格州的美国参议员普莱特(Platt)的法务秘书,同时进入哥伦比亚人法学院(乔治·华盛顿大学前身)夜间部攻读法律。33岁时,李从法学院毕业,并开始在布法罗执业,1898年,迁至芝加哥,一边担任律师,一边为《芝加哥法律新闻》(the *Chicago Legal News*)工作。1899年,李和其他律师一起成立了约翰·马歇尔法学院,主要面向有空闲时间学习法律的律师助理。在首任院长韦伯斯特离任后,李接管法学院,并将其改造为一间法律夜校。到1904年时,学生人数达到137人。李建设法学院的7大原则概括起来,核心就是:"司法过程应当向所有人公开,不论其种族、语言、经济条件,都应有权代表其族群参与司法过程。""In Memoriam Edward T. Lee, 1861-1943," 7 *Alumni Docket* 2 (1944). John Marshall Law School Archives, Chicago, Ill.

# 八、文化

这些年来,就在法律实务界与学界致力于框定法律教育的结构、范式及路径时,美国法也在经历某种潜移默化的微妙变化。随着美国的发展,美国法本身,特别是对其逻辑、结构等方面的认识,也处于一个蜕变过程。在"杰克逊流民主主义"占统治地位时期,美国出现了一种原生性的法律文化,可以认为,这种文化自觉地背离了既有的英国法律传统。不出所料,事实证明,这种背离仅仅只是昙花一现。到了19世纪后期,随着德怀特及兰德尔等人帮助美国的正规法学教育回到正轨,美国法也开始出现更加英式的潜在动向,即便在19世纪前期,英国法律文化本身业已发生了巨大改变。[1] 19世纪80、90年代,美国的法官似乎在刻意模仿日益形式主义本位的英式法律观,高度重视由法律逻辑本身推动的作为具有内在关联的客观法律规则。[2] 这种将法官视为中性法律规则捍卫者的看法,得到了哈佛大学法学院培养出来的新一代学者[3],特别是尤金·万姆堡[4]以及约瑟夫·比尔[5]等人的支持。的确,这一时期,英美的联系日益密切。霍姆斯及其他美国法官,能够经常接触到顶尖的英国法学家、法官。因此,英国普通法理论作为一个自体自足的整体,甚至本身作为一种神秘力量,在美国重现江湖。

然而,英国的法官队伍规模较小(1900年,仅有25位高等法院法官),律师人数不多,但关系密切(1900年,大约有1 000名左右实际执业的出庭律师),法律体系高度集中(所有法官、大部分律师参与诉讼,都集中于伦敦地区)[6],判例的选择、发表具有高度选择性。[7]而且,随着"集体主义"(Collectivism)取代"自由主义"(Laissez-faire)成为英国政治哲学的主导理念,法官和律师开始逐渐淡出高度敏感、高度重要领域的决策过程。⁸但这些特征,与美国完全绝缘,应该说,至少从教义学角度,美国法律文化中蠢蠢欲动的"再英国化",注定失败。即使在哈佛大学法学院,其影响也相对有限。

1880 年,美国人口为 50 155 783 人,仅为英国人口的两倍,但律师人数达到 64 137 人。到了 1910 年时,美国人口增至 91 972 266 人,律师人数已不少于 122 149 人。⁹因为司法区及司法人员数量众多,导致美国无法像英国那样,将判例法纳入到可控的范围之内,同时,1879 年西部出版公司(the West Publishing Company)着手建立"全国判例报道系统"(the National Reporter System),这种试图将全部判例一网打尽而非选择性公布判例的做法,意味着照搬英国经验的努力将注定失败。¹⁰英国法官只需要从被明确框定的系列判例中加以选择即可,因此相对而言较为容易,但美国法官因为可选择判例数量太多,因而特别强调创造性地发挥自由裁量权。更为重要的是,这一时期,英国法官往往被剥夺了处理公法问题的机会[例如,英国《1906 年贸易争端解决法》(the Trade Disputes Act of 1906)就规定,法官无权处理劳动法问题],而美国法官却需要处理越来越多的准政治问题。

毫无疑问,到了 20 世纪初,和美国律师协会的宣传截然相反,英美两国法律文化之间的分歧已经显而易见。¹¹尽管当时议会民主语境下司法的意义尚未充分暴露,但从法学出版物中不难发现这种流变的迹象。¹² 1915 年,哈兰·斯通(Harlan Fiske Stone)\*指出:"除非法庭限制发表的意见数量及长度,否则将不可避免地导致目前将判例集作为不成文法主要法源的体系分崩离析。"¹³ 1924 年,本杰明·卡多佐

---

\* 哈兰·斯通(1872—1946 年),美国政治家、律师、法学家,曾担任哥伦比亚大学法学院院长、美国总检察长及美国最高法院大法官等职务。——译者注

(Benjamin Cardozo)*一针见血地指出:"我国判例法的繁殖速度,会惊得马尔萨斯(Thomas Robert Malthus)**目瞪口呆。"[14]因为法院本身并未施加任何限制,导致判例集的制作者毫无选择性,成果乏善可陈。随着律师数量及判例报道数量远超英国相关水平,任何试图照搬英国法律文化的做法,都因为无视两国社会及政治差异而根本无法取得成功。实际上,在此期间,上述情况正在微妙地改变着美国法律的推理方法。

对于普通法的严格解释,作为19世纪后期哈佛模式的典型特征开始逐渐淡出。取而代之的做法是,法官在审理案件时,越来越将之前的判例,而非某种抽象的法律原则,作为判决基础。[15]美国律师努力的方向,并不是试图发现那些所谓基础法律理论,而是寻找尽可能类似的判例,也就是说,事实部分尽可能与正在审理的案件相同的判例。[16]有些学者指出,西部出版公司不加区分全盘报道判例的做法,成为刺向普通法严格解释做法的封喉一剑。[17]然而,判例教学法在这个过程中所起作用同样十分重要。莱德里奇当然会这么认为,但里德,因为并非这一做法的盲目崇拜者,因此显得态度相对保守。[18]莱德里奇认为,美国律师协会特别委员会于1916年发表的一份报告[19],以及阿瑟·古德哈特1930年[20]发表的相关论述,曾反复指摘判例的种种罪行。尽管从19世纪90年代开始,"美国统一州法专员会议"(the National Conference of Commissioners on Uniform State Laws)***就开始在

---

\* 本杰明·卡多佐(1870—1938年),美国历史上最伟大的联邦最高法院大法官之一,社会法学派的代表人物,对后世产生了巨大影响。——译者注

\*\* 托马斯·马尔萨斯(1766—1834年)。英国教士、人口学家、经济学家。以其人口理论闻名于世。在1798年出版的《人口论》中,马尔萨斯指出:人口按几何级数增长而生活资源只能按算术级数增长,所以不可避免地要导致饥馑、战争和疾病;呼吁采取果断措施,遏制人口出生率。其理论对李嘉图产生过影响。——译者注

\*\*\* "美国统一州法专员会议",成立于1892年,是一个由各州统一州法专员组成的非营利、非法人组织,目的在于通过研究各州法律,厘定可能进行全美统一立法的特定法律领域。但其所起草的立法案,仅具有建议性质。这一组织至今仍然活跃。——译者注

商法等可能被各州选择适用的法律领域制定成文法,尽管20世纪初,美国法学会曾致力于将普通法原则法典化,制定所谓"重述"(Restatements)*,但美国仍然逐渐成为最为典型的普通法国家。

无论是否将判例模式作为导致普通法研究碎片化(从强度而言以美国为甚)的罪魁祸首,法学院肯定都是法学理论碎片化的最大受益者。尽管在发展法学理论方面毫无作为,但顶尖法学院似乎最为有可能将法律体系与法律职业从形式法律推理崩解所陷入的泥潭中拯救出来。在工商利益的刺激下,学术界人士与执业律师共同组建了"美国法学会"(the American Law Institute)[21],同时还合作推出了所谓"法律重述",旨在解决美国普通法发展所导致的杂乱无章状态。[22]诸如塞缪尔·威利斯顿(Samuel Williston)**等学者,就属于统一州法运动的中坚力量。在这个过程中,因为缺乏来自于顶尖执业律师的竞争,导致法学界领军人物在美国法律生活中的领导者地位得以强化。[23]1922年,马克斯·韦伯(Max Weber)曾对英德两国的"法律精英人士"(Legal Honoratiores)***:在德国,法律职业的学术领袖都是法学教育界人士;而在英国,领袖则变成了顶级律师。[24]在美国,欧洲大陆传统得以再现。

---

\* 美国法中的所谓"法律重述",是指面向法官及律师,对于普通法基本原则作出的一系列整理与概括,目前美国法学会已经出版了第四卷。——译者注

\*\* 塞缪尔·威利斯顿(1861—1963年),美国法学家。曾担任美国联邦法院大法官霍勒斯·格雷(Horace Gray)助理,后任教于哈佛大学法学院,并曾担任该院院长一职。威利斯顿在美国法律统一,特别是商法统一方面贡献卓越,其对于合同法的研究及著述更堪称美国合同法研究之里程碑式巨著,影响极其深远。——译者注

\*\*\* Legal Honoratiores,被我国台湾地区学者译为"法律专门职业人员",认为其是指大学训练的法官、公证人,以及大学训练的律师。参见陈介玄:《韦伯论西方方法律合理化》,载张维安、陈介玄、翟本瑞:《韦伯论西方社会的合理化》,台北巨流1989年版,第204页,注19。但本译文选用"法律精英人士"的译法,理由是所谓法律专门职业人员的提法,应是在特定语境下所指的特定人群,在较为泛泛讨论的情况下,将其本意,即法律职业人士中的精英阶层凸显出来,应该是较为合适的译法。——译者注

阿瑟·古德哈特,一位于 1930 年成为牛津大学法理学教授的美国人,曾这样阐述二者的区别:英国的法学老师强调法官说了什么;而美国法学教授则会阐述法官本来应该说什么。[25] 1927 年,赫尔曼·奥利芬特(Herman Oliphant)\* 在美国法学院联盟的主席就职演说中,谈及了这种真空状态的典型状态,特别是学术界的此种宿命。这篇演讲后来以《回归遵循先例原则》(A Return to *Stare Decisis*)再次发表,同时也成为随后数十年学界争论的重点。用奥利芬特的话来说:"真正科学的法律研究,关注的对象绝非法官的观点,而应该是法官的判决方法。这才是施展学术才华的最佳战场。"[26] 是法学教授,而不是法官,更乐意将自己当做"法"的终局仲裁人。

从学术角度来看,在 19 世纪 70 年代之后的一段时间,北美法学院在保留亲英、拥英面向的同时,还敞开怀抱迎接德式"科学主义"。但到了 20 世纪 20 年代,不仅这种向度开始崩解,而且被作为基础的科学主义也开始面临美国本土学术发展的挑战。只有少数特定法学院察觉到了这种变化,同时利用这种新进展,发挥自身潜力,从而获得了业界内部的卓越地位。而这些机构,将在美国法律文化的重构过程中,发挥主导影响力。

"一战"老兵们重新回到这些所谓"全国性法学院"时,会发现在这里,新型"软"科学运动正在蠢蠢欲动。这种迹象,加上努力重构法学院课程体系的努力,以及被称之为"法律现实主义运动"(Realist Movement)的懵懂意识的三股力量混杂起来,融进了 20 世纪二三十年代的美国学界思潮之中。

---

\* 赫尔曼·奥利芬特(1884—1939 年),美国法学家。1914 年在芝加哥大学获得法学学位之后,奥利芬特进入哥伦比亚大学,并向校方建议改革哥伦比亚大学法学院的课程设置,将其改造为一所研究型法学院。1928 年之后,奥利芬特还先后担任美国法学院联盟主席等社会职务。作为美国法律现实主义的代表人物,奥利芬特主张放弃遵循先例原则。——译者注

如果说这代表与过去传统的全然断绝,显然误读了法律文化的发展趋势。毕竟,美国律师协会之所以成立,在很大程度上要归功于"美国社会科学学会"的积极推动。尽管哈佛大学及其追随者最初为了追求法律的纯粹性、科学性,拒绝承认社会科学的重要性,但对于崭露头角的新一代学人而言很早就明白,兰德尔学说鼓吹的法律是只能从书本中才能学到的逻辑相互交织的客观原则的论调,至多算是一种有用的迷思。早在19世纪80年代,霍姆斯就谈到,"法的任何既定状态,都一定是不稳定、不连贯的"。[27] 1910年,罗斯科·庞德很早就反复警告,法学教育者不应成为"专研法律的和尚",呼吁进行社会学、经济学以及政治学的教育,从而满足新一代律师作为社会领袖的需求。[28] 而且,20世纪20年代之后,耶鲁大学沃尔特·库克、阿瑟·科宾以及卫斯理·霍菲尔德[29](加上当时在耶鲁大学法学院担任讲席教授的卡多佐)[30] 都已经以一种更为学术的方式,强调了更为宽广的学术视野,以及其所蕴含的调整课程设置的必要性。

1916年的数据,很好地说明,社会科学已经开始影响到处于象牙塔尖的著名法学院。同年,托马斯·斯万成为耶鲁大学法学院院长。正是在这一年的11月份,耶鲁大学法学院向耶鲁大学校长西奥多·德怀特·伍尔西(Theodore Dwight Woolsey) * 提出建议,希望将耶鲁大学法学院扩建为耶鲁大学法与法学学院(the Yale School of Law and Jurisprudence)。[31] 借此,试图强化法学院的三大目标:通过历史、比较、分析、批判等方法研究法律及其流变,从而指导其未来的发展,最终完善执法、修正立法方法。虽然这份建议稿很大程度上反映的是阿瑟·科

---

\* 西奥多·德怀特·伍尔西(1801—1889年),美国学者、作家,曾任耶鲁大学校长。1820年,伍尔西毕业于耶鲁学院,后曾担任耶鲁学院希腊文教授。1846年至1871年,担任耶鲁大学校长,长达25年。在其任期之内,耶鲁大学的财务状况明显改善,还增设了科学学院与艺术学院。除此之外,伍尔西著述颇丰。——译者注

宾的观点[32],但或许这份文稿中也经过他的高足卡尔·卢埃林之手。

从细节来看,这份建议稿主要阐述了实现科学、建设目的的必要性:除了要求获得250万美元的捐赠之外,还应该从学术角度,更为重视犯罪学、行政法、国际法、罗马法以及诸如"历史比较分析法、机能主义法理学""立法的科学性与艺术性"。[33]上述目标,彰显了法学界与执业界之间潜在的巨大分歧。通过推广哈佛纯粹法学视野之外的课程,耶鲁再一次将法学教育不愿意直面的尴尬处境摆上台面。法学院根本来说究竟是一所职业教育机构,还是大学的学术分支,抑或是二者兼具?

对此,斯万院长的回答恐怕应该是法学院有道德义务,同时实现上述两项职能。1920年,他明确提出:

> 隶属于大学的法学院,应当具备两项职能。一方面,通过判例教学法训练学生,使其在自己所选择的法学领域成为成功的执业人士。另一方面,至少少数几个法学院应当认识到自己有义务通过科学分析现行法律,通过比较各国法学理论,通过批判缺陷并寻找改革之道,完善现行执法与立法,并将法与其他人类社会治理机制联系起来……隶属于大学的法学院有义务在纯粹法律职业教育之外,通过教授、发表法学研究成果,通过其所具有的机制特征,强化法学教育的广阔根基。[34]

然而,背负如此宏大使命感的耶鲁大学法学院,其视野多少有些超前且不成熟。尽管斯万力推"哈佛化",其所招募的教授名单日益星光闪烁,但在20世纪20年代早期,耶鲁大学法学院仍一心一意只想立足康涅狄格州,做一所面向其他州学生的地方法学院,其还被掩盖在哈佛、哥伦比亚的学术光环之下。[35]因此,对于哈佛和哥伦比亚来说,在禁酒风头正劲、资本主义如脱缰野马的时代,必须寻找到新一波法学理论发展方向。

八、文化

1916年,也就是斯万前往耶鲁赴任的那一年,罗斯科·庞德就任哈佛大学法学院院长。尽管从未获得任何法学学位(庞德仅在哈佛大学法学院待了一年),但他曾在内布拉斯加州执业期间,获得过一个植物学博士头衔,并在前往哈佛大学法学院之前,在内布拉斯加大学教授植物学。作为美国法学教育领域举世公认的一个谜团,庞德的思想缺乏连贯性。[36]他能够获得院长的宝座,部分原因在于其所发表的"宣泄不满情绪"的言论。[37]或许没有其他人像庞德那样,曾就"法的起源"[38]"法的精神""社会工程"(Social Engineering)等发表过如此多的看法。[39]庞德被视为法学领域对抗法律形式主义的领军人物,更有人将其奉为法律现实主义的先驱。[40]然而,他同时却在哈佛大学法学院全力推行贯彻形式主义理念的"黑森式训练"(Hessian Training)\*,因此后来被现实主义法学派攻击为"死硬反动派"。[41]

无论从哪个角度来看,《社会法理学论略》\*\*(The Scope and Purpose of Sociological Jurisprudence)[42]一文的作者庞德都像个怪人。[43]从学术角度来看,他对于仅持单一视角的法律现实主义持批判态度,认为这些人只是给"社会工程"穿上了皇帝新衣而已。[44]本来作为一名激进派获聘,应致力于改革法学教学体系的庞德,在担任院长期间,面对应站出来支持民主的呼声时,却变成了懦夫。当菲利克斯·法兰克福特

---

\* "黑森式训练",一般来讲是指高度技术性的法学培养模式,强调纪律性、组织性,但一般不强调学术性,主要用于培养执业律师的法律技能,曾长期属于美国法学教育的基本模式。具体内容可参见 Christopher Tomlins, *Framing the Field of Law's Disciplinary Encounters: A Historical Narrative*, 34 *Law & Soc'y Rev.* 947 (2000)。——译者注

\*\*《社会法理学论略》这一译法,公然最早出现在陆鼎揆的译本之中,该书由商务印书馆作为政法丛书在1926年11月出版。具体内容可参见韩亚峰:《西学东渐》,中国政法大学2004年硕士论文。为徒生歧义,本文并未直译,而是尊重了这一译法,但 Sociological Jurisprudence 一词,译为"社会法学"似乎更为合适。——译者注

(Felix Frankfurter)*因在"萨科—万泽蒂事件"(the Sacco-Vanzetti Event)**中为当事人辩护而被斥之为"左翼"时,他袖手旁观,当哈佛校长洛威尔公开发表反犹言论时,他默不作声。⁴⁵因为庞德缺乏勇气,法兰克福特与其渐行渐远,因为庞德的专权,哈佛大学法学院的其他教授也对其渐生怨意。⁴⁶庞德甚至成为希特勒的崇拜者,将其鼓吹为"能够带领中欧民众摆脱苦难的领袖",反而对于美国罗斯福新政大加挞伐⁴⁷,因此不难理解,为什么1936年当他卸去院长职务时,大多数人都长出了一口气。

想要从学术上彻底打败庞德,几乎和从政治上彻底否定他一样困难。庞德是美国法学会,特别是其开展的法律重述运动的热忱支持者,在庞德看来,这不仅有助于建立一套全国性的法律体系,更可以给予法律现实主义运动迎头痛击。尽管庞德在投身法律教育事业之初,曾呼吁进行改革,但很明显,他赞成大班上课⁴⁸,认为没有理由进行课程改革。⁴⁹实际上,庞德担任院长期间募款的成功,部分应归功于其曾语焉不详地承诺将保留兰德尔设计的法学本科教学体制。相反,他将大量资金投入到之外的教学项目⁵⁰及研究生项目之中,对此,爱德华·沃伦(Edward H. Warren)***认为这宣告了哈佛大学法学院的灭亡。⁵¹

---

\* 菲利克斯·法兰克福特(1882—1965年),美国法学家,曾担任美国联邦最高法院大法官,从哈佛大学法学院毕业后,曾积极投身政治活动,帮助组建"美国公民自由联盟"(the American Civil Liberties Union),以坚持司法限缩主义而著称。——译者注
\*\* "萨科—万泽蒂事件",是指20世纪20年代,美国镇压工人运动时制造的一桩假案。1919年开始的经济危机使美国国内阶级矛盾激化,罢工浪潮席卷全国。1920年5月5日,警察指控积极参加工人运动的意大利移民、制鞋工人尼古拉斯·萨科(Nicola Sacco)和卖鱼小贩巴托洛维奥·万泽蒂(Bartolomeo Vanzetti)在波士顿地区一抢劫杀人案主犯而加以逮捕。虽然他们提出了足以证明自己无罪的充分证据,仍被判处死刑,在全世界范围内引起巨大的抗议浪潮。萨科和万泽蒂的辩护律师在判决后,一再要求复审,并6次提出新的人证物证,均被法庭拒绝。1927年8月22日,在国际抗议声中,萨科和万泽蒂被处决。此后,人们不断要求为萨科和万泽蒂昭雪。半个世纪后,该案才被平反。——译者注
\*\*\* 爱德华·沃伦(1873—1945年),美国法学家,对于法学教育进行过专门研究。——译者注

对于这位相当不寻常人物的寻常做法,哈佛大学的法学本科生们也开始了自己的反抗。不仅哈佛大学法学院的毕业生们涌入华盛顿,投身于罗斯福新政建设。[52]而且在1935年,哈佛大学法学院学生团体对于判例教学法,以及这一年的课程设置,曾进行过激烈抗争。[53]

如果对于庞德本人很难归类,如果对于庞德的观点很难界定,那么,其对于法学教育的影响,同样很难一言以蔽之。虽然可以说,庞德鼓舞了改革思潮,但其本人为改革所作的,乏善可陈。庞德的相关著述,为拓展法学课程设置提供了基本话语[54],然而,这种行为同样使得很多人,特别是法兰克福特及其追随者们遭到疏远,只能通过联合起来抵制庞德的方法推动自身倡导的改革。就哈佛大学法学院本身的改革创新,庞德所力推的非法律课程,也仅仅适用于法学预科生及研究生阶段,哈佛的法学本科课程设置依然神圣不可改变。20世纪20年代耶鲁也未进行激进变革,其他美国顶尖法学院,也大多沿袭兰德尔模式。

尽管存在斯万式的天真、庞德式的伪善,但20世纪20年代,美国法学学术的前沿阵地,不是耶鲁,也不是哈佛,而是哥伦比亚。"一战"后,哥伦比亚大学法学院的课程设置,仍堪称普通,并无特色可言。[55]但在1922—1923学年,在法律经济学、贸易规则等方面,开始出现了实践导向的"机能性"课程设置。[56]"这种[课程的]进展,以及其对于已被习以为常接受的课程的冲击,特别是在整体课程设置中所占比例,直接导致了该校教师4年后开展的一项大规模研究。"[57]赫曼·奥利芬特带领的课题小组,在强调经济性的前提基础上,开始反思法学院的课程设置问题。时任哥伦比亚法学院院长的哈兰·斯通,对于社会法学持有某种同情态度。在1923年发表的院长述职报告中谈到法学教育问题时,他如是说:"我们没能够搞清楚一个本来应当搞清楚的问题,法律本身只是一种与总体上属于经济或社会科学范畴紧密相关的社会控制形式。"⁵⁸ 很快,改革的步伐与路径就发生了改变。1926 年,哥伦比亚大学法学院教员们决定破釜沉舟⁵⁹,聘请局外人,来自芝加哥大学的政治经济学教授里昂·马歇尔(Leon Marshall)*担任课程设置委员会主席。⁶⁰ 全部课程设置都以实践需要为导向,在此后两年间,哥伦比亚大学法学院的教职员工分成 10 个小组⁶¹,设计了一套全新的法学院课程体系。

从今天的角度来看,哥伦比亚法学院教职员工所秉持的"机能主义"理念未免有些过时,但实际上,这种尝试的程度与范围颇为可圈可点。马歇尔领导下的各个小组及委员会的研究结果概要汇总之后,提交给了奥利芬特,这一报告于 1928 年,以《哥伦比亚大学法学院法学教育研究概要》(Summary of Studies in Legal Education by the Faculty of Law of Columbia University)为题发表。在一篇介绍性文章中,奥利芬特解释了这份报告的背景,并总结了哥伦比亚大学法学院所认识到的法律教育中存在的问题。⁶² 对于这些问题的分析导致哥伦比亚大学法学院认识到:

> 是时候至少将一所法学院建成"学者的共同体",致力于非职业导向的法律研究,从而更好地理解法律功能、评价法律结果、确保法律跟得上当代人类生活复杂变化的发展脚步。这不仅意味着要扩展法学课程的范围,不仅意味着要在法学院增设研究生教育阶段,还意味着完全不同的法学进路。这个过程所涉及的,应当是一种师生共同努力所进行的批判性、建设性工作,而非单纯的知识传授与获取。⁶³

接下来,报告的主体部分阐述了为了满足上述标准所设计的法律

---

\* 里昂·马歇尔(1879—1966 年),美国经济学家,曾在多所大学任教,以研究经济组织、商业管理、社会学研究的课程设置等问题而著称。——译者注

八、文化

教学计划的结构与路径。[64] 总体来看,这份报告的勇气可嘉,其所面对的,是兰德尔法学教学模式取得辉煌成功背后暴露出来的深层次问题,尽管往往被人批判为服务于商业目的,但哥伦比亚大学所进行的这项研究,仍可被视为美国法学教育历史上最为重要的进展之一。尽管这项志存高远的计划最终流产,但其所产生的副产品却颇为令人感兴趣,这其中就包括围绕实际问题组织的判例教材,这些教材所涉及的内容,已经超过了传统只包括上诉审判例的模式。如果说这项报告中大多数建议最终都没有落实的话,那么1937年,史密斯院长仍然能够笃定,这项研究"堪称迄今为止围绕法学教育出现的最具说服力的分析,最具挑战性的论说。尽管报告中包括的很多建议最终被哥伦比亚大学法学院修改甚至放弃,但仍然在后来成为我们进行教学改革的基础,同时也鼓舞着其他法学院的反思与改革"。[65] 如果将这种官方辞令加以意会,可以很确定地说,尽管可以将这份报告奉为设计精妙的一种理念,但哥伦比亚大学法学院还是回到了更倾向于接受德怀特或基讷,而非奥利芬特或道格拉斯等人的教学理念。第一次(同时也是最为严肃的一次)将法学院转型为学术机构的努力,以失败告终。

　　必须区分至少导致失败的两种原因。[66] 首先,就是围绕法学教育目的开展研究所导致的冲突,而这种冲突不可避免地会造成法学教授之间出现分裂。[67] 其次,这种新路径不仅推定传统的法律分类不具相关性,而且还认为,法律只应作为社会科学的一部分来加以学习。"对于哥伦比亚大学法学院来说,一方面追求学者共同体目标,另一方面追求法律服务公众的目标,不仅具有可行性,而且具有需求性。可以在哥伦比亚大学设立一所研究院,同时设立一所与之关系密切的职业学院,但之后后者才能得到校方资助。"[68]

　　无论这两种概念各具何种特色,但一见即明,其对于哥伦比亚大学培养执业律师的效率方面,有害无益。新路径的倡导者们也不准备韬光养晦。对于他们当中很多人来说,都将哥伦比亚大学法学院视为主要,甚至专门的法学研究机构。这一看法,同样适用于史密斯院长。尽管他希望能够聘用全职的研究人员,"但无论多想另外设立一所专门进行法学研究的院校或机构,都必须承认哥伦比亚大学法学院在法学教育领域所占据的重要地位,作为纽约州数一数二的法律职业教育机构,从社会需求面考虑,其也不会将未来可能成为顶尖律师的学生弃于不顾"。[69]赌注已下。一个人是否可以兼具法学理论教授及法律实务专家的双重身份?是否可以在法与其他社会科学交叉地带,完成上述重要工作?哈塞尔·亚特玛(Hessel Yntema)\*、威廉·道格拉斯、赫曼·奥利芬特、安德希尔·摩尔(Underhill Moore)\*\*对此坚信不疑,但最终都不得不黯然离场。接下来,约翰·霍普金斯法学研究所(The Johns Hopkins Institute for the Study of Law)及耶鲁大学法学院,占据了法学教育的前沿阵地。[70]

除了法学理论界、法律执业界职责之间存在的冲突之外,哥伦比亚大学法学院进行的实验之所以失败,还有另外一个理由。实际上,社会科学概念有些过度消费的迹象,其能够对于法学学者们所起到的帮助作用,相当有限。[71]例如,哥伦比亚大学法学院试图将社会科学有关家庭的统计数字纳入到家庭法,但现实是,当时针对现代家庭的统计数据少得可怜;在任何可能的改革重组之前,本来应当进行充分的调研。史密斯院长在1930年的述职报告中,主要强调了法律与社会科学融合这一问题,说易做难:"一个常见的现象是,很多法学家徜徉经济、哲学、心理学领域之后,都会长长舒一口气,和这些学科比起来,

---

\* 哈塞尔·亚特玛(1891—1966年),著名法学家、密歇根大学法学院教授,《美国比较法杂志》(*The American Journal of Comparative Law*)创办人。——译者注
\*\* 安德希尔·摩尔(1879—1949年),美国法学家。曾任哥伦比亚大学法学院、耶鲁大学法学院教授,被视为法律现实主义运动领军人物之一,美国早期主张法律研究科学方法的学者。——译者注

法学显然更为确定、更为有序。"[72]

对于法学与其他学科整合持怀疑态度的史密斯院长,并不是特例。罗伯特·哈钦斯(Robert M. Hutchins)[*]在担任耶鲁大学法学院院长(1927—1929年)期间推动课程改革时[73],曾与人际关系学会(the Institute of Human Relations)[**]的研究人员进行合作,针对证据法基本原则进行跨学科研究。[74]1934年,已经担任芝加哥大学校长的哈钦斯曾这样回忆:"我们所发现的事实是,心理学触及的证据法问题,以及作为证据法基础的心理问题少之又少,对于这些问题如何影响法学人士,以何种方式影响法学人士,一概毫无涉及。"[75]即使在他做出上述表述的时候,红灯早已亮起。

哥伦比亚大学法学院认为需要组建研究机构的部分教授,开始了另外一种尝试。奥利芬特、亚特玛决定与沃尔特·库克及里昂·马歇尔等人合作,组建约翰·霍普金斯法学研究所。因为这些创建者还需要忙于自身的工作,同时对马里兰、纽约及俄亥俄州司法管理问题进行研究,导致研究所的建设进展缓慢。[76]研究所虽然从1928年开始接受资助,但项目仅仅为期5年,大萧条及其他问题,渐渐浇灭了创建者的热情。[77]结果就是,这在某种程度上成为一场在美国法律语境下检验一个实证导向的研究机构如何被需要、被验证、被支持的不公平测试。[78]

与此同时,两位哥伦比亚大学法学院教授,道格拉斯与摩尔,转投耶鲁大学。[79]安德希尔·摩尔随即开展的研究,不仅涉及银行[80],而且还涉及回头来看多少有些不太现实的针对纽黑文地区违法停车问题的

---

[*] 罗伯特·哈钦斯(1899—1977年),美国教育家,曾担任耶鲁大学法学院院长、耶鲁大学校长及芝加哥大学校长等职务,曾在上述院校进行过大量改革。——译者注
[**] 人际关系学会成立于1933年,作为耶鲁大学内部的一个跨学科研究机构,主要鼓励心理学、社会学以及人类学等学科之间的交流互动。——译者注

实证研究。[81]一度,他还参与时任耶鲁大学法学院院长的查尔斯·克拉克(Charles Clark)*所主持的实证项目,就康涅狄格州司法管理问题[82]及后来流产了的针对全国范围内的律师执业情况进行调研。[83]真正让耶鲁大学法学院在 20 世纪 30 年代声名鹊起的,要归功于威廉·道格拉斯。离开美国证券交易委员会(the Securities and Exchange Commission)之后,进入耶鲁执教后,在担任联邦最高法院大法官之前,道格拉斯联合其他教授,将耶鲁建设成为让美国法学教育界颇为头疼的异类。[84]

没有什么老虎尾巴是摸不得的。对于哈佛大学法学院以及其分析学派的学术风格的自惭形秽,反而以一种对于毫无察觉的受害人施加猛烈攻击的形式,转变为一种优势。[85]查尔斯·克拉克、威廉·道格拉斯、阿比·福塔斯(Abe Fortas)**、沃顿·汉密尔顿、卫斯理·斯特奇斯(Wesley Sturges)***、爱德华·罗宾逊在这一期间的著作,对于法教义学颇多微词。[86]很多诟病言之有据。长久以来,美国法律思想始终充斥着寻找确定性的艰苦努力、误入歧途地效仿英国司法与律师制度,以及能够寻找到成文法所包含的教义的过度自信。除此之外,对于兰德尔设计的判例教学法,也存在诸多合法性的质疑。[87]但耶鲁那群批评者的观点本身,却没有什么建设性。靶子就这样被随随便便地树立起来。耶鲁学者特别中意的批评对象,就是很多主张法律重述的学者试图通过将不同领域的普通法原则加以固定化的做法,的确有些天

---

\* 查尔斯·克拉克(1889—1963 年),曾担任耶鲁大学法学院院长,以及美国联邦第二巡回上诉法院法官。——译者注
\*\* 阿比·福塔斯(1910—1982 年),美国法学家,曾任美国联邦最高法院大法官。从耶鲁大学毕业后,福塔斯曾在美国证券交易委员会、美国内政部等部门任职,期间曾协助联合国的筹建工作。福塔斯担任联邦最高法院大法官后,因为某些道德问题辞职,后从事律师执业。——译者注
\*\*\* 卫斯理·斯特奇斯(1893—1962 年),曾任耶鲁大学法学院教授、院长。美国法律现实主义代表人物,同时在信用交易制度等方面造诣颇深。——译者注

真。[88]回溯到中世纪的判例,显然与正饱受大萧条困扰的美国关系不大。就在维特根斯坦正在大西洋两岸证明严格限制语言所带来的荒谬性时,法律重述学派却恰恰正在如此生搬硬套。然而,来自耶鲁的批评者所提供的替代措施,无论是从学术还是教学法的角度,也都大体形同虚设。耶鲁学者们的态度,就是反对所有形式的教条。[89]某种意义上,这种学术基础似乎只不过是反对过去75年间哈佛所代表的法学教育范式而已。

现在的研究,正在逐渐厘清上述疑团的某些方面。根据耶鲁大学法学院档案,约翰·施莱格尔找寻到哈钦斯院长与克拉克在法与社会科学互动的事实面向逐渐迷失的轨迹。[90]他还剥离出不知疲倦的安德希尔·摩尔所关注的事实与假设。[91]在很大程度上,施莱格尔的研究依照时间顺序历数了经验主义与社会科学的失败,从而满足耶鲁大学法学院学者希望创建社会法学的需求。有鉴于这种新观点的缺陷,很多人开始转变学术兴趣。其中特别引人关注的,莫过于政府部门的新政措施,耶鲁的好几位教授就离职去了美联储。[92]在现实主义法学与新政之间,似乎存在着某种形式上的关联。即使到了20世纪30年代,尽管这种表述依然成立,但耶鲁大学励志科研创新的精神,已然日趋淡化。

这个时候的耶鲁大学法学院,和这种神话相反,属于社会(同时日益学术)精英型机构。[93]尽管创收多少有些缩水,但耶鲁已然能够给付教授丰厚报酬,即使在大萧条期间,就读耶鲁大学法学院的学生人数不降反升。[94]一时间,各种派对盛行(即使在宪法第十八修正案废止之前),对于《耶鲁法学杂志》的编辑来说,如果是在纽黑文而不是纽约过周末,似乎就算是遭到社会的遗弃。[95]这种氛围,代表着学界风潮从追寻原则,转向人为操纵。

[1] 小奥利弗·霍姆斯对于兰德尔所编著的《合同法判例》(*Cases on*

Contracts)一书的初版,赞誉有加。5 American Law Review 539 (1871)。对于该书的第二版,霍姆斯虽然仍然给予积极评价,但质疑色彩日浓。"兰德尔先生毕生努力实现的法律理念,就是法律的'形式美'(the Elegantia Juris),即法律体系作为一个体系的逻辑完整性。作为健在的最伟大的法'神学'家,他更关注的,是与前提合并在一起的结论,而非单纯的法律前提。"14 American Law Review 233 (1880)。霍姆斯后来谈道:

> 下面要谈的,可以解释为什么说仅仅从形式侧面理解所有法律理论都无法成立:无论其是否试图从先验的前提推导结论;无论其天真地认为法律的科学性在于其形式的完美;还是认为法律各部分之间具有内在的联系性。事实是,法一直在接近,但始终无法达成所谓内在的一致性。一方面,法律永远需要从现实生活当中吸取新的原则;另一方面,永远需要恪守历史传承下来的法律原则,而这些原则之间,往往并未很好融合,龃龉不断。只有在法律停止发展时,才能获得彻底的一致性。[Holmes, The Common Law, 32]

² 后来美国学者将这种情况形容为从"宏大叙述风格"(Grand Style)过渡到"形式主义风格"。参见 Dawson, The Oracles of the Law, 88-89。吉尔莫则将这种转换称之为从"大发现时代"转变为"信仰时代"。Gilmore, Ages of American Law, chaps. 2, 3。卡尔·卢埃林认为,法律形式主义在万姆堡发表《判例研究》(The Study of Cases)之后,到1909年库里重提此事这一期间,达到历史的顶峰。在此之后,随着美国法官开始逐渐放弃万姆堡倡导的法律形式主义,重拾宏大叙事风格,情况开始出现"好转"。对于当代英美法理学的对比研究,可以参见50年之后,一位顶尖英国学者对于《判例研究》的经典评述:"虽然本书写作于1894年的美国,但对于当今英国读者来说,仍然具有极大价值。"Cross, Precedent in English Law, 50.

³ 关于霍姆斯早年在英国的游历,参见 Howe, Justice Oliver Wendell Holmes, vol. 1, chap. 7; vol, 2, chap. 6。关于其后来对于英国情况的熟悉程度,参见 Howe, ed., Holmes-Pollock Correspondence, passim (1961), 以及 Howe, ed.,

*Holmes-Laski Correspondence*, passim（1953）. 同时,1898 年,柯尔律治(Coleridge)爵士首创英国上议院首席法官及上议院议长访问美国之先例,并且建立起与美国律师协会的官方联系。Heuston, *Lives of the Lord Chancellors, 1885-1940*, 124. 剑桥大学法学院教授(如梅因、波洛克等)对于美国联邦司法系统来说如雷贯耳,哈佛大学校长艾略特也曾选用布赖斯及戴雪的专著作为教材。安森(Anson)所著《合同法》(*Laws of Contracts*)一书在美国历经数版修订,美国知名学者阿瑟·科宾就曾担任其中一版的修订者。另外一个有关两个国家之间信息交流的例证,就是 1886 年,波洛克主编的英国《法学季刊评论》(*Law Quarterly Review*),曾发表过兰德尔在哈佛大学 25 周年校庆仪式上的讲演。参见 3 *Law Quarterly Review* 123-26（1887）.

[4] 参见 Wambaugh, *The Study of Cases*, especially pp. 17-18.

[5] 就约瑟夫·比尔,可着重参见 Cohen, *American Thought*, 154, 其将比尔描绘为"法律原教旨主义者"。寇恨(Cohen)还将塞缪尔·威利斯顿(Samuel Williston)列入此类。

[6] 当然,存在很多较低层级的法官及律师,但其对于法律文化的影响相对不这么重要。参见 Abel-Smith and Stevens, *Lawyers and the Courts*, pt. 2.

[7] 弗雷德里克·波洛克爵士(Sir Frederick Pollock)自 1894 年至 20 世纪 30 年代担任英国官方判例的主编。其选编案例的风格毫无规律可循,往往只选择上诉法院的判例,且很少会选择之前没有出现过的判例。参见 *Holmes-Pollock Correspondence*, 2:145, 183. 据说,波洛克保留了很多法官没有科学适用法律的判例。在这一点上,他做到了兰德尔本来希望美国法律体系做到的一点。

[8] 对于英国法律文化中日益凸显的形式主义特征,可参见 Abel-Smith and Stevens, *Lawyers and the Courts*, chap. 6;及 Stevens, *Law and Politics*, passim.

[9] Reed, *Training for the Law*, 442.

[10] 西部出版公司对于所有联邦最高法院作出的判例、所有联邦巡回上诉法院作出的判例、某些基层联邦地区法院作出的判例,以及所有州最高法院作出的判例进行报道。之后,其还会报道某些州,特别是较大的州中级法院作出的

判例。

¹¹ 对此有力的例证,莫过于广义美国法语境下的法学教育本身。1886 年,《阿尔巴尼法学杂志》(*Albany Law Journal*)曾在一篇错讹颇多的文章中,充满激情地宣称,英国剑桥大学女王学院即将设立适用判例教学法的法学院。对于法学项目的整体兴趣,特别是英国的兴趣,体现在下列文章当中,如 Walton,"Notes on the Early History of Legal Studies in England," 601-6. 这些文章点燃了某些人的希望,认为英美两国存在足够的共同点,可以彼此取长补短。

¹² 例如,可参见 20 世纪 20 年代移民英国的美国人阿瑟·古德哈特(Arthur Goodhart)的相关论述。他在 20 世纪 30 年代写道:"对于接触英美关系的律师来说已经形成了一个传统,就是说非常强调普通法作为英美联系关键纽带的这一事实。但我要说的是,这种联结其实非常微弱,现在,英美两国对于普通法的核心特质,即遵从先例,也开始出现巨大分歧。"Goodhart, "Case Law in England and America," 173. 特别是参见 186 页。这里,他提到每年美国出版的判例集多达 350 卷,而在英国,仅有 6 卷。

¹³ Stone, *Law and its Administration*, 214.

¹⁴ 参见 Cardozo, *The Growth of the Law*, 4.

¹⁵ 莫里斯·柯恩提出:"尽管美国在立法的创新性、多元性方面斩获颇丰,但在法哲学贡献的质和量方面乏善可陈。"Cohen, *American Thought*, 135.

¹⁶ Reed, *Training for the Law*, 370; Gilmore, "Legal Realism," 1027, 1041-42.

¹⁷ Gilmore, *The Ages of American Law*, 59. 奇怪的是,关于西部出版公司,相关研究并不多见。但参见 Mayer, *The Lawyers*, chap. 12 (1967).

¹⁸ Reed, *Training for the Law*, 369-70. 里德也将美国对于普通法的认知,归结为穷尽式的判例报道制度,从而"导致判例质量的恶化……使得本来就充满混淆的古老判例随着大量判例带来的劣法而雪上加霜。判例法本来在安排上就一片混沌,现在也丧失了本质上的逻辑性。至少从理论上而言,这一团乱麻似的法律材料应该具备内在联系且具有权威性,新的案件不是根据自身的特点,而是依据其与之前判例事实的类似性来加以判决。因此,才会寻找与本案

完全一致的判例,也就是说,事实部分完全一致的判例……"

[19] 2 *American Bar Association Journal* 623 (1916).

[20] "剑桥大学或中殿法学院内设模拟法庭,一定适用的是英国的判例,无论其是否相信其正确,都一定会遵从这些判例中所包括的法律原则。美国法学院的学生,学的并不是一个单一司法区内的法律,而是好几个司法区内的法律原则,同时,也不会像英国同学那样坚信判例的正确性。美国学生经过训练往往批判能力超强,对于任何司法判决都持怀疑态度。从这个背景出发,美国学生对于判例的接受程度,肯定不如将判例作为既定法律原则的英国学生。在后来,当学生变成法官或执业律师的时候,自然会深受之前所受学术训练的影响。"Goodhart, *Essays in Jurisprudence and the Common Law*, 70-71.

[21] 哈佛大学教授塞缪尔·威利斯顿是 1906 年制定的《统一买卖法》(the Uniform Sales Act)的起草者,后来还担任美国法学会合同法重述项目的主要报告人。美国法学会的主要创始人是宾夕法尼亚大学法学院院长威廉·路易斯。

[22] 在谈及自身早期法官生涯时,卡多佐这样形象地描述自己所面临的困惑:

> 我第一年担任法官的时候,内心颇为困扰,因为发现自己所接触的领域毫无章法可言。我在努力寻找确定性。当我发现这样做完全没有效果的时候颇为心灰意冷。我努力游向彼岸,到达那片生长着固定不变规则之地,在这片公正的天国,法律规则内容更为简明、效力更为强化,而不是像我的内心左右摇摆那样苍白无力且毫无方向感。[Cardozo, *The Nature of the Judicial Process*, 166.]

[23] "像《统一买卖法》这样的法案根本不是成文法……概念松散模糊,只是用来让读者明白当下学界通说观点,要想发现商品买卖的判例,并不在什么《统一买卖法》,而是在为威利斯顿教授所编著的商品买卖法教科书之中。法官也好,律师也好,根本没人在意《统一买卖法》,但却非常在意威利斯顿教授所编著的判例教科书。"Gilmore, *Ages of American Law*, 71-72.

²⁴ Max Weber, *Law in Economy and Society*, chap. 7, 尤其参见第 203 页。

²⁵ Goodhart, *Essays in Jurisprudence and the Common Law*.

²⁶ 14 *American Bar Association Journal* 71（1928）.

²⁷ Gilmore, *Ages of American Law*, 52

²⁸ 引自 Auerbach, *Unequal Justice*, 82-83.

²⁹ 和斯万院长并肩战斗的施莱格尔,将这 3 只箭视为足以导致"虽然依附于缺乏学术氛围、过度成长的大学,足以出现一所令人尊重、前景光明的法学院的根本原因"。Schlegel, "American Legal Realism," 464-65. 威廉·唐宁在《耶鲁法学杂志》的编者按中,这样对霍菲尔德与科宾定性:

"首先,被我们理解为法的人类行为的规则始终持续变化中,没有哪种人类司法系统是永恒的,法律仅仅是我们变化中的社会道德体系的一部分,律师、法学家与法学院的职责,就是要为这种表示提供根据,同时保证现有法律规则的适用与既有,而非过去的道德规范体系保持一致。其次需要强调的一点,同时也是很容易从这几页杂志内容中发现,需要更为精准的概念范畴,从而保证更为精准的法律分析。"［引自 Twining, *Karl Llewellyn and the Realist Movement*, 27］

库克是"法律的科学经验分析过程"的忠实信徒:

"在任何对于法的科学研究背后,都应该存在某种根本性的前提假设,也就是说,人类制定的法律,作为一种恶,是社会为了实现自己想要达到的目标,规范人类行为的工具。如果这样的话,那么特定法律规则的价值,就只能通过其实际运行的效果来加以评价,也就是说,确定可以做什么,是否有助于实现这种目标,这就意味着我们必须明确特定时点,社会希望达成的目标是什么,是否既定法律规则可以根据既定的道路,实现上述目标。"［引自 Twining, *Karl Llewellyn and the Realist Movement*, 38］

³⁰ Cardozo, *The Nature of the Judicial Process*.

³¹ 在 20 世纪 60 年代,纽约州立大学布法罗分校校长马丁·迈尔森（Martin Myerson）将布法罗法学院重新命名为布法罗法与法学学院（Buffalo School of

Lan and Jurisprudence)。法学院的院长就任这所新学院的负责人。

[32] Corbin, "The Law and the Judges," 234.

[33] *Yale Alumni Weekly*, 23 March 1917. 两年之前,罗杰斯院长曾要求增加拨款,从而将耶鲁大学法学院扩建为一所从事世界范围内比较法研究的机构。*Report of the Dean*, *Yale Law School*, *1914-15*, 319, 321. 还可以参见霍菲尔德建设法律与法理学核心研究基地的呼吁。Hohfeld, *Fundamental Legal Conceptions*, ed. Cook, 332.

[34] *Report of the Dean*, *Yale Law School*, *1919-1920*, 393-94. 耶鲁大学法学院院长认为,在所有大学,法学院与社会科学、政治学、经济学、历史学、心理学等院系,应当建立紧密联系。另见 Swan, "Reconstruction and the Legal Profession," 794. "近些年,负责撰写耶鲁大学官方校史的乔治·皮尔森(George W. Pierson)教授曾写道,法学院完成了向杰出法学院的飞跃。"*Yale College*, vol. 2, *1921-1937*, 259. 在此之前,耶鲁大学法学院只算得上一所地方性质准专业法学院。Pierson, *Yale College*, vol. 1, *1871-1921*, 222. 在1921—1922年述职报告中,斯万院长曾写道:"自己的学术团队一般被认为将这所法学院推入国内顶尖法学院之列。"*Report of the Dean*, *Yale Law School*, *1921-22*, 255. 然而,当时除了院长之外,耶鲁大学法学院只有3名全职教授,后来担任院长的克拉克,将耶鲁大学法学院发展的转折点,定位为1924年。*Report of the Dean*, *Yale Law School*, *1930-31*, 3.

[35] 施莱格尔将耶鲁大学法学院创新改革的时点,界定为1927年,该院聘任年仅28岁的罗伯特·哈钦斯担任院长。在克拉克的支持下(其后来在哈钦斯于1929年转任芝加哥大学校长之后继任耶鲁大学法学院院长),哈钦斯将"学术责任、科学特长、竞争能力、某种恶名(因为其年纪)以及能动性的旋风"带入耶鲁。Schlegel, "American Legal Realism," 477. 哈钦斯创设了一个委员会,成立人类关系研究所(the Institute of Human Relations),并且破天荒地将社会科学界人士聘请为教职人员。施莱格尔将这几年的情况概括如下:

反思哈钦斯在耶鲁的职业生涯,似乎总是可以听到他在大喊:"做点什么!"他的行为方式反映了这种强力命令特征。前进的步伐甚至有些狂乱,他不停地向前推动,争分夺秒地向让宏观意义上的法律、微观意义上的法学教育变成更好、更合理、更受人尊重的学术研究。在短短一年多的时间内,他就推动了3项课程改革,有些时候甚至看起来像一场教育的游击战。借此,他确保自己敌人,那些老派、不思进取的法学院无法与自己匹敌,从而使得自身获得比哥伦比亚大学法学院这种被奉为圭臬的法学教学经验更为重要的地位。[Ibid.,489]

施莱格尔认为,哈钦斯推动了耶鲁的变革,该由其他人继续推动这种进展了。Ibid,466-91.

[36] 很多时候,其他愿意长篇大论地讨论法律人格的学者,都会对庞德避而不谈。或者,如奥尔巴克在《不公平的正义》(Unequal Justice)一书中,仅仅对其有所谈及,但并未系统概括,即使吉尔莫在《美国法时代》(Ages of American Law)一书中,虽然对于兰德尔与霍姆斯的声誉大加贬损,却也只在注脚中才谈到庞德。唐宁在《卡尔·卢埃林与现实主义法学运动》(Karl Llewellyn and the Realist Movement)一书中曾这样抱怨:"对于罗斯科·庞德与兰德尔主义或现实主义法学派之间的关系,不太容易能够很好解释。"Ibid., 22. 即使在他生活的时代,庞德本身也像一个谜。汉德曾于1933年致信克拉克:"你知道庞德这个人多奇怪么?你根本不知道他会采取何种法律态度。"引自 Schlegel, "American Legal Realism," 505, n. 225. 对于与庞德接触更具内在关联性,或更具勇气的做法,参见 Seligman, *The High Citadel*, chap. 3.

[37] 参见 Roscoe Pound, "The Formative Era of American Law"(1938). 这些在杜兰大学发表的演讲,包括颇多不可靠的史料。

[38] 参见 Roscoe Pound, "The Spirit of the Common Law"(1921). 这些在达特茅斯学院的演讲,包含大量肤浅的法学理论。

[39] 总体参见 Sayre, *The Life of Roscoe Pound*.

[40] Twining, *Karl Llewellyn and the Realist Movement*, 22-23; Wigdor, *Roscoe Pound*, passim.

八、文化

⁴¹ 参见 Gilmore, *Ages of American Law*, 59, n. 4 and 78, n. 25.

⁴² Pound, "The Scope and Purpose of Sociological Jurisprudence," 591.

⁴³ 霍姆斯与波洛克明显都对其抱持某种怀疑态度。Howe, *Holmes-Pollock Correspondence*, vol. I.

⁴⁴ Roscoe Pound, "The Call for a Realist Jurisprudence," 697. 对此问题，还可以参见 Twining, *Karl Llewellyn and the Realist Movement*, 24, 72-73, 77-81, 以及 Gilmore, *Ages of American Law*, 69, n. 4 and 78, n. 25.

⁴⁵ Seligman, *The High Citadel*, 58-59. 其他与庞德相关的矛盾之处还在于，其早期曾签署过一封谴责时任美国总检察长帕尔默通奸的公开信。为庞德辩护的观点，参见 Sayre, *Life of Roscoe Pound*, 218-23. 尽管奥尔巴克曾将庞德斥之为精英论者(*Unequal Justice*, 84-85)，但在其他场合，他还曾肯定庞德在"萨科—万泽蒂事件"中坚定站在法兰克福特一边。Ibid., 147.

⁴⁶ Seligman, *The High Citadel*, 60-61.

⁴⁷ Ibid., 59-60. "法兰克福特曾抱怨，哈佛大学法学院，正在变为纳粹分子的度假胜地。" Ibid., 60.

⁴⁸ Sayre, *Life of Roscoe Pound*, 231-32.

⁴⁹ Seligman, *The High Citadel*, 62.

⁵⁰ 包括法史项目、刑法项目、比较法项目与国际法项目。Sayre, *Life of Roscoe Pound*, 235.

⁵¹ Warren, *Spartan Education*, 55-56.

⁵² Auerbach, "*Born to an Era of Insecurity*," 12.

⁵³ 对于学生持同情意见的观点，参见 Seligman, *The High Citadel*, 64-67. 更为支持的态度，参见 Sutherland, *The Law at Harvard*, 283-86.

⁵⁴ Twining, *Karl Llewellyn and the Realist Movement*, 22.

⁵⁵ 在世纪之交的这场微调式改良运动，并未取得进展。20世纪20年代，法学院课程改革运动的引领者，变成了哥伦比亚大学法学院，因为"没有其他的法学院会如此系统地推动此项改革，或留下如此之多详尽的教育政策"。参见 Currie, "The Materials of Law Study, Part III," 2. 尽管这一时期耶鲁大学法

学院也曾进行过一定程度的教学改革,但远不如哥伦比亚大学法学院这么正式,课程调整的决定,往往由任课老师一人决定。Hutchins, "Modern Movements in Legal Education," 32. 舒莱格尔在讨论完哥伦比亚大学法学院的课程改革之后承认:"没有人会说耶鲁进行的课程改革具有实质性或持久性。"Schlegel, "American Legal Realism," 479. 1922年之前,哥伦比亚大学法学院的改革之火就已经点燃,发起者是1919年从耶鲁转任哥伦比亚大学的沃尔特·库克(1923年又回到了耶鲁),以及安德希尔·摩尔。奥利芬特作为激进派的领袖,1922年加入哥伦比亚大学法学院,1923年就准备好就课程设置问题发表意见。但哥伦比亚大学校长尼古拉斯·巴特勒更倾向于等待获得全体法学院教职员工的支持。Goebel, *Columbia Law School*, 299. 总体参见 Currie, "The Materials of Law Study, Parts I and II," 以及 Currie, "The Materials of Law Study, Part III"。

56 所谓机能,似乎可以认为是指与受法律影响的社会生活领域相关。机能化运动,肇始于加州大学伯克利分校。由此,麦克默里(O. K. McMurray)及亚历山大·基德(Alexander Kidd)才被从伯克利引入哥伦比亚大学,这也是为什么安德希尔·摩尔1924年暑假前往伯克利,在其举办的暑期班讲学的原因。Epstein, "Law at Berkeley."

57 Currie, "Materials of Law Study, Part III," 3-4.

58 Ibid., 10-11. 早在1915年,斯通就开始就法学教育的社会法学重要性,进行过专门研究。早在1917年,一位教师,托马斯·鲍威尔(Thomas Reed Powell)曾写道:"因为法律是规制人际关系的规则,因此,任何法律规则的智慧都在很大程度上取决于其对人类关系的影响效果。但这种效果并不一定可以预见,无法通过推理,只能通过实验来加以评价。推理很少会受到产生法律需求的社会、经济条件的特别、具体知识的控制或指引。"Powell, "Law as Cultural Study," 336.

59 课程设置的扩展,建立在对于既有情况的四大不满基础上:普通教育与法律教育中,都没有能够有效纳入社会结构的现行视角;法学院始终不重视成文法;法学院教学关注的不是关键事实,而是抽象概念;法学院没有将当代法律实践的实际情况作为课程组织的基础;在能力不一的大班进行授课所遭遇的难度。Powell on Columbia in *Modern Movements in Legal Education*,35-36.

⁶⁰ 对于马歇尔的思路、想法的准确把握,可以通过其1921年出版的经典商学院教科书《工商管理》(*Business Administration*)来加以把握。

⁶¹ 分别负责劳工、金融与信用、市场、商业组织形式;风险与风险承担、行政法、刑法、家庭法与家庭财产法、立法、历史与比较法理学。Currie, "Materials of Law Study, Part III," 22.

⁶² 观点包括"教学法与学习法":"总体而言,适用判例教学法的普通学生,并未花费足够的时间、精力在学习上,而是期待着从老师那里得到'喂食'。"Oliphant, *Summary of the Studies on Legal Education by the Faculty of Law of Columbia University*,11;"自然法信仰的幸存":"现在对于该当法律处遇的人类关系的类型划分,往往太过宽泛,从而无法考虑与其关系密切者的观点,同时又往往太过古老,无法充分暴露其现实问题,无法反映在解决这一问题时应当被考虑在内的当代想法。"Ibid.,14;以及"研究":"应当增加美国法学院的学术创造性,并采取措施制止现行教师遴选、培训机制中的随意性。"Ibid., 17.

⁶³ Ibid., 20-21.

⁶⁴ 对于具有实践意义的法学研究分类,达成了一致意见。实体法被分为家庭关系法、政治关系法、商业关系法(又进一步区分为市场法、商业组织法、金融信托法、劳动关系法,以及尝试初步划分出来的风险法和/或产品制造法);行政法则包括行政法与行政程序法。这种法律范围的全新划分方式,目的在于选择能够反映法与当代生活关联的法律范畴,建立在1928年《哥伦比亚大学法学院法学教育研究概要》及上述区分基础上的课程设置,辅之以课程开始及结束部分的介绍及总结材料,要能反映被选择用来作为研究对象的生活各个方面。最为重要的,将是在各个机能方面开展的历史、比较分析。在修正后的课程体系中,行政法受到了前所未有的重视与关注,补入了之前被忽视的领域,如行政委员会、非政府行政机构等,同时特别强调上述领域的行政程序问题。在实体法领域,政治关系主要解决群体与群体的关系,以及群体内部的个人关系,可能包括的范围有个人权利保护、政府架构(包括公营企业)内的行为

权限、涉及税收及公共财政方法的宪法问题,以及刑法。"家庭关系"包括传统家庭关系及财产领域的相关问题,通过持续的社会科学调研,有望加入其他被揭示的全新范畴。"商业关系"范畴则需要深入探讨。市场法主要通过揭示经济现象,整合相关事实与法律关系实现。商业组织法则希望厘清不同商业组织所具备的不同功能背后的共同之处。劳动关系则可被视为商业关系中的一类特殊情况。金融信托法则在很大程度上关注商业银行的相关行为。从历史上来看,比较法、分析法等方法,往往被视为只在训练或研究等方面具有意义,只是达成其他目的的手段,而教义法学理论则重视将法律适用于具体的社会、经济生活。课程最后出现的系统分析,主要是为法律及其在社会中的运行提供一种全面的评价。最终,报告建议在第三学年末集中律师执业资格考试的相关课程,确保学生得到实质性的职业训练,减轻其他课程给学生造成的负担。Ibid,passim.

[65] 引自 Currie,"Materials of Law Study, Part III," 70. 史密斯院长并不总是如此的随波逐流。1928 年,有报道说他曾认为:"哈佛大学法学院发展的判例制法学教学法,无法与当代生活的需求相适应,因此哥伦比亚大学法学院要取消这一教学法。"*New York Times*, 10 December 1928.

[66] 柯里(Currie)梳理了推行如此规模项目所能遭遇的很多其他实际问题。这些问题都是改革过程中所常见的。Currie, "Materials of Law Study, Part I," 337. 例如,花费不菲的研究人员、实验室等带来的经济压力。Currie, "Materials of Law Study, Part III," 23. 最初简化课程的目标,事实证明完全不可行:例如,公司法被分成了三部分,每一部分又单独成为一门课程。家庭法似乎也最终必须被分解为不同课程。Ibid., 26, 32, 73. 还需要注意的是,有些课程似乎不适合进行所谓机能式教学(例如物权法,ibid., 38);"任何彻底的机能性组织所涉及的范围,都超越了简单在传统课程表上加上一些特别课程所能涵盖的范围。"ibid., 7;造成问题出现的原因,在很大程度上可以归因于被柯里所形容的"本末倒置地首先设定课程,之后再围绕这些课程寻找教学重点",这是当时大多数哥伦比亚大学法学院的老师为了尽快实现变革急功近利的结果。Ibid., 73-74.

八、文化

[67] 唐宁比较详细地描述了老师们对于这份报告的反应,但在他看来,失败的原因,与其说是与报告所体现的理念不合,还不如说是因为当时任命反对法学院成立研究中心的杨·史密斯(Young B. Smith)所带来的危机。唐宁认为,如果不是围绕院长所引发的上述危机,那么研究中心就有可能获得建立。Twining, *Karl Llewellyn and the Realist Movement*, 50-55. 但这缺乏丝毫可能性,这种看法同时也低估了那些担心研究型模式得道后危及自身经济、身份地位,从而坚持职业教育模式的教授之反对意见的重要性。

[68] Oliphant, "Return to Stare Decisis," 23.

[69] Columbia University, *Report of the Dean, School of Law, 1928*, 引自 Currie, "Materials of Law Study, Part III," 65. 史密斯院长的观点,从 1928 年的时点判断,属于当时美国法学院协会的 55 个会员学院的主流观点。当时公认的法学教育目标,就是将学生训练成能够适应普通法系统要求的执业律师。*Summary of Studies on Legal Education*, 18. 卡内基基金会发表的《1919 年法学教育年度评估报告》(The Carnegie Foundation's *Annual Review of Legal Education, 1919*)表扬了哈佛大学及密歇根大学,因为这两所大学的法学院并没有犯所谓研究型法学院常犯的错误,即牺牲职业培训等本业来进行科学研究,而是将法学科研留给研究生阶段完成(13)。

[70] 参见 Twining, *Karl Llewellyn and the Realist Movement*:

> 这一研究机构的首份计划陈述并无亮点,乏善可陈。其指导哲学建立在三项大众习以为常的理念基础上:科学方法、社会工程以及学者共同体。机构的主要功能是开展研究,职业训练反而成了附属品,直接依附于机构的主要目标。其最为明确的教育目标,是通过反向表述加以说明的:"很明显,本机构现在不能(在可预见的未来,也不应)将自身限制在训练执业律师这一因循守旧的理念之内。"[Ibid., 60]

[71] Currie, "Materials of Law Study, Part III," 29.

[72] Columbia University, *Report of the Dean, School of Law*, 1930, 5-6.

[73] 1926—1927 学年,在罗伯特·哈钦斯担任代理院长期间,他在自己的述

职报告中提出,将开始课程改革,同时谴责(像奥利芬特那样)现行的课题体系太过理想化,根本不适应当代法学研究。*Report of the Acting Dean*, *Yale Law School*, *1926-1927*, 118. 但和哥伦比亚大学等情况不同,耶鲁进行的课程改革是在老师直接参与下,一项课程一项课程推进的。哈钦斯强调了这种试验氛围及渐进式的改革步骤,同时也认为哥伦比亚大学在课程研究方面处于美国的领先地位。Hutchins, "Modern Movements in Legal Education," 32-33.

1926 年推出的杰出人才计划(The honors program)只是这项研究的早期成果。另外的改变还包括在刑法课中引入社会科学、心理学、精神病学;如果没有上述材料,那么刑法就会变成"对于已经不存在的古老犯罪的一种历史检视"。*Report of the Acting Dean*, *Yale Law School*, 1926-27, 117-18. 第二年的述职报告中,哈钦斯现行研究针对的范围仅限于既存的课程设置,而这些课程设置只关注相关学习范围自身,很少关注不同学科之间的联系(看起来很像是在模仿哥伦比亚的教学模式),但哈钦斯并未指出是否要贯彻下列想法:由一名具备律师身份,但来自经济学、社会学或行政管理专业的教授领导计划于 1928 年开始运作的课程审查委员会。*Report of the Dean*, *Yale Law School*, *1927-28*. 1929 年,围绕家庭法的课程改革开始起步,商业组织法的课程改革也已着手,但刑法仍然举步维艰,需要进一步加以努力。*Report of the Dean*, *Yale Law School*, *1928-29*, 6, 10. 1930 年,通过改革重组之前的课程,信用交易法、商业组织法,以及新的程序法等课程,陆续被开发出来。*Report of the Dean*, *Yale Law School*, *1929-30*, 10.

[74] 参见 Hutchins and Slesinger, "Some Observations on the Law of Evidence," 432. 事实上,这一机构在很大程度上是在哈钦斯的倡导下获得资助并取得发展。从 1928—1929 学年开始,这一机构的管理者分别来自研究生院、医学院、法学院的代表,以及来自其他学院的自然或社会科学教授进行管理。Carnegie Foundation, *Annual Review of Legal Education*, 1929, 37.

[75] Hutchins, "The Autobiography of an Ex-Law Student," 511, 513. 但这在某种意义上是不公平的。爱德华·罗宾逊(Edward Robinson),一位耶鲁心理学家,同时也在耶鲁法学院任教,曾在 1935 年出版了一部名为《法与律师》

八、文化

(*Law and Lawyers*)的专著,这本书直到现在仍然颇值得一读。

针对哈钦斯等人的系列论文,舒莱格尔曾说道:"文章总体来说质量较高,尽管针对论文质量,及作为其基础的心理学说,这些论文的效率性存在差别,如果存在高质量的行为研究,则这些文章往往干脆利落,其批判性很强;如果建立在老派、内省式心理学,或新派弗洛伊德学说基础上,则文章倾向于失焦,批判力变弱。"Schlegel, "American Legal Realism," 482. 他还指出,社会科学并不应始终充当受指责的对象,往往是法学家没有很好使用,或误解了社会科学家所发展出来的定性或统计方法。Ibid. ,519-45,特别参见 544-545 页。最后,资金不足,导致无法获得适当的研究人员、装备、场所等。Ibid. , 特别参见 545-552 页。

[76] 凯斯西储大学对霍普金斯大学成立的这个机构颇感兴趣,并且与其建立了合作关系,以期促进西储大学与霍普金斯大学的共同发展。随着霍普金斯大学法学研究所走向衰落,凯斯西储大学的研究生项目也遭遇重挫。Cramer, *The Law School at Case Western*, 50-51.

[77] 20 世纪 20 年代,各种基金会提供的科研资金纷纷涌入顶尖法学院。但钱永远都不够用,当然,"社会科学的研究资金,特别是法学科研资金,至少应该说是不充分"。*Report of the Dean*, *Yale Law School*,1931-32, 20. 随着大萧条导致收入来源减少,法学院也开始尝到苦头。克拉克院长通过援引 1931 年发表的一份名为《美国基金会与其支持领域》查找到了前一财政年度基金会提供各种项目支持的数据:在医学及公共健康领域,资助额度为 16 509 734 美元(特别资助款项,如对于内科学的 90 万美元拨款,并未计算在内);资助物理学金额为 2 803 239 美元(包括特别拨款);对于法科,加上国际法、犯罪学及刑罚学在内,也仅为 589 143 美元。*Report of the Dean*, *Yale Law School*,1931-32, 20n. 但到了 20 世纪 20 年代,赠款预期随着法学院接受了几笔大额赠款而显著提高。在 20 世纪 20 年代到 30 年代初,密歇根大学法学院接受赠款接近 1 100 万美元。根据相关报道(Brown, *Legal Education at Michigan*, 323, 325)中的数字统计,斯特灵家族对于耶鲁大学法学院的赠款高达 550 万美元。*Report of the Dean*, *Yale Law School*, 1928-29, 6;1929-30, 14. 相关赠款主要用于

兴建新教学楼,尽管条款中规定,需要为密歇根大学的法学研究拨款200万美元。*Report of the Dean*, *Yale Law School*, *1929-30*, 14; Brown, *Legal Education at Michigan*, 323.

[78] "The Johns Hopkins Institute for the Study of Law," 6 *American Law School Review* 336 (1928).哥伦比亚大学与耶鲁大学开展的研究,带动了其他研究组织的萌芽,包括(除了耶鲁大学人类关系研究所,Yale's Institute of Human Relations)1930年哥伦比亚大学成立法律史研究基金会(Columbia's Foundation for Research in Legal History),以及一年之前,庞德在哈佛大学创办的刑法与比较法研究中心。Carnegie Foundation, *Annual Review of Legal Education*, 1929, 37. 哈佛大学进行的更为深入的项目,是开始于1955年,对于克利夫兰地区刑事司法现状的实证调研,后续,哈佛大学又针对波士顿地区的相关情况进行了调研。Sutherland, *The Law at Harvard*, 229. 关于耶鲁等地的项目介绍,参见Hurst, *The Growth of American Law*, 192 ff. 耶鲁所进行的深入研究则针对的是数个州的法庭管理问题,相关调研结果出现在20世纪二三十年代的院长述职报告之中。亦参见Clark and Shulman, "Jury Trial in Civil Cases—a Study of Judicial Administration," 867; U. S., National Commission on Law Observance and Enforcement, *Progress Report on the Study of the Federal Courts* (Washington, D. C., 1931). 在20世纪30年代,哥伦比亚大学并未开展过大规模的实证研究。"图书馆与教室对于学生的吸引力,显然大于市场与法庭。"Twining, *Karl Llewellyn and the Realist Movement*, 58. 密歇根大学法学院的研究型教职,于1926年开始设置。Brown, *Legal Education at Michigan*, 339, 773.

[79] 对于20世纪30年代耶鲁改革经验的详细介绍,参见"American Legal Realism," 491-596.

[80] 参见Moore and Sussman, "Legal and Institutional Methods Applied to the Debiting of Direct Discounts," 381, 555, 752, 928, 1055, 1219.

[81] Moore and Callahan, "Law and Learning Theory," 1. "摩尔的研究对象的具体、精确、有限、客观,达到了我们所认知的极致状态。对此,可以通过他的主要研究领域……[包括]在规范街道上停车时间的城市停车规范,窥以一

斑。"Clark,"Underhill Moore,"192.

[82] Clark and Shulman, *A Study of Law Administration in Connecticut: A Report of an Investigation of the Activities of Certain Trial Courts of the State.* 这份报告建立在 1926 年开始的相关调研基础之上,最终于 1937 年出版。对于此项研究的调侃甚至嘲讽式观点,参见 Arnold, *Fair Fights and Foul*, 62-63.

[83] 参见 Schlegel, "American Legal Realism," 558-59.

[84] 晚年时,道格拉斯这样回忆自己于 1928 年秋刚刚来到耶鲁时内心的犹疑:

> 等到我到了耶鲁,开始有时间反思的时候,我为自己选择学习法律感到后悔。在纽约、在华盛顿的所见所闻,让我充分认识到,从事律师执业,需要某种捕食者的潜质……金融行业就像张开了大嘴的猛兽,很多金融从业人员也具有捕食者的特质……我在华尔街看到过污秽不堪的"奥基亚斯的牛圈"(the Augean stables, 源自于古希腊神话中关于赫拉克勒斯的英雄传说。奥基亚斯是古希腊西部厄里斯国王,他有一个极大的牛圈,里面养了 2 000 头牛,30 年从未清扫过,粪秽堆积如山,十分肮脏——译按),而这个肮脏场所的管理人,很多恰恰就是律师。法律执业界响当当的人物当中,除了个别例外,几乎都是那些滥用法律体制,绝少能够提供什么精神或道德贡献。这些 65 岁以上的老头子们或许很有钱,但按照我的观察,在纽约,这些风烛残年的老人除了法律之外很少有其他兴趣爱好,因此很少提供公共服务,即使提供,也往往是为了赢得更多的生意……纽约州[的律师]往往世故圆滑、老谋深算、手腕高超……法律教学往往只能点到为止,有谁会花费毕生精力教学生做那些不应该做的事情?为什么要教会徒弟饿死师傅呢? 或者为什么不自己执业,用自己发现的独门绝技让自己发财呢? [Douglas, *Go East, Young Man*,162]

[85] 参见杜鲁门·阿诺德对于阿瑟·古德哈特的评价,Essays on Jurisprudence and the Common Law in 41 *Yale Law Journal* 318 (1931); Arnold, "The Restatement of the Law of Trusts," 800. 或许这种态度仅限于教授群体。1926

年时,一位耶鲁毕业生投书《美国律师协会杂志》(the American Bar Association Journal),带着某种洋洋得意的情绪,叙述了兰德尔参观耶鲁时发生在他身上的故事,兰德尔曾被科宾课堂上学生的机智反应与灵活问答搞得颇为狼狈。参见"Letters to the Editor," 12 ABA Journal 869(1926).

[86] 参见 Clark, Real Covenants and Other Interests Which "Run with Land." 尽管克拉克能够揭示在此领域存在的历史混淆,甚至还添加了自己造成的某些难题,但其所提出的解决措施的价值,却远远不及法律重述派学者的相关做法。

道格拉斯罗列了这一阶段出现的某些项目,但从中多少可以感知参与者的热情与努力:

> 查尔斯·克拉克是程序法的先行者,并于1938年提交了最终研究成果,即在其领导下的起草委员会为美国最高法院及美国国会制定的《联邦民事程序规则》(the Federal Rules of Civil Procedure)。杜鲁门·阿诺德正在创作他的"资本主义民谣"(Folklore of Capitalism),哈钦斯为了搞活侵权法研究,延聘经济学家沃顿·汉密尔顿(Walton Hamilton)加入法学院教师团队……虽然汉密尔顿从未学习过法律,但却极具创造力,将很多既有原则纳入到了新领域,不仅是在侵权法领域,而且还将其扩展至商事法、专利法及相关领域……
>
> 另外一位发现新大陆的耶鲁法学教授就是卫斯理·斯特格斯,他所关注的是仲裁法。哈利·舒尔曼(Harry Shulman)也在花大力气从事这一方面的研究。理查德·史密斯(Richard J. Smith)则依据常识以及英国的相关经验,对于版税规则加以研究……伦敦经济学院的哈罗德·拉斯基(Harold Laski)也会时不时出现。耶鲁法学院充斥着其他法学院所不曾感受过的学术激情……
>
> 沃特·尼勒斯(Walter Nelles)这位绝顶睿智但少为人知的学者,也是耶鲁法学教授队伍中的一员,在20世纪二三十年代,他对于民权法的某些微妙细致之处持续深入研究。埃德温·博查德(Edwin Borchard)虽然

八、文化

名义上从事国际法研究,但却在其他两个领域留下了颇为令人印象深刻的成就。博查德以一己之力推动了《联邦判决宣告法案》(Declaratory Judgement Act),同时,他还就历史上的冤案进行研究,著有《无辜者之判》(*Convicting the Innocent*),这本书唤醒了美国人对于法律正义的认知与反思。[Douglas, *Go East, Young Man*,163-64]

[87] "还从来没有出现过这样一个如此浪费时间的教学体系。"Arnold, *Fair Fights and Foul*, 263.

[88] Ibid., 58:"法律是不同于其他人文社科机制的独立科学门类……这种信念在过去的一个半世纪,让每个人都感觉稳定、舒适。同时,确保了美国很多伟大法学院的成长、壮大。当然,寻找法律确定性,并不一定会必然导致确定性。但现在公布的判例数量成几何级增长,需要创建某种集权机制对于这些判例加以梳理、调和。由此,美国法学会应运而生。这个组织吸纳了美国各地的法学教授,其中很多来自哈佛,这所当时专注于抽象法学理论研究的圣殿。"

[89] Ibid., 35.

[90] Schlegel, "American Legal Realism," 33.

[91] Schlegel, "American Legal Realism and Empirical Social Sciences: The Singular Case of Underhill Moore,"191.

[92] 例如,在 1933 年下,杜鲁门·阿诺德、卫斯理·斯特格斯、阿比·福塔斯(Abe Fortas)及霍华德·马歇尔都在华盛顿工作。福塔斯与马歇尔因为参与程度较深,导致在秋季开学之后依然没有回来。施莱格尔将此形容为"预示着未来"。Schlegel, "American Legal Realism,"559, n. 524.

[93] 1929 年,共有 274 名申请者,100 人获得录取。参见 J. Burke Zen, "Yale Law School and the Thirties" (paper presented at the Yale Law School, 1976). 同年,耶鲁大学法学院共有 296 名在校生,其中 134 人毕业自哈佛学院,18 人来自普林斯顿大学,7 人毕业自康奈尔大学,出身于宾夕法尼亚大学及哥伦比亚大学的学生各 6 人。296 名学生中,有 97 人为康涅狄格州本地人。1938—

1939年耶鲁大学法学院的392名学生中,耶鲁贡献了115人,毕业于普林斯顿的有45人,哈佛毕业生为30人,达特茅斯学院毕业的有25人,毕业于阿默斯特学院的有18人;康涅狄格州本地人降至63人。

[94] 耶鲁大学法学院的收费标准,从1929年的296美元,涨到了1939年的394美元。1927年,其已称为全美学费第四贵的法学院,为310美元。1928年,这个数字为360美元,到了1932年,也就是大萧条的顶点时,耶鲁大学法学院的学费涨至460美元,高居美国各法学院之首。尽管这一年,其所招收的学生数量出现下降,但学费的增加,并不一定意味着招生人数的下降。1930年,虽然学费增加,但招生人数却并未降低。参见 First,"Competition in the Legal Education Industry," 365, n.323。

[95] Zen, "Yale Law School," passim. 亦参见道格拉斯大法官1928年进入耶鲁大学法学院就读时的感受:

> 纽黑文算得上一座令人心旷神怡的友好型大学城。壮美的自然景观、深厚的人文气息,都使这里成为理想的栖息地。这里的人和善友好。尽管在不同城镇之间存在些许敌意,但耶鲁为学生提供了鲜活的社会氛围,在某些学科,学术氛围也相当活跃。但在耶鲁学院,却充斥着一群轻松享受奖学金,无论生活还是学习都一帆风顺的精英子弟。这些上天选择的骄子,将会成为国家的主人。教授们对这些人和颜悦色,这些人则被娇生惯养、溺爱无度。我很早就意识到,这些人根本无法适应学术纪律,我班级里的这些人都在等待别人向他们的脑袋里灌输知识。这个时期,耶鲁因为这种填鸭式教学而声名扫地。[Douglas, *Go East, Young Man*, 161]

## 九、现实

155　　面对法与法学教育之路的低迷迟滞,哈佛、哥伦比亚与耶鲁大学的教授们或单枪匹马,或合纵连横,开始尝试挑战现实。这些努力,出于经济、政治,或参与者能力、声望等原因,并未引发任何明确可见的机制变革。但与其仅仅从具象、直接的结果角度出发考察这一时期的相关纷争,倒不如从长期效果,以及更为抽象的所谓"态度改变"角度出发加以评价来得公平,不幸的是,这些标准显然不如"具体"的标准来得确定。

　　20世纪30年代,至少某些参与上述活动的耶鲁、哈佛以及哥伦比亚大学法学教授,无意间被划入所谓"现实主义者"这个颇具弹性的范畴之中。这里谈到的现实主义,最多只能算是一种概括的视角,而非现在被普遍承认的特定思想流派。这一视角,在某种意义上与霍姆斯的怀疑主义,以及庞德鼓吹的社会工程理论一脉相承(或者密切相关)。或许,其还建立在同一时期库克、奥利芬特以及亚特玛等人的著作中冒头的"功能主义"(the Functionalism)\*基础之上,这种功能主义的法律观,与罗斯福新政时期倡导的政治"乐观主义"精神密切相关。然而,过分谨慎地界定前人的观点或自身的界别危害甚大。说到底,这只不过是改头换面的怀疑主义罢了,实质上就是罗素(Bertrand Russell)与路德维希·维特根斯坦(Ludwig Wittgenstein)理论的法学适用,

---

\*　"功能主义"(the Functionalism),兴起于19世纪末,美国的功能学派主要研究个体在适应环境时所产生的心理功能,以此为基础理念,适应和实用便成为中心思想。功能学派分别诞生自哈佛、芝加哥、哥伦比亚,并深受实用主义影响。——译者注

只不过变得更加精妙、更加学术、更加形而上而已。[1]

或许直到 1931 年 3 月,罗斯科·庞德在《哈佛法律评论》(the Harvard Law Review)发文抨击"我们这些犯了幼稚病的法学教师",深受当时法学方法打击而倍感绝望的学者们,才感到了某种向心力。讽刺的是,3 个月后,卡尔·卢埃林投文该刊,否认存在任何"此类学派"[2],却更加坚定了之前各自为战的"醒客"们的归属感。让情况更加复杂化的是,在 1930 年的几个月间,里昂·格林(Leon Green) *所著《法官与陪审团》(Judge and Jury),卡尔·卢埃林所著《荆棘丛》(Bramble Bush)以及杰罗米·弗兰克(Jerome Frank) **所著《法与当代思潮》(Law and the Modern Mind)扎堆出版。因此,现实主义"运动"名不副实地轰轰烈烈开展起来。其中,弗兰克所持极端观点与卢埃林所持最具建设性的意见之间,永远隔着无法跨越的鸿沟。如此一来,什么学者很难对这一"运动"进行分析就不难理解了。[3]

现实主义法学运动的重要贡献在于否定了兰德尔主义根据法律规则"白纸黑字"的客观性,从而将法律视为一门精密科学的法律观。如果将实际适用的法律实事求是地记录下来是可以接受的,那么法律规则就不可能再被认为与价值无涉。这一立场的改变,将不可避免地导致法律规则的预测价值大打折扣。最终,美国法学理论被确定为立足于程序性而非实体性视角。对于美国法律文化的发展而言,现实主义法学运动显得至关重要,甚至不可或缺。相比之下,英国就因为缺乏这一法律思潮而遭遇重大学术危机。[4]与此同时,法律现实主义运动

---

\* 里昂·格林(1888—1979 年),美国现实主义法学家,侵权法权威,曾长期担任美国西北大学法学院院长,其培养的学生中有 3 人先后担任美国联邦最高法院大法官,在法学教育方面贡献颇多。——译者注
\*\* 杰罗米·弗兰克(1889—1957 年),美国法哲学家,现实主义法学派代表人物之一,曾任证券交易委员会主席,美国联邦第二巡回上诉法院法官等职务。——译者注

所导致的后果,正如托马斯·卡莱尔(Thomas Carlyle)*眼中的马修·阿诺德(Matthew Arnold)**:"他将人们领入荒野,然后将其弃之不顾。"长期以来,美国法学理论就倾向于摒弃相互关联原则体系的确定性,转而扩大寻找与现有问题"完全一致"的裁判例。现实主义者远道而来,就是为了全盘否定"体系"概念。这就导致所有的法律逻辑都遭遇质疑。美国法也变得日益目的化、日益世俗化[5]、日益分散化。无论这种工具论赋予权利何种偏左或偏右的政治或社会价值,法却正在逐渐丧失作为统合社会不同要素的客观力量的价值。同意法律的客观性、中立性根本就是一种迷思是一回事儿,消除这种迷思,在没有任何替代措施的情况下将法律视为社会控制的核心手段是另外一回事儿。[6]如此一种弱化法律力量的观念,也成为现实主义法学家长期以来的标准说辞。[7]

尽管现实主义者的研究成果,相较于其他学派,较少具有建设性,但这种学说质疑既存的法学理念,质疑既存的法学教育范式的能力价值,却不容抹杀。或许有人会认为杰罗米·弗兰克的法律哲学大多粗浅原始,但其建立"律师学院"的呼吁,却恰恰击中了兰德尔主义将判例教学法视为兼具实用性与贯彻日耳曼科学主义传统这一前提假设的命门。[8]在弗兰克看来,法学院变得太过学术化,严重脱离实际[9]:

> 法科学生在校期间,应当学习的是法律实践知识。为了达成这一目的,法学院应当光明正大地,而不是偷偷摸摸或欲说还休地,推翻兰德尔所主张的假道学。法学院不能像兰德尔主张的那样,放弃通过律师事务所实习以及旁听庭审等方式学习法律……

---

* 托马斯·卡莱尔(1795—1881年),苏格兰哲学家、评论家、讽刺作家、历史学家以及老师。作为维多利亚时代最重要的社会评论员,他一生当中发表了很多重要的演讲,他的作品在维多利亚时代甚具影响力。——译者注
** 马修·阿诺德(1822—1888年),英国诗人、文艺批评家,并曾担任校监。——译者注

而是应当将其纳入到教学过程中来,法学院应当放弃的,反倒是兰德尔之流所主张的将图书馆作为教学中心的荒谬论断。[10]

弗兰克呼吁回归律师学院的观点,在20世纪30年代并未引起太多回应,反倒是在20世纪60年代,成为重新尊重诊所式法律教学的理论基础。在20世纪30年代,弗兰克等法学现实主义者认识到,当时美国的法学教育者大多不具备,或只具备少得可怜的法律执业经验,而判例教学法本身无法使学生获得这种实践技能,苏格拉底教学法在此方面也毫无意义。尽管所谓现实主义法学派,如果其真的存在,在"二战"爆发之前就已销声匿迹,但其所倡导的理念,的确对于美国法律思潮产生了重大影响。进入到20世纪40年代,哈罗德·拉斯韦尔(Harold Lasswell)\* 及迈尔斯·麦克杜格尔(Myres McDougal)\*\* 等人的学术著作,成为现实主义法学派与后来出现的程序法学派之间的学术纽带。[11]

20世纪二三十年代,只有少数几间法学院的教授还对于学术抱有激情。对于美国大多数法学院来说,法学教育充其量就是在帮助学生准备律师执业资格考试。[12] 在此类法学院任教,需要采取照本宣科的方式,或更多地使用改良了的判例教学法,之所以改良,不是因为对其适用性存在学术质疑,而是因为教师或学生的能力有限。大多数法学院——一般的州立大学法学院以及规模较小的私立法学院——依然奉哈佛教学法为圭臬,并在一个相对有限的范围内对其照搬适用。[13] 这种照搬,无论是从质还是从量的层面,因为资金的匮乏显得十分有限,

---

\* 哈罗德·拉斯韦尔(1902—1978年),美国杰出政治学家,哈佛大学教授,曾担任美国政治学会(American Political Science Association, APSA)及世界文学与科学学会(the World Academy of Art and Science, WAAS)主席。——译者注
\*\* 迈尔斯·麦克杜格尔(1906—1998年),耶鲁大学国际法教授,被誉为这个时代最杰出的国际法律师之一,其教过的学生包括美国前总统比尔·克林顿。——译者注

师资队伍很小且乏善可陈,图书馆也大多只算马马虎虎。更为重要的是,这些学院的学生,一门心思只想如何通过律师执业资格考试。对于他们当中的很多人,特别是受教育程度不高的人来说,哈佛教学法似乎可以很好地推动整个学习过程。尽管在这种情况下可能会采用判例教学法的某些做法,但教师采取任何此类研究都需要不屈不挠的毅力。教学实验更是闻所未闻。[14]充其量,法学教育出现的任何进展,大多都是自上而下地来自于顶尖的全国性高校及办学状况较好的州立大学。[15]

同样,即使在顶尖法学院,也不能说教师中孕育的学术萌芽,会直接激发学生的学术热情。尽管1929年卡内基基金会所发表的法学教育报告显示,耶鲁与哥伦比亚大学法学院正在就社会问题展开研讨,并且为了满足法学本科学位的教学要求,在设置了一定限制条件的情况下,允许将社会问题研究作为教学课程[16],但这一表述显然具有误导性。在耶鲁,法学院院长克拉克向校友抱怨,认为"田野调查研究项目必须与法学院的正常教学活动严格区分开来"。[17]后来他还补充道:"事实上,我们所面临的问题之一,即是将这些素材混入了学生日常接触的知识范畴。"[18]只有在某些情况下,诸如安德希尔·摩尔为大一开设的商业银行信托法等课程,才称得上为学生开启了学术研究之门。[19]

尽管能从教师方面得到的帮助微乎其微,但顶尖法学院的学生,却可以潜移默化地受益。改良运动的结果之一,就是美国顶尖法学院(当然包括耶鲁与哥伦比亚),开始延聘社会学家补充自己的师资力量。[20]而这种试图整合法学与社会学的努力所产生的最大影响,就是全新教学素材的不断推出。在20世纪二三十年代,新型判例法教科书开始面世,而其一般的标题,也从之前的《X法判例集成》,改为《Y法判例与材料汇编》,Y在通常情况下代表的是一门全新的法学学科,如证券法,或商业公司法等。[21]这种新型教科书并不一定与传统版本教科书存在天差地别,其中的研究成分也未必有多明显,但是,其在某些方面的确摆脱了传统教科书的体例。卡尔·卢埃林所编著的《买卖法判例与材料汇编》(*Cases and Materials on the Law of Sales*)一般被视为此中翘楚。[22]到了20世纪30年代,美国顶尖法学院出版的新型教科书数以十计(光耶鲁大学法学院一家1931年就新出版了多达12种新教材)[23],同时,20世纪30年代也见证了越来越多的法学院逐渐对通过编发教科书的方式传播全新的功能主义产生兴趣。

两次世界大战之间美国法学教育出现的第三大发展,就是在很大程度上作为选课原则扩展结果出现的"研讨课"(the Seminar)[24]。在20世纪20年代中期[25]开始相当普遍出现的选课制,为研讨课这种授课形式从顶尖法学院逐渐向普通法学院的推广奠定了基础[26],也为法学院课程体系的分化创造了契机。实际上,选修课的设立本身就是默认,甚至是实质承认,法律绝非像兰德尔在刚刚担任院长时所宣称的那样只不过是数量有限的一些原则或主题。选课制所导致的逻辑结论,就是随着社会发展日益复杂化,法律原则与法律主题也将变得不胜枚举。那么,法律是否仍然能够保持完整,抑或是应该区分为无数个细小领域呢?

对于那些坚持法律完整性的人来说,解决法律问题暴增的办法,就是延长法学院的学制。因此,在20世纪30年代,四年制法学院的课程设置相当受人追捧。[27]这一想法,最早出现在1920年由约翰·威格莫尔(John Henry Wigmore)*向美国法学院联盟提交的课程设置报告中。[28]同时,他还在校长反对的情况下,在西北大学法学院推行了四年学制。[29]到了1935年,这种尝试开始遭到人们的质疑,并被最终放弃。

---

\* 约翰·威格莫尔(1863—1943年),美国法学家、证据学家,曾在日本庆应义塾大学任教,后担任过美国西北大学法学院院长,曾在教学法等方面做出过独创性贡献。——译者注

但四年学制背后的教学理念并未因此销声匿迹。其中,芝加哥大学法学院从 1933 年开始的四年制选修学制,可以被视为此类教学改革试验中最具创新性的一个。其中一部分得到认定的课程设置目的,旨在"介绍对于法的社会效果的评估",以及"学会更好地回答什么是法,特别是对于法治的质疑等问题"[30],相关课程设置内容包括心理学、英国宪法史、经济学原理、会计、政治学与伦理学。[31] 其中,一门学制两年的必修课特别引人关注,这门课的名称叫做法律与经济组织,主要关注收入分配与商业交易、经济学原理、统计、商业竞争的法律维度、管控措施、破产及重组。[32] 芝加哥大学法学院的课程改革,一直坚持到 1949 年,才宣告结束。相比之下,明尼苏达大学法学院的四年学制则一直维持到 1958 年。[33]

耶鲁大学选用的作为过渡手段的改良版四年制,兼容了法律与经济学课程,显得更为野心勃勃,也更为彻底。耶鲁的这一项目从 1933 年开始与哈佛大学商业管理研究院合作。[34] 希望借此项目,让学生掌握"真正的科学知识,以及掌控各种复杂社会组织的方法"[35]。项目首批学生反馈自己在哈佛的学习经验,认为十分有趣且颇有价值,但因为招生人数不足,导致该项目不得不在 1938 年终止。[36] 但至少另外一种法学教育模式,即四年制的"法学+"项目,由此得以建构。

20 世纪二三十年代,法学院课程设置中得到实质加强的,不仅仅是商业课程,更是公法课程。对于精英法学院来说,因为之前有过讲授公法的教学经验,因此自然而然地会推出这些新课程。[37] 1892 年,哥伦比亚大学首次开设行政法课程,1902 年,芝加哥大学法学院针对二、三年级学生也开设了此门课程。1918—1919 学年,耶鲁大学将行政法从研究生课程调整为本科生课程(哈佛大学则直到 1941—1942 学年才做出类似的调整)。[38] 等到里德于 1925—1926 学年撰写第二份法学教育报告时,顶尖法学院已经开始将课程设置深入到与公法相关的其他领域。当时,哈佛与西北大学法学院开设了劳动法;密歇根与哈佛大学法学院开设了税法;西北、密歇根、哈佛与芝加哥大学法学院还开设了商业规范法。³⁹法学院起码认识到了进步运动所产生的法律意义。

罗斯福新政在社会各个层面产生的影响可谓深远。⁴⁰在华盛顿的工作机会,吸引了很多已经在法律职业界扬名立万的人物,但对于法学教授以及刚从法学院毕业的学生来说,这里的吸引力更大。⁴¹法学院课程设置的改革,也反映出对于正在蓬勃发展中的联邦政府体系的深深执念。20世纪30年代,部分法学院就在一年级就开设了行政法,当然,直到20世纪40年代,此类课程,才将重点从对于行政行为的司法审查转移到行政机构及其职权工作的研究上来。⁴²随着参与过政府新政的教师纷纷返回法学院复职,法学院课程表中开始出现诸如"当代社会立法"或"田纳西河谷管理局法"(The TVA)*等颇为吸睛的课程。⁴³而且,调用法学院教师来推行新政这一做法本身的意义就十分重大。⁴⁴正如全职教师的理念逐步从全国性法学院推广至普通法学院那样,法学教授担任公职的做法,也逐渐为人所接受。这种做法,对于联邦政府、州政府乃至大学管理层来说,都有好处;但却不太可能会有利于法学的学术研究⁴⁵,如果所谓的法学在当时最为民主的大学中被承认属于学术范畴的话。

从研究生项目上也能够感知这种与时俱进,其中最为著名的,莫过于1938年纽约大学设立的公共服务训练研究生项目,该项目十分重视行政法、劳动法与税法。⁴⁶顶尖法学院还花了极大力气,改善自身的学生素质。"所有开设研究生院的办学机构都对于申请攻读研究生

---

\* "田纳西河谷管理局法",是指罗斯福总统为解决大萧条时期美国所面对的经济危机所提出的创造性措施之一。他要求国会设立一所具备政府权力外衣的公司,同时赋予其类似于私营公司那样的灵活性与创造性。根据这一想法,1933年5月18日,美国国会通过了"田纳西河谷管理局法"。从创建伊始,这一法案就设计了一套整合资源管理职能在内的特殊问题解决模式。——译者注

的学生质量颇为不满……偶有例外,但研究生项目吸引的大部分都是二流学生,这些学生为了让自己获得青睐,必须在成绩之外寻找到其他装点门面的特长或优势。"[47]对于提升研究生素质,似乎没有什么可行的具体建议,但至少耶鲁通过20世纪30年代采用研究生入学遴选机制,成功地改善了研究生的招生质量。[48]

  从长远角度来看,影响更大的莫过于在法学本科入学时,采用遴选制。一度,至少对于家庭优渥的男性申请者,哈佛大学法学院采取的是申请入学制。只要申请者已经获得学士学位,同时有能力支付学费,就可以申请进入哈佛大学法学院学习。这一做法导致1926—1927学年该院接近700名学生中,有约250人未能通过考试。[49]为了解决此类问题,同年,耶鲁大学宣布其法学院的招生人数不超过100人。[50]如果申请者(无论男女)[51]被认为没有能力获得平均C以上的成绩,就不得批准其入学申请,至于转校生,对其成绩的要求更是提高到平均B以上。[52]耶鲁的这一招生政策在1930年之前,一直处于试运行状态,但1926年之后,申请者就必须提交之前就读大学开具的官方成绩单、推荐信,同时还需要接受单独面试,参加分班考试。[53]1928年,耶鲁还开美国法学院之先河[54],增加了一项所谓"资质测试",这项吃螃蟹的做法,后来成为标准的入学程序之一。[55]哥伦比亚大学法学院于1928—1929学年开始使用遴选入学制,其所适用的资质测试,虽然可以成功地将差生拒之门外,却没有办法区分普通学生与优秀学生。[56]但精英法学院在问题暴露之初,就已经想好了解决之道,因为其十分清楚,只有分析能力超群的学生,才能适应判例教学法。因此,法学院非但没有限制判例教学法,反倒是通过这一办法将普通学生排除在外。

  耶鲁与哥伦比亚大学法学院在早已成为传统的经济能力与本科学历之外,增加了学术的可选择性。[57]在20世纪30年代,这种选择性对于耶鲁来说或许意义不大,毕竟这个时候的耶鲁大学法学院硬件超群、教师待遇优越、学生家庭条件富足。[58]但是,选择性理念传到了其他法学院时所产生的影响就变得不容小觑了。随着哈佛大学逐渐在本科学位之外增设其他的入学要求[59],入学新生的预期也逐渐愈发显明。1935年,一份学生评价表中,就列明了学生眼中哈佛法学本科教育的诸多弊端。经过第一学年的学习,学生们认为判例教学法已经不再具有价值,最好加以废止,或者留到第二或第三学年再适用为好,应当重拾讲授式教学法,用讨论取代苏格拉底教学法,毕竟后者往往只能通过教师在大班授课时,与少数几位学生之间的问答对话来加以完成;应当采取某种措施,扭转三年级学生学习兴趣降低的问题;所有的学生都应当获得与法律评论近距离接触的机会。对于法学院教师来说,可选择性或许可以被用来推动判例教学法,但在学生眼中,这一教学法却未必是神圣不可侵犯的。[60]

为了避免大家误认为只有从哈佛选出的学生才敢于批评,因此有必要认识到,里德在1928年发布的第二份报告中,多次重复了自己之前对于美国法学教育的批判意见。里德始终对于判例教学法的高高在上地位保持质疑,认为这种教学法浪费时间,将很多法学教育的重要方面排除在外,不重视"既存可用的大量信息"。里德还担心美国法的学术水平、法理学与法史学的没落以及进入法律职业所需花费的大量时间。[61]另外,美国学术人才的状况也让里德忧心不已,当然,导致这种情况出现的部分原因也在于判例教学法,以及在体制结构上,对于1902年发端于芝加哥大学法学院,用法学博士学位(J.D.)代替法学学士学位(the LL.B.)的风潮无动于衷。[62]

然而,从后续发展情况来看,里德对于法律诊所的细致观察,意义最为重大。在第一份报告中,里德在题为"实践训练的课程设置不足"一章中提到,"当今美国法学院的课程设置,并未给实践训练留有一席之地,从而形成了一个十分明显的教育怪胎。"[63]在第二份报告中,里德依然注意到,法学院从法律执业者手中接受法学教育虽然值得肯定,但法学院却同时在某种程度上低估了实习经验的必要性[64]:"或许对于大多数美国法学院来说,对于其所培养的美国律师来说,没有什么需求比实践培训更未得到满足了。"[65]

20世纪二三十年代,法学学术与实践之间的平衡,多少得到一些调整。尽管1916年开始,威斯康星大学法学院开始对于学位申请者,要求必须完成6个月的律师事务所实习[66],但里德仍然认为,培养学生实践经验的最好办法,并非在律师事务所从事文书工作,而是通过担任真正的律师助理才能加以获得。早在1893年,宾夕法尼亚大学法学院就已经将法律援助纳入到法学院的课程体系中,丹佛大学法学院1904年也采用了这一做法。1925年,哈佛、辛辛那提、西北以及其他几所法学院都设立了法律援助项目。其中,约翰·布莱德威(John Bradway)\*在南加州大学、杜克大学法学院设立的诊所式法律援助课程堪称典范,而这种教学改革的努力,也得到了弗兰克在1935年发表的论文《为什么不是诊所式教学模式的律师学院》(Why Not a Clinical Lawyer-School?)的支持。但这样的一种进展,带有很大程度的欺骗性。当时的体制,特别是美国法学院联盟,对于诊所教学项目兴趣缺乏[67],弗兰克的论文也没有如其题目那样,起到太多的帮助作用。而只是呼吁法学教师最好从有实践经验的人中选任,重视按照法官判案的方式进行教学。尽管弗兰克希望法科学生走出图书馆,但他所希望的是让学生参与模拟法庭或者旁听庭审[68],从此看来,其所表达的观点,对日后诊所式法律教学的发展,影响不大。

20世纪20年代美国法学界的这种研究势头,如果不算是其直接

---

\* 约翰·布莱德威(1890—1985年),美国法学家,曾任美国南加州大学、杜克大学教授,在法学教育方面建树颇多。——译者注

目标,也的确在有限的范围内,在下一个十年当中得到了某种程度的实现。哥伦比亚大学法学院尝试设立一个具有功能性的教学组织的努力进展并不顺利[69],但耶鲁与西北大学法学院运用这种颇具原创性区分方面取得了进展。[70]耶鲁在处理商业的功能区分方面颇为成功。而其所开设的新课程及新项目,以及其所尝试进行的原创性研究互动,在很大程度上利用了20世纪20年代出现的相关理念。而且,在质疑法学院的主要责任是职业教育方面,哥伦比亚大学与耶鲁大学树立的标杆起码影响到了某些法学院。例如,密歇根大学法学院院长贝茨(Bates)在1933年发表的报告中指出:"法律应当作为社会控制的手段……从而调和产生冲突的社会利益,提升社会整体福祉。"[71]这一时期问题导向所引发的判例教材、研讨课、研究生项目、公法、学制延长、诊所教育等创新,或许并不会对于全美法学教育产生重大或立竿见影的影响,但却为后续时代美国法学教育的发展规矩设定了前提。

然而,这些早期发展,往往仅仅局限在24间顶级法学院[72],至于其他地方的氛围,则与此完全不同。对于大部分地方法学院来说,通过当地组织的律师执业资格考试是当然的首要目标,并不要求,甚至不允许教师进行科学研究。1933年某大学的招生宣传单上写得明白,"法学院教职员工无意尝试激进的法学教育改革,本院所有开设的课程都受到认可。教学方法也延用经年,从未改变。我们恪守本分,不允许任何一位教师将他的课堂转变为异想天开、激进且未经验证的理论的高成本实验室。"[73]20世纪20年代出现的上述进展的重要性,尽管被哈罗德·拉斯基\*认为堪比兰德尔的教学改革[74],但实际上却远远没有产生19世纪70年代哈佛模式导致的深远影响。

---

\* 哈罗德·拉斯基(1893—1950年),英国政治学家、经济学家、作家。曾担任英国工党领袖,并任教于伦敦政治经济学院。——译者注

更有甚者,20世纪30年代,之前曾经站在改革潮头的法学院,此时开始心灰意冷,并且因此不再愿意锐意创新。1939年至1941年间,艾瑟·布朗(Esther Brown)*在"拉塞尔·塞奇基金会"(the Russell Sage Foundation)**的资助下,曾走访23间法学院。之后,她这样写道:"法学教育改革的领头羊,不再集中出现于大西洋沿岸。这个时候美国东海岸的著名法学院疲态尽显,重整旗鼓仍需时日。"[75]或许,就像罗斯福新政那样,已开始黔驴技穷。然而,如果大部分法学院还从未进行过课程改革,那么就会被后来出现的法学教育结构改革迅速拍倒在沙滩上。

---

[1] White, *Social Thought in America*, passim.

[2] Llewellyn, "Some Realism about Realism,"1933.

[3] 最近似的观点,参见 Rumble, Jr., *American Legal Realism*. 局外人的观点,参见 Twining, *Karl Llewellyn and the Realist Movement*.

[4] 对此问题,参见 Goldstein, "Research into the Administration of Criminal Law," 27, 37.

[5] 整体参见 Woodard, "The Limits of Legal Realism," 689.

[6] 并非所有的现实主义者都没有认识到这种政治迷思所具有的好处。例如,杜鲁门·阿诺德就在批判之余,从文化人类学者的角度考察法律,并对通过体制发生的变化颇感兴趣。参见 Arnold, *The Folklore of Capitalism*.

[7] 吉尔莫不同意这种表述:

---

\* 艾瑟·布朗(1917—1970年),美国民权活动人士,曾就教育领域黑人平等权利等问题积极活动,产生了一定影响。——译者注

\*\* "拉塞尔·塞奇基金会",成立于1907年,总部位于纽约,作为慈善组织,赛奇基金会主要关注收入平等等问题,其内设的研究机构经常资助学者就劳工、教育、移民、社会平等等问题进行研究。——译者注

……这种革命,充其量只算是宫廷政变,改变的只是把守大门的几名警卫而已。我本人的看法是,这种新晋出现的法学理论,法律现实主义或者什么其他的名号,并没有从根本上否定以兰德尔为代表的法学理论,就好像15、16世纪的新教主义者所宣称的放弃基督教基本神学教义那样纯属扯淡。兰德尔主义鼓吹"法是一门科学",认为存在"真正的法律规则"这种东西。到了法律现实主义者手里,"法是一门科学"这个口号摇身一变,成了"法是一门社会科学"。兰德尔主义宣称化学、物理、动物学、植物学都是法学的"友盟学科",现实主义者则认为,经济学、社会学不仅是法学的"友盟学科",更在某种意义上属于法的一个组成部分。[Gilmore, *Ages of American Law*, 87-88]

[8] 参见 Patterson, *Jurisprudence*; Rosenberg, *Jerome Frank.*

[9] 弗兰克对于兰德尔教学法过分倚重图书馆的做法提出批评,认为被这种教学法束缚的学生就好像眼里只有喂饱了的狗的喂狗人。他认为,在这种填鸭式教育与法学职业界充斥太多自以为是的人之间,存在某种因果关系。Frank, "Why Not a Clinical Lawyer School?," 908-12.

[10] 节选自1933年其在法学教育分委会的讲话,题目为《良好的法学教育由何构成》(What Constitutes a Good Legal Education?),引自 Lee, *The Study of Law and Proper Preparation*, 29.

[11] 参见 Lasswell and McDougal, "Legal Education and Public Policy," 203. 对于二人皈依程序法学派的证据,参见二人合著的"Jurisprudence in Policy-Oriented Perspective," 486, 506. 如果要考察美国法哲学中程序法学派的历史定位,参见 Morrison, "Frames of Reference for Legal Ideals," 载于 Kamenka et al., eds., *Law and Society.*

[12] 例如,某法学院这样描绘自己的办学理念:"如果专业性院校能够清醒地认识到自己的目标并脚踏实地扎实推进,那么这所院校就必须地方化,将办学重点集中于传授本地的法学实践与法学理念。每个州都有自己的法学院,教师队伍也都从本地的执业律师中遴选产生,从而在法学院与当地法院、律师

界之间建立紧密联系,充分让学生获得观察法律实践,接受实践训练的良好机会。"*John Marshall Law School Catalog* (1933).

[13] 这导致的结果之一,就是法律评论的层出不穷,而且基本上都是照搬《哈佛法律评论》的办刊模式。1887 年,法律评论的数量为 0,到了 1937 年,这个数字增至 50。尽管《哈佛法律评论》鼓吹自己"是一部运行顺畅、高效率的机器,能够充分满足教学需要……我们不必因为发现其所依据的特定标准被经验证明能够产生最佳结果而忐忑不安"(*50 Harvard Law Review* 873 [1937]),但并非所有人都如此认为。约瑟夫·华纳(Joseph Werner)强调法律评论讨论当地法律的必要性,认为需要建立各州的法学院。Werner, "Need for State Reviews," 49. 大卫·卡威斯(David Cavers)承认已经有一些相当专业的期刊出版[其中较为典型的例子如《乔治·华盛顿大学公法及空间法评论》(the *George Washington Review of Public Law and Air Law Review*)],但其同时认为此类期刊数量太少,且质量仍有待提升。Cavers, "New Fields for the Legal Periodical," 1. 在《再见,法学评论》("Goodbye to Law Reviews," 38-41)一文中,弗莱德·罗德尔(Fred Rodell)猛烈抨击了当时的法学期刊,认为大多数法律评论的作者,都非常擅长故弄玄虚但言之无物,而且所有的法律评论都照搬《哈佛法律评论》,导致严重同质化。他还反对法学期刊刊载的文章晦涩无趣、缺乏吸引力、充斥长篇大论的解释性注释,认为这样做导致论文的正文部分含混,被弄得晕头转向的读者只能从文章下面的注解才能对于作者要表达的意思略知一二。这种小题大做的形式,使得法学期刊登载的论文含金量不高。

[14] 改革创新并未在美国东部绝迹。20 世纪 30 年代,西北大学法学院的课程设置颇为另类,包括两年的全日制课堂教学,之后的一年,学生需要在教学基地进行两三个法学领域的专题研究。研究结束后,学生需要提交书面的研究报告。See Green, "A New Program in Legal Education," 299.

约翰·布莱德威在南加州大学与杜克大学的工作相比之下显得更为重要。1928 年,他在南加州大学开设了法律诊所,因为效果太好,杜克大学邀请其去开始类似的项目。在 20 世纪三四十年代,布莱德威为法律诊所项目不断奔走呼号,并且发表了一系列有影响力的论文。参见"The Beginning of the Legal Clinic of USC," 3 *Southern California Law Review* 36(1932); "Legal Aid Clinic," 7 *St. John's Law Review* 236 (1933); "Clinical Preparation for Admission to the Bar," 8 *Temple Law Quarterly* 185 (1934), "Objectives of Legal Aid Clinic Work," 24 *Washington University Law Quarterly* 173 (1939); Classroom Aspects of Legal Aid Clinic Work," 8 *Brooklyn Law Review* 373 (1939); "Education for Law Practice: Law Students Can be Given Clinical Experience," 34 *American Bar Association Journal* 103 (1948); 以及"Case Presentation and the Legal Aid Clinic," 1 *Journal of Legal Education* 280 (1948). 参见 Lindsay, "John Saeger Bradway—the Tireless Pioneer of Clinical Legal Education,"6.

但当时的教育体制对于布莱德威的呼吁无动于衷。尽管在20世纪40年代,曾经出现过为法律诊所设定标准的努力,但1948年美国法学院联盟认定:"起初认为法律援助项目可以为法学院内部设立诊所项目提供充分的素材的看法,现在看来太过乐观了。""Report of the Committee on Legal Aid Clinics," *AALS Proceedings*, 1948, 188. 到了1950年,美国法学院联盟认为这一问题已经解决,没有必要在法律诊所问题上投入精力。"Report of the Committee on Legal Aid Clinics," *AALS Proceedings*, 1950, 123.

[15] 有观察家认为,虽然在法学教育领域存在各种运动,以及围绕这些运动的讨论,但大多都是停留在纸面的空谈,很少能够在全国性法学院的课程设置方面得到落实,他也希望地方法学院能够努力提升自身水平,追赶全国性法学院的步伐。Brosman, "Modern Legal Education and the Local Law School," 517. 从不同的视角,博耶(B. F. Boyer)认为在全国性法学院与地方性法学院之间必然存在差别,而这种差别在"二战"爆发时依然十分明显。他认为,较小规模的法学院应当接受自身资金、规模有限的现实,并且停止一味效仿全国性的知名法学院。Boyer, "Smaller Law Schools," 281.

[16] 这份报告还显示,哈佛针对学生参与科研项目态度较为保守。Carnegie Foundation, *Annual Review of Legal Education*, 1929, 37.

[17] *Report of the Dean, Yale Law School, 1929-1930*, 21. 罗伯特·哈钦斯在还是本科生的时候,出于无聊,就开始攻读法学学位,他利用一切时间选修课

程,利用在假期担任克拉克院长的研究助理等方式积累学分,两年半就完成了学业。哈钦斯遭遇到很多来自其他教师的阻力,这些人建议哈钦斯通过参与正规的课程学习一些基本的知识。当哈钦斯自己也成为教师后,他和克拉克起草了一份草案,建议按照哈钦斯的求学经历,承认此类项目的学分,但其他教师对此表示反对,认为如果不对于这一建议进行修改弱化,就不会表示赞成。Schlegel, "American Legal Realism," 467-70, nn.39, 57.

[18] *Report of the Dean, Yale Law School, 1930-31*, 24.

[19] Ibid. 学生将这门课称之为"支票之性生活"。

[20] 与其他学科的教师开展短期合作的历史与此类似。从 20 世纪 20 年代开始,虽然顶尖法学院开展了诸多转瞬即逝的教学实验,但大多并没有最后成为正式的课程设置。相关的例子包括 20 世纪 30 年代哈佛大学面向法科学生以及管理系学生开设的联邦行政管理课程,以及同一时期威斯康星大学面向法学院以及经济学部学生开设的劳动关系与贸易实践的研讨课。依据时间顺序对于此类的实验的梳理,参见 Brown, *Lawyers, Law Schools, and the Public Service*, 124-31. 这种跨学科的课程的特殊特征,一方面是相当短命,另一方面是在后来会以"主要创新"的面貌再次出现。

[21] 新类型的教科书受到广泛追捧,到了 1937 年,全美范围内 190 家法学院中有 117 家选用了哥伦比亚大学法学院新推出的判例教科书。*Goebel School of Law, Columbia*, 500.

[22] 这是首部突破传统"照搬判例"这一传统教科书基本原则的新类型教科书。Ehrenzweig, "The American Casebook," 235. 尽管以商业交易为基础,但这本教科书并非依据纯粹功能主义展开。卢埃林在其所撰写的推介文章中指出:"法律技巧开始走向前台,对于商业环境的理解不仅成为主要的学习目标,还成为让自己的工作更具智慧的途径。"另外一项具有里程碑意义的教材,是里昂·格林出版于 1931 年有关侵权的教科书。"格林编著的《侵权法判例的司法程序》(*The Judicial Process in Tort Cases*, 1931)令人吃惊之处在于其全盘否定了之前规则体系的合法性。格林根据涉及的利益主体的不同对于判例加以功能化编排,而没有采用之前的传统三方模式。他似乎要(向很多评论者)

表达判例的当事人、争议所营造的氛围以及存在争议的法益,才是决定判决结果的关键要素,而并不是所谓的独立法律规则或原则。White, *Tort Law in America*, 85.

[23] *Report of the Dean, Yale Law School, 1930-31*, 22.

[24] 普通课程与研讨课之间的区别,或许只有那些多年来浸淫法学院文化的人才能洞悉。但一般来说,研讨课的参与人数与作业量都相对有限。进一步而言,研讨课的教授通常情况下都是坐着,而在普通授课时老师通常都是站着(或许是为了纪念兰德尔)。

[25] 20 世纪 20 年代,因应对于大班授课的批评,顶尖法学院纷纷开设研讨课。哥伦比亚大学法学院发现,研讨课可以很好地兼容马歇尔提出的课程改革建议。Goebel, *School of Law, Columbia*, 234-35. 到了 1928—1929 学年,面向成绩突出的二、三年级学生,哥伦比亚大学法学院总共开设了 17 学分的研讨课。*Summary of Studies in Legal Education*, 190. 20 世纪 20 年代,哈佛大学法学院不定期地开设过研讨课。至于耶鲁,似乎从 1930—1931 学年开始,研讨课模式开始不如常态化。Sutherland, *The Law at Harvard*, 341; *Report of the Dean, Yale Law School, 1929-30*, 11.

[26] 这一改革恰巧在"二战"爆发时开始,1939 年的一项调查显示,在 45 所规模较小的法学院中,至多只有 4 所选择开设研讨课。Leflar, "Survey of Curricula in Smaller Law Schools," 259-61. "二战"结束后,很多之前没有开设研讨课的中等水平法学院,选择开设研讨课。Moreland, "Legal Writing and Research in the Smaller Law Schools," 53-54.

[27] 四年学制问题的研究并非 20 世纪 30 年代的产物,但却是这 10 年间最为流行的教学改革试验。Harsch, "The Four-Year Law Course in American Universities," 244. 1919 年,加州大学与西北大学法学院最早试用四年学制,但都以失败告终。Ibid., 250-53.

[28] Wigmore, "Minority Report on Committee on a Four-Year Curriculum," *AALS Handbook, 1920*, 215-19.

[29] 但这种做法得到了美国律师协会的支持。Roalfe, *John Henry Wigmore*,

169-70.

[30] Karz, A Four-Year Program for Legal Education," 530.

[31] Ibid. ,529. *The Preliminary Statement of the Committee on Legal Education of Harvard Law School* 一文提出,在所有对此感兴趣的法学院中,芝加哥大学法学院开设的非法律课程最多(113)。

[32] Katz, "A Four-Year Program," 533, 536.

[33] 1930 年,明尼苏达大学法学院正式启用四年学制(1938 年之后的几年,四年制只是一种可选的学制)。因为申请法学院需要具备两年以上的大学学历,四年制法学院项目推定每位学生对于大学的必修课,如政府、历史与社会学等十分熟悉(对于 70% 以上的本科院校来说,这些都是必修课)。最初,四年制学制获得了极大成功,1936 年,超过 60% 的学生倾向于四年制而非三年制。但是随着需求的变化,四年制的生命力逐渐丧失。随着"二战"的爆发,入学人数的下降迫使该校于 1938 年恢复成三年制,学生也因为三年就可以毕业,慢慢不再接受四年制。1958 年,四年制不再是可选的学制。Lockhart, "The Minnesota Program of Legal Education—the Four-Year Plan," 234-55;*Bulletin of the University of Minnesota Law School*, 1958-1960;以及 Stein, "In Pursuit of Excellence—a History of the University of Minnesota Law School, Part III," 1187-1200. 在此期间,路易斯安那州立大学、斯坦福大学、华盛顿大学以及圣路易斯华盛顿大学法学院等也曾尝试进行过四年学制的改革。

[34] *Report of the Dean*, *Yale Law School*, *1932-33*, 5. 共有 9 人完成了这一课程,还有大约 9 个人在之后选修了这一联合设置的课程。Ibid. ,*1933-34*, 7;ibid. , *1934-35*, 9;ibid. , *1935-36*, 7;ibid. , *1937-38*,7.

[35] Ibid. ,*1932-33*, 16.

[36] 克拉克院长就这一项目的失败写道:"我认为,这一法学教育的开创性尝试,有些生不逢时。"Ibid. , *1934-35*, 9;ibid. , *1938-39*, 6-7. 耶鲁并非 20 世纪 30 年代唯一开设法商课程的院校。其他的类似尝试,参见 Harsch, "The Four-Year Course," 254-55, 270;Brown, *Lawyers and the Promotion of Justice*, 88;Brown, *Legal Education at Michigan*, 299-300;Brown,

*Lawyers, Law Schools, and the Public Service*,131.

里昂·凯斯灵(Leon Keyserling)这样解释法商课程的最终流产,他认为,这门课程设置是从执业律师而非经济学家的角度设置的,这就导致这一项目取决于法学院与商学院的关系好坏。Keyserling, "Social Objectives in Legal Education," 455.

[37] 即使对于精英法学院来说,对此的反应速度也并不一致。尽管1934年哥伦比亚大学法学院要求每位学生至少选修12学分的公法研讨课课程,哈佛于1938年进行的课程改革却主要关注私法领域(只将刑法规定为2学分的公法必修课)。Goebel, *School of Law, Columbia*, 327; Harvard Law School, *Statement of the Committee on Legal Education*, 80.

[38] Comment, "Ernst Freund—Pioneer of Administrative Law," 29 *University of Chicago Law Review* 755.

[39] 根据里德的研究,密歇根、哈佛、芝加哥以及西北大学代表了4种广泛推行选修课的。Reed, *Present-Day Law Schools*, 231, 234.

[40] 特别参见 Garrison, "Developments in Legal Education at Michigan, Illinois, Chicago, Northwestern, Minnesota, and Wisconsin," 28-30; Handler, "What, If Anything, Should Be Done by the Law Schools to Acquaint Students with the So-Called New Deal Legislation and Its Working?," 164. 这一时期,即使较小规模的法学院,也感受到了变革的压力。1939年对于45所小型法学院所做的调查显示,其中的23所开设了行政法,22所开设了公共事业法课程,除此之外,还有6所法学院开设劳动法,6所开设商业规范法。其他类型的公法课程亦不罕见。Leflar, "Survey of Curricula," 262. 即使未获美国律师协会认证(大部分都是私立)的法学院,也开始在日常的课程设置中增设公法课程。20世纪30年代末期对于此类法学院进行的调查发现,其中的大部分法学院都开设了至少一门公法课程,通常情况下是宪法或行政法。例如可参见波西娅、巴尔的摩、巴波亚、亚特兰大、辛辛那提基督教青年联合会、西北法学院(俄勒冈)1939—1940学年的校历与课程表。

[41] 参见 Auerbach, "Born to an Era of Insecurity," 12, n.56, 以及 Auerbach,

*Unequal Justice*, 158-230.

⁴² Brown, *Lawyers, Law Schools, and the Public Service*, 178-79, 81. 最早对于这种改变做出反应的是哥伦比亚大学法学院在"二战"前尝试开设的"政府行政管理诸法律问题"课程。Ibid., 191-92.

⁴³ Leach, "Property Law Taught in Two Packages," 35.

⁴⁴ 通常情况下，这些法学教授往往会发挥十分重要的作用。被罗斯福总统称之为"值得信赖的大脑"的小阿道夫·博勒（Adolf A. Berle, Jr.），从哈佛大学法学院毕业后，担任哥伦比亚大学法学院教授。另外一位获此殊荣的莱克斯·塔格威尔（Rex Tugwell）认为罗斯福选用的不仅仅是法学教授，而且还必须符合下列条件，即将相关问题的讨论限定在与华尔街没有交集的人中间。我们只是普通的大学教师，或许不那么切合实际，或许并非行政程序方面的专家，但在他眼中，我们是自由的，同时也足够聪明，从而可以帮助其制定政策。从这个角度来看，阿道夫是否合格存在疑问，他在华尔街拥有一间办公室，但事后查明，这只是一间普通的律师事务所。参见 Tugwell, *The Brains Trust*, 167. 来自哈佛大学法学院的菲利克斯·法兰克福特同样是一位关键人物，在担任总统顾问的同时，还积极鼓励法学院毕业生前往华盛顿谋取一席之地。尽管他真正的影响力可能并没有自己所认为的那样大，但的确曾权倾一时，以至于休·约翰逊对于这位美利坚合众国最具影响力的人物以及其弟子遍布政府的各个关键岗位颇为光火。Auerbach, *Unequal Justice*, 170. 对于前往华盛顿就职的学生的相关统计，参见 ibid,181.

⁴⁵ 奥约巴赫认为，弗兰克对于参与罗斯福新政的态度，特别有利于说明弗兰克和其同事如何推掉其他传统的学术职务，积极投身于这项工作：

> 弗兰克将法律现实主义与新政现实主义之间比作婚姻关系，他在自己的自传中认为法学教授很容易转变为新政主义者，因为这些人不那么强求一致，在自身的技能方面颇具灵活性，同时也是因为这些人根据社会后果而非其理论内核对于法律机制加以判断。作为实证主义者，法学教授们对于自身的观点始终持自我批判的态度，从不因为不同意见的存在

而偏执己见。那些坚信亘古不变的法律原则的律师,也就是被弗兰克称之为"绝对先生"将被新政拒之门外,相反,"尝试先生"将会每天16个小时不知疲倦地进行社会实验。[Auerbach, *Unequal Justice*, 29,178.]

⁴⁶ Brown, *Lawyers, Law Schools, and the Public Service*,188-89.

⁴⁷ *Report of the Dean, Yale Law School, 1927-28*,115-16.

⁴⁸ *Report of the Dean, Yale Law School, 1932-33*,18. 在此期间,研究生项目得到了稳步增长。在法学本科教学改革之前,哥伦比亚大学法学院建立在功能性研讨课基础上的研究生项目,就被视为全美最具影响力且最具活力的研究生项目。Currie,"The Materials of Legal Education, Part I," 8. 选修这一研究生项目的研究生大部分都计划担任教职,所有的研究补助也都落在了这些人手里。Reed,"Legal Education, 1925-28," 771; Smith,"Training the Law Teacher through Graduate Work," 93-94; 1928—1929学年耶鲁大学从斯特灵奖教金项目获得25万美金资助。截至1931年,哈佛大学共计有20个额度从250美金到3 000美金不等的助学金名额。哥伦比亚大学法学院则提供9个资助额度从1 200美金到3 000美金的助学金名额。Smith,"Training the Law Teacher," 92-94. 哈佛大学的资质主要倾向于比较法的深入研究,而哥伦比亚则侧重功能法学,耶鲁愿意资助学生进行非法学问题的研究。*Report of the Dean, Yale Law School, 1931-32*, 18; "Notes and Personals," 5 *American Law School Review* 424 (1924); *Report of the Dean, Yale Law School, 1925-26*, 112.

⁴⁹ Sutherland, *The Law at Harvard*, 277.

⁵⁰ *Report of the Dean, Yale Law School, 1926-27*, 116. 1928—1929学年,耶鲁为压缩入学规模,拒绝了超过2/3的入学申请,同时显著提升了入学新生的质量。*Report of the Dean, Yale Law School, 1928-29*, 7. 这种做法最初当然有些搞噱头的成分,因为之前耶鲁法学院每个班的人数也都不会超过100人。然而,这种做法却算得上一种大胆的宣示,对于其竞争者哈佛大学法学院来说尤为如此,耶鲁大学法学院希望保持较小的办学规模,这样做不是因为申请的人数少,而是因为其自己希望限制规模。在克拉克院长的领导下,不久申请者

就蜂拥而至,从而使得耶鲁的遴选入学制变得名副其实。Arnold, *Fair Fights and Foul*, 35.

⁵¹ 1918 年,耶鲁开始招收女生。

⁵² *Report of the Dean*, *Yale Law School*, *1926-27*, 116. 到了 1940 年时,学生在被录取前,必须提交平均成绩为 B 以上的证明。

⁵³ Ibid. ,117; *Report of the Dean*, *Yale Law School*, *1930-31*, 13.

⁵⁴ 耶鲁所进行的实验引发了其他一些法学院的效仿。约翰·威格莫尔用"心智度量法"(psychopoyemetrology)一词来界定衡量智力发展的科学。经过试验,威格莫尔认为"斯托德—弗尔森测试"(a Stoddard-Ferson test)在预测法学学习的成功几率方面没有实际价值。Wigmore, "Juristic Psychopoyemetrology—or How to Find Out Whether the Boy Has the Makings of a Lawyer," 454. 田纳西大学法学院历经四年的实验,最终认定资质测试无效,因为这种测试固然可以发现一些先天遗传的能力缺陷,却根本无从考察受测试者的学习意愿。参见"Letters to the Editors," *25 Illinois Law Review 446* (1931). 南加州大学在调查了 520 名入学新生之后发现,资质测试如果使用,也必须十分谨慎。参见 Cormack and Hutcheson, "Relations of Pre-Legal Studies and Intelligence Tests to Success in Law School," 35. 直到 1947 年,普林斯顿大学的招生委员会才设计出一套法学院入学测试(the Law School Admissions Test),并于 1948 年 2 月首次适用。Crawford, "Use of Legal Aptitude Test in Admitting Applicants to Law School," 151; Gorham and Crawford, "Yale Legal Aptitude Test," 1237; Reese, "The Standard Law School Admission Test," 124.

⁵⁵ Carnegie Foundation, *Annual Review of Legal Education*, *1928*, 26; *Report of Dean Clark*, *1930-31*, 13.

⁵⁶ *Summary of Studies in Legal Education*, 184; Reese, "The Standard Law School Admission Test," 125. 20 世纪 30 年代,明尼苏达大学法学院也曾尝试进行资质测试,但效果不佳,因为这种测试并不可靠。Stein, "In Pursuit of Excellence," 1195.

⁵⁷ 福斯特认为,耶鲁限制招生人数的做法,很好地说明了顶尖法学院如何

可以在不考虑追求利益最大化的竞争者的情况下,通过此举体现出自身对于精英主义的追求。尽管福斯特所提出的耶鲁如果不财力雄厚、声名远播,其遴选入学机制就未必能够成功这一观点或许是正确的,但其并没有认识到一点,耶鲁或许并没有在意那些非全日制法学院的竞争,但却十分严肃地与其他精英法学院相互抗衡,特别是哈佛与哥伦比亚大学法学院,因此,耶鲁所有的决定都并非随意为之,而是一定会考虑到这些法学院可能采取的反应与行动。

[58] 耶鲁大学法学院 1931 年接受的捐赠超过 200 万美金,同时,其每年还能从耶鲁大学校方获得约 15 万美金的拨款。*Report of the Dean*, *Yale Law School*, *1930-31*, p.33.

[59] Sutherland, *The Law at Harvard*, 249-50, 306-7. 1937—1938 学年,申请入学的人中,有 19% 遭到拒绝,从而帮助班级规模下降了 15% ~ 20%。Simpson, "Developments in the Law School Curriculum and in Teaching Methods," 1040.

[60] Sutherland, *The Law at Harvard*, 283-86. 塞利格曼(Seligman)对于学生相关抱怨的描述,参见 *The High Citadel*, 64-67;此类抱怨与当代学生对于教学方式、教学目标的不满具有惊人的类似性, ibid., pp. 95-200, passim.

[61] Reed, *Present-Day Law Schools*, 223-29.

[62] 事实上,哈佛大学法学院曾于 1900 年要求校方用法学博士学位替换之前颁发的法学学士学位,从而同时限制招生人数,"也就是说,哈佛大学最先制造了这个怪胎,因为其首先在人文科学之外的纯粹执业训练项目中使用英国式的学士学位。现在,又开始通过完全不同于传统大陆教育体系的博士学位来矫正这个怪胎。但这个博士学位所指代的教学从其在大学教育所处地位来看,在大陆国家的教育体系中根本不存在一个与之相当的教育项目,更不具备大学教育所具有的关注学术研究、轻视职业培养这一重要特征"。Ibid., 78.

[63] Reed, *Training for the Law*, 281.

[64] Reed, *Present-Day Law Schools*, 199-200, 213-21. "让那些从未在学院或职业学校之外接受过任何训练的申请者获得律师执业资格,不能因为这些人已经准备好法律执业就认为其具有正当性……另一方面,这些教育机构无法

自身为学生提供实践训练,并不意味着其不能采取措施弥补之前法学教育的空白或漏洞。"

[65] Ibid., 215.

[66] Ibid., 216.

[67] Jerome Frank, *Courts on Trial*, 232-36.

[68] 对此问题,参见 Brown, *Lawyers, Law Schools, and the Public Service*, 234-39.

[69] "新时代远未到来……合同法、侵权法、物权法、信托法都还原封不动地保留着以往的名称与形式;即便那些重新包装命名的学科,关注的仍然是上诉法院的判例。法与社会科学之间依然判若两人。"Currie, "The Materials of Law Study, Part I," 337.

[70] Currie, "The Materials of Law Study, Part III," 26, n.99. 艾瑟·布朗认为,在贯彻功能主义方面,西北大学法学院走的要比其他法学院更远,并引用了 1946 年的课程改革作为这一观点的例证。Brown, *Lawyers, Law School, and Public Service*, 101, 104.

[71] 引自 Brown, *Lawyers and the Promotion of Justice*, 86.

[72] Ibid., 86.

[73] Ibid., 86-87.

[74] 引自 *Report of the Dean, Yale Law School, 1930-31*, 4.

[75] Brown, *Lawyers, Law Schools, and the Public Service*, 10.

## 十、标准

1922年至1945年期间，美国法学教育精英圈子之外的异变，反映出这一时期国家层面面临的经济危机与社会压力。虽然现实主义法学思潮的酝酿并未波及绝大多数法学院，但对其而言，提高办学水准的紧迫感却日益水涨船高。20世纪二三十年代美国律师协会与美国法学院联盟之间围绕提高"办学标准"所展开的斗争，在某种程度愈演愈烈。在精英法学院忧心是否需要为高等法学研究设立专门机构的时候[1]，法律职业团体所在意的则是大多数法科学生无法在法学本科阶段获得必要的法学教育。1922年时，还没有哪一个州存在必须就读法学院的强制性规定，私立法律学校仍一如既往地欣欣向荣。[2]从20世纪20年代开始，美国律师协会与美国法学院协会开始积极行动，试图从根本上提高法学教育的标准与要求。

1921年，美国律师协会要求所有希望攻读法学专业的申请者至少具备两年以上大学学历，同时规定法学院需要推行三年全日制或者四年非全日制学制。作为一个完全自愿性的组织，美国律师协会在落实上述标准的时候能够依靠的唯一武器，从理论上来讲是逻辑，从实践来讲就是说服。这招尽管的确取得了某种意义上的成功，但绝非屡试不爽。[3]1922年，受到美国律师协会资助的地方及州律师协会（律师协会代表大会）基本上都批准了上述决定。[4]然而，如鲁特报告所描绘的那样，在会议上，美国律师协会版本的某些变体，开始浮出水面。与会代表并不接受最起码两年的大学学历要求（这也是里德在其报告里所呼吁的标准），而是批准以"同等训练"的要求取而代之。除此之外，其他证据也显示，讨论了上述建议的代表大会显得要比美国律师协会大会更为"民主"。缺乏法学教育机构的各州被鼓励兴建法学院及法律学校,从而保证经济条件不好的学生也能从事法律职业。[5]代表大会还通过了谴责法学教育商业化的决议,同时基于职业道德考量强调法科学生与执业律师之间应更为密切地接触。[6]

1921年与1922年美国律师协会代表大会,在法学院三年全日制学制之外,还规定了四年的非全日制学制,似乎为法律夜校与非全日制法学院[7]提供了合法性。但从长期看,这一决定更赋予居于中间层级的普通法学院以更大的存在根据。作为这些法学院的代言人,美国法学院联盟加入美国律师协会的阵营,每年都在努力提高"标准"。虽然事实上在1922年之前,美国法学院协会的成员资格也向非全日制法学院开放[8],但在同时也提高了全日制法学院的要求。[9]1923年,其对于非全日法学教育的要求也水涨船高,很多法学院协会要求成员法学院将非全日制的申请者之前的高校学历增加一年。[10]

在20世纪20年代初,美国律师协会与美国法学院协会之间合作颇为紧密[11],二者都开始不断推出新规。1923年,美国律师协会首次发表获其认证的法学院名单。[12]1924年,美国法学院协会对于师生比不得低于1比100[13]的要求,进一步为非全日制法学院设定了限制措施,除此之外,还提高了1912年时初次设定的法学院图书馆建设标准。[14]翌年,美国法学院协会对于法学院申请者必须具备两年高校学历的要求正式生效[15];美国律师协会转而接受美国法学院协会版的师资要求[16],但未采用后者对于法学院进行临时认证的做法。[17]1926年,美国律师协会再一次采用之前美国法学院协会要求入学申请者必须具备两年高校学历的规定,美国法学院协会则废除了允许法科学生同时选修其他大学专业的规定。[18]

1927年,随着美国律师协会任命时任美国法学院协会秘书[19]的克劳德·霍莱克(Claude Horack)*担任其新设立的全职法律教育咨询委员,这两个组织之间的关系进一步升温。霍莱克主要负责提升法学院与执业律师的准入水平。为了实现上述目标,这两大组织在强化相关要求方面不遗余力。美国律师协会还将注意力扩展至法学教育之外,要求其他公立大学进行水平考试,从而验证所谓"同等学力"是否名副其实。[20]美国法学院协会虽然在3年前刚刚提高了对于成员院校图书馆建设的水平要求,但在1927年又再次将此标准作了强化提高,要求至少藏书7 500册以上,年均投入维持经费1 000美元以上。[21]与此同时,几乎完全废除了对于申请者必须具备两年高校学历的变通规避途径。[22]1928年,美国律师协会再一次照搬美国法学院协会的举措,要求其会员单位至少具备3名以上全职法学教师,以及藏书超过7 500册的法学院图书馆。[23]

20世纪20年代,美国法律职业人士规模突破38 000人,法学院的数量也从1921年的142所增至1928年的173所。与此同时,美国法学院协会与美国律师协会的相关要求也出现明显提高。作为二者关系密切的明证,1927美国律师协会公布的法学院认证名单,几乎与美国法学院协会的会员单位如出一辙。[24]然而,所有这一切,就好像浸入浓酸中的金属那样产生了激烈的化学反应:当时全美法学院中能够满足美国律师协会标准的刚刚过半(1927年共有65所法学院获得美国律师协会认证),而在美国法学院协会院校就读人数仅占全部法科学生的约1/3(1928年约占34%)[25],较之20世纪20年代初,出现了明显下降。然而,更为重要的是,1927年,美国49个司法区(48个州加上哥伦比亚特区)中有32个州依然未正式对法学院申请者规定任何

---

\* 克劳德·霍莱克(1877—1958年),美国法学教育家,曾长期担任美国杜克大学法学院院长,并积极参与美国律师协会与美国法学院联盟的活动。——译者注

学历要求,还有 11 个州只要求申请者具有高中文凭或同等学力即可。总共只有 6 个州要求法学院申请者具备 2 年以上大学学历或同等学力。[26]在 1927 年时,还没有任何州要求申请律师执业者必须具备法学学历。

另一方面,在 20 世纪 20 年代,正式法学训练的某些要求,出现了非常明显的提高。到了 1928 年,除了印第安纳州之外的其他美国司法区都开始推行强制性的律师执业资格考试。[27]虽然仍然有 9 个司法区不要求律师执业资格考试申请者参加任何形式的实务培训[28],但现在,这明显没有紧跟潮流。1930 年,已经有 4 个州开始要求申请律师执业资格的人必须具备法学学历(西弗吉尼亚州要求三年,科罗拉多州要求二年,肯塔基州与怀俄明州则要求一年)。另外,在剩下的 45 个司法区中,法学院培训与律师见习制可择一适用,只有 4 个州仍然坚持必须全员参与律师见习。其他的州则允许申请律师执业资格的全部准备工作皆可在法学院内部完成,伊利诺伊、密歇根、明尼苏达、纽约、俄亥俄、华盛顿以及威斯康星州等已经做好准备,用三年全日制法学教育,替代四年制的学徒见习。[29]

正是在这种提升标准、促进一致的氛围中,里德主笔的第二份调查报告正式出炉。[30]他所主要关注的,是在 1928 年前后,随着美国律师协会与美国法学院联盟方面不断施压[31],美国法学院的质量日益均衡。[32]这一趋势的唯一主要例外,莫过于挽救了办学状况"良好"的法律夜校或夜间部的四年非全日制培养模式。[33]在所有的这些领域中,职业精英留下的印记无疑再明晰不过,而美国律师协会—美国法学院联盟对于法学院申请者的学历要求所产生的效果十分明显。此类要求迫使中小规模法学院不得不照搬精英法学院的办学模式,对此,里德担心这一标准会被适用于所有法学院,即使那些锁定最为穷困人群的法学院也概莫能外。"法律业界早已沿着最差的可能性分崩离析,较早之前,试图通过废止法律夜校或夜间部的方式消弭上述分裂的努力半途而废。现在,通过将法律夜校作为传统教学同等学力的办法修补上述状况的努力,也将无法获得成功。"[34]对此,里德实际上始终没有摆脱自己的思维定势——即错误地推定在美国,法律职业界具有内在的同质性。他始终坚持,应当模仿英国事务律师与出庭律师的范式,分别设立与之对应的法学院。里德坚持认为,美国法律职业的养成模式,将最终走向这一归宿,但他在第一份报告中也提出警告:"从报告的读者反馈情况来看,似乎无法从现在这一代律师之中获得理解与同情。他们大多将此观点视为一种愿景,并且是一种缺乏吸引力的愿景。"[35]

不同类型法学院之间的冲突,在 1929 年美国律师协会法学教育委员会年会中暴露无遗。这或许是有记录以来最不愉快的一次年会。所有与提高标准有关的政策疑问都被拿到桌面上彻底细致地讨论。美国律师协会—美国法学院协会各自政策的支持者与反对者之间针锋相对、旗鼓相当。双方代表人物,一方为教育委员会主席威廉·路易斯(William Draper Lewis)\*,另外一方则是全美最大法学院萨福克法学院院长格里森·阿彻。前者有资格"吹嘘",进展颇为顺利,现在已经有 14 个州选用美国律师协会的规范体系。[36]轮到阿彻发言时,他以《法学教育大学垄断的事实及影响》(Facts and Implications of College Monopoly of Legal Education)[37]为题展开,在提出美国律师协会在路易斯担任主席期间向教育委员会拨款 15 000 美元之后,阿彻质问:"现在,法学教育委员会是怎么使用我们的慷慨馈赠的? 1924 年曾担任美国法学院协会现任主席,丝毫不顾美国法学院协会在过去 20 年中坚

---

\* 威廉·路易斯(1867—1949 年),美国法学家,曾担任宾夕法尼亚大学法学院院长,以及美国法学会首任主任。——译者注

持的指导精神,花费 1 万美元年薪雇用美国律师协会现任主席克劳德·霍莱克作为实地调查员,考察不同州大学垄断的情况。"[38] 来自马萨诸塞州的詹姆斯·布伦南(James Brennan)支持阿彻反抗压迫非精英法学院的立场,"美国律师协会这一伟大组织正在,按照我的话说,用我们这个社会中最为危险的黑名单和杯葛的方式,将法学院划分为三六九等。"[39] 位于芝加哥的约翰·马歇尔法学院院长爱德华·李(Edward T. Lee)同样拒绝支持法学教育委员会:"一群教育界的暴徒——这个国家里地位显赫的名门高校法学院院长和法学家们——利用美国律师协会作为接触美国法学院协会这个判例法法学院共同体的跳板,不仅对于美国律师协会毫不负责,这种仅仅顾及自身利益的做法引发了来自协会内部的反感,同时也毫不顾忌我们这个协会的两大根本宗旨:捍卫法律职业的尊荣,鼓励联盟成员之间的真诚互动。"[40]

然而,至少在组织严密的法律职业群体内部,"标准化"与"进步"的力量正处于上升期。缺乏标准的法律职业,就好像没有处于无菌环境的医院那样令人无法接受。来自费城的亨利·德林克尔(Henry Drinker)*谈到,该市律师协会受理投诉的委员会接到的大量投诉都与"俄罗斯犹太年轻人"有关,认为要这些人获得大学教育,将"放任"其吸纳"美国精神"。[41] 排外主义、对于经济因素的关注,以及职业虚无主义,与对于公共利益的真诚关注等合并起来,足以有效抗制来自阿彻及李等人的猛烈批判。多元主义明显渐渐走入末路,所有美国律师协会倡导的标准,都在 1929 年年会中获得通过。

随后,1930 年年会的气氛同样紧张。阿彻在发言开始,就提出来这样一个疑问:"这次会议难道是蓄谋已久?或者在最后时刻有人会

---

\* 亨利·德林克尔(1880—1965 年),美国律师,在法律道德问题上颇有研究。——译者注

出其不意地出现并将细心聆听辩论的人排除出去?"⁴²对此,美国律师协会通过决议反对法学院的商业化运营来加以应对。阿彻并未因为挨了这记闷棍而束手就擒,反而提出反击,要求法学院的一半师资力量应当来自法律实务界。这一动议引发轩然大波,虽然得到了相当程度的力挺,但最终以体面地落败告终。学者型法学界人士依然倚重于来自成功法律执业人士的支持。阿彻与李等人最终只能勉强通过一个决议,即呼吁法科学生与有建树的执业者建立私人联系。⁴³

以这样或那样的方式,在20世纪30年代,美国律师协会逐渐压制住了非精英法学院的势力。美国法学院协会同样也在强化标准,例如,联盟决定在1932年之前,协会成员法学院的图书馆藏书至少1万册,每年在图书馆运营方面至少投入2 000美元。同时,成员法学院至少应聘请4名全职法学教师。⁴⁴持续提高教学要求与标准,使得非全日制法学院与法学教育业界的翘楚们之间濒于摊牌。这些体制内的既得利益者之所以能够毫发无损地成为成功者,在很大程度上得益于美国律师协会与美国法学院协会的成员要求。在这两个机构之间所有的摩擦,与其说是大型律师事务所与个人执业者之间的冲突,毋宁说是业界领先的法律执业者与全职教授之间的群体利益冲突。然而,典型的独立法律执业者,相比于体制内的法律团体成员,更容易与各州立法者形成和谐的关系。这就意味着很多州仍有待将各自的要求提高到美国律师协会及顶尖法学院所主张的水准。因此,美国律师协会对于标准的关注,以及对于法律职业的控制,一直持续到20世纪30年代。

尽管美国律师协会草拟了规格很高的标准,但在1928年时,纯粹非全日制法学院及混合学制的法学院培养的学生占到了全部法科学生的60%⁴⁵,但差距已经开始逐渐变小。1930年,美国律师协会资助成立了一个新的组织,即"全国律师执业资格考试委员大会"(the National Conference of Bar Examiners）[46]，同时任命克劳德·霍莱克之后担任法学教育分委会顾问的威尔·沙佛斯（Will Shafroth）*作为这一组织的负责人。有人认为，可以通过这一新组织来维持教育的多元化。例如，里德就对此抱持乐观态度。[47]但大会最初设定的目标，即法学教育的标准化及律师执业资格的国家认定模式，却指向了与此完全不同的方向。[48]很快，全国律师执业资格考试委员大会就成为加入美国法学院联盟的普通法科院系迈向统一化的中介[49]，同时，大会还致力于尽可能地说服律师执业资格考试委员，将考试题出得像在那些"更好"的法学院才会遇到的考试题。[50]

如果说"霍拉托·艾尔格神话"（the Horatio Alger myth）**使得立法机构不愿意为律师设置太高的准入门槛，那么就只能心甘情愿地咽下经济崩溃所带来的苦果。不仅仅华尔街于1929年对此表示了关注，到了1932年，已经有不少于17个州要求法学院申请者必须具备两年以上的大学学历[51]，这一数字几乎是4年前的3倍。更有甚者，33个州要求申请律师执业资格的人必须具备3年以上的学徒见习经历，当然，在法学院学习与在律师事务所见习都可以算数。其中具有标志意义的事件发生在1933年，这一年印第安纳州修改该州宪法，允许法律职业界重新整合，并且一次性地采用了很多美国律师协会的相关要求。这一强化措施在很大程度上归因于经济大萧条，尽管在某种意义上，经济崩溃所产生的影响远远小于预期。相关数字跌幅有限。1927年，法科学生数量一度高达46 397人。这一数字到了1931年下降15%，总人数降至39 417人，但到了1935年，又反弹至41 920人。[52]同

---

\* 威尔·沙佛斯（1894—1991年），美国法学家、律师，曾担任美国律师协会诸多内部组织的负责人，在很多方面作出过贡献。——译者注

\*\* "霍拉托·艾尔格神话"，是指霍拉托·艾尔格所创作的一系列在美国内战后大受欢迎的美国梦小说，这些小说无一不渲染草根阶层奋斗致富的人物事迹。——译者注

时期,法学院的数量从1928年的173所增至1931年的282所,到1935年降至195所。真正发生改变的,是学生的统计分布情况。1928年至1935年间,在美国律师协会认证法学院就读学生人数增加了5 000人,但其所认证的法学院数量仅仅从66所增至68所;在未经其认证的法学院就读学生人数下降了1万人,但法学院数量维持在了107所。从所占比例来看,美国律师协会认证法学院就读学生规模从32.2%增至48.8%。[53]越来越被边缘化的法学院慢慢发现在经济上已经难以为继。[54]在经济危机之中,精英法学院们却似乎颇为受益。[55]

20世纪30年代的经济大萧条在多大程度上导致了未经美国律师协会认证的法学院数量的下降,在多大程度上导致了获得认证法学院的标准持续提升,尚无法明确道来,但两者之间具备因果关系,却是明确无疑的。尽管顶尖法学院的教授、业界知名律师们往往身处新政核心,但普通律师依然为大萧条以及其对法律职业所带来的冲击而惊惧不已。[56]各州律师协会在此期间主要关注律师人满为患的问题,并试图寻找到一条可以接受的减员增效之路。[57]私立法学教育机构被认为是造成律师人数过多的始作俑者,有观点认为,要求州提高标准,不仅可以通过消灭这些教育机构而提升教学质量,还可以同时减少毕业生数量,间接减少申请律师执业资格的人数。除了提升标准之外,还有人建议只有符合资质的法学院培养的学生才能参加律师执业资格考试,进而将私人法律培训机构排除在外。[58]尽管有人批判这些建议背后的动机缺乏民主考量,充斥自私自利[59],但律师协会始终坚持其这样做的目的,是为了保护公众免受律师人数过多所势必导致的无能之辈充斥,腐败盛行。[60]

对于律师人数过多的担忧[61],更直接的原因还在于影响律师收入的问题,律师执业资格考试难易程度以及无证非法执业等问题。劳埃德·加里森(Lloyd Garrison)*提出,虽然在威斯康星州法律服务市场需求不断扩大,但很多律师的收入仍然无法糊口。[62]但美国律师协会的做法并不是扩大法律服务的市场,而是要求立法机构及各州最高法院严惩无证的非法执业者及其他专业竞争者。[63]这样一种做法也与其对于法学教育的态度保持一致。

到了20世纪30年代,美国律师协会误认为自己在与未经认证的法学培训机构的斗争中取得了胜利。有必要一提的是,1935年美国律师协会从卡内基基金会接手《法学教育年度评价报告》(the Annual Review of Legal Education)出版工作后,威尔·沙佛斯作为美国律师协会法学教育分委会主席所发表的主题文章。[64]在讨论了律师人数过多以及律师良好职业道德的重要性之后,沙佛斯对于费城律师协会通过决议限制当地执业律师人数的做法表达了并非完全否定的看法,"限制申请律师执业资格的做法,有悖于这个国家长期秉持的民主传统,忤逆机会平等的理念,应该说,除非并无他法,否则不应将这种做法推而广之。如果我们的确让太多律师获得执业资格,那么还可以通过其他办法来减少这种律师供给状态"。[65]

或许沙佛斯之所以没有对于费城律师协会的做法过度担心,是因为律师协会组织已经另有成竹在胸。和之前在弗莱克斯纳时代一样,医学界的相关做法,为美国律师协会提供了两种可能的选择:通过在44个州设立规则,要求申请医师执业资格的人必须毕业于美国医学协会认证的院校。不符合资质要求的医学院因此遭到整肃,30年之后,数量锐减至2家。[66]美国律师协会决定效仿这一做法。1937年,美国律师协会出台法学院认证规范,要求法学院申请者必须具备两年以上大

---

\* 劳埃德·加里森(1897—1991年),美国法学家,曾担任威斯康星大学法学院院长,在劳动法领域有很深造诣。——译者注

学学历，必须采取三年全日制学制或四年非全日制学制，图书馆藏书7 500册以上，至少三位全职法学教师，师生比不能超过1∶100。[67]

美国法学院联盟对于律师人数过多这一问题的态度，相较于美国律师协会显得更为保守。在向律师协会确保法学院不会帮助学生非法僭越律师执业资格考试这条红线[68]的同时，美国法学院联盟最初对于律师人数过多的指摘持审慎怀疑的态度。[69]卡尔·卢埃林认为，事实上，律师人数并非过多，只是太多人将自己的服务范围限制在富人阶层，忽视了更多贫困人口的法律服务需求而已。之所以感觉律师过剩，是因为大家都想进入到同一市场服务领域。[70]劳埃德·加里森也在其对于威斯康星州的调查中发表了类似看法。[71]但这种迟疑，并未影响到美国法学院联盟积极提高相关标准的努力。[72]

尽管对提高法律服务的范围尚存争议，美国法学院联盟最终还是非常有力地影响了各州政府的决策。尽管法学院数量不断增加，但法学界人士仍然效仿医学界的做法，游说各州提高法学教育要求。以至于在1935年提交的法学教育年度报告中，沙佛斯颇为自信地宣称，在过去的两年中，提高要求的潮流不断加速，自从1934年1月1日起，又有11个州宣布采用法学院申请者必须具备两年以上大学学历这一要求。[73]

这种改变可圈可点。在20世纪30年代，每年都会有三四个州开始要求法学院申请者具备两年高校学历。还有个别州甚至要求申请者具备三年高校学历。在其他各州中，宾夕法尼亚州适用刻板的品格要求作为限制执业律师数量的手段，而其他州律师执业资格考试委员会则采取逐年降低通过率的办法。[74]越来越多的州开始要求申请律师执业资格的人必须具有在法学院学习的经历，并且要求必须是在美国律师协会认证的法学院接受上述训练，因此越来越多的学生开始投考这些法学院。例如，1937年，加利福尼亚州授权该州律师协会对于法学院进行认证,对于那些非认证法学院毕业的学生,则需要在一年之后接受一项特别设置的资质考试。[75]

截至1938年,共有101所法学院通过美国律师协会认证,其学生规模(23 827人)占到全美法科学生总数的63.7%。同年,全美范围内不要求法学院申请者具备两年大学学历的州仅剩8个,对于法科学生数量的下降,美国律师协会颇为欢欣鼓舞:"随着马萨诸塞、加州、哥伦比亚特区以及其他各州纷纷要求申请者具备两年大学学历,可以确信,人数势必持续下降。"[76]全美范围内的法科学生数量开始回落。[77]1939年,法科学生数量为34 539人,较前一年减少3 000人,"无疑,导致这一局面的主要原因就在于提高了申请标准"[78]。翌年,美国法学院协会主席将其领导的组织定性为一个"认证机构",并且宣称,在各自培养学生的竞争中,未经认证的法学院面临各种难题。[79]看起来,经济大萧条或者美国法学院联盟,成为法学教育的救世主。

---

[1] 例如,可参见施莱格尔对耶鲁创建"人际关系研究所"(the Institute of Human Relations at Yale)的始末介绍,Schlegel, "American Legal Realism," 482-88, 545-58. 也可以参见庞德对于哈佛大学设立研究院的关注,Seligman, *The High Citadel*, 60-61.

[2] 弗吉尼亚州在这个时期还出现了多所未经认证的法律学校。这些学校大多由野心勃勃的企业家——或者是执业律师,或者是商人——所开办,目的当然是为了赚取利润。1911年至20世纪30年代某些时候,诺福克法学院(the Norfolk Law School)在只有1名法学教授的情况下,还开设了夜间班。诺福克学院虽然本身是一所商学院,也在1924年至20世纪40年代末,或许直到20世纪50年代初开设了法律系,由于记录的匮乏,无法准确说明。美国最先开始法学专业的威廉玛丽学院(William and Mary)于1922年好不容易恢复了关闭已久的法学学科,多少有些讽刺意味的是,再开后的法学专业举步维艰。

参见 Bryson,"The History of Legal Education in Virginia,"14.

³ 对于美国律师协会于1921年提出要求,各州立法机构反应冷淡。4年之后,只有1个州要求法学院申请者需要具备两年以上大学学历。即使到了1928年,也只有西弗吉尼亚州要求只有美国法学院协会认证的法学院系毕业生才能参加律师执业资格考试。1929年,所有州中,除了3个以外,都不要求律师执业资格考试的参与者具有法科学历。First,"Competition in the Legal Education Industry,"361。

西弗吉尼亚走向强制要求律师执业资格考试的申请者具备法科学位的史程,后来成为其他州如法跟进的标准模板。1922华盛顿会议之后,约翰·戴维斯(John W. Davis)受邀在该州律师协会致辞,在对于日益增加的外国移民表示担忧之余,他还用共产主义及"年轻知识分子中的布尔什维克"(Parlor Bolsheviki)作为演讲的结尾。戴维斯的演讲产生了极大影响。尽管约翰·伯曼(John Boman)指出:"每次入学标准的提高,都意味着有些优秀人才被拒之门外,就意味着某种学术垄断的诞生。"尼尔先生(Mr. Neal)认为这项改革建议有利于那些有条件获得父母资助进入大学学习本领的年轻人。但这种情绪并非主流。当时大多数人的观点与冯德波特(J. W. Vanderport)类似,"我们无需为那些穷苦的年轻人感到担心。如果他们有雄心获得教育,从而改善自身的生存环境,提升自己的专业能力,无疑,都可以实现"。1921年的这项改革建议,以唱票的形式获得通过。West Virginia Bar Association, *Proceedings of the 37th Annual Meeting*, 38, 40, 105-38 (1922)。

在西弗吉尼亚州律师协会内部,依然存在不同声音,但1924年,该州律师协会还是成功说服州最高法院接受了美国律师协会1921年提出的这项建议,并于1928年生效,根据这项规定,任何申请律师执业资格的人,必须具备两年以上的高校学历,以及三年的全日制法科学历。West Virginia Bar Association, *Proceedings of the 40th Annual Meeting*, 13-15 (1925)。

⁴ 超过560名代表汇聚华盛顿特区,在大会讨论的第二天,担任美国律师协会代表人选推荐委员会主任的鲁特(Elihu Root)发表了措辞激烈的发言,并在很大程度上,促使代表们实际接受了美国律师协会的决议。

十、标准

⁵ 攻读法学院无疑代价不菲:1925 年平均学费水平大致维持在每年 100 美元至 250 美元。而哈佛、耶鲁、刚毕业以及其他少数几间法学院的学费更是超过了 300 美元。Reed, *Present-Day Law Schools*, 405-513. 但是, 即使在那些接受捐赠最多的法学院, 奖学金或者助学贷款等也都十分少见。根据当时耶鲁大学法学院院长斯万的记录, 即使作为优秀的学生, 也必须靠一己之力完成学业。*Report of the Dean*, *Yale Law School*, 1923-24, 124.

另一方面,这些法学院同时收益颇丰,以至于威廉·路易斯(William Draper Lewis)于 1929 年这样阐述自己的内心确信"一个常见的情况是……法科学生缴纳上来的费用中超过 70% 的使用与法学院无关。法学院已经不再需要接受来自大学的补贴"。亦参见 First, "Competition in the Legal Education Industry," 363-64.

⁶ 较早之前,法科学生可以通过律所见习与执业律师建立此种联系,但是这种类型的互动后来出现的急剧衰减,在针对纽约州 1922 年参加律师执业资格考试的 643 名申请者所作的相关调查中表露无遗。只有 9 个人没有攻读过法学院, 而这 9 个人当中,还有 3 个人具有高校文凭。Ibid., 361, n. 295. 令人感到讽刺的是, 因为在此之后人们越来越关注缺乏法律实践技能这一问题, 开始有人呼吁通过让律师事务所接收法科学生来解决这一问题。参见 Weaton, "Law Teaching and Pragmatism," 338. 亦参见 Harno, *Legal Education in the United States*, 108-12; Seavey, "The Association of American Law Schools," 3, 163; 以及 Sullivan, "Professional Associations," 415.

⁷ 1923—1924 学年,非全日制法科学生的数量首次超越全日制法科学生的数量。

⁸ 非全日制通常情况下被定义为下午 4 点之后授课或每个学期所修学分不高于 12 个的学制类型。Seavey, "The Association of American Law Schools," 158.

⁹ 将课堂教学底线从 900 学时增至 1 080 学时。Ibid., 163.

¹⁰ Reed, *Present-Day Law Schools*, 124-26.

¹¹ First, "Competition in the Legal Education Industry," 362.

¹² Sullivan,"Professional Associations," 416. 39 间符合要求的法学院,被美国律师协会列入 A 级法学院。之外的 9 间有望满足其要求的法学院,被列入 B 级。

¹³ 1925 年,哈佛大学法学院每位全职教授平均面对 78 名学生(整体师生比为 17∶1 320);耶鲁每名老师面对约 70 名学生(师生比为 6∶418);哥伦比亚大学法学院每位老师面对约 103 名学生(整体师生比为 7∶721)。大多数规模较小的法学院情况相对更好一些。例如,康奈尔大学法学院的师生比为 1∶27,内布拉斯加大学法学院为 1∶37,堪萨斯为 1∶18,华盛顿为 1∶25,得克萨斯为 1∶26。但值得一提的是,迪克森大学法学院的师生比为 1∶112,阿尔巴尼的师生比为 1∶150,布法罗大学法学院的师生比为 1∶283。Reed, *Present-Day Law Schools*, 262. 美国律师协会 1892 年最早提出的要求是每所法学院必须有一名全职的法学教师。到了 1919 年,美国法学院协会将这一要求提高到要求 3 名全日制法学教师。Carnegie Foundation, *Annual Review of Legal Education*,1921, 7-8.

¹⁴ Reed, *Present-Day Law Schools*, 102, 124-25.

¹⁵ Sullivan,"Professional Associations," 416. 1925 年时,全美 168 所法学院中有 62 所加入了美国法学院协会。Reed, *Present-Day Law Schools*, 263-64.

¹⁶ Carnegie Foundation, *Annual Review of Legal Education*, 1925, 18.

¹⁷ Stolz,"Training for the Public Profession of the Law," 23. 这一时期,美国律师协会的成员人数约 8 000 人。Rogers,"The American Bar Association in Retrospect,"1∶166.

¹⁸ Reed, *Present-Day Law Schools*, 133.

¹⁹ 1928 年,霍莱克成为美国法学院协会主席。Harno, *Legal Education in the United States*, 114.

²⁰ Sullivan,"Professional Associations," 417-18; Smith,"History of the Activity of the American Bar Association in Relation to Legal Education and Admission to the Bar," 5. 实际上,这种压力已经开始与日俱增。1927 年美国律师协会法学教育委员会大会召开时就爆发了激烈的争论。"Proceedings," 6 *American*

*Law School Review* 168-70(1927).

[21] 通过对比法学图书馆最低藏书标准与顶尖法学院的藏书规模,就可以明显发现美国法学院的等级划分。20世纪20年代,美国各大法学院的图书馆步入极具扩张期,1926年,哈佛大学法学院的藏书超过29万册。Sutherland, *Law at Harvard*, 278. 1928年,哥伦比亚大学法学院的藏书为147 000册, *Yale Library Report*, *1928-29*, 14. 而耶鲁则为107 000册,并以每年8 000册的速度逐年递增。Ibid. , *1927-28* through *1929-30*.

[22] Reed, *Present-Day Law Schools*, 149, 552.

[23] Carnegie Foundation, *Annual Review of Legal Education*, *1928*, 48.

[24] Reed, *Present-Day Law Schools*, 43.

[25] Ibid. , 378. 1900—1901学年,在美国法学院协会院系就读的学生占美国全部法科学生的52%,到了1920—1921学年,这个数字将为43%。Ibid. , 29.

[26] 分别为科罗拉多、伊利诺伊、堪萨斯、俄亥俄以及西弗吉尼亚。纽约州于1929年开始适用这一要求。Ibid. , 52.

[27] 13个州依然保留有某种程度的文凭特权。围绕这一特权产生的争议似乎永远不会停止。1932年,美国律师协会依然感觉有必要对这一制度大加挞伐。Goodrich, "Law Schools and Bar Examiners," 101. 尽管到了1937年6月,得克萨斯州废除了这一制度,但依然可以在12个州发现这一制度的遗迹(Kinnane, "Recent Tendencies in Legal Education," 563)。Shafroth, "Recent Changes in Bar Admission Requirements," 304. 即使到了20世纪40年代之后,这种尴尬局面依然存在。1941年,南达科他州最高法院判定废止这一制度,但却遭遇极大阻力,以至于最终不得不让其死灰复燃。10 *Bar Examiner* 4 (1941). 1947年,通过全国律师执业资格考试的人中,有628人是凭借残留于阿拉巴马、阿肯色、佛罗里达、路易斯安那、密西西比、蒙大拿、南加州、南达科他、西弗吉尼亚以及威斯康星州的文凭特权获得的上述资格。*AALS Proceedings*, *1948*, 167.

[28] 分别为亚利桑那、阿肯色、佛罗里达、佐治亚、印第安纳、密西西比、密苏

里、内华达,以及弗吉尼亚州。Reed, *Present-Day Law Schools*, 49.

²⁹ 这种由各州制定的更为严格的形式要求,得到了 20 世纪 20 年代开始的各州强制执业律师加入各州律师协会运动的加功。这种所谓"全员参与"的律师协会发现自己很容易获得自治的各项权利,而美国律师协会的影响可以很直接、很强烈地通过各州的律师自治规范得以体现。

这一运动肇始于 1918 年美国司法学会(the American Judicature Society)出版的州律师协会法示范文本。1921 年,北达科他州率先组建所有执业律师必须参加的州律师协会,随后,1923 年阿拉巴马州、1925 年新墨西哥州纷纷效法。到了 1927 年,加利福尼亚州通过了该州的律师协会法。对于这一法案背后的政治考量及其对于各州律师执业生态的影响研究,参见 Gilb, "Self-Regulating Professions and the Public Welfare"。到了 20 世纪 70 年代,美国约 48 个州的律师都必须加入该州的律师协会。Johnstone and Hopson, *Lawyers and Their Work*, 42-43.

³⁰ Reed, *Present-Day Law Schools*. 在脱离实际的层面,这份报告与之前的那份里德报告并没有实质差别。

³¹ 在 1919—1920 学年,仍然存在 1 间一年制,18 间二年制法学院以及 127 所三年及更长学制的法学院。到了 1927—1928 学年,要求三年及更长学制的法学院数量为 166 所,二年学制的法学院变为 8 所,一年制法学院变为 2 所。更多学制的法学院,只在南方各州及印第安纳州才可觅见。Ibid., 111.

与此同时,选择就读非全日制法学院的学生人数,在 20 世纪 20 年代增长迅猛(从 1919 年的 13 318 人增至 1926—1927 学年的 26 430 人),速度远超同时期全日制法科学生的增长速度。除此之外,在 276 所颁发法学学位的法学院中,只有 111 所与大学之间具有实质联系。Ibid., 120. 在 1926—1927 学年,全部法科学生中,全日制学生占 43%,夜间部学生占 33%,早间班或深夜班的学生占 8%,深夜班学生占 27%。

³² 里德的表述较为策略:"最终形成的终局性教学模式,因为夹杂了用来支撑自身的有影响力、有价值要素,因此势必得到所有法学院管理者,以及负责批准法律执业申请的立法机构、法院以及委员会的尊重。"Ibid., 43.

十、标准

³³ 非全日制法学院的数量从 1919 年的 69 间增至 1927—1928 学年的 86 间。Ibid., 128. 有 70 间非全日制法学院专门提供四年的非全日制法科课程。其中,萨福克法学院在读人数超过 2 000 人,另外,波士顿青年基督教会法学院(东北)所有分支机构中就读的学生约为 1 600 人。纽约州法学院(New York Law School)的学生人数超过 1 000 人,还有其他的 5 所法学院,国民法学院(华盛顿特区)、底特律青年基督教会法学院、克里夫兰法学院、芝加哥—肯特法学院、堪萨斯城法学院,学生规模维持在 500 人至 1 000 人。Ibid., 287, ff.

³⁴ Ibid., 305-6.

³⁵ Ibid., 109.

³⁶ 54 *ABA Reports* 57 (1929).

³⁷ 阿彻将这种垄断形容为"教育界的八爪鱼"。参见 Archer, *The Educational Octopus*. 1919 年,阿彻在介绍萨福克法学院的历史时,曾做过如下介绍:

> 对于本校为工农子弟提供法律培训,以及其与在马萨诸塞州掌控一切的教育界的八爪鱼的斗争历史的编年体描述,使其超越了普通历史的范畴,成为作者本人生平的某种投射。正如古代历史学家所做的那样,我所描述的,都是我作为这所法学院的创建者及院长,亲眼所见,以及势必要亲身经历的遭遇。[Archer, *Building a School*, 11]

³⁸ 6 *American Law School Review* 583 (1929).

³⁹ 引自 First, "Competition in the Legal Education Industry," 363.

⁴⁰ 他还将自己的演讲冠以如下这个题目《致美国律师协会及法学教育分委会:难道协会遭到了团团伙伙的把持?》(*In re* The Section of Legal Education and the American Bar Association: Is the Association to be Controlled by a Bloc?)

⁴¹ 德林克尔很自然地将提高大学入学门槛与种族分布问题联系起来:

> 现在顶尖法学院所采用的 2+3 学制,即两年高校学历加三年全日制法学学历培养模式的设计初衷,是为了培养更优秀的律师?美国律师协会更加倾向这种培养模式,抑或不是?我们是否要充分利用这种高效的法学教育培养模式,抑或不是?

约翰·马歇尔、布莱克斯通、蒂尔曼(Tilghman)以及布莱克,是不是伟大的律师?这些伟大的律师的办公室里,是否安装有电话?没有。因此,如果你想要一间更高效的办公室,那么请扔掉你的电话。

现在,讨论的重点,应当主要放在问题的教育侧面。我希望您将注意力转移到具有同样重要性的另一侧面。我正好担任费城律师协会投诉委员会主席,在这个岗位上,我已经干了3年,比普通律师接触到了更多律师协会如果可能,不希望从事法律执业的不合格律师……这些人干了合格律师不应该干的事情……这些人都受过高等教育与法学院的教育……明知道自身的错误、自身的非道德性,明知道自己做的是错的……但仍然一次一次明知故犯,这些从社会底层爬上来的家伙,坏事做尽,自己却还不明就里。他们只是沿用其父辈在销售鞋带或其他小商品时在贫民窟所惯用的伎俩。我认为,整体上看,这些家伙如果没有走进大学,与真正的美国年轻人厮混在一起,将根本不会认识到自己做的是错的。

另外一件我注意到的事情,那些来到我们面前,为自己滥用职业特权而悔罪的人中,绝大部分都是来自俄罗斯,加入律师队伍几年的犹太人后裔,对此我深感不解。我认识很多非常杰出的犹太裔律师及法官,我发自内心地敬仰他们,但我无法理解这种大比例的失范状态。我曾经向一位犹太人律师朋友求解,他们告诉我,俄国裔犹太人,以及其他国家的犹太人来到美国,都雄心勃勃地想让自己的家族成员出人头地,如果家里有四五个男孩,两三个女孩,一旦长大成人,家族就会从中挑选出最为聪慧的那个,让其他人都为其作出牺牲,使其受到良好教育,成为专业人士,很多人最后都成为律师或者医生。这些年轻人白天在店里工作,业余时间学习法律,他们当中有些人会接受大学教育,但大多数人不会,当他们进入律师行业的时候,身边根本没有任何法律环境,有的只是其生长的环境,渴望成功的压力,他必须做一番事业,毕竟整个家族都为此做出了牺牲。他根本没有任何机会,没有机会吸取美国精神的真谛,他们只是一群随遇而安的外国年轻人罢了。[*ABA Proceedings*, 1929, 622-23]

[42] "Proceedings," 7 *American Law School Review* 33 (1930).

[43] Ibid., 37-43.

[44] Ibid., 176.

[45] Kinnane, "Recent Tendencies in Legal Education," 559, 561, 这反映出自 1910 年全日制法学院招生规模占全部法科学生招生 43% 之后出现的稳步增高趋势。McGuire, "The Growth and Development of American Law Schools," 91, 101.

[46] 这并非设立全国性律师执业资格考试机构的首次尝试。类似的努力还出现在 1898 年、1904 年、1914 年以及 1916 年。Shafroth, "National Conference of Bar Examiners," 134. 最后的成功,部分归功于 1932 年以来各州律师执业资格考试委员会的高质量工作。除印第安纳州之外,美国各州都设立了州一级别的律师执业资格考试机构。Shafroth, "Bar Examiners Take Steps toward Permanent Organization," 699. 然而,此类委员会任重道远。大多数委员都属业余,也即是说,由各州法院所任命的资深职业律师担任,这些人并不具备主导律师执业资格考试的能力。平均来看,考试委员的任期为 3.8 年,每年的薪酬约为 200 美元。Shafroth, "Training for the Bar," 21; Shafroth, "Bar Examiner and Examinees," 375.

[47] "如果条件适当,其可以帮助发展成一整套目前不属于任何一所法学院培养范围的实践技能。除了这些重点考量的部分之外,其当然也不会不讨论虽然并非根本性问题但同样重要的律师执业资格考试技巧问题。"Reed, "Co-operation for the Improvement of Legal Education," 51-52.

[48] 首次全国大会的当务之急是:提升通识教育与法学教育标准;发展更为彻底的品质调查程序;建构对于已在他州获得律师执业资格的律师更好的跨州评价体系;从整体上完善律师执业资格考试。参见 Shafroth, "Bar Examiner and Examinees," 134.

[49] 律师执业资格考试,始终是美国律师协会与美国法学院协会所担心的重点。大多数协会委员所关注的问题,在于负责律师执业资格考试的考试委员,往往并不熟悉"当代"的律师技巧,出题往往过时。虽然美国法学院联盟成员

单位的毕业生仍然会通过考试,但非联盟成员单位的毕业生也往往会蒙混过关。Green, "Legal Education and Bar Admission," 105; AALS Proceedings, 1936, 60. 另外一个问题是律师执业资格考试是否能够保证其应有的区分度。对此,里昂·格林显然并不这样认为。克劳德·霍莱克同样对此表示质疑。格林指出,律师执业资格考试,促使私立法律培训机构开设投机取巧的课程(或许会推动本应力图避免的文凭特权问题),霍莱克的观点多少类似于艾略特对于照本宣科教学模式的判断,后来还补充道:"无论进行多大程度的完善,都无法从根本上让其良好运转,律师执业资格考试根本上就是在挑战不可能的任务,像用筛子舀水。" Green, "Who Shall Study Law?," 578-79; Horack, "Securing Proper Bar Exams," 89.

正如与美国律师协会在首次合作时龃龉不断那样,美国法学院协会与律师执业资格考试委员的合作同样不甚愉快,"双方都对自己想要达成的目的过分关注,导致双方的共同目标,即充分的准备及公平的考试,反倒在这个过程中被双方所忽视。这种局面在很大程度上归咎于缺乏合作协同机制,但更大的原因在于对于基于明显敌意所导致的对考试机能独立性的误认。" AALS Proceedings, 1936, 97. 一位来自明尼苏达州的考试委员承认,如果考试题由法学教师组成的分委会来出的话,效果会更好。Ibid., 116. 1939 年时,有评论者认为法学院与考试委员之间在近些年有越走越近的趋势。Kinnane, "Recent Tendencies in Legal Education,"563. 这一时期,20 个州出台规定,将律师执业资格考试委员与经认证的法学院的教授加以整合。毕竟在减少执业律师人数,将素质欠佳的律师及法学院从业界驱逐出去这一点,已经形成了共识。Maggs, "How the Common Objectives of Bar Examiners and Law Schools Can Be Achieved," 147. 对于 20 世纪 30 年代律师执业资格考试委员眼界的提升问题,还可参见 Horack, "Securing Proper Bar Exams," passim.

拜聂尔(Biener)这样描述 1931 年在亚特兰大城召开的首届全国律师执业资格考试委员大会,"旨在提升各州律师执业资格考试委员会的工作效率,确保品性鉴定委员会只将那些具备律师应有知识素养与品性道德的人招进来。同时还要研究如何与法律职业的其他部门合作,从而解决法学教育与律师执业资格方面遇到的难题。"Biener, Jr., "Retrospect and Prospect," 1. 1939年,该律师在一篇充斥着种族趣味玩笑的演讲中,提出:"我们与美国律师协会律师执业资格考试委员会及法学教育分委会,与美国法学院协会密切合作,我们的共同目标是提升这个国家律师执业资格的考试标准,毕竟我们所处的位置,要求我们争取更大成功。"Biener, Jr., " Address of Chairman to Ninth Meeting of National Conference of Bar Examiners," 390. 亦参见 Bartlett, "Report of Committee of the Section on Legal Education on Co-operation Between the Law Schools and the Bar," 32.

[50] Harno, *Legal Education in the States*, 116.

[51] 相关意见中建议的标准包括:"任何不具备必要的,由现在获得美国律师协会认证的法学院所提供的法学训练所反映学术造诣的人,不得担任考试委员。"*ABA Proceedings*, 1940, 50; Box 3, Stanford Law School Archives, Stanford University, Stanford, Calif.

[52] 然而,尽管存在种种乐观因素,大萧条的影响却无法在短期内消除殆尽,"二战"的爆发导致情况雪上加霜。在"二战"老兵返乡之前,法学院的招生人数始终无法恢复到1928年的水准。1947年,法科学生的人数达到51 015人。American Bar Association, *Annual Review of Legal Education*, *1947*, 19. First, "Competition in the Legal Education Industry," 370.

[53] American Bar Association, *Annual Review of Legal Education*, 1935, 64. 然而,这些数字具有一定的欺骗性。尽管从1928年至1931年美国法学院协会的数量下降了2%,但在此之后,规模较小的协会成员法学院开始面临经营困境。一份1934年度执委会报告显示,平均来看,法学院联盟成员法学院的预算在1931年至1933年间削减超过17%,图书馆拨款下降23%,教职人员薪酬下降14%。该报告还补充认为,某些法学院的削减情况远胜于此。只是因为规模较大法学院的缩减规模有限,才在整体上拉平了相关统计。First, "Competition in the Legal Education Industry," 370-71.

萨瑟兰曾指出,哈佛并没有经历过申请入学人数下降的问题。Sutherland, *Law at Harvard*, 282. 尽管耶鲁声称自身受到了大萧条的严重打击,但这一点似乎也只是可以适用于其可使用的科研经费问题,即便其他方面的资金也面临了一些缩减。Schlegel, "American Legal Realism,"444,545. 耶鲁所面临的困境似乎是其他顶尖法学院的通病:图书购买预算削减、田野调查无以开展;既有科研项目的资金无以为继,很难支付得起足够的薪酬以慰留被私人律师事务所挖角的教授。*Report of the Dean*, *Yale Law School*, *1931-32*, 6, 20-21. Ibid., 1932-33, 4. 学术活动的经费往往就在最需要的时候戛然而止。Ibid., *1931-32*, 33; ibid, *1933-34*, 8, ibid,*1935-36*, 15. 然而,到了20世纪30年代中期,随着全国青年管理委员会(the National Youth Administration)开始为大学聘请学生担任助手提供资金,很多学生的经济负担得到减轻,也为教职人员提供了否则无力聘请的学术助手。Ibid., *1935-36*, 16; ibid., *1936-37*, 16. 大萧条似乎也没有给顶尖法学院的毕业生的就业安置造成麻烦。尽管这一时期就业市场的情况出现变动,但耶鲁大学法学院的毕业生似乎并未遇到太多就业方面的障碍。1938年,越来越多的法学院毕业生进入到政府部门。在主要的几所法学院中,似乎只有哥伦比亚遭遇到了较大困难,其1931年招生人数下降了13%。First,"Competition in the Law School Industry,"370 and n.349.

[54] 在波士顿及纽约市的非美国法学院联盟成员法学院受大萧条冲击最深。在波士顿,法学院招生人数下降1/3,在纽约,则接近被腰斩。同一时期,芝加哥与华盛顿地区法科学生招生人数则分别上升了26%与23%。Ibid., 370 and n. 347.

即使在这些地区,模式也并非一成不变。1918年,位于芝加哥的约翰·马歇尔法学院招收的40名学生中有7人出生于国外,其中3人出生于俄国,1人出生于罗马尼亚,1人出生于波兰,1人为亚裔少数族裔,1人出生于瑞典。到了1928年,其所招收的53名学生中,7人在国外出生;3人出生于俄国,1人出生于奥地利,1人出生于意大利。到了1938年,已经没有出生于国外的学生了,大部分学生来自于伊利诺伊州。John Marshall Law School, *Alumni Directory*, *1899-1967*, passim. 根据学生年册,该法学院于1928年曾招收过2名黑人学生,但到了20世纪30年代,这种现象已经绝迹。John Marshall Law School Archives, Chicago, Ill.

十、标准

⁵⁵ 福斯特对于这一现象提出了如下解释:

> 在20世纪30年代,法学教育并不算是夕阳产业。显然,这一时期很多律师抱怨这个行业从业人员过剩,竞争太过激烈,但仍然有很多人对于这个行业感兴趣,具体来说,想加入法律职业界,成为其中的一员。信息传递滞后或许能够解释这种需求的持续旺盛,但将学生视为消费者的解读范式能够对此提供更加令人信服的解释。学生们所面临的问题,是这种智力投资所能带来的回报,是否会高于其他类型的投资。因此,如果其他类型的投资收益与参与法学教育所能带来的回报缩减规模类似,那么学生的需求就不会受到太多影响。只要学生还有资本进行投资,即使毕业后的前景渺茫,这种需求依然会保持强劲。因此,即使在大萧条时期,就读法学院依然算得上是颇受人追捧的一项智力投资。["*Competition in the Law School Industry,*" 374-75]

尽管这种解释具有一定合理性,但其忽视了一个事实,尽管规模较大、收费较高的法学院借由稳定的生源拉高了统计数据,但规模较小,收费较低的法学院的确遭受到了严重冲击。

⁵⁶ 大萧条对于美国各地的普通律师,造成了严重影响。1933年,纽约市超过半数的律师收入低于美国家庭最低保障水平。在密苏里州,相同数量的公职律师生活在温饱线以下。在加州,一项针对1929年至1931年所作调查显示,51%的律师在刚开始执业的一年中收入根本无法维持家庭开支。即使到了第二年,依然有37%,第三年,有33%的律师无法养家糊口。Auerbach, *Unequal Justice*, 159. 亦参见 MacDonald, "Bar Admission and Legal Education," 69-70;以及"Limitations on New York Bar Admissions Recommended," 5 *Bar Examiner* 115(1936).

⁵⁷ 1931年,沙佛斯曾提出,到了1940年,如果律师人数果真如预期那样达到24万人的规模,将引发颇为悲惨的结果。Shafroth, "The Part of the Bar Association in Fixing Standards of Admissions," 512. 各地的担忧与此颇为类似。在密西西比州,有观点认为该州的执业律师中有一部分应当被排除在业界之

外。Stone,"The Greatest Good for the Greatest Number," 290. 田纳西州则关注相较于其他南部各州,该州律师执业资格的通过人数明显失衡,仅在 1930 年至 1936 年,该州就新增加了 11 所法学院。很多参与密苏里州律师协会问卷调查的人反映,该州的执业律师人数过多。在加州,44% 的新职业律师认为律师过剩已经成为影响其市场竞争的重要因素。Kennerly,"299 a Year!," 224; Arant,"Survey of Legal Education in the South," 182; *AALS Proceedings*,*1934*, 75; Brenner,"A Survey of Unemployment Conditions among Young Attorneys in California," 175.

[58] 参见 Ethridge,"Unjust Standards for Law Practice," 276, 277.

[59] "这种观点缺乏民主性,且容易借由法律之手制造一个法律权贵阶层,只有那些有幸出身优渥或有贵人相助的人,才能承担得起长时间高成本的学习。"该学者还认为此类综测将会导致阶级斗争,"请不要通过营造阶级特权,通过压榨穷人来支持特定受青睐的学习机构,从而点燃阶级斗争的星星之火"。Ethridge,"Unjust Standards for Law Practice," 284. 主要由非美国法学院联盟院校组成的"全国法学院协会"(The National Association of Law Schools)要求不应因一个人所接受的法学教育背景,而应依据其自身的声望、知识以及律师执业经验来对其加以评判。4 *John Marshall Law Quarterly* 544 (1939). 还有人用美国早期的西部拓荒精神来反对提高标准的主张。认为努力奋斗的劳工阶级有权从事律师职业。Rogers,"Democracy versus High Standards," 1.

[60] "主要来说,我们必须回答的,不是是否某位符合资质的小伙子会发现自己必须具备某种程度的大学学历才能申请律师执业资格,因此感到难度增大的问题,而是是否要求律师除了具备专业执业技能之外还必须具备通识可以更好地服务公众的问题。"*Statement of the A. B. A. Council on Legal Education and Admissions to the Bar*, 28 September 1937, 11. 某位田纳西州律师协会成员的观点显得多少缺乏逻辑:"那些拿林肯总统的经历说事,认为应当容忍法学教育的低标准的人,是在忤没他的英名。如果林肯晚出生 40 年的话,他肯定能够得到高校学位,进而获得法学学位。"Arant,"Survey of Legal Education in the South," 184. 该学者还提出了更为常见的观点(体现出霍拉托·艾尔格神

话的明显影响):"机会遍地都是,对于任何具备一定能力、品格,同时不具备哪些对于解读法学院规定了较高入学要求的年轻人来说,存在多种救济途径。蠢笨、懒散甚至穷困,都不是施舍给其律师执业资格的理由。"Ibid, 184-85.

[61] 对于这一时期律师人数过多问题,存在诸多研究成果。参见 Shafroth, "The Problem of the Lawyer's Qualifications," 268; "Report of the Chairman," 2 *Bar Examiner* 181 (1933). 对此,可以用一个耳熟能详的故事作以类比:"就像进入到白兔先生家里的爱丽丝一样,法律职业界很快就发展到头顶天棚,一只脚塞进烟囱,一只手伸出窗户的程度,但是却没有任何上面写着'吃掉我'字样的蛋糕,能够阻止这种疯狂增长的势头,或者减少这种规模。"对于相关研究的介绍,参见 Hurst, *The Growth of American Law*, 255, 314-17. 亦参见 First, "Competition in the Legal Education Industry," 371-75.

[62] Garrison, "Address," 165. 对于这一时期律师的收入情况,参见 "Income of Lawyers, 1929-1948," U. S. Department of Commerce, *Survey of Current Business*(1949), 18. 亦参见 ABA, Special Committee on the Economic Conditions of the Bar, *The Economics of the Legal Profession* (1938); Wickser, "Law Schools, Bar Examiners, and Bar Associations—Co-operation versus Insulation," 734. 对于这一时期的法律经济法分析,参见 Brown, *Lawyers and the Promotion of Justice*, 150-69. 20 世纪 30 年代律师协会的相关情况,参见 Laski, *The American Democracy*, 572-80.

[63] 对于未经授权认证的法律执业活动的关注不容低估。参见 Swaffield, "Unlawful Practice of the Law," 181-87. 对于这个问题的其他层面研究,亦参见 "Notes—Unauthorized Practice of Law," 15 *Nebraska Law Bulletin* 164-66 (1937); Stecher, "Unauthorized Practice and The Public Relations of the Bar," 278; McCoy, "Unlawful Practice of the Law, Some Recent Prosecutions," 294; Houck, "The State Acts to Suppress Unauthorized Practice," 235.

[64] Shafroth, "The Next Step in the Improvement of Bar Admission Standards," 13.

[65] Ibid, 21.

⁶⁶ Ibid.

⁶⁷ 参见 Statement of the A. B. A. Council on Legal Education and Admissions to the Bar, 28 September 1937.

⁶⁸ Wilson, "Preparation for the Bar Exam," 128.

⁶⁹ First, "Competition in the Legal Education Industry," 375.

⁷⁰ "我不清楚律师数量是否过多,作为一个职业组织,超过半数的律师面临无事可做的尴尬局面。或许是因为律师太多了,或许是因为其中的某些律师每年需要缴纳超过20万美元的个人所得税。要我来说,那些在街头追着救护车跑并希望借此获得客户的诚实律师所作的,正是所谓更"高阶"律师所不屑于做的。前者为苦苦等待法律援助的人所提供的法律服务,远远超过专门为蓝筹股提供法律服务的律师。因此,我真的不清楚我们的律师是多了,还是少了。"AALS Proceedings, 1933, 64.

⁷¹ 尽管统计数据显示律师、医生、工程师在1929年至1932年期间的平均收入下降超过40%,加里森依然将其归因于法律服务集中度,而非律师人数过多。Garrison, "Results of Wisconsin Bar Survey," 58-68.

⁷² 福斯特认为,美国法学院协会有理由反对将法学院申请者的学历要求提高至美国律师协会所主张的高水平。毕竟协会成员法学院中实力较弱的,在经济大萧条开始阶段就面临着巨大危机,提高入学标准对于这些法学院来说无疑意味着生源的减少。除此之外,当几乎所有美国法学院联盟成员法学院都面临生源下降局面的时候,很多申请者宁愿报考更为众所周知的顶尖法学院,而这,显然是协会成员法学院所无法承受之重。因此,美国法学院协会提出的替代方案包括建立律师执业资格份额分配制度,各州法学院协议减少招生人数,限制广告活动等。然而,这些举措并未获得明显成效,在20世纪30年代后期,美国法学院协会成员法学院与非成员法学院的招生人数都出现了明显下降。面对来自美国律师协会的压力以及担心市场份额的持续流失,1939年美国法学院协会决定批准接纳部分法律夜校成为会员。通过扩大篮子的规模,至少可以在某种意义上避免急剧下调标准所带来的副作用。来自市场的压力实在太大,尽管大部分美国法学院联盟及美国律师协会成员都希望

缩减招生规模,但美国法学院协会成员法学院根本无力应付因此引发的来自外界的竞争压力。First, "Competition in the Legal Education Industry," 373-85.

尽管存在一定佐证,但仍然很难整体上接受福斯特的论调。因为在1937年时,美国法学院协会所适用的标准仍然明显高于美国律师协会所倡导的标准,而且无论从哪个角度来看,美国律师协会方面的压力都不能被理解为一种寻求更高标准的压力。

[73] Shafroth, "The Next Step," 15.

[74] American Bar Association, *Annual Review of Legal Education*, *1936*, 35.

[75] Gilb, *Hidden Hierarchies*, 59. 这一举措使得数间位于加州的法学院关门歇业。其中情况最为恶劣的,可参见沙佛斯于1933年向加州律师协会所作报告:"办学实力最弱莫过于由一人主导,所有决策都由其个人说了算,大部分教学任务由其承担的法学培训机构。这种法学院最大的办学目标就是让其培养的学生能够通过律师执业资格考试,并因此尽可能地从学生身上搜刮钱财。大多数情况下,这种类型的法学院都缺乏经济来源,因此对于各色学生都来者不拒。无论学生是否具备起码的资质条件,只要熬够了最基础的学时,能够付清学费及书费就可以毕业,只能说具备了最低层次的学术水准。" State Bar of California, *Report of the Survey Committee* (1933).

针对加州律师执业资格考试的相关介绍,亦参见 Brenner, "Bar Exam Research in California," 29; Brenner, "Post Exam Appraisal of California Bar Exam System," 89; and Clarke, "Some Random Comments by a Former Member of the Committee of Bar Examiners," 5.

[76] American Bar Association, *Annual Review of Legal Education*, *1938*, 7. 1938年,西南大学长滩分校(South western University, Long Beach Branch)、西部大学洛杉矶分校(the University of the West, Los Angeles)、南本德大学(South Bend University)、大急流应用科技学院(Grand Rapids College of Applied Science)、田纳西国民法商学院(the National College of Law and Commerce in Tennessee)、达拉斯青年基督教联合会学院(the Dallas YMCA)、田纳西州法商高专以及位于弗吉尼亚的诺福克法学院。

[77] 截至1938年,有9所法学院要求申请者必须具备高校学位,32所法学院要求至少具备一年以上的高校学历,除此之外,109所法学院要求两年以上的大学学历,还有30所法学院要求的标准较此更低。

[78] American Bar Association, *Law Schools and Bar Admissions Requirements in the United States for 1939*, 10.

[79] *AALS Proceedings*, *1940*, 14.

## 十一、追求

"一战"至"二战"期间,美国法学教育的历史,大体上是基于那些已声名在外的名门法学院的视角写成。从这个角度来看,无论是从学术层面,还是从组织架构层面,法学教育取得的成就都可圈可点。然而,对于美国律师协会或美国法学院联盟的领导者来说,他们或许并不清楚他们所做的,对于外国移民以及其他种族来说意味着什么,更不明白其在整个法学理论的语境中所具有何种意涵。

判例教学法的前进势头勇不可当。1924年,耶鲁大学校长伍尔西这样概括其所具有的吸引力:"传统人才培养模式哺育了众多杰出律师。但现在,判例教学法就像婆罗门的种姓制度那样,已然成为一流法学院的名片。"[1] 同样成为这些顶尖法学院标志物的,可能还同样包括三年全日制学制,以及日益提高的前期学历要求。无论从哪个角度来看,至少对于那些试图再上新台阶的法学院来说,改变都势在必行。任何希望创建一流法学院的大学校长,都必须奉其为圭臬。20世纪20年代,蒙大拿大学希望聘请出身哈佛的理论派担任教职的校长,与希望聘请地方执业律师担任教职的州教育委员会之间就爆发了冲突。最后的妥协方案是由本地实践派人士担任院长,哈佛毕业生担任教员,同时采用判例教学法。[2] 在阿拉巴马大学法学院,这种转变多少显得更为迟缓。在阿尔伯特·法拉(Albert J. Farrah)* 长期担任该院院长(1913—1944学年)期间,其所力主的整体改革过程,除了判例教学

---

\* 阿尔伯特·法拉(1863—1944年),被誉为美国南部最伟大的法学教育家,曾长期担任阿拉巴马大学法学院院长。——译者注

法之外,还包括创办法律评论,转用三年全日制学制。[3]

这一时期,此种"进步"比比皆是。例如,南加州大学于20世纪20年代,与圣母大学同时转而采用判例教学法[4],之后,南方各州立大学法学院开始纷纷效仿。1923年,北卡罗来纳州大学校长哈里·蔡斯(Harry Woodburn Chase)[*]宣布要对于该校法学院进行现代化改造,从而防止其沦为单纯为通过律师资格考试而设置的培训学校。但北卡罗来纳州州长反对法学院申请者必须具备两年高校学历的要求,而另外一位反对者则抱怨称:"我知道大多数法学院都采用判例教学法,我认为这在很大程度上不是因为这种教学法本身有何优长,而只是因为被哈佛大学采取而已。"与此同时,弗吉尼亚大学校长埃德温·艾尔德曼(Edwin Anderson Alderman)[**]则要求蔡斯,不要仅仅因为具备执业经验就委任执业律师担任法学院院长或教师:"我们的成功,绝非拜这些担任教师的执业律师所赐,相反,我们的失败往往是由于我们作为教师本身的平庸所致。"[5]为什么弗吉尼亚大学校长会如此颐指气使地对北卡罗来纳大学校长指手画脚,原因尚不得而知。直到1921年前后,弗吉尼亚大学法学院院长威廉·李勒(William Minor Lile)[***]仍然反对适用判例教学法:"这一教学体制自然会导致判例法律师之间的竞赛。但最严重的问题在于适用判例教学法后课程进展缓慢,无疑会造成相关科目在完成度、持续性等方面出现空白。如果法学院采取六年全日制,而非三年全日制,判例教学法才最理想不过。"[6]实际上,在

---

[*] 哈里·蔡斯(1883—1955年),美国教育家,曾担任北卡罗来纳大学校长。——译者注
[**] 埃德温·艾尔德曼(1861—1931年),美国著名教育家,曾担任北卡罗来纳大学、弗吉尼亚大学校长等职务,为这些大学的发展做出了极大贡献。——译者注
[***] 威廉·李勒(1859—1935年),美国法学家,弗吉尼亚大学法学院首任院长,参与创办《弗吉尼亚法学评论》,为该院包括图书馆在内的硬件设施建设贡献颇多。——译者注

这种氛围下,直到1922年,随着在哈佛大学获得法学博士(S.J.D.)*的阿穆斯泰德·多比(Armistead Mason Dobie)**返回任教,弗吉尼亚大学法学院才正式采用判例教学法,而这种教学法直到多比于1932年至1939年担任法学院院长,才最终占据上风。[7]

判例教学法之风,甚至吹到了某些未获美国律师协会认证的法学院。1930年,哥伦比亚特区基督教青年会开展的教育活动"独立"出来成立了东南大学(Southeastern University)。[8]新成立的东南大学法学院所招募的法学教师别具一格,虽然非全职,但却采用判例教学法。[9]这所法学院还宣称,这种全新模式为自己带来了更多生源。[10]更早一些时候,前身为波士顿基督教青年会的东北法学院鼓吹自己是适用日间部标准的夜间部法学院,亦即采用判例教学法、良好师资、强制出席制度以及严格的考试制度。[11]实际上,东北法学院混合合并了判例教学法与传统的讲授式授课法。[12]然而,对于大多数未经认证的法学院而言,讲授式教学法是唯一可行的授课方式。对于夜间部的学生来说,判例教学法的吸引力,远逊于其对于精英法学院学生的吸引力。在这些学生看来,成功的标准,是通过律师执业资格考试而不是获得"律师思维"。而且,对于除了极少数顶尖法学院之外的大多数法学院来说,长期以来,和努力符合国家提高标准要求的热情相比,很少有人会特别重视课程的改革与创新。

在追求学术与捍卫公共利益的过程中,与之相对应的教学体制在1922年至1945年间,在相当范围内对于诸多法学院产生了影响。顶

---

\* 在美国,法学学位的表述包括"法科博士"(Juries Doctor),简称 J. D.,"法学硕士"(Master of Laws),简称 LL. M 以及"法学博士"(Doctor of Judicial Science),简称 S. J. D.。具体区分与介绍,见后文。——译者注

\*\* 阿穆斯泰德·多比(1881—1962年),法学教授,曾任弗吉尼亚大学法学院院长及美国联邦法官。——译者注

尖法学院往往与各州及其律师协会步调一致。蒙大拿大学法学院开始要求申请就读法科的学生具备两年高校学历[13]，南加州大学法学院则要求入学者具备3年高校学历。[14]1919年采取三年全日制的北卡罗来纳法学院，虽然从1923年才开始要求入学者具备一年高校学历，但不久就于1925年将这一要求提高到两年。[15]1921年，托莱多法学院也要求入学者必须具备两年高校学历，尽管翌年，这所法学院就关门大吉了。[16]到了1929年，西北大学与哈佛大学、宾夕法尼亚大学一道，要求法科学生入学前必须获得本科学位，在20世纪20年代，匹兹堡大学、斯坦福大学也先后采取了这一要求。另外还有一些法学院要求就读同一所大学的申请者必须获得文凭后方可投考[17]，越来越多的法学院则开始要求申请者具备至少三年高校学历。[18]

然而，未经美国律师协会认证的法学院受提高入学标准的冲击影响最大。里德曾一度将非全日制法学院视为一种民主的体现，认为"这种类型法学教育机构的存在，和其他教育领域的类似机构一样，在将教育这项特权普及化方面具有正当性，特别是在获得教育特权意味着进入统治阶级的情况下，更是如此"。[19]然而，在经历了20世纪20年代美国律师协会代表大会内部的种种斗争之后，其法学教育与律师执业资格考试分委会主席约翰·克拉克（John Kirkland Clark）看到的问题却与此不同。他曾于1934年谈到，"我们必须发动宣传攻势，让公众认识到将不具备资质的法学院从法学教育行业中驱逐出去的必要性，迫使那些尚有存在价值且有能力改善办学条件的法学院提高入学标准，从而满足美国律师协会的相关要求"。[20]似乎要讲清楚自己的观点，1934年12月，克拉克发表了一份题为《对比：获得认证的全日制法学院与未获得认证的法律夜校》的调查报告，这份报告的结论是："除非采取措施改善法律夜校的办学质量，或者干脆让其关门歇业，否则根本无法提升这个国家的律师执业水平。"[21]可以逐渐明确的是，即使在1922年前后,获得认证进入到"体制内"法学院虽然在公开场合对于非全日制法学院表示了欢迎态度,但美国律师协会与美国法学院协会的目标无疑是"从学生个人、法律职业以及公众利益的角度出发,应当确保非全日制法学院在教学效果方面尽可能追赶正规法学院的教学水平"。[22]

面对来自于地方立法机构以及地方律师协会的压力[23],不同法学院所采取的措施令人"印象深刻"。当伊利诺伊州要求法学院申请者必须具备高中文凭时,约翰·马歇尔法学院专门为本校申请者建立了一所高中。[24]当科罗拉多州决定该州内各法学院应要求申请者具备一年高校学历的情况下,该州最大(也是未经认证)的法学院,即威斯敏斯特大学法学院[25]针对有意申请该法学院的人专门开办了一所一年制的大学预科。[26]后来随着1927年该州将入学学历要求提高至两年,这一大学预科也升格为两年制。20世纪30年代威斯敏斯特大学法学院的日子并不好过,但即便受经济大萧条的重创,这所法学院依然生存了下来。[27]

在波士顿,早在20世纪之初,针对所谓有培养价值的穷苦阶层开办的法学院,与主要锁定没有培养价值的穷人的法学院之间的分化局面就已经日渐加深。后者中,麦克利恩(MacLean)创办的波西娅法学院与阿彻创办的萨福克法学院在20世纪20年代取得了经营上的成功,特别是阿彻,因为发掘了有利可图的男性市场而获利颇丰。1923年,东北大学法学院(基督教青年会)开始招收女生,1929年,麦克利恩试图招收男生,但此举未获该州教育局长的批准,原因是其对于男性申请者设定的入学标准过低。另一方面,这些法学院在马萨诸塞州提高法学院入学标准的时候都迅速做出应对。随着该州要求法学院申请者必须具备高中文凭的规定出台,波西娅法学院旋即于1921年开办预科学校以提供同等学力。这种变通措施一直持续到1938年,同年该州允许高中教育与法学院教育同时选修的规定宣告废止,同时开始要求法学院申请者必须具备两年高校学历。为应对这一威胁,波西娅与萨福克等法学院纷纷自行设立大专,并且仅仅面向有意就读该法学院的申请者。波西娅学院不久更名卡尔文·柯立芝(Calvin Coolidge)<sup>*</sup>学院,并兼对男女招生,借此,麦克利恩意图将自己法学教育的版图扩展至男性市场。[28]

当政府风向转变时,并非所有法学院都会如此好运。在20世纪30年代,加州律师协会首次面向未经其认证的法学院开展清理整治活动。[29]田纳西州也组织了调研活动,该州律师协会选聘的调查专家威尔·沙佛斯与克劳德·霍莱克并不希望看到诸如位于诺克斯维尔的约翰·兰道夫·尼尔法学院(the John Randolph Neal College of Law)以及位于纳什维尔的安德鲁·杰克森商业大学法学院(the Andrew Jackson Business University School of Law)依然继续招生。[30]20世纪20年代的田纳西州,曾一度仅仅要求执业律师受过普通教育,研习过一年法律即可,但慢慢的这种低要求开始受到整顿。[31]在20世纪30年代,俄亥俄州法学院联盟曾致力清除未经认证的法学院[32],而达拉斯律师协会也与美国律师协会及美国法学院联盟联手,迫使达拉斯基督教青年会开办的法学院并入南方卫理公会(Southern Methodist)大学。[33]

1938年,威斯敏斯特大学法学院共有学生90人,约翰·兰道夫·尼尔法学院的学生规模为74人,安德鲁·杰克森商业大学法学院则只有32名学生,即便如此,依然勉强维持运营。与此同时,很多法学院却开始销声匿迹。里德在其1928年提交的报告中谈到的4所黑人法学院中的3所,即弗里林海森大学法学院(Freling-huysen)、西蒙斯法学院以及弗吉尼亚联盟法学院或者已经消逝不见,或者行将就木。[34]

---

\* 卡尔文·柯立芝(1872—1933年),美国第三十任总统。——译者注

导致这一局面出现的原因,在于美国法学院协会主席持续不断地呼吁要采取一切可能的措施纠正这种不幸的情况。[35]法学教育随着各项标准的不断提升,逐渐脱离了少数族裔能够触及的范围[36],甚至造成很多悲剧性的故事。

例如,1906年由杰西·劳森(Jesse Lawson)创办于华盛顿的弗里林海森大学,目的在于为属于劳工阶级的有色人种提供教育机会。[37]从建校之初,这所大学就下设了约翰·朗斯顿法学院,并在1927年之前连续培养出很多律师。华盛顿特区议会将学位授予权交由特区教委会负责,即便朗斯顿法学院同样秉持两年高校学历的入学要求,同时聘请了11位兼职教授,但特区教委会依然拒绝授权弗里林海森大学颁发法学学士学位。[38]尽管仍然希望最终重新获得学位授予权,但这所法学院单单在满足美国律师协会和美国法学院协会的各项要求方面就已经疲于奔命了。1932学年弗里林海森大学毕业典礼宣布:"因为学制要求从三年增至四年,导致这一年法学院没有人毕业。"尽管法学院的院长及老师们依然坚持为无法获得学位的学生授课,但弗里林海森大学更多地通过贾维斯防腐学院(Jarvis School of Embalming)与卡森实践护士学院(the Carson School of Practical Nursing)[39]大批培养毕业生。然而,尽管弗里林海森大学在特区教委会的新规面前折戟沉沙,但华盛顿特区议会却赋予主要面向白人女性开办的华盛顿法律学院(the Washington College of Law),以及由基督教青年会和一些白人精英学院组成的东南法学院不受教委会控制的特权。[40]如果美国法学院协会的势力没有在1939年前后遭到削弱,如果纯粹非全日制法学院没有再次获得市场准入资格,那么这些所谓成功的非精英法学院也将会在组织性极强的律师协会的协调努力面前最终屈服。至少,基督教青年会开办的法学院得到了很大程度上的礼遇:1942年,东南大学法学院获得美国律师协会的"临时"认证(尽管对此修辞基督教青年会并不认同)[41],位于波士顿的东北大学法学院也于1945年获得认证。

这些做法显然与同时期美国法学院协会的自我约束做法大相径庭。1926年,密西西比大学与范德比尔特大学(Vanderbilt University)因为拒绝执行法学院申请者须具备两年高校学历的要求遭到美国法学院协会除名。[42]然而,对于其他法学院来说,却需要费尽心思才能加入或者留在这个协会之中。例如,在华盛顿特区的大多数法学院来说,都将精英化作为自己的奋斗目标。在1923年之前,霍华德大学所开办的还只是一间法律夜校,但随着法律系升格为法学院,霍华德大学法学院就将加入美国法学院协会作为目标,并积极采取措施,将这一蓝图变为现实。[43]1922年,这所法学院对于入学者的要求还停留在高中的同等学力水平,一年之后,就跃升为要求两年高校学历。其还在1921年提高了学费标准(这个时期美国律师协会与美国法学院协会将学费作为办学水平评估的指标之一),同时还在1923年聘请了3位全职教师,并且经过投票表决,同意为其支付高达1 500美元的年薪。图书馆藏书达到了1 000卷(满足了当时美国法学院协会的要求),开办法学硕士项目(LL. M)(但两年后这个项目被取消)。1928年克劳德·霍莱克走访霍华德大学法学院时,该院非全日制教学项目的学制延长至四年。最后,在1930—1931学年,霍华德大学法学院获得美国律师协会的认证,1931年,获准加入美国法学院协会。[44]无疑,对于该院老师来说,这是一个值得欢欣鼓舞的时刻,但面向黑人的法学院的真正可供选择性,却在这一时期受到了非常严重的限制。很多希望报考法学院的少数族裔发现很难满足高企的入学要求,更无力承担昂贵的学费。1923—1924年,霍华德大学法学院共有学生135人,等到了1926—1927学年,该院学生规模降至82人。[45]

天主教大学法学院于1921年获得美国法学院协会的成员资格时,共有学生97名学生。但随着其于1925年开始要求申请者应具备两年高校学历,学生规模降至 16 人。[46]对于天主教大学来说值得庆幸的是,其法学院教师同时还在哥伦布骑士法学院(The Knights of Columbus School)任教,而这所法学院是在天主教大学法学院加入美国法学院协会一年后才正式招生。[47]哥伦布骑士法学院在天主教大学法学院规模不断萎缩的时候,却呈现出一派欣欣向荣的景象。截至 1924 年,这所法律夜校已经招到了 212 名学生,并为通过律师执业资格考试开设了很多"富有成效"的冲刺课程。[48]不仅天主教官方开办的法学院得到了尊崇,耶稣教会开办的法学院也得到了一定程度的礼遇。在 1925—1926 学年之前,乔治敦大学法学院还只是一间入学门槛很低的法律夜校。但这一年之后,其摇身一变成为申请人必须具备两年高校学历的正规法学院。但其学生规模也从 1923—1924 学年的 1 130 人降至 1926—1927 学年的 489 人。[49]

20 世纪 20 年代,在华盛顿这片法学教育的泥沼中,还有第四类法学院试图扬名立万。在 1924—1925 学年,乔治·华盛顿大学(George Washington)开办了法学院,并于 1925—1926 学年开始要求申请者必须具备两年高校学历。其学生规模从 1923—1924 学年的 1 063 人,降至 1926—1927 学年的 717 人,进而降至 1928—1929 学年的 685 人。当乔治·华盛顿大学法学院最终将入学条件降至仅要求申请者具备一年高校学历时,其《校友通讯》(the Alumni bulletin)骄傲地宣称,之所以走出这一步,是因为校方感觉到有必要在更大限度内服务学生与公众。对于公众来说,他们所需要的是高素质的律师,而不是高数量的律师,至于学生,则是要在学校接受充分的训练,从而能够在人满为患且学术味很浓的法律职业界获得一席之地。[50]随后,模拟法庭、研究生项目以及法律评论等教改措施纷纷出台。在对于这些举措大加褒奖的时候,《校友通讯》对于自 1922 年开始的"大跃进"进行了解说,并认为如果展望未来,大幅度提高的入学标准将会确保美国社会的法律职

业能够有效满足需求。⁵¹

然而,还有更多的"好货"没有出手。1935年,乔治·华盛顿大学宣布,对于申请法学学士项目的人来说,必须具备文科学士或理科学士学位。对此,《校友通讯》持支持态度:

> 单纯从入学要求来看,我们的法学院现在绝对属于第一梯队。在美国,没有比我们要求更高的法学院了,即使和我们标准相同的法学院,也只有7所而已。之所以采取这一行动,目的是为了让我们的法学院能够名副其实地成为顶尖法学院中的一员。从发展的角度来看,这一措施十分必要。从更为宏观的层面来看,这样做还可以服务大众。理解到律师的工作本质,与法官、政府行政人员、立法者以及法律顾问一样具有服务大众的本质属性,算是将法学院、律师执业资格考试所承载的为未来延揽律师的职责理解到位了……因此,乔治·华盛顿大学将法学教育建立在大学本科教育基础之上的做法,为这个国家,为这个行业的未来,作出了真正的贡献。⁵²

这种预言颇得青睐,以至于连普林斯顿大学也再一次希望重建法学院。1924年,校董会一致同意设立法学院的动议。⁵³其中,作为董事之一的爱德华·希尔顿(Edward W. Sheldon),在与罗斯科·庞德的通信中提到:"目前国家就处于律师的治理之下,而普林斯顿的职责,应当转而为这种公共服务培养人才。"⁵⁴但不幸的是,可怜的普林斯顿并未能完全如愿。到了1929年时,在建立法学院的计划不会干扰筹建附属教堂的计划等前提下,普林斯顿校董会终于要有所动作的时候,年底美国股市的突然崩盘,一切都被打乱。20世纪20年代至20世纪30年代期间,美国法学教育实际上正处于一个剧烈变动期。

如果对此需要任何佐证,加州湾区的例子堪称经典。20世纪20年代,这里已经是诸如加州大学伯克利分校、斯坦福大学、哈斯汀大学等要求入学前具备两年高校学历的一流法学院的激战区。[55]面临经济大萧条,私立精英法学院开始完全无视经济学基本规律,开始提涨学费以求生存(斯坦福大学法学院的学费从 1928 年的 285 美元提涨至 1937 年的 360 美元)。但顶尖的州立法学院,如加州伯克利及哈斯汀,因为能够从州政府获得适当补贴,并未调涨学费。这导致竞争中出现了新的元素,即顶尖公立法学院与顶尖私立法学院之间在学费方面出现的差距持续扩大。这导致 1928 年至 1937 年,加州伯克利法学院的招生人数上升了 179%。[56]

然而,在所有私立法学院中,这一时期湾区最受青睐的莫过于斯坦福大学法学院。即使在大萧条的低谷点,即 1933—1934 学年,其依然能够在招生时具备很高的选择余度,同时保持较小的招生规模。尽管伯克利与哈斯汀等法学院也可以同样做到这一点,但对于不太出名的私立法学院来说,情况就完全不同了。在 1924 年至 1932 年洛杉矶地区成立的 9 所的法学院当中,有 4 所并未能够挺过大萧条。除此之外,像位于湾区的旧金山大学、圣克拉拉大学以及位于洛杉矶的洛约拉(Loyola)大学,如果不是得到想为来自爱尔兰及意大利等地移民留下接受法学院教育的一线香火的耶稣会资助,也不可能支撑过来。[57]"二战"期间,像洛约拉、圣克拉拉以及麦克乔治(McGeorge)*等法学院被迫关门,同一时期加州政府向哈斯汀法学院的拨款则增加了 10 倍。[58]这就意味着不仅获得认证的法学院能够占得先机,同时州立学校也明显更获青睐。

在美国东部,州立法学院则显得没有如此重要。即使在今天,新英格兰地区各州中,也仅有康涅狄格州和缅因州提供公立的法学教

---

\* 麦克乔治法学院(McGeorge School of Law)始建于 1924 年,位于加州首府萨克拉门托,1966 年并入美国太平洋大学,也是译者的母校,2009—2010 年,译者受美国政府 US AID 项目全额资助,在麦克乔治法学院攻读 LLM 学位。——译者注

育。因此,在马萨诸塞,法学教育的市场获得充分开放,基督教青年会与萨福克、波西娅等法学院争夺低端市场。变身为东北大学法学院的基督教青年会开办的法学教育项目占据了中低端市场食物链的上游。不仅倾向于采用判例教学法,其本身也成为精英法学院之外劳工阶级学习法律的另外一个选项。[59]尽管其所招收的学生数量无法与阿彻领导下的萨福克法学院所号称的4 000名学生相提并论,但东北大学法学院的确在引领外国移民步入美国主流社会这一点上居功至伟[60],截至1929年,这所法学院在波士顿的主校区,以及位于沃切斯特、斯普林菲尔德以及罗德岛普罗维登斯的3个分校区,总共有学生超过1 400人。在经济大萧条的首轮打击下,其学生人数在1932—1933学年下降至1 091人,普罗维登斯分校也被迫关门。尽管其他分校在20世纪30年代中后期依然招生[61],但最终也都在1942年前后关闭。这些分校的关闭,与供求关系或者办学好坏无关。东北法学院迫切希望加入美国法学院联盟,而联盟开出的条件之一就是必须关闭其在沃切斯特及斯普林菲尔德的分校。[62]对于法学教育的既得利益者而言,当务之急是不能在西马萨诸塞地区开办任何法学教育机构。

"二战"只不过使得20世纪30年代美国法学教育所遭遇的困境变本加厉而已。事实上在"二战"爆发前,法科学生的数量就因为《选择服役法》(the Selective Service Law)\*而出现显著下滑,到了1943—1944学年,全美各法学院在校生仅为6 422人,其中1/4还是女性。[63]一些无法得到美国律师协会认证的法学院不得不停止招生,就此退出历史舞台。[64]美国律师协会与经济大萧条引领的美国法学教育变革,在希

---

\* 《选择服役法》泛指与美国兵役登记制度相关的法律体系。事实上,所有18岁至25岁的美国男性公民与非美国公民的外国男性移民,都需要在18岁生日后的30日内向兵役机关报到登记,并且在相关登记信息发生变动后10日内告知兵役机关。该法最早于1917年通过,当时所有已满21岁不满30岁的男性公民都须服役12个月。该法在后来对于征召年龄、征召后的分类等做过多次调整,其基本做法沿用至今。——译者注

特勒的帮助下画上了句号。[65]而且,尽管因为情势所迫,很多提高了的入学标准被弃之不用[66],但美国律师协会依然于1942年首次为获得认证的法学院设定了图书馆建设标准,于1944年对于所有法学院进行了专项检查。[67]战后,法学教育的发展道路愈发清晰,法律开始被认为是一门学术职业。对于法律界的领军人物而言,法学院已然被视为进行同质化职业训练的场所,而不是未来从事不同职业的资质把关人。

[1] Hicks, *Yale Law School, 1895-1915*, 45.

[2] Montana State University, *Dedication and History: School of Law*, 26-27. 为了避免有人质疑这种历史教训的真实性,还可以举出一个几乎完全类似的例子,1979年,得克萨斯大学法学院院长选任过程中,很多有影响力的校友试图说服得克萨斯州大学校长,拒绝法学院教职人员推荐的来自"美国东部"的法学家担任院长,原因是这些人不够"得克萨斯"。*Chronicle of Higher Education*, 4 September 1979, 2.

[3] 1921年开始适用三年学制,1925年法律评论创刊。McKenzie, "Farrah's Future."

[4] 1919—1920学年,该校招生宣传手册写道:"判例教学法的长处在于可以将被分析的判例中所包括的法律原则灌输给学生,使其获得对于相关法律的整体认知,但适用法律的主要特征及基本概念范畴,必须借助教科书才能获得。因此,本校采用判例教学法的同时,还坚持适用课本教学,由任课教师在课堂教学过程中分别加以讲解。"直到1928—1929学年,招生宣传才首次宣称判例教学法被作为主要的教学手段。Moore, *A Century of Law at Notre Dame*, 57, 67.

[5] Coates, "The Story of the Law School at the University of North Carolina," 45-49.

[6] Ibid., 57.

[7] Ibid., 74.

⁸ 1919—1920学年,华盛顿特区青年基督教会开始教授法学课程,到了1926—1927学年,已经招收了100名法学本科生。Reed, *Present-Day Law Schools*, 424-25; *Washington Star*, 12 January 1930.

⁹ 例如,在一份宣布任命弗莱德·艾登(Fred J. Eden)担任破产法讲师的新闻稿中曾谈到,"艾登先生将在日间部与夜间部适用判例教学法面向高年级学生讲授破产法,而这门课程之前仅适用讲授式教学法。"*Washington Post*, 22 February 1931.

¹⁰ *Washington Star*, 9 September 1937.

¹¹ Northeastern University Law School, *Catalog*, 1913. 基督教青年会强烈的基督教背景也影响到了其所适用的法学教学法。例如,该院1920—1921学年校历中宣称:"研修法律要求专心致志、头脑灵活,且持续努力。为了顺利毕业,通过考试,以健康的体魄完成四年学业,学生必须要挤出时间积极参与体育锻炼、合理进行娱乐及社交活动。我们要求所有的学生都参与到德智体美均衡兼修的教学活动中来。"

¹² 这种尝试也取得了成功。1924年马萨诸塞州律师执业资格的通过率为86%。东北法学院也吸引了大量优秀的师资人才。1916年至1924年在该院波士顿分部担任日常授课任务的13位律师中,有9位分别是哈佛、耶鲁、哥伦比亚、科尔比学院(Colby)、欧柏林学院、波士顿大学等名校本科或法学院毕业生。在这13名教师之中,阿瑟·布莱克曼(Arthur Willis Blackman)曾担任纽黑文铁路部门的法律顾问,而威廉·埃德温(William Edwin Dorman)曾担任马萨诸塞州的法律顾问。而在该院沃切斯特分部的11位教师中,有10位毕业于哈佛大学,而在斯普林菲尔德等分部的师资力量情况也大致无异。Boston YMCA, *Annual Report*, 1924 (1925).

东北法学院斯普林菲尔德分部骄傲地宣称自己采用了判例教学法:"法律作为一门科学,唯一证明有效的学习方式,和其他科学门类一样,应当是归纳、诱导模式。基于这样或那样既成原因,目前大多数顶尖法学院采用的都是哈佛倡导的判例教学法。"Northeastern College, School of Law, Springfield, *Catalog*, 1927-28, 29.

[13] Montana State University, *Dedication and History: School of Law*, 46.

[14] University of Southern California, *Dedication Ceremonies: School of Law Building*, 45.

[15] Coates, "The Story of the Law School at the University of North Carolina," 38-41. 位于俄亥俄州的所罗门·蔡斯法学院(The Salmon P. Chase College of Law)虽然当时未获得美国律师协会的认证,但却始终以此为目标积极努力,最终于20世纪20年代得偿所愿。同时,在1926年,其就开始要求申请入学者须具备一年高校学历,一年之后,申请入学者就必须具备两年高校学历了。Dieffenbach, "The Salmon P. Chase College of Law," 19.

[16] First, "Legal Education and the Law School of the Past," 146-47.

[17] 西储大学法学院、耶鲁大学法学院、康奈尔大学法学院、伊利诺伊大学法学院。Reed, *Present-Day Law Schools*, 137.

[18] 加州大学伯克利分校法学院、芝加哥大学法学院、哥伦比亚大学法学院、西北大学法学院(与前文存在矛盾——译者按)、威廉玛丽学院法学院、南加州大学法学院,密歇根大学法学院、圣母大学法学院、雪城大学法学院、威斯康星大学法学院。Ibid.

[19] Reed, *Training for the Law*, 56.

[20] Clark, "Qualifications for Bar Admission," 3.

[21] 克拉克所报道的包括但不限于如下事项:(a) 大多数全日制法学院都依附于更大规模的教学机构,但非全日制法学院中只有1/7的情况与此类似;(b) 全日制法学院图书馆平均藏书25万卷,而非全日制法学院平均藏书仅有15 000卷;(c) 全日制法学院平均学费为200美元,而非全日制法学院学费为150美元;(d) 4/5的全日制法学院使用判例教学法,但在非全日制法学院中,这种情况仅占1/6;(e) 非全日制法学院的学术标准也相对较低。对于非全日制法学院持更为同情态度的观点,参见 Snyder, "The Problem of the Night Law School," 109.

[22] Kirkwood, "Requirements for Admissions to Practice Law," 18, 34. 科克伍德(Kirkwood)也承认:"应当为非全日制法学院觅得一席之地。有很多承担

家庭责任的成年人士根本无法接受全日制教育,因为没有任何理由剥夺这些人成为律师的机会,故而能够满足这一需要的非全日制法学院应运而生。"Ibid.

[23] 非全日制法学院面临延长学制至四年的压力。在 1919—1920 年,总共有 9 个二年学制、38 个三年学制、21 个四年学制的非全日制法学院。到了 1927—1928 年,非全日制法学院中二年学制的有 7 个、三年学制的有 22 个、四年学制的有 50 个,还有 1 个为四年半学制。Reed, *Present-Day Law Schools*, 126.

1919—1920 学年,在 70 所全日制法学院中共有 28 所要求申请者具备两年高校学历的,但在 8 所同时开办全日制与非全日制法学教育的法学院中,没有一所有此要求,在 68 所非全日制法学院中,只有两所要求申请者具备两年高校学历。到了 1927—1928 学年,77 所全日制法学院中的 70 所,20 所兼办全日制与非全日制法学教育的法学院中的 13 所,以及 79 所非全日制法学院中的 17 所,开始要求申请者具备两年高校学历。Ibid., 120, 134.

[24] 后来随着政府规则的改变,这所高中被升格为大学。1951 年,这种预科大学制度最终遭到废止。John Marshall Law School Archives, Chicago, Ill.

[25] 在威斯敏斯特大学(或学院)破产后,唯一幸免得以继续经营的,就是其内设的法学院。这所法学院始建于 1912 年,曾培养出科罗拉多州州长及杜鲁门政府的一名阁僚等杰出校友,历史堪称荣耀。例如,其校历的名称为"灯光"(*The Lamplight*)。在 1925 年版的校历中,对此的解释是:"威斯敏斯特作为一所夜校,学员白天需要为生计奔波,只能在晚上再能聚在一起如饥似渴地学习,满足自身对于法律知识的需求,借助灯光,他们才能结伴前行。在同事已然安睡之际,这些人却在挑灯夜战。"Westminster Archives, Western Collection, Denver Public Library, Denver, Colo.

[26] Westminster University Law School, *The Lamplight*, 1924, 22.

[27] Ed Lehman, "Attorneys by Midnight Oil," *Denver Post*, 11 June 1956, mag. sec., 2.

[28] 1935 年,总共有 35 名学生从波西娅法学院毕业(全部为女性),其中只

有 4 人之前具有大学文凭,有 1 人为黑人。*The Legacy*, *1936* (yearbook of Portia Law School). New England Law School Archives, Boston, Mass.

[29] 参见 *Report of the California Survey Committee* (1933),一个以沙佛斯及霍莱克为首的委员会,针对未经认证的法学院,发表过如下看法:

> 一些未经认证的学院所采取的高压招生方式该当最严厉的批判。在加州,此类劣质法学院为了招生所用手法,在整个美国都堪称无所不用其极。法学院采用的办法与那些追着救护车抢客户的律师没有区别,校方对于拉来新受害者的学生支付人头费,对于那些四处寻找潜在学生并成功签约的人不仅能够得到报酬,而且如果这些被拉来的人能够持续缴纳学费,拉客的人还能进一步得到分成。还出现过带着一群学生加盟新法学院的院长会因此得到酬劳,或者因为能够从其他学校拉过来学生而从中获利的情况。很自然,这些对学生来说,都算是不尽职的表现。[Ibid., 3]

[30] "Law Schools in Tennessee, Report of the Survey Committee," 15 *Tennessee Law Review* 354 (1938).

[31] 截至 1935—1936 学年,田纳西州规定,申请律师执业资格者,必须接受过高中教育以及两年法学教育经历,后者可以在律师事务所完成,可以在法学院完成,或者同时在这两个地方完成,1940 年,位于纳什维尔的肯特法学高专(the Kent College of Law),1942 年纳什维尔基督教青年会开办的法律学校以及查塔努加法学高专(the Chattanooga College of Law)也都关门大吉。

[32] First, "Single Firm Study," 148-49.

[33] First, "Competition in the Legal Industry," 381n.

[34] 早在 1929 年,弗里林海森法学院就不再出现在《法律教育评论》(the *Review of Legal Education*)的法学院列表中。参见 Carnegie Foundation, *Annual Review of Legal Education*, *1929*. 1930 年时,弗吉尼亚联盟法学院虽然仍然出现在法学院列表中,但备注显示,该院自从 1926 年起就已经不再招生。1932 年,这所法学院同样遭到除名。Ibid., *1930*, *1931*.

弗吉尼亚联盟法学院由霍华德法学院毕业生彼得·亨利(Peter James

Henry)及戴尔豪西法学院克拉伦斯·马洛尼(Clarence McDonald Maloney)创办,这所四年制法律夜校,在1922—1923学年共毕业了23名学生,但其中通过律师执业资格测试的人只有6人。"虽然这所法学院的设立初衷甚好,但其雄心壮志却没有大学资源的支持,也没有满足社会的需要。"Bryson,"The History of Legal Education in Virginia,"201. 位于肯塔基州的西蒙斯大学从1928年开始对于其法学院在籍人数的报告飘忽不定,最终于1932年遭到除名。Carnegie Foundation, *Annual Review of Legal Education*, *1932*.

[35] Herschel Arant, president of the AALS, in *AALS Proceeding*, *1938*, 10.

[36] 公平起见,同样应当记录在案的是,即使在"隔离但公平"的时代,黑人学生也曾因入学问题起诉过密苏里、马里兰等大学,胜诉后得以进入上述大学法学院就读,法院判决的根据是,很明显,这不公平。*University of Maryland v. Murray*, 169 Md. 478, 182 A. 590 (1936). *Gaines v. Canada*, 305 U. S. 337 (1938). The latter case moved Missouri to create Lincoln Law School. Washington, "History and Role of Black Law Schools," 385, 398.

[37] 劳森作为一位黑人的美国联邦专利审查员,以新泽西黑人权利运动主要支持者、美国参议员弗莱德里克·弗里林海森(Frederick Freylinghuysen)命名自己开办的法学院。Freylinghuysen University Archives, Washingtoniana Collection, Martin Luther King Library, Washington, D. C.

[38] 教委会明显受到了其首位黑人成员的影响,该人与1931年获得学位授予权的罗伯特·特莱尔法学院(the Robert H. Terrell Law School)之间关系密切。Radney, "History of Schools for Negroes in the District of Columbia."关于特莱尔法学院,另可参见Washington, "History and Role of Black Law Schools," 396.

[39] 最晚在1947年之前,该校法学院都始终正常存在。*Afro*, 7 June 1947.

[40] H. J. Res., 582, 1938.

[41] "Diploma Mill Charge Hurled at Southeastern," *Washington Star*, 17 May 1946. Southeastern Archives, Washingtoniana Collection, Martin Luther King Library, Washington, D. C.

⁴² *AALS Proceedings*, *1926*, 6-7, 80. 在推行法学院申请者必须具备两年高校学历的新规之后,密西西比大学法学院的学生人数从 110 人降至 88 人,而范德比尔特大学法学院的学生人数则从 212 人降至 136 人。

⁴³ Logan, *Howard University*, 121, 151.

⁴⁴ 这一进展的真正幕后推手是 1939 年至 1946 年担任法学院院长,并在后来担任美国第三巡回上诉法院法官的威廉·海斯迪(William Hastie)。Ibid., 266.

⁴⁵ Reed, *Present-Day Law Schools*, 422. 1929 年,学生数量进一步降至 68 人(Carnegie Foundation, *Annual Review of Legal Education*, *1929*);到了 1932 年,这个数字跌至 44 人(ibid., *1932*),但到了 1935 年,其回升至 64 人(American Bar Association, *Annual Review of Legal Education*, *1935*),1938 年,进一步回升至 71 人(ibid., *1938*)。

⁴⁶ Reed, *Present-Day Law Schools*, 423.

⁴⁷ 其招生宣传的副标题实际上是"天主教大学的延伸课程"。Knights of Columbus Archives, Washingtoniana Collection, Martin Luther King Library, Washington, D. C.

⁴⁸ "4 年前开始组建的法学院,现在已经招收了 100 多名学生,首届毕业生在当地律师执业资格考试中表现优异。和其他法学院的学生相比,这所法学院的毕业生通过律师执业资格测试的比例更高。" *Book of Washington*, *1927*.

⁴⁹ Reed, *Present-Day Law Schools*, 423.

1929 年,学生人数为 477 人(Carnegie Foundation, *Annual Review of Legal Education*, *1929*),到了 1932 年,降至 455(ibid., *1932*)。但在 1935 年获得美国律师协会认证之后,其所招收的学生数量增至 649 人(*American Bar Association*, *Annual Review of Legal Education*, *1935*),到了 1938 年,进一步升至 654 人(ibid., *1938*)。

⁵⁰ *George Washington Law School Association Bulletin*, *1921*.

⁵¹ Ibid., *1933*.

⁵² Ibid., *1935*.

⁵³ Princeton Archives AM 3177, Princeton University, Princeton, N. J. 校董会讨论记录,参见其 1924 年 9 月 29 日、1925 年 9 月 29 日以及 1926 年 9 月 28 日会议记录。支持建立法学院的人还散发了一份宣传手册。*The Princeton Law School*（1926）.

⁵⁴ Letter from Roscoe Pound to Edward W. Sheldon, 4 May 1923, Princeton Archives AM 3177, Princeton University, Princeton, N. J.

⁵⁵ 1924—1925 学年,哈斯汀法学院的 112 名学生中,共有 21 人（19%）具有学位。1925—1926 学年,斯坦福大学法学院的 314 名学生中共有 115 人（37%）具有学位。1926—1927 学年,伯克利法学院的 195 名学生中,共有 181 人（93%）具有大学学位。Barnes, *Hasting College of Law*, 228.

⁵⁶ Ibid., 232-33. 其实,在 20 世纪 30 年代,哈斯汀大学的日子并不好过,而其所面临的最大问题并非经济上遭遇困境,而是受到了美国律师协会及美国法学院联盟对其不符合要求的图书馆以及缺乏足够数量的全职教师的批评。Ibid, 239-43.

⁵⁷ Ibid., 234. 1912 年作为夜校创建的旧金山大学法学院,1932 年在升格为大学时,增设了面向大学毕业生的日间部。并在 1935 年获得了美国律师协会的认证。University of San Francisco Archives, San Francisco, Calif. 亦参见 McGloin, S. J., *Jesuits by the Golden Gate*, passim.

同样是在 1912 年,圣克拉拉大学也创建了自己的法学院,仅对具有两年高校学历的申请者开放招生,学制两年。这一举措,可以被视为该校校长詹姆斯·皮特（James Peter）建设西部伟大天主教大学计划的一部分。1938 年之前,该校一直通过体育活动的收入支持法学院的运营。而在一年之前,该校法学院刚刚获得美国律师协会的认证。McKevitt, S. J., *The University of Santa Clara*, 172, 256, 278.

⁵⁸ Barnes, *Hastings College of Law*, 251. 总体来说,大多数顶尖私立法学院在战时都没有停止招生,但范德堡等的确在其期间没有办学。

⁵⁹ 哈佛及波士顿大学无疑没有网罗到如此之多智商超群、野心勃勃、希望在法律职业建功立业或在乞讨商业领域有所建树的在职学生。Northeastern

十一、追求

College, School of Law, *Catalog 1921-22*, 10.

⁶⁰ 在有关斯普林菲尔德分校的历史介绍文献中,一篇名为《斯普林菲尔德共和党》的报道认为基督教青年会在斯普林菲尔德开办法律分校的做法意义重大。1919 年,在这所分校成立的时候,"所谓北方佬仍然掌握市政厅,诸如意大利、犹太人或爱尔兰等外国移民尚无法涉足市政事务……当地一家主要企业挂出横幅,上书'绝不雇用天主教徒!'" *Springfield Republican*, 1 October 1978, sec. B, 1. Law School Archives, Western New England College, Springfield, Mass.

⁶¹ 斯普林菲尔德分校的学生规模,从 1927—1928 学年的 157 人,降至 1932—1933 学年的 75 人;到了 1937 年,又反弹至 167 人。第二年,因为该州要求法科学生入学时必须具备两年高校学历,该分校的学生数量跌至 120 人。Herman, *Western New England College*, appendix. 该校毕业生中超过半数通过了律师执业资格测试 *Nor'Eastern* (Springfield, Mass.), December 1942, 5. Law School Archives, Western New England College, Springfield, Mass.

⁶² "上述原因导致法律夜校纷纷关门,而并不是僵化的州律师职业资格测试标准。" *Nor'Eastern* (Springfield, Mass.), December 1942, 5. Law School Archives, Western New England College, Springfield, Mass.

⁶³ American Bar Association, *Annual Review of Legal Education*, 1944, 19. 虽然哈佛仍然不接受女生入学(这种情况一致持续到 1950 年),但"二战"期间哥伦比亚大学法学院 40% 左右的学生以及耶鲁大学法学院超过 25% 的学生为女性。Sutherland, *Law of Harvard*, 319; Goebel, *School of Law*, *Columbia*, 506; *Reports of Dean*, *Yale Law School*, *1942—1943*, 4; and ibid., *1943—1944*, 4.

⁶⁴ First, "The Legal Education Industry," 386-88.

⁶⁵ 例如,位于阿拉巴马州的琼斯大学(Jones University)、位于加州的奥克兰法学院(Oakland College of Law)、位于波特兰的皮博迪法学院(Peabody Law School)以及北得克萨斯法学院(North Texas School of Law)。

⁶⁶ 具体细节参见 Sullivan, "Professional Associations," 420-21.

⁶⁷ Ibid., 222.

## 十二、重建

在 1945 年之后的岁月中,法学教育运动进入了新阶段。19 世纪 70 年代,法学教育实质上意味着一段时期的法学研修,加上随后进行的律师执业资格测试。在接下来的发展阶段中,法学教育开始逐渐替代了学徒见习制。标志法学教育发展第三阶段的,是取消律师见习制度的情况下,要求学生必须进入法学院接受培训。在第四个阶段,只有经过美国律师协会认证的法学院才获得业界认可,同时对于法学院申请者开始要求高校学历。上述第三、第四阶段肇始于 20 世纪 30 年代,并在"二战"之后开花结果。

"二战"后返乡的老兵,一下子充实了之前已然流失殆尽的法科学生队伍。1947 年,全美法科学生达到 51 015 人,达到历史最高水平。《军人安置法》(The G. I. Bill)*使得很多之前根本没有机会的人走进法学院,对于美国律师协会与美国法学院协会而言,更为重要的是,这些人当中的大多数,都选择进入到获得认证的法学院就读。毕竟在没有经济压力的情况下,学生没有任何理由还申请那些质次价廉或者地位边缘的法学院。1947 年,在获得认证的法学院中就读的全日制法科学生人数已经不少于 36 999 人;除此之外,还有 407 人在获得批准的非全日制法学院(所有法学院中共有 111 所此类学校)午后班、6 313

---

\* 《军人安置法》,即 The Servicemen's Readjustment Act of 1944 (P. L. 78-346, 58 Stat. 284m),是指美国政府为安置"二战"老兵(通常被称之为 G. I. s)而出台的一部福利法案,具体内容包括低利率住宅贷款、低利率创业贷款、就读大学所需学费及生活费的现金补贴。任何战时现役超过 120 天且未被剥夺军籍强制退伍的老兵,都有权享有上述福利。截至 1956 年,共计 220 万美国老兵根据这项法案接受了大学教育。——译者注

人在其夜间部就读。¹47 所未经认证的法学院在籍学生规模仅为 7 296 人,占全部法科学生的 14.3%,其中 6 082 人就读夜间部。²

尽管获得认证的法学院当时经历着爆发式增长,州立法学院更是赚得盆满钵满³,但很多未获得认证的私立法学院却并未在战后重开。例如,位于华盛顿特区的东南大学的校长及校友都希望其法学院能够在"二战"结束后,作为一间获得认证的法学院重新招生。但基督教青年会不愿意拱手让出其在校董会中的占据的席位,更不愿放弃法学院成为赚钱机器的潜能。因此,校友借助国会听证的方式,从基督教青年会手中夺回法学院的控制权。⁴结果,校长被炒了鱿鱼,法学院项目也被彻底结束。当然,窠臼于所处地理位置,只有很少一部分私立法学院能够享受到《军人安置法》所带来的好处。从 1947 年到 1959 年,威廉·马汀(William Parham Martin)在弗吉尼亚州里士满开办了史密斯迪尔·马汀法学院(the Smithdeal-Massey College),这所法学院无论是名称,还是办学地点,都借用了当地一家颇有名望的秘书学校。该法律高专共有 75 名毕业生申请参加律师执业资格测试,"很多人"顺利过关,在经营上,"这所法学院也取得极大成功"。⁵

然而,总体来说,虽然美国律师协会与美国法学院协会仍然持续不断地吸纳已经成立的法学院加入,但新成立法学院的创办速度却出现了显著放缓。这其中的一个例外,发生在美国南部,为了贯彻"隔离但平等"政策,这些州开始专门为黑人兴建法学院。⁶成功法学院对于战时学生人数骤降的恐慌后遗症⁷在其坚决反对将《军人安置法》适用于函授学校的态度中显露无遗,但很快事实证明,这种担心有些失焦。⁸通过《军人安置法》提供的联邦补贴所产生的经济后果,最终赋予那些获得美国律师协会认证的法学院以无可撼动的市场主导地位,特别是那些公立教育机构,更是受益匪浅。

战后大量学生涌入获得其认证的法学院,让美国律师协会及美国法学院协会重新树立起信心。在 1945 年之后,法学院办学标准得到跨越式提升,其教学组织的架构也不断得到加强。在其期间采取的各项要求与在 20 世纪二三十年代乃至 40 年代所采取的相关措施具有惊人的类似性,只是变得更为自信、更为志得意满。20 年代 20 世纪激烈的市场竞争、30 年代经济环境的恶化以及 40 年代因为承担爱国义务所面临的生源困境都已荡然无存,不再成为法学院稳定运营的威胁。各州政府也逐渐形成统一战线。他们不仅更愿意为州立大学法学院拨款,而且较之以往,也更愿意通过迅速立法,确保法律专业的办学标准。[9]

再一次,美国法学院协会跑在美国律师前面,而其反过来又成为各州律师协会及立法机构的领跑者。[10]每一年,美国律师协会关于法学教育的年度报告都会出现有关"牺牲者"的记载[11],各州显然无法完全跟得上领跑者的步伐。向前跨越的程度,以"标准"为计量单位:四年大学学习经历加上三年的美国律师协会认证法学院学习经历。这种将律师职业作为一体化考量的理念已经成为一种"无可动摇的前提预设"。[12]坚持仅凭律师执业资格考试就可以很好保障公众利益的观点显然存在问题;相反,对于法学院加以认证的方式获得普遍认可。认为新教学体制会使得少数族裔更难接受法学教育[13],或者打消那些希望获得专业化培训的人的念头[14]的观点显得无关紧要。众所周知,美国律师职业界具有高度一体性。"高"标准意味着"好"律师,为了维护公众利益,必须不遗余力[15],而由现行职业体制内的人士负责谋划上述事宜显然最适合不过。[16]

标准化运动的发展,变得越来越具体化。1948 年,美国律师协会投票通过,要求所有法学院必须聘任专职院长。[17]翌年,一项更为重要的改革举措开始发足。美国律师协会法学教育分委会提出建议,将法学院申请者的入学要求,从具备两年高校学历,提高至 3 年。[18]1950 年,美国律师协会接受了这一建议,确定这一规定自 1952 年起生效[19],并将其适用于所有获得认证的法学院,从而与美国法学院协会争夺领先优势。[20] 与此同时,美国法学院协会在"二战"结束之后始终面临师资数量及师生比方面的问题。1952 年,美国法学院协会最终对于最低师生比作出规定,要求每 75 名学生至少配备一名全职法学教师(最初计划的师生比为 1 比 50,但在随后历时 5 年的拉锯式谈判,遭到了灌水),除院长外,还应至少拥有 4 名全职教授以及一所图书馆。[21] 这一做法对于未来所具有的重要性不言而喻,同时也强化了"二战"之前获得认证法学院的最低标准。

20 世纪五六十年代见证了对于追求更为严苛标准努力的持续追求。[22] 各州立法机关最终克服了其对于林肯并未就读过法学院这一事实的过分关注。"这样的一种论调没有注意到在林肯学习法律时,伊利诺伊州并不存在任何法学院这一事实。当时在阿巴拉亚契山脉以西,也只有一家法学院而已。"[23] 双方选择在提高标准方面继续合作。[24] 即使在 20 世纪 60 年代后期,从美国律师协会的角度来看,其所取得的成就也颇为可圈可点。1949 年,未获得其认证的法学院中共有学生 11 114 人。到了 1958 那年,全美 42 646 名法科生中,就读此类学校的学生仅剩 3 502 人。[25] 未获授权的法学院或者被彻底淘汰,或者被迫水涨船高地提升了自身的办学标准。在任何情况下,对于相当一部分潜在的申请者而言,法学教育的大门已悄然关闭。约翰·马歇尔法学院(李所创办)于 1951 年[26],萨福克法学院(阿彻创办)于 1953 年分别获得美国律师协会的认证。在华盛顿特区,华盛顿法学院(Washington College of Law)并入美利坚大学,1954 年,乔治·华盛顿法学院兼并了国民法学院(the National Law School)。同样是在 1954 年,天主教大学合并(或重新合并了)哥伦布法学院,即当时为人所知的哥伦布骑士法学院(the Knights of Columbus School)。在科罗拉多州,威斯敏斯特法学院在未获得美国律师协会认证的情况下,选择于 1957 年并入丹佛大学。[27]私立法学院的领头羊,至少这些法学院本身,纷纷被体制所收编。1958年,未获认证法学院的数量只剩下30所,分布在14个当时并未规定律师执业资格测试申请者必须毕业于美国律师协会认证的法学院的司法区当中。[28]

美国法学院协会取得如此辉煌成就之后,必须面对的严重问题之一即是在如此多法学院都采用了其所设置的上述标准后,自己还能起到什么作用或服务什么目的?早在1952年,即将就任的法学院协会主席也就联盟十分关注洗衣房、建筑物面积以及文书登记等繁冗刻板标准表示不满,"设定标准,应当为该群体绘制蓝图,从而保证前进历程不受中断。1961年时,卡尔·卢埃林就曾抱怨,对于这些繁文缛节的过分关注,是沉迷于此的知识团体所作最愚蠢的行为"。[29]另外的一个必须面对的结果,即是美国法学院协会必须始终证明自己所设定的这些标准具有正当性。对此,当时美国法学院协会的领导层并未畏首畏尾。1958年,哈佛大学法学院院长艾尔文·格里斯伍德(Erwin Griswold)\*用纯粹精英主义的话语对此进行了论证:

> 我认为,长期以来,在美国律师的确太多了,但好律师又的确太少了。导致这一现象的原因,并非法学院教育的不足,但更可能是因为法学院的入学门槛太低……最终,我们或许可以这样认为,对于那些没有足够学习天分的人,似乎不应赋予其学习法律的机会。[30]

从结果来看,美国法学院协会对于自身目标缺失的担心,抑或格里斯伍德院长对于法学院学生学术水平的自信,未免都显得不太成熟。后者发表上述言论那一年,即1958年,被证明是一个转折点。此

---

\* 艾尔文·格里斯伍德(1944—1994年),美国著名律师,曾代理大量美国联邦最高法院审理的案件,并曾长期担任美国哈佛大学法学院院长以及美国律师协会主席。——译者注

后,就读未经认证法学院的学生人数保持相对稳定,甚至不降反升。到了 1967 年[31],马里兰州两家此类法学院中就有学生超过 1 000 人,马萨诸塞州的 3 家未经认证法学院也招收了 500 多名法科生。佐治亚州未经认证法学院的数量不少于 5 家,招生情况不详,但该州仅要求申请律师执业资格的人毕业于要求 3 个学年都出席课堂教学的法学院即可。

未获认证法学院最为活跃的地区,是加利福尼亚,共有 15 家此类法学院,招生数千人[32],新设立的未获认证法学院更是层出不穷。相较于其他各州,加州对于希望在该州获得律师执业资格的人的态度最为宽容。不仅允许函授生参与律师执业资格考试[33],即使未经认证法学院的毕业生,也可以在非全日制法学院学习 4 年,并且在第一年年末通过加州律师协会组织的特别考试后,获得参加该州律师执业资格考试的机会。[34]但这一新兴产业的迅猛成长让加州律师协会的领导人感到担心,并于 1969 年提出,就读获得认证法学院的学生可以在第二学年结束后参加律师执业资格考试。加州的顶尖法学院,尽管非常关注未经认证的法学院跨界侵入统一的律师职业界的问题[35],并没有利用机会对于这一竞争对手赶尽杀绝,很明显,顶尖法学院担心那些已经通过律师执业资格考试的学生会在第三学年做出败坏学风或者顶风违令的勾当。破坏美国法学教育体系一元模式的先机,就这样错失了。

尽管未经授权的法学院颇有死灰复燃迹象,但在 1970 年前后,美国律师协会与美国法学院协会已经非常接近统一国内法学教育标准这一宏大目标。到了 20 世纪 50 年代,三年高校学历渐成法学院的基本申请条件[36],到了 20 世纪 60 年代,四年大学学历渐趋主流。很久之前,两年学制的法学院就已经消失不见,取而代之的三年制全日制法学院与四年制非全日制法学院。而美国律师协会—美国法学院协会所要求的最低标准也始终保持与时俱进,图书馆藏书以及全职法学教授的最低数量不断攀升。通过律师事务所见习的路径获得律师执业资格已成绝响。虽然通往成功之路绝非一朝一夕之功,但这场运动的效果却颇为符合其领导者的预期。一名被其所处20世纪70年代法学院各项刚性标准牢牢把持的法科学生,或许很难相信直到20世纪50年代,律师中具有大学学历的人才超过没有大学学历的人。

1945年之后美国法学教育的特征之一,即在于法学界顶尖人士对于应强调的标准态度更为开放,甚至有些不冷不热。事实上,早在"二战"之前,所谓全国性法学院中的酝酿的学术热情就已经逐渐冷却。战后,虽然教学标准保持较高水平,但从课程设置、师生比、图书馆、预算、学生质量及类似问题来看,美国律师协会以及美国法学院协会推行的标准,导致那些并非全国性的法学院达到了可以与全国性法学院比肩,起码相差不多的水平。和之前的数十年相比,所谓精英法学院与非精英法学院之间远非那般泾渭分明。在很多方面,美国法学院协会所取得的胜利,莫如说是以牺牲顶尖法学院为代价让二流法学院取得的成功。

伯金(Bergin)\*将20世纪40年代后期至20世纪50年代初的耶鲁大学法学院的运营机制形容为一种商学院本质[37]的"黑森式训练"(Hessian Training)。尽管著名的1947年哈佛课程调查曾提出过一些颇为令人感兴趣的建议,但这些建议相对有限,适用后产生的变革结果也相对较小。似乎是要强调这一局面那样,尽管这一时期精英法学院举步不前或者进展缓慢,但其学生团体却变得更具选择性,准备得也更为充分。[38]受到更加聪明、准备更为充分的学生,以及职业教育学院具有的结构抑制性,这一时期的顶尖法学院远非令人艳羡之地。

---

\* 托马斯·伯金(1924—2014年),美国法学家,在传媒法方面造诣颇深,曾任弗吉尼亚大学法学院教授。——译者注

如果说在 20 世纪 40 年代后期,主要法学院正在经历学术倦怠期的话,那么精英世界之外的二流法学院情况更不容乐观。1947 年,某位法学院院长用下列词汇概括美国法学院协会法学院所具有的典型特征:

> 对于做一天和尚撞一天钟的普通法学院而言,通常的情况下,规模一般较小,寄居于某州立大学一隅,主要为当地司法实践培养执业律师,从预算的角度来看往往处于捉襟见肘的困境之中,配备的师资力量虽然有中规中矩表现的潜力,但却因为薪酬有限且工作量太大而疲于奔命,可供其选择的学生的入学前大学学历要求往往不高,这种法学院的命运实际取决于当地法律共同体对其教育功能的职业认可。[39]

根据美国律师协会 20 世纪 40 年代末对于美国几乎所有法学院进行的检查报告,从课程设置的角度来看存在如下问题:

> 课程高度标准化。大多数法学院地方主义色彩浓厚,而其课程设置也在很大程度上围绕其毕业生在律师执业资格测试时可能遭遇到的问题而展开。总体而言,法科学生所面临的压力主要来自那些关乎自身今后生计以及律师执业规则方面的课程。但法学院往往因为资金匮乏、设施有限以及气氛乏味而被迫在压力面前屈服。[40]

1945 年之后课程设置的进展,在很多方面,也无法令人感到振奋。或许,因为达成了教学标准的整齐划一,各个法学院没有什么内在动力再去鼓励教学改革试验。同样毫无疑问的是,回国后就读法学院的老兵同样对于创新兴趣缺乏。当检视课程发展时,一个突出的感觉就是昨日重来。20 世纪四五十年代甚至 60 年代出现的课程改革建议,其实早在 20 世纪二三十年代就被人提出甚至试验过。但这些早期的改革努力往往因为缺乏配套资金,特别是师生比的严重失调、学生对于学术志趣的缺失以及教师队伍独立性的根深蒂固而折戟沉沙。战后类似努力,也往往因为遭遇类似问题而面临同样命运。表面上看起来,课程设置出现的改变,往往体现为课程的新增与完善。这些改变至多也只算得上锦上添花。或许非常明智,且非常可以理解,根本不会出现任何激进的改革。

这一期间,最为值得一提的,是对于改变课程设置的循环论观点。20世纪40年代,耶鲁大学法学院所开始的主干课程中出现的创新课程分别为"当代科技发展与法""公共健康的法律维度"以及"社会福利管理"。到了20世纪60年代,类似的课程奇迹般再现,只不过这一次改头换面为"科学技术的法律控制""法与医药"及"物权法"。其他"二战"之后课程的进展更加缺乏创新性,可以一直追溯到战争爆发之前。诸如法商课程,或者法律与艺术等"长命课程"强势回归。[41] 国际法领域的流行话题[42]、与政府机构相关的法律问题,或者任何名称与公共政策沾边的课程,都出现在任何一个有能力开设时髦课程的法学院课程表中。要求整合法律与社会科学的压力始终不绝于耳,但是除了个别具有创造性的领域之外,行之有效的进展屈指可数。[43] 一些法学院回到压缩课程设置,重新编排既存课程的老路上来[44],另外一些则试图延长学制至四年,但这一提议很快夭折。[45] 20世纪二三十年代一直持续到战后的改革努力中最为值得一提的,莫过于对于公法的逐渐重视。[46]

顶尖法学院在从对判例教学法的沉迷逐渐清醒的过程中[47],开始大量设置选修课,其中大部分是以研讨课的形式组织教学。[48] 这种成功在很大程度上强化了里德对于美国法学院课程设置所下判断的准确性:"其只不过是对于不同独立发展片段的简单堆砌汇总。"[49] 对于哈佛经验的考察多少发人深省。1947年课程报告[50]肯定了20世纪30年代该院学生所反映的利弊短长。[51]不满仍主要集中于大班授课、判例教学法以及书面作业的匮乏。大多数重新调整课程设置的法学院都有类似经历。然而,上述报告并未引发任何实质改变。或许在某种程度上的确需要这种稳定性,但其显然与顶尖法学院院长年度述职报告中大书特书的改革创新形成了鲜明反差。

或许可以较为准确地认为,这种结构性变革及这一期间出现的课程设置方面的进展,至少对于顶尖法学院而言,具有相同的目标:希望法学院提供的教育更具实用性。[52]为实现这一目的,出现了以选修课为主要标志的改革方案,以及全盘推倒重来的改革方案。最终,这些方案大多因为新体制分崩离析或者革新课程没有找准定位而功亏一篑。或许改革导致的唯一结果,就是更加的碎片化。以至于根本无法在组织架构或课程发展方面寻找到主流做法或者一般趋势;相反,统计数据明白无误地为我们展示了一幅阡陌纵横的怪异图景。

20世纪五六十年代最为明显的创新,莫过于法学导论课程的设置、为一年级新生提供导师辅导帮助、法律技巧、问题解决方法以及诊所式教学等措施的开展。[53]当然,上述革新并非全部基于创新理念,但从关注的角度来看,的确每项革新都在一定程度上完成了使命。与法律技巧的分析研究日益精进相关,人们开始逐渐意识到判例教学法中蕴含着重要的技巧性知识,这对于教授法律分析技术来说无疑十分重要。因此,对于课程改革的讨论,越来越集中于诸如谈判、起草合同以及咨询等法律技术,而这些显然都不包括在兰德尔的课程设计体系之中。

以上认知,并未有效扭转课程本质的碎片化问题。法学导论课程看起来主要为了应对法科学生在第一学期对于"混淆无法得到厘清本身具有价值"这一说辞的质疑与挑战[54],但其往往只是寻找诸如"学生需要理解其就读法学院的目的以及这种目的与其自身职业规划之间的关系"等托词。[55]因为法学导论课程经常试图通过判例教学法的方式组织教学——这也彰显了这种教学法无处不在的影响力,因此往往缺乏理论上的连贯性。因此,尽管20世纪50年代这还算某种标准样态,但以哈佛大学法学院取消之前的必修课"法学教育发展史"就可以明显看出其已经开始走向衰落。

与法学导论课程密切相关的,是所谓导师制度。芝加哥大学聘请自己刚刚毕业的学生参与其雄心勃勃的法律文书写作培训项目[56],而在1947年至1949年期间,耶鲁、哈佛以及哥伦比亚等都采取了这一做法。[57]导师一次组织10名到20名学生参与讨论,向学生介绍如何研究法律、如何使用图书馆,在耶鲁大学,导师还会向学生介绍法律职业道德与法律职业架构等问题。[58]这种做法虽然后来被其他法学院,特别是很多普通法学院所仿效,但精英法学院,包括耶鲁,很快就放弃了这种做法。截至1970年,相当一部分法学院都聘用了此类学生导师。同一时期,在师生比失衡的法学院,还进行过对于一年级新生分班教学以及为其提供小组性质的法学导论课程等尝试。

与此同时,即使最引领风潮的法学院,都有可能对其学生兴趣的广泛程度做出过高估计。正如一位弗吉尼亚大学法学院教授所言:"对我来说似乎十分明白无误的是,通过考察某些一流法学院的课程设置,核心课——也就是即便不是必选课学生也会主动选修的课程——依然属于老派的讼棍培训模式,只不过用一些迪拉德院长(Dillard)口中'丰沛的怀疑主义'加以点缀罢了。"[59]无论是在耶鲁[60]、伯克利[61]抑或其他知名法学院,20世纪60年代末,极少例外,这种分析都可成立。尽管所谓全国性法学院保持相对稳定,而普通的美国法学院联盟成员法学院认为自身作用相对有限,但资质较优的州立大学法学院却在法学院的生物链位阶中迅猛上升。到了20世纪30年代,伯克利、威斯康星、明尼苏达以及弗吉尼亚等州立大学法学院都已经被视为全国性法学院。在20世纪50年代,诸如加州大学洛杉矶分校、伊利诺伊[62]、印第安纳、爱荷华、得克萨斯等州立大学法学院也开始向顶尖法学院冲刺。20世纪60年代的时候,阿拉巴马、亚利桑那、康涅狄格、纽约州立大学布法罗分校以及华盛顿等州立大学法学院等也开始接近全国性法学院的位阶。20世纪60年代最具洞察力的两项法学教育方法研究肇始于俄亥俄州立大学[63]及北卡罗来纳[64],绝非空穴来风。

慢慢地,中坚法学院的标签被贴到了中流法学院身上,哪怕这些法学院根本与规模较小、私立或纯粹法律夜校无涉。[65]尽管大多数法学院直到20世纪50年代中期依然没有开设任何的研讨课程,但其却在精英法学院中开始普及。[66]导致这种局面出现的原因,在于全职法学教师的数量剧增。[67]当时无论法学院的水平如何,一般都开设了行政法及劳动法,而土地规划法、物权法或类似的课程也颇为流行。与此类似,尽管最初只有一两所法学院聘请心理学家或社会学者参与讲授家庭法及刑法,或者聘请经济学家参与反垄断法的授课[68],到了20世纪70年代,这一做法已经被很多法学院所接受。到了20世纪60年代末,对于所有获得认证的法学院而言,研讨课程以及选课制已经成为标配。[69]

然而,很多芝麻粒大的所谓改革发展,却在法学教育期刊中被捧上神坛。越来越多的法学院开始关注法律技能的培训。其中,一项适用判例教学法传授法律技术可以更为直接地被称之为"对抗式教学法"(Adversary Method),由霍华德·奥莱克(Howard Oleck)\* 在纽约大学法学院首创。对于课堂教学中涉及的案例,随机选择学生代表双方进行论辩。"几乎毫无例外的是,这个过程中出现的大多数观点最终都无法成立,只剩下希望通过本案说明的无可辩驳的基本原则或具

---

\* 霍华德·奥莱克(1911—1995年),美国律师,曾任纽约大学法学院助理教授,后担任克里夫兰大学法学院院长。——译者注

体法律规范。"[70]加州大学洛杉矶分校在其开办的暑期学校设置了一门与事实认定有关,名为"证明方法"的课程,其内容包括证人证言、辨别真伪、有罪供述、弹道、指纹、血液化学分析以及其他的侦查程序。这门课的介绍部分,由创造了佩里·梅森(Perry Mason)\* 这一传奇人物的厄尔·加德纳(Erle Stanley Gardner)\*\* 主讲。[71]

相较而言,不同类型的法律诊所课程虽然不那么闪亮,但或许更为实际。约翰·布莱德威在几乎没有任何外部资助的情况下长期坚持在杜克大学开办此类教学项目[72],到了20世纪50年代,其他法学院竞相效仿。田纳西大学法学院有一个和杜克类似的法律诊所项目[73],而路易斯维尔法学院(the Louisville Law School)则通过提供"案卷代书服务"(Briefing Service)变相地开展了此类教学活动。[74]科罗拉多大学法学院在法律诊所项目方面雄心勃勃,甚至包括接触实际案件及证人等内容[75],康涅狄格大学法学院则受威斯康星大学法学院相关项目的启发,在暑期开设了为期3周的研讨课,名为"康涅狄格州的法律实践"。[76]

在律师事务所见习制度受到诟病之后,法学院是否有足够的能力培养学生法律实践技巧而非纯粹理论分析技能,也开始面临质疑。"二战"后,出现了很多试图证明法学院有能力且应当扩展法律技能培训的努力。1944年主要由卡尔·卢埃林执笔的美国法学院协会课程设置委员会年度报告,显然可以被视为首次将法律技能作为一个问题独立出来,从而论证法学教育的内在正当性。这份报告率先提出,法

---

\* 佩里·梅森是厄尔·加德纳创作系列侦探小说中虚构的一位刑事辩护律师,这位主人公往往会在杀人案件中力挽狂澜,证明自己的当事人无罪。这一系列小说后来还被改编成广播剧及电视剧,获得了巨大的成功。——译者注

\*\* 厄尔·加德纳(1889—1970年),美国律师、高产作家,曾创作出大量脍炙人口的法律文学作品。——译者注

十二、重建

律日渐复杂化,因此除非学生出类拔萃,否则一般人很难通过传统的判例教学获得其所传达的基本法律技能,"现行的判例教学法在某种程度上无法让大多数法学院生产的产品,即我们的毕业生,获得足够的实践专业技能"。[77]但除了分析技能之外,针对什么才是所谓法律技能,尚无共识。

卢埃林的愤慨引发了某些反应。1950年,俄亥俄州立大学围绕法律技能组织了课程改革,其核心在于将技能加以分解,从而分配到不同课程之中,作为传统的知识之外必须教授的内容[78],正如1944年美国法学院协会课程设置委员会年度报告(该报告引发了俄亥俄州立大学的上述改革)[79]所指出的那样,任课教师因此应当在其承担的日常教学任务之外,负责向学生传授作为自己教学任务的那部分法律技能。[80]但这种做法并未维持很久,到了20世纪60年代,很多最为激动人心的改革计划仍然停留在纸面上,只有南加州大学法学院的功能化课程改革[81]以及北卡罗来纳大学法学院的法律技能导向课程改革等很少数得以付诸实施[82],无独有偶,这些改革的长期效果依然十分薄弱。

问题主义教学法,作为传统判例教学法的替代,属于另外一项试图拉近师生距离、强调法律实践技能传授的大胆尝试。强调研究问题而非研究上诉法院的判例,符合之前大卫·卡夫斯(David Cavers)\*对于判例教学法所表达的反对意见,"在对于判例研究的教科书中,学生们学习到的是问题的对策,而非如何解决问题"。[83]尽管问题主义教学法的适用范围有限,但仍然存在一脉相承的若干次标志性实验[84],一度圣母大学曾试图围绕这一教学法组织课程设置。[85]但其最终并未产生太大影响。

---

\* 大卫·卡夫斯(1902—1988年),美国著名法学家,曾长期担任美国杜克大学、哈佛大学法学院教授,在法学教育领域贡献颇多。——译者注

问题主义教学法之所以没有得到广泛适用的一个主要原因,在于缺少精心设计的教学问题,更不存在以此为主要内容的教科书;对于问题的准备不仅要求针对特定法律问题具备深入的了解,更要求设计问题的高超技巧。除此之外,良好的图书馆藏以及小班教学带来的对于学生个体的足够关注,也是成功推行问题主义教学法必不可少的要素。[86]问题主义教学法的一种变通方式,是使用问题导向的判例,从而满足应用判例教学法的日常需求。这种问题导向的判例往往不关注案件事实、法官意见或最终判决,而是要求学生去其他地方寻找被忽略了的材料。[87]但这种做法并未取得成功。

在对于法律技能重新燃起的所有兴趣中,对于通过法律诊所教学来获得实践技能的关注事后被证明最具重要性。尽管对于何谓"诊所式"法律教学分歧颇多,但在20世纪60年代,"实践经验"颇受追捧。显然,这绝非诊所教学首次进入人们视野或初次尝试。[88]其最早可以追溯至20世纪二三十年代布莱德威所建立的法律诊所项目,以及杰罗姆·弗兰克(Jerome Frank)*所发表的那篇题为《为什么不是一家诊所式法学院?》(Why Not a Clinical Lawyer-School?)[89]的檄文。采取诊所式教学法的法律课程直到20世纪40年代才开始出现。[90]其中讨论最多的,莫过于耶鲁大学法学院于"二战"后创设的"判例报告"这一短命课程。[91]然而,更为重要的进展,出现在对于接触实际案件及真实当事人的兴趣出现的不断攀升。尽管早在20世纪之初,就有至少11家类似机构成功运营,但从20世纪40年代开始,很多学校都纷纷建立起法律援助诊所。1951年时,全美共有28家法律援助机构,分别由法学院、独立法律援助团体或者地方检察官办公室运营。20世纪50

---

* 杰罗姆·弗兰克(1889—1957年),美国法哲学家,现实主义法学派代表人物,曾担任美国证券教育委员会主席,以及美国第二巡回上诉法院法官。——译者注

年代,有5所法学院将参与法律援助作为授予学位的前提条件,更多法学院则将其设定为选修内容,如果感兴趣的人太多,还需要在这些人当中加以遴选。[92]学生参与这种活动很少能够获得学分。

然而,从20世纪60年代末开始,以这些法律援助机构为基础,一轮全新且更为猛烈的法律诊所运动正式展开。[93]学生对于现实作用的持续渴求,精英法学院精挑细选的二、三年级学生日趋强烈的无聊感[94],都在很大程度上推动着诊所式教学的迅猛发展。1968年,福特基金会踢出临门一脚,专门成立法律职业责任教育委员会(CLEPR,Council on Legal Education for Professional Responsibility),拨出资金鼓励所有法学院根据其所限定的方式对于诊所式法律教学进行试验。[95]几年内,超过半数的法学院设立了某种类型的法律诊所项目,大部分采用所谓法律服务办公室[96]的形式,全新类型的法学教授,即负责诊所教学的教员开始走上前台。[97]对此运动至关重要的,当然是参与诊所教学可以获得学分。

20世纪60年代,美国诊所式法律教学取得显著进展。这一项目还激发了相关领域的大量教学试验[98],并且前景颇为看好。尽管使用问题主义教学法、法学导论课程的普遍开展以及其他概括性的法律技术课程在多大程度上能够发挥作用存疑,但法律诊所项目成功地获得资金以及外部游说团体的支持。与此同时,显得相对深奥的学术界对于直来直往的诊所教学法的敌意也与日俱增。[99]事后证明,对于诊所法学教学活动而言,20世纪70年代成为对其至关重要的考验期。

---

[1] 就非全日制法学院的介绍,参见 Tinnelly, *Part-Time Legal Education*; Kelso, ed., *Study of Part-Time Legal Education*.

[2] American Bar Association, *Annual Review of Legal Education*, 19 (1948).

[3] 例如,在1946—1947学年以及1948—1949学年,退伍军人管理局共支付

哈斯汀法学院74万美元,尽管其实际支出仅为343 000美元。Barnes, *Hastings College of Law*, 265-66.

⁴ "Diploma Mill Charge Hurled at Southeastern," *Washington Star*, 17 May 1946. 与校友站在一条战线上的校长遭到解职。"Dr. James Bell Is Ousted as Southeastern University President." Ibid., 2 August 1946. 尽管战后,曾有一个班级形式上毕业,但实际上这所法学院并未重新运营。1966年,东南大学终于与基督教青年会撇清了干系,最终作为一所普通私立商学院开展办学活动。Southeastern University Archives, Washingtoniana Collection, Martin Luther King Library, Washington, D. C.

⁵ Bryson, "The History of Legal Education in Virginia," 202-3.

⁶ 南卡罗来纳州决定不接受黑人约翰·莱登(John Wrighten)进入该州州立大学法学院就读的申请,而是选择在南卡罗来纳州高等专科学校下面专设了一所面向黑人的法学院。*Wrighten v. Board of Trustees of University of South Carolina*, 72 F. Supp. 948 (E. D. S. C., 1947). 得克萨斯州也不同意该州州立大学法学院接收黑人赫尔曼·斯维特(Herman Sweatt)的入学申请,而是于1947年设立了得克萨斯南部法学院(Texas Southern Law School)。*Sweatt v. Painter*, 339 U. S. 629 (1950). Jones, "Texas Southern University School of Law—the Beginning," 197. "布朗诉教育委员会案"[*Brown v. Board of Education of Topeka*, 347 U. S. 483 (1954)]则标志着这些专门为黑人设立的法学院开始走上末路。"History and Role of Black Law Schools," 401-5. 现在,以黑人学生为主的法学院仅仅剩下位于北卡罗来纳州中部的霍华德法学院,位于路易斯安那州的南方大学以及南得克萨斯法学院。

⁷ "二战"期间,法学院教授与学生的数量都出现急剧下降,但这种下降,只是一种暂时现象。到了1947年,统计数据显示法学院不仅没有被危机所击垮,反而在战后呈现出欣欣向荣的景象,完全超越了战前的最好局面。1938年,在109所获得美国律师协会认证的法学院中,共有学生28 000人,到了1943年时,这109法学院中只剩下了4 800名学生。Wicker, "Legal Education Today and in the Post-War Era," 700. 1944年,全美范围内全职法学教师仅为

138人,兼职法学教师为229人。AALS Proceedings, 1944, 115. 随着老兵的回国,很多不太知名的法学院获得了极大提高。1944年只剩下23名学生的布法罗法学院,1946年新招生人数就达到了136人。因为申请人数太多,导致从1948年开始,法学院入学考试(LSAT)开始作为法学院申请遴选机制发挥作用。参见Pedersen, The Buffalo Law School, 85.

⁸ Sullivan, "Professional Associations," 425.

⁹ 1947年,通过要求法学院申请者学历的办法,3个州(特拉华、堪萨斯、宾夕法尼亚)开始要求法学院招收的学生必须具备高校学位。南达科他州以及威斯康星州要求申请者具备3年大学学历,除阿肯色、佐治亚、密西西比以及路易斯安那之外的其他州,要求两年大学学历。之前要求限制申请者大学专业的做法在很大程度被搁置下来。在1948年各地调研期间,艾瑟·布朗走访的23所法学院中,只有明尼苏达大学法学院对于入学者的高等教育专业有限制。Brown, Lawyers, Law Schools, and the Public Service, 127. 仅在不足15个司法区中,还可以通过律师见习的方式进入律师执业队伍(分别为阿拉巴马、亚利桑那、科罗拉多、华盛顿特区、印第安纳、佛罗里达、明尼苏达、新墨西哥、俄亥俄、俄克拉荷马、俄勒冈、南达科他、犹他、西弗吉尼亚以及威斯康星州。怀俄明的情况是,在经历两年律师见习后,必须再进入获得认证的法学院学习一年)

进一步来说,只有4个州要求法科学生需进行某种程度的实习,任何一个司法区,就读法学院都成为获得律师执业资格的必经之路。除此之外,至少17个司法区仅仅承认所谓获得认证的法学院,这里的所谓获得认证,几乎就是获得美国律师协会的认证。还有两个司法区的做法是给予获得认证的法学院毕业生以更为优惠的待遇。American Bar Association, Annual Review of Legal Education, 1947, passim.

¹⁰ "准确来说,美国律师协会及美国法学院协会始终是推动美国法学教育前行的重要力量。我们经常倾向于为进步缓慢而忧心不已,但从长远的角度来看,很明显已经取得了巨大的进步,同样明显的是,在这两大推手进入法学教育领域之后,进步明显加速。即便如此,主要的问题依然没有得到解决,其

中之一,就是未获认证的法学院问题。美国法学院协会对此无能为力……至于美国律师协会所面临的此类问题更广,但其却在削弱未经认证法学院所带来的负面影响方面收效明显。"Harno, *Legal Education in the United States*, 120.

[11] 1948 年,康涅狄格州开始对于法学院申请者要求具备 3 年高校学历,并取消执业前的见习制度,同时,田纳西州废除了通过律师见习获得律师执业资格的路径,转而要求律师执业资格申请者必须进入经过认证的法学院学习。American Bar Association, *Annual Review of Legal Education*, *1948*, 26. 1949 年,印第安纳与内华达开始对于就读获得美国律师协会认证的法学院做出要求,同时这两个州也不再适用通过律师事务所见习的方式获得执业资格这一传统方法。同年,阿肯色州也加入开始要求法学院申请者具备两年大学学历的行列。American Bar Association, *Annual Review of Legal Education*, *1949*, 26.

[12] 这种看法可以通过当时推行的某些标准加以证明。1948 年,美国法学院协会目标指导委员会建议,如果某一地区法学教育水平没有因为这一地区存在的某所法学院而出现提高,就不能同意该法学院申请加入法学院联盟的请求。美国法学院协会通过设定这些标准,似乎认为借此获得协会成员资格的法学院将会培养其学生成为律师共同体的成员。印第安纳大学法学院院长格兰特对于这一建议发表看法:"我认为此举的背景旨在消除某些规模较小的法学院。" First, "Competition in the Legal Education Industry," 390.

[13] 作为弗莱克斯纳所倡导的改革以及地位边缘的医学院所面临压力所导致的结果,1910 年时数量达到 8 家的黑人医学院,到了 1923 年是只剩下了 2 家。Morais, *The History of the Negro in Medicine*, 89-90. 1900 年至 1950 年期间,黑人医生的数量也出现下降。对于美国律师协会试图禁止黑人律师执业所采取的相关活动,参见 Hurst, *Growth of American Law*, 255. 对于 20 世纪 60 年代对此采取的补偿性措施,参见 Gellhorn, "The Law School and the Negro," 1069.

[14] 对于律师内部日益明显的专业化与平等主义职业道德之间的冲突,参见 Christensen, *Specialization*, 18-24.

[15] 有很多人对此表示反对。其中就包括托莱多法学院院长查尔斯·佛恩

沃夫(Charles Fornoff)。在类比了法学与医学职业之后,他提出:"我认为,很多人都认为只有有钱人才享有一流的医疗服务从而解决自身的病痛,至于大量穷人,则根本没有办法接触到真正合格的医生,只有引入更多竞争,才能解决后者这一问题。"佛恩沃夫非常担心法律职业会重蹈医学执业的覆辙,毕竟这一迹象已经尽显无遗。First, "Competition in the Legal Education Industry," 390.

[16] 法律本身当然并非强化其形式架构的唯一内在动因。一位哥伦比亚大学法学院的教授曾专门研讨过美发师的情况:"在1929年针对美发业相关规范所作调查的18个州中,尽管都要求学徒见习,但却没有一个州要求美发师从某个美发培训大学毕业。现在,这些州一般都要求美发师需要从美发学校毕业,且需要至少在这些学校中学习1 000学时,学习内容包括美发工具如何消毒等理论课程,而这一切都需要发生在见习之后。"Gellhorn, *Individual Freedom and Governmental Restraints*, 146.

[17] *AALS Proceedings*, 1951, 382.

[18] Sullivan, "Professional Associations," 425.

[19] 作为替代标准,2年高校学历加4年法学院学历也是可以的。American-Bar Association, *Annual Review of Legal Education*, 1951, 27.

[20] 美国法学院协会通过了类似的决议,但仅将其作为一项标准,而非其成员的必备要求。

[21] *AALS Proceedings*, 1950, 84.

[22] 1951年,美国律师协会将图书馆年均支出的下限上调至3 000美金。从1955年起,美国法学院协会要求图书馆年均支出不低于4 000美金,藏书至少2万卷以上,同时还对在校学生超过100人的法学院图书馆做出了进一步要求。*AALS Proceedings*, 1952, 224, 228. 与此同时,美国法学院协会还为法学院教师的教学任务量设定了标准(不是要求),即每周不超过8课时。*AALS Proceedings*, 1951, 382. 截至1958年,美国法学院协会还提出了一项奇怪的要求,即法学院所聘任的教师应当具备"能力资质"。*AALS Proceedings*, 1958, 305. 旋即,美国律师协会也仿效美国法学院协会对于图书馆的要求,等到了1963—1964学年,其要求成员法学院图书馆藏书不得低于15 000卷,年支出不得低于

4 000 美元。American Bar Association, *Annual Review of Legal Education*, *1956*, 27。到了 1963 年,美国律师协会参照美国法学院协会的要求,将师生比调整为 1∶75。Ibid., *1959*, 22。更大的跨越式调整还在后头。1968 年,美国法学院协会提出,在 1968—1971 学年,其成员法学院在图书馆方面的支出不得低于 3 万美元,并且需要在某一一年中支付总计 1 万美元用于图书资料的购买(或更准确地说,需要在 1968 年至 1971 年总共支出 4 万美元)。在这一规范中,还对各成员法学院图书馆的藏书量做出了要求,截至 1971 年,至少需要藏书 6 万卷以上。*AALS Proceedings*, *1968*, 54。

[23] Crotty, "Who Shall be Called to the Bar?," 86。对于通过律所见习的方式为什么无法学到法律的当代解读,参见 Nighswander, "Should Study in a Law Office Be Abolished as a Qualification for Admission to the Bar?," 31。

例如,1952 年,弗吉尼亚尽管保留了通过律师见习制度获得律师执业资格的管道,但却不再承认从未经认证法学院毕业的学生参加律师执业资格考试的资格。此举使得由一些商人及律师于 1937 年创办,并且与里士满商业学院(the Richmond Business College)联合办学的弗吉尼亚法商学院(the Virginia College of Commerce and Law)黯然谢幕。

[24] 1966 年,只有 13 个州完全通过律师见习的方式厘定参与律师执业资格考试的资格问题,还有 5 个州混用法学院培养及律师事务所见习的方式。对于律师事务所见习制度生命力如此顽强,有人给出过这样一个颇为引人关注的理由:"因为越来越多法学院不愿意接收因为学艺不精而被其他法学院淘汰的法科生,很多州都将律师事务所见习制度作为这些人的最后一根稻草加以保留。"National Conference of Bar Examiners, *The Bar Examiner's Handbook 41* (1968)。事实上,20 世纪 60 年代,美国法学院协会规范中反对其成员法学院接收被其他法学院淘汰学生的部分已经被修改。在 1965 年之前,这一规则的内容是,被美国法学院协会成员法学院淘汰的学生,其他成员法学院不得接收。到了 1969 年时,在满足如下两个条件的情况下,其他成员法学院可以接收被淘汰的学生:(a) 接收院校有理由相信该学生之前的表现不足以说明其无法在被接收的法学院令人满意地学习法律;同时(b) 此类学生在接收其入

学的法学院招生规模中占比不高。*AALS Proceedings and Reports*, *1965*, pt. 2, 103-5. 即使上述修正后的规范,依然遭到起诉从而挑战其合宪性。American Bar Association, *Annual Report*, *1968*, 138 (1969).

1966年之后,律师事务所见习制度每年都面临挑战,到了1969年时,计划设置某种程度律师事务所见习制度的州也只剩下了14个。American Bar Association, *Annual Review of Legal Education*, *1969*, 27-31. 除此之外,1970年,要求法学院申请者具备三年高校学历,已经获得普遍接受。有8个司法区甚至要求申请者具备学士文凭或拥有四年大学学历,另外30个州从实际出发,要求申请者具备三年高校学历。特拉华、新泽西、宾夕法尼亚、罗得岛依然要求申请者具备律师事务所的见习经历,所有州要求除了见习制度之外,申请律师执业资格的人必须还有法学院学习的经历。除蒙大拿州依然采取二年学制之外,所有州都要求申请者完成三年的法学院教育。American Bar Association, *Annual Review of Legal Education*, *1969*, 29. 至少33个司法区事实层面要求律师执业资格的申请者毕业于美国律师协会认证的法学院。Ibid., 27-31.

[25] American Bar Association, *Annual Review of Legal Education*, *1969*, 20. 但这种统计未必十分可靠。

[26] 约翰·马歇尔法学院于20世纪50年代也开办了日间部,并且在20世纪60年代成为该法学院的主要关注点。但该学院1969—1970学年的宣传中,依然宣称其学生的主体,无论男女,虽然往往需要在白天工作以养家糊口,但仍然希望通过法学教育提供的机会,让自己为同胞服务,这一宣称完全放弃了李建校时的初衷。

[27] *Denver Post*, 2 September 1957, 15.

[28] 1956年,弥尔顿·弗里德曼(Milton Friedman)在从经济层面表达对于弗莱克斯纳倡导的改革的否定时说:"和医生不同,律师无法通过严把法学院入口关就可以获得成功,尽管的确与此有关。原因多少令人感到讽刺。几乎所有列入美国律师协会认证名单的法学院都是全日制法学院,反之,几乎没有非全日制法学院位列其中。另一方面,很多州的立法者,大多毕业于非法律夜校这种非全日制法学院。如果他们投票限制此类学校的毕业生从事法律执业,

事实上是在变相地承认自己本身就不具备资质。这些人迟迟不愿意拿自己开刀的做法,实质上限制了法学仿照医学的路子取得改革成功的可能性。虽然我本人多年来并未就法学院入学要求问题进行深入研究,但我知道,这种限制已然失效。学生大量扎堆的事实说明其中绝大部分进入全日制法学院学习,各州立法部门的人员组成也在发生相应改变。"Friedman, *Capitalism and Freedom*, 151-52.

[29] 引自 First, "Competition in the Legal Education Industry," 393.

[30] Ibid., 399.

[31] 1967 年,在 12 个司法区共有 34 家未获认证的法学院。American Bar Association, *Annual Review of Legal Education*, 1967, 17-19. 到了 1969 年,在 8 个司法区中共有 27 家此类法学院。American Bar Association, *Annual Review of Legal Education*, 1969, 17-18. 不幸的是,无处觅得更为晚近的相关统计数字。

[32] 在 20 世纪 30 年代遭遇挫败后,私立法学院于 20 世纪 40 年代在加州卷土重来,造成这一局面的原因至少可以归因于加州大学系统内法学院的成长缓慢,至少远远落后于该州人口的增长速度。显然,没有任何理由相信这些私立院校的质量比他们的前任更高,根据 1949 年进行的一项调查,其中一间拥有 470 名学生的私立法学院在长达 8 年期间,居然没有培养出一名能够通过加州律师执业资格测试的毕业生。Prosser, "Legal Education in California," 197. 亦参见 State Bar of California, *Legal Education and Admission to the Bar of California* (1949).
1968 年,西部州立大学(Western State University)法学院的学生数量为 481 人;西洛杉矶大学(the University of West Los Angeles)法学院的学生数量为 313 人;加州法律高专(California College of Law)的学生数量为 82 人;太平洋海岸大学(Pacific Coast University)法学院数量为 94 人,东南法学院(Southwestern)的学生数量为 656 人;冯诺曼法学院(Van Norman)共有学生 52 人;肯塔基法学院共有学生 40 人;麦克乔治法学院共有学生 508 人;圣佛南多大学(San Fernando University)法学院共有学生 580 人,汉佛莱(Humphrey)法学院共有学生 114 人。21 *Journal of Legal Education* 313 (1969).

³³ 这种规定独一无二,因为 1970 年,蒙大拿州已不再允许函授生参加律师执业资格考试。1 *Legal Education Newsletter* 3(June 1970)。

函授生参与加州律师执业资格考试的战绩惨不忍睹。其中,1936 年至 1941 年间的通过率仅为 11.2%,律师事务所见习人员的通过率为 8.7%,法学院毕业生的通过率高达 59.9%。Prosser,"Legal Education in California," 192. 联邦律师执业资格测试的年通过率约为 50%(也就是说差不多有 7 000 人左右通过)。Blaustein and Porter, *The American Lawyer*,229. 亦参见 Brenner, *Bar Examinations and Requirements for Admission to the Bar.*

³⁴ 代表州律师协会的霍默·克罗蒂(Homer Crotty)与哈斯汀法学院院长大卫·斯诺德格拉斯(David Snodgrass)之间在经历长期斗争之后达成妥协。州律师协会方面将哈斯汀法学院毕业生通过该州律师执业资格考试的比例超过 60% 作为对其加以认证的前提条件。Barnes, *Hastings College of Law*, 310-14.

³⁵ 加州大学伯克利分校法学院院长威廉·普罗瑟(William L. Prosser)宣称:"任何一个读过这份报告的人都会有对法学教育产生这样一个第一印象:学习法律的人实在是太多了。"普罗瑟预测当时学习法律的人不下 5 000 人,其中约半数无法坚持到参加律师执业资格测试,更有约 1/4 无法通过这项测试。在他看来,只有如下两件事能够挽救加州律师界免受不合格律师的荼毒:首先,通过考试在第一学年结束时将未经认证法学院中最差的学生清除出去,其次,就是常态化的律师执业资格测试本身。Prosser,"Legal Education in California," 186.

³⁶ McDougal,"The Law School of the Future," 1353.

³⁷ Bergin,"Law Teacher," 637-42.

³⁸ 法学院入学测试(LSAT)是在"二战"后新增的遴选程序。在哥伦比亚大学法学院的建议已经若干合作法学院同意分担成本的基础上,教育测试服务机构(The Educational Testing Service)开始于 1947 年就一种新类型的入学测试进行研讨。同年,在若干法学院就入学考试的试验模板进行了测试,到了 1948 年,法学院入学测试已经可以投入大规模适用,可以确保法学院在学生申请的过程中更具选择性。Reese,"The Standard Law School Admission Test,"

125-26；*Goebel*，*School of Law*，*Columbia*，371-72。

20世纪50年代，法学院的选择余度不断加大。1954年时，伯克利法学院的申请录取率为70%（352名申请者中录取248人）；1968年，录取率降至34%（1988人中录取675人）。在1967—1968学年，哥伦比亚大学法学院在2 269名申请者中仅仅录取了713人，哈佛法学院的情况则是在3 247名申请者录取843人；伊利诺伊大学法学院在1 129名申请者中录取514人；爱荷华大学法学院的录取情况为412比284；明尼苏达大学法学院为657比281；耶鲁大学法学院为1 698比331；哈斯汀则为1 773比575。Stolz，"Training for the Law，" appendix。

然而，到了1961年，即使很多获得认证的法学院，也只能徘徊在学术界的边缘："对于很多并不知名的法学院来说，根本无法吸引足够的高素质生源从而满足其学术需要。" *Report of the ABA Special Committee to Study Current Needs in the Field of Legal Education*，6。

1952年，奥米拉（O'Meara）院长终于能够发表如下看法："存在两种思想流派。一种是所谓的哈佛模式，接纳所有具备大学学位的申请者，仅仅将其中真正缺乏能力的人加以淘汰；另外一种，是所谓耶鲁模式，在入学时就加以选择，一旦入学后轻易不做淘汰。"Moore，*A Century of Law at Notre Dame*，109。尽管奥米拉本人宣称倾向于哈佛模式，但到了1970年前后，事实上无论是哈佛，还是耶鲁或圣母大学，都适用严进宽出的同一模式。针对明尼苏达大学法学院试图终结这种从入口到出口的"旋转门"模式的努力，参见Stein，"Pursuit of Excellence，" 834。

[39] Nicholson，*The Law Schools of the United States*，2，引自Paul Brosman法官（前杜兰大学法学院院长）的著述。

[40] John G. Hervey，引自Nicholson，*Law Schools of the United States*，21。另外一位考察者评论道："在我检查的9所法学院中，有6所对于外面的世界无动于衷，毫无反应。"引自Harno，*Legal Education in the United States*，163。一份针对底特律地区规模较小的48所法学院课程设置情况的调查显示，其中的36所存在课程设置与该州律师执业资格考试密切相关的情况。Pemberton，"Re-

port on Legal Education," pt. 1, 88. 亦参见 1945 *AALS Handbook*, 135；及 Fuller, "Legal Education and Admissions to the Bar in Pennsylvania," 250-51："如果法学院能够开设更为适当的连贯法学教育,那么本科阶段法学教育所面临的压力将会得到适当减轻。但很少法学院选择这样做。"

⁴¹ 丹佛大学于 1946 年宣布成立一所函授性质的法商学院,而密歇根主要从 1947 年才开设类似的项目。University of Denver, *Report of the Committee on Curriculum* (1946), 116-17；Brown, *Legal Education at Michigan*, 115. 哈佛也在这一时期设立过法商课程。*Preliminary Statement of the Committee on Curriculum of the Harvard Law School*, 111(1947). 明尼苏达州的法与商业管理课程分别都开设有直至学位的各种课程。1950 年,还计划与该大学工程学院合办"短期"联合培养项目。Lockhart, "The Minnesota Program," 259. 1950 年,密歇根大学所开设的 7 年制函授法商联合培养课程取代了之前的 6 年学制项目,并一直开办至 1958 年。Brown, *Legal Education at Michigan*, 301-2.

⁴² 规模较大的法学院,战后依然十分强调国际法与比较法。康奈尔面临战后老兵的要求,开设了专门针对国际法的课程,后来因为在 1956 年受到福特基金会 39 万美金的巨额资助而得到极大加强。Henn, "The Cornell Law School—Its History and Traditions," 146. 到了 1950 年,哈佛的国际法研究所也开始授课。Sutherland, *Law At Harvard*, 333-34. 早在 1938—1939 学年,耶鲁就曾考虑过开设此类教学项目。*Report of the Dean, Yale Law School, 1938-1939*, 17. 在"二战"之后,耶鲁大学还增设了一种新类型的研究生项目,这一项目为对国际法、比较法及法理学感兴趣的美国及其他国家本科毕业生提供两年奖学金学习项目。*Report of the Dean, Yale Law School, 1946-1947*, 7, 11. 哥伦比亚大学 1950—1951 学年所开办的研讨课程中有六七个与比较法及国际法有关。Goebel, *School of Law, Columbia*, 150, n. 118. 哥伦比亚大学对于比较法的重视可以追溯到 1930 年其所成立的"帕克外国及比较法学院"(the Parker School of Foreign and Comparative Law). Ibid., 330.

⁴³ 大约到了 1950 年前后,商法、劳动法、政府的商业管制,特别是刑法,都在运用社会学方面取得了较大进展。Brown, *Lawyers, Law Schools, and the*

*Public Service*, 117, 121. 随着相关研究的不断推进,相关名单还逐渐扩展至家庭法等领域。

⁴⁴ 例如,在 20 世纪四五十年代出现的争论之一,就是宪法与行政法作为主干课,是否需要调整至法学院一年级就开设。参见 Freeman,"Administrative Law in the First-Year Curriculum," 225-26.

⁴⁵ Oliver Morse, "Let's Add Another Year," 252. Cf. Prosser, "The Ten-Year Curriculum," 149. 1950 年,曾有观点认为应当在明尼苏达大学法学院恢复战前四年必修学制,但最终只是将其作为一种选修学制。1957 年,四年学制又被缩减为三年半学制,后来又于 1965 年缩短为三年。Stein, "In Pursuit of Excellence—a History of the University of Minnesota Law School," 310-11, 840, 842.

⁴⁶ 这同样是一个在司法课程中强调公共利益的时代。耶鲁大学教授梅耶斯·麦克杜格尔(Myres McDougal)在物权法领域引领了这一思潮。因为对于当时耶鲁的大学物权法课程设置不满,遂主导了课程的重新安排,并于 1948 年,与大卫·哈勃(David Haber)专门为一年级法学新生撰写了物权法教科书,名为《物权、福祉与土地:分配、计划与发展》(Property, Wealth, Land: Allocation, Planning and Development),其中超过一半篇幅讨论的是物权法的公共维度。Brown, *Lawyers, Law Schools, and the Public Service*, 165; Leach, "Property Law Taught in Two Packages," 36-37; Percy Bordwell, review of McDougal and Haber's *Property, Wealth, Land: Allocation, Planning and Development*, 1 *Journal of Legal Education* 326 (1948).

⁴⁷ 20 世纪 40 年代的分析不比之前的分析来得更为和善。卡尔·卢埃林曾指出:"十分明显,很难再找到比判例教学法更为费工费时的信息传递方式了,人类肯定目前还没有找到。"Llewellyn, "The Current Crisis in Legal Education," 215. 大多数批评家认同卡弗斯的观点:"在第一学年之后,除了对于存在病态严谨态度的学生之外,判例教学法将不会发挥任何作用。"Cavers, "In Advocacy of the Problem Method," 453.

⁴⁸ "翻阅一所现代意义的法学院的选修课表,应当保留到圣诞节再进行才

对。理由？因为这肯定是一座思想的宝库,是法学院可以在保留趣味性的同时兼具专业相关性的明证。但恐怕所有的闪光点——物权法也好、地方发展法、社会立法与民权也罢,抑或者发展中国家法以及法律心理学等颇具挑战性的研讨课,也只是徒具其表而已。我对此有发言权,因为我也教研讨课。这些课程或在研讨课,事实上进一步验证了法学教师的精神分裂症状。"Bergin, "The Law Teacher," 647-48.

⁴⁹ Reed, *Present-Day Law Schools*, 252.

⁵⁰ 1947年3月公布的《法学教育委员会早期报告》(*The Preliminary Statement of the Committee on Legal Education*)提出的并非全盘改革建议,而是相当具体的改革计划,包括推行平行制的三年学制,所谓平行制,是指围绕相关法律问题同时推进传统教学与实验教学;将作为课程基础的公法课程,如宪法、税法、行政法移至第一或第二学年开设,并要求学生必修其中的一门或数门;开设法学文献概览之类的阅读课程;开设私法课程中利用暑期开设法学文献阅读课程,从而保留其存在。

在这份报告之后,从1949年开始,对于课程设置的完善正式开始,但改变往往十分谨慎。第一学年的课程大致保留不变,选修课依然大部分留在三年级开设。开始尝试采用助教为一年级新生开设法学导论的教学模式。物权法课程中推动的法律条款起草训练,旨在为学生具备充分的"法匠精神开一个好头"。除此之外,一些跨学科的领域也将被涉猎,例如,开设会计课程,同时工商管理学院也会定期向法科学生开放。具体任课老师可以在其教授课程范围内考虑进一步融合法科与非法科的问题。例如,国际组织法这门新设课程就融合了经济学的内容,从而关注世界征服各机构的经济职能。行政法、宪法等课程成为第二学年的必修课。Sutherland, *Law at Harvard*, 323, 337; Cavers, "The First-Year Group Work at Harvard", 39.

⁵¹ Casner, "Faculty Decisions on the Report of the Committee on Legal Education," 10.

⁵² 对于选课制度设定条条框框,旨在消除选课制度的随意性,特别是学生选课仅仅因为任课教师会轻易给出更好的成绩。加州伯克利以及哥伦比亚大

学法学院采取的是针对特定群体的特定选课计划,采取类似制度的还包括密歇根大学法学院。哥伦比亚大学法学院于 1949—1950 学年推动的计划是对于不同的选修课设置了选课的最低条件。"从而变相承认了普通学生没有办法为自己筹划一个平衡考虑的学习计划。"Goebel, *School of Law*, *Columbia*, 370. 根据这些新要求,在商法、物权法及家庭法的选修课,至少要求 13 学时,涉及程序法的选修课,则需要 6 学时;法理学以及比较法或国际法选修课则需要 2 学时。Ibid., 509-10.

但其中最为值得一提的尝试,莫过于耶鲁大学法学院推行的专业区分制(Divisional Program)。最初的计划是用第四和第五学期,专门围绕特定法学领域组织教学,其中也包括若干研讨课,论文的地位被视为与法律评论相同。"It is emphatically not a program of specialization," *Report of the Dean*, *Yale Law School*, *1956-57*, 7. 1957—1958 学年开始推行的这项改革问题频出。到了 1965 年,整个安排开始分崩离析,院长尤金·罗斯托(Eugene V. Rostow)及其他法学院教师都遗憾地认为,区分专业的办法太过僵硬刻板。*Report of the Dean*, *Yale Law School*, *1963-64 and 64-5*, *66-7*. 亦参见 Freilich, "The Divisional Program at Yale," 443. 与耶鲁大学放弃这一做法不同,也有几间法学院试图在第二、第三学年,至少是对于部分学生,追求专业性,毫无疑问,选择这样做的,都是一些所谓全国性的法学院。例如,天普大学法学院开设的法医药学、底特律大学法学院的地方立法专业。这一时期的法学导论课程包括法学方法(哥伦比亚大学法学院以及其他法学院采用这一制度),芝加哥大学法学院开设的"法学要素"、圣母大学法学院开设的"法学理论好书推荐"。Pemberton, Jr., "Report of the National Law Student Conference on Legal Education—Conference Report," pt. 1, 87; Jones, "Notes on the Teaching of Legal Method," 22.

[53] 虽然从整体上重构法学课程的努力屈指可数,但类似于哥伦比亚大学法学院在 20 世纪 20 年代所作的课程改革那样引发反响的尝试却绝非乏善可陈。20 世纪 40 年代,西北大学以及内布拉斯加大学法学院都基于延长学位学制的办法进行课程改革,十分强调创新。西北大学法学院于 1946 年所采取的

教学改革强调"法学教育的重构",在长达 29 个月的 7 个学期内,贯彻版块教学方案。存在关联性的教学板块对应一个学期。首先的 3 个教学版块关注法学基本概念范畴,接下来的 4 个教学版块关注程序法,5 个教学版块设计公司企业法,6 个版块名曰商业金融,还有 7 个版块涉及政府与公共服务。研讨课贯穿整个教学版块,并成为每个学期的保留节目。在前 3 个学期之后,讲授、阅读以及写作训练取代判例教学法,成为主要教学模式。但因为这种教学体制要求太高,导致院方需要马上做出妥协以吸引学生。在 1952—1953 学年,版块式教学法彻底停摆。尽管西北大学法学院并未得偿所愿,但这一尝试不能说没有在法学教育界内外对于提升先进法学教学方法引发了深远且有益的影响。Rahl and Schwerin, *Northwestern University School of Law*, 175-86. 亦参见"Report of Committee on Curriculum," 46 *AALS Proceedings* 116（1946）.

路易斯安那州立大学受西北大学法学院 1946 年教改的影响,在 1946—1947 学年从两个方面开始尝试改革:课堂教学的版块化,以及将暑季学期作为日常教学阶段。但这一改革也并未坚持多久。Ibid., 115. 同年,内布拉斯加大学法学院的尝试也以失败告终。这一尝试基本属于一项四年计划,分为两阶段:先用两年非专业地学习基本法学问题、政治理论与社会科学（期满,学生可以获得法律科学学士学位,但这一学位不得用来申请律师执业资格）,然后用两年时间学习法律专业学位。几乎所有的课程都是必修课,尽管相当一部分涉及法领域,但超过 1/4 属于公法课程。这一教学项目的特色在于两大涉猎范围颇广的技能实验室——立法实验室与执法实验室——二者的设立目的,都在于让内布拉斯加大学法学院的毕业生能够对于普通司法职业工作范式有所准备,从而可以从校门直接跨入职场。Beutel, "The New Curriculum at the University of Nebraska College of Law," 117-89; Brown, *Lawyers, Law Schools, and the Public Service*, 218-19.

[54] Sutherland, *Law at Harvard*, 323.

[55] Brown, *Lawyers, Law Schools, and the Public Service*, 228; Weihofen, "Education for Law Teachers,"427. 莱德里奇的魂灵一定会发出会意的干笑。

[56] 该项目计划每年训练 100 名至 125 名一年级新生,在 1948 年之前,主要

由1名教师及4名助教负责。到了1948年,这已经是一个需要学生花费300学习小时,提交总字数超过25 000字的项目。共计8学分,在一年级学生的课程安排中,这个项目占据了40学时。Kalven, "Law School Training in Research and Exposition," 108-9; Pemberton, "Report of the National Law Student Conference on Legal Education," pt. 2, 223. 然而,这个项目不止一次因为力不能支,至少因为师生比的明显失调而险些遭到撤销。对于学生文书写作能力(甚至或者学术能力)并不限于本科教育阶段。在1933年之后,耶鲁大学法学院设立的法学博士学位就需要提交毕业论文。*Report of the Dean, Yale Law School, 1931-32*, 19. 哈佛大学也在1928年开始对于博士学位提出论文要求。哈佛与哥伦比亚大学法学院对于论文还都规定有所谓"发表"要求。Sutherland, *Law at Harvard*, 234; Goebel, *School of Law, Columbia*, 510-11, n. 124.

[57] Kalven, "Training in Research and Exposition"; *Report of the Dean, Yale Law School, 1947-48*, 17; Sutherland, *Law at Harvard*, 323; Goebel, *School of Law, Columbia*, 371. 哥伦比亚大学曾于1933—1934学年做过类似尝试,但并未取得成功。Ibid., 502, n. 132.

[58] *Report of the Dean, Yale Law School, 1947-48*; Sutherland, *Law at Harvard*, 323; Goebel, *School of Law, Columbia*, 371.

[59] Bergin, "Law Teacher," 643.

[60] 以耶鲁为例,尽管其法学院的选课范围十分广泛,但涉及传统领域的课程却仍然占到普通学生教学计划的75%至90%。Yale University Council, Committee on the Law School, *Report*, *1966*. 亦参见 Harvard Law School, *Preliminary Statement of the Committee on Curriculum* (1947), 157.

[61] 一项针对加利福尼亚州各法学院的调查显示,其课程设置倾向于锁定律师执业资格考试涉及的范围,也都建立在之前各界学生所学课程的基础上。即使在伯克利这样的名校,劳动法、债权、公司金融法、联邦司法法、保险法、立法法、商业行为的政府规制、恢复原状之诉以及高等税法等课程都很少有人会选,理由是大家都关注能够帮助自己顺利通过律师执业资格考试的各项课程。Prosser, "Legal Education in California," 201-2.

⁶² 约翰·克里贝特(John Cribbet)将伊利诺伊大学法学院描绘为一所寄隅大型州立大学的地方法学院,同时提出,伊利诺伊大学法学院在 1948 年至 1958 年期间增设最多的是公法课程。同样,税法相关课程从 2 门增至 5 门(包括两门研讨课程);劳动法也从 1 门增至 2 门,包括 1 门研讨课程。Cribbet, "The Evolving Curriculum—a Decade of Curriculum Change at the University of Illinois," 230-31.

⁶³ Strong, "A New Curriculum for the College of Law of the Ohio State University," 44-56. 该校设定了一名杰出律师所应具备各项能力的理想蓝图,同时围绕这些蓝图开展课程设置从而为学生提供充分训练。亦参见 Strong, "Pedagogical Implications of Inventorying Legal Capacities," 555.

⁶⁴ University of North Carolina Law School, "Educative Elements in Legal Training," mimeographed (1968).

⁶⁵ 当然,各个法学院对此的反应程度不同:有少数法学院提供的课程数量达到了普通法学院开设课程数量的 2 到 3 倍。Jones, "Local Law Schools vs. National Law Schools," 287.

⁶⁶ 1953—1954 学年,哈佛大学法学院开设的研讨课程数量达到 50 门,哥伦比亚大学法学院开设的数量也达到了 26 门,同年,伊利诺伊大学法学院只开设了 5 门研讨课,俄亥俄大学法学院开设了 15 门,爱荷华大学法学院开设了 12 门以上,印第安大学 18 门、犹他大学 10 门,北卡罗来纳大学、路易斯安那州立与阿拉巴马大学法学院各自开设了 2、3 门研讨课,新墨西哥大学与范德比尔特大学法学院开设了 1 门研讨课。Moreland, "Legal Writing and Research in the Smaller Law Schools," 49. 10 年之后,名单变得更长了。具体情况可参见一份针对 115 所法学院所进行的调查。Del Duca, "Continuing Evaluation of Law School Curricula," 309.

⁶⁷ 例如,后来并入北肯塔基大学的所罗门·蔡斯法学院(the Salmon P Chase School)在 1952 年时有 2 名全职法学院教授,到了 1971 年,这个数字就增至 10 位。

⁶⁸ 承认社会科学课程与法学院课程之间的相互关系,要在很大程度上归功

于20世纪60年代拉塞尔·塞奇基金会对于伯克利、西北、威斯康星以及耶鲁大学法学院的资助。沃尔特·梅耶法律研究所(The Walter E. Meyer Research Institution of Law)也在鼓励实证研究方面给予了巨额资助。特别参见 Harry Kalven, Jr. , "The Quest for the Middle Range: Empirical Inquiry and Legal Policy," in Hazard, ed. , *Law in a Changing America*, 56.

[69] 向学生介绍法律基本概念范畴的课程十分受欢迎。其中就包括德雷克(Drake)法学院所开设的特别法律写作课程,以及堪萨斯大学法学院开设的法律文献综述研讨课。Mandelker, "Legal Writing—the Drake Program," 583; Speca, "Panel Discussions as a Device for Introduction to Law," 124. 匹兹堡大学法学院试图在法学院与化学学院之间建立某种协作办学项目,让法科学生与化学专业学生共同研究对于人造奶油(Oleomargarine)的成瘾问题。Nutting, "An Experiment in Intraprofessional Education," 44.

对于法律职业标准的关注,使得南方卫理公会大学法学院开设了一门法律职业的课程。该院院长罗伯特·斯托里(Robert Storey)解释道:"我们十分看重这门课程,使得这不仅是一门必修课,而且不选这门课的人根本无法毕业。"Harris, "The Inculcation of Professional Standards at Southern Methodist University School of Law," 823. 伊利诺伊大学法学院也开设了法律职业课程。Harno, "Professional Ethics at the University of Illinois," 821. 在此领域,精英法学院中的伯克利等法学院发现,学习法律职业化的最佳办法,就是让学生实际与执业律师面对面接触。法学院一学年新生因此由1组教师组织教学:7名法官和6名律师。授课方式为在晚餐过程中进行非正式讨论,之后进行报告。Robert Kingsley, "Teaching Professional Ethics and Responsibilities," 84. 这就是这一时期课程改革的"水平"。

[70] Oleck, "The 'Adversary Method' of Law Teaching," 104.

[71] Houts, "A Course in Proof," 418.

[72] 例如,参见 Bradway, "Legal Clinics and Law Students," 425.

[73] Miller, "Clinical Training of Law Students," 298.

[74] Dobie, "An Approach to 'Clinical' Legal Education," 21.

[75] Storke,"Devices for Teaching Fact-Finding,"82.

[76] Stephenson,"Academe To Agora,"163. 对于职业责任态度的改变,可以从1968—1969学年圣母大学校刊中的某些表述窥以一斑:"本院认为,律师只有在不仅仅具备法律知识、法律技巧,而且还对于自身的职业道德具备深刻感悟的情况下,才能更好地服务社会,因此,课程设置应当有意培育学生对于法律职业的荣誉感,以及对于司法的参与感。为了达成上述目标,法学院参与为本地无力聘请律师的民众提供民事案件的代理服务。这一活动属于经济机会办公室提供的法律援助项目。"引自 Moore, A Century of Law at Notre Dame,111.

[77] AALS Proceedings,1944,168. 报告提出的建议中有一项就是法学教授应当决定自己讲授什么法律技能,以及在针对一年级新生授课时如何分配自己的教学内容,以至于每位对一年级新生授课的教师,都主要负责特定技能的培训。由威豪芬(Weihofen)担任主席的美国法学院协会法学教育与测试方法委员会(AALS Committee on Teaching and Examination Methods)1947年报告将卢埃林的相关建议推向深入。这份报告分析了"律师思维"这一表述的意涵,并从中发现了5项值得强调的技能:确定判例法律观点的能力(法律分析能力);通过分析判例个体从中总结法律原则的能力(法律综合能力);处理复杂事实局面的能力(法律判断能力);解读成文法律法规的能力;应用法律原则解决问题的能力(法律救济)。AALS Handbook,1947,76-79. 大卫·卡夫斯区分了"技能"(Skills)与"技能性"(Skillfulness)两种概念范畴,指出法学院不能指望"技巧性"地训练学生的法律技能,同时建议法律技能只能作为从律师角度解决问题的一种方法来加以强调。Cavers,"Skills and Understanding,"396,399.

[78] 俄亥俄州立大学法学院课程设置考虑的法律能力包括信息、见解、技能以及实践等几部分。信息部分包括了解基本的实体与程序规则、原则及标准。见解部分主要强调对于法律原理的理解,以及对于法律机制的认识,除此之外还应包括对于法学理论与政策问题的理解等。法律技能包括事实区分的辩证技巧、判例分析、观点倾向、论辩技术、法匠精神、研究与法律文书写作能力。

实践部分主要关注法律咨询、谈判、论辩、谋划等内容。"Strong, A New Curriculum for the College of Law of the Ohio State University," 45-48, 52. 这种以技能为导向的教学方法明显在俄亥俄州立大学获得成功;至少该校1968—1969学年校历中依然将法律技能作为主要的教学目标。

[79] "The Place of Skills in Legal Education," *AALS Handbook*, *1944*, 159.

[80] 法律文书的起草,如果成为上课的内容,通常情况下是作为立法课的附加部分出现的。更为常见的是,这部分内容往往被人所忽视。另外一项不太常见的法律文件起草机会,出现在各州议会委托该州的州立大学法学院草拟立法文件的时候。另外一项更为实质性的实践出现在内布拉斯加大学法学院1946年作为课程改革重要抓手而建立的立法实验室。北卡罗来纳大学法律评论的编辑,每两年借由对于本州立法进行批判来获得上述体验。威斯康星大学法学院从1948年开始,通过暑期开设的法律诊所讲授法律文件的起草工作,密西根大学法学院则从1947—1948学年起开设了一门名为"法律文件起草与物业规划"。明尼苏达大学法学院在立法起草方面开设的课程取得巨大成功:这门课程关注如何将律师作为司法文书的起草者与建议者加以培养。参见 Brown, *Lawyers, Law Schools, and the Public Service*, passim. 尽管此类项目最终大多逐渐萎缩,但在20世纪60年代后期,出现了回光返照的迹象,例如可参见耶鲁大学开设的立法服务项目。

[81] "法律语言与道德"这门课程被设计为法学院一年级新生的必修课,从而为标准的法学院一年级课程增加了新的维度。Mayer, *The Lawyers*, 91-92; Riesman, "Some Observations on Legal Education," 63.

[82] "University of North Carolina Reports," mimeographed (1968).

[83] Cavers, "In Advocacy of the Problem Method," 455. 卡尔·卢埃林评价,问题主义教学法,简单来说就是适用判例教学法的合理内核,换句话说,研究问题产生的情况,而不是研究特定领域内的司法判决。Llewellyn, "The Current Crisis in Legal Education," 217. 问题主义还可以较为便利地兼容法律与非法律材料。

[84] 卡夫斯在杜克大学法学院适用问题主义教学法讲授冲突法课程,而查尔

斯·卡拿翰(Charles Carnahan)的冲突法判例法教材(华盛顿大学)因为兼容了判例与问题,因此被同时采用。科罗拉多大学法学院的内战前宪法学课程以及西北大学法学院阿尔伯特·克库莱克(Albert Kocourek)开设的证券法,采取的都是问题主义教学法。Brown, *Lawyers, Law Schools, and the Public Service*, 231;"Report of the Committee on Teaching and Examination Methods," *AALS Handbook, 1942*, 89.

哈佛大学法学院于20世纪40年代就其所开设的商业行为政府管理法、劳动法与立法法等进行改革,加入了问题意识与谈判协商的内容。*Preliminary Statement of the Committee on Legal Education of the Harvard Law School*, 119. 20世纪60年代,哈佛大学再次开始进行类似的课程改革。哥伦比亚大学法学院1946年恢复了战前开设的政府行政管理课程,也围绕拟制的问题展开。其所进行的另外一项教学实验出现在1940年,即以研讨课的形式选取若干法律问题组合在一起,这一做法"二战"后于1946—1947学年再次推行。执业律师每周提出一个现实法律问题,选课的同学则围绕这一问题撰写并提交解决方案的提纲。Brown, *Lawyers, Law Schools, and the Public Service*, 191-204; Goebel, *School of Law, Columbia*, 338-39. 密歇根大学法学院除了在几门课中适用问题主义教学法之外,还在一些课程中完全不讨论判例,而单纯通过问题设定的方式进行教学,此类课程包括公司组织法、法律文书起草、不动产规划等。*AALS Handbook*, 1947, 109. 哈佛大学1947年版课程设置委员会初期报告(*Preliminary Statement of the Committee on Curriculum*, 1947)评价认为,不动产规划与商业组织领域特别适合问题主义教学法,这两大领域加上证券法以及债权法,被合并起来视为是问题主义教学法适用最成功的领域(65-66)。

[85] 例如,参见 Ward, "The Problem Method at Notre Dame," 100; Moore, *A Century of Law at Notre Dame*, 112; Volz, "The Legal Problems Courses at the University of Kansas City," 91.

[86] Brown, *Lawyers, Law Schools, and Public Service*, 232.

[87] Ehrenzweig, "The American Casebook," 236. 拉森在康奈尔大学法学院的侵权法与代理法中适用问题主义教学法(被其称为"归纳法")。每位学生

都需要基于案件事实以及常识，撰写法律意见，最后，将其法律意见与真实的法律判决加以对比。Larson,"An'Inductive' Approach to Legal Education," 287-88. 但假设作为问题的案件并没有采用这样的一种教学体系，就会引发问题。很多好学生并不喜欢问题主义教学方法无穷无尽的可能性，从而倾向于忽略那些自己没有回答的问题。耶鲁大学进行的一份调查问卷显示，大部分学生在研究问题式案例时都漫不经心。Ehrenzweig,"The American Casebook," 236.

⁸⁸ 同样应当牢记的是，这一时期的诊所式教学含义较广。历史悠久的模拟法庭仅仅是其中之一，这一教学模式兴盛于 20 世纪三四十年代，在 1948 年参与全国法科学生代表大会(the National Law Student Conference)的 42 所法学院中，几乎所有法学院都开办有模拟上诉审的法庭(经常由学生经办)。Pemberton,"Report on Legal Education," Part I, 73; Pemberton,"Report on Legal Education," Part II, 224. 但模拟一审的教学项目却相对罕见，原因在于很难达到足够的相似程度。参见 Green,"Realism in Practice Court," 422-23; Hunter,"Motion Pictures and Practice Court," 426-29. 当时依然属于诊所式法律教学的法律评论，自其于 19 世纪诞生以来，就获得了蓬勃发展。截至 1955 年，法律评论的数量达到 78 家，能够进入法律评论，一直被视为是法学院能够提供的获得教育经验的最佳途径。Mewett,"Reviewing the Law Reviews," 188; Cavers,"In Advocacy of the Problem Method," 451-2.

⁸⁹ Frank,"Why Not a Clinical Lawyer-School?"

⁹⁰ 到了 20 世纪 50 年代，此类教学项目获得了法学期刊的积极评价。弗兰克等学者依然鼓吹这一项目的优越性。Frank,"Both Ends against the Middle," 20-47. 费恩(Finn)则建议将法学院学制延长至 4 年，增加的 1 年用做诊所教育，从而将年轻律师培养至接受良好训练的年轻医生的水准。Finn,"The Law Graduate—an Adequate Practitioner?," 84-89. 但这并非是一边倒的声音。阿尔巴尼法学院院长安德鲁·克莱门茨(Andrew W. Clements)就持反对意见，他悲观地预测，如果采用这种教学模式的话，法学院院长就将生活在丛林之中，扮演驯兽师的角色，因为只有这样，才能将从事法学理论教学的人和从事法律实

践教学的人整合在一起。除此之外另外一个问题在他看来,是过分强调实践训练,或者专门技能,将会导致道德价值感的流失,从而使得法学院沦为纯粹的职业培训机构。Clements, "Law School Curricula—a Reply," 36-42. 另外一位长期支持诊所法学教育的学者一直以来都在和后来被证明占据压倒性地位的反对意见展开针锋相对的斗争。约翰·布莱德威声称:"提供法律实践训练这个问题,早已实际上在法学院被我们其中的某些老师所解决。"Bradway, "Practical Legal Training," 52-55.

[91] 这一研讨课程为3学分,最多有12名学生参与,主要负责将若干个案件从头到尾走完。在这个过程中,参与的学生将会获得调查问询、协商谈判、仲裁以及审判等实践能力。Mueller and James, "Case Presentation," 129, 134. 尽管这个时期哥伦比亚大学法学院曾经尝试进行过模拟仲裁,芝加哥大学法学院"二战"开始之前曾设立过一个学生主持庭前会议或仲裁程序的教学环节,但没有什么能够比耶鲁的这个项目更能让学生获得协商与仲裁的实际经验了。Ibid., 129; Pemberton, "Report on Legal Education, Part 2," 229-30. 20世纪40年代末出现的另外一项诊所式法律课程包括华盛顿大学法学院通过播放电影的方式教授审判技巧的课程,以及20世纪四五十年代哥伦比亚大学法学院创办的庭审诉讼技巧研讨课,这门课相较于程序,更强调实体辩论技巧。Ibid., 225; Goebel, *School of Law, Columbia*, 370.

[92] 不同法律诊所对于学生的授权范围不同。在哈佛、耶鲁以及科罗拉多大学法学院,有经验的学生负责监督管理工作,在哈佛,每年学生负责处理的案件超过1500起,其中绝大多数都由学生自己完成。在9所法学院,参与法律诊所项目的学生还可以出庭代理案件。Johnstone, "Law School Legal Aid Clinics," 535. 541-44, 551. 反对学生参与法律诊所项目的意见一般认为,借此获得的法律经验与其日后从事的法律工作毫无关系。约翰·布莱德威同样激情澎湃地为法律诊所项目辩护。Bradway, "Some Distinctive Features of a Legal Aid Clinic Course," 469. 在所有支持法律诊所项目的观点中,最具说服力的莫过于来自执业律师的声音:"似乎最为坚定支持法律援助诊所项目的人,都是那些自己像学生一样在实践中不断摸索的执业律师。"Johnstone, "Law School

Legal Aid Clinics," 540. 对于此类观点的总结, 参见 ibid., 539, 亦参见 Brown, *Lawyers, Law Schools, and Public Service*, 238.

[93] 在加利福尼亚州法科学生代表大会上, 曾经谈及了若干此类诊所教学项目的情况。"Student Internship Programs: A Memorandum," mimeographed (1967).

[94] Gellhorn, "Second and Third Years of Law Study," 1; Kelso, "Symposium on Legal Education," 26; David Currie, "Our Students Have Outgrown Our Curriculum: The Third Year," mimeographed, University of Chicago Law School (1968).

[95] 美国法学院协会还创建了职业责任教育理事会(the Council on Education for Professional Responsibility), 并在全国法学教育理事会(the National Council on Legal Education)因为资金问题遭撤销后取而代之。美国法学院协会从福特基金会获得95万美元用于该理事会的运营。"在最开始运营的前9个月, 职业责任教育理事会就批准了11项资助计划, 总额接近7.6万美元, 之后的12个月中, 又针对23个项目批准了总额高达7.6万美元的项目资助。"Steigler, "Reconstruction of NCLE," 279; "Report of the CEPR," *AALS Proceedings, 1966*, pt. 1, 285-89. 福特基金会于1968年6月12日宣布成立自身的"法律职业责任教育独立理事会"(the Independent Council on Legal Education for Professional Responsibility, CLEPR), 项目计划10年, 在前5年计划拨款600万美元。该独立理事会优先关注诊所法律教育项目, 以及刑事司法及青少年司法领域的田野调查, 并将诊所式法学教育的要素注入类似房屋租赁关系、债权债务关系、城市规划、分区、房屋按揭贷款、财产保险、保险公司的运营及行政机关的管理等私法领域。Ibid., 3. "法律职业责任教育独立理事会"展开了密集的工作, 努力将诊所法律教学项目调整为美国律师协会认证法学院的常规教学科目, 其理由在于将学生置于真实的案件情境之中, 可以强化积极研习法律学生的责任感, 提升其职业敏感性, 从而使其做好一名法律职业人士或者立法者的职业准备。公众及公共机构因此从长远角度获得好处。但即使在训练过程中, 社会也会直接得到来自于参与法律诊所项目的学生及负责老师所提

供的帮助。Ibid., 2. Smith, "Is Education for Professional Responsibility Possible?" 509. 对于这一时期法律诊所项目身份与地位的进一步阐述,参见 Edmund W. Kitch, ed., *Clinical Education and the Law School of the Future*.

⁹⁶ 对于丹佛、明尼苏达、密歇根、波士顿、哈佛、纽约及圣母大学法学院的类似项目介绍,参见 Kitch, *Clinical Education*, 138 ff.

⁹⁷《高等教育法》(the Higher Education Act)第十一条的通过,意味着可以对于法律诊所项目每年拨款 750 万美元(每所法学院每年获资助最大限度为 75 000 美元)。虽然这一条款在 1968 年获得通过,但直到 20 世纪 70 年代末,相关拨款才获得表决通过。

⁹⁸ 其中的一项实验,就是改头换面之后的律师事务所见习制度,但这次,见习制度得到了充分细密的设计,并受法学院的控制。早期最有名的一次实验,是耶鲁大学法学院教授沃尔顿·汉密尔顿(Walton Hamilton)在 1942 年春季学期所组织的研讨课:总计 7 名二年级学生前往华盛顿,分别负责某项具体的政府工作。所有学生都受汉密尔顿的监督,同时需要定期参加其组织的集体汇报活动。这一教学实验被认为取得了相对成功:"这一教学项目让学生接触到了无法在课堂中学习到的知识。这些知识构成了其能在纽黑文学到的知识之外的有益补充,从而极大丰富了这些学生的三年级学习生活。因为具备上述不同,故可以认为其在很大程度上弥补了传统课程的不足。除此之外,这种做法还给二年级的学生提供了新的激励与全新的打击,而这个时候,法学院对于学生的新鲜感降到最低,学生们的集体荣誉感也降到最低。" "Experiment in Training Students by Assignment to Government Agencies, Part II: Report of Walton Hamilton to the Dean of the Yale Law School," *AALS Handbook*, *1943*, 124.

尽管耶鲁大学法学院后来并未再次重复这一创新,但这并不意味着见习制度的终结。1970 年,法与社会政策中心(the Center for Law and Social Policy)于华盛顿正式成立,由全职律师负责监管,若干法学院的学生可以在中心见习一个学期。中心在 20 世纪 70 年代取得了相当成功,至少从学生的角度来看。20 世纪 60 年代开始的斯坦福实习计划,则明显没有达成最初的设定目的。Ehrlich and Headrick, "The Changing Structure of Education at Stanford Law

School," 452, 461-63.

规模较小的法学院在自行或借由政府部门开设法律诊所项目时,也遭遇到了和耶鲁或斯坦福类似的困难。1946年,华盛顿法学院创建了自身的公法学院,旨在在华盛顿特区提供诊所式法学训练,并向任何感兴趣法学院的学生,或对于比较政府程序感兴趣的学生开放。Brown, *Lawyers, Law Schools, and the Public Service*, 189-90. 其他尝试地方或州政府见习计划的法学院包括:在"珍珠港事件"之前辛辛那提大学法学院主要与地方律师事务所开展见习合作。威斯康星大学法学院则在"二战"前,与当地的私人律师事务所或检察官办公室合作,让学生在这些地方见习两个学期,还为毕业生提供3个在州政府的见习机会。Ibid., 238-39. 但这些项目似乎都没有取得重大、持久的成功。

[99] 更为有力的论说,参见 Kitch, *Clinical Education*, 5.

## 十三、职业

自 20 世纪 60 年代中期开始,即使美国最顶尖的私立法学院,面对大量获得补贴的竞争者,也分明感受到了迎面吹来的刺骨寒风,很多私立法学院都发现自己的经济状况变得愈发艰难。[1] 在这种情况下,能够从政府获得财政支出的州立法学院也开始警惕可能爆发的经济难题。尽管 20 世纪 60 年代社会对于法律职业的关注度骤升,从而至少改变了下一个十年各法学院所面临的财务窘境,但对于很多普通的私立法学院而言,长远的经营局面仍然不容乐观。到了 20 世纪 80 年代初期,随着未经认证法学院逐渐淡出历史舞台,很多人都开始预测下一个消亡的,必将是得不到足够赠款的私立法学院。[2] 财政及专业压力强化了法学教育的同质化,虽然来自学术方面的压力限制着任何根本性的变革,但与之相比,种种或疯狂,或细枝末节的改革试验却从未停歇。

20 世纪 60 年代的法学教育,被历史的各种框架所牢牢束缚。空谈不少,实干不多。尽管法学教育依然貌似一成不变,但外界发生的变化已经悄然侵入法学院高不可攀的院墙。20 世纪 60 年代中后期正值民权运动活跃期,充斥着反战情绪、女权运动的兴起,以及美国民众中高涨的"激进主义"。所有的这些,都没有逃过法律职业的关注。其中很多都涉及全新、复杂的法律问题,尽管当时只有很少一部分执业律师能够直接接触到这些问题,但法学教育者却需要直面这场学生运动的所有侧面。

法学教育的未来远未确定。其似乎在 20 世纪 60 年代之前完全没有表现出适应时代的能力,但有一些却信誓旦旦地宣称自己已经发现了一线曙光。其中最为值得一提的观点主张,对于美国社会而言,法学院在结构与目的方面应具备更大的灵活度,即使可能偏离其自身应有职能。甚至还有比较婉转的表述要求在法学院内部建构起明确的等级序列。[3]里德50年前所下的论断,即律师职业不应同质,而应多元,终于在此时获得了某种意义上的舆论支持。[4]越来越多的人开始讨论起法律的专业化,同时针对命运多舛的约翰·霍普金斯法学研究所的研究也开始出现。[5]

正因为存在广开学术言路这一贴近学者心声之需求,才首次引发了探讨开设两年学制法学专业的意愿。[6]当时全美上下普遍愈发感觉到,高等教育学制拖得太长。就法学院的相关问题,没有比美国法学院协会课程委员会主席1968年报告阐述得更为鲜活的了。他认为:"必须要尽快做出改变。不仅法科学生已经被逼到了墙角,就连法学教授,特别是年轻教师,也认同学生的观点,感觉法学教育太过僵直、太过整齐划一、太过狭隘、太过拖沓繁冗。"[7]伯甄对此表示认同:

> "将学制变短是仁慈的,法学院现在的学制无趣的残忍,因为学生在经历了第一学年之后学到的唯一技能,就是在上课的时候伪装自己已经做好了充分的准备。需要明确的是,我们对于二、三年级学生大量灌输法律规则知识,但学生获得法律知识所需要付出的努力太高(或看起来太高),以至于一想到要付出如此之多的努力,就让人身心俱疲。[8]

还有一种做法,尝试以某种稍微不同的方式,将法,至少部分上,归入大学的学术领域。将法作为人文艺术学科纳入到本科教育范畴,强调其所具有的历史、哲学以及社会科学等面向的看法,重新获得尊重。(大多数情况下,这个时期本科课程中存在的法学课程包括商法等学术评价很低的课程,因此很多知名法学院对此避之不及。)一所新晋成立的实验性质人文学院,罕布什尔学院(Hampshire College)通过强调实证研究,开创了全新的法学研究立足点。与此同时,其他法学院也在进行类似的尝试。布兰迪斯大学则在是否于其研究生院内设置法律系犹豫不决。[9]越来越多的法学院开始向自己的毕业生颁发法科博士学位。与此同时,法学院越来越愿意不断丰富法学专业。西北大学重新组建了自己的法学院,在这样做的过程中,要求学生用同样时长的学术研究替代实践教学。所有的上述实验,如果贯彻到底,都将与过去一百多年以来法学教育得以建构的基本理念架构发生正面冲突,甚至还可能颠覆法学教师作为非专业学术型通才的形象。

然而法学院还无暇顾及教学改革的问题,因为其本身业已深陷这个时代动荡的社会浪潮之中。1963 年,法律职业界中女性所占比例仅为 2.7%。[10]尽管女权运动浪潮席卷而来[11],但 1969—1970 学年,法学院应届毕业生中也只有 6.35% 为女性。[12] 1969 年,虽然美国总人口中黑人占比已经达到 12%,但黑人在法律职业界中的占比仅为 1%,这一低水平同样反映在各法学院中黑人学生所占比例上。[13]对于精英法学院及准精英法学院 1970 级及 1972 级学生所做调查显示,相当一部分学生出自经济地位较高的社会人群,而其在高收入水平人群中的占比也较之十年前更高。[14]虽然针对一流法学院调查所得出的统计数据不一定具有绝对的代表性,但十分明确的是,少数族裔的学生要攀至业界顶点的成功概率微乎其微。尽管美国社会民权运动、女权运动以及反贫穷运动已出现了不止 10 年,但法学院很少受到此类社会运动的影响。

如果法学院学生的态度和法学教育对自身架构与课程设置那样坚定,或许没有马上与时俱进,并不会引发如此危险的后果。到了 1970 年时,情况显然超出了控制。法科学生已经发现了这个问题,而民权及物权成为当时的流行话题。在 20 世纪 60 年代末,宣称对于服务社会弱势群体、致力于社会重构感兴趣的精英法学院毕业生较之 10 年前出现了显著上升。[15]针对学生政治理念所做调查显示,明显出现了左倾的迹象。[16]或许对于法学院自身而言更为重要的,是学生们对于法学教育[17],特别是对于判例教学模式及苏格拉底教学法的敌意明显公开化。[18]

然而情况显然非常复杂。同一批学生,呈现出的却是截然不同的倾向。虽然号称希望投身于民权律师的行列,但这些人却往往希望自己能够赚的比自己的前辈更多。[19]尽管很多学生不愿意承认自己计划前往华尔街就职,但有证据证明某些人正是因为如此才会投考法学院。[20]甚至一度很多法学院的学生本人也说不清楚自己的求学体验,对于自己的专业呈现出一种爱恨交织的情感态度。[21]如果法学教育者在处理法律问题时呈现出了某种精神分裂的症状,那么学生的情况也差不多。

法学教授和法科学生的所思所为对比如此强烈,或许对于法这门如此画地为牢的职业而言,并无任何不妥。尽管一项针对精英法学院的调查显示,耶鲁大学法学院1960级超过70%的毕业生以及爱荷华大学法学院87%的毕业生都在律师事务所担任合伙人[22],但从全国范围来看,大部分的律师依然属于个人执业。[23]一项同时期针对芝加哥黑人执业律师的调查显示,其职业分层十分明显,一部分独立执业的律师在底层苦苦挣扎,还有一部分黑人律师虽然在律师事务所工作,但却只能担任最低的职位。[24]并非只有少数足裔律师的日子才不好过:尽管19世纪骑着马到处寻找客户的律师已然不复存在,但在美国各个城市,都还可以发现这种律师的现代版。律师的分层,并不局限于待遇丰厚的华尔街律师或公司法务与城市底层苦苦支撑的独立执业律师之间,美国法律职业从经济层面存在诸多分层,同时也包括了固然传统但专业不同的职业领域。[25]虽然很多美国法科学生曾经梦想从事民权工作,但这个职业的现实性又决定了这些人的职业道路将会截然不同。

法科学生、法学教授乃至法学院,即是20世纪70年代出现的学术混沌的受害者,又是这种局面的始作俑者。尽管创新常常被挂在嘴边,但法学院似乎很难适应政治气候的改变;尽管人云亦云地标榜激进极端,但法科学生似乎打心眼儿里保有先辈们希望通过攻读法律达到的许多目标;尽管为富人阶层提供日益增多的机会[26],但法律职业的"低门槛"仍未改变,在这个意义上,杰克逊流民主主义塑造了这个职业,或者这个职业适应了杰克逊流民主主义。

在越战进入如火如荼之际爆发的学生运动过程中,精英法学院出现了三种明显的改变。在耶鲁,学生获得了在校方各种委员会投票的权利,也在教职委员会中为自己赢得了一席之地。考试成绩也被取消——起码针对法学院一年级是这样。这似乎仅仅是个开始。因为惩戒学生,老师被推上了被告席。哈佛大学法学院的情况与此多少有些不同,尽管这里的学生没有像耶鲁学生那样推动如此之多的变革。[27] 然而,十分明显,精英法学院业已成为学生运动的一部分战场。[28]

20世纪70年代,学生间的激进主义开始势微,但法学教育的牛市却远未结束。20世纪60年代末,就读法学院的热情空前高涨,或许学生们将一些人权律师作为榜样,认定哪里有诉讼,哪里就会出现法律的改变。1968—1969学年至1971—1972学年,参与法学院入学考试的人数从6万人增至12万人。[29]法学教育产业也得到长足发展。据估计,法学院的收入从1948年的17 000万美元增至1976年的27 500万美元。[30]这显然产生了相当程度的刺激效果,不断有新的法学院开门营业。20世纪20年代,普林斯顿曾经试水法学教育,但并未深入展开。[31]克莱蒙大学(Claremont)、加州大学圣巴巴拉分校以及布兰迪斯大学等也作出了类似的决定。[32]然而,对于很多大学,以及与大学等高等学府没有任何关系的机构而言,显然不需要自我设限。只有美国律师协会以及美国法学院协会提高市场准入门槛的做法,才遏制了法学院数量的急剧攀升。[33]设立法学院所带来的经济以及社会影响力颇为诱人。舆论大多乐观其成。其中最为典型的,莫过于美国公民自由联盟主席、纽约大学法学院教授诺曼·道森(Norman Dorsen)*所公然宣称的"我们需要更多律师"[34]。然而,有两件事已悄然发生。首先,即使在越战爆发之前,学生中的激进主义就已经开始衰落[35];其次,与此相关的一个颇具讽刺意味的现象是,对于律师的需求实际上出现了下降。[36]然而,对于想要进入法学院,特别是一流法学院就读的人来说,压力并未因此减轻。[37]

和20世纪30年代的情况类似,人们开始越来越多地讨论律师过剩问题。[38]法科学生,从1962年的68 562人增至1971年的95 943人,从1972年的105 245人增至1973年的114 800人。[39]实际上,在这一时期很多准法律专业人士自立门户,跃跃欲试投身于律师已人满为患的这个社会之中。[40]这个时期本科法律教育重获活力。[41]然而,需要牢记的是,即使今天,针对法学教育的统计数据依然相当不成熟,未经认证法学院的相关统计数据大体被排除在报道的数据之外。媒体的报道千篇一律,认为法学院的高速增长期已经结束[42],律师职业市场也已人满为患。[43]然而,法科学生的数量却一直保持稳定增长,直至1977年达到历史高点的126 000人,自此之后,才开始出现下降。[44]劳工统计署(The Bureau of Labor Statistics)预测,1976年至1985年间,法律行业就业人数将从396 000人增至49万人,实现25%的增长。支持这种增长的,是每年23 400人的法学毕业生,这一数字已经较1981年暑期毕业的法科人数减少了约1万人。然而,像律师职业这样可以在10年之内让自己的客户数量翻倍,恐怕是其他行业所难以想象的。

---

\* 诺曼·道森(1930— ),美国著名宪法学家。曾担任美国公民自由联盟主席、美国法学教师协会主席、美国宪法学会主席等重要职务,曾代理过多起美国联邦最高法院审理的民权案件,至今仍然活跃在法学研究与教育的一线。——译者注

尽管保持扩张势头,但法律职业始终受到公众质疑,却成为其在20世纪60年代的突出特征之一。一方面,这种情况无可避免。在一个秉持所谓平等主义理念的社会中,托克维尔笔下的自然贵族概念多少显得有些格格不入。然而,这一时期美国社会中弥漫的怀疑主义情绪,受到民权运动、越战、女权运动以及水门事件的加功,导致律师面临来自右派[45]以及左派[46]的责难。提供法律服务不仅看起来很酷,而且在很多代表通用汽车公司的人眼中,这一职业多少具有反社会的色彩。[47]然而,即使在这一层面,也有迹象显示针对律师执业的极端主义情绪,如果不单纯是一种口号的话,也在20世纪70年代消失殆尽。[48]后来的很多研究尝试质疑极端主义情绪的坚定程度,同时证明事实情况恰恰相反。[49]

较之以往,律师所扮演的角色在20世纪70年代最为遭人诟病。不仅普通的法律执业活动受到公众仔细检视,法律职业本身也在经历与之相关的发展。经济机会办公室(the Office of Economic Opportunity, OEO)所开办的法律服务项目逐渐发展为法律服务公司(the Legal Services Corporation)。[50]法律保险业务(预先赔付项目)也在此时开始发足。[51]经济学家们忙于建构模型从而检测律师的需求。[52]面临激烈的市场竞争,同时又不愿意放下自己学术职业的身段接受自身具有商品交易的要素,律师界就是否允许律师做广告曾苦恼了好久[53],最后只能由联邦最高法院判定如果限制律师做广告,就是在限制律师的职业行为。[54]早在1975年,联邦最高法院就在"戈德法布诉弗吉尼亚州律师协会案"[55](*Goldfarb v. Virginia State Bar*)中打破了律师界的另外一项金科玉律,即律师的最低收费制度。

组织有素的律师协会试图采取措施,破解如此种种指摘,以及由此给律师行业所带来的整体负面评价。事实上,美国律师界,以美国律师协会为代表,或许从未受到公众的如此引领或影响。如果美国律师协会经过挣扎最终选择站在无过错赔偿责任这一边,那么其就会支持法律服务公司的理念,就会强调法律道德,就会鼓励法学科研。[56]实际上,在水门事件之后,法律道德本身就变得像极了一门产业。没有人愿意对法学院强制学生出勤听课的做法发表意见,无论这种做法是否有助于未来的律师能够在课堂上更多地获得知识,或者让其获得更高的职业道德感。

在此问题上,律师界应对批评的做法是强化记录处分程序,尽管和其他普通法国家相比,美国律师的纪律惩戒相对更为宽松。[57]同时,律师协会还希望通过对律师的品格、资质提出更高要求,让律师的准入变得更难,这种做法唯一的例外是在20世纪50年代初被用来排除律师队伍中的所谓左翼同情者。[58]从法学教育的发展历史来看,这也并非毫无根据的简单推测,但从法学院的角度来看,这项新任务显然属于一件苦差事。在其看来,学生的道德或价值观,更应当在家里、在高中、在大学养成,而非简单通过苏格拉底教学法所能办到之事。[59]这也可以部分解释为什么法学院传授的所谓职业道德大体上主要涉及无证执业的问题。但到了20世纪70年代,这种认知出现了戏剧性变化。[60]律师界开始要求学生必须学习职业道德[61],但大多数观察家认为,法律职业道德不太可能像律师协会领导人所希望的那样,与法学院的教学活动完美结合。[62]

与此一脉相承,美国律师界还开始考虑律师执业资格的再认证问题,类似的讨论当时在医学界正如火如荼地进行,这一做法实际意味着法学教育将成为一种必然的选择,而非可能的选项。肇始于明尼苏达州的律师执业资格再认证运动[63],呈现出星火燎原之势[64],尽管其貌似完全超越了法学院及其能够影响的范围。与之相比更为有力的改革建议,则是围绕法律职业专业化的问题,而这同样是医学界正在讨论的话题。[65]这一话题首先出现在加利福尼亚州[66],最初虽然强调的是提升职业标准,但最后似乎[67]越来越演变为一场公关秀[68],很多法律职业的批评者认为,专业化的主要目的,无外乎更有效地发挥法律专业垄断的作用。[69]当然,在美国联邦最高法院撤销对律师职业进行广告宣传的限制后,专业化运动开始出现失控的迹象。[70]

作为提升律师职业整体素质的终极办法,所有关注的焦点始终集中于法学院身上,而其也在 20 世纪 70 年代,成为通往法律职业界的唯一路径。[71]而法律职业界领军人物也开始对法学院无法满足其预期表达关注。其中最为典型的,莫过于联邦最高法院大法官伯格对于联邦法院中庭审辩论质量反复表达的担心。[72]法学院内发生的种种,一直都是法律职业界关注的焦点,虽然对于自己的所见所闻法律职业界大体持批判态度,但在法学院看来,律师职业界所关注的新兴兴趣点,大多具有反学术的危险因子。[73]已经实现了法学教育所致力达成的体系结构的法律职业界,很明显已经做好准备将自身关注的兴趣点从体系结构转换到法学院的实际运营管理。顶尖法学院对于法律职业界认为重要的职业技能的培训往往无动于衷,而这深深惹恼了法律职业界[74],业界领军人物还认为法律职业扩大化走的过了头。到了 20 世纪 60 年代,大多数法学院二、三年级主要开设的都是选修课,而这些课程的名称和领军人物在法学院时学习的课程已经相去甚远,毫无关联性可言。这意味着 20 世纪 70 年代美国法律职业界与学术界之间的摩擦已经被推到了风口浪尖。

文化的冲突出现在不同地域、不同领域。其中一场论战围绕所谓"克莱尔建议"(Clare Proposals)展开,第二巡回上诉法院的一个委员会呼吁那些希望在其辖区代理案件的律师学习证据法、民事诉讼程序、刑事诉讼程序、职业责任以及庭审技巧。对于局外人来说,这种温和的要求似乎并不过分。然而对于法学院,特别是那些精英法学院的院长们[75]来说,这个建议直接威胁到历经百年才建立起来的某种权力平衡。哥伦比亚大学法学院院长迈克尔·索文(Michael Sovern)*抱怨此举将会使法学院倒退为"技术学校"。[76]尽管这些新规计划在1979年才开始适用[77],但实际上处于一种悬而未决的状态,因为其辖区内的联邦地区法院对此拒绝执行。[78]

印第安纳州围绕第13号规则所引发的争议,在很大程度上类似于加利福尼亚政治人物对于该州立法建议第13号有关财产税的反应。[79]1973年,印第安纳要求希望申请在该州执业的律师必须学完54学时的制定课程,这一行为强化了法律教育的内在精神分裂,以及不同类型法学院对于法学教育所秉持的不同视角。[80]解决上述难题的办法,是由局外人提供给法学教育者的,而这也使得法律职业人士愈发重视"实践"的理念。

然而,这种争论虽然挂着学术对决实践的幌子,本质上却是主张法学院及其盟友,与美国法学院协会之间的斗争,前者要求法学院获得更多自主权,后者则深深担心法科学生接受更为强调理论与实践经验的法学教育。历史也在发挥作用。当法律职业界在19世纪末承认在法学院学习的时间可以替代在律师事务所见习的时间时,是将这两种法学教育模式等同视之,无意放弃通过审查诉状的方式来进行法学职业训练。实际上,印第安纳州最高法院首席大法官用"社会觉醒"而不是律师技巧来为第13号规则提供合理性根据,在他看来,"战争太过重要,以至于不能留给将军们解决"[81]。

1981年,南卡罗来纳州决定效法印第安纳州。由该州最高法院法官卡梅隆·小约翰(Cameron Bruce Littlejohn)**领衔的委员会彻底暴露了这个州的未来走向。小约翰宣布,"你无法将律师能力与法学院

---

\* 迈克尔·索文(1931—   ),美国劳动法及就业反歧视法专家,曾担任美国哥伦比亚大学法学院院长。——译者注

\*\* 卡梅隆·小约翰(1913—2007年),曾任南卡罗来纳州最高法院大法官。——译者注

简单地一分为二;二者之间难舍难分。"有鉴于此,南卡罗来纳州开始要求法学院开始的 14 门必修课中,就包括庭审技巧,只有全部修完这些课程的学生,才有资格申请参加律师执业资格考试。委员会还要求申请法学院的学生在大学阶段选修英文、美国史、会计、政治学与哲学。小约翰还警告,对于获得律师执业资格之前需要在律所见习的规定,我们是在"玩文字游戏"。[82] 既有法律职业体制对于任何革新性的教学革新,主要这种革新涉及实践技能,无论相关争论采取何种形式,多抱持某种怀疑态度。

同时,德维特(Devitt)委员会在克莱尔委员会之后继续开展工作,共有 14 个联邦地区法院下定决心,从 1981 年开始,对于在其司法区从事法律执业的律师就特定实践课程加以测试。第 13 号规则持续生效,佐治亚州在讨论参照南卡罗来纳州规则的时候,其法学界与法律实践界之间的关系出现了持续紧张。[83] 同样是在这一年,美国法学院协会主席、哈佛大学法学院院长阿尔伯特·塞克斯(Albert Sacks)\* 曾谈及,自己担心美国各州在管控辖区内法学院课程设置方面各自为政的做法。[84] 而这一波新的标准化浪潮表明美国律师协会与美国法学院协会之间的宗主关系宣告终结。[85]

美国律师协会特殊任务项目选定,由康奈尔大学法学院院长罗杰·克莱姆顿(Roger Cramton)\*\* 负责撰写报告以平息事态。[86] 克莱姆顿于 1979 年夏提交报告,建议强调法学院有必要重视法律专业道德与职业技能的训练;其建议的内容远远超越作为克莱尔报告改革核心的庭审辩论的技能培训,以及作为第 13 号规则基础的基本命题。救命的万灵丹药就是诊所法学教育。看起来体制内的保守派似乎希望

---

\* 阿尔伯特·塞克斯(1920—1991 年),美国法学家,曾任哈佛大学法学院院长。——译者注

\*\* 罗杰·克莱姆顿(1929 年— ),美国著名冲突法学家,曾担任康奈尔大学法学院院长,至今仍然活跃在学术一线。——译者注

通过坚持诊所法学教育来作为筹码,换取法学职业界能够对于其所设置的普通课程部分高抬贵手,相安无事。[87]然而,当美国律师协会法学教育委员会于1980年要求所有被其认证的法学院在特定的职业技能领域提供教学指导时,美国法学院协会对其表示了不满,认为自身的自治权受到了威胁。[88]对此,美国律师协会再次选择了退让,而这也使得美国法学院协会深感如释重负。[89]

如果诊所式法学教育模式被用来作为20世纪80年代美国常规法学教育的救命稻草,从而使其免受法律职业界的诟病,那么这种做法也不算什么创新,除了多少带有些讽刺意味之外。对于这一举措,也很明显体现在学生,特别是20世纪60年代学生的态度之中。即使在校园内激进情绪最为浓厚的阶段,即使那些目标不同于前辈的学生,也在抱怨法学教育的理论而非实践导向。[90]开展诊所式法学教育的时机已经成熟,因此即使威廉·品克斯(William Pincus)*以及"职业责任法学教育理事会"(the Council on Legal Education for Professional Responsibility, CLEPR)当时并不存在,也会有人在这个时候创建类似的机构。"职业责任法学教育理事会"的前身在20世纪60年代就已经开展活动,借助于当时还处在很多法学院处于边缘地位的法律援助诊所,试图在1964年之后将其统合在经济机会办公室(OEO)的法律服务项目之中,该项目虽然刚刚才在1968年春天从福特基金会获得600万美元的资助,但新近成立的"职业责任法学教育理事会"却获得了操作的杠杆,从而迫使很多有权势的法学院也开始非常严肃地开展诊所式法学教育。从1970年到1976年,项目开展数量相应的从169个增至494个。[91]

"职业责任法学教育理事会"名誉主席品克斯毫不讳言地抨击当

---

\* 威廉·品克斯(1920—2014年),美国诊所式法学教育改革的奠基者之一。——译者注

时法学院的常规教学内容,认为学术性教学内容应占第一学年课时的80%,但只能占到第三学年总课时的至多20%。[92]尽管在1975年,全美各法学院二、三年级的法科生中只有24%接受过诊所式教育,但这种潮流的巨大惯性却不容否认。普通法学教授对于"职业责任法学教育理事会"的大肆鼓动明显有些爱恨交织。很少有人会否认很多学生开始疏远传统教学,或者很多学生被吸引到诊所式法学教学项目当中。同时也很少有人会否认受到良好监督指导的诊所式教学,会很好地回馈课堂教学,从而在历史上来看提供了一种可以接受的法学教学范式。[93]然而,在大多数法学院,负责诊所教学的老师仍然被视为二等公民[94],在位居核心地位的教授们眼中,诊所项目根本不值得自己一试,更不应被纳入到整体学术计划之中。[95]导致对于"职业责任法学教育理事会"及学生所付出的努力出现矛盾心理的重要原因似曾相识——诊所式教育成本高昂。1980年前后,"职业责任法学教育理事会"的资金告罄,然而后续的联邦资助却迟迟无法到位,尽管这种资助在里根执政期间似乎根本无法持续。[96]缺乏资助也直接威胁到克莱姆顿所意指的妥协。

当然,某些法学院因为非常愉快地接纳了不断扩张的诊所式法学教育模式,反应有所不同。脱胎于波士顿基督教青年会所开办的法学培训项目,东北大学法学院通过兼容课堂作业与学生从事法律工作所获得的经验,创立了所谓"合作教学"项目。[97]但更大的创新,来自于1972年成立于华盛顿特区的安提阿法学院(the Antioch School of Law)。其将自身定位为一所法学院、一所法律诊所、一所公益律师事务所。[98]从其创设到获得认证,始终受到公众的高度关注。[99]无疑安提阿法学院在降低入学门槛,将法律实践置于法学院课程中心等方面取得了一些成就。与此同时,这所法学院似乎也始终处于文化革命的漩涡中心。[100]然而,受到学生兴趣以及某些法学教师政治激进主义的鼓励,

类似的试验远未停歇。¹⁰¹

并非所有教授都想竭尽可能放松法学院的3年学制。贯穿20世纪70年代的一个现象反而是,一些在精英法学院供职的改良主义者,持续要求对法学教育体制进行结构性变革。这一呼声最早出现在20世纪60年代末,到了20世纪70年代初,两年制法学院已经不再受到普遍认可。由来自密歇根大学法学院的保罗·卡灵顿(Paul Carrington)*担任主席的美国法学院协会课程委员会不仅财力雄厚,而且颇具曝光度,其在1971年度报告中赞成两年制法科博士学位,后续配套一系列旨在应对不同法律职业需求的继续教育项目。¹⁰²从一个更为精英主义的视角,斯坦福大学法学院院长贝雷斯·曼宁(Bayless Manning)**,呼吁建立双层次的法学教育体系¹⁰³,尽管谁属于哪个层级尚存疑问。¹⁰⁴1972年卡内基委员会报告也将两年学制作为避免法学教育模式全盘自由化的备选方案。¹⁰⁵

有鉴于此,法学教育与律师职业资格委员会于1972年美国律师协会年中会议上建议,应当修改法学院标准规范第307条,从而正式承认两年制法学院。在很多人看来,这一变革毫无疑问会获得通过。但这显然大错特错了。用自己的生花妙笔,普莱博·斯托尔兹(Preble Stolz)在《音乐已死之日》(The Day the Music Died)¹⁰⁶一文中,依照时间顺序梳理了事实的经过。顶尖法学院的院长们对于三年制法学院的优点无不推崇备至。哈佛大学法学院院长阿尔伯特·塞克斯回顾了学术生活的漫长历史之后,提出现在"时机还不成熟",因为哈佛正要在法学教育方面有所突破。宾夕法尼亚大学法学院院长伯纳德·霍

---

\* 保罗·卡灵顿(1931— ),杜克大学教授,曾在包括密歇根大学法学院在内诸多名校任教,并就民事程序法等众多法学领域学有专长,著述等身。——译者注
\*\* 贝雷斯·曼宁(1923—2011年),美国公司法学家,曾担任斯坦福大学法学院院长。——译者注

夫曼(Bernard Wolfman)*以法学教育领跑者的姿态,反对这项计划,认为如果有一间法学院的学制改为两年,就会导致多米诺骨牌效应。哥伦比亚大学法学院院长迈克尔·索文反对的根据在于缩短学制会造成律师供给数量的增加,从而导致供过于求,在某个私下场合他还提到,哥伦比亚大学法学院的学生,需要为自己在法学院的第三个年头"牺牲"2万美元。耶鲁大学法学院亚伯拉罕·戈尔茨坦(Abraham Goldstein)**强调,法科学生应当被培训为通才,在反对缩短学制的同时,认为随着立法的复杂化,法科学生还需要接受历史、哲学以及社会学的训练。名校中,只有斯坦福大学法学院院长托马斯·埃尔利希(Thomas Ehrlich)***支持缩短学制。

两年制法学院这项改革或许已经胎死腹中,但是否需要锁定本科四年、法学院三年的七年制模式,依然存在争论。哥伦比亚大学法学院院长索文建议 2-1-1 模式,在总体上维持法学院三年学制的基础上,在二年级之后让学生进行为期一年的法学实践[107],此时哥伦比亚大学法学院已经率先开展了六年制的本博连读(B. A. J. D)项目。[108]但时不时仍然有冷枪暗箭放出。美国律师协会 1975—1976 年度主席贾斯汀·斯坦利(Justin Stanley)始终坚持推行法学院的两年学制[109],同时,业界对于律师执业能力的愈发关注也使得压力与日俱增。1978 年,联邦最高法院大法官伯格呼吁法学院学制改为两年普通法学院教育加一年诊所教学实践。[110]但这一动议也未取悦法学院方面。[111]法学院两年学制的改革运动,虽然在 20 世纪 70 年代曾风行一时,但到了 20 世纪 80 年代,事实上已经偃旗息鼓。

---

\* 伯纳德·霍夫曼(1924—2011 年),美国税法权威,曾在哈佛等知名大学任教,在法学教育领域也做出了巨大贡献。——译者注
\*\* 亚伯拉罕·戈尔茨坦(1925—2005 年),美国法学家,曾担任耶鲁大学法学院院长。——译者注
\*\*\* 托马斯·埃尔利希(1934—  ),美国教育家,曾担任印第安纳大学校长等职务。——译者注

然而,一个不争的事实是,越来越多的精英法学院学生,会在二、三年级时在律师事务所开始工作[112],加上业界对于职业能力的持续压力,使得这一问题远未成为定论。20世纪六七十年代,学生们用脚投票。很多州修改制度,允许法学院学生至少在一年级结束后,享有有限的旁听庭审的权利。这一举措,加上律师服务业需求的不断扩大,很多律师所开始日益仰仗法学院学生的兼职。来自于实务界的压力逐渐清晰。1979年,哈佛多少有些不太情愿地接受了由托马斯·埃尔利希(前斯坦福大学法学院院长,也是新奥尔良会议上唯一支持两年学制的精英法学院院长)领导的法律服务公司提供的大额赠款,从而允许哈佛法学院学生在两年内完成常规课程,在第三年全身心地参与诊所法律教学活动。即使在麦加,宗教架构也并非无懈可击。

20世纪70年代对于法学教育的结构改革伴随着围绕法学院认证所具作用的政治以及公众混淆。[113]认证过程惹恼了极端主义者,在他们看来,这完全是精英主义的做法,同样不爽的还包括市场主义者,他们认为认证程序有违市场竞争原则。联邦贸易委员会竞争局(The Bureau of Competition of the Federal Trade Commission)就曾攻击过美国医师协会医学教育联委会(the AMA's Liaison Committee on Medical Education),对此,美国法学院协会执行主任米拉得·鲁德(Millard Ruud)<sup>*</sup>也承认:"和医师协会相比,美国律师协会的情况更加岌岌可危。"[114]同时,律师市场的牛市,至少在20世纪70年代早期,催生了大量未经认证的法学院,而20世纪70年代末律师服务市场的萧条,又重新让业界开始担心人满为患的问题。本来在20世纪60年代已经退出市场的法律夜校[115]业已卷土重来,有些情况下甚至还打着获得认

---

\* 米拉得·鲁德(1917—1997年),美国立法法、商法教授,曾任美国法学院联盟执行主任。——译者注

证的法学院的名号。[116]对于未经认证的法学院中到底招收了多少学生,依然缺乏准确的统计,因为这些学校根本不想与美国律师协会、美国律师协会认证机构分享数据。从官方统计数据来看,在未经认证法学院就读的学生数量从1969年的3 646人增至1973年的8 698人。[117]尽管1979年官方统计数字仅为4 055人,但这个数字仅仅基于7所返还调查问卷的未认证法学院所提交的数据汇总而成,但却未包括没有返还问卷的50所法学院。据估计,在未经认证的法学院中,有超过2万名学生在读。

对于这些法学院,人们所知甚少。尽管也存在于其他各州,但未经认证的法学院主要集中于佐治亚州及加利福尼亚州。[118]这些法学院以不同的形式扎堆出现。其中的某些可以追溯至20世纪20年代,典型的例子如纳什维尔基督教青年会法律夜校。[119]某些标榜思想激进,如位于芝加哥的黑人律师全国代表大会法律及国际外交学院(the National Conference of Black Lawyers Community College of Law and International Diplomacy),以及位于洛杉矶的全国律师工会人民法律学院(the People's College of Law of the National Lawyers Guild)。[120]20世纪60年代的一位思想激进的法学教授保罗·萨瓦(Paul Savoy),担任了位于加州奥林达(Orinda)的约翰·肯尼迪法学院(John F. Kennedy Law School)院长。某些未获认证的法学院形同虚设,但另外的一些则显得生机勃勃——西部州大学富勒顿分校(the Fullerton Branch of Western State University)招收了632名全日制以及1 115名非全日制学生,而其在圣迭戈的分校学生人数也达到了975人。有些法学院说白了就在店铺前面或临街的无电梯公寓办学,根本没有什么图书馆,另外一些则师资力量完善,甚至可以为当地社会提供非常有价值的办学资源。[121]

加州境内的42所未经认证法学院最受关注。随着1973年加州决定在加州大学系统内不再设立法学院[122],对于法科学生需求的日益增长与法律职业尊严之间的紧张关系与日俱增。尽管办学情况"较好"的拉文(La Verne)大学法学院以及圣费尔南多谷(San Fernando Valley)学院法学系最终获得了加州律师执业资格审查委员会的认可,但对于被认为极具危险性的未经认证法学院,加州法律职业界还是决定痛下杀手。到了20世纪70年代中期,加州律师协会特别顾问约翰·加丰克尔(John Garfinkel)将十几间未经认证的按学院描绘为一个"恐怖故事"。据揭露,海洋法律学院(the Ocean College of Law)的学生虽然支付了学费,但老师却没有领到薪酬,高专负责人还被判决"组织、介绍卖淫罪"(Pimping and Pandering)。* 对于这些教学机构,加州律师协会再一次为其设置了最低标准,这些标准在20世纪80年代初时,似乎可以马上贯彻落实。[123]

问题在于,在1980年之前,没有人知道谁是维持秩序者,谁又是规则破坏者。认证在某种程度上变成了一种贬义词。1976年,有人在美国律师协会年会上建议,从社会正义的利益出发,或许应当放弃认证这一做法,让竞争,以及联邦贸易委员会来保护公众免受办学者携款潜逃等不诚信事件。[124]但这一理念并未获充分理解与接收,但就在这个时候,美国律师协会因为阻止为西部州立大学法学院提供认证而惹火上身。[125]这一办学认真的法学教育机构虽然未获认证,但属于营利性经营,已经成功从某个地方性质的大学认证机构获得认证。美国律师协会因为该院办学牟利而拒绝为其提供认证。西部州立大学法学院院长马克斯韦尔·博厄斯(Maxwell Boas)认为很多法学院都有利

---

\* 根据加利福尼亚州刑法典(California Penal Code Section 266h)及(Penal Code Section 266i),组织卖淫(Pimping)被定义为以他人卖淫收入为生或从中渔利。"介绍卖淫"(Pandering)是指在卖淫者与嫖娼者之间牵线搭桥的"拉皮条"行为,具体来说包括影响、鼓励、唆使、劝说、欺诈、威胁、安排或其他方式要求嫖娼者与卖淫者发生有偿性服务的行为。——译者注

245 可图，只不过是其所依附的大学把利润拿走了而已[126]，这种反驳显然相当到位，从根本上推翻了美国律师协会及美国法学院联盟的立场。

美国律师协会因为试图对于西部州立大学法学院的地方认证进行杯葛，与美国联邦教育委员会及其咨询委员会结下了梁子。而这导致美国律师协会被摆了一道，被要求提供理由说明其为什么不应该终止继续作为认证机构而存在。[127]美国律师协会因时而变。1977年，其法学教育与律师执业委员会投票，同意对于营利性法学院给予部分认可。尽管这一例外性规定明显需每年更新，但1989年并没有私营法学院获得认证。但毫无疑问的是，风向已变。当美国律师协会检查报告指出"达拉维尔法学院的师生丧失了学术激情"时，做出该报告的美国律师协会顾问被该院起诉诽谤，并被判赔偿5万美元。[128]毫无疑问，认证也遭遇到类似针对法学院入学考试这类客观测试曾泛滥过的公众检视。因此，1980年时，针对美国法学院协会的最终去留，起码是是否应当退出认证领域出现的非常严肃的讨论，实在不出所料。从认证角度来看，美国法学院协会已经"功成身退"（Functus Officio）了。其之所以没有完全退出，大概是因为学界认为美国律师协会还需要一个监督者。[129]

与此同时，加州在推行认证严格化的过程中，遭到了认为其具有种族主义以及社会精英主义的指控。格伦代尔大学法学院（Glendale University College of Law）认为加州强化认证程序的举动，目标直指少数族裔、劳工阶级、身体残障人士以及外国学生。非洲裔律师全国代表大会预测，此举将导致少数族裔律师的人数出现下降。[130]这些指控在多大程度上属于事实尚不可知。但从全美范围来看，就少数族裔律师而言，早在十年前，就已经出现了建立在家长式武断作风基础上的重要改变。[131]作为少数族裔法科学生带头组织的法律教育机会理事会（The Council on Legal Education Opportunity），以及其他类似组织，都开始了行动。在获得认证法学院中就读的少数族裔学生人数,从1969—1970学年的2 933人增至1978—1979学年的10 008人。[132]尽管这仍然没有反映出少数族裔在总人口中的占比。[133]少数族裔法科学生的遴选程序无疑受到了美国联邦最高法院在德方斯(DeFunis)案[134]以及拜克(Bakke)案[135]中所作相关判决的质疑,但后来联邦最高法院在韦伯(Weber)案[136]中的判决多少平息了上述疑问。20世纪80年代更多被关注的,是对于法学院入学考试以及律师职业资格考试中存在文化歧视的指控。这一点在加州表现得尤为真切[137],对此,曾经进行过不同的调研,还曾组织过有黑人及拉丁裔律师组成的调查委员会。[138]其提交的报告显示,少数族裔的确在接受律师执业资格考试的时候遭遇到严重问题,但没有证据显示存在文化歧视。同时,佐治亚律师执业资格考评委员们因被指控存在种族歧视而变成了被告[139],同样引发全国关注的还包括尽管大型律师事务所也在招聘黑人助理,但其中很少人能够升任合伙人。[140]

然而,其他的少数族裔处境相对更好。在20世纪三四十年代,犹太裔学生大量进入政府、学校以及非精英的犹太人主导律师事务所。[141]20世纪60年代,在大型律师事务所中,依然存在反犹情绪。[142]到了20世纪70年代,此类歧视大体不复存在,而且,犹太学生开始成为很多精英法学院的学生主体。[143]女性,也是从"我们虽然很想接纳你们,但抱歉没有额外的卫生间"时代开始,随着女权运动的勃兴,渐渐不再满足于仅仅从事法律助理的工作,意欲一展宏图,而纷纷涌入法学院深造。1968年,全美获认证法学院62 000法科学生中,有3 704名女性。到了1979年,在获认证法学院中就读的117 279名学生中,女生数量上升为37 534人。简言之,女性在法科学生中所占比例从不足10%增至1/3。[144]这样的一种增长十分重要,因为有证据显示,和少数族裔一样,女性也需要形成群聚效应才能获得更好表现。[145]或许毫不令人感到意外的是,女性一般都被安排到了法律职业界中相对较不重要的角色。[146]

当然在20世纪70年代,公众逐渐更多地获知法科学生的生活,程度甚至超过了其自身可能希望的范围。《一个法科生》(One L)[147]中的描述堪称形象;《力争上游》(The Paper Chase)也相当流行,还被改编为电影以及电视剧。[148]或许最为显著的,还在于对于法科学生的研究[149]在美国律师协会相关研究中占据了相当大的比例。[150]尽管对于法科学生社会化及职业化的研究仍显不足,但在20世纪70年代,实证研究开始兴起。这些研究证实法科学生希望成为律师而不是法学家,并且第一学年对于法科学生,即使是好学生来说总是意味着筋疲力尽与望而生畏,大部分学生,除了那些参与法律评论编辑的人之外,在其精力被诊所法学教育或可能与法律不沾边的兼职榨干后,根本不想多学哪怕一点儿东西。

在20世纪70年代初,大量证据显示除了担任法律评论编辑的学生之外,大部分学生都在第一学年结束,甚至第一学期结束前感到筋疲力尽。[151]后续研究显示这种局面有所扭转,但还有很多人认为至多算是没有继续恶化而已。尽管在20世纪70年代后期几乎没有什么法科学生属于激进主义者[152],但不满情绪依然高涨。因此,尽管哈佛在1979年宣布对于课程设置进行调研,但可以想见,这个时候法科学生的关注,与1946年及1960年对于法学院课程设置开展的调研,以及1935年学生对于课程设置进行的评价[153],不会出现什么不同。因此,尽管很多人对于判例教学法感到心灰意冷,但却没有办法找到能够取而代之的替代解决办法。这在很多方面表征着美国法学教育所面临的难题,但这可以用来解释为什么法学院,至少某些较好的法学院,可以合理预期将被放任自流。

1 对此,参见 Bowen, *Economics of Major Private Universities*.

2 此类法学院大多集中在华盛顿特区、纽约市以及芝加哥,这里原本面临来自公立法学院的竞争较小。但到了 1970 年,情况变得再明白不过,除了霍华德这间主要面向黑人开办的法学院之外,如果联邦或地方财政提供资助陆续不断在哥伦比亚地区建立法学院,势必对于很多地方私立法学院造成严重的威胁。如果纽约州或纽约市要在纽约建立法学院,那么福德汉姆(Fordham)法学院、圣约翰法学院以及纽约法学院的经营一定会出现危机。20 世纪 80 年代初女王学院(Queen's College)、纽约城市大学(CUNY)先后决定设立法学院,这个决定从上面的语境来看,意义非凡。更多的问题出在 1982 年里根政府决定削减预算,这一政策尤其影响到攻读职业学院的学生贷款。"Law School Students Face New Loan Plan," 67 *ABA Journal* 550 (1981).

3 Cavers, "Legal Education in Forward-Looking Perspective," in Hazard, ed., *Law in a Changing America*, 139. 沉溺于将法学院转变为政策制定者生产基地的结果,就是对于法律匠人,更礼貌地说,律师助理的需求与日俱增。于是,围绕法学院是否应当为这部分人设计课程,抑或者将其交由州立大学或商业机构负责教育,产生了大量争论。

4 例如,有观点提出,"主要法学院在结构以及教育目标方面的一致性,颇有浪费资源之嫌。"Dworkin, "There Oughta Be a Law."

5 Abraham S. Goldstein, "The Unfulfilled Promise of Legal Education," in Hazard, ed., *Law in a Changing America*, 157.

6 至少这种长度的学制反映出 20 世纪 60 年代用法科博士学位取代四年制法学学士学位作为法学标准学位的迹象。参见 American Bar Association, *Annual Review of Legal Education*, 1969, 22-25. 在 1964 年 8 月,美国律师协会法学教育与律师职业资格分委会(the Section of Legal Education and Admissions to the Bar of the ABA)批准了一个决议案,建议"所有获得认证的法学院优先考虑将法科博士作为顺利完成学业的学生所获得的首个法学学位"。而几乎所有的法学院都对此作了优先考虑,决定采用这一学位。在 1967 年密歇根大学法学院宣布采用法科博士学位时,院长助理的解释是:"对此问题,似乎可以认为密歇根大学法学院颁发的学位,就是之前本科教育所对应的学位,尽管这在传统意义上并不属于研究生学位。对此,本院选择的就是法科博士学位。"Cavers et al. , "Issues in Legal Education," 9-10.

[7] "Report of Charles J. Meyers," *AALS Proceedings*, *1968*, 8. "在任何法学院,学生所做的事情完全相同,不仅在第一学年做的完全相同,第二学年也没有差别,甚至在第三学年出现的差别也不大。"Ibid. , 9.

[8] Bergin, "Law Teacher," 648-49. 法学教育需要改革的需求与理论具有历史周期性,对此,可以考察下 35 年前卡尔·卢埃林所提出的,美国法学教育"盲目、无能、流水线作业、浪费、漏洞百出且空洞无物"。Llewellyn, "On What Is Wrong with So-Called Legal Education," 653.

[9] *New York Times*, 22 December 1969. 学界对此观点也持认同态度。有学者建议,大学应当设立不同的法学教育机构,同时在本科及研究生法学教育中突出学术性。参见 Hall, "An Open Letter Proposing a School of Cultural Legal Studies," 181. 耶鲁大学法学院院长亚伯拉罕·戈尔茨坦观察认为,"从常理出发,容易开展高等法学研究工作的领域,一定是尚不存在任何法律的全新领域。"Goldstein, "Unfulfilled Promise in Legal Education," in Hazard, ed. , *Law in a Changing America*, 162. 另外一些人的表述则更为煽情:"税务系的朋友们,你猜谁在使用你们的专业术语?可不是教你们诉讼的家伙。绝对不是。是会计师,是职业管理人,是社工,是退伍老兵,是精算师,是银行家。那么,学国际法的朋友,你们猜猜谁在使用你们的专业概念?是地理物理学家,是外交官,是商人,是经济学家。那么你呢?在市营公司工作的我的朋友。使用你们专业语言的是城市规划人员、公共健康管理者、建筑师、工程师以及声学家。学习刑法的朋友,社会学家、心理学家、精神病学者、经济学家以及统计学家在使用你们的专业语言。"Mueller, "Pre-Requiem for the Law Faculty," 413.

[10] American Bar Association, *The American Lawyer*: *Statistical Report* 15 (1968).

[11] The Association of American Law Schools and the Law School Admission Test

Council, *Pre-Law Handbook*: *Report on Law Study and Practice in the United States*, *1970-71*(1970). 在美国南部,相关统计显示的情况更加显失比例。只有5.36%的法科学生为女性。对于职场中的性别歧视问题,参见 White,"Women in the Law," 1051, 1048-88. 亦参见 Johnstone and Hopson, *Lawyers and Their Work*, 19; Barnes, "Women and Entrance to the Legal Profession," 276.

[12] 另一方面,哈佛大学最终仅在1950年才开始招收女生。在1966年,圣母大学也开始招收女生。正如其官方院史所说:"旧秩序开始改变,为新秩序腾出了空间,上帝以很多方面为我们以启示。"Moore, *A Century of Law at Notre Dame*, 123.

[13] 参见 the statement of the Association of American Law Schools. *Hearings on S. 3474 before the Subcommittee on Education of the Senate Committee on Labor and Public Welfare*, 91st Cong., 2 dsess. (1970). 20世纪60年代出现了很多鼓吹提高少数族裔就学机会的论调,但成果甚微。可参见 Committee on Minority Groups, "Report on the Law Schools and Minority Group Students," *AALS Proceedings*, *1970*; "Report of the Advisory Committee for the Minority Groups Study," ibid., *1967*; "Report of the President," ibid., *1963*. 亦参见 Askin, "The Case for Compensatory Treatment," 65; Bell, "In Defense of Minority Admissions Programs," 364; Gellhorn, "The Law Schools and the Negro," 1069; Brooke, "Introduction to the Symposium: Disadvantaged Students and Legal Education—Programs for Affirmative Action," 277.

[14] Stevens, "Law Schools and Law Students", 571-74. 涉及的法学院包括波士顿、康涅狄格、爱荷华、密歇根、宾夕法尼亚、斯坦福、南卡罗来纳以及耶鲁。1972年时,只有耶鲁大学的少数族裔占比超过10%。Ibid., 572.

[15] Ibid., 583-86. 1970年,耶鲁大学一年级新生在问卷调查中回答自己属于"极左派"或"民主派"的占到总数的92%;而其10年前做出类似回答的毕业生占比仅为56%。爱荷华大学1960级校友中只有15%认为自己在进入大学时属于"极左派"或"民主派",但1970年时进入该大学的新生认为自己属于

"极左派"或"民主派"则高达40%。

[16] 某些人认为,法科学生所面对的教学结构与授课方式削弱了其对于创造力的需求,以及对社会问题的关注:"大多数时候,我都发现新学年开始的时候,很多学生都可以就课程与外部世界、与法哲学问题以及与社会问题的关系作出颇为有趣的评论,但这些评论往往根本没有得到足够的重视,或者被简单地否定了之,或者被规避掉……存在让我们的思维变得更加精确,更符合法教义学的理性需求。"Ibid., 640.

[17] Ibid., 645:

"你原来所在的学院鼓励学生,特别是在班级中进行大量写作、进行独立研究、持续付出努力,你被鼓励这样做,但你来到法学院,却碰了一鼻子灰。你被扔进了一个规模较大的班级之中,如果你要发言,就必须要扯着脖子探出头才能让人关注。因为你对于法律了解不多,因此即使发言,也全凭蛮力,还有某些人会对你嗤之以鼻,会和你强词夺理。那么,大多数人会选择怎么做?当你发现了这种情况的话,你就会选择闭嘴。大多数人的反应都是如此。他们会选择闭嘴,因为担心被枪打出头鸟。"

[18] Ibid., 570-71. 研究发现,"即使在极端主义盛行的时代,学生们也始终认为法律是一个潜在的赚钱行业,尽管20世纪60年代号称要重建或推翻体制,但学生依然想通过这个专业获得丰厚的回报。"Ibid., 571.

[19] Ibid., 577. 在20世纪60年代,出于赚钱的动机攻读法学院的迹象愈发明显。

[20] 即使1972级学生要比1960级学生更希望前往华尔街谋求职位,但却很少有人会愿意承认这一点。Ibid., 580.

[21] Ibid., 638-39:

"在某门课上,我并没有感觉到任课老师让我变得体无完肤,或者因为没有完成阅读任务而遭到斥责。但我依然感觉到没有能够让老师满意。老师和班级上每位同学的关系真的非常'糟糕',因为这位老师从来没有因为学生回答错误而对其有所批评,无论错的多么离谱。老师总是会说,'很好',就好像这是标准程序那样,'很好,你刚才说到了答案。但,你的回答并不正确。'或者

'你看,是不是可以从这个角度切入。'班级上每位同学都感觉到不得不以诚相待,毕竟老师有什么说什么。有几次老师甚至会因为误解了学生的回答,或者某些学生的回答,你知道,通过提出某个问题,误导了其他同学而道歉。他可真是公正得可以。"

[22] Ibid,564. 其他法学院存在的类似情况,即毕业生进入律师事务所工作的比例如下:波士顿大学法学院79%;康涅狄格大学法学院,78%;宾夕法尼亚大学法学院,64%;南加州大学法学院,79%。

[23] 具体的比例为 56%。American Bar Foundation, *The American Lawyer*: 1964 *Statistical Report* 32(1965). 在科罗拉多州进行的一项调查中,47%的受访者做出有效应答,其中29%独立执业,13%担任律所合伙人,9%在政府机构供职,7%担任内部顾问,7%担任法官、法学教授等职务。Colorado Bar Association, *Report of the 1967 Economic Survey of the Colorado Bar*(1968). 1963年时,佛罗里达州共有3 295名律师属于个人执业,2 369名律师担任律所合伙人,568人属于律师助理。Florida Bar, *1966 Survey of the Economics of Florida Law Practice*(1966). 根据1966年进行的一项应答率为45%的调查中,总共报告646名个人执业律师,229名共享办公室的独立执业律师,469名助理律师以及1 174名律所合伙人。1969年,南卡罗来纳州律师协会的报告显示,78%的南卡罗来纳州从事私人执业,其中40%属于个人执业,32.5%属于律所合伙人,6%属于律师助理。South Carolina Bar Association, *Economic Study of the Lawyer of South Carolina*(1970). 收入数据也因为执业类型的不同存在显著差距。参见 Stevens,"Law Schools and Law Students,"567-68.

[24] Goldman, *A Portrait of the Black Attorney in Chicago*. 调查者认为:"在美国所有主流社会机构内充斥着的种族主义倾向同样蔓延到了法律职业界。尽管法律职业道德支持法律面前人人平等,但黑人却需要在试图获得培训以及后来在律师界安身立命方面面临直接或间接的歧视。尽管近些年公开的歧视行为日益减少,但很多雄心勃勃的黑人律师依然需要因为自己的肤色而面临诸多障碍。"Ibid.,49.

[25] 1970年,耶鲁、南加州、宾夕法尼亚以及康涅狄格大学法学院1960级毕

业生超过 1/4 的年收入在 3 万至 4 万美元之间。Stevens, "Law Schools and Law Students," 566. 而佛罗里达州执业律师的年平均收入为 16 000 美元,威斯康星州为 22 900 美元,得克萨斯州为 13 500 美元。Ibid,568-69.

²⁶ 例如可以参见在 3 个州作为律师主要收入来源的法律领域。引自 ibid. , 687.

²⁷ 对于这一时期情况的描述,参见 Seligman, *The High Citadel*, 6-7. 例如,哈佛大学考试评价体系的改革,就没有耶鲁进行的那么彻底。Ibid. , 13-15.

²⁸ 这一时期的定量分析证实,很多变革的迹象出现在富家子弟云集的精英法学院,如耶鲁或斯坦福,而不是在爱荷华大学或康涅狄格大学法学院。Stevens, "Law Schools and Law Students," 551, 583-88, 602-6, 665-68, 681-84.

²⁹ Herbold, "Law Is Where the Action Is," 27.

³⁰ First, "Competition in the Legal Education Industry," 311.

³¹ Princeton University, "Princeton and Legal Education: A Preliminary Survey," 13 October 1975, mimeographed. 委员会主席为唐纳德·斯托克(Donald E. Stokes)。

谈及普林斯顿不断试水法学教育领域,人们不仅会感到疑惑,是不是这所大学收到了其史上最为杰出校长观点的蛊惑。19 世纪 80 年代伍德罗·威尔逊(Woodrow Wilson)对于法律让人变得狭隘的影响力深感不满,特别是他认为法律会让人变得像针头一样狭隘。1900 年,威尔逊批评约翰·奥斯汀在律师中营造了不假思索、囫囵吞枣的错误信念,营造了法律与社会主体脱节的事实,营造了律师只关心案件涉及的法律规则或判例,丝毫不考虑其他问题的狭隘视角。Wilson, *The Papers of Woodrow Wilson*, 2:357, 8:650.

³² 福斯特的报告显示,曾经有 7 所法学院进行过详尽的可行性研究,但最终选择不进入法学教育市场。这些学校分别是内布拉斯加大学、拉斯维加斯大学、达拉维尔大学、克莱蒙学院、新奥尔良大学、密歇根州立大学、宾夕法尼亚州立大学、女王学院(纽约城市大学)。First, "Competition in the Legal Education Industry II," 1074-75. 但后来女王学院法学系重新计划于 1982 年开业。

³³ 对于进入法学教育市场的控制,通过美国法学院协会于 1962 年任命全

职执行主任及助理得以彰显。1965年,协会发表了《法学院设立指南》(the Guideline Statement on the Establishment of New Schools),坚定地从精英法学院的立场,对于新设法学院表明了谨慎的不鼓励态度。First, "Competition in Legal Education II," 1053-54. 除了要求巨额的资金之外,美国法学院协会还要求新设立法学院需要证明自己的设立满足了"明显的需要"。指南中所列各项要求及标准,远远高于法学院协会自身的标准,更超越了很多法学院协会成员的现有水平。Ibid., 1055-57. 结果导致尽管1967年至1972年间法科学生的数量增加了50%,但其中的94%进入到了美国律师协会认证的法学院,其在1972年占据了98%的法学教育市场份额。Ibid., 1057.

而且,美国法学院协会组织的检查不仅适用该联盟的规则,同时还使用诸如是否在能力范围做到最好等只能意会的非成文标准。Ibid., 1061. 20世纪70年代,美国律师协会及美国法学院协会都微妙地调高了各自的标准。例如,佩西大学(Pace University)在1976年未能让自己新设立的法学院获得认证,虽然对于该法学院的检查报告为优。直到1978年,该法学院才最终获得认证。Ibid., 1070-73. 美国法学院协会还有一项不成文的规矩,任何首次提出申请的法学院,都无法获得认证。

[34] Dorsen and tillers, "We Need More Lawyers," 7. 道森认为,"法律作为一项产品,和这个组织井然有序的社会所提供的任何其他商品或服务一样重要,而在我们这个法律体系中,律师承担了法律主要提供者的角色。" Ibid.

[35] 耶鲁大学法学院副院长伯克·马歇尔(Burke Marshall)报告,该院1973级、1974级学生和之前的1972级学生相比存在显著差别:"越晚入学的学生,专业倾向性越强,对于社会不公的关注度越低,更为关注的是法律本身的技术层面。"Herbold, "Law Is Where the Action Is," 28. 亦参见 Papke, "The Browning of the Yale Law School," 17.

1960年,有61%的哈佛大学法学院学生毕业之际进入私人法律执业领域,但到了1967年及1968年,这个数字下降到了44%。1973年,又反弹至67%。Seligman, The High Citadel, 16.

[36] 美国律师协会1972年预测,1974可供学生选择的法律职位约为14 500

个,但全美范围内1974级新生如需人数为3万人。进一步分析,参见 York and Hale,"Too Many Lawyers?," 1.

[37] 1960年,哈佛大学法学院的录取比例约为1/2;到了1974年,录取比例上升为1/9;平均入学考试成绩从1960年的630分(前92%)调高到了1974年的725分(前98%)。Seligman, *The High Citadel*, 8. 亦参见第六章。

20世纪70年代,其他超级精英法学院的选择性也得到了显著提高。1973年芝加哥大学法学院的平均法学院入学考试成绩(LSAT)为715分,平均成绩点(GPA)需要达到3.70. 到了1980年,这两项成绩分别需要达到736分及3.75。同一时期,宾夕法尼亚大学法学院的这两项成绩要求从685及3.55调涨至699及3.72。而其申请人数也从3 000增至3 500人。*AALS Pre-Law Hand-book*, 1973-74;以及 *AALS Pre-Law Handbook*, 1980-82, passim.

[38] 参见"Law Students Facing a Job Shortage," *New York Times*, 6 February 1972, 33, col. 1;"Graduates and Jobs: A Grave New World," *Time*, 24 May 1971, 44.

[39] American Bar Association, *Review of Legal Education*, 1977. 例如圣克拉拉大学法学院(the University of Santa Clara Law School)在1969年时学生人数尚不足300人,但到了1973年,就增至800人。McKevitt, *The University of Santa Clara*, 302.

[40] 参见 Brickman, "Experience of the Lawyering Process through a New Delivery System," 1153; Statsky, "Paraprofessionals," 397. 对于法律职业人数发展的最新研究,参见"Paralegals: Backup Team for Lawyers," *New York Times*, 22 March 1978, 13, col. 3;"Paramedic, Paralegal Training," *New York Times*, 20 December 1978, 13, col. 3.

到1979年,主要由女性担任的律师助理行业开始逐渐受人尊重。例如,纽约律师协会允许将这些人列在律师事务所的信笺抬头上。*National Paralegal Reporter*, July 1979, 2. 同时,针对律师助理行业的资质认证,也开始出现规范的迹象(尽管并不需要执业资质证书)。但规范的努力因为伊利诺伊以及加利福尼亚州律师助理大会的游说而最终流产,但在堪萨斯州似乎取得了一定进展,该州律师助理业内部就是否需要执业资质证书的问题出现了意见分歧。Ibid., January 1979, 1.

⁴¹ 在普通高校,法律一直依附于商科,作为本科专业存在。因此并未获得任何像样的学术地位。后来开设的法学教育项目,如罕布什维尔学院,试图通过将法律作为人文教育的一个组成部分来维护其学术地位。在这 120 年当中,麻省理工学院、耶鲁、布法罗、伯克利、哥伦比亚、哈佛、宾夕法尼亚、威斯康星、纽约州立大学伯明翰分校等大学也都考虑过采取类似的做法。这些新晋设立的本科法律专业成立了法学研究会(The Legal Studies Association)作为自己的代言人。Papke, "Legal Studies," 21.

⁴² "Few New Law Schools Are Being Opened," *New York Times*, 25 February 1976, 20, col, 1.

⁴³ 参见"Job Picture Bleak for Law Graduates," *New Haven Register*, 10 February 1975, 1; "Job Prospects for Young Lawyers Dim as Field Grows Overcrowded," *New York Times*, 17 May 1977, 1, col. 5; "Many Lawyers Find Practice Is Limited to Looking for Work," *New York Times*, 4 November 1980, B1, col. 1.

⁴⁴ White, "Law School Enrollment Up Slightly But Leveling," 577. 美国律师协会的数据,包括了获得其认证的法学院以及未获得其认证的法学院的情况,报告 1977 年法科学生人数为 126 085 人,1978 年为 126 937 人,1979 年为 126 915 人。在 1979 年获得认证法学院在籍学生 122 860 人中,有 38 627 名女生。(1963 年,49 552 名法科学生中有 1 883 名女生,到了 1970 年,82 499 名法科学生中有女生 7 031 人)。或许最为具备说明力的数据是参加法学院入学考试的人数。这个数字从 1965 年的 39 406 人增至 1970 年的 74 092 人,再增至 1975 年的 133 546 人。1979 年,降至 111 235 人。American Bar Association, *Review of Legal Education*, *1979*, 63-64. 但法学院的选择性逐渐加强却是一个不争的事实。

⁴⁵ 参见 Bloom, *The Trouble with Lawyers*(本书揭示了美国中产阶级如何成为懒惰、无能、腐化律师的受害人); Siegel, *How to Avoid Lawyers*. 1971 年,美国律师改革组织(Lawyer Reform of the United States)在加州成立,而其出版的

机关报《律师改革新闻》(*Lawyer Reform News*)开宗明义地宣告了自己的宗旨:"提升与法律执业相关的诚实、公开、效率以及与社会福祉的相关度。"

⁴⁶ 这个名单显然要更长。参见 Auerbach, *Unequal Justice*:"对于律师界的评价,必须依赖于两条标准(但不是双重标准),其对于社会道德与价值的敏感程度,以及其依法履行贯彻公平正义义务的程度。"Ibid., 12. Green, *The Other Government*."尽管不如政府官员那般显赫,但华盛顿的律师们还是能够打入到联邦体制之中,对于影响美国人生活方方面面的公共政策施加影响——人们消费的食品、药品、驾驶的汽车;支付的税金;呼吸的空气;读到、看到的信息,等等。"Ibid., 3. Black, ed., *Radical Lawyers*; Nader and Green, eds., *Verdicts on Lawyers*, 汇编了批判美国律师协会、商业律师、法官以及对于总体上的法律职业的批判文章; Weinerstein and Green, eds., *With Justice for Some*.

媒体也加入批判的阵营当中。例如,可参见"Those #*XIII#* Lawyers," *Time*, 10 April 1978, 56. "之所以律师引人反感,是因为其本身即不可或缺,又令人畏惧,二者合并必然导致其遭人嫉恨。"Ibid., 58. "Too Much Law?" *Newsweek*, 10 January 1977, 42.

⁴⁷ 参见 Green, *The Other Government*, 163-85. 针对涉讼的空气质量问题,威凯平律师事务所(Wilmer, Cutler and Pickering)选派由乔治敦大学及乔治·华盛顿大学法学院毕业生组成的律师团队代表通用汽车公司应诉。"有人说,1970年清洁空气法(the 1970 Clean Air Act)通过后,日本人派出解决问题的是工程师,而底特律派出解决问题的,则是律师。"Ibid., 164.

⁴⁸ "The Young Lawyers: Good-Bye to Pro Bono," *New York Magazine*, February 1972, 29. "现在法科学生或许谈吐很像法国学生运动领导人'红头发丹妮'(Danny the Red),但这些人最终却选择落脚在华尔街。这些60年代的激进分子们到底是怎么了?"Ibid.

⁴⁹ 参见 Baird, "A Survey of the Relevance of Legal Training to Law School Graduates," 264; Erlanger and Klegon, "Socialization Effects of Professional Schools," 11; Koziol and Joslyn, "Have There Been Significant Changes in the Ca-

reer Aspirations and Occupational Choices of Law School Graduates in the 1960's?,"95. 对于法学教育总体发展趋势语境下这一现象的讨论,参见 Gee and Jackson, "Bridging the Gap," 695, 951-61. 美国律师基金会调查报告(The American Bar Foundation Studies) 显示,截至 20 世纪 70 年代,公众对于法律职业的兴趣开始下降。American Bar Association, *Law Schools and Professional Education*, 70 (1980).

[50] Arnold, "And Finally 342 Days Later...,"32.

[51] "Legal Arts: Pay Now, Litigate Later...," *New York Times*, 14 August 1970, 1.

[52] 参见 Partigan, *The Market for Lawyers*. See also York and Hale, "Too Many Lawyers," passim.

[53] 参见 Baker, "Bar Restrictions on Dissemination of Information about Legal Services,"483; Agate, "Legal Advertising and the Public Interest," 209; "Ethics Committee Draft Proposal Would Eliminate Code Ad Ban," *American Bar News*, November 1975, 1; "Should Lawyers Be Able to Advertise?," *The Reformer* [Brattleboro, Vermont], 19 December 1975, 5.

[54] *Bigelow v. Virginia*, 421 U.S. 809 (1975). 联邦最高法院认定,各州限制律师打广告的做法,如果缺乏合理的根据,就将违反宪法第一修正案。对于美国律师协会对此的应对,参见"Advertising Lawsuits and FTC Investigation Are Pending,"62 *ABA Journal* 1567 (1976); "Code Amendments Broaden Information Lawyers May Provide in Law Lists, Directories, and Yellow Pages," 62 *ABA Journal* 309 (1976); Hobbs, "Lawyer Advertising—Good Beginning But Not Enough," 735(指出应当让公众获得选择律师所需要的更多信息); "Legal Profession Is Considering Code Amendments to Permit Restricted Advertising by Lawyers,"62 *ABA Journal* 53 (1976); "Supreme Court Will Hear Lawyer's Advertising Case from Arizona," 62 *ABA Journal* 1442 (1976); Walsh, "The Annual Report of the President of the American Bar Association," 1119.

质疑律师拥有做广告权利的声音至今不绝于耳。自从美国联邦最高法院审理完"Bates v. State Bar of Arizona,"433 U.S. 350（1977）之后,律师就获得了从事广告公关的权利。但美国律师协会所做民意调查显示,虽然支持律师机构进行广告行为的人占据多数（"Lawpoll—Strong Support for Institutional Advertising," 65 ABA Journal 872 [1979]）,但律师个人仍然在是否做广告方面犹豫不决。"Advertising Still Laying an Egg,"65 ABA Journal 1014（1979）。

[55] 在 Goldfarb v. Virginia State Bar, 421 U.S. 773（1975）中,美国联邦最高法院认定,律师行业受反垄断法管辖,因此律师最低收费制度违反了反垄断法。对于本案宣判之前相关学理的梳理,参见 Allen, "Do Fee Schedules Violate Antitrust Law?," 565. 对于本案宣判之后的讨论,特别是本判决对于律师广告行为及招揽客户行为的限制措施的讨论,参见 Rigler, "Professional Codes of Conduct after Goldfarb," 185.

[56] 参见 Auerbach, "The Walls Came Tumblin' Down," 33.

对于支持法律服务公司的观点,参见 Fellers, "President's Page," 261; Cramton, "The Task Ahead in Legal Services," 1339; Ehrlich, "Giving Low-Income America Minimum Access to Legal Services," 696.

对于法律职业道德的关注,参见 Manning, "If Lawyers Were Angels," 821; Martin, "Are Ethics In or Out?," 385.

对于新研究方法或领域的讨论,参见 Harrington, "What's Happening in Computer Assisted Legal Research," 924; Rosenberg, "Anything Legislatures Can Do, Courts Can Do Better," 587.

对于上述问题的最新研讨,参见 ABA Section of Legal Education and Admissions to the Bar, Report and Recommendations of the Task Force on Lawyer Competency: The Role of the Law Schools（1979）（此后引作 ABA Report on Lawyer Competency）.

[57] 例如可参见 Johnstone and Hopson, Lawyers and Their Work, 459-531,"英国的律师在执业行为方面面临诸多限制,从我们的观察来看,大多数英国律师,起码和美国律师相比,都非常认真地遵守了这些限制。"Ibid., 405. 亦参见 Gee and Jackson, "Bridging the Gap," 776; Leach, "The New Disciplinary En-

forcement in England," 212.

⁵⁸ Brown, *Loyalty and Security*, 109-14.

⁵⁹ Schwartz, "Law Schools and Ethics."

⁶⁰ Hazard, *Ethics in the Practice of Law*; Michael Kelly, "Teaching Ethics in Law School," mimeographed (1979).

⁶¹ 例如,1975年俄亥俄州要求各个法学院院长签收承诺书,保证学生需要用至少10学时学习该州的职业责任规范。印第安纳州则要求在不考虑课程名称的情况下,学生必须获得关于法律职业道德的两个学期学分。亦参见 Law School Files, Yale University, New Haven, Conn.

⁶² 参见 Gee and Jackson, "Bridging the Gap," 714-16. 亦参见 Auerbach, "What Has Teaching of Law to Do with Justice?" 457, Hellman, "Considering the Future of Legal Education," 170.

⁶³ Harris, "Minnesota C. L. E.," 23; *New York Times*, 8 April 1975, 18, col. 2.

⁶⁴ Gee and Jackson, "Bridging the Gap," 263, 913-18; *New York Times*, 10 April 1975, 33, col. 3, 调查显示,在科罗拉多、爱达荷、爱荷华、明尼苏达、华盛顿、威斯康星、怀俄明等州,以及特定情况下在亚利桑那、加利福尼亚、佛罗里达、新墨西哥以及得克萨斯等州,律师需要接受再次培训。参见"Move to Require Continuing Education for Professionals Appears to Be Stalling," *Chronicle of Higher Education*, 17 November 1980, 1; *New York Times*, 9 September 1979, sec. G, p. 3.

⁶⁵ 参见 Christensen, *Specialization*; Zehale, *Specialization in the Legal Profession*.

⁶⁶ "Final Report, Committee on Specialization," 44 *California State Bar Journal* 493(1969).

⁶⁷ 例如参见 Connecticut Bar Association, "Connecticut Pilot Plan on Legal Designation," Draft no. 4, 1975.

⁶⁸ Mindes, "Lawyer Specialty Certification," 42.

[69] Von Hoffman, "Legal Specialty: Newest Ripoff?," sec. 2, p. 4, col. 3.

[70] 1979年,纽约州律师协会放弃了专业化努力。Carlson, "Measuring the Quality of Legal Services," 287; Gee and Jackson, "Bridging the Gap," 711-14, 913-18; McKay, "Legal Education," 561-75. 但后来获选美国律师协会主席的大卫·布林克(David Brink)在1980年5月份于新奥尔良召开的美国律师协会专业化大会上预测,20世纪80年代,在确保律师执业能力之外,律师的专业化进程也会峰回路转。"In Brief—More Specialization," 66 *ABA Journal* 712 (1980). Cf. "A. B. A., Section Reps Blast Specialization Proposals," ibid., vol. 67, p. 692 (1981).

[71] 1951年之前,共有35个州允许在法学院之外可以通过在律师见习的方式获得参加律师执业资格考试资格。但到了1980年,依然保留此类规定的州只剩下了加利福尼亚、佛蒙特、弗吉尼亚以及华盛顿州。某些州,如阿拉斯加、缅因、纽约、得克萨斯以及怀俄明,则允许法学院培训与律师事务所见习同时进行的模式。American Bar Association, *Annual Review of Legal Education*, 1979, 71.

[72] 例如,"Burger Urges Curb on Trial Lawyers Not Fully Trained," *New York Times*, 27 November 1973, 1, col. 3; Cohen, "Certification of Trial Lawyers—a Judicial Effort to Restructure the American Legal Profession," 27.

[73] Allen, "The Prospect of University Law Training," 127; "Law Schools Warned of Acrimonious Tension," *Chronicle of Higher Education*, 12 January 1976, 7; Vernon, "The Expanding Law School Curriculum Committee," 7.

[74] 1979年,在一个由美国律师协会资助,主要讨论律师执业能力的会议上,与会的100多所法学院中并不包括耶鲁、哈佛、芝加哥、斯坦福、伯克利及哥伦比亚大学法学院。"Absence of Leading Law Schools at Meet Noted," 65 *ABA Journal* 1035 (1979).

[75] 相对于20世纪70年代的平等主义而言,这同样是一个沉溺于对于法学院进行排名的十年。例如,1974年美国专业院校影响力排名(*The Reputation of American Professional Schools*, 1974)将美国最顶尖的9所法学院排名如下:哈

佛、耶鲁、密歇根、哥伦比亚、芝加哥、斯坦福、伯克利、纽约以及宾夕法尼亚大学法学院。而在另外一项调查中,因为考察视角不同,虽然哈佛、耶鲁依然排名一二,但其后的排名却多少有所不同,除了之前提到的法学院之外,还增加了弗吉尼亚、得克萨斯以及乔治敦大学法学院。Flanigan, "Sizing Up the Graduate Schools," 64.

[76] *New York Times*, 16 September 1975, 82, col. 1. 亦参见 Sovern, "A Better Prepared Bar—the Wrong Approach," 473. "就好像医生为患普通感冒的人开了抗生素一样,委员会对于不是因为缺乏庭审技巧所导致的问题开具的药方却是庭审技巧。"Ibid., 475.

[77] "Second Circuit Judicial Council Issues Statement on Proposed Admission Rules," 62 *ABA Journal* 516(1976).

[78] Gee and Jackson, "Bridging the Gap," 898-904; "What You Need to Know about the Proposed Federal Practice Rule," 65 *ABA Journal* 60, 61 (1976).

[79] Gee and Jackson, "Bridging the Gap," 905-09.

[80] 州立大学法学院的反应也折射出学术界内在等级制度的学术视角。印第安纳大学法学院(印第安纳波利斯)院长威廉·哈维(William Harvey)于1981年宣称这一规则"非常好",对于律师能力的发展而言颇有裨益。印第安纳大学法学院(布卢明顿)院长助理约翰·贝克(John Baker)则恰恰相反,"我一点也不喜欢这个规则。这项政策坏透了。"Slonim, "State Court Tells Law School What to Teach," 26, 27.

[81] Givan, "Indiana's Rule 13," 16. 与此观点异曲同工,另外一种说法认为:

> 现在兴起的所谓能力训练,只不过是之前应通过律师事务所见习所获得的训练不再纳入法学院课程之后又必须以一种不受监管的方式加以完成的反应。
> 
> 如果法学院希望成为法哲学学院,而法学院的毕业生也不用从事任何公共法律执业活动,那么显然法学院可以开设任何其所希望开设的课

程、组织任何其所希望的架构。然而,通过长期努力之后,法学院业已获得了法学教育的排他控制权,任何想成为执业律师的人都必须经过这一出口,那么法学院就无可避免地需要面对来自公众的仔细审视。[Seidman, "Personal Viewpoint—the Responsibility of Law Schools," 638-39]

Cf. Boshkoff, "Indiana's Rule 13," 18. "第13号规则将重要的信息与关键知识混为一谈。"Ibid., 20.

[82] Slonim, "State Court Tells Law School What to Teach," 26. 南卡罗来纳法学院院长小亨利·莱特森(Harry Lightsey, Jr.)显得有些逆来顺受,而这或许反映出之前版本计划可能更为强硬:"规则共涉及60-90学时(适用于成绩合格准予毕业的学生)……规则设置的颇为合理。我认为这并未干涉学术自由。这并不涉及一门课该如何教的问题。"Ibid., 27.

[83] 在佐治亚州,佐治亚大学法学院院长拉尔夫·柏格德(J. Ralph Begird)宣称反对这一计划。"我不赞成由最高法院来确定法学院课程设置的做法。"Ibid. 对于贯彻德维特课程设置及考试计划的细节,参见 Winter, "Federal Courts Implement Devitt Proposals," 550.

[84] Slonim, "State Court Tells Law School What to Teach," 27.

[85] Gee and Jackson, "Bridging the Gap," 909-10; Otorowski, "Some Fundamental Problems with the Devitt Committee Report," 713. On Rule 13, 参见 Cutright and Boshkoff, "Course Selection, Student Characteristics and Bar Examination Performances," 127(否定通过第13号规则可以帮助提升律师执业资格考试通过率的论调).

[86] "Bar Unit Urges Law Schools to Shift Emphasis," *Chronicle of Higher Education*, 18 June 1979, 6; "Legal Education—Say More Dollars Crucial to Law School Improvement," 65 *ABA Journal* 1034 (1979); "Bar Panel Bids Law Schools Stress Practical Training," *New York Times*, 16 August 1979, sec. A, p. 10, col. 1.

美国律师协会律师执业能力报告要求法学院考察在法学院入学考试内容

之外的其他技能,在申请者不符合标准的时候,不能降低门槛。其还要求规模较小的法学院以小班教学、小组合作的形式开设律师职业技能课程,对于学生进行持续动态评价而非以成绩论英雄,甚至可以在牺牲教师自主权的情况下保证课程设置的体系性。更多地聘请执业律师兼任教师,进一步完善师生比例。尽管执教能力依然是担任教职的重要考量点,但这份报告建议应当逐渐加大对于法律技能以及法律实际运用能力的考察。

美国律师协会被要求承认对于律师职业技能的自学项目,同时为其提供资助促进其发展。美国律师协会还被呼吁在课程及学制设置采取更为灵活的态度。法律职业界也被呼吁在提供工作机会时,除了考虑传统分析性考试成绩之外,也同时考察应聘者的技能表现。从经济资助项目、从高等教育法第十一条,以及法律服务公司等三个不同方面,法律职业界被提醒要履行支持法学教育的义务。根据联邦政府也面临同样的告诫和提醒。各州政府也被要求加大对于法学教育的资助力度。

[87] 报告建议:"同时,负责律师执业资格评议的委员会,不应剥夺各个法学院对其课程设置所进行改革试验的机会。"*ABA Report on Lawyer Competency*, 8. 有人还曾援引过纽约大学法学院院长的下列表述:"法学院未必要在传授学术教义以及传授职业技能方面二选一。我们可以二者兼具并因此取长补短。"引自 Civiletti, "Clinical Education in Law School and Beyond," 576.

[88] 1980 年末,美国律师协会试图在法学院认证体系中增加一项,强迫法学院至少为所有学生设立一次严格的法律文书写作训练,同时为学生提供必要的职业技能培训,内容包括一审及上诉审庭审辩论技巧、咨询、谈判与撰写法律文书。规则草案建立在美国律师协会针对律师执业能力的特别行动计划基础上。对此,不同水平的法学院反应不同。太平洋大学法学院院长哥顿·司卡博(Gordon Scaber)对此表示欢迎,"年轻律师认为自己在此方面获得训练,因此法科学生认为自己需要这种训练。"哈佛大学法学院院长,后来的美国律师协会主席阿尔伯特·塞克斯认为:"有人不禁会倾向于将这种新的建议视为苍蝇屎而加以忽略。但我认为应当严肃对待这一效力很弱的新规。我希望对其全盘抵制。"Slonim, "New Accreditation Proposal Criticized," 1505.

⁸⁹ 最初版本的建议要求开设一审及上诉审庭审辩论技巧、法律咨询与谈判等课程。1980 年妥协后的结果将其浓缩为一段要求进行法律技能训练的可供各界解读的表述,但其同时指出,这种要求不应被限制于任何一种特定的技巧或一系列技巧。美国法学院协会主席阿尔伯特·塞克斯认为此举在很大程度上保护并遵守了学术自由。"Lawyers' Group Softens Proposed Requirement That Law Schools Teach Specific Skills," *Chronicle of Higher Education*, 1 June 1981, 4.

⁹⁰ Stevens, "Law Schools and Law Students," 559-60. 遭到巡视的法学院包括波士顿、康涅狄格、爱荷华、密歇根、宾夕法尼亚、南加州以及耶鲁大学法学院。Ibid., 558. 亦参见 Baird, "A Survey of the Relevance of Legal Training to Law School Graduates," 264-94.

⁹¹ Marden, "CLEPR Origins and Program," 3; Stevens, "Legal Education," 43; Gee and Jackson, "Bridging the Gap," 881.

⁹² Pincus, "Clinical Training in the Law School," 479, 492.

⁹³ 或许对于诊所式法学教育模式最为能言善辩的鼓吹者,非哈佛大学法学院的盖里·贝洛(Gary Bellow)。Seligman, *The High Citadel*, 164-73.

⁹⁴ 例如,1977 年"职业责任法学教育理事会"宣布设立一项资助项目,将负责法律诊所项目的教师薪酬,提升至普通法学教师薪酬水准。Ibid., 164. 亦参见 Oliphant, "When Will Clinicians Be Allowed to Join the Club?," 34.

⁹⁵ 此类言论中较为激烈者,参见 Barnhizer, "Clinical Education at the Crossroads," 1025. 详尽阐述,参见 Schrag, "Report from a CLEPR Colony," 581.

⁹⁶ 1978 年,根据拨款计划第 11 条,在第一个资助年份中,总共向 30 个项目拨款 100 万美元。原本计划在第二年,即 1979 年,将资助额度扩大一倍,资助项目扩至 40 个。但卡特总统在 1979 年财政预算中并未列出这一拨款计划。后来执政的里根政府似乎对此也持不支持态度。

⁹⁷ Gee and Jackson, "Bridging the Gap," 857-58. *The AALS Pre-Law Handbook, 1979-1980*:

学生 9 月入学,之后进行全日制的教学活动,直至来年 5 月底。学生除了需要修满法学院一年级传统课程之外,还需要选修法律实践与社会学原理和宪法学。从 6 月开始,学生进入第二学年,可以选择在暑期从事授薪的律师助理,或留在法学院完成全日制的二年级课程。3 个月之后,选择实习和选择上课的学生进行互换,从而完成接下来的学业。[P242]

[98] *The AALS Pre-Law Handbook*, *1979-1980* 做出了如下补充:

这所法学院所代表的,是一种应用现在的体系,通过实现用来确保美国经济安全的有效代表问题,解决内陆城市中常见的缺乏代表性问题。律师事务所与法学院之间的关系类似于教学医院与与之相对应的医学院之间的关系。法学院围绕法律援助诊所组建,每年必须 12 个月连续运转,从而服务于符合该法律援助项目的当事人。[P56]

亦参见 Cahn, "Antioch's Fight against Neutrality in Legal Education," 41.

[99] 参见 "A Plan to Learn While You Defend," *New York Times*, 16 May 1971, 19, col. 3; Antioch School of Law, *Newsletter*, January 1973, 3.

[100] 参见 "Strife Impedes Antioch Law School's Reach for Goal: Clinical Education Test at Stake," *Washington Post*, 25 May 1977, 15, col. 3. 早在 1980 年,其法学院首任院长就被大学炒了鱿鱼。参见 "A Law School Comes to Judgment," *Newsweek*, 11 February 1980, 97. 第二年,代理院长的办公室被学生占领,要求将该院学生中黑人占比提升至 70%,从而与其所处哥伦比亚地区的黑人占比持平。*National Law Journal*, 28 April 1980, 4.

[101] 例如,可参见 1972 年成立的加利福尼亚新兴学院法学系(the Law School of New College of California)。Hyman, "A School for Advocates," 23.

[102] AALS Curriculum Study Project Committee, *Training for the Public Profession of Law* (1971). 无论报告中所提理念多么吸引眼球,但其合理性根据总显得不那么令人印象深刻。

[103] Manning, "Law Schools and Lawyer Schools—Two Tier Legal Education," 379. 曼宁对于法学院的排序机制感到满意,"对于法学院来说,因为无法从根

本上避免成为律师学院,因此应当寻求那些本质上具有分析能力、学术水平且适合课堂教学的学习技能。对于律师的培训学校而言,应当对其进行律师化的实践技能培训。"Ibid,382. 然而,除此之外,其也字斟句酌地提出,不能指望通过法学院的教育解决法律职业界存在的所有问题。Ibid., 380.

[104] 存在确定性证据证明不同法学院的课程开始变得愈发类似。Gee and Jackson, *Following the Leader?*.

[105] Parker and Ehrlich, *New Directions in Legal Education*. 在法学院推行两年学制,收到了包括哈佛大学校长伯克(Bok)等人的支持。参见 Bok, "A Different Way of Looking at the World," 41.

[106] Stolz, "The Two-Year Law School," 37.

[107] Sovern, "Training Tomorrow's Lawyers," 72.

[108] "Columbia Plans Six-Year Course for Completion of Law Degree," *New York Times*, 19 March 1972, 64, col. 5. Such an approach was not unique; CCNY and New York Law School began a six-year integrated B. A. JD. program. "Law Course Start in Freshman Year," *New York times*, 10 January 1975, p. 1, col, 1.

[109] Gee and Jackson, *Follow the Leader?*, 852; Stanley, "Comments on Current Problems Facing the Legal Profession," 109, 159-65; Stanley, "Two Years +," 18.

[110] "法学院对于首席大法官改革课程体系的理念反应冷淡。"*Chronicle of Higher Education*, 15 January 1979,10.

[111] 康奈尔大学法学院院长克莱姆顿认为:"鼓吹改革的人并未履行充分的证明义务。"美国律师协会法学教育及律师职业资格委员会主席塞缪尔·杜鲁门(Samuel D. Thurman)认为鼓吹法学院两年学制的主张已经"死亡",理由是法律的学习十分复杂,根本无法在两年内完成,在三年内对其加以完成都使得很多法学院院长殚精竭虑才能勉强做到。Dean Auerbach of Minnesota saw a two-year law school as 'a confession of abject failure on our part.' Ibid.

[112] Stevens, "Law Schools and Law Students," 589-90. 作为另外一项粉碎旧秩序的尝试,1980 年美国律师协会法学教育分委会投票通过允许法学院在

校学生每周在律师事务所工作不高于20小时,而非之前的15小时。

[113] 参见Oulahan,"The Legal Implications of Evaluation and Accreditation," 193, 195-97.

[114] First, "Competition in the Legal Education Industry II," 1078-82.

[115] 20世纪60年代结束夜间部办学的法学院包括圣路易斯、南加州、南方卫理公会、纽约大学及圣玛丽法学院。

[116] 1972年,共有56间法学院开始夜间部,其中33所获得了美国律师协会及美国法学院协会的认证;其中只获得美国律师协会认证的有17所;6所既没有获得美国律师协会也没有获得美国法学院协会的认证。Sleeper, "The Renaissance of Night Law Schools," 6. 在39所只开设夜间部的法学教育项目中,只有一所同时获得了美国律师协会及美国法学院协会的认证,4所只获得了美国律师协会的认证,34所没有获得任何认证。Ibid.

[117] American Bar Association, *Annual Review of Legal Education*, 1978, 65.

[118] 其中3所位于阿拉巴马、1所位于亚利桑那、1所位于康涅狄格、4所位于哥伦比亚特区、4所位于佐治亚、1所位于伊利诺伊、2所位于明尼苏达、1所位于密西西比、2所位于密苏里、1所位于北卡罗来纳、1所位于田纳西、1所位于得克萨斯、1所位于佛蒙特。Ibid., 57-58.

[119] 其实际成立于1911年。到了20世纪70年代中旬,招生人数的暴增导致其不得不限制一年级新生的班级规模。

[120] 人民法律高专没有院长,其管理机构包括全体教职员工及学生。Ridenour, "Law and the People," 15. 首届招收的学生中40%为拉丁裔、25%为黑人、5%为亚裔、30%为白人。Ibid.

[121] Papke, "The Last Gasp of the Unaccredited Law Schools"; Stewart, "My Week in an Unaccredited Law School," 19.

至少某些未经认证的法学院为少数族裔提供了重要的就学机会。例如,西部州立大学富勒顿分校1747的学生中有268人为少数族裔,亚特兰大法学院的961学生中有92人为少数族裔。American Bar Association, *Annual Review of Legal Education*, 1979, 55.

十三、职业

[122] Resolution of the Coordinating Council of Higher Education, 3 April 1973. 该决议建立在 O'Toole, "Legal Manpower Supply and Demand in California." "Policing Non-Accredited Law Schools," *Chronicle of Higher Education*, 18 February 1975, 4.

[123] "Unaccredited Law Schools Face Scrutiny on Coast," *New York Times*, 16 April 1979, sec. A, p. 11, col. 1.

此类进展在美国其他地区闻所未闻。1973年,安东尼·多利亚(Anthony Doria)得以在佛蒙特州偏远山村南罗伊尔顿(South Royalton)创办了佛蒙特法学院(the Vermont Law School),尽管其本人显然并不具备任何法学学位,挂靠了一所没有任何学生的皮包学院,在宾夕法尼亚州面临一项诈骗罪指控(后来得以翻案),在多达30余起民事诉讼中充当被告人。当地有人报道,"这所法学院开办的时机刚刚好,当地的养鸡场之前关门歇业,人们也四处外出务工。" Haslow, "The Preposterous and Altogether Unlikely base of Vermont Law School." 1974年多利亚不再担任院长后(1980多利亚曾代表共和党参选美国参议院议员),院长由前佛蒙特州总检察长托马斯·德比乌斯(Thomas Debevoise)担任后,该院的发展突飞猛进,1975年,佛蒙特法学院获得美国律师协会部分认证;1978年,获得完全认证。1992年,获得美国法学院协会认证。

[124] 参见 Stevens, "Democracy and the Legal Profession," 12.

[125] 西部州立大学法学院(Western State University College of Law, WSU)让美国律师协会及美国法学院协会如鲠在喉。虽然获得了州律师协会的认证,但其学生无法参与受联邦资助的项目,理由是其未获得"受到广泛承认的认证机构"的认证。西部州立大学法学院于是试图从西部高等院校联盟(the Western Association of Schools and Colleges, WASC)处获得认证。美国律师协会与美国法学院协会都试图抵制西部高等院校联盟为此组建认证团队。尽管如此,认证团队依然设法组建,并且给予了西部州立大学法学院以认证。西部州立大学法学院随机向美国教育办公室对于美国律师协会提出投诉。First, "Competition in the Legal Education Industry II," 1082-86.

[126] 法学院院长的人选一直,并且越来越成为关注的焦点,特别是20世纪

70 年代之后财务状况逐渐吃紧之后。参见"Law Schools Warned of Acrimonious Tension," *Chronicle of Higher Education*, 12 January 1976, 7. 1975 年朱迪斯·杨格尔(Judith Younger)辞去雪城大学法学院院长一职,同时指控大学方面"揩油"。Ibid. 1975 年辞去俄亥俄北方法学院院长(the Ohio Northern Law School)的艾尔方斯·斯奎兰特(Alphonse Squillante)曾说:"我的职责的确在于为法学院募集资金,但我所募集来的每一分钱,都被锁进了大学的保险柜里。"Ibid. 新墨西哥大学法学院院长弗雷德里克·哈特(Frederick Hart)的解释是:"法学院从来都面临着资金不足的窘境,作为一个规模较小的单位,法学院很难在大学内部的斗争中占据上风。"Ibid. 与之相对,波士顿大学校长约翰·斯立博(John Silber)说到,"大学各个单位之间唇齿相依。如果法学院办学情况不错,那么校方就可以从盈利部分拿一些资助其他单位。这样做何错之有?"Ibid. 在美国法学院协会年会上,其主席、迈阿密大学法学院院长索亚·曼切科夫(Soia Mentschikoff)发出警告,高等教育因为招生人数不足而陷入低谷,因此抽取法学院的运营收入贴补大学运营变成了一种无法抵挡的诱惑。*AALS Proceedings*, *1974*, Pt. 2, 70.

就霍夫斯特拉大学管理层与法学院之间围绕预算与分成爆发矛盾的点滴亲历,参见 Freedman, "Holding Law Schools Hostage," 16. 对于更广范围相关情况的分析,参见 Swords and Walwer, *The Costs and Resources of Legal Education*. chap. 5.

[127] 参见"Bar Association May Lose Accrediting Status," 65 *ABA Journal* 683 (1979).

[128] "Policing Non-Accredited Law Schools," *Chronicle of Higher Education*, 18 February 1975, 4.

[129] "Two Groups to Continue Accrediting Law Schools," *Chronicle of Higher Education*, 14 October 1980, 4. 并非只有美国法学院协会会监督美国律师协会。1981 年,因为受到联邦法院颁行限制令的警告,美国律师协会代表大会废止了拒绝为基于宗教原因歧视学校的学生提供认证的条款。提起诉讼的一方是位于俄克拉荷马塔尔萨(Tulsa)的奥拉尔·罗伯茨大学法学院(the Law

School of Oral Roberts University),该院要求学生签署宗教保证书,效忠宗教,效忠教职员。曾担任美国律师协会主席的惠特尼·西莫尔(Whitney North Seymour, Sr.)认为,"为了让美国律师协会保留法学院的认证权,只能忍气吞声,委曲求全。"*New York Times*, 13 August 1981, 421.

[130] "Unaccredited Law Schools Face Scrutiny on Coast," *New York Times*, 16 April 1979, sec. A, p. 11, col. 1.

[131] Association of American Law Schools, *Opportunity for Negroes in Law* (1967); Carnegie Corporation, *A Step towards Equal Justice* (1973).

最近对黑人进行的研究,参见 Ware, *From the Black Bar*; Leonard, *Black Lawyers*.

[132] 首次跨越式增长出现在 1974 年,增至 8 333 人。之后的增长相对缓慢,1979 年,少数族裔学生数量为 10 008 人,其中 5 257 为黑人。

[133] 1980 年,美国律师协会代表大会呼吁将赋予少数族裔充分的就学机会作为认证的标准。一位来自于底特律的黑人律师达尼斯·阿伯(Dennis W. Areber)要求设立额外的标准,因为少数族裔在很大程度上已经被排除出美国社会中拥有巨大权力或地位重要的职业之外。这种改变得到了曾担任美国联邦总检察长及哈佛大学法学院院长的埃尔文·格里斯沃德(Erwin Griswold)的支持,"要在此领域获得进展,就势必有所要求。"对此表示反对的是芝加哥大学法学院院长格哈特·卡斯珀(Gerhart Casper),在其看来,这种要求威胁到了学术自由。"Bar Units Spurs Minority Enrollment in Law Schools," *New York Times*, 7 August 1980, sec. B., p. 18, col. 1.

[134] *DeFunis v. Odegaard*, 28 Wash. 2d. 11, 507 P. 2d 1169 (1973), *vacated as moot*, 416 U. S. 312 (1974). 在德方斯案中,一位白人法学院申请者指控对于少数族裔有利的招生政策。参见 Zimmer, "Beyond Defunis," 317.

[135] *Regents of the University of California v. Bakke*, 438 U. S. 265 (1978). 阿兰·拜克,作为白人申请者,对于 1973 年及 1974 年加州大学戴维斯分校医学院驳回其入学申请的决定提出诉讼,指控批准更不符合入学标准的少数族裔入学的决定。加州最高法院支持了拜克的观点,认为针对少数族裔的特别政

策违反了美国宪法第十四修正案。*Bakke v. California Board of Regents*, 19 Cal. 3d, 553 P. 2d 1152, 132 Cal. Rptr. 680（1976）。美国联邦最高法院部分推翻、部分支持了这一判决。438 U. S. 265, 320（1978）。Murray, "Special Admission Programs—the Bakke Case," 358.

[136] *United Steelworkers of America v. Weber*, 99 S. Ct. 2721（1980）。在韦伯案中,工会与凯瑟铝厂达成一项平权协议,后者为黑人技工在培训项目中保留50%的名额,直到黑人技工的比例达到黑人在总人口中所占比例。一位白人技工,布莱恩·韦伯（Brian Weber）认为这项协议违反了第七条,但美国联邦最高法院认定第七条并没有禁止这种基于种族自觉而做出的平权计划。之后,在1981年,加州最高法院认定,法学院有权将少数族裔的身份作为优待的根据。"Affirmative Action... Law School Admissions," 67 *ABA Journal* 642（1981）.

[137] 在1971年及1974年,加州大学戴维斯分校法学院毕业的60名黑人毕业生,没有一个人通过律师执业资格考试,加州大学洛杉矶分校法学院的黑人毕业生与白人毕业生通过律师执业资格考试的比例分别为38%及80%。*The Times Higher Education Supplement*［London］, 22 November 1974.

[138] California Bar Association, *Commission to Study the Bar Examination Process*（1974）.

[139] Green, "Taking the Bar Exam to Court," 2.

[140] Anderson, "Black Lawyers in the 20 Largest Firms," 6.

[141] 参见 Auerbach, *Unequal Justice*, 184-88. "没有什么二等公民群体比犹太人能够更好地把握新政所带来的机会,获得如此之高的社会流动性及政治权力,抓住一切机会获得除了相关出身之外职业界所需要的一切资格认证。" Ibid., 185.

[142] "The Jewish Law Student and New York Jobs—Discriminatory Effects in Law Firm Hiring Practices," 73 *Yale Law Journal* 625（1964）. 但在芝加哥,依然能够看到对于犹太人的歧视。Heinz and Laumann, *Chicago Lawyers*, chap. 6. 另一方面,20世纪30年代至20世纪70年代,芝加哥大学法学院中犹太学生

的数量出现下降。Heinz and Laumann, *Chicago Lawyers*, passim.

[143] Stevens, "Law Schools and Law Students," 573-74, 690.

[144] American Bar Association, *Annual Review of Legal Education, 1978*, 86.

[145] Spangler, Gordon, and Pipkin, "Token Women," 1.

[146] Spangler and Pipkin, "Portia Faces Life: Sex Differences in the Professional Orientations and Career Aspirations of the Law Student," mimeographed (1978). 亦参见如 Leisberg, "Women in Law School Teaching," 226. 1980 年,在 50 大律师事务所中,3 987 名合伙人中女性合伙人数为 85 人(占 2. 13%),律师助理 6 034 人中女性为 1 297 人(占 21. 5%)。*National Law Journal*, 4 August 1980, 59.

1970 年,华尔街主要律师事务所中合伙人中女性仅占 1%,到了 1980 年时,这个比例上升为 9%。就合伙人而言,女性所占比例为 2%,助理中女性占 22%。在 1970 年,获得助教职位的学生中女性占 2%,到了 1979—1980 学年,这个比例上升为 11%。Fossum, "Women in the Legal Profession," 67.

[147] 塔罗(Turow)回忆:"周一清晨,当我走进主楼时,能感觉到我的胃在抽搐……在周五之前,我的神经始终紧绷着,面对缺乏睡眠、压力山大以及心智疲惫,我都不知道我是否能挺到那一天。作为法学院一年级新生,在很多时候,我都把事情搞砸了。"Turow, *One-L*, 7.

[148] Osborn, *The Paper Chase*. 其他流行的小说参见 Eliot M. Brown, "Dear Dr. Smith: About Law School—," 16.

[149] 对于过去 20 年针对统计实证研究的文献梳理解说,参见 Barry and Connelly, "Research on Law Students," 751. 但这份文献并不全面,参见 Benthall-Neitzel, "An Empirical Investigation of the Relationship between Lawyering Skills and Legal Education," 373.

[150] 该项目的相关变量,参见 Boyer and Cramton, "American Legal Education," 221. 研究结果的表述参见 American Bar Association, *Law Schools and Professional Education*(Chicago, 1980).

[151] Stevens, "Law Schools and Law Students," 653-63. 特别参见:"例如,在

第一学期,没有人每周学习的时间低于 10 小时。"到了第五学期的时候,超过 1/4 的学生最多花这些时间学习。与此类似,在第一个学期,实际上没有人仅仅将阅读材料作为课堂准备的主要手段。但到了第五个学期,这个比例达到了 6/7。最后,在第一学期,只有 1/3 的学生很少或根本不参加非正式的讨论。到了第五学期,受访者中存在类似经验的比例上升到 2/3。Ibid., 653. "简而言之,大众认知里的法学院生活是没完没了的阅读判例,没完没了地讨论教科书的内容。但这显然是一种传说,是一种误解而非事实。在第五学期时,学生每周只上两天课,也很少讨论学习的内容。从学术的角度来看,这个时候的法学院更像是非全日制。"后续的研究,特别是美国律师协会组织的调研宣称所谓"恶化"情况,但其已经没有十年前那么引人瞩目了。American Bar Association, *Law Schools and Professional Education*, 38-41.

[152] 然而,1973 年旧金山大学学生要求更合理师生比及更多学生资助的罢课取得了成功。*San Francisco Chronicle*, 8 November 1973, 3. 亦参见 Carrington and Conley, "The Alienation of Law Students," 887.

[153] 参见 20 世纪 70 年代中期塞利格曼写于哈佛的论文《高墙》(*High Citadel*),文章作者宣称十年之后,格里斯沃德领导的哈佛大学法学院看起来发生了一些改变,但本质依旧。哈佛大学法学院,如其院长所言,依然以自负的方式教授着法律。Ibid., 19.

## 十四、信仰

264　　自从兰德尔与艾略特首次将职业法学院引入主流美国人文社科类大学,法学教育者就一直在职业化与学术化两条恶性竞争的进路之间挣扎。"二战"结束后,这种内在的冲突逐渐演变成为声势浩大的学界分裂。托马斯·伯甄认为,"迫使真正的学者,抑或那些颇具从事严肃学术研究潜力的教师,扮演讼棍培训者的角色,同时迫使具备高超'黑森式培训技能'的讲师误认为自己是法学学者,这种病态的做法使得这两类人不仅无法各尽所长,反而自取其辱。"[1]传统意义上的学术是否完全适应法学院,亦未可知。

　　法学院学术目的存在的此种内在冲突,还反映在美国律师对于目的解释论的日益追捧上。他们不再纠结于法律原则,转而开始寻找之前的判例。很久之前就曾为此饱受诟病的美国律师,在寻找"完全一致"的判例过程中机械性寻找的,不是原则,而是某个具有魔力的判例。现在,法律职业界更进一步:对于很多律师来说,法律原则本身已经不再具有决定性。在这个意义上,法律作为某种"深邃的无所不在",抑或作为"司法者的内心所想"理念,已然消失不见;美国法已经世俗化。美国律师已经不再到处引经据典地寻找法律,反之扮演起"摆事者"的角色,即利用法律体制,帮助自己的客户或利益团体达成所愿。托克维尔的逻辑最终开花结果。[2]学界大佬们也开始接受这一事实[3],因此美国的所谓学术理论十分浅薄,也就不难理解了。

　　在现实主义革命浪潮和反抗希特勒的战争——后者导致现实主义在某些圈子当中被称之为"病态社会法理学"[4]——造成的混乱局面中,出现试图整合新旧观念的努力,似乎顺理成章。这一努力最终出现在 1943 年。在 20 世纪 40 年代中期，美国学界依然存在宏大的研究计划。在一篇名为《法律教育与公共政策》(Legal Education and Public Policy)的鸿篇大论中，两名后现实主义耶鲁法学教授，来自普利茅斯的政治学者哈罗德·拉斯维尔(Harold Lasswell)＊，以及标新立异的物权法律师梅尔斯·麦克杜格尔(Myres McDougal)＊＊，试图将 20 世纪 20 年代及 30 年代各种学术主题整合在一起。[5]虽然其中提到的很多观点最终并未获得成功，但这篇论文在资料综合方面取得的成果可圈可点。尽管不能过高估计这篇论文的重要性，但其却为检视美国法学理论的研究进路，提供了有益的抓手。

在被认定为"法、科学及政策"的研究路径中，社会科学的行为主义方面获得了一席之地。这些学者认为，之前的 20 多年间，试图将这些方面与法加以整合的做法或许以失败告终，但这并不是因为社会科学方面的理论过于简单，或者根本没有整合的必要。相反，是因为之前进行此类尝试的学者缺乏经验所致。拉斯维尔与麦克杜格尔认定，社会科学足以担当大任，整合社会科学与法也颇为必要。[6]更加出人意料的是，对于白纸黑字成文法（这被兰德尔称之为法律原则，被法律实践人士称之为判例）的尊重，作为法律判决过程中该当弘扬的学术要素重获新生。然而，更为重要的是，这些学者同样还可以根据拉斯维尔与麦克杜格尔所认为的具备相关性及可定量的价值观念分析判决者所需技巧，以便支持其日益重视法律技能的观点。

拉斯维尔与麦克杜格尔在其论文中呈现的东西，仅具备"政策—

---

＊ 哈罗德·拉斯维尔(1902—1978 年)，美国政治学家，曾担任"美国政治学会"(the American Political Science Association，APSA)主席以及"世界艺术科学学会"(the World Academy of Art and Science，WAAS)主席。——译者注

＊＊ 梅尔斯·麦克杜格尔(1906—1998 年)，美国国际法学家，曾长期担任耶鲁大学法学院教授。——译者注

科学"这一繁复体系的某些特征。他们的主要目的,是发展出一整套可在"二战"之后适用于法学院的根本性课程改革计划。其基本观点在于,法学院的作用在于"培养政策制定者"[7],从而应当摒弃哥伦比亚大学法学院在20世纪20年代曾经尝试过的功能重新评价范式,理由是这种范式的抽象程度过低,在他们看来,制定政策除了需要功能性技巧之外,还需要对于价值观的理解。因此,在对法律技能加以分门别类、对律师的价值体系加以分析之后,经过评估,认为法学院现行课程体系多有不足。[8]对此,拉斯维尔与麦克杜格尔提出了围绕价值原则及技巧原则的一整套课程体系。

拉斯维尔与麦克杜格尔的这篇论文堪称一绝,具有里程碑意义上的史学价值,对于过去3/4个世纪,特别是过去25年间法学教育的思潮与理念进行了整理过滤,从而明确开启了后现实主义时代。即便存在如上褒奖,这篇文章本身,从引发法学教育激烈变革的层面而言,几乎没有取得任何成效。[9]虽然个别学者深受"政策—科学"研究路径的影响[10],但从各种实际目的考量,法学院并不买账。有人将此归罪到"政策—科学"这一概念术语本身[11],有人批判这一研究路径僵化且形式主义,另外一些人则不满于这一理论体系日显过时的社会科学根基。[12]另外一个可能限制这种研究路径可信度的特征在于其在价值分析的过程中,坚持一种多少令人感觉难堪的老旧观念,即"美国是民主与自由的典范"。[13]更为重要的是,"政策—科学"体系推定在美国,律师全知全能且具有同质性。[14]

然而,说到底,所有的这些反对声音,都大体上与拉斯维尔和麦克杜格尔所倡导的理论体系缺乏影响力没有因果关系。梅特兰(Maitland)\*在谈及英国程序法改革的时候说到,尽管"诉讼形式"名义上

---

\* 弗雷德里克·梅特兰(1850—1906年),英国现代法史学之父。——译者注

已经遭到废止,但"仍然从坟墓中统治着我们"。同样的情况,也存在于美国的法学教育当中。法学教育体系的历史传统制约着美国的法学院变身为政策制定的研究中心。拉斯维尔与麦克杜格尔的研究成果,至多只具有一定影响力,而不具备重构力。他们的观点太过精英主义,成本太过高昂,对于美国的大多数法学院来说太过学术气。无论以什么名义,美国的法学院作为职业教育机构,成立、发展的目的始终强调让学生获得通过律师执业资格考试所需知识,并且能够在法律实践中脱颖而出。尽管某些精英法学院的目标不止于此,但大多数法学院一直坚持着此种根本性的实践导向。法学教育的遗产之一,就是在职业化与学术化之间埋下内在冲突。

或许拉斯维尔与麦克杜格尔的改革计划原本仅仅指向少数法学院,但即使从这个标准来看,依然太过精英主义。1945 年之后,美国法律职业界已经不再像里德于 20 世纪 20 年代首次发表调查报告时,甚至实际上像兰德尔于 1870 年开始实施改革时那般统一—[15],代表法律职业体制巅峰的华尔街律师们,仅仅受到很小一部分法学教育的影响。在美国二十大律师事务所中,超过 70% 的合伙人毕业于哈佛、耶鲁及哥伦比亚大学法学院。[16]大型律师事务所的业务显著不同于普通律师业务。[17]在芝加哥个人执业的律师所处理的业务,和公司律师的业务相比,完全不具备可比性。后者可能从其自身优渥的地位出发,看重法律职业的统一特质,从而关注资质较差律师的职业道德,而对于资质较差的律师而言,更在意的是"无证执业"的问题。[18]

海恩茨(Heinz)及劳曼(Laumann)在其最近针对芝加哥律师所作的一项调查中发现,执业律师的分化现象日渐加剧,甚至可以认为"存在很多,或许十余种法律职业"。[19]芝加哥是"贝克-麦肯思"(Baker and McKenzie)律师事务所的总部所在地,其在全球拥有超过 30 间分支机构,雇用律师 600 多名(大多不是美国人)。1979 年,尽管纽约当时只有一家雇用200名以上律师的事务所,即"谢尔曼与斯特灵"[20]律师事务所,但休斯敦已经有3家此类律师事务所,芝加哥除了上面提到的贝克-麦肯思之外,还有2家此种规模的大型律师事务所,除此之外,洛杉矶、旧金山、克利夫兰和费城各有1家。从全美范围来看,雇用律师超过230人的律师事务所不下50家。[21]开办分所的形式日益普遍,到了1980年时,有报道显示从1974年到1980年,共有29家纽约律师事务所在佛罗里达开办分所。[22]然而,就在律师执业不断开辟新领域、遇到新问题、扩展国内、国际市场之时[23],就在律师执业资格考试委员们不断摸索跨州的统一律师执业资格考试[24]之际,就在顶尖执业律师开始通过计算机,特别是"律商联讯"(LEXIS)等数据库开始为律师收集资料、解决律师管理问题的时候,大多数个人执业律师或规模较小的律师事务所从事的业务,却和19世纪80年代执业律师的业务大体类似。如果里德活到1980年,他或许会发现法律职业界较之50年之前相比,更加精细化。不仅超过半数的执业律师依然针对地方法律事务从事个人执业,还出现了为确保其他类型律师得以存在所采取的新措施。例如,"法律服务公司"(The Legal Services Corporation)就创造了很多连雷戈纳德·史密斯都无法预见到的全新法律服务需求。

在此方面,卡林对于芝加哥私人执业律师以及纽约市主要律师从业人员所作调查清楚地证明,即使大多数律师针对穷困群体的责任感日渐加深,但仍然主要作为社会工作者,至少是经营管理者,为中产阶级以及事业有成的群体提供服务。这显然不符合拉斯维尔与麦克杜格尔眼中作为全能决策者的角色设定,即使连斯麦格(Smigel)针对华尔街律师调研过程中对于此类律师的刻画,都无法完全符合上述图景。或许毕业于少数精英法学院的一部分学生可以期待在政府或私营企业谋得颇具影响力的一席之地,但这种例外情况显然不具备典型意义。[25]法律职业群体或许遭遇强有力的分割,但不同层级的群体依然沿袭其在法律职业群体中所扮演的固有角色。即使是在加利福尼亚这种律师高度专业化、最有可能参与政策制定的地区,律师专业划分中占据首位的依然是过失案件(占 11.1%),其后分别为遗嘱与信托案件(占 8.8%)。[26]20 世纪 60 年代针对其他地区律师执业的调研证实了这一趋势。例如,在 1968 年,巴尔的摩执业律师处理的业务中,过失案件占 1/3,而在马里兰州执业的律师中,25% 专门从事房地产业务。[27]当然,这些业务在个人伤害案件以及涉及土地法的案件中,可能属于政策问题,但由此认为马里兰州律师所受教育是为了培养其"制定公共政策"的能力,显然有误导律师角色之嫌。[28]非但不是作为决策者,大多数法律职业人士从事的都是些传统,但存在出人意料不同作用的执业活动。

因此,拉斯维尔与麦克杜格尔并没有认识到美国律师的职业生涯实际上缺乏政策导向,而且还错误地推定法学教育会如学界建议的那样,获得充足的资金支持。事实上,在之前的一百多年间,法学教育的内在冲突因为资金不足愈演愈烈。即使顶尖法学院的师生比,也达到了连最普通高等院校都闻所未闻的程度,这种师生比是其他专业院校或研究生院所无法接受的。[29]法学教育资金投入不足,几乎可以肯定与兰德尔所设计的教育模式有关,对于采用判例教学法的老师来说,面对 200 名学生还是面对 20 名学生完全一样[30];并且实事求是来讲,对于传授基本的"律师思维"等分析技能而言,并不存在能够与判例教学法相提并论的教学体系。或许兰德尔对于法学教育的最大贡献就在于高度可疑地说服所有人相信法学教育的成本不高。拉斯维尔与麦克杜格尔从未提出过经济层面的质疑。

"二战"结束后,人们开始逐渐接受兰德尔的这种"馈赠"。艾瑟·布朗在 1948 年所作研究发现,"长期以来,社会都普遍认为,法学院仅仅需要一栋教学楼,几位拥有教授头衔的教师,以及一所规模不大的专业图书馆。"³¹1949年针对加利福尼亚各法学院所作调查发现这些学院的经济状况处于"饥饿"状态。³²埃尔伯特·哈诺(Albert Harno)\*在自己撰写的半官方学术史中,对于判例教学法的吝啬给予了毫不"吝啬"的批判。³³就在判例教学法的成功使得越来越多的法科学生和老师开始对教学法心生倦怠的时候,其所具备的吸金特质也让大学方面在几乎所有的院系中,唯独期望法学院不仅能够自给自足,而且在某种情况下能够反哺大学。1945年之后的一段时期,法学院往往只能勉强接受到一星半点的基金会增款捐助³⁴,更别奢望获得美国联邦注入高等教育的大笔资金了。³⁵因此,项目研究、划分专业以及诊所式教学研究往往因为面临师资匮乏或其他经济方面的考量而宣告搁浅。正如之前或之后的学者所必需直面的那样,拉斯维尔与麦克杜格尔需要面对的是如何在资金有限的情况下持续推动大班教学这一历史现实。

在经济因素之外,这两位研究者似乎对判例教学法及其对于法学教育的影响存在其他误判。其中非常严重的一项,就是两人低估了这一教学法的优长。尽管判例教学法过去,特别是在"二战"后,一直受到各种批判,但在法学教育者及实务界人士看来,这仍然是训练学生成为律师的最佳方法。即使存在各种不足,仍然算得上令人颇为印象深刻的教学法。判例教学法可以让学生获得其他教学法所无可比拟的"想象力"。里昂·马歇尔作为一位现实主义者,始终主张应当在法学院的三年教学期间贯彻这种教学法。³⁶哈佛大学的埃德蒙·摩根(Edmund Morgan)\*\*更加笃定地断言:"判例教学法是迄今为止发现或设计的最好的教学法,能够为日后通过其他方法高效学习法律奠定深厚基础。"³⁷即使某些证据存疑,但大家一般都接受判例教学法具备

---

\* 埃尔伯特·哈诺(1889—1966年),美国法学家,曾长期担任芝加哥大学法学院院长。——译者注

\*\* 埃德蒙·摩根(1878—1966年),美国法学家,曾担任哈佛大学法学院教授。——译者注

开发分析技能、培养法匠精神的能力。而且,这种教学法符合大多数法学院教师的教学习惯与研究目标,同时也满足大多数学生的职业预期。在此方面,拉斯维尔与麦克杜格尔认为普通学生希望适用更为学术的教学法,肯定是不正确的。实际上,即使20世纪60年代激进派教师[38]与学生[39]猛烈抨击判例教学法时,主要理由除了作为教学法本身存在的不足之外,还在于其所产生的心理影响。[40]

拉斯维尔与麦克杜格尔的相关看法,还因为其对美国律师协会及美国法学院宗旨、本质的不正确评价而无法成立。特别是过高估计了美国法学教育的学术属性。对于大多数职业界人士来说,法学院作为律师的培训基地,并无任何不自然之处,无论你喜欢不喜欢,本质上法学院一直都被视为与商学院无异。[41]即便职业模式不停发生改变,法科学生还是更想成为律师,而不想成为法学教授。[42]无论法律职业界的领军人物们更喜欢告诉自己什么,但法学院,而且是大多数法学院,都对于自己的学生能否通过律师执业资格考试更为上心。和拉斯维尔与麦克杜格尔愿意承认的观点不同,法学院与法律执业资格的各项要求关系密切。决定法学院,即使一流法学院学制的,是组织井然的律师协会,后者还决定学期以及考试周期的长短。律师协会通过调整律师执业资格考试的内容,为法学院划定必修科目与选修课程[43],从而直接或间接控制或影响法学教育的主体内容。这两位学者没有或者不愿意承认,法学院往往因为与职业界关系过于密切而不愿对于课程设置进行大幅度调整。对于这一法学教育的基本特征的置若罔闻,可以用来说明法学教育遭遇的几乎所有重大失败,也在课程改革之外影响到法学教育的其他重要方面。

对于法学院的预期或要求还造成了法学学术目标的迷失,它们都认为自己是进入法律职业界的唯一入口,同时也认为自己应该获得大学学术的合法属性。过去一个多世纪中,令评论者吃惊不已的是虽然有很多杰出律师曾在法学院任教,但学术成果的产出却相当有限。对于法律规则的收集与反思,对于兰德尔来说可能就算是学术,但却显然没办法纳入20世纪的学术话语范畴。然而,正如可以在20世纪20年代哥伦比亚大学法学院及在20世纪30年代耶鲁大学法学院所发现的情况那样[44],学术导向很难融入到一个以教学为主的机构当中。在法学院,教学的地位优于学术[45],专业的划分也极为罕见。从事教学活动的法律职业人士往往属于通才,而其所教出的也是通才型学生。从查尔斯·艾略特开始的学术职业化,并未在法学院内产生太大影响。[46]

这就导致了一个结果,对于上述学术成果感兴趣的是职业界人士,而不是理论界人士。除此之外,即便是这种学术成果,也愈发难以产出。和19世纪90年代可以通过案例教学法对于相对有限的实体法加以讲授的做法不同,现在法律规则的数量已经累积到了一个十分庞大的程度,对于任何一个个人来说,学习哪怕只是很少一部分白纸黑字的法律规定,都变得十分困难。[47]长期以来,判例教学法都被视为一种教学的方法论或过程,而不是灌输实体法的工具[48],因此,这种变化并未对法学学术产生重大影响也就不足为奇了。到了20世纪50年代,学界大多数领军人物开始通过程序视角考察问题。哈佛成为程序法学派的圣地。其中具有标志性的学术成果,是亨利·哈特(Henry Hart)\*与埃尔伯特·塞克斯合著的《法律程序:立法与法律适用中的基本问题》(*The Legal Process: Basic Problems in the Making and Application of Law*, 1958),其对于20世纪五六十年代的顶尖学者产生了深远影响,更为重要的是,这一研究范式为几乎所有法学问题都建构起一种相对意义上的研究框架与理解路径。和判例教学法一样,程序学派

---

\* 亨利·哈特(1904—1969年),美国法学家,曾任哈佛大学法学院教授。——译者注

兼容学术与职业视角,至少没有对于二者加以明确区分。程序学派的研究路径只算是一种实证意义上的"伯克主义"。而且这种研究路径虽然反映出对于价值无涉原则的重新关注,但其也引发了对于法律适用的扩展研究。

20世纪50年代,随着各类法律评论纷纷问世,法学教授们也开始重视论文的写作。和其他相对成熟的学术门类不同,当时有关法律的书籍(而不是法律书籍)事实上并不存在,出版也十分困难。但另一方面,不知道投稿期刊相关要求的论文却颇受欢迎,这是因为法律评论需要用学者的文章来填充其前半部分,而法律评论的后半部分,则主要出版学生依照其自己推行的见习制度所编辑的评论或短文。总之,这一时期的法律评论,至少是那些被认为引领风潮的法律评论,往往喜欢刊载微观层面的问题,以及针对这些微观问题如何从教义学角度提出解决方案。其对于理论的强调,对于教义概念主义的轻视,都远低于预期。[49]

但这并不是说这一时期的法律评论中毫无重要的学术见解可言。毕竟20世纪50年代见证着程序法学派的兴起,以及《哈佛法律评论》的学术影响走向巅峰。[50]然而,这些研究主要以问题解决为导向。程序法学派的制度机能与宪法[51]、劳动法[52]及刑法[53]密切相关。随着对于社会科学的兴趣重燃,在家庭法与刑法[54]等方面出现了非常重要的判例法教科书。相关研究质量颇高,针对具体的争论也颇为热烈。尽管程序法学派质疑学界领军人物与法律职业界领导人之间关系暧昧,但其本身的学术研究的进路也只能算是一种折中主义。

法律程序正义至今保持着生命力[55],但在20世纪60年代,变革已悄然展开。尽管在政治层面,这一时期学生当中无政府主义思想开始抬头,但法学学者却开始重新关注概念主义分析范式。有证据显示除了那些受到高度关注的领域之外,对于实体法律规则的兴趣也在不断升温。[56]然而,其中最为重要的改变还在于对其他学科观点的移植。受到现实主义影响的判例教科书当中十分精妙地融入了哲学、社会学甚至经济学的观点。20世纪60年代席卷法学学术界的变革浪潮受到其他学科强调概念分析模式的影响,开始将其作为法律分析的基础,从而催生出所谓"新概念主义"。用来说明这种复杂变革的最好例证,莫过于圭多·卡拉布雷西(Guido Calabresi)\*的相关著作。[57]以社会福利经济学作为分析的基础概念范畴,卡拉布雷西以及受其影响的后来者开始在侵权法(以及其他实体法领域)的分析过程中认为,尽管法律规范或许变得分散化,但统一的经济学概念,至少前提假定或直觉判断,依然可以被视为司法甚至立法的基础。

通俗来讲,卡拉布雷西的立足点在于风险规避原则,但是到了20世纪70年代,源自经典经济学的精密组织原则,作为广义效益概念的一种,开始被卡拉布雷西的追随者等同于通过自由市场机制有效分配资源。以芝加哥大学法学院为据点(该校商学院经济学教授米尔顿·弗里德曼\*\*堪称市场经济学之父),这种分析范式开始在其自己的法学刊物[58]崭露头角,后来,受罗纳德·科斯(Ronald Coase)\*\*\*启发,理查德·波斯纳(Richard Posner)\*\*\*\*很快就将这种分析方法从侵权法扩展至其他法学领域。[59]对于那些接受现实主义以及程序主义训练的人来说,批判"芝加哥学派"(the Chicago School)并不困难[60],但将经济

---

\* 圭多·卡拉布雷西(1932— ),美国法学家,曾担任美国第二巡回上诉法院法官,在法经济学方面做出了开创性的贡献。——译者注
\*\* 米尔顿·弗里德曼(1912—2006年),美国经济学家,芝加哥经济学派代表人物,诺贝尔奖获得者。——译者注
\*\*\* 罗纳德·科斯(1910—2013年),美国经济学家,新制度经济学派鼻祖,诺贝尔奖获得者。——译者注
\*\*\*\* 理查德·波斯纳(1939— ),美国联邦第七巡回上诉法院法官,法经济学代表人物之一。——译者注

学概念引入法学导致的最终影响却在于使得一元论法学观点重新受到重视。经典经济学不仅认为法律职业者已经放弃了现实主义,而且还对于支撑兰德尔相关理念的法律体系持一元论的看法。新概念主义卷土重来。[61]新的法律信仰正在冉冉升起。

如果说当代美国法学思潮的亲源未定,似乎只是一种出自怜悯的轻描淡写。在"二战"结束之后,法学理论领域已然成为任何强者皆可踏足之地。"法、科学及政策"一派观点的支持者,特别是在普通或不太知名法学院当中的支持者人数之多,足以证明法律信仰存在的必要性,以及这种信仰的缺失。在那些知名法学院当中,整合法与其他社会科学往往被视为严格法律分析,至少是法学理论的替代道路。[62]并非所有人都认识到了法律信仰的必要性。其中较为出色的一位,就是20世纪六七十年代崭露头角的格兰特·吉尔莫(Grant Gilmore)。

吉尔莫站在卢埃林观点的基础上,认为现实主义不是一种理论,而是一种迷思[63],从现实主义的缺点引申出一种虚无主义的观点。[64]他所著的《契约已死》(*Death of Contract*, 1974)\* 一书中对于经典契约规范兴衰流变的历史脉络梳理分析,颠覆了主张概念分析的学者观念,同时与法律史学的新思潮背道而驰。[65]他的另外一部著作《美国法时代》(*Ages of American Law*, 1977)更在某些方面让观察家们大跌眼镜,这是因为吉尔莫对于长期以来已经被美国左翼或右翼人士所神话的,认为美国拥有世界上最大,同时也必然是最佳法律体系的观点,提出了质疑:

> 作为法律人,应当时刻警惕认为通过法律,我们这个社会可以得到改良、净化乃至救赎的观点。在我们这样一个社会当中,

---

\* 《契约已死》出版于1974年,作者在该书中对于普通法中契约法的发展历史进行了梳理,提出在20世纪的美国,所谓的契约法条款都具有极强的人为色彩,换句话说,是某些学者和法官的观念,而不是基于历史传统的普通法的自然发展结果。——译者注

法律的机能,总体上来讲是温和的,并不具备任何预告末世的作用。应当推定我们存在这样一种普遍共识,也就是说,法律是依据概括意义的对错定分止争的机制。如果这个前提不成立,如果不存在类似共识,那么我们就只能刀兵相见、内乱不止、革命频发……

法律反映,但无法决定社会的道德价值观。一个理性公正的社会所秉持的价值应当通过法律的合理公正加以反映。社会越好,法律越少。天堂应当没有法庭,雄狮应当与羔羊同眠。一个缺乏公正的社会也将通过不公正的法律得以表达。社会越恶,法律越劣。地狱中除了苛则以外什么都没有,在那里,适当程序也将得到小心翼翼的遵守。[66]

如果吉尔莫真持虚无主义立场,那么似乎可以肯定其与现实主义之间存在一脉相承的关系。但现实主义的主流,显然不会如此悲观。现实主义法学派强调美国法的注重程序、缺乏连贯性的本质。这种观点不仅强调法学理论缺乏连续性会催生判例教科书的神秘色彩,而且还不断质疑法律专著的价值。尽管科宾对于合同法的大部头多卷本专著在"二战"结束后才得以出版,但从学术角度来看,其所体现的却是20世纪30年代的理念。至于对于实体法的系统性介绍,如果不是由无名之辈为出版社赚钱而写之外,也基本上由那些不太知名的普通法学院教师或普通律师负责。[67]到了20世纪50年代,在"西部出版公司"(West Publishing Company)、谢泼德索引(Sheppard's Citations)＊以及"商业清算公司活页服务"(the Commerce Clearing House Loose Leaf Service)＊＊开

---

＊ "谢泼德索引"曾是独立的法律信息提供商,后来被 LEXIS 收购。这一表述的动词化形式一般专职查证特定判例是否有效、是否被后续判例推翻或修改等查询功能。——译者注

＊＊ "商业清算公司活页服务"是指从1913年起,由商业清算公司提供的就税法相关的法律信息服务,后来随着该公司在1995年被其他出版公司收购而终止。——译者注

始提供法律规范的记录、系统化整理工作之后,虽然业界精英们或者专注于法律实务,或者留在法学院中通过发表论文、出版书籍的方式阐述其对于法律概念、原则的理解,但改变已悄然展开。

在某种程度上,至少从坚持概念主义、贯彻法律规范机能主义的立场判断,20 世纪 60 年代最具戏剧性的发展,莫过于将英国的语言哲学应用于法律之上。历经颇长时间的沉寂之后,随着 1951 年哈特\*受命执掌牛津大学法理学教席,建立在该国生机勃勃的哲学传统基础上的英国法学理论重新出发。[68]当时,英国的哲学仍然在很大程度上受制于自从 20 世纪 30 年代开始就以剑桥大学为基地把持话语权的维特根斯坦(Wittgenstein)。哈特将修正了的维特根斯坦的语言哲学引入当时仍然颇为有力的奥斯汀(Austin)\*\*主义范式之中,发展出一种兼容并包的强有力实体法分析工具,同时承认对于司法判决而言,应当主要关注法律规范,如果不是专门关注法律规范的话。[69]

20 世纪 70 年代,哈特将位子传给曾担任耶鲁大学法学院教授的罗纳德·德沃金(Ronald Dworkin)。\*\*\*德沃金"简单粗暴"地阐明了曾被很多人认为相当狭义的观念。尽管其观点始终在变,但德沃金也将对于法律规范的解读作为研究的着力点。他认为,如果在判决案件时不存在可以适用的法律规范,就需要借助作为法律规范基础的法律原则。[70]这种观点或许被认为较之形式主义的英国传统更为狭义(或者反过来说,更具自然法的某种意味),因此可能会遭遇受到现实主义浸染的一代的质疑与批判。自 20 世纪 30 年代开始美国法所经历的变革,

---

\* 赫伯特·哈特(1907—1992 年),英国著名法哲学家、新分析法学派的重要代表人物。——译者注

\*\* 约翰·奥斯汀(1790—1859 年),分析法学派创始人,著有《法理学范围》和《法理学讲义》。——译者注

\*\*\* 罗纳德·德沃金(1931—2013 年),著名法理学家,曾担任耶鲁大学法学教授、英国牛津大学法理学首席教授等职务。——译者注

以及对于法律信仰的找寻过程中,最具标志性的事件莫过于德沃金遭到"神化"的这个事实。[71]他所主张的"规则—原则二分法"影响着很多杰出学者[72],而其所著《认真对待权利》(Taking Rights Seriously)[*]一书,更成为法理学课堂上的标配教材。尽管对于吸引了多少"信徒"尚无定论,但德沃金乐于将法哲学与政治哲学加以连接的做法,为新概念主义的重生,以及法律信仰新时代的道路,奠定了基础。

就其他法律思潮而言,其所产生的直接影响大多限于为数不多的少数法学院。而且,即使在这些法学院之中,也存在对于法律体系持有偏见的群体的有力抵制。然而,即使对于这些人来说,某种基本法律信仰的必要性也显得至关重要。在哈佛大学教授罗伯托·昂格尔(Roberto Unger)[**]以及莫顿·霍维茨(Morton Horwitz)[***]引领下,这一派学者对于理论重拾兴趣,关注其他社会科学的进展,在政治哲学方面激进甚至有时持马克思主义。从理论层面来看,这一学派的领导人非昂格尔莫属,其两部主要著作《知识与政治》(Knowledge and Politics, 1975)以及《当代社会中的法律》(Law in Modern Society, 1976)为学派设定了基调。基于其深厚的大陆哲学立场,昂格尔认为随着法与国家脱离并走向没落,其对于社群的负面影响也将随之出现。查尔斯·里奇(Charles Reich)[****]于20世纪60年代出版了"邪教"书籍《美国之绿》(The Greening of America)[*****],而昂格尔领悟到办理保险

---

[*] 〔美〕罗纳德·德沃金:《认真对待权利》,信春鹰、吴玉章译,上海三联书店出版社2008年版。
[**] 罗伯托·昂格尔(1947— ),哲学家、政治家,曾担任哈佛大学教授,他的著作开辟了看待人类本性的另一视角,并且提出了针对当代社会、政治和经济制度的结构性替代方案。——译者注
[***] 莫顿·霍维茨(1938— ),美国法史学家,哈佛大学法学院教授。——译者注
[****] 查尔斯·里奇(1928— ),美国法学家、社会学家,曾担任美国耶鲁大学法学院教授,是美国20世纪六七十年代反文化运动代表人物。——译者注
[*****] 《美国之绿》一书由查尔斯·里奇于1970年出版,鼓吹20世纪60年代的反文化氛围。——译者注

是一项义务,某些社会群体的社会阶层在很大程度上与此有关。[73]

这种"批判"的视角也成为莫顿·霍维茨1977年所著《美国法的变迁》(*Transformation of American Law*, *1780-1820*, 1977)的核心与基础。在他看来,至少从19世纪中期开始[74],看似中立的法律规则形式背后,就开始隐藏着"阶级歧视"与"交涉力的巨大差异"。[75]昂格尔—霍维茨这类研究视角,逐渐得到一批颇具才气学者的青睐[76],这些人还成立了后来被称之为"批判法学研究会"(the Conference on Critical Legal Studies)[77]的学术组织。和40年前的现实主义法学派类似,这个学术组织的成立,与其说是基于共同目标或哲学立场,莫不如说是对于当时学术空气的普遍不满。当然,较之当时由清一色马克思主义者组成的欧洲批判法学学术组织,美国的"批判法学研究会"显得更为多元,同时也没像英国批判法学运动那样深受苏联学者帕舒卡尼斯(Pashukanis)\*的影响。美国批判法学运动的领军人物虽然渐渐转而采取当时欧洲流行的"一元论",但仍将韦伯视为自己的导师。[78]

从社会学角度来看,无论左翼还是右翼学者都感觉到需要某种学术信仰或者具有约束力的概念体现,似乎显得颇为微妙。但这种新的学术信仰,能够在多大程度上影响到法学院的课程体系设置,显然存疑。法律职业界日益感觉到,出于挫折与迷茫,法学教育界在不改变与律师执业资格测试相关科目的情况下,开始对课程体系加以创新。[79]选课制遍地开花;到了1970年,几乎所有"一流法学院"都开设了宛如一锅煮般的小型讨论课,内容涵盖范围从语言哲学,到非洲法,再到经验主义方法论,不一而足。当然,也有更为系统性的课程安排,例如,耶鲁大学法学院就试行过专业选择制度,但这种尝试似乎注定面临失

---

\* 帕舒卡尼斯(1891—1937年),苏联法学家,享有国际学术声誉,代表作可参见〔苏〕帕舒卡尼斯:《法的一般理论与马克思主义》,杨昂、张玲玉译,中国法制出版社2008年版。

败。即使资金充裕,学生方面以及职业界方面都对于学术兴趣缺乏,法学教育者本身的思想分裂,都使得包括专业划分制度在内的重大法学教育变革举步维艰、机会渺茫。[80] 或许同样重要的因素,还包括法学教师内部的大锅饭思想与画地为牢的心态,和剑桥、牛津等英国大学一样,美国的法学院在很大程度上也没有对于教师划分三六九等(大多数老师都是全职教授),此种程序设计显然有助于鼓励思想独立。特别是可以在很年轻的时候即可获得终身教职的制度设计,吸引了一大批有能力者投身教职。而其在法学院院长的权威及影响力日渐低迷的情况下,更无法说变就变。沃尔特·吉尔霍恩(Walter Gellhorn)* 直截了当地说道:"作为教授,我们不能对其他同事的所作所为评头论足,对于这一点,恐怕我们都是法律现实主义者。"[81] 值得一提的是,20世纪60年代,改革力度最大的,是像南加州大学法学院[82]那样规模较小、终身教授没几位的法学院。

事实上,围绕法学教师职业本身,依然存在大量未解之谜。[83] 到了20世纪80年代时,法学院最聪明、最具潜力的年轻教授,据说因为薪酬的缘故,都开始转投法律实务界,但与此同时,随着高等教育如一潭死水般的积弊入侵法学院,其教职人员的超稳定性也开始受到关注。[84] 尽管"全美劳动关系委员会"(the National Labor Relations Board,NLRB)**认为传统上法学院与大学之间的关系较为疏远,因此应当单独就工资等问题与雇主展开协商[85],但法学教授们纷纷开始加入工会。[86] 与此同时,随着法学院就读学生人数的持续下降,对于某些法学院而言,似乎无法挺过20世纪80年代了。不太知名的私立法学院,即

---

\* 沃尔特·吉尔霍恩(1907—1996年),美国著名法学家,曾任哥伦比亚大学法学院教授,在人权法等领域颇具盛名。——译者注

\*\* "全美劳动关系委员会"作为独立的政府机构,主要负责在集体协商等问题上执行劳动法、监督工会代表选举的事项。——译者注

使获得相关认证,也似乎走上了末路穷途。

这些潜在的变化,并未导致法学教育界用更高的标准来检视自身存在的问题。即使占据核心地位的判例教学法,也未经充分的实证研究。在20世纪60年代后期,在法学院工作的法文学、法律心理学学者也都开始对于苏格拉底教学法版本的判例教学模式深深着迷。[87]这种做法遭遇到法科学生的强烈抵制[88],其中抨击最为犀利的[89],莫过于当时还是耶鲁大学法学院学生的邓肯·肯尼迪(Duncan Kennedy)\*。10年之后,已经是哈佛大学教授的他,以平易近人、待人亲切著称。[90]事实上,当时在很多法学院,判例教学法都已经不再像之前那样得到严格贯彻。因为几乎没有什么人会像《力争上游》中金斯菲尔德老师那样近乎暴烈地严格使用判例教学法,因此这种观察本身也意味不明。或许目前美国律师协会针对法学教育的研究,可以为教学法的变迁提供一种更加精准的刻画。

除了诊所式法学教育之外,法学院课程设置还在其他方面,如环境法领域及收入保障领域取得有机进展,而这些学科都是位居中游的法学院创新发展或追赶所谓精英法学院的切入点。但围绕课程设置争议集中的问题区域却一如既往地未发生太大变化。[91]正如迈阿密大学法学院院长索亚·曼切科夫(Soia Mentschikoff)\*\*所言:"总而言之,在过去的30年间,我们其实并未取得任何进展。"[92]作为学者,或者伪装成学者的法学教师,希望通过深入研究获得专业的深度,但大多数学生想从事的是法律执业,希望追求的则是知识的广度。因此,虽然耶鲁曾经大张旗鼓地宣称,为了贯彻院长戈尔茨坦开展深入、系列研究的承诺,决定推行所谓"一体化教学项目"(the Cluster System)时,

---

\* 邓肯·肯尼迪(1942— ),美国法学家,哈佛大学法学院教授,批判法学派代表人物之一。——译者注

\*\* 索亚·曼切科夫(1915—1984年),美国法学家,美国《统一商法典》起草人之一。——译者注

**表示支持的学生却屈指可数**。哈佛大学法学院院长塞克斯尽管在推行相关课程改革方面做出了很大贡献[93],但法学院二、三学年的课程设置在学术化方面却乏善可陈。开设课程的目的依然暧昧不清,开设课程的顺序也没什么道理可言。

事实上,在此期间,顶尖法学院内部学院派与实务派之间的斗争,往往被冠以老师内部政治保守派与政治民主派之类的帽子。20 世纪 70 年代的哈佛、宾夕法尼亚与威斯康星大学法学院都存在此类现象。在某些法学院,连院长人选的斟酌,都混杂着学者与实务培训者两派之间的争斗。在像伯克利之类的法学院,尽管出现了向法学相关学科的突破,但很明显,也很容易理解,这样的突破是从遵照核心到外延的顺序展开的。[94]法学院作为职业培训机构的基本目标并未发生任何改变,与此同时,其与法律职业界之间的潜在冲突却一触即发。情况变得颇具讽刺意味。

正如对于重新恢复诊所法学教育的昔日荣光态度冷淡一样,法学教师们对于课程体系的分解,或者缩短基础课程的学时也不太感冒。这些建议对于实务界的法律人士而言更加缺乏吸引力。尽管某些人或许将法学院嘲讽为高等修辞学院,但对于大多数法学教授来说,除了教科书,似乎没有其他合适的办法供其教授法律,毕竟他们的主要技能,甚至唯一技能,都与**分析判例**的遣词用句有关。因此对于其他领域的研究,存在某种可以理解的质疑,"深入研究"则经常被作为分析粗陋、学术水平低下的托词。毕竟,法学教授也和其他凡人一样,有时会分不清创新以及改革。

即使可以假定存在未来对于法学教育加以改革的更大意愿,这种改变是否具备哪怕一丁点可能性?学生们会对于一个没有办法让自己更快获得律师执业资格的法学教育更感兴趣么?法学教授会中意可能会侵犯自身"众所周知"的独立性的变革么?是否有可能发展出一种对于学界及业界都有意义的法学范式?[95] 在法律职业界达成了让所有律师都经历研究生水平教育的目标之后,是否还会准备让法学院从事严肃的学术研究?最终确立起来的法律信仰,是否足以涵盖被广泛接受的哲学与方法论?是否存在找到任何足以让法学教育的基本改革持续下去所需资金的可能性?

对于那些非属乐观主义者的历史学家看来,未来可能发生的斗争形式多少可以预测。学生还是会始终重复自从20世纪30年代以来就不停抱怨的那些问题。而老师方面问题的解决方案,将会包括让对于学术根本不感兴趣的学生从事研究,同时将法学院的师生比例调至大学即使没有遭遇经济困境也根本不敢想象的高度。为了维持历史维度下的连贯性,融合法学与其他社会科学的呼声将越来越高,法学内很多问题也变得需要从其他学科借鉴概念或理论才能得以完成。实际上,判例教学法作为最重要、最具弹性的工具,将继续在法学教育中占据主导地位。

更加能够确定的是,围绕法律职业、法学院乃至法本身一元本质的争论——对此争论的本质各方都矢口否认[96],将会在一些根本不知道存在所谓《里德报告》,更对法学教育的近期发展历程知之甚少的人之间展开。围绕课程设置以及学界、业界(或学术、实践)之间的相关争论的参与者,也可能对于20世纪二三十年代发生在哥伦比亚大学法学院内部的斗争知之甚少,对于法律现实主义以及20世纪50年代进行的法学教育改革存在误解、误读。未来,针对更要严格的全国性律师执业资格测试,更长时间在校学习等法律执业资格的额外要求的讨论前提,将会是美国法学教育的基本架构始于已经逸失的过去,而非形成于大萧条时期的经济、社会条件。在这个语境下,"改革"的重复性不可避免,法也将继续成为缺乏通用性概括原则的学科门类。最后,我们也可以肯定,兰德尔将会继续为某些其并不接受,或者根本未曾理解知悉的理由遭到指摘与诟病。

---

[1] Bergin, "The Law Teacher," 645-46. 他还说道:

现如今法学院中存在的这种"迫使"(我尽可能地合法使用这一概念),对我来说一见即明;我们的法学院当中最显而易见的事实就是,具备超群学术技能的教师"在金钱的作用下"宣讲法律教义、解释判例。他们必须花大把时间用来准备扮演黑森式培训者的角色,根本挤不出时间产出任何严肃的学术成果。结果就是,法学院根本就不存在什么货真价实的学术,我们之所以还留在学术圈子内,纯属侥幸。

这种"迫使"局面对于纯粹的非学术型黑森式培训师来说,影响同样明显。因为处于大学的环境之中(而非实践技能培训机构),而在大学语境之中,"学术"一词,意味着"好"或"优秀",职业培训人士痛苦地尝试推出学术成果,学者们试图教会自己的学生如何成为律师,也就并不奇怪了。作为这些"非学者"每年被迫产出汗牛充栋的学术垃圾的证明,我推荐读者看看《福里斯特法学目录》(the Forest Law of Catalogues)或《法学期刊索引》(The Index to Legal Periodicals)。

另参见 Rutter, "Designing and Teaching the First Degree Law Curriculum," 7.

[2] 伍达德(Woodard)这样理解法学教育的三个世俗化阶段。"从正式宣讲、死记硬背的法律规则体系,发展到通过判例加以推导的法律原则体系,再发展到依据相关数据——无论是否与法律相关,建构起来的一套技能体系,从而形成公共政策。"Woodard, "The Limits of Legal Realism," 709.

[3] 伍达德对于不同的范例加以分类。Ibid., 705. 其他类型的例子,参见 Eugene V. Rostow in *Report of the Dean*, *Yale Law School*, *1963—64* and 1964-65. 老师和学生都将法律视为社会变革过程的一部分。他们希望通过法律完善社会。20世纪60年代末,激进学生组织接受这一理念时,着实引发了很多政治民主派人士的关注与惊讶。

⁴ 尽管这一表述出自一位英国人,即剑桥大学法理学教授卡勒顿·艾伦爵士(Sir Carleton Kemp Allen)之口,但其在美国的接受程度颇为出人意料。早期的批判来自司法界的情绪性反应。参见 Beutel,"Some Implications of Experimental Jurisprudence," 178. 来自爱荷华州的菲利普·米查姆(Philip Meacham)将法律现实主义批判为一种"绝望法理学"("The Jurisprudence of Despair," 672);莫里斯·科恩警告说,这种方法"会非常自然地导致一种推定,即无论其是什么,都是对的"(review of Edward Robinson's *Law and Lawyers*, 22 Corttell Law Review 277[1936])。慢慢地,批评者开始倾向于认为现实主义势必导致极权主义。参见 Hall,"Nulla Poena Sine Lege," 189;Bodenheimer, *Jurisprudence*, 316. 最具毁灭性的批判则以纳粹主义作为口实,参见 Purcell, *The Crisis of Democratic Theory*, chap. 9.

⁵ Lasswell and McDougal, "Legal Education and Public Policy," 203.

⁶ "因为缺乏明确的整合对象、整合方式与整合目的,勇敢但显得有些随意地整合法律及其他社会科学的努力最终失败。"Ibid. ,204.

⁷ "我们的基本观点是:如果当今世界的法学教育足以满足一个自由且极具创造力的社会的需要,那么其就必须能够理性、高效且系统性地进行决策培训。简而言之,我们法学院的合理职能,应当训练决策者更加全面地理解构成美国政策目的的本土价值观。"Ibid. , 206.

⁸ 参见"Existing Curriculum Not Oriented toward Achievement of Democratic Values"一节。Ibid. , 232 ff.

⁹ 来自威斯康星大学的麦考雷(Macaulay)教授提出:"这种研究范式并未成功推翻体制。"Macaulay, "Law Schools and the World Outside Their Doors," 619. 亦参见 Speidel, "A Matter of Mission,"606. 还有人曾援引麦克杜格尔本人对于自己观点所产生影响的不满,认为有些弄巧成拙。Mayer, *The Lawyers*, 80-90.

¹⁰ 对于这一研究范式认可、同情的观点,参见 Moore, "Prolegomenon to the Jurisprudence of Myres McDougal and Harold Lasswell," 662.

¹¹ 哈佛大学法学院院长格雷斯伍德将其描绘为"存在特定的夸张渲染之

词"。Griswold, "Intellect and Spirit," 292.

[12] 对此问题,参见 "Legal Theory and Legal Education," 79 *Yale Law Journal* 1153 (1970),特别参见 ibid., 1175-76.

[13] "在我们看来,如果有机会参与政策制定过程的所有人都能够具备共同的思维、观察及管理方式,那么我们这个社会的民主价值将会得到更为有效的满足。"Lasswell and McDougal, "Legal Education and Public Policy," 291.

[14] "无需强调,现如今的律师,即使本人并不是政策制定者,也都是我们这个社会政策制定者不可或缺的顾问——无论我们谈到的是政府部门或机构的首长,是公司或工会的负责人,抑或是商会或其他私营组织的秘书,甚至是卑微的私营业者或专业人士。作为此类顾问的律师,在告诉作为当事人的政策制定者做什么合法、做什么不合法时,正如决策者通常抱怨的那样,牢牢占据着影响政策,如果说不是制定政策的地位。"Ibid., 208-9.

[15] 很多,但不代表全部。"如果哈佛大学法学院1975级500名毕业生全部进入公益律师事务所工作,如果杜威律师事务所(Dewey Ballantine)开始从普通法学院招收律师,如果人才的分配能够达到这样一种合理程度,我们就可以认为,这个社会最为重要、最为棘手的问题是由最好的人才负责解决,而这必将导致公司律师事务所的萎缩,大量业务将会由公司法务承担。"Nader, "Law Schools and Law Firms," 1. 但到了1975年,大部分哈佛毕业生依然选择了杜威等大型律师事务所,而没有选择从事公益律师业务。

[16] 1957年,华尔街二十大律师事务所(雇用50名以上律师)的468名合伙人中,71%毕业于哈佛、耶鲁及哥伦比亚大学法学院。到了1962年,虽然这些律师事务所的合伙人上升至543人,但其中上述院校毕业生的比例依然未变,维持在71.8%,Smigel, *The Wall Street Lawyer*, 39. 在芝加哥,雇用律师超过25人的律师事务所中,卡林(Carlin)统计,21%毕业于哈佛,3%毕业于耶鲁,1%毕业于哥伦比亚大学法学院。剩下的60%毕业于其他全日制大学,还有15%毕业于法律夜校。Carlin, *Lawyers on Their Own*, 32-33. 在纽约市,99%的主要律师就读过法学院,其中56%完成了4年的大学教育。Carlin, *Lawyers' Ethics*, 19. 在其针对芝加哥市私人执业律师所作调查中发现,11%根本没有接受

过高等教育,54%没有从高校毕业。只有2%毕业于常春藤名校,32%毕业于其他全日制法学院,67%就读于法律夜校。Carlin, *Lawyers on Their Own*, 26, 35. 最近,泽曼(Zeman)与罗森布拉姆(Rosenblum)针对芝加哥548名律师所作调查显示,其中供职于大型律师事务所的律师中73%毕业于全国性法学院,而这个比例在私人执业的律师中仅占22%。American Bar Association, *Law Schools and Professional Education*, 87.

[17] Smigel, *Wall Street Lawyers*, 141.

[18] 参见 Johnstone and Hopson, *Lawyers and Their Work*, 179-84.

[19] Heinz and Laumann, "The Legal Profession," 1111, 1117. 公平起见,需要明确的一点是,海恩茨及劳曼最明确界分的,是代表大企业(公司、公会或政府)的律师,以及代表个人或个人所有制中小企业的律师。这两种业务代表了律师执业的两大维度。大多数律师专注于其中一类业务,也有少数律师选择跨界。

两种不同的律师业务,意味着其中包括的律师出身不同、毕业院校不同、客户类型不同、执业环境不同、诉讼层级不同、理想价值不同、交往圈子不同、秉持职业理念与拥有的社会资源不同。仅仅在最为形式的层面,这两类律师构成了执业律师的全部。[Heinz and Laumann, *Chicago Lawyers*, chap. 10]

[20] 1970年时,谢尔曼与斯特灵律师事务所是美国最大律师事务所,雇用了164位律师。

[21] *National Law Journal*, August 1979.

[22] "New York Lawyers Branching Out to Florida," *New York Times*, 23 November 1980, 1, col. 1.

[23] "Law Branches Grow Overseas," *New York Times*, 14 September 1979, sec. D., p. 4, col. 1.

[24] Eckler, "The Multistate Bar Examination—August, 1974," 125.

[25] 1970年开展的针对波士顿、康涅狄格、爱荷华、宾夕法尼亚、南加州以及耶鲁大学法学院1960级毕业生所作调查显示:"在讨论教育改革时,往往忽视了大部分美国律师从事的都是财产交易、人身伤害乃至遗嘱继承等业务。我

们进行调查的受访者,大部分来自精英法学院或准精英法学院,从事此类业务的比例相对较低。然而,即使这些人从事的也都是通常的法律业务,而不是什么政策导向的职务。"一项对于当前职位的统计分析发现,波士顿大学法学院毕业生中虽然76%从事私人执业,但其中只有不到14%从事的业务与政府工作(法律或非法律)相关。其他法学院的同口径可比数据分别为:康涅狄格——63%,8%;爱荷华——57%,9%;宾夕法尼亚——62%,12%;南加州——70%,15%;耶鲁——55%,9%。Stevens,"Law Schools and Law Students," 560-62.

[26] Stolz, "Training for the Law," 262.

[27] Maryland Bar Association, Committee on Economics of Law Practice, *1968 Economic Survey of Maryland Law Practice* 26(1969)。另外一份研究显示,在佛罗里达、宾夕法尼亚以及新泽西,20世纪60年代,超过70%的律师收入来自于办理遗嘱、转移财产所有权及个人伤害类业务。Florida Bar, *1966 Survey of the Economics of Florida Law Practice*.

[28] 对于拉斯维尔与麦克杜格尔所指"政策制定"含义的分析,参Twining, "Pericles and the Plumber," 413-14.

[29] 例如,在一个较为出色的社会科学院系,博士项目标准的师生比应当维持在1:6左右。但就算是最好的法学院,师生比也在1:25左右,而美国律师协会的要求则是1:75。但即使就算是1:25的师生比,假定一位法学院教师每周的工作量为5课时,而学生每个学期获得1学分需要花费15课时,请想象一下,在一个普通的法学教室中,1位老师面对75名学生时将会是一种何等场面。

[30] 参见Mayer, *The Lawyers*, 83-84。"对于教学管理者来说,判例教学法的最大优点,就在于适合大班教学;实际上,还有人提出,大班教学所带来的非人性化,反而有助于学生在人生中首次面对质疑和批判的情况下表现自己。耶鲁大学教授麦克杜格尔宣称:'我宁愿面对100名学生。我可以上100名学生的大课,同时保证课堂教学精彩纷呈。我可能因此需要休息10到12个小时。如果你连续两三年上这种100人以上的大课,就可以成竹在胸、驾轻就熟。在

我刚刚走上讲台时,有人告诉我,选择四五个点,反复加以强调,找到聪明点儿的学生,像弹钢琴一样去操纵他们。这一招的确奏效。'"

[31] Brown, Lawyers, *Law Schools, and the Public Service*, 246.

[32] *Legal Education and Admissions to the Bar in California*, 1949, 74.

[33] 哈诺提出:

> 学徒见习制成本不高。从见习制转换为由执业律师负责的授课制顺理成章,但这个过程也不涉及成本问题。这些法学院所需要的,只是一位讲师,几个学生,一间教室,或者,几本书……法学教育无论如何都没有办法撇清自己相对而言教学成本较低的大众印象……
>
> 随着判例教学法取得成功,法学教育开始接受法律是自给自足的信条。只要法学教育被限制在判例的研究与教学,就不会贵到哪里去。进一步来说,只要法学研究的范围限于判例的研究与分析,其也不会成本过高。[Harno, *History of Legal Education*,133-36]

对于 20 世纪 60 年代法学院经营状况的研究,参见 Nicholson, *The Law Schools of the United States*; and Association of American Law Schools, *Anatomy of Legal Education*(1961), passim.

[34] 仅有的一些基金会捐赠,也往往集中于少数几个法学院。在 1955 年至 1966 年,各大基金会流向法学教育的 4 100 万美元赠款,大体捐赠给了 5 家法学院。其中 78% 赠款流向 10 所法学院,剩下的 22% 由其他法学院分配。AALS *Proceedings*,1968, pt. 1, sec. 2, 51-2. 1967 年,所有基金会赠款中流入法学研究的比例,仅占 1%。ibid., 53.

[35] Ibid, 51-4,1966-1967 学年预算 2 205 122 美元,拥有 600 多名律师的耶鲁大学法学院,仅从联邦政府方面得到 2 709 美元,没有从州政府得到 1 分钱。同年度,只有 400 多名学生的耶鲁大学医学院的年度预算为 22 963 488 美元,从联邦政府方面得到拨款 14 336 145 美元,从州政府方面得到拨款 1 169 971 美元。联邦政府向医学院大额拨款,部分原因在于医学院通过提供服务与政府建立起密切联系,而这一点,恰恰是法学院避之不及的,但不可否认,和物理学

的情况差不多,基础研究依然是资助的主要目的。

³⁶ "或许未能将课程主题加以整合,未能提供辅助资料,是很多法科学生入学后逐渐丧失学习兴趣的主因。这些老生还是被当做一年级新生来加以对待。或许在此方面可以大胆认定,适用判例材料的可能性无法穷尽。"Green,"Advocacy and Case Study," 21.

³⁷ "这样做可以让学生获得分析案件事实、区分法律重点的能力。可以让学生准确把握案件涉及的法律问题。让学生学会从司法者的角度来看待问题,学会从司法实践的经验角度把握逻辑推理的限度。这就要求学生能够形成独立的法律思维,同时形成针对法律问题的独立判断。"Morgan, "The Case Method," 84.

³⁸ 参见 Savoy, "Towards a New Politics of Legal Education," 444. 亦参见 Watson, "The Quest for Professional Competence," 93.

³⁹ 参见 Kennedy, "How the Law School Fails," 71.

⁴⁰ 拉尔夫·纳德尔(Ralph Nader)认为:"哈佛大学法学院对于美国法学的最持久贡献在于整合了判例教学模式与苏格拉底教学法……这些教学法量体裁衣般地将学者的傲慢转换为让学生不断遭受挫折地接受分析前提、抽象程度以及问题选择的教学体制。"法学教授们非常乐于将学生的自我意识踩在脚下,让学生们接受被称之为"法律推理"或"律师思维"的文化,这种思维控制方式十分复杂,必须放弃事实调查与宽泛的视野,换得在特定理论框架内翱翔的自由。Nader, "Crumbling of the Old Order," 20. 美国法学院协会法学教育分委会主席威廉·品克斯曾竭力鼓吹诊所式教育的优势,并从一个稍微特别的角度阐述了法学教育(以及作为整体概念的教育)所产生的心理影响,认为"目前耗时甚久的高等教育,加上更为冗长的初等及高等教育,已经使得每个学生都变得麻木迟钝"。引自 Seligman, *The High Citadel*, 161.

⁴¹ 对于这一观点的经典表述,参见 Cantrall, "Law Schools and the Layman," 909.

⁴² 相关见解可参见如下颇为值得一读的评述,即"Modern Trends in Legal Education,"64 *Columbia Law Review* 710 (1964). 1970 年针对不同法学院 1960

级法科生的调查恰恰说明了这一问题。毕业10年后,波士顿、康涅狄格以及南加州大学法学院的这届学生的受访者中没有任何人从事法学教育行业。爱荷华大学法学院这届学生中只有1名受访者(占比2%)从事法学教育,类似的比例在宾夕法尼亚大学法学院为3人(占比4%),耶鲁大学法学院为10人(占比8%)。Stevens, "Law Schools and Law Students," 562.

43 相关细节参见 National Conference of Bar Examiners. *The Bar Examiners' Handbook*, 132-33.

44 来自实际需求的压力,不同学科彼此轻视以及对于眼前利益的沉溺等,都造成了法与其他社会科学之间的互动不良、成果匮乏。Harry Kalven, Jr., "The Quest for the Middle Range," in Hazard, ed., *Law in a Changing America*, 56. 对于很多法律职业人士来说,社会科学与社会服务之间的区分总显得多少有些暧昧不清。例见 Griswold, "Intellect and Spirit," 292. 或许正因如此,耶鲁以及哥伦比亚大学法学院对于课程改革的讨论,虽然出现在大概五六十年之前,但大约每过10年,都会被翻出来重新讨论,就好像这些问题从来没有被讨论过一样。从研究的角度,类似的重复也颇为频繁。参见 Reich, "Towards the Humanistic Study of Law," 1402; Wallace, "Philosophy and the Future of the Law School Curriculum," 24; Haber and Cohen, eds, *The Law School of Tomorrow*.

45 "根据一般约定俗成的看法,法学院属于培训机构,在这里,研究只能算是偶发的副业。"Cavers, "Legal Education in Forward Looking Perspective," in Hazard, ed., *Law in a Changing America*, 145. 在20世纪60年代曾担任美国律师协会执行主任的格罗菲·哈泽德(Geoffrey Hazard)认为:

> 除了外部资源不足之外,对于法律程序的研究还遭遇来自法学院内部职业观念的掣肘。"我们在教义分析方面如此出色,以至于对于应当走出去,通过实地调查的方式获得敏锐的直觉具备天然的抗拒心理。"这多少有些自欺欺人。总之,在法学院内部,唯一需要面对的压力,就是保住能够先验性地证明我们具备聪明头脑的苏格拉底教学法。这一点可以用

来作为解释为什么在像哥伦比亚、哈佛、耶鲁、密歇根、芝加哥等法学院中,研究者的地位如此低下,为什么会被视为二等公民[U. S. Senate, *Hearings before the Subcommittee on Government Research of the Committee on Government Operations, National Foundation for Social Sciences*, 90th Cong., 1st sess. (1967), 307]

可以通过哈利·卡尔文(Harry Kalven)面向未来的呼吁彰显法学理论面临困境时出现的不同进路:"让我们将法学理论'经验化',将事实认定'学术化'!"Harry Kalven, Jr, "Quest for the Middle Range," in Hazard, ed., *Law in a Changing America*, 56. 亦参见"Legal Theory and Legal Education," 79 *Yale Law Journal* 1153 (1970).

⁴⁶ 实际上,不仅在精英法学院中很少有教授具备博士学位,就连其自身授予的法学博士学位,也不太招人待见。

⁴⁷ 尽管面临这种情况,但法学院并没有在如何通过设定教学计划教授实体法方面努力创新,参见 Freeman, "Legal Education," 272; O'Donovan, Twining, and Mitchell, "Legal Eagles or Battery Hens: An Examination of Kelso's 'Programmed Introduction to the Study of Law,'" 6; Kelso, "Programming Shows Promise for Training Lawyers," 243.

⁴⁸ 也有观点认为,这种情况在近些年出现了些许改观。在经典的判例教科书中,围绕一个问题通常会使用不同判例加以说明,这显然是讲授方法论或者法律程序的理想模式。但最近,很多教科书只用一个判例讲授一个问题的方式似乎是要重拾概念主义,这显然会为法学方法论的学习制造困难。

⁴⁹ 怀特认为这种情况颇为正常:"这一时期的学术关注点往往十分集中,对于目标的设定往往十分保守,这也贯彻了当时通行的专业推理模式,即强调仔细区分不同事实情况,特别关注法律分析,充分讨论相关论说。一篇文章往往以判例为核心,作者则扮演各种观点平衡者的角色。"White, *Tort Law in America*, 212. 怀特还认为,"20世纪50年代的学术目标与其说是发展全新或原创性的理论观点,莫如说强化当时通行的法学方法论的正当性。"Ibid., 213.

⁵⁰ 这些论文往往强调细密反复的推理研究范式。参见 Louis Jaffé, "Forward to the Supreme Court, 1950 Term," 107; Sacks, "Forward to the Supreme Court, 1953 Term," 96; Henry Hart, "The Supreme Court—1958 Term—Forward," 84. 这一时期同样非常重要的研究,参见 Bickel and Wellington, "Legislative Purpose and the Judicial Process," 1; Wechster, "Toward Neutral Principles in Constitutional Law," 2 (the 1959 Holmes Lecture). 到了20世纪60年代,争论的焦点转为司法激进主义与司法保守主义。White, *Patterns of American Legal Thought*, 144-53.

⁵¹ 参见 Bickel, *The Least Dangerous Branch*; Bickel, *The Supreme Court and the Idea of Progress*; Black, *The People and the Court*.

⁵² 参见 Wellington, *Labor and the Legal Process*.

⁵³ 参见 Goldstein, *The Insanity Defense*.

⁵⁴ Goldstein and Katz, *The Family and the Law*; Goldstein, Dershowitz, and Schwartz, *Criminal Law*.

⁵⁵ 可参见 Brest, *Processes of Constitutional Decision-making*; Ely, *Democracy and Distrust*. 尽管其本人更愿意从哲学传统的角度审视自己,但程序法学派的观点似乎在布鲁斯·阿克曼的成果中体现的较为明显。和之前的学者相比虽然更加偏重理论,但阿克曼的观点却放弃了20世纪70年代后期流行的极端概念主义,反而采取了问题解决导向。参见 Ackerman, *Social Justice in the Liberal State*. 而通过这一研究范式,或许可以解释为什么律师都比较对罗尔斯的后功利主义推理模式感兴趣。Rawls, *A Theory of Justice*.

⁵⁶ 例见 Gilmore and Black, *The Law of Admiralty*; Davis, *Administrative Law*; Gilmore, *Security Interest in Personal Property*; Bittker, *Federal Taxation of Income Estate and Gifts*.

⁵⁷ 特别参见 Calabresi, *The Costs of Accidents*.

⁵⁸ 在推动这一法学研究范式的过程中,《法与经济》(*Law and Economics*)以及《法学研究期刊》(the *Journal of Legal Studies*)居功至伟。这一研究范式的信徒所开展的宣传鼓吹,同样功不可没,其中包括曾在罗切斯特大学、迈阿密

大学以及艾默里大学法学院执教的亨利·梅恩(Henry Manne)。Tibeau, *The University of Miami*, 384.

[59] 总体参见 Posner, *Economic Analysis of Law*.

[60] 对于波斯纳的相关看法,参见 Leff,"Economic Analysis of Law," 451; Dworkin,"Is Wealth a Value?", 191.

[61] 爱德华·怀特曾追溯过新概念主义对于侵权法领域较为通行的判例教科书(《基顿论侵权法》恰巧也是1874年埃默斯所编著的史上第一部侵权法教材的后续版本)的影响:

> 1957年版及1964年版《基顿论侵权法》中引用了大量不同的判例,编者对其进行了大幅度的删减,同时并未给出太多概念分析或理论框架。这样做的原因,在该书1942年由瑟斯顿(Thurston)等人编辑的时候就已经得到了明确阐述,即要放弃传统围绕特定问题编撰教材的体例,转而在教材中大量引用、巧妙组合不同的上诉审判例。尽管负责1957年版以及1964年版的编者更加意识到需要对于侵权案件的法律程序进行研究,因此在书中列举了一些法官立法的判例作为与立法机关立法者角色的对比,但其无意对于侵权法本身的概念体系进行理论概括,相反,关注的是如何向学生传授方法论。1971年修订版出版时,编者宣称已经大幅度减少了教材之前对于过失责任的强调,转而关注其他问题,如经济学考量对于侵权法律规则的影响以及其对于司法者可能带来的益处。同时,之前针对无过错机动车保险问题的纯粹经济学考察已经被扩展至讨论整个赔偿体系的道德、经济以及社会前提。相关讨论关注最终的选择……还从经济学理论乃至道德哲学的研究成果中撷取片段,用来考察影响侵权法的非司法因素[White, *Tort Law in America*, 216]

[62] 然而,针对法与其他社会科学,拉塞尔·萨奇基金会(the Russell Sage Foundation)、沃尔特·迈耶(the Walter E. Meyer Institute)研究所、美国科学基金会以及美国律师协会都提供了大量资助。

[63] Gilmore, *The Ages of American Law*, 138.

[64] 针对吉尔莫,参见 Teachout,"Gilmore's New Book," 229.

[65] 例见 Robert Gordon, Review of *The Death of Contract*, by Grant Gilmore, *Wisconsin Law Review* 1216 (1974); Morton Horwitz, Review of *Death of Contract*, by Grant Gilmore, 42 *University of Chicago Law Review* 787 (1975); Mooney, "The Rise and Fall of Classical Contract Law," 155; Speidel, " An Essay on the Reported Death and Continued Vitality of Contract," 1161.

[66] Gilmore, *Ages of American Law*, 109-11. 缇奇奥特(Teachout)认为在最初的讲演中(该书以其在耶鲁大学的系列讲演为基础编辑而成),吉尔莫所描绘的图景更具虚无主义色彩。Teachout, "Gilmore's New Book," 263n.

[67] 当然,也存在例外。哈佛大学法学院的教师队伍中就始终存在一些颇受实务界尊重的教授,同时像詹姆斯·莫里(James William Moore)等教授,完全不考虑是否存在所谓法律现实主义的革命,一心编撰关于破产法、联邦执法等问题的多卷本专著。

[68] Twining, " Academic Law and Legal Philosophy," 557.

[69] 参见 Hart, *The Concept of Law*. 例见 p. 12,"重要判例中总是存在一个选择问题"。

[70] Dworkin, *Taking Rights Seriously*. 特别参见, chaps. 2, 3, and 4.

[71] 哈佛、耶鲁以及普林斯顿都想办法聘请德沃金加盟,他能够在纽约大学及康奈尔大学获得终身的访问学者教席,著名评论人马歇尔·科恩(Marshall Cohen)呼吁其出任联邦最高法院大法官。Cohen, "He'd Rather Have Rights," 37, 很多报纸、杂志都时不时地要求其为联邦最高法院的判例做出评论。参见 "Treating People as Equals," *Newsweek*, 5 September 1977, 54.

但也有一些学者对其学术成果表示质疑。"Excuse Me," *Legal Times of Washington*, 8 December 1980. 对于德沃金的正反评价,参见 Richards, "Taking *Taking Rights Seriously* Seriously," 1265; Griffiths, "Legal Reasoning from the External and the Internal Perspective," 1124.

[72] 参见 Wellington, " Common Law Rules and Constitutional Double Standards," 221.

⁷³ 特别参见 Unger, *Law in Modern Society*, chap. 2.

⁷⁴ 霍维茨的学术水准曾被严厉攻击。参见 Simpson, "The Horwitz Thesis and the History of Contract".

⁷⁵ 特别参见 Horwitz, *Transformation of American Law*, 99, 188, 201.

⁷⁶ 参见 Abel, "Law Books and Books about Law," 175; Kennedy, "Form and Substance in Private Law Adjudication," 1685. 总体看法,参见 Tushnet, "Post Realist Legal Scholarship," 20. 这一群体观点的学术表达,参见 Duncan Kennedy, "Utopian Proposal or Law School as a Counter Regemanic Enclave," Harvard Law School, mimeographed (1980).

⁷⁷ Luxenherg, "Moving toward the Legal Left," 18.

⁷⁸ Trubek, "Max Weber on Law and the Rise of Capitalism," 720.

⁷⁹ 1961 年,美国法学院协会课程设置委员会曾开展过一个调研项目,希望于 1981 年推出骨干课程体系。一般认为,法学一年级因当开设合同法、侵权法、物权法、程序法等课程。York, "The Law School Curriculum Twenty Years Hence," 160. 这样一种相对保守的设计事后被证明相当精准。

1925 年,耶鲁大学法学院一年级开设的课程有法学方法论、程序法、合同法、刑法、衡平法、物权法、侵权法;到了 1975 年,第一学期开设的课程包括(4 学分)、合同法(4 学分)、宪法(4 学分)以及程序法(3 学分),而在第二学期开设的课程包括刑法(4 学分)、物权法(4 学分)以及其他必修课。

⁸⁰ 这一点为康恩福特(Cornford)的见解做出了补充:"时机尚未成熟是指人们不能在自己认为是恰当的时机做自己认为正确的事情,因为这种所谓恰当的时机其实并未到来。"Cornford, *Microcosomographia Academia*, 16.

⁸¹ Gellhorn, "Commentary," 538. 1948 年,有评论者这样评价埃丝特·布朗(Esther Brown)的建议,"法学院的院长或课程设置委员会成员似乎都没有凌驾于法学院主要捐赠者,特别是资助终身教职的金主以上的权威,这些在可以预见的未来,不可能出现根本性的改变。"参见 Thomas I. Emerson, Review of *Lawyers, Law Schools, and The Public Service*, by Esther Brown.

⁸² Mayer, *The Lawyers*, 91-92; Riesman, "Some Observations on Legal Edu-

cation," 63.

[83] 法学教师之间的近亲繁殖现象依然存在。在全美获得认证的160所法学院中,超过60%的教师毕业于其中的20所法学院(哈佛、耶鲁、哥伦比亚、密歇根、芝加哥、纽约、乔治敦、得克萨斯、弗吉尼亚、伯克利、宾夕法尼亚、威斯康星、西北、斯坦福、爱荷华、康奈尔、杜克以及乔治·华盛顿)。在这20所杰出法学院当中,超过90%的教师毕业于这20所法学院本身。Fossum, "Law Professors," 502, 508.

[84] 马里兰大学法学院院长麦克·凯利(Michael Kelly)领导的一个委员会目前正就此问题开展研究。

[85] 例如,因为旧金山大学某财政年度资金吃紧冻结了该年度的工资,使得校方与试图加入工会的法学院方面爆发了激烈的冲突。参见 San Francisco Chronicle, 17 August 1973, 18.

[86] 例见 "Fordham University," 193 National Labor Relations Board 134 (1971); "Syracuse University," 204 National Labor Relations Board 641 (1973). 对于法学教授而言,单独协商机制其实颇具吸引力,因为这样就可以避免受到集体协商条款的制约。

[87] 例见 Stone, "Legal Education on the Couch," 392. 在其看来,"目标应该是通过改变权力结构,削弱苏格拉底教学法所具有的压迫感,但同时不能牺牲作为其存在理由的对于学术的探究。"Ibid., 418. 晚近出现的典型研究,参见 Beck and Burns, "Anxiety and Depression in Law Students," 270.

[88] 参见 Stevens, "Law Schools and Law Students," 591, 637-45.

[89] Kennedy, "How the Law School Fails."

[90] 参见 Seligman, The High Citadel, 157. 晚近的研究,参见 Smith, Cognitive Style in Law Schools.

[91] 例见 Gee and Jackson, Following the Leader?, 315; Jackson and Gee, Bread and Butter?.

[92] AALS Proceedings, 1974, pt. 2, 69.

[93] 参见 Seligman, The High Citadel, 212.

[94] 但需要注意的是,这一时期很多著名的期刊,如《法与社会评论》(the *Law and Society Review*)以及《美国律师基金会研究期刊》(the *American Bar Foundation Research Journal*)纷纷得以创刊。

[95] 巴利奥尔学院前任院长在阐明英国律师非常严肃对待库克爵士观点时,无意间说过下列一段话:"在研究英国革命的学术诱因时,很难不谈及库克,但这样又导致了一定的问题。他是一名律师,而不是一名学者。在他的著述中混淆与自相矛盾之处比比皆是,以至于大家都对此视而不见,就好像这些矛盾根本不重要一样。然而,对于法史学家而言,却不能无视库克的重要性。"Hill, *Intellectual Origins of the Revolution*, 227.

[96] 法律职业界对于法学院的终极控制,可以通过发生在 1970 年春天的那个例子加以证明。当时,纽约州上诉法院向纽约大学法学院明确表示,如果其敢缩短春季学期从而抗议入侵柬埔寨以及发生在肯特州立大学的屠杀,那么纽约大学法学院的毕业生将被褫夺参加纽约州律师执业资格考试的资格。*New York Times*, 13 May 1970, 18, col. 1.

参考书目

## Books and Dissertations

Abbott, Nathan. *The Undergraduate Study of Law*. Denver, 1901.
Abel-Smith, Brian, and Stevens, Robert. *In Search of Justice: Society and the Legal System*. London, 1968.
———. *Lawyers and the Courts: A Sociological Study of the English Legal System, 1750–1965*. London, 1967.
Ackerman, Bruce A. *Social Justice in the Liberal State*. New Haven, 1980.
Ahern, Patrick Henry. *The Catholic University of America, 1887–1896*. Washington, D.C., 1948.
Ames, James Barr. *Lectures on Legal History and Miscellaneous Essays*. Cambridge, Mass., 1913.
Archer, Gleason L. *Building a School*. Boston, 1919.
———. *The Educational Octopus: A Fearless Portrayal of New and Old Events in the Old Bay State, 1906–1915*. Boston, 1915.
———. *The Impossible Task*. Boston, 1926.
———. *Suffolk Law School Systems and the Case Method of Teaching Law*. Boston, 1924.
Arnold, Thurman. *Fair Fights and Foul: A Dissenting Lawyer's Life*. New York, 1965.
———. *The Folklore of Capitalism*. New York, 1937.
Association of American Law Schools. *Select Essays in Anglo-American Legal History*. Edited by Ernst Freund et al. Boston, 1907.
Auerbach, Jerold L. *Unequal Justice: Lawyers and Social Change in Modern America*. New York, 1976.
Baldwin, Joseph G. *The Flush Times of Alabama and Mississippi*. San Francisco, 1899.
Barber, John T. *Missouri Lawyer*. St. Louis, 1949.
Barnes, Thomas G. *Hastings College of Law: The First Century*. San Francisco, 1978.
Benson, Lee. *The Concept of Jacksonian Democracy*. Princeton, 1961.
Beveridge, Albert J. *The Life of John Marshall*. 4 vols. Boston, 1919.
Bickel, Alexander. *The Least Dangerous Branch: The Supreme Court at the Bar of Politics*. Indianapolis, 1962.
———. *The Supreme Court and the Idea of Progress*. New York, 1970.
Bittker, Boris. *Federal Taxation of Income, Estate and Gifts*. Boston, 1981.
Black, Charles L. *The People and the Court: Judicial Review in a Democracy*. New York, 1960.
Black, J., ed. *Radical Lawyers: Their Role in the Movement and the Courts*. New York, 1971.
Blaustein, Albert P., and Porter, Charles O. *The American Lawyer: A Summary of the Survey of the Legal Profession*. Chicago, 1954.
Bledstein, Burton J. *The Culture of Professionalism: The Middle Class and the Development of Higher Education in America*. New York, 1976.
Bloom, Murray T. *The Trouble with Lawyers*. New York, 1968.

Bloomfield, Maxwell. *American Lawyers in a Changing Society, 1776–1876*. Cambridge, Mass., 1976.
Bodenheimer, Edgar. *Jurisprudence*. Cambridge, Mass., 1962.
Bok, Derek, ed. "Issues in Legal Education." Mimeographed. Cambridge, Mass., 1970.
Boorstin, Daniel. *The Americans*. Vol. 3, *The National Experience*. New York, 1965.
Bouseman, J. "The Pulled Away College: A Study of the Separation of Colleges from the Young Men's Christian Association." Ph.D. dissertation, University of Chicago, 1970.
Bowen, Claude G. *Beveridge and the Progressive Era*. New York, 1932.
Bowen, William G. *Economics of Major Private Universities*. New York, 1968.
Brackenridge, H. M. *Recollections of Persons and Places in the West*. Philadelphia, 1834.
Brenner, James E. *Bar Examinations and Requirements for Admission to the Bar*. Chicago, 1952.
Brest, Paul. *Processes of Constitutional Decision-making*. Boston, 1975.
Brown, Elizabeth G., with Blume, William W. *Legal Education at Michigan, 1859–1959*. Ann Arbor, 1959.
Brown, Esther L. *Lawyers, Law Schools, and the Public Service*. New York, 1948.
———. *Lawyers and the Promotion of Justice*. New York, 1938.
Brown, Ralph S. *Loyalty and Security*. New Haven, 1958.
Bruce, P. A. *History of the University of Virginia*. Vol. 2. Charlottesville, 1922.
Bryce, James. *The American Commonwealth*. 3d ed. London, 1895.
Buck, Paul. *Social Sciences at Harvard, 1860–1920: From Inculcation to the Open Mind*. Cambridge, Mass., 1965.
Butler, Benjamin F. *Plan for the Organization of a Law Faculty in the University of the City of New York*. New York, 1835.
Calabresi, Guido. *The Costs of Accidents: A Legal and Economic Analysis*. New Haven, 1970.
Calhoun, Daniel H. *Professional Lives in America: Structure and Aspiration*. Cambridge, Mass., 1965.
Cardozo, Benjamin. *The Growth of the Law*. New Haven, 1927.
———. *The Nature of the Judicial Process*. New Haven, 1922.
Carlin, Jerome. *Lawyers' Ethics: A Survey of the New York City Bar*. New York, 1966.
———. *Lawyers on Their Own: A Study of Individual Practitioners in Chicago*. New Brunswick, N.J., 1962.
Chan, F. H. *Lemuel Shaw*. Boston, 1918.
Christensen, Barlow F. *Specialization*. Chicago, 1967.
Chroust, Anton Herman. *The Rise of the Legal Profession in America*. Vol. 2. Norman, 1965.
Clark, Charles E. *Real Convenants and Other Interests Which "Run with Land."* Chicago, 1929.
———, and Shulman, Harry. *A Study of Law Administration in Connecticut: A Report of an Investigation of the Activities of Certain Trial Courts of the State*. New Haven, 1937.
Clary, William W. *History of the Law Firm of O'Melveny & Myers*. Vol. 1. Los Angeles, 1966.
Cochrane, Rexmond C. *Measures for Progress: A History of the National Bureau of Standards*. Washington, D.C., 1966.
Cohen, Morris R. *American Thought: A Critical Sketch*. Glencoe, 1954.
Cornford, Francis M. *Microcosomographia Academia: Being a Guide for the Young Academic Politician*. Cambridge, England, 1908.

Cover, Robert M. *Justice Accused: Anti-Slavery and the Judicial Process.* New Haven, 1975.
Cramer, C. H. *The Law School at Case Western Reserve University: A History, 1892–1977.* Cleveland, 1977.
Crick, Bernard. *The American Science of Politics: Its Origins and Conditions.* Berkeley, 1960.
Cross, Alfred Rupert. *Precedent in English Law.* Oxford, 1961.
Curtis, Merle, and Carstensen, Vernon. *The University of Wisconsin: A History, 1848–1925.* Vol. 1. Madison, 1949.
Dabney, Lillian G. "History of Schools for Negroes in the District of Columbia, 1807–1947." Ph.D. dissertation, Catholic University, 1949.
Davis, Kenneth. *Administrative Law.* 1951. 2d ed. St. Paul, 1958.
Davis, William E. *Glory Colorado!: A History of the University of Colorado, 1858–1963.* Boulder, 1965.
Dawson, John P. *The Oracles of the Law.* Ann Arbor, 1968.
Dean, Arthur H. *William Nelson Cromwell.* New York, 1957.
Douglas, William O. *Go East, Young Man.* New York, 1974.
Durkin, Joseph T., S.J. *Georgetown University: The Middle Years, 1840–1900.* Washington, D.C., 1963.
Dwight, Timothy. *Travels in New England and New York.* Vol. 4. New Haven, 1821.
Dworkin, Ronald. *Taking Rights Seriously.* Cambridge, Mass., 1977.
Earle, Walter K. *Mr. Shearman and Mr. Sterling and How They Grew.* New Haven, 1963.
Eliot, Charles W. *A Late Harvest.* Boston, 1924.
Ellsworth, Frank. *Law on the Midway: The Founding of the University of Chicago Law School.* Chicago, 1977.
Ely, John. *Democracy and Distrust: A Theory of Judicial Review.* Cambridge, Mass., 1980.
English, William F. *The Pioneer Lawyer and Jurist in Missouri.* Columbia, 1947.
Epstein, Sandra. "Law at Berkeley: The History of Boalt Hall." Ph.D. dissertation, University of California, Berkeley, 1979.
Ferrier, William W. *Origin and Development of the University of California.* Berkeley, 1930.
Fisher, Samuel H. *Litchfield Law School, 1774–1833: Biographical Catalogue of Students.* New Haven, 1946.
Fiske, John. *Outline of Cosmic Philosophy: Based on the Doctrine of Evolution with Criticism of the Positive Philosophy.* Vol. 1. Boston, 1874.
Flexner, Abraham. *Medical Education in the United States and Canada.* New York, 1910.
Frank, Jerome. *Courts on Trial.* Princeton, 1949.
French, John. *A History of the University Founded by Johns Hopkins.* Baltimore, 1960.
Friedman, Lawrence M. *A History of American Law.* New York, 1973.
Friedman, Milton. *Capitalism and Freedom.* Chicago, 1962.
Fuller, Lon L. *The Law in Quest of Itself.* Chicago, 1940.
Furniss, Edgar S. *The Graduate School of Yale: A Brief History.* New Haven, 1965.
Galpin, W. Freeman. *Syracuse University.* Syracuse, 1960.
Gawalt, Gerard W. *The Promise of Power: The Emergence of the Legal Profession in Massachusetts, 1760–1820.* Westport, 1979.
Gee, E. Gordon, and Jackson, Donald W. *Following the Leader?: The Unexamined Consensus in Law School Curricula.* New York, 1975.
Gellhorn, Walter. *Individual Freedom and Governmental Restraints.* Baton Rouge, 1956.
Gest, John Marshall. *Legal Education in Philadelphia Fifty Years Ago.* Philadelphia, 1929.

Gilb, Corinne L. *Hidden Hierarchies*. New York, 1966.
———. "Self-Regulating Professions and the Public Welfare: A Case Study of the California State Bar." Ph.D. dissertation, Radcliffe College, 1956.
Gilmore, Grant. *The Ages of American Law*. New Haven, 1977.
———. *Security Interests in Personal Property*. Boston, 1965.
———, and Black, Charles. *The Law of Admiralty*. 1957. 2d ed. Brooklyn, 1977.
Gittinger, Roy. *The University of Oklahoma, 1892–1942*. Norman, 1942.
Goebel, Julius, ed. *A History of the School of Law, Columbia University*. New York, 1955.
Goetsch, Charles. *Essays on Simeon E. Baldwin*. West Hartford, 1981.
Goldman, Marion S. *A Portrait of the Black Attorney in Chicago*. Chicago, 1972.
Goldstein, Abraham S. *The Insanity Defense*. New Haven, 1967.
Goldstein, Joseph; Dershowitz, Alan M.; and Schwartz, Richard D. *Criminal Law: Theory and Process*. New York, 1974.
Goldstein, Joseph, and Katz, Jay. *The Family and the Law: Problems for Decision in the Family Process*. New York, 1965.
Goodhart, Arthur L. *Essays in Jurisprudence and the Common Law*. Cambridge, England, 1931.
Green, Leon. *The Judicial Process in Tort Cases*. St. Paul, 1931.
Green, Mark J. *The Other Government: The Unseen Power of Washington Lawyers*. New York, 1975.
———, ed. *With Justice for Some: An Indictment of the Law by Young Advocates*. Boston, 1970.
Haber, David, and Cohen, Julius, eds. *The Law School of Tomorrow*. New Brunswick, N.J., 1968.
Hadley, Morris. *Arthur Twining Hadley*. New Haven, 1948.
Haldeman, Harold W., Jr., and Goetsch, Charles. *A History of the First One Hundred Years of the Connecticut Bar Association, 1875–1975*. Hartford, 1974.
Hamlin, Paul M. *Legal Education in Colonial New York*. New York, 1939.
Handlin, Oscar. *Boston's Immigrants, 1790–1880*. Cambridge, Mass., 1959.
Harbaugh, William H. *Lawyer's Lawyer: The Life of John W. Davis*. New York, 1973.
Harno, Albert J. *Legal Education in the United States*. San Francisco, 1953.
Harris, Barbara. *Beyond Her Sphere: Women and the Professions in American History*. Westport, 1978.
Hart, Herbert L. A. *The Concept of Law*. Oxford, 1961.
Harvard Law School Association. *Centennial History of the Harvard Law School, 1817–1917*. Boston, 1918.
Haskell, T. *The Emergence of Professional Social Science*. Urbana, 1977.
Hastings College of Law. *Golden Jubilee Book, 1878–1928*. San Francisco, 1928.
Hathaway, Grace. *Fate Rides a Tortoise: A Biography of Ellen Spencer Mussey*. Philadelphia, 1937.
Hazard, Geoffrey C., Jr. *Ethics in the Practice of Law*. New Haven, 1978.
———, ed. *Law in a Changing America*. Englewood Cliffs, N.J., 1968.
Heinz, John P., and Laumann, Edward O. *Chicago Lawyers: The Professions of the Bar*. Chicago, 1982.
Herman, Beaumont A. *Western New England College: A Calling to Fulfill*. Springfield, Mass., 1980.
Heuston, Robert F. V. *Lives of the Lord Chancellors, 1885–1940*. Oxford, 1964.
Hicks, Frederick C. *Yale Law School: The Founders and the Founders Collection*. New Haven, 1935.

———. *Yale Law School: From the Founders to Dutton, 1845–1869*. New Haven, 1936.
———. *Yale Law School: 1869–1894*. New Haven, 1937.
———. *Yale Law School: 1895–1915, Twenty Years of Hendrie Hall*. New Haven, 1938.
Higham, John, with Kreger, Leonard, and Gilbert, Felix. *History*. New York, 1965.
Hill, Christopher. *Intellectual Origins of the English Revolution*. Oxford, 1965.
Hoffman, David. *A Course of Legal Study*. Baltimore, 1836.
Hofstadter, Richard, and Smith, Wilson, eds. *American Higher Education: A Documentary History*. 2 vols. New York, 1961.
Hogan, Peter E. *The Catholic University of America, 1896–1903*. Washington, D.C., 1949.
Hohfeld, Wesley N. *Fundamental Legal Conceptions as Applied in Judicial Reasoning*. Edited by Walter Wheeler Cook. New Haven, 1923.
Holmes, Oliver Wendell. *The Common Law*. Boston, 1881.
Honnold, John. *The Life of the Law*. New York, 1964.
Hopkins, C. *The History of the Y.M.C.A. in North America*. New York, 1951.
Horton, John T. *James Kent: A Study in Conservatism*. New York, 1939.
Horwitz, Morton J. *The Transformation of American Law, 1780–1860*. Cambridge, Mass., 1977.
Howe, Mark DeWolfe. *Justice Oliver Wendell Holmes*. Cambridge, Mass. Vol. 1, 1957. Vol. 2, 1963.
———, ed. *The Correspondence of Mr. Justice Holmes and Harold J. Laski*. 2 vols. London, 1953.
———. *The Correspondence of Mr. Justice Holmes and Sir Frederick Pollock, 1874–1932*. London, 1961.
Hurst, James Willard. *The Growth of American Law: The Law Makers*. Boston, 1950.
———. *Law and Conditions of Freedom in the Nineteenth-Century United States*. Madison, 1956.
———. *Law and Economic Growth: The Legal History of the Lumber Industry in Wisconsin, 1836–1915*. Cambridge, Mass., 1964.
Hutchins, R. "Birth and Development of the Salmon P. Chase College School of Law within the Structural Organization of the Y.M.C.A." Ph.D. dissertation, University of Ottawa, 1960.
Jackson, Donald W., and Gee, E. Gordon. *Bread and Butter?: Electives in American Legal Education*. New York, 1975.
Jackson, Frederick H. *Simeon Eben Baldwin: Lawyer, Social Scientist, Statesman*. New York, 1955.
James, Henry. *Charles W. Eliot*. Vol. 1. London, 1930.
Jefferson, Thomas. *Writings of Thomas Jefferson*. Edited by Thomas A. Lipscombe. Vol. 1. New York, 1903.
Jessup, Philip C. *Elihu Root*. Vol. 1. Hamden, 1938.
Johnson, William R. *Schooled Lawyers: A Study in the Clash of Professional Cultures*. New York, 1978.
Johnstone, Quintin, and Hopson, Dan. *Lawyers and Their Work*. Indianapolis, 1967.
Kamenka, Eugene, et al., eds. *Law and Society: The Crisis in Legal Ideals*. London, 1978.
Kayser, Elmer Louis. *Bricks Without Straw: The Evolution of George Washington University*. New York, 1970.
Keener, William A. *A Selection of Cases on the Law of Quasi Contracts*. Cambridge, Mass., 1888–89.
Kelso, Charles, ed. *Study of Part-Time Legal Education*. Washington, D.C., 1972.
Kirkwood, Marion, and Owens, William. "A Brief History of the Stanford Law School."

Mimeographed. Stanford University, 1961.
Kitch, Edmund W., ed. *Clinical Education and the Law School of the Future*. Chicago, 1969.
Kucklich, Bruce. *The Rise of American Philosophy*. Cambridge, Mass., 1977.
Langdell, Christopher Columbus. *A Selection of Cases on the Law of Contracts*. 1871. 2d ed. Boston, 1879.
Larson, Magali. *The Rise of Professionalism*. Berkeley, 1977.
Laski, Harold J. *The American Democracy: A Commentary and Interpretation*. New York, 1948.
Lee, Edward T. *The Study of Law and Proper Preparation*. Chicago, 1935.
Leonard, Walter J. *Black Lawyers: Training and Results, Then and Now*. New York, 1977.
Levy, Leonard W. *The Law of the Commonwealth and Chief Justice Shaw*. Cambridge, Mass., 1957.
Llewellyn, Karl N. *The Bramble Bush*. New York, 1930.
———. *The Common Law Tradition: Deciding Appeals*. Boston, 1960.
———, and Hoebel, E. Adamson. *The Cheyenne Way: Conflict and Case Law in Primitive Jurisprudence*. Norman, 1941.
McDougal, Myres S., and Haber, David. *Property, Wealth, Land: Allocation, Planning, and Development*. Charlottesville, 1948.
McGloin, John B., S.J. *Jesuits by the Golden Gate*. San Francisco, 1972.
McGrave, Reginald C. *The University of Cincinnati: A Success Story in Urban Higher Education*. Cincinnati, 1963.
McKevitt, Gerald, S.J. *The University of Santa Clara: A History, 1851–1977*. Santa Clara, 1979.
McKown, Dave R. *The Dean: The Life of Julien C. Monnet*. Norman, 1972.
Marshall, Leon C. *Business Administration*. Chicago, 1921.
Martin, George. *Causes and Conflicts; The Centennial History of the Association of the Bar of the City of New York, 1870–1970*. Boston, 1970.
Mason, Alpheus T. *Brandeis: A Free Man's Life*. New York, 1946.
———. *The Brandeis Way*. Princeton, 1938.
Massey, Robert V., Jr. *Dechert, Price and Rhoads: A Law Firm Centennial, 1975*. Lancaster, 1975.
Mayer, Martin. *The Lawyers*. New York, 1967.
Mays, David J. *The Pursuit of Excellence: A History of the University of Richmond Law School*. Richmond, 1970.
Meyers, Marvin. *The Jacksonian Persuasion: Politics and Beliefs*. Stanford, 1957.
Miller, Perry. *The Legal Mind in America: From Independence to the Civil War*. Garden City, 1962.
———. *The Life of the Mind in America: From the Revolution to the Civil War*. New York, 1965.
Mills, C. Wright. *Sociology and Pragmatism: The Higher Learning in America*. New York, 1966.
Mitchell, J. Pearce. *Stanford University, 1916–1941*. Stanford, 1958.
Montana State University. *Dedication and History: School of Law*. Missoula, 1961.
Moore, Philip S. *A Century of Law at Notre Dame*. South Bend, 1969.
Morais, Herbert M. *The History of the Negro in Medicine*. New York, 1967.
Morison, Samuel Eliot. *Three Centuries of Harvard, 1636–1936*. Cambridge, Mass., 1936.
Nader, Ralph, and Green, Mark, eds. *Verdicts on Lawyers*. New York, 1976.
Nelson, William E. *Americanization of the Common Law: The Impact of Legal Change on Massachusetts Society, 1760–1830*. Cambridge, Mass., 1975.

Nicholson, Lowell S. *The Law Schools of the United States*. Chicago, 1958.
O'Connor, Michael J. L. *Origins of Academic Economics in the United States*. New York, 1944.
Odum, Howard W. *American Sociology: The Story of Sociology in the United States through 1950*. New York, 1951.
Oliphant, Herman. *Summary of the Studies on Legal Education by the Faculty of Law of Columbia University*. New York, 1928.
Osborn, John J., Jr. *The Paper Chase*. Boston, 1971.
O'Toole, J., Jr. "Legal Manpower Supply and Demand in California." Xeroxed report. Sacramento, 1972.
Packer, Herbert, and Ehrlich, Thomas. *New Directions in Legal Education*. New York, 1972.
Parsons, Theophilus. *Law of Contracts*. 3d ed. Boston, 1857.
―――. *Memoir of Theophilus Parsons*. Boston, 1859.
Partigan, B. Peter. *The Market for Lawyers: The Determinants of the Demand and Supply of Lawyers*. Washington, D.C., 1976.
Patterson, Edwin W. *Jurisprudence: Men and Ideas of the Law*. Brooklyn, 1953.
Pedersen, Gilbert J. *The Buffalo Law School: A History, 1887–1962*. Buffalo, 1962.
Pepper, George Wharton. *Philadelphia Lawyer*. Philadelphia, 1944.
Pierson, George Wilson. *Yale: College and University, 1871–1937*. 2 vols. Vol. 1, *Yale College, 1871–1921*. New Haven, 1952; Vol. 2, *Yale: The University College, 1921–1937*. New Haven, 1955.
Pink, Louis, and Delmage, Rutherford. *Candle in the Wilderness: A Centennial History of the St. Lawrence University, 1856–1956*. New York, 1957.
Porter, Earl W. *Trinity and Duke, 1892–1924: The Foundations of Duke University*. Durham, N.C., 1964.
Posner, Richard A. *Economic Analysis of Law*. Boston, 1972.
Purcell, Edward A., Jr. *The Crisis of Democratic Theory*. Lexington, 1973.
Rahl, James, and Schwerin, Kurt. *Northwestern University School of Law: A Short History*. Chicago, 1960.
Rawls, John. *A Theory of Justice*. Cambridge, Mass., 1971.
Redlich, Josef. *The Common Law and the Case Method in American University Law Schools*. New York, 1914.
Reed, Alfred Z. *Present-Day Law Schools in the United States and Canada*. New York, 1928.
―――. *Training for the Public Profession of the Law: Historical Development and Principal Contemporary Problems of Legal Education in the United States with Some Account of Conditions in England and Canada*. New York, 1921.
Reed, G. I., ed. *Bench and Bar of Ohio*. Chicago, 1897.
Reed, John P. *Chief Justice: The Judicial World of Charles Doe*. Cambridge, Mass., 1967.
Reppy, Alison, ed. *David Dudley Field: Centennial Essays*. New York, 1949.
Ritchie, John. *The First Hundred Years: A Short History of the School of Law of the University of Virginia for the Period 1826–1926*. Charlottesville, 1978.
Roalfe, William. *John Henry Wigmore*. Evanston, 1977.
Roback, A. A. *History of American Psychology*. New York, 1952.
Robinson, Edward. *Law and Lawyers*. New Haven, 1935.
Robinson, William. *A Study of Legal Education*. New York, 1895.
Rosenberg, J. Mitchell. *Jerome Frank: Jurist and Philosopher*. New York, 1970.
Rudolph, Frederick. *The American College and University*. New York, 1962.
Rumble, Wilfred E., Jr. *American Legal Realism*. Ithaca, 1968.

Sack, Saul. *History of Higher Education in Pennsylvania.* Harrisburg, 1963.
Savage, Howard J. *Fruit of an Impulse: Forty-five Years of the Carnegie Foundation, 1905–1950.* New York, 1953.
Sayre, Paul L. *The Life of Roscoe Pound.* Iowa City, 1948.
Schlesinger, Arthur M., Jr. *The Age of Jackson.* New York, 1946.
Seligman, Joel. *The High Citadel: The Influence of the Harvard Law School.* Boston, 1978.
Shaw, George Bernard. *The Doctor's Dilemma.* London, 1909.
Sherman, Charles P. *Academic Adventures: A Law School Professor's Recollections and Observations.* New Haven, 1944.
Siegel, Edward. *How to Avoid Lawyers.* New York, 1969.
Smigel, Erwin O. *The Wall Street Lawyer: Professional Organization Man?* New York, 1964.
Smith, Alan McKinley. "Virginia Lawyers, 1680–1776: The Birth of An American Profession." Ph.D. dissertation, Johns Hopkins University, 1976.
Smith, Alfred G. *Cognitive Styles in Law Schools.* Austin, 1979.
Smith, Reginald Heber. *Justice and the Poor.* New York, 1919.
Stephenson, Nathaniel W. *An Autobiography of Abraham Lincoln.* Indianapolis, 1926.
Stevens, Rosemary A. *American Medicine and the Public Interest.* New Haven, 1971.
Stevens, Robert. *Law and Politics: The House of Lords as a Judicial Body, 1800–1976.* Chapel Hill, 1978.
Stone, Harlan Fiske. *Law and Its Administration.* New York, 1915.
Storr, Richard J. *Harper's University.* Chicago, 1966.
Story, Joseph. *Miscellaneous Writings.* Edited by William W. Story. New York, 1852.
Strong, Theron G. *Joseph H. Choate.* New York, 1917.
*Sullivan and Cromwell: A Century at Law, 1879–1979.* New York, 1979.
Sutherland, Arthur E. *The Law at Harvard: A History of Ideas and Men, 1817–1967.* Cambridge, Mass., 1967.
Swaine, Robert T. *The Cravath Firm and Its Predecessors, 1819–1948.* New York, 1948.
Swords, Peter DeL., and Walwer, Frank K. *The Costs and Resources of Legal Education: A Study of the Management of Educational Resources.* New York, 1974.
Taft, Henry W. *A Century and a Half at the New York Bar: Being the Annals of a Law Firm and Sketches of Its Members with Brief References to Collateral Events of Historical Interest.* New York, 1938.
Tibeau, Charlton, W. *The University of Miami: A Golden Anniversary History, 1926–1976.* Coral Gables, 1976.
Tinnelly, Joseph T. *Part-time Legal Education: A Study of the Problems of Evening Law Schools.* Brooklyn, 1957.
Tocqueville, Alexis de. *Democracy in America.* Edited by Phillips Bradley. New York, 1956.
Trout, Charles H. *Boston, the Great Depression and the New Deal.* New York, 1977.
Tugwell, R. G. *The Brains Trust.* New York, 1968.
Turow, Scott. *One-L.* New York, 1977.
Twining, William. *Karl Llewellyn and the Realist Movement.* London, 1973.
Unger, Roberto. *Law in Modern Society: Toward a Criticism of Social Theory.* New York, 1976.
University of Southern California. *Dedication Ceremonies: School of Law Building.* Los Angeles, 1926.
Van Schaak, Henry C. *The Life of Peter Van Schaak.* New York, 1842.
Veblen, Thorstein. *Higher Learning in America.* New York, 1918.
Veysey, Lawrence. *Emergence of the American University.* Chicago, 1965.

Walsh, Mary Roth. *"Doctors Wanted: No Women Need Apply."* New Haven, 1977.
Wambaugh, Eugene. *The Study of Cases.* 2d ed. Boston, 1894.
Ware, Gilbert. *From the Black Bar: Voices for Equal Justice.* New York, 1976.
Warren, Charles. *A History of the American Bar.* Vol. 1. Boston, 1911.
———. *History of the Harvard Law School and of Early Legal Conditions in America.* New York, 1908.
Warren, Edward. *Spartan Education.* Boston, 1942.
Weber, Max. *Max Weber on Law in Economy and Society.* Translated and edited by Max Rheinstein and Edward Shils. Cambridge, Mass., 1954.
Weinerstein, Bruce, and Green, Mark, eds. *With Justice for Some: An Indictment of the Law by Young Advocates.* New York, 1970.
Wellington, Harry H. *Labor and the Legal Process.* New Haven, 1968.
Wertenbaker, Thomas Jefferson. *Princeton, 1746–1896.* Princeton, 1946.
White, G. Edward. *Patterns of American Legal Thought.* Indianapolis, 1978.
———. *Tort Law in America: An Intellectual History.* New York, 1980.
White, Morton. *Social Thought in America: The Revolt against Formalism.* Boston, 1957.
Wigdor, David. *Roscoe Pound: Philosopher of Law.* Westport, 1974.
Williams, T. Harry. *Huey Long.* New York, 1969.
Williston, Samuel. *Life and Law.* Boston, 1940.
Wilson, Woodrow. *The Papers of Woodrow Wilson.* Edited by Arthur Link et al. Vols. 2 and 3. Princeton, 1966, 1972.
Wylie, T. *Indiana University, 1820–1890.* Indianapolis, 1890.
Zehale, Richard H. *Specialization in the Legal Profession: An Analysis of Current Proposals.* Chicago, 1975.

# Articles

Abel, Richard. "Law Books and Books about Law." 26 *Stanford Law Review* 175 (1973).
Agate, Carol. "Legal Advertising and the Public Interest." 50 *Los Angeles Bar Bulletin* 209 (1975).
Allen, Charles Claffin. "The St. Louis Law School." 1 *Green Bag* 283 (1889).
Allen, Francis A. "The Prospect of University Law Training." 29 *Journal of Legal Education* 127 (1978).
Allen, Richard B. "Do Fee Schedules Violate Antitrust Law?" 61 *American Bar Association Journal* 565 (1975).
Amstary, A. E. "The Term of Study of the Law Student." 10 *Chicago Legal News* 354 (1878).
Anderson, Charles. "Black Lawyers in the 20 Largest Firms: It's Better Than Before and Worse Than Ever." *Juris Doctor*, January 1973, 6.
Arant, Herschell. "Survey of Legal Education in the South." 15 *Tennessee Law Review* 179 (1938).
Arnold, Mark R. "And Finally 342 Days Later..." *Juris Doctor*, September 1975, 32.
Arnold, Thurman. "The Restatement of the Law of Trusts." 31 *Columbia Law Review* 800 (1931).
Askin, Frank. "The Case for Compensatory Treatment." 24 *Rutgers Law Review* 65 (1970).
Auerbach, Jerold S. "Born to an Era of Insecurity: Career Patterns of Law Review Editors, 1918–1941." 17 *American Journal of Legal History* 12 (1973).

———. "The Walls Came Tumblin' Down." *Juris Doctor*, January 1976, 33.
———. "What Has Teaching of Law to Do With Justice? 53 *New York University Law Review* 457 (1978).
Babb, James E. "Union College of Law, Chicago." 1 *Green Bag* 330 (1889).
Bachelder, George S. "Christopher C. Langdell." 18 *Green Bag* 440 (1906).
Baird, Leonard L. "A Survey of the Relevance of Legal Training to Law School Graduates." 29 *Journal of Legal Education* 264 (1978).
Baker, Valerie. "Bar Restrictions on Dissemination of Information about Legal Services." 22 *University of California Los Angeles Law Review* 483 (1974).
Baldwin, Simeon E. "Education for the Bar in the United States." 9 *American Political Science Review* 437 (1915).
———. "The Readjustments of the Collegiate to the Professional Course." 8 *Yale Law Journal* 1 (1898).
———. "The Recitation System." 2 *Columbia Jurist* 1 (1885).
———. "The Study of Elementary Law: The Proper Beginning of a Legal Education." 13 *Yale Law Journal* 1 (1903).
Ballantine, Henry. "Adapting the Case Book to the Needs of Professional Training." 2 *American Law School Review* 135 (1908).
Barnes, Janette. "Women and Entrance to the Legal Profession." 23 *Journal of Legal Education* 276 (1971).
Barnhizer, David. "Clinical Education at the Crossroads: The Need for Direction." *1977 Brigham Young Law Review* 1025.
Barry, Kenneth H., and Connelly, Patricia A. "Research on Law Students: An Annotated Bibliography." *1978 American Bar Foundation Research Journal* 751.
Bartlett, Alfred L. "Report of the Committee of the Section on Legal Education on Co-operation between the Law Schools and the Bar." 9 *American Law School Review* 32 (1938).
Beale, Joseph H. "The Law School as Professor Redlich Saw It." 23 *Harvard Graduates' Magazine* 617 (1915).
———. "Professor Langdell—His Later Teaching Days." 20 *Harvard Law Review* 9 (1906).
Beck, Phyllis W., and Burns, David. "Anxiety and Depression in Law Students: Cognitive Intervention." 30 *Journal of Legal Education* 270 (1980).
Bell, Derrick A., Jr. "In Defense of Minority Admission Programs: A Response to Professor Graglia." 119 *University of Pennsylvania Law Review* 364 (1970).
Benthall-Neitzel, Deedra. "An Empirical Investigation of the Relationship between Lawyering Skills and Legal Education." 63 *Kentucky Law Journal* 373 (1975).
Benton, J. H. "Annual Address." 3 *Proceedings of the Southern New Hampshire Bar Association* 227 (1894).
Bergin, Thomas F., Jr. "The Law Teacher: A Man Divided against Himself." 54 *Virginia Law Review* 646 (1968).
Beutel, Frederick K. "The New Curriculum at the University of Nebraska College of Law." 25 *Nebraska Law Review* 177 (1946).
———. "Some Implications of Experimental Jurisprudence." 48 *Harvard Law Review* 178 (1934).
Bickel, Alexander, and Wellington, Harry. "Legislative Purpose and the Judicial Process: The Lincoln Mills Case." 71 *Harvard Law Review* 1 (1957).
Biener, A. G. C., Jr. "Address of the Chairman to the Ninth Annual Meeting of the National Conference of Bar Examiners." 9 *American Law School Review* 390 (1939).
———. "Retrospect and Prospect." 9 *American Law School Review* 1 (1938).

Black, Hugo. "Reminiscences." 18 *Alabama Law Review* 1 (1965).
Bloomfield, Maxwell. "The Texas Bar in the Nineteenth Century." 32 *Vanderbilt Law Review* 261 (1976).
Bok, Derek. "A Different Way of Looking at the World." 20 *Harvard Law School Bulletin* 41 (1969).
Boshkoff, Douglas G. "Indiana's Rule 13: The Killy-Loo Bird of the Legal World." 3 *Learning and the Law* 18 (1976).
Boyer, B. F. "Smaller Law Schools: Factors Affecting Their Methods and Objectives." 20 *Oregon Law Review* 281 (1941).
Boyer, Barry, and Cramton, Roger C. "American Legal Education: An Agenda for Research and Reform." 59 *Cornell Law Review* 221 (1974).
Bradway, John. "The Beginning of the Legal Clinic of U.S.C." 3 *Southern California Law Review* 36 (1932).
———. "Case Presentation and the Legal Aid Clinic." 1 *Journal of Legal Education* 280 (1948).
———. "Classroom Aspects of Legal Aid Clinic Work." 8 *Brooklyn Law Review* 373 (1939).
———. "Clinical Preparation for Admission to the Bar." 8 *Temple Law Quarterly* 185 (1934).
———. "Education for Law Practice: Law Students Can Be Given Clinical Experience." 34 *American Bar Association Journal* (1948).
———. "Legal Aid Clinic." 7 *St. John's Law Review* 236 (1933).
———. "Legal Clinics and Law Students: Rocks and Cement for a Better Legal Education." 41 *American Bar Association Journal* 425 (1955).
———. "Objectives of Legal Aid Clinic Work." 24 *Washington University Law Quarterly* (1939).
———. "Practical Legal Training: No Cause for Alarm." 35 *Journal of the American Judicature Society* 52 (1951).
———. "Some Distinctive Features of a Legal Aid Clinic Course." 1 *University of Chicago Law Review* 469 (1934).
Bradwell, Myra. "Admission of Women to the Bar." 11 *Chicago Legal News* 179 (1887).
Brenner, James. "Bar Exam Research in California." 5 *Bar Examiner* 29 (1936).
———. "Post Exam Appraisal of California Bar Exam System." 16 *California State Bar Journal* 89 (1941).
———. "A Survey of Unemployment Conditions among Young Attorneys in California." 2 *Bar Examiner* 175 (1933).
Brickman, Lester. "Expansion of the Lawyering Process through a New Delivery System: The Emergence and State of Legal Paraprofessionalism." 71 *Columbia Law Review* 1153 (1971).
Bronson, H. A. "The Advisability of a Longer Law School Course and of a Higher Standard of Admission." 67 *Central Law Journal* 85 (1908).
Brooke, Edward W. "Disadvantaged Students and Legal Education—Programs for Affirmative Action." 1970 *University of Toledo Law Review* 277.
Brosman, Paul. "Modern Legal Education and the Local Law School." 9 *Tulane Law Review* 517 (1935).
Brown, Eliot M. "Dear Dr. Smith: About Law School—." *Juris Doctor*, December 1972, 16.
Brown, Elizabeth G. "The Bar on a Frontier: Wayne County, 1796–1836." 14 *American Journal of Legal History* 136 (1970).
Bryson, Gladys. "The Emergence of the Social Science from Moral Philosophy." 42 *Inter-*

*national Journal of Ethnics* 304 (1932).
Bryson, W. Hamilton. "The History of Legal Education in Virginia." 14 *University of Richmond Law Review* 155 (1979).
Cahn, Jean Camper. "Antioch's Fight against Neutrality in Legal Education." 1 *Learning and the Law* 41 (1974).
Cantrall, Arch. "Law Schools and the Layman: Is Legal Education Doing Its Job?" 38 *American Bar Association Journal* 909 (1952).
Carlson, Rick J. "Measuring the Quality of Legal Services: An Idea Whose Time Has Not Come." 11 *Law and Society Review* 287 (1976).
Carrington, Paul D., and Conley, James J. "The Alienation of Law Students." 75 *Michigan Law Review* 887 (1977).
Carusi, Charles. "Legal Education and the Bar." 2 *American Law School Review* 91 (1907).
Casner, James. "Faculty Decisions on the Report of the Committee on Legal Education." 3 *Harvard Law School Bulletin* 10 (1961).
Cavers, David F. "The First-Year Group Work at Harvard." 3 *Journal of Legal Education* 39 (1950).
―――. "In Advocacy of the Problem Method." 43 *Columbia Law Review* 453 (1943).
―――. "New Fields for the Legal Periodical." 23 *Virginia Law Review* 23 (1936).
―――. "Skills and Understanding." 1 *Journal of Legal Education* 396 (1949).
―――, et al. "Issues in Legal Education." 16 *Cleveland Marshall Law Review* 9 (1967).
Chase, Anthony. "The Birth of the Modern Law School." 23 *American Journal of Legal History* 329 (1979).
Chase, George. "Methods of Legal Study." 1 *Columbia Jurist* 69 (1885).
Chafee, Zechariah. "Colonial Courts and the Common Law." 68 *Massachusetts Historical Society Proceedings* 132 (1952).
Civiletti, Benjamin R. "Clinical Education in Law School and Beyond." 67 *American Bar Association Journal* 576 (1981).
Clark, Charles E. "Underhill Moore." 59 *Yale Law Journal* 192 (1950).
―――, and Shulman, Harry. "Jury Trial in Civil Cases—a Study of Judicial Administration." 43 *Yale Law Journal* 867 (1934).
Clark, Herbert. "Some Random Comments by a Former Member of the Committee of Bar Examiners." 18 *California State Bar Journal* 5 (1943).
Clark, John Kirkland. "A Contrast: The Full-Time Approved School Compared with Unapproved Evening School." 20 *American Bar Association Journal* 548 (1934).
―――. "Qualification for Bar Admission." 8 *American Law School Review* 3 (1934).
Clements, Andrew. "Law School Curricula—a Reply: Doctors and Lawyers." 25 *New York State Law Bulletin* 36 (1953).
Coates, Albert. "The Story of the Law School at the University of North Carolina." 47 *University of North Carolina Law Review* 1 (1968).
Cohen, Harry. "Certification of Trial Lawyers—a Judicial Effort to Restructure the American Legal Profession." 3 *Journal of the Legal Profession* 27 (1978).
Cohen, Marshall. "He'd Rather Have Rights." *New York Review of Books*, 26 May 1977, 37.
Colby, James F. "The Collegiate Study of Law." 19 *Reports of the American Bar Association* 521 (1896).
Corbin, Arthur L. "Democracy and Education for the Bar." 19 *Handbook of the Association of American Law Schools* 143 (1921).
―――. "Democracy and Education for the Bar." 4 *American Law School Review* (1922).
―――. "The Law and the Judges." 3 *Yale Review* 234 (1914).
Cormack, J., and Hutcheson, C. "Relations of Pre-legal Studies and Intelligence Tests to

Success in Law School." 14 *Southern California Law Review* 35 (1940).
Cramton, Roger C. "The Task Ahead in Legal Services." 61 *American Bar Association Journal* 1339 (1975).
Crawford, Albert. "Use of Legal Aptitude Test in Admitting Applicants to Law School." 1 *Bar Examiner* 151 (1931).
Cribbet, John E. "The Evolving Curriculum—a Decade of Curriculum Change at the University of Illinois." 11 *Journal of Legal Education* 230 (1958).
Crotty, Holmer D. "Who Shall be Called to the Bar?" 20 *Bar Examiner* 86 (1951).
Currie, Brainerd. "The Materials of Law Study, Parts I and II." 3 *Journal of Legal Education* 331 (1951).
———. "The Materials of Law Study, Part III." 8 *Journal of Legal Education* 1 (1955).
Curtis, Benjamin R. "The Boston University Law School." 1 *New England Magazine and Bay State Monthly* 218 (1886).
Cutright, Phillip S., and Boshkoff, Douglas G. "Course Selection Study Characteristics and Bar Examination Performance: The Indiana Law School Experience." 27 *Journal of Legal Education* 127 (1975).
Danaher, Franklin M. "Courses of Study for Law Clerks." 25 *Reports of the American Bar Association* 559 (1902).
Day, Alan F. "Lawyers in Colonial Maryland, 1660–1715." 17 *American Journal of Legal History* 145 (1973).
Delafield, Lewis L. "The Conditions of Admissions to the Bar." 7 *Pennsylvania Monthly* 960 (1876).
Del Duca, Louis F. "Continuing Evaluation of Law School Curricula—an Initial Survey." 20 *Journal of Legal Education* 309 (1967).
Dennis, William. "Object-Teaching in Law Schools." 21 *American Law Review* 228 (1887).
Dickman, Franklin J. "The Demand for a High Standard of Legal Culture and Education." 3 *Western Reserve Law Journal* 109 (1897).
Dieffenbach, C. Maxwell. "The Origin and Development of the Salmon P. Chase College of Law." 1 *Northern Kentucky State Law Forum* 10 (1973).
Dillon, John. "Methods and Purposes of Legal Education." 2 *Counsellor* 10 (1892).
Dobie, Otis P. "An Approach to 'Clinical' Legal Education: The University of Louisville Briefing Service." 3 *Journal of Legal Education* 121 (1950).
Dorris, George B. "Admission to the Bar." 6 *Oregon Bar Association Proceedings* 43 (1896).
Dorsen, Norman, and Gillers, Stephen. "We Need More Lawyers." *Juris Doctor*, February 1972, 7.
Duke, R. T. W. "Some Thoughts on the Study and Practice of Law." 3 *Virginia State Bar Association Reports* 133 (1890).
Dwight, Theodore. "Admission to the Bar." 13 *Albany Law Journal* 142 (1876).
———. "Columbia College Law School of New York." 1 *Green Bag* 146 (1889).
———. "Education in Law Schools as Compared with That in Offices." 2 *Columbia Jurist* 157 (1885).
———. "What Shall We Do When We Leave Law School?" 1 *Counsellor* 63 (1891).
Dworkin, Ronald. "Is Wealth a Value?" 9 *Journal of Legal Studies* 191 (1980).
———. "There Oughta Be a Law." *New York Review of Books*, 14 March 1968.
Eaton, Clement. "A Mirror of the Southern Colonial Lawyer: The Law Books of Patrick Henry, Thomas Jefferson and Waightstill Avery." 3d ser. 8 *William and Mary Quarterly* 520 (1951).
Eckler, John. "The Multistate Bar Examination—August, 1974." 43 *Bar Examiner* 125 (1974).

Ehrenzweig, Albert. "The American Casebook: 'Cases and Materials,'" 32 *Georgetown Law Journal* 235 (1944).
Ehrlich, Thomas. "Giving Low-Income America Minimum Access to Legal Services." 64 *American Bar Association Journal* 696 (1978).
———, and Headrick, Thomas. "The Changing Structure of Education at Stanford Law School." 22 *Journal of Legal Education* 452 (1970).
Erlanger, Howard, and Klegon, Douglas. "Socialization Effects of Professional Schools: The Law School Experience and Student Orientations to Public Interest Concerns." 13 *Law and Society Review* 11 (1978).
Ethridge, George H. "Unjust Standards for Law Practice." 2 *Mississippi Law Journal* 276 (1929).
Fellers, James D. "President's Page." 61 *American Bar Association Journal* 261 (1975).
Fessenden, Franklin C. "The Rebirth of the Harvard Law School." 33 *Harvard Law Review* 493 (1920).
Finn, James F. "The Law Graduate—an Adequate Practitioner?" 1 *University of Detroit Law Journal* 84 (1954).
First, Harry. "Competition in the Legal Education Industry." 53 *New York University Law Review* 311 (1978).
———. "Competition in the Legal Education Industry II: An Antitrust Analysis." 54 *New York University Law Review* 1074 (1979).
———. "Legal Education and the Law School of the Past: A Single Firm Study." 8 *University of Toledo Law Review* 135 (1976).
Flanigan, William. "Sizing Up the Graduate Schools." *New York Magazine*, 10 January 1977, 64.
Fossum, Donna. "Law Professors: A Profile of the Teaching Branch of the Legal Profession." 1980 *American Bar Foundation Research Journal* 501.
———. "Law School Accreditation Standards and the Structure of American Legal Education." 1978 *American Bar Foundation Research Journal* 515.
———. "Women in the Legal Profession: A Progress Report." 67 *American Bar Association Journal* 578 (1981).
Foster, Jonathan A. "Report of the Committee on Legal Education and Admission to the Bar." 6 *Reports of the Alabama State Bar Association* 124 (1884).
Frank, Jerome. "Both Ends against the Middle." 100 *University of Pennsylvania Law Review* 20 (1951).
———. "Why Not a Clinical Lawyer-School?" 81 *University of Pennsylvania Law Review* 908 (1932).
Freedman, Monroe C. "Holding Law Schools Hostage." 4 *Learning and the Law* 16 (Spring 1977).
Freeman, Harrop A. "Administrative Law in the First-Year Curriculum." 10 *Journal of Legal Education* 226 (1957).
———. "Legal Education: Some Further-Out Proposals." 17 *Journal of Legal Education* 272 (1965).
Freilich, Robert H. "The Divisional Program at Yale: An Experiment for Legal Education in Depth." 21 *Journal of Legal Education* 443 (1969).
Fuller, Lon L. "Legal Education and Admissions to the Bar in Pennsylvania." 25 *Temple Law Quarterly* 250 (1952).
Garrison, Lloyd K. "Address." 15 *University of Cincinnati Law Review* 165 (1941).
———. "Developments in Legal Education at Michigan, Illinois, Chicago, Northwestern, Minnesota and Wisconsin." *American Bar Association Annual Review of Legal*

*Education* 28 (1936).

———. "Results of the Wisconsin Bar Survey." 32 *Association of American Law Schools Proceedings* 58 (1934).

Gavit, Bernard C. "Indiana's Constitution and the Problem of Admission to the Bar." 16 *American Bar Association Journal* 595 (1930).

———. "Legal Education and Admission to the Bar." 6 *Indiana Law Journal* 67 (1930).

Gawalt, Gerald W. "Massachusetts Legal Education in Transition, 1766–1840." 17 *American Journal of Legal History* 27 (1973).

Gee, E. Gordon, and Jackson, Donald W. "Bridging the Gap: Legal Education and Lawyer Competency." 1977 *Brigham Young Law Review* 695.

———. "What You Need to Know about the Proposed Federal Practice Rule." 65 *American Bar Association Journal* 60 (1976).

Gellhorn, Ernest. "The Law School and the Negro." 6 *Duke Law Journal* 1069 (1968).

Gellhorn, Walter. "Commentary." 21 *University of Miami Law Review* 538 (1967).

———. "Second and Third Years of Law Study." 17 *Journal of Legal Education* 1 (1964).

Gilmore, Grant. "Legal Realism: Its Cause and Cure." 70 *Yale Law Journal* 1037 (1961).

Givan, Robert M. "Indiana's Rule 13: It Doesn't Invite Conformity, It Compels Competency." 3 *Learning and the Law* 16 (1976).

Goldstein, Abraham S. "Research into Administration of Criminal Law: A Report from the United States." *British Journal of Criminology* 27 (1966).

Goodhart, Arthur L. "Case Law in England and America." 15 *Cornell Law School Quarterly* 173 (1930).

Goodrich, Herbert. "Law School and Bar Examiners." 18 *American Bar Association Journal* 101 (1932).

Gorhan, T. H., and Crawford, A. E. "The Yale Legal Aptitude Test." 49 *Yale Law Journal* 1237 (1940).

Gray, John Chipman. "Cases and Treatises." 22 *American Law Review* 756 (1888).

Green, Leon. "Advocacy and Case Study." 4 *Journal of Legal Education* 21 (1952).

———. "Legal Education and Bar Admission." 20 *American Bar Association Journal* 105 (1934).

———. "A New Program in Legal Education." 17 *American Bar Association Journal* 299 (1931).

———. "Who Shall Study Law?" 14 *Tennessee Law Review* 578 (1939).

Green, Mark J. "The Young Lawyers: Good-Bye to Pro Bono." *New York Magazine*, 21 February 1972, 29.

Green, Milton D. "Realism in Practice Court." 1 *Journal of Legal Education* 422 (1949).

Green, Wayne. "Taking the Bar Exam to Court." *Juris Doctor*, January 1974, 2.

Griffiths, John. "Legal Reasoning from the External and the Internal Perspectives." 55 *New York University Law Review* 1124 (1978).

Griswold, Erwin N. "Intellect and Spirit." 81 *Harvard Law Review* 292 (1967).

Hall, Jerome. "Nulla Poena Sine Lege." 47 *Yale Law Journal* 189 (1937).

———. "An Open Letter Proposing a School of Cultural Legal Studies." 4 *Journal of Legal Education* 181 (1951).

Hammond, W. G. "Legal Education and the Present State of the Literature of the Law." 1 *Central Law Journal* 292 (1874).

———. "Legal Education and the Study of Jurisprudence in the West and North West." 8 *Journal of Social Sciences* 165 (1870).

———. "The Legal Profession—Its Past—Its Present—Its Duty." 9 *Western Jurist* 1 (1875).

Hand, Richard L. "Preparation for the Bar." 53 *Albany Law Journal* 119 (1896).
Handler, Milton. "What, If Anything, Should Be Done by the Law Schools to Acquaint Students with the So-Called New Deal Legislation and Its Workings." 8 *American Law School Review* 164 (1935).
Hansen, Millard. "The Early History of the College of Law: State University of Iowa, 1865-1884." 30 *Iowa Law Review* 31 (1944).
Harno, A. J. "Professional Ethics at the University of Illinois." 21 *Tennessee Law Review* 821 (1951).
Harrington, William G. "What's Happening in Computer Assisted Legal Research." 60 *American Bar Association Journal* 924 (1974).
Harris, Frank V. "Minnesota C.L.E.: The End of Licensing for Life?" *Trial*, July/August 1975, 23.
Harris, Michael H. "The Frontier Lawyer's Library: Southern Indiana, 1800-1850, as a Test Case." 16 *American Journal of Legal History* 239 (1972).
Harris, Whitney R. "The Inculcation of Professional Standards at Southern Methodist University School of Law." 21 *Tennessee Law Review* 823 (1951).
Harsch, Alfred. "The Four-Year Law Course in American Universities." 17 *North Carolina Law Review* 244 (1939).
Hart, Henry. "The Supreme Court—1958 Term—Forward: The Time Chart of Justice." 73 *Harvard Law Review* 84 (1959).
Haslow, Jonathan E. "The Preposterous and Altogether Unlikely Story of Vermont Law School." *Juris Doctor*, May 1974.
Heinz, John P., and Laumann, Edward O. "The Legal Profession: Client Interests, Professional Roles, and Social Hierarchies." 76 *Michigan Law Review* 1111 (1978).
Heinz, John P., et al. "Diversity, Representation, and Leadership in an Urban Bar: A First Report on a Survey of the Chicago Bar." 1976 *American Bar Foundation Research Journal* 717.
Hellman, Lawrence K. "Considering the Future of Legal Education, Law Schools and Social Justice." 29 *Journal of Legal Education* 170 (1978).
Henn, Harry G. "The Cornell Law School—Its History and Traditions." 37 *New York State Bar Journal* 146 (1965).
Herbold Scott, R. "Law Is Where the Action Is." *Yale Alumni Magazine*, January 1972, 27.
Hobbs, Charles. "Lawyer Advertising—Good Beginning But Not Enough." 62 *American Bar Association Journal* 735 (1976).
Holmes, Oliver Wendell, Jr. "The Uses and Meaning of Law Schools, and Their Method of Instruction." 20 *American Law Review* 923 (1886).
Horack, Claude. "Securing Proper Bar Exams." 33 *Illinois Law Review* 89 (1939).
Houck, Stanley. "The State Acts to Suppress Unauthorized Practice." 16 *Tennessee Law Review* 235 (1940).
Houts, Marshall W. "A Course in Proof." 7 *Journal of Legal Education* 418 (1955).
Hunter, Robert M. "Motion Pictures and Practice Court." 2 *Journal of Legal Education* 426 (1949).
Hutchins, Harry B. "The Cornell University School of Law." 1 *Green Bag* 473 (1889).
———. "Legal Education: Its Relation to the People and the State." 1 *Publications of the Michigan Political Science Association* 1 (1895).
Hutchins, Robert M. "The Autobiography of an Ex-Law Student." 1 *University of Chicago Law Review* 511 (1934).
———. "Modern Movements in Legal Education: A Symposium." 26 *Association of American Law Schools Proceedings* 32 (1928).

———, and Slesinger, Donald. "Some Observations on the Law of Evidence." 28 *Columbia Law Review* 432 (1928).
Hyman, Harvey. "A School for Advocates." *Juris Doctor*, January 1975, 23.
Jackson, Marilyn. "N.U. Law School: An Untraditional Tradition." *Northeastern Today*, May 1976, 10.
Jacobson, Robert C. "Bar Unit Urges Law Schools to Shift Emphasis." *Chronicle of Higher Education*, 18 June 1979, 6.
Jaffé, Louis. "Forward to the Supreme Court, 1950 Term." 65 *Harvard Law Review* 107 (1959).
Jenks, Edward. "Legal Training in America." 3d ser. 4 *Journal of Comparative Legislation and International Law* 152 (1922).
Johnstone, Quintin. "Law School Legal Aid Clinics." 3 *Journal of Legal Education* 535 (1951).
Jones, Harry W. "Local Law Schools vs. National Law Schools: A Comparison of Concepts, Functions and Opportunities." 10 *Journal of Legal Education* 287 (1958).
———. "Notes on the Teaching of Legal Method." 1 *Journal of Legal Education* 22 (1948).
Jones, Richard C. "Report of the Committee on Legal Education and Admission to the Bar." 21 *Alabama State Bar Association Proceedings* 97 (1898).
Jones, Shirley Penrose. "The George Washington University Law School." *Res Gestae* (1915).
Jones, Vonciel. "Texas Southern University School of Law—the Beginning." 4 *Texas Southern University Law Review* 197 (1976).
Jordan, David Starr. "Pettifogging Law Schools and an Untrained Bar." 19 *The Forum* 350 (1895).
Kales, Albert. "A Further Word on the Next Step in the Evolution of the Case Book." 4 *Illinois Law Review* 11 (1909).
Kalven, Harry, Jr. "Law School Training in Research and Exposition: The University of Chicago Program." 1 *Journal of Legal Education* 108 (1948).
Katz, Wilbur G. "A Four-Year Program of Legal Education." 4 *University of Chicago Law Review* 530 (1937).
Keener, William A. "The Inductive Method in Legal Education." 17 *Reports of the American Bar Association* 473 (1894).
Kelso, Charles. "Programming Shows Promise for Training Lawyers: A Report on an Experiment." 14 *Journal of Legal Education* 243 (1961).
———. "Symposium on Legal Education: Curricular Reform for Legal School Needs of the Future." 21 *University of Miami Law Review* 26 (1967).
Kennedy, Duncan. "Form and Substance in Private Law Adjudication." 89 *Harvard Law Review* 1685 (1976).
———. "How the Law School Falls: A Polemic." 1 *Yale Review of Law and Social Action* 71 (1970).
———. "The Structure of Blackstone's Commentaries." 28 *Buffalo Law Review* 205 (1979).
Kennerly, W. T. "299 a Year!" 13 *Tennessee Law Review* 224 (1936).
Keyserling, Leon H. "Social Objectives in Legal Education." 33 *Columbia Law Review* 455 (1933).
King, George. "The Law School 45 Years Ago." *Res Gestae* (1915).
King, Willard L. "A Pioneer Court of Last Resort." 20 *Illinois Law Review* 575 (1925).
———. "Riding the Circuit with Lincoln." 6 *American Heritage* 48 (1955).

Kingsley, Robert. "Teaching Professional Ethics and Responsibilities: What the Law Schools Are Doing." 7 *Journal of Legal Education* 84 (1954).
Kinnane, Charles. "Recent Tendencies in Legal Education." 25 *American Bar Association Journal* 563 (1939).
Kirkwood, Marion R. "Requirements for Admissions to Practice Law." 20 *Bar Examiner* 18 (1951).
Klein, M. Millen. "New York Lawyers and the Coming of the American Revolution." 55 *New York History* 383 (1974).
———. "The Rise of the New York Bar: The Legal Career of William Livingston." 3d ser. 15 *William and Mary Quarterly* 334 (1958).
Kocourek, Albert. "The Redlich Report and the Case Method." 10 *Illinois Law Review* 321 (1915).
Koziol, Frank, and Joslyn, Nancy. "Have There Been Significant Changes in the Career Aspirations and Occupational Choices of Law School Graduates in the 1960's?" 8 *Law and Society Review* 93 (1973).
Langdell, Christopher Columbus. "Harvard Celebration Speeches." 3 *Law Quarterly Review* 123 (1887).
Larson, Arthur. "An 'Inductive' Approach to Legal Education." 1 *Journal of Legal Education* 287 (1948).
Lasswell, Harold, and McDougal, Myres. "Jurisprudence in Policy-Oriented Perspective." 19 *University of Florida Law Review* 486 (1966).
———. "Legal Education and Public Policy: Professional Training in the Public Interest." 53 *Yale Law Journal* 203 (1943).
Leach, W. Barton. "Property Law Taught in Two Packages." 1 *Journal of Legal Education* 35 (1948).
Leach, P. A. "The New Disciplinary Enforcement in England." 61 *American Bar Association Journal* 212 (1975).
Lee, Edward. "Evening Law Schools." 1 *American Law School Review* 290 (1905).
Leff, Arthur A. "Economic Analysis of Law: Some Realism about Nominalism." 60 *Virginia Law Review* 451 (1974).
Leflar, Robert A. "Survey of Curricula in Small Law Schools." 9 *American Law School Review* 259 (1939).
Leisberg, D. Kelly. "Women in Law School Teaching: Problems and Progress." 30 *Journal of Legal Education* 226 (1979).
Lewis, William Draper. "Agreements and Differences between the Report of the Committee on Which the Action of the Association Was Taken and the Carnegie Foundation Report." 8 *American Bar Journal* 39 (1922).
Libby, Charles F. "Legal Education." 7 *Maine State Bar Association Proceedings* 2 (1894).
Lindsay, John M. "John Saeger Bradway—the Tireless Pioneer of Clinical Legal Education." 4 *Oklahoma City University Law Review* 6 (1979).
Llewellyn, Karl N. "The Current Crisis in Legal Education." 1 *Journal of Legal Education* 215 (1948).
———. "On What Is Wrong with So-Called Legal Education." 35 *Columbia Law Review* 653 (1935).
———. "Some Realism about Realism." 44 *Harvard Law Review* 1233 (1931).
Lockhart, William B. "The Minnesota Program of Legal Education—the Four-Year Plan." 3 *Journal of Legal Education* 234 (1950).
Lucas, Paul. "Blackstone and the Reform of the Legal Profession." 77 *English Historical Review* 456 (1962).
Luxenberg, Stan. "Moving toward the Legal Left." *Change*, February–March 1980, 18.

Macaulay, Stewart. "Law Schools and the World Outside Their Doors: Notes on the Margin of 'Professional Training in the Public Interest.'" 54 *Virginia Law Review* 619 (1968).
McClain, Emlin. "Law Department of the State University of Iowa." 1 *Green Bag* 374 (1889).
McCoy, Philbrock. "Unlawful Practice of the Law: Some Recent Prosecutions." 10 *California State Bar Journal* 294 (1935).
MacDonald, Edward. "Bar Admission and Legal Education." 16 *Michigan State Bar Journal* 69 (1937).
―――. "Limitations on New York Bar Admissions Recommended." 5 *Bar Examiner* 115 (1936).
McDougal, Myres. "The Law School of the Future: From Legal Realism to Policy Science in the World Community." 56 *Yale Law Journal* 1353 (1947).
McGuire, O. R. "The Growth and Development of American Law Schools." 8 *Rocky Mountain Law Review* 91 (1939).
McKay, Robert. "Legal Education." 1977 *Annual Survey of American Law* 561 (1978).
McKelvery, John Jay. "The Law School Review, 1887–1937." 50 *Harvard Law Review* 873 (1937).
Mackenzie, Robert. "Farrah's Future: The First One Hundred Years of the University of Alabama Law School, 1872–1972." 25 *Alabama Law Review* 121 (1972).
McKirdy, Charles R. "A Bar Divided: The Lawyers of Massachusetts and the American Revolution." 16 *American Journal of Legal History* 205 (1972).
―――. "Before the Storm: The Working Lawyer in Pre-Revolutionary Massachusetts." 11 *Suffolk University Law Review* 46 (1976).
―――. "The Lawyer as Apprentice: Legal Education in Eighteenth-Century Massachusetts." 28 *Journal of Legal Education* 124 (1976).
Maggs, Douglas. "How the Common Objectives of Bar Examiners and Law Schools Can Be Achieved." 13 *Oregon Law Review* 147 (1934).
Mandelker, Daniel K. "Legal Writing—the Drake Program." 3 *Journal of Legal Education* 583 (1951).
Manning, Bayless. "If Lawyers Were Angels: A Sermon in One Canon." 60 *American Bar Association Journal* 821 (1974).
―――. "Law Schools and Lawyer Schools—Two Tier Legal Education." 26 *Journal of Legal Education* 379 (1974).
Marden, Orison S. "CLEPR Origins and Program." In Council on Legal Education for Professional Responsibility, *Clinical Education for the Law Student*, 3. New York, 1973.
Martin, Ellen A. "Admissions of Women to the Bar." 1 *Chicago Law Times* 76 (1886).
Martin, Mark. "Are Ethics In or Out?" 38 *Texas Bar Journal* 835 (1975).
Maxwell, Lawrence. "The Importance of a Pre-Legal Education as a Preparation for the Practice of Law." 4 *American Law School Review* 29 (1915).
Meltsner, Michael, and Schrag, Philip G. "Report from a CLEPR Colony." 76 *Columbia Law Review* 581 (1976).
Mewett, Alan W. "Reviewing the Law Reviews." 8 *Journal of Legal Education* 188 (1955).
Miller, Charles H. "Clinical Training of Law Students." 2 *Journal of Legal Education* 298 (1950).
Miller, Samuel F. "The Ideals of the Legal Profession." 1874–1881 *Iowa State Bar Association Proceedings* 194 (1879).
Mindes, Marvin W. "Lawyer Specialty Certification: The Monopoly Game." 61 *American Bar Association Journal* 42 (1975).

Mooney, Ralph James. "The Rise and Fall of Classical Contract Law: A Response to Professor Gilmore." 55 *Oregon Law Review* 155 (1976).
Moore, John N. "Prolegomenon to the Jurisprudence of Myres McDougal and Harold Lasswell." 54 *Virginia Law Review* 662 (1968).
Moore, Underhill, and Callahan, Charles C. "Law and Learning Theory: A Study in Legal Control." 53 *Yale Law Journal* 1 (1943).
Moore, Underhill, and Sussman, Gilbert. "Legal and Institutional Methods Applied to the Debiting of Direct Discounts." 40 *Yale Law Journal* 381 (1931).
Moreland, Roy. "Legal Writing and Research in the Smaller Law Schools." 7 *Journal of Legal Education* 49 (1954).
Morgan, Edmund M. "The Case Method." 4 *Journal of Legal Education* 84 (1952).
Morrison, William. "Frames of Reference for Legal Ideals." In *The Crisis In Legal Ideals.* Edited By Eugene Kamenka et al. London, 1978.
Morse, Oliver. "Let's Add Another Year." 7 *Journal of Legal Education* 252 (1954).
Mueller, Addison, and James, Fleming, Jr. "Case Presentation." 1 *Journal of Legal Education* 129 (1948).
Mueller, Gerhard P. W. "Pre-Requiem for the Law Faculty." 18 *Journal of Legal Education* 413 (1966).
Murray, John R., Jr. "Special Admission Programs—the Bakke Case." 28 *Journal of Legal Education* 358 (1977).
Nader, Ralph. "Crumbling of the Old Order: Law Schools and Law Firms." *New Republic*, 15 November 1969, 20.
————. "Law Schools and Law Firms: The Mordant Malaise or the Crumbling of the Old Order." 7 *Harvard Law Record* 47 (1968).
Nighswander, Arthur N. "Should Study in a Law Office Be Abolished as a Qualification for Admission to the Bar?" 30 *Bar Examiner* 31 (1961).
Nilsson, George W. "Legal Education and Admission to the Bar." 6 *Journal of the American Judicature Society* 104 (1922).
Nolan, Dennis R. "The Effect of the Revolution on the Bar: The Maryland Experience." 62 *Virginia Law Review* (1976).
————. "Sir William Blackstone and the New American Republic: A Study of Intellectual Impact." 51 *New York University Law Review* 731 (1976).
Norton, Charles P. "The Buffalo Law School." 1 *Green Bag* 421 (1889).
Nutting, Charles B. "An Experiment in Intraprofessional Education." 7 *Food, Drug, Cosmetic Law Journal* 44 (1952).
O'Donovan, Katherine; Twining, William L.; and Mitchell, Roy. "Legal Eagles or Battery Hens: An Examination of Kelso's 'Programmed Introduction to the Study of Law.'" 10 *Journal of the Society of Public Teachers in Law* 6 (1968).
Oleck, Howard L. "The 'Adversary Method' of Law Teaching." 5 *Journal of Legal Education* 104 (1952).
Oliphant, Herman. "A Return to Stare Decisis." 14 *American Bar Association Journal* 23 (1928).
Oliphant, Robert E. "When Will Clinicians Be Allowed to Join the Club?" *Learning and the Law*, Summer 1976, 34.
Osborn, John R. "Annual Address." 2 *Ohio State Bar Association Reports* 71 (1881).
Otorowski, Christopher L. "Some Fundamental Problems with the Devitt Committee Report." 65 *American Bar Association Journal* 713 (1979).
Oulahan, Courts. "The Legal Implications of Evaluation and Accreditation." 7 *Journal of Law and Education* 193 (1978).

Papke, David. "The Browning of the Yale Law School." *Change,* April 1973, 17.
———. "The Last Gasp of the Unaccredited Law Schools." *Juris Doctor,* August 1973.
———. "Legal Studies: Here Today, Boom Tomorrow?" *Change,* November 1977, 21.
Patterson, C. Stevart. "The Law School of the University of Pennsylvania." 1 *Green Bag* 99 (1889).
Peairs, C. A. "Legal Bibliography: A Dual Problem." 3 *Journal of Legal Education* 61 (1949).
Pemberton, John DeJ., Jr. "Report of the National Law Student Conference on Legal Education—Conference Report." Part I, 1 *Journal of Legal Education* 73–97 (1948); Part II, 1 *Journal of Legal Education* 221–50 (1948).
Petters, Isabella Mary. "The Legal Education of Women." 38 *Journal of Social Science* 234 (1900).
Pincus, William. "Clinical Training in the Law School: A Challenge and a Primer for the Bar and Bar Admissions Authorities." 50 *St. John's Law Review* 479 (1976).
Pipkin, Ronald M. "Legal Education: The Consumer's Perspective." *1976 American Bar Foundation Research Journal* 1161.
Pound, Roscoe. "The Call for a Realist Jurisprudence." 44 *Harvard Law Review* 697 (1931).
———. "The Scope and Purpose of Sociological Jurisprudence." 24 *Harvard Law Review* 591 (1911).
Powell, Thomas R. "Law as Cultural Study." 4 *American Law School Review* 336 (1917).
Pritchett, Henry S. "The Story of the Establishment of the NBS." 15 *Science* 281 (1902).
Prosser, William L. "Legal Education in California." 38 *California Law Review* 197 (1953).
———. "The Ten-Year Curriculum." 6 *Journal of Legal Education* 149 (1953).
Raysor, Thomas H. "Necessity of Preparation for the Bar." 7 *Southern California Bar Association Reports* 57 (1891).
Reed, Alfred Z. "Cooperation for the Improvement of Legal Education." In *Twenty-Sixth Annual Report of the Carnegie Foundation for the Advancement of Teaching, 1931,* 51.
———. "Criticism of Carnegie Foundation Bulletin." 7 *American Bar Association Journal* 8 (1922).
———. "The Lawyer as a Privileged Servant of Democracy." 6 *Journal of the American Judicature Society* 154 (1922).
———. "Legal Education during the War." In Carnegie Foundation for the Advancement of Teaching, *Review of Legal Education.* New York, 1918.
———. "Legal Education, 1925–28." 6 *American Law School Review* 771 (1930).
———. "Scholarship or Opinions." 35 *Harvard Law Review* (1922).
Reese, Willard. "The Standard Law School Admission Test." 1 *Journal of Legal Education* 124 (1948).
Reich, Charles A. "Towards the Humanist Study of Law." 74 *Yale Law Journal* 1402 (1965).
Richards, David A. J. "Taking *Taking Rights Seriously* Seriously: Reflections on Dworkin and the American Revival of Natural Law." 52 *New York University Law Review* 1265 (1977).
Richards, Harry S. "Progress in Legal Education." 15 *Handbook of the Association of American Law Schools* 15 (1915).
———. "Shall Law Schools Give Credit for Office Study?" 24 *Reports of the American Bar Association* 514 (1901).

Ridenour, Ron. "Law and the People." *Juris Doctor*, May 1975, 15.
Riesman, David. "Some Observations on Legal Education." 1 *Wisconsin Law Review* 63 (1968).
Rigler, Douglas V. "Professional Codes of Conduct after Goldfarb: A Proposed Method of Antitrust Analysis." 29 *Arkansas Law Review* 185 (1975).
Robinson, James J. "Admission to the Bar as Provided For in the Indiana Constitutional Convention of 1850–1851." 1 *Indiana Law Journal* 209 (1926).
Robinson, William C. "A Study of Legal Education." *Catholic University Bulletin*, 1895.
Rodell, Fred. "Goodbye to Law Reviews." 23 *University of Virginia Law Review* 38 (1936).
―――. "Goodbye to Law Reviews—Revisited." 48 *University of Virginia Law Review* 279 (1962).
Rogers, Henry Wade. "The Law Department of Michigan University." 3 *Western Jurist* 129 (1869).
―――. "Law School of the University of Michigan." 1 *Green Bag* 189 (1889).
―――. "Legal Education." 21 *Illinois State Bar Association Proceedings*, pt. 2, 53 (1897).
Rogers, James G. "The American Bar Association in Retrospect." In New York University School of Law, *Law: A Century of Progress, 1835–1935*. Vol. 1. New York, 1937.
―――. "Democracy versus High Standards: The American Lawyer's Dilemma." 7 *Rocky Mountain Law Review* 1 (1935).
Rosenberg, Maurice. "Anything Legislatures Can Do, Courts Can Do Better?" 62 *American Bar Association Journal* 587 (1976).
Rutter, Irvin C. "Designing and Teaching the First Degree Curriculum." 37 *University of Cincinnati Law Review* 7 (1968).
Sacks, Albert. "Forward to the Supreme Court, 1953 Term." 68 *Harvard Law Review* 96 (1954).
Savoy, Paul N. "Towards a New Politics of Legal Education." 79 *Yale Law Journal* 444 (1970).
Schlegel, John Henry. "American Legal Realism and Empirical Social Science: From the Yale Experience." 28 *Buffalo Law Review* 459 (1980).
―――. "American Legal Realism and Empirical Social Science: The Singular Case of Underhill Moore." 29 *Buffalo Law Review* 195 (1981).
Schouler, James. "Cases Without Treatises." 23 *American Law Review* 1 (1889).
Scott, James B. "The Study of the Law." 2 *American Law School Review* 1 (1906).
Schwartz, Murray L. "Law Schools and Ethics." *Chronicle of Higher Education*, 9 December 1974, 20.
Seavey, Warren A. "The Association of American Law Schools in Retrospect." 3 *Journal of Legal Education* 158 (1950).
Seidman, Marshall J. "Personal Viewpoint—the Responsibility of Law Schools." 62 *American Bar Association Journal* 639 (1976).
Shafroth, Will. "Bar Examiner and Examinees." 17 *American Bar Association Journal* 375 (1931).
―――. "Bar Examiners Take Steps toward Permanent Organization." 16 *American Bar Association Journal* 699 (1930).
―――. "National Conference of Bar Examiners." 7 *Indiana Law Journal* 134 (1931).
―――. "The Next Step in the Improvement of Bar Admissions Standard." *Annual Review of Legal Education* 13 (1935).
―――. "The Part of the Bar Association in Fixing Standards of Admissions." 6 *Indiana Law Journal* 512 (1931).
―――. "The Problem of the Lawyer's Qualification." 6 *Indiana Law Journal* 268 (1931).

———. "Recent Change in Bar Admission Requirements." 22 *American Bar Association Journal* 304 (1936).
Shepard, Charles. "The Education of the Lawyer in Relation to Public Service." 81 *Central Law Journal* 220 (1915).
Simpson, A. W. Brian. "The Horwitz Thesis and the History of Contract." 46 *University of Chicago Law Review* 533 (1979).
Simpson, Sidney P. "Developments in the Law School Curriculum and in Teaching Methods." 8 *American Law School Review* 1040 (1938).
Slack, Charles W. "Hastings College of Law." 1 *Green Bag* 518 (1889).
Sleeper, Peter. "The Renaissance of Night Law Schools." *Juris Doctor*, December 1972, 6.
Slonim, Scott. "New Accreditation Proposals Criticized." 65 *American Bar Association Journal* 1505 (1980).
———. "State Court Tells Law Schools What to Teach." 67 *American Bar Association Journal* 26 (1981).
Smith, Eugene L. "Is Education for Professional Responsibility Possible?" 40 *University of Colorado Law Review* 509 (1968).
Smith, G. H. "History of the Activity of the American Bar Association in Relation to Legal Education and Admission to the Bar." 7 *American Law Review* 1 (1930).
Smith, Young. "Training the Law Teachers through Graduate Work." 29 *Association of American Law Schools Proceedings* 93 (1931).
———, and Rogers, James G. "The Overcrowding at the Bar and What Can Be Done about It." 7 *American Law School Review* 565 (1932).
Snyder, Orvill C. "The Problem of the Night Law School." 20 *American Bar Association Journal* 109 (1934).
Sovern, Michael J. "A Better Prepared Bar—the Wrong Approach." 50 *St. John's Law Review* 473 (1976).
———. "Training Tomorrow's Lawyers: A Response to the Chief Justice's Challenge." 11 *Columbia Journal of Law and Social Problems* 72 (1974).
Spangler, Eve; Gordon, Mosha; and Pipkin, Ronald. "Token Women: An Empirical Test of Kanter's Hypothesis." 85 *American Journal of Sociology* 1 (1978).
Speca, John M. "Panel Discussions as a Device for Introduction to Law." 3 *Journal of Legal Education* 124 (1950).
Speidel, Richard. "An Essay on the Reported Death and Continued Vitality of Contract." 27 *Stanford Law Review* 1161 (1975).
Spencer, William, and Harno, Albert. "The Correlation of Law and College Subjects." 4 *American Law School Review* 85 (1922).
Stanley, Justin. "Comments on Current Problems Facing the Legal Profession." 57 *Chicago Bar Record* 109 (1975).
———. "Two Years +: The Third Year of Schooling Should Cater to the Special Demands of State Law." 3 *Learning and the Law* 18 (1976).
Starr, Merritt. "The Value to the Lawyer of Training in the Classics." 15 *School Review* 409 (1907).
Statsky, William P. "Paraprofessionals: Expanding the Legal Service Delivery Team." 24 *Journal of Legal Education* 397 (1972).
Steigler, Mayo H. "Reconstruction of NCLE." 1966 *Legal Aid Briefcase* 279 (1966).
Stein, Peter. "Attraction of the Civil Law in Post-Revolutionary America." 52 *Virginia Law Review* 403 (1966).
Stein, Robert A. "In Pursuit of Excellence: A History of the University of Minnesota Law School." Parts 1–3, 62 *Minnesota Law Review* 485, 857, 1161 (1978); Parts 4–6, 63 *Minnesota Law Review* 229, 809, 1101 (1979).

Stephenson, Edward L. "Academe to Agora: Bridging the Gap." 28 *Connecticut Bar Journal* 163 (1954).
Stevens, Robert. "Aging Mistress: The Law School in America." *Change in Higher Education*, January–February 1970, 32.
———. "American Legal Education: Reflections on the Light of Ormrod." 35 *Modern Law Review* 242 (1972).
———. "Democracy and the Legal Profession." 3 *Learning and the Law* 12 (1976).
———. "Law Schools and Law Students." 59 *Virginia Law Review* 551 (1973).
———. "Legal Education: Historical Perspective." In Council on Legal Education for Professional Responsibility, *Clinical Education for the Law Student*, 43. New York, 1973.
———. "Preface." *1976 Brigham Young University Law Review* 695.
———. "Unexplored Avenues in Comparative Anglo-American Legal History." 48 *Tulane Law Review* 1086 (1974).
Stewart, James B., Jr. "My Week in an Unaccredited Law School." *American Lawyer*, August 1980, 19.
Stolz, Preble. "Clinical Experience in American Legal Education: Why Has It Failed?" In Edmund W. Kitch, ed., *Clinical Education and the Law School of the Future*. Chicago, 1969.
———. "Training for the Public Profession of the Law (1921): A Contemporary Review." In Herbert Packer and Thomas Ehrlich, *New Directions in Legal Education*. Berkeley, 1972.
———. "The Two-Year Law School: The Day the Music Died." 25 *Journal of Legal Education* 37 (1973).
Stone, Alan A. "Legal Education on the Couch." 85 *Harvard Law Review* 392 (1971).
Stone, Harlan F. "Dean Stone's Rejoinder to Mr. Reed's Reply." 8 *American Bar Association Journal* 7 (1922).
———. "Dr. Redlich and the Case Method in American University Law Schools." 17 *Columbia University Quarterly* 262 (1915).
———. "Legal Education and Democratic Principle." 7 *American Bar Association Journal* 639 (1921).
Stone, Phil. "The Greatest Good for the Greatest Number." 2 *Mississippi Law Journal* 290 (1929).
Storke, Frederic P. "Devices for Teaching Fact-Finding." 23 *Rocky Mountain Law Review* 82 (1950).
Stricker, Joseph. "Unauthorized Practice and the Public Relations of the Bar." 23 *American Bar Association Journal* 278 (1931).
Strong, Frank R. "A New Curriculum for the College of Law of the Ohio State University." 11 *Ohio State Law Journal* 44 (1950).
———. "Pedagogical Implications of Inventorying Legal Capacities." 3 *Journal of Legal Education* 555 (1951).
Sullivan, Russell N. "The Professional Associations and Legal Education." 4 *Journal of Legal Education* 412 (1952).
Surrency, Edwin C. "The Lawyer and the Revolution." 8 *American Journal of Legal History* 125 (1964).
Sutherland, Arthur. "One Man in His Time." 78 *Harvard Law Review* 7 (1964).
Swaffield, Roland G. "Unlawful Practice of the Law: The Professional Responsibility in Relation Thereto." 5 *Southern California Law Review* 181 (1932).
Swan, Thomas W. "Reconstruction and the Legal Profession." 28 *Yale Law Journal* 794 (1919).

Swasey, George R. "Boston University Law School." 1 *Green Bag* 54 (1889).
Swindlehurst, Albert. "Legal Education and Law Practice." 34 *American Law Review* 214 (1900).
Teachout, Peter R. "Gilmore's New Book: Turning and Turning in the Widening Gyre." 2 *Vermont Law Review* 229 (1977).
Tiedeman, Christopher. "Methods of Legal Education." 1 *Yale Law Journal* 150 (1892).
Trubek, David. "Max Weber on Law and the Rise of Capitalism." 3 *Wisconsin Law Review* 720 (1972).
Tushnet, Mark. "Post Realist Legal Scholarship." N.S. 15 *Journal of the Society of the Public Teachers of Law* 20 (1980).
Twining, William. "Academic Law and Legal Philosophy: The Significance of Herbert Hart." 95 *Law Quarterly Review* 557 (1979).
―――. "Pericles and the Plumber." 83 *Law Quarterly Review* 396 (1967).
Vance, William R. "The Function of the State Supported Law School." 3 *American Law School Review* 410 (1914).
Van Dyke, Jon. "Bakke v. The Regents of the University of California." 3 *Hastings Constitutional Law Quarterly* 891 (1976).
Venny, Courtney. "The Case Method of Teaching Law." N.S. 16 *Journal of the Society of Comparative Legislation* 182 (1916).
Vernon, David H. "The Expanding Law School Curriculum Committee: The Move by Courts and the Organized Bar to Control Legal Education." 27 *Journal of Legal Education* 7 (1976).
Vold, L. "Improving North Dakota Bar Association Requirements." 13 *Quarterly Journal* 59 (1923).
Volz, Marlin. "The Legal Problems Courses at the University of Kansas City." 7 *Journal of Legal Education* 91 (1954).
Von Hoffman, Nicholas. "Legal Specialty: Newest Ripoff?" *Chicago Tribune*, 2 January 1975, sec. 2, p. 4, col. 3.
Wallace, J. E. "Philosophy and the Future of the Law School Curriculum." 44 *University of Denver Law Review* 24 (1967).
Walsh, Lawrence E. "The Annual Report of the President of the American Bar Association." 62 *American Bar Association Journal* 1119 (1976).
Walton, Joseph P. "Notes on the Early History of Legal Studies in England." 22 *Reports of the American Bar Association* 501 (1899).
Ward, Bernard J. "The Problem Method at Notre Dame." 11 *Journal of Legal Education* 100 (1958).
Washburn, Emory. "Legal Education: Why?" 7 *Western Jurist* 213 (1873).
Washington, Harold R. "History and Role of Black Law Schools." 18 *Howard Law Review* 385 (1974).
Watson, Andrew S. "The Quest for Professional Competence: Psychological Aspects of Legal Education." 37 *University of Cincinnati Law Review* 93 (1968).
Weaton, Carl. "Law Teaching and Pragmatism." 25 *Georgetown Law Journal* 338 (1937).
Wechster, Herbert. "Toward Neutral Principles in Constitutional Law." 73 *Harvard Law Review* 1 (1959).
Weisberg, D. Kelly. "Women in Law School Teaching: Problems and Progress." 30 *Journal of Legal Education* 226 (1976).
Wellington, Harry H. "Common Law Rules and Constitutional Double Standards: Some Notes on Adjudication." 83 *Yale Law Journal* 221 (1973).
Werner, Joseph. "Need for State Reviews." 23 *Virginia Law Review* 49 (1936).
Wicker, William H. "Legal Education Today and in the Post War Era." 18 *Tennessee Law*

*Review* 700 (1945).
Wickser, Philip J. "Law Schools, Bar Examiners and Bar Associations: Co-operation versus Insulation." 7 *American Law School Review* 734 (1933).
Weihofen, Henry. "Education for Law Teachers." 43 *Columbia Law Review* 427 (1943).
Wellman, Francis L. "Admission to the Bar." 15 *American Law Review* 295 (1881).
White, James J. "Women in the Law." 65 *Michigan Law Review* 1051 (1967).
White, James P. "Law School Enrollment Up Slightly But Levelling." 65 *American Bar Association Journal* 577 (1979).
Wigmore, John Henry. "Juristis Psychoyemetrology—Or How to Find Out Whether the Boy Has the Makings of a Lawyer." 24 *Illinois Law Review* 454 (1930).
Wilson, Lyman. "Preparation for the Bar Exam." 1 *Bar Examiner* 128 (1931).
Winter, Bill. "Federal Courts Implement Devitt Proposals." 67 *American Bar Association Journal* 550 (1981).
Woodard, Calvin. "The Limits of Legal Realism: An Historical Perspective." 54 *Virginia Law Review* 689 (1968).
Woodruff, Edwin H. "History of the Cornell Law School." 4 *Cornell Law Quarterly* 91 (1919).
York, John C., and Hale, Rosemary D. "Too Many Lawyers?: The Legal Service Industry: Its Structures and Outlook." 26 *Journal of Legal Education* 1 (1973).
York, Kenneth M. "The Law School Curriculum Twenty Years Hence." 15 *Journal of Legal Education* 160 (1965).
Zimmer, Michael J. "Beyond DeFunis: Disproportionate Impact Analysis and Mandate 'Preferences' in Law School Admissions." 54 *North Carolina Law Review* 317 (1976).
Zimmerman, Paul. "A History of the Youngstown Law School." Paper written in behalf of the committee to write the history of the Youngstown University, Youngstown, Ohio, 1976.

# 索 引

Abbott, Austin, 105 (n. 27)
Abbott, Nathan, 60, 73
Academic lawyers, and practitioners, 38–39, 98, 176, 238–40; and curriculum change, 39; and case method, 54–55, 63, 67–68 (n. 29), 128 (n. 38); within ABA and AALS, 96–97, 125 (n. 16), 245; elitism of, 100, 109 (n. 67), 133–34; and American Law Institute, 133; and New Deal, 160, 168–69 (nn. 44, 45), 178; inbreeding among, 287 (n. 83)
Ackerman, Bruce, 271, 285 (n. 55)
Adams, Austin, 82
Adams, Charles, 61
Adams, John, 10 (n. 5)
Adams, John Quincy, 10 (n. 5)
*Air Law Review*, 164–65 (n. 13)
Alabama: bar admission in, 182 (n. 27), 183 (n. 29), 217 (n. 9); law schools in, 259 (n. 118)
Alaska, bar admission in, 255 (n. 71)
*Albany Law Journal*, 8, 24, 32 (nn. 36, 38), 33–34 (n. 50), 143 (n. 11)
Albany Law School, 22, 26, 78, 86 (n. 23), 182, 229 (n. 90)
Alderman, Edwin Anderson, 192
Allegheny College, 16 (n. 47)
Allen, Carleton Kemp, Sir, 264, 279 (n. 4)
American Bar Association (ABA): as exponent of professionalism, 27, 73, 237; creation of, 27, 92, 103 (n. 1); opposes diploma privilege, 34 (n. 57), 182 (n. 27); and AALS, 38, 96, 98, 100, 109 (n. 65), 116–17, 120, 173–76, 206, 207, 217 (n. 10), 218 (n. 20), 245; and case method, 57–60, 96; women admitted to, 84; elitism of, 92, 99–101, 218 (n. 13), 243; standardization and unitary bar as goals of, 92–94, 103–4 (nn. 3, 4, 11), 116–17, 179, 182–83 (n. 29), 205, 206–7, 209, 218–19 (nn. 19, 21); and bar admissions, 94–95, 96, 98, 99, 112, 177–79, 185–86 (n. 49), 218 (n. 13), 243; membership in, 97, 98, 111 (n. 84), 182 (n. 17); and proprietary and part-time schools, 112, 193–96, 199, 236, 244–45, 251 (n. 33), 259 (n. 116), 260 (n. 125); and Council on Legal Education, 114–15; and four-year law program, 167 (n. 29); and campaign to upgrade legal education, 172–80, 182 (nn. 13, 27), 183 (n. 32), 189–90 (n. 72), 193–96, 199, 236, 251 (n. 33), 282 (n. 29); and *Annual Review of Legal Education*, 178; sponsors student surveys, 246. *See also* Committee on Legal Education and Admissions to the Bar; Section of Legal Education and Admissions to the Bar
American Bar Foundation, 277, 286 (n. 62)
*American Bar Foundation Research Journal*, 288 (n. 94)
American Judicature Society, 183 (n. 29)
American Law Institute, 133, 136, 141
*American Law Register*, 128 (n. 34)
*American Law Review*, 62
American Medical Association (AMA), 94, 102–3; and ABA, 97, 111 (n. 84), 179
American Social Science Association, 27, 134
American University, 207
Ames, James Barr, 67 (n. 28), 80; and Eliot, 38, 47 (n. 2), 55, 60, 68 (n. 30); and case method, 38, 41, 47 (n. 34), 54, 55, 60, 61; and Langdell, 38, 55, 60; and University of Chicago Law School, 39, 40; casebook style of, 56, 66 (n. 19), 68 (n. 40); teaching effectiveness of, 38–39
Amherst College, 42 (n. 1)
Anderson, Gulusha, 39
Andrew Jackson Business University Law School, 194–95, 201 (n. 31)
Andrews, James, 125 (n. 18)

索 引 451

*Annual Review of Legal Education*, 178
Antioch School of Law, 241
Apprenticeship: as customary route to bar, 3, 10–11 (nn. 5, 6); changing requirements in regard to for admission to bar, 7–8, 14–15 (nn. 42–45), 76, 95; conflict with law school education, 22, 24–25, 73, 93, 95, 98, 104–5 (n. 16), 106 (n. 32), 112, 174, 177, 205, 217–19 (nn. 9, 11, 24), 239, 256 (n. 81); as complement to law school education, 37, 47 (n. 23), 230–31 (n. 98); as uncommon route to bar, 181 (n. 6), 209, 219 (nn. 23, 24); cheapness of, 282 (n. 33)
Aptitude test(s), for law school, 161, 169–70 (nn. 54, 56). *See also* Law School Admissions Test
Archer, Gleason, 80, 83, 175, 176, 194
Arizona, bar and law schools in, 217, 254 (n. 64), 259 (n. 118)
Arizona State University Law School, 213
Arkansas, bar admission in, 15 (n. 44), 83, 182 (n. 27), 217 (n. 9), 218 (n. 11)
Arnold, Thurman, 152 (n. 86), 164 (n. 6)
Ashmun, John, 5
Association of American Law Schools (AALS): opposes diploma privilege, 34 (n. 57); founding and membership of, 38, 96–98, 107–8 (nn. 35, 37, 44, 46), 176; and law school admissions, 43–44 (n. 8), 189–90 (n. 72), 236, 251 (n. 33); and ABA, 98, 100, 102, 109 (n. 65), 116–17, 120, 173–76, 206, 207, 217 (n. 10), 218 (n. 20), 240; and bar admissions, 99, 185–86 (n. 49); elitism and independence of, 99–100, 101, 108–9 (nn. 57, 61, 62, 64), 239, 240, 257 (nn. 88, 89); and Section of Legal Education, 109 (n. 65), 114–15; and proprietary and part-time schools, 112, 115, 173, 190 (n. 72), 193–96, 198, 244–45, 259 (n. 116), 260 (n. 125); and Council on Legal Education, 114–15, 125 (n. 17); standardization and unitary bar as goals of, 116–17, 126–27 (n. 26), 205, 206–9, 218 (nn. 12, 19), 219 (nn. 22, 24); and case method, 128–29 (n. 42); and objectives of legal education, 149 (n. 69), 162; and campaign to upgrade legal education, 172, 173–77, 179–80, 183 (n. 32), 189–90

(n. 72), 193–96, 198, 203 (n. 56); questions about role of, 208, 245. *See also* Committee on Aims and Objectives; Committee on Legal Aid Clinics; Committee on Teaching and Examination Methods; Curriculum Committee; Council on Education for Professional Responsibility
Association of the Bar of the City of New York, 23, 27, 34 (n. 59)
Atlanta Law School, 259 (n. 121)
Auerbach, Jerold, 99–100, 108 (n. 59)
Austin, John, 250–51 (n. 31)

Baker, John, 256 (n. 80)
Baker and McKenzie, 267
*Bakke v. California Board of Regents*, 245, 261 (n. 135)
Baldwin, Briscoe Gerard, 13 (n. 21)
Baldwin, Simeon E., 34 (n. 60), 43 (n. 8), 49 (n. 42), 67 (n. 24), 103 (n. 1), 128 (n. 39)
Ballantine, Henry, 50 (n. 53)
Baltimore, specialization among lawyers in, 268
Baltimore University Law School, 74
Bankaloo, Lemma, 82
Banta, David B., 43 (n. 7)
Bar, admission to. *See* Bar examination; Diploma privilege
Barber, John T., 31 (n. 33)
Bar examination(s): as desideratum, 3, 25, 32 (n. 36); creation and early character of, 25–26, 32–33 (nn. 43, 44), 94–95, 98, 99, 104 (n. 12), 105–6 (n. 30); Reed's views on, 114, 124 (n. 10); preparation for as goal of legal education, 157, 163, 210, 220 (n. 40), 266, 269–70; ABA-AALS desire to upgrade, 177, 178, 185–86 (n. 49); in California, 208–9, 220 (n. 33); allegations of cultural bias in, 245–46; efforts to standardize, 267
Bar examiners, state boards of, 115, 179, 185–86 (n. 49); establishment of, 25, 94–95, 105 (n. 23); national organization for, 185 (n. 46), 186 (n. 49)
Battle, William Horn, 13 (n. 28)
Beaird, J. Ralph, 256 (n. 83)
Beale, Joseph H.: and University of Chicago Law School, 40, 60; and case method, 55, 60, 68 (n. 40), 128–29 (n. 42); casebook

style of, 66 (n. 19); and Cambridge Law School for Women, 83–84, 90 (n. 87); on function of night schools, 107 (n. 39); and strict approach to common law, 131
Bellow, Gary, 257 (n. 93)
Bergin, Thomas F., Jr., 209, 213, 223 (n. 48), 233, 264, 279 (n. 1)
Berle, Adolf A., Jr., 168 (n. 44)
Beveridge, Albert, 47 (n. 29)
Biener, A. G. C., Jr., 186 (n. 49)
Bispham, George Tucker, 29 (n. 17)
Black, Hugo, 37
Blackman, Arthur Willis, 200 (n. 12)
Blacks: access of to legal education, 81, 100, 187 (n. 54), 195, 201–2 (nn. 28, 34, 36), 206, 217 (n. 6), 234, 245, 259 (n. 121); admission of to bar, 81–82, 89 (nn. 62, 68), 218 (n. 13), 234; National Bar Association, 105 (n. 18); access of to medical education, 218 (n. 13); status of in legal profession, 235, 246, 250 (n. 24)
Blackstone, William, 21, 23; *Commentaries* of, 3, 11 (n. 8), 12 (n. 17), 30–31 (nn. 28, 33), 47–48 (nn. 36–39), 49 (n. 48)
Blackstone Law School, 77
Bliss, Philemon, 81
Boas, Maxwell, 244–45
Bok, Derek, 258 (n. 105)
Boman, John, 180–81 (n. 3)
Borchard, Edwin, 153 (n. 86)
Boston: lawyers in, 9, 85 (n. 17), 89 (n. 62), 112; law schools in, 79–80, 187 (n. 54), 194
Boston College Law School, 250 (n. 22), 281–82 (n. 25), 283 (n. 42)
Boston University Law School, 45 (n. 21), 74, 80, 82, 230 (n. 96)
Boston YMCA Law School, 80, 183 (n. 33). *See also* Northeastern University Law School
Bowdoin College, 104 (n. 12)
Bradley, Joseph, 82
Bradway, John, 162, 165 (n. 14), 214, 215, 229 (n. 90), 230 (n. 92)
Bradwell, Myra, 82, 89 (n. 74)
Brandeis, Louis, 55, 80
Brandeis University, 233, 236
Brennan, James, 175
Brink, David, 255 (n. 70)
Broadhead, James A., 105 (n. 17)

Brockenbrough, John White, 13 (n. 21)
Bronsen, H. A., 43 (n. 8)
Brooklyn Law School, 78–79, 88 (n. 46)
Brown, Esther, 163, 171 (n. 70), 217 (n. 9), 268, 287 (n. 81)
Brown University, 12 (n. 15), 42 (n. 3)
*Brown v. Board of Education of Topeka*, 217 (n. 6)
Bryant, Edwin E., 61
Bryce, James, 18 (n. 67), 21, 28 (n. 8), 30 (n. 25), 96, 105–6 (n. 30)
Bucknell University, 16 (n. 47)
Bureau of Labor Statistics, 236
Bureau of Standards, 103 (n. 2)
Burger, Warren, 238, 243
Butler, Benjamin, 4, 8, 12 (n. 18)
Butler, Nicholas Murray, 51, 147 (n. 55)
Butler, Evarts and Southmayd, 31 (n. 28)

Cadwalader, Wickersham and Taft, 9
Calabresi, Guido, 272
California: law schools in, 78, 194, 201 (n. 29), 208–9, 220–21 (nn. 32, 33), 244, 245, 268; bar admission in, 98, 180, 190 (n. 75), 208–9, 220–21 (n. 33), 255 (n. 71), 245–46; condition of bar in, 183 (n. 29), 187–88 (nn. 56, 57), 238, 254 (n. 64), 268; paralegal personnel in, 252 (n. 40)
California College of Law, 220 (n. 32)
Calvin Coolidge College, 194
Cambridge Law School for Women, 83–84, 90 (n. 87)
Carnahan, Charles, 228 (n. 84)
Carnegie Foundation, 149 (n. 69), 157–58, 242; and Redlich Report, 68 (n. 40), 112, 124 (n. 7); and Reed studies, 103 (n. 2), 112; and *Annual Review of Legal Education*, 178
Cardozo, Benjamin, 132, 144 (n. 22)
Carrington, Paul, 242
Carusi, Charles, 109–10 (n. 75), 125 (n. 18)
Casebooks: and case method, 56, 66 (n. 19), 68 (n. 40); Redlich's view of, 118, 128 (n. 39); and functionalism, 138; and social sciences, 158, 163, 166 (nn. 21, 22); and process approach, 271; and Realism, 272, 273–74; and neoconceptualism, 285–86 (n. 61)

索 引   453

Case method: Eliot and, 36; Langdell and development of, 36, 38, 52–55, 66 (nn. 15, 16); Ames and, 38, 41; endorsement and spread of, 45 (n. 19), 49 (n. 47), 60–63, 64, 70 (nn. 78–80), 86 (n. 21), 112–13, 117, 121, 123, 123 (n. 5), 124–25 (n. 12), 128–29 (nn. 42, 50), 157, 191–92, 198, 199 (n. 9), 212; and scientism, 52, 65–66 (n. 13), 99; intellectual assumptions underlying, 52–53, 55, 66 (n. 16); objectives of, 54–55, 135, 270; adaptability of, 55–57, 157, 212, 213–14; and casebooks, 55, 66 (n. 19), 68 (n. 40); lasting influence and contribution of, 56, 122–23, 247, 268, 269, 277–78, 283 (nn. 36, 37, 40); criticism of and resistance to, 57–60, 61, 62, 67 (n. 27), 70 (n. 76), 71 (n. 86), 74, 96, 109 (n. 74), 141, 149 (n. 65), 191–92, 199 (n. 4), 211, 212, 214, 215, 223 (n. 47), 268, 269; reasons for success of, 63–64, 71–72 (n. 90), 268–69, 282 (n. 33); and elitism, 99, 101, 102; and Redlich Report, 112–13, 117–19, 121–22, 128–30 (nn. 34, 39, 42, 56); and Reed studies, 117, 120–22, 124–25 (n. 12), 129 (n. 50), 161; and student-faculty ratio, 118, 268, 282 (n. 30); and atomistic approach to common law, 133; student complaints about, 137, 161, 234, 247, 268, 269, 276–77; and Realism, 157; and selective admissions, 161; and problem method, 215, 228–29 (n. 87)
Case Western Reserve University Law School, 37, 49 (n. 47), 151 (n. 76), 193, 200 (n. 17)
Casper, Gerhart, 261 (n. 133)
Catholic University Law School (Columbus Law School), 40, 76–77, 81, 89 (n. 61), 196, 202 (n. 48), 207
Cavers, David, 164–65 (n. 13), 215, 223 (n. 47), 227 (n. 77), 228 (n. 84)
Center for Law and Social Policy, 231 (n. 980)
*Central Law Journal*, 57
Chapman, Daniel, 12 (n. 15)
Chapman, John Jay, 65 (n. 10)
Chase, George, 86 (n. 21)
Chase, Harry Woodburn, 191

Chattanooga College of Law, 201 (n. 31)
Chicago: law schools in, 76, 187 (n. 54), 247 (n. 2); black lawyers in, 235, 250 (n. 24); Jewish lawyers in, 262 (n. 142); law firms in, 267, 281 (n. 16)
Chicago College of Law, 74
Chicago-Kent Law School, 74, 75, 183 (n. 33)
*Chicago Legal News*, 82, 89 (n. 74)
Chicago University, 42 (n. 2), 77
Choate, Joseph, 30–31 (n. 28)
Chroust, Anton-Herman, 6–7
Cincinnati YMCA Law School, 81
City College of New York, 258 (n. 108)
Claremont College, 236
Clare Proposals, 238–39, 240, 259 (n. 111)
Clark, Charles, 140, 141, 145 (n. 35), 152 (n. 86), 158, 166 (n. 17), 169 (n. 50)
Clark, John Kirkland, 193
Clements, Andrew W., 229 (n. 90)
Clerkship. *See* Apprenticeship; Clinical law programs
Cleveland, law firms in, 267
Cleveland Law School, 183 (n. 33)
Clinical law programs, 212, 214–16, 227 (n. 76), 229–30 (nn. 88, 90–92, 95, 97), 240–41, 143, 277. *See also* Legal aid
Coase, Ronald, 272
Codification movement, 8–9
Cohen, Marshall, 286 (n. 71)
Cohen, Morris, 279–80 (n. 4)
Coke, Edward, 288 (n. 95)
College Entrance Examination Board, 170 (n. 54)
College of Philadelphia, 11–12 (n. 15)
College of William and Mary, 4, 180 (n. 2), 193, 200 (n. 18)
Collins, Patrick, 85 (n. 17)
Colorado: bar admission in, 174, 182 (n. 26), 193–94, 217; condition of bar in, 250 (n. 23), 254 (n. 64)
*Columbia Law Review*, 128 (n. 34)
Columbian Law School. *See* George Washington University Law School
Columbia University, 4, 12 (n. 15), 123 (n. 4), 252 (n. 41)
Columbia University Law School, 22, 46 (n. 22), 86 (n. 23), 136, 151 (n. 78), 168 (n. 44), 181 (n. 5), 182 (n. 21), 242, 255 (n.

75); origins of, 4, 12 (n. 15); revival of, 21, 28 (n. 9), 23; prominence of, 23–24; diploma privilege at, 26, 27, 33–34 (nn. 50, 56); and Harvard Law School, 36, 60; graduate program at, 37, 45 (n. 21), 169 (n. 48); curriculum content and change at, 39, 48 (n. 40), 49 (n. 44), 137–40, 147–50 (nn. 55, 59, 62, 66, 67, 70, 73), 155, 158, 159, 162, 163, 167 (n. 37), 168 (n. 42), 171 (n. 69), 222 (n. 42), 224 (n. 52), 265, 270, 284 (n. 44); admissions policy of, 45 (n. 18), 106 (n. 33), 161, 170 (n. 58), 200 (n. 18), 221 (n. 38); case method at, 45 (n. 19), 60, 69 (n. 73), 118, 123 (n. 5), 149 (n. 65); elitism and commercialism of, 51, 266, 281 (n. 16); funding of, 71 (n. 90); moots at, 127 (n. 32); seminars at, 166 (n. 25), 226 (n. 66); student-faculty ratio at, 181 (n. 13); and depression, 187 (n. 53); women at, 204 (n. 63); tutorial program at, 212, 225 (n. 57); and LSAT, 221 (n. 38); problem method at, 228 (n. 84); clinical program at, 229 (n. 91); and academic inbreeding, 287 (n. 83)

Columbus Law School. *See* Catholic University Law School (Columbus Law School)

Combined ("law and") programs, 70 (n. 81), 159, 167 (nn. 34, 36), 211, 222 (n. 41), 233

Commerce Clearing House Loose Leaf Service, 274

Committee on Aims and Objectives (AALS), 218 (n. 12)

Committee on Legal Aid Clinics (AALS), 165 (n. 14)

Committee on Legal Education and Admissions to the Bar (ABA), 50 (n. 57), 112; and case method, 58–59; objectives of, 93, 94, 95, 97, 105 (n. 24); and Section of Legal Education, 95, 105 (n. 26), 114–15

Committee on Teaching and Examination Methods (AALS), 227 (n. 77)

Common law: English idea of, 4, 131; Americanization of, 8, 17 (n. 52); atomistic approach to, 132–33, 143–44 (n. 18), 156, 264

Community College of Law and International Diplomacy, 244

Conference of Bar Association Delegations, 172, 181 (n. 4)

Conference of Critical Legal Studies, 275

Connecticut: bar admission in, 32 (n. 41), 217–18 (n. 11); law schools in, 198, 259 (n. 118)

Cook, Walter Wheeler, 114, 116, 134, 140, 144–45 (n. 29), 147 (n. 55), 155

Corbin, Arthur, 62, 107 (n. 39), 116, 126–27 (n. 26), 134, 135, 144–45 (n. 29), 273

Cornell University, 42 (n. 3)

Cornell University Law School: admissions policy of, 37, 47 (n. 25), 193, 200 (n. 17); case method at, 70 (n. 78), 228 (n. 87); establishment of, 71–72 (n. 90), 74, 84 (n. 10); student-faculty ratio at, 181–82 (n. 13); curriculum at, 222 (n. 42); and academic inbreeding, 287 (n. 83)

Council on Education for Professional Responsibility (AALS), 230 (n. 95)

Council on Legal Education, 114–15

Council on Legal Education for Professional Responsibility (CLEPR), 216, 230 (n. 95), 240–41

Council on Legal Education Opportunity, 245

Council on Medical Education, 102, 114

Cramton, Roger, 240

"Cramton Proposals," 240, 241

Cravath, Swaine and Moore, 9, 22, 29 (n. 16)

Crotty, Homer, 221 (n. 34)

Curriculum, law school: Harvard sets pattern for, 39–41, 48 (n. 40), 49 (n. 48); courses included in, 47–48 (nn. 36, 38, 39), 49 (n. 43), 50 (n. 59), 104 (n. 10), 135, 159–60, 168 (n. 40), 171 (n. 69), 213, 216, 222 (n. 43), 226 (n. 29), 271, 287 (n. 79); and case method, 57, 69 (n. 48); practitioners' control over, 57, 93, 104 (n. 10), 238–40, 256 (nn. 81–83), 257 (nn. 88, 89), 270; efforts at Columbia to incorporate social sciences in, 134–35, 137–41, 147–51 (nn. 55, 59, 62, 64, 66, 67, 70); standardization and stability of, 104 (n. 10), 137, 162, 171

索　引

455

(nn. 69, 70), 210–13, 224–25 (n. 53), 226 (n. 69), 277, 279, 287 (n. 79); public law and expansion of, 159–60, 163, 167–68 (nn. 37, 40); skills teaching in, 214–16, 227–28 (nn. 77, 78, 80), 240–41, 256 (n. 86), 265. *See also* Electives; International law; Roman law; Seminars
Curriculum Committee (AALS), 159, 214, 227 (n. 77), 233, 242, 248 (n. 7), 287 (n. 79)

Daggett, David, 5
Dallas Bar Association, 194
Dallas YMCA Law School, 190 (n. 76), 194
Danaher, Franklin, 100, 119–20
Dartmouth College, 42 (n. 3)
Davis, John W., 46 (n. 22), 180 (n. 3)
Debevoise, Thomas, 260
Deckert, Price and Rhoads, 29 (n. 17)
*DeFunis* v. *Odegaard*, 245, 261 (n. 134)
Delafield, Lewis, 26, 27
Delaware, bar admission in, 32 (n. 41), 86 (n. 27), 217 (n. 9), 219 (n. 24)
Delaware Law School, 245
Depression, 177–78, 180, 189–90 (n. 72), 197–99, 203 (n. 61), 279. *See also* New Deal
Detroit YMCA Law School, 183 (n. 33)
Dicey, Albert V., 106 (n. 30)
Dick, Robert B., 42 (n. 5)
Dickinson College Law School, 15–16 (n. 47), 182 (n. 13)
Differentiated bar, 114, 115–16, 266–68
Dillard, John H., 42 (n. 5)
Dillon, John, 67 (n. 27)
Diploma privilege, 26–27, 94, 95, 98–99, 115, 182 (n. 27), 185 (n. 49)
District of Columbia: bar admission in, 180, 217 (n. 9); law schools in, 195, 202 (n. 38), 259
District of Columbia YMCA Law School, 192, 199 (n. 8)
Dixon, William W., 29 (n. 15)
Dobie, Armistead Mason, 192
Dodd, E. Merril, 70 (n. 78)
Doria, Anthony, 260 (n. 123)
Dorman, William Edwin, 200 (n. 12)
Dorsen, Norman, 236, 251 (n. 34)

Douglas, William O., 139, 140, 152 (nn. 84, 86)
Drake University Law School, 226 (n. 69)
Drinker, Henry, 176, 184 (n. 41)
Duke, Benjamin, 42 (n. 2)
Duke, R. T. W., 65 (n. 8)
Duke University Law School, 42 (n. 2), 162, 165 (n. 14), 214, 228, 287 (n. 83)
Dwight, Theodore W., 49 (n. 44), 52, 71 (n. 90); ideas and significance of, 22–24; and diploma privilege, 26, 27, 34 (n. 56); teaching methods of, 29–30 (n. 22), 66 (n. 18); opposes case method, 45 (n. 19), 57, 60, 67 (n. 27), 86 (n. 21)
Dworkin, Ronald, 274, 286 (n. 71)

East Tennessee Law School, 201 (n. 31)
Eden, Fred J., 199 (n. 9)
Edgeton, John W., 62
Educational Testing Service, 221 (n. 38)
Ehrlich, Thomas, 242, 243
Electives, 41, 50 (nn. 56, 57), 120, 158, 211, 213, 223 (n. 48), 224 (n. 52), 275
Eliot, Charles William, 46 (n. 22), 72 (n. 92): and professionalization and institutionalization of scholarship, 35, 51, 65 (n. 10), 270; and success of Harvard Law School, 36, 44 (nn. 11, 15, 17), 55, 59, 68 (n. 30); and Langdell, 36, 44 (nn. 11, 17), 55, 63, 66–67 (nn. 16, 21), 68 (n. 30); and case method, 38, 47 (n. 32), 54, 55, 60, 63, 65–67 (nn. 13, 16, 21, 24); and Ames, 38, 47 (n. 32), 60; birth and education of, 44 (n. 10); and scientism, 51, 53, 65–66 (nn. 13, 16)
Elitism: and Jacksonian Democracy, 5–10, 14 (nn. 34, 40); and institutionalization, 20, 28 (n. 8); and case method, 64; of ABA and AALS, 92, 96–97, 99–102, 113, 174–75, 208; and law firms, 96, 235, 266–67, 281 (n. 16); and differentiated bar, 116; of Yale Law School, 141, 153–54 (nn. 93–95), 161, 170 (n. 57); and depression, 177; and public attitudes toward legal profession, 236, 252–53 (nn. 45, 46); and accreditation, 243, 245; and "policy-science" approach, 266
Emory University Law School, 259 (n. 115)

England: influence of on American legal profession, 3, 6, 14 (n. 34), 57, 58, 59, 254 (n. 57); influence of on American legal culture and theory, 131–32, 142 (n. 3), 156, 274
Eschweiler, Franz, 109 (n. 65)
Ethnic groups. *See* Immigrants

Faculty, law school: Harvard introduces academic lawyers on, 38; salaries of, 71–72 (nn. 89, 90), 77, 87 (n. 35), 88 (n. 44); and case method, 117, 121, 269; size of, 157, 213, 217 (n. 7); independence of, 210; clinical professors on, 216, 241; and student interests, 277. *See also* Student-faculty ratio
Farrah, Albert J., 191
Federal Trade Commission, 243, 244
Field, David Dudley, 22, 29 (n. 17)
First, Harry, 99, 108 (n. 57), 189–90
First National City Bank (New York), 29 (n. 17)
Fiske, John, 52
Flexner, Abraham, 51
Flexner Report, 103 (n. 2); effect of on medical education and profession, 84, 91 (n. 90), 102–3, 116, 218 (n. 13); effect of on legal education and profession, 102–3, 112, 116, 119
Florida: bar admission in, 182 (n. 27), 217 (n. 9); condition of bar in, 250 (nn. 23, 25), 254 (n. 64), 267, 282 (n. 17)
Ford Foundation, 216, 230 (n. 95), 241
Fordham University Law School, 84, 86 (n. 28), 247 (n. 2)
Fornoff, Charles, 218 (n. 15)
Fortas, Abe, 140
Foundation for Research in Legal History, 151 (n. 78)
Four-year law program: advocates of and experiments with, 118, 158–59, 167 (nn. 27, 33); rejection of, 128 (n. 42), 211, 222–23 (n. 45); at part-time schools, 209
Frank, Jerome, 155–57, 162, 164 (n. 9), 168–69 (n. 45), 215, 229 (n. 90)
Frankfurter, Felix, 136, 137, 147 (n. 47), 168 (n. 44)
Franklin College, 16 (n. 47)
Freund, Ernst, 40

Freylinghuysen, Frederick, 202 (n. 37)
Freylinghuysen University, 195
Freylinghuysen University Law School, 195, 201 (n. 34)
Friedman, Milton, 220 (n. 28), 272
Functionalism, 137–38, 147 (n. 56), 158, 162, 166 (n. 22), 172 (n. 69), 265

Gardner, Erle Stanley, 214
Garfinkel, John, 244
Garrison, Lloyd, 178, 179, 189 (n. 71)
Gellhorn, Walter, 276
General Motors Corporation, 253 (n. 47)
Georgetown University Law School, 253 (n. 47), 255 (n. 75); admissions policy of, 37–38; part-time program at, 40, 74–75; and Catholic University Law School, 76–77, 87 (n. 32); students at, 86 (nn. 23, 28); full-time program at, 196, 202 (n. 49); and academic inbreeding, 287 (n. 83)
*George Washington Review of Public Law*, 164 (n. 13)
George Washington University (Columbian) Law School, 43 (n. 7), 130, 253 (n. 47); origin of, 8; part-time program at, 40, 49 (n. 48), 74, 85 (n. 14); students at, 75, 85 (n. 16), 86 (n. 23); and University of Chicago Law School, 76, 86 (n. 29); and National University Law School, 85 (n. 15), 207; women at, 83, 90 (n. 79), 91 (n. 88); admissions policy of, 196–97; and academic inbreeding, 287 (n. 83)
Georgia: bar admission in, 14 (n. 42), 83, 108, 217 (n. 9), 246; law schools in, 208, 244, 259 (n. 118)
Gest, John Marshall, 31 (n. 28)
G. I. Bill, 205–6
Gillett, Emma, 83, 90 (n. 79)
Gilmore, Eugene, 97
Gilmore, Grant, 9, 164 (n. 7), 273
Girard Bank (Philadelphia), 29 (n. 17)
Glendale University College of Law, 245
*Goldfarb v. Virginia State Bar*, 237, 254 (n. 55)
Goldstein, Abraham, 242, 277
Goodhart, Arthur, 133, 143 (n. 12)
Goodrich, Elizur, 12 (n. 15)
Gould, James, 3

索　引

Gould, Jay, 29 (n. 17)
Graded bar, 3, 10 (nn. 2, 3)
Graded law program, 36, 93
Grand Rapids College of Applied Science Law School, 190 (n. 76)
Graves, Jackson, 29 (n. 17)
Green, Leon, 155–56, 166 (n. 22), 185 (n. 49), 269, 283 (n. 36)
Greensboro Law School, 42 (n. 5)
Gregory, Charles, 61
Gray, John Chipman, 47 (n. 32), 57
Griffin, Charles, 126 (n. 22)
Griswold, Erwin, 208, 261 (n. 133), 280 (n. 11)
*Guideline Statement on the Establishment of New Schools*, 251 (n. 33)

Haber, David, 223 (n. 56)
Hall, James Parker, 50 (n. 57)
Hamilton, Warren, 140, 152 (n. 86), 230–31 (n. 98)
Hamilton College Law School, 22–23, 26
Hammond, William, 31 (n. 31), 73, 94
Hampshire College, 233, 252 (n. 41)
Harno, Albert, 268, 282 (n. 33)
Harper, William Rainey, 39, 42 (n. 2), 76, 86 (n. 29)
Harrison, Benjamin, 47 (n. 29)
Harrison, Robert W., 70 (n. 80)
Hart, Frederick, 260 (n. 126)
Hart, Henry, 271
Hart, Herbert, 274
Hartford University, 16 (n. 47)
Harvard College, 12 (n. 19), 123 (n. 4), 130 (n. 62); and Harvard Law School, 4, 13 (n. 25), 15 (n. 46), 35–36; modernizes curriculum, 42 (n. 1); and Eliot, 44 (nn. 10, 11); and Langdell, 44 (n. 11)
Harvard Law Review, 128 (n. 34), 164–65 (n. 13), 271
Harvard method. *See* Case method
Harvard University, 35, 46–47 (n. 22), 51, 52, 103, 252
Harvard University Graduate School of Business Administration, 159, 223 (n. 50)
Harvard University Law School, 44 (n. 11), 46 (n. 22), 49 (n. 44), 50 (n. 52), 85 (n. 17), 86 (n. 23), 151 (n. 78), 165 (n. 16), 168 (n. 44), 170 (n. 62), 181 (n. 5), 182 (n. 21), 242, 255 (nn. 74, 75), 257, 286 (n. 67); establishment of, 4; and proprietary law schools, 5, 13 (n. 25), 79–80; and Harvard College, 13 (n. 25), 15 (n. 46), 35–36; and diploma privilege, 26; as leader in American legal education, 36, 38, 41–42, 59, 60, 121, 124–25 (n. 12), 129 (n. 54), 191–92, 200 (n. 12); develops three-year program, 36–37, 45 (n. 20); graduate program of, 36–37, 45–46 (nn. 21, 22), 149 (n. 69), 169 (n. 48); case method at, 38, 47 (n. 32), 52–53, 59, 66 (n. 15), 69 (n. 73), 113, 117, 123 (n. 5), 283 (n. 40); and University of Chicago Law School, 39–40; curriculum content and change at, 39, 41, 48 (nn. 38, 39, 41), 50 (n. 59), 134, 136, 155, 159–60, 166 (n. 20), 167–68 (n. 37), 209, 211, 212, 223 (n. 50), 277; student-faculty ratio at, 63, 181 (n. 13); Socratic method at, 66 (n. 18), 283 (n. 40); faculty of, 71–72 (nn. 89–91), 277, 286 (n. 67); women at, 83, 84, 203–4 (n. 63), 248 (n. 12); admissions policy of, 106 (n. 33), 160–61, 170 (nn. 57, 59), 193, 221 (n. 38), 251 (n. 37); electives and seminars at, 120, 166 (n. 25), 226 (n. 66); and Reed, 126 (n. 20); moots at, 127 (n. 32); law review at, 128 (n. 34); and Yale Law School, 136, 140–41, 152 (n. 85), 169 (n. 50), 170 (n. 58); clinical program at, 162, 229 (n. 92), 243, 257 (n. 93); and depression, 186 (n. 53); tutorial program at, 212; combined programs at, 222 (n. 41); problem method at, 228 (n. 84); student attitudes and activism at, 235, 251 (n. 35); elitism of, 266, 281 (n. 16); process approach at, 271; and academic inbreeding, 287 (n. 83)
Harvey, William, 255 (n. 80)
Haskins, Charles Homer, 64 (n. 5)
Hastie, William, 202 (n. 44)
Hastings, Serranus Clinton, 78, 87–88 (nn. 41, 42)
Hastings Law School: case method at, 61, 66 (n. 14), 70 (n. 80); establishment and growth of, 78, 86 (n. 23), 87–88 (n. 42); women at, 82, 89 (n. 76); and University of California, 88 (nn. 42, 49); and AALS,

107 (n. 37); and depression, 197–98, 203 (nn. 55, 56); funding of, 198, 216 (n. 3); admissions policy of, 221 (n. 38)
Hazard, Geoffrey, 284 (n. 45)
Hefley, Norman, 78–79
Henry, Peter James, 201 (n. 34)
Hoffman, David, 4, 12 (n. 17), 93
Hohfeld, Wesley, 116, 134, 144–45 (n. 29)
Holmes, Oliver Wendell, Jr., 36, 131, 155; on case method, 62–63, 122–23; and Langdell, 71 (n. 88), 134, 142 (n. 1)
Horack, Claude, 173, 175, 177, 185 (n. 49), 194, 196, 201 (n. 29)
Horwitz, Morton, 9, 275
Houston, law firms in, 267
Howard University Law School, 217 (n. 6), 247 (n. 2); establishment and fortunes of, 81, 89 (nn. 63, 67), 195–96, 202 (nn. 44, 45); women at, 83, 90 (n. 79), 91 (n. 88)
Howell, David, 12 (n. 15)
Humphrey's Law School, 220 (n. 32)
Hurst, Willard, 9
Hutchins, Robert, 141, 145–46 (n. 35), 150 (n. 73), 152 (n. 86), 166 (n. 17)
Hutchinson, J. A., 30 (n. 28)

Idaho, bar in, 254 (n. 64)
Illinois: bar in, 19 (n. 70), 43 (n. 8), 174, 182 (n. 26), 193; paralegal personnel in, 252 (n. 40); law schools in, 259 (n. 118)
Immigrants: desire of for legal education, 74, 75, 184 (n. 41); access of to legal education, 74, 79, 81, 88 (n. 46), 184 (n. 41), 198, 203 (n. 60); ABA-AALS efforts to exclude, 100–101, 126 (n. 18); and depression, 187 (n. 54)
Indiana, bar admission in, 9, 14 (n. 42), 18–19 (nn. 69, 70), 25, 174, 177, 185 (n. 46), 217–18 (nn. 9, 11), 239, 254 (n. 61)
Indiana University Law School, 43 (n. 7), 213, 226 (n. 66)
Industrialization, and legal profession, 9, 20, 22, 23, 92
Institute of Human Relations (Yale University), 140, 146 (n. 35), 151 (n. 78)
Institute of International Studies (Harvard), 222 (n. 42)
Institutionalization: and professionalism, 20–22, 24, 100; and legal education, 21, 24, 82

Integrated bar, 10 (n. 1), 182–83 (n. 29)
International law, 39, 40, 45 (n. 21), 48 (n. 41), 49 (nn. 43, 46), 211, 222 (n. 42)
Iowa, bar in, 15 (n. 44), 19 (n. 70), 82, 254 (n. 64)

Jacksonian Democracy: and legal profession, 5–10, 14 (n. 40), 235; and legal education, 8, 10, 15 (n. 46)
Jefferson, Thomas, 10–11 (n. 5), 71 (n. 86)
Jefferson College, 16 (n. 47)
Jewish lawyers and students, 100–101, 184 (n. 41), 246, 262 (nn. 141, 142)
John F. Kennedy University Law School, 220 (n. 32), 244
John Marshall Law School, 130 (n. 62), 164 (n. 12), 187 (n. 54), 193, 201 (n. 24), 207, 220 (n. 26)
John Randolph Neal College of Law, 194
Johns Hopkins Institute for the Study of Law, 139, 140, 151 (n. 76), 233
Johns Hopkins University, 28 (n. 4)
Johnson, Hugh, 168 (n. 44)
Jones University Law School, 199, 204 (n. 65)
Jordan, Alice Ruth, 83
Jordan, David Starr, 73
*Journal of Legal Education*, 213
*Journal of Legal Studies*, 285 (n. 58)

Kales, Albert, 41
Kalven, Harry, 284 (n. 45)
Kansas: bar in, 182 (n. 26), 217 (n. 9); paralegal personnel in, 252 (n. 40)
Kansas City Law School, 183 (n. 33)
Kasm, Caesar, 16 (n. 50)
Keane, John Joseph, 77
Keener, William, 41, 55, 56–57, 59, 60, 61, 68 (n. 40), 119
Kelly, Michael, 287 (n. 84)
Kennedy, Duncan, 276, 287 (n. 76)
Kent, James, 4, 10 (n. 5), 12 (n. 15), 17 (n. 52), 23; *Commentaries* of, 4, 30 (n. 28), 31 (n. 33), 48 (nn. 38, 39)
Kent College of Law, 201 (n. 31)
Kentucky, bar admission in, 174
Kepley, Ada, 82
Kidd, Alexander, 147 (n. 53)

索 引  459

Kinderhook Law School, 12 (n. 18), 13 (n. 21)
Knights of Columbus, 81. *See also* Catholic University Law School (Columbus Law School)
Kocourek, Albert, 128 (n. 38), 228 (n. 84)

Lafayette College, 16 (n. 47)
Langdell, Christopher Columbus, 12 (n. 17), 58, 118, 119, 143 (n. 7), 272; becomes dean of Harvard Law School, 35–36; and Eliot, 36, 44 (n. 11), 55, 63, 66–67 (n. 21), 68 (n. 30); and development of case method, 38, 52–55, 56, 66 (nn. 15, 16), 120; and development of law curriculum, 39, 41, 50 (n. 56), 69 (n. 48); sees law as science, 41, 52, 53, 56, 66 (n. 16), 142 (n. 1); birth and education of, 44 (n. 11); casebooks of, 56, 66 (n. 19); and Holmes, 71 (n. 88), 142 (n. 1); opposes women in law school, 83; introduces annual exams, 105 (n. 20); and differentiated bar, 116; lasting influence of, 137, 268, 279; and Realism, 156–57, 164 (nn. 7, 9)
Langston, John Mercer, 81
Larson, Arthur, 228 (n. 87)
La Salle Extension University, 110 (n. 75)
Laski, Harold, 153 (n. 86), 163
Lasswell, Harold, 157, 265–66, 267, 268, 269–70, 280 (nn. 7, 13, 14)
La Verne Law School, 244
Law Academy of Philadelphia, 15 (n. 47)
*Law and Economics*, 285 (n. 58)
*Law and Society Review*, 288 (n. 94)
Law Association of Philadelphia, 184 (n. 41)
Law clubs, 118, 127 (n. 32)
Law firms: origin and growth of, 9, 22, 29 (nn. 16, 17), 51; and law schools, 51, 58, 98; elitism of, 96, 235, 250 (nn. 22, 23), 266–67, 281 (n. 16); blacks in, 246
Lawrence Scientific School (Harvard), 37
Law reviews, 118, 127–28 (n. 34), 164–65 (n. 13), 191, 229 (n. 88), 271
Law School Admissions Test (LSAT), 221 (n. 38), 235, 245 (n. 37), 252 (n. 44)
Lawson, Jesse, 195, 202 (n. 37)
Lawyer Reform of the United States, 252 (n. 45)

League of Ohio Law Schools, 194
Lecture method: disadvantages of, 54, 67 (n. 24), 282 (n. 33); at Yale, 61, 70–71 (n. 83); at proprietary and part-time schools, 80, 157, 192; student attitudes toward, 161
Lee, Edward T., 107 (n. 40), 109 (n. 74), 129 (n. 55), 130 (n. 62), 175–76
Legal aid, 162, 163, 165 (n. 14). *See also* Clinical law programs
Legal Services Corporation, 237, 243, 257 (n. 86), 267
Legal Studies Association, 252 (n. 41)
Lehigh University, 16 (n. 47)
Lemann, Monte, 61
Leo XIII, 76–77
Lewis, James, 29 (n. 17)
Lewis, William Draper, 108 (n. 59), 144 (n. 21), 175, 181 (n. 5)
Lexington Law School, 13 (n. 21), 46 (n. 22)
LEXIS, 267
Liaison Committee on Medical Education (AMA), 243
Libby, Charles, 30 (n. 28)
Litchfield Law School, 3–4, 11 (n. 9), 35, 42 (n. 5), 47–48 (nn. 36, 37)
Lieber, Francis, 39, 49 (n. 44)
Lightsey, Harry, Jr., 256 (n. 82)
Lile, William Minor, 192
Lincoln, Abraham, 19 (n. 72), 25, 188 (n. 60), 207
Lincoln Law School, 202 (n. 36)
Lincoln University, 16 (n. 47)
Littlejohn, Cameron Bruce, 239–40
Livingstone, William, 11 (n. 5)
*Livingston's Monthly Law Magazine*, 28 (n. 8)
Llewellyn, Karl: on elitism of legal profession, 9, 179, 189 (n. 70); and social science in law curriculum, 135, 158, 166 (n. 22); on American legal culture, 142 (n. 2); and Realism, 155–56; on AALS standards, 208; on case method, 214, 223 (n. 47); on problem method, 228 (n. 83); on legal education in U.S., 247 (n. 8); and Gilmore, 273
Lock Haven Law School, 16 (n. 47)
Lockwood, Belva, 82
Lomax, John, 13 (n. 21)

Long, Huey, 32–33 (n. 43)
Lorne, Charles Harts, 109 (n. 69)
Los Angeles, law schools and law firms in, 198, 267
Los Angeles Law School, 78
Louisiana, bar admission in, 15 (n. 44), 33 (n. 49), 182 (n. 27), 217 (n. 9)
Louisiana Law School, 5. *See also* Tulane Law School
Louisiana State University Law School, 167 (n. 33), 224–25 (n. 53), 226 (n. 66)
Lowell, A. Lawrence, 80, 136
Lowell Institute, 80
Loyola University of Los Angeles Law School, 198

McDonald, Joseph, 47 (n. 29)
McDougal, Myres, 157, 223 (n. 46), 282 (n. 30); and "policy-science" approach, 265–66, 267, 268, 269–70, 280 (nn. 7, 13, 14)
McGeorge Law School, 198, 220 (n. 32)
MacLean, Arthur W., 83, 90 (n. 83), 194
McMurray, O. K., 147 (n. 55)
McNeill, Walter Scott, 70 (n. 78)
MacVeogh, Wayne, 29 (n. 17)
Maine, bar and law schools in, 7, 198, 255 (n. 71)
Maloney, Clarence McDonald, 201 (n. 34)
Mann and Parsons, 31 (n. 28)
Manne, Henry, 285 (n. 58)
Manning, Bayless, 242, 258 (n. 103)
Mansfeld, Arabella, 82
Marquette University Law School, 79, 97, 109 (n. 65)
Marshall, John, 11 (n. 14)
Marshall, Leon, 137–38, 140
Marshall College, 16 (n. 47)
Martin, William Parham, 206
Maryland: bar in, 7, 32 (n. 41), 268; law schools in, 208
Massachusetts: condition of bar in, 3, 9, 10 (n. 2), 17 (n. 51), 83, 90 (nn. 83, 84); law schools in, 5, 13 (n. 26), 198, 208; bar admission in, 26, 94, 180
Massachusetts Institute of Technology (MIT), 103 (n. 2), 252 (n. 41)
Maxwell, Lawrence, 43 (n. 8)
Meacham, Philip, 279 (n. 4)
Medical schools, 20, 91 (n. 90), 96, 102–3, 116, 283
Mentschikoff, Soia, 260 (n. 126), 277
Metropolis Law School, 74
Michigan, bar admission in, 174
Michigan State University, 251 (n. 32)
Middlebury College, 12 (n. 15)
Miller, Samuel F., 64 (n. 4)
Minneapolis College of Law, 79
Minnesota: bar in, 98, 174, 217 (n. 9), 238; law schools in, 259 (n. 118)
Minnesota College of Law, 79
Minor, John Barber, 71 (n. 86)
Mississippi: bar admission in, 15 (n. 44), 108 (n. 52), 182 (n. 27), 188 (n. 57), 217 (n. 9); law schools in, 259 (n. 118)
Missouri: bar in, 16 (n. 50), 82, 187 (n. 56), 188 (n. 57); law schools in, 259 (n. 118)
Monnet, Julian Charles, 70 (n. 80)
Montana, bar admission in, 108 (n. 52), 182, 219–20 (n. 24)
Moore, James William, 286 (n. 67)
Moore, Underhill, 139, 140, 141, 147 (nn. 55, 56), 158
Moots, 23, 24, 118, 127 (n. 32), 162, 229 (n. 88)
Morgan, Edmund, 269, 283 (n. 37)
Morrill Act, 35, 42 (n. 3)
Morris, Robert, 89 (n. 62)
Morrissey, James Peter, 203 (n. 57)
Mussey, Ellen Spencer, 83, 90 (n. 79)
Myerson, Martin, 145 (n. 31)

Nairne, Charles, 49 (n. 44)
Nashville YMCA Law School, 201 (n. 31), 244, 259 (n. 119)
National Association of Law Schools, 188 (n. 59)
National Bar Association (NBA), 94, 105 (n. 17)
National College of Law and Commerce, 190 (n. 76)
National Conference of Bar Examiners, 177, 185–86 (nn. 47–49)
National Conference of Black Lawyers, 244, 245
National Conference of Commissioners on Uniform State Laws, 41, 58, 133
National Council on Legal Education, 230 (n. 95)
National Federation of Paralegal Associa-

tions, 252 (n. 40)
National Labor Relations Board, 276
National Law School, 183 (n. 33), 207
National Lawyers Guild, 244
National Origins Act, 92
National Reporting System, 132, 143 (n. 10)
National Science Foundation, 286 (n. 62)
National University Law School, 74, 85 (n. 15)
National Youth Administration, 187 (n. 53)
Nelles, Walter, 153 (n. 86)
Neoconceptualism, 272, 274
Nevada, bar admission in, 218 (n. 11)
New College of California Law School, 258 (n. 101)
New Deal: participation of lawyers and law professors in, 137, 141, 160, 168–69 (nn. 44, 45), 178; and Realism, 141, 155, 168–69 (n. 5); and public law in curriculum, 160, 168 (n. 40)
New Hampshire, bar admission in, 7, 9, 25, 94–95, 104 (n. 12)
New Jersey, bar in, 14 (n. 43), 32 (n. 41), 126 (n. 22), 282 (n. 27)
New Mexico, bar in, 183 (n. 29), 217 (n. 9), 254 (n. 64)
New Orleans, black lawyers in, 89 (n. 62)
New York: condition of bar in, 3, 267; bar admission in, 11 (n. 5), 25, 26–27, 33 (nn. 46, 48), 94, 174, 182 (n. 26), 255 (n. 71)
New York City: law schools in, 76, 187 (n. 54), 247 (n. 2); bar in, 89 (n. 68), 92, 187 (n. 56), 267
New York Law School, 75, 86 (n. 21), 183 (n. 33), 214, 247 (n. 2), 258 (n. 108)
New York Legal Aid Society, 85 (n. 17)
New York University Law School, 160, 255 (n. 75), 257 (n. 87), 288 (n. 96); establishment and revival of, 4, 8, 12 (n. 18), 21–22, 28 (n. 9); diploma privilege at, 26; case method at, 66 (n. 14), 123 (n. 5); funding of, 72 (n. 90); clinical program at, 230 (n. 96); night program at, 259 (n. 115); and academic inbreeding, 287 (n. 83)
Niagara University, 85 (n. 13)
Nicholas, George, 12 (n. 15)

Night schools. *See* Part-time schools
Niles, John B., 18 (n. 70)
Norfolk College Law School, 180 (n. 2), 190 (n. 76)
Northampton Law School, 5
North Carolina, bar and law schools in, 32 (n. 41), 78, 259 (n. 118)
North Carolina Central University Law School, 217 (n. 6)
North Dakota, bar in, 183 (n. 29)
Northeastern University Law School: origin of, 80; faculty of, 200 (n. 12); case method at, 192, 198; women at, 194; and AALS, 195, 198; role of, 198, 203 (n. 59); refounded, 233; clinical program at, 241
Northern Indiana Normal School and Business Institute. *See* Valparaiso University
North Texas School of Law, 199, 204 (n. 65)
Northwestern College of Law, 74
Northwestern University Law School, 70 (n. 81); curriculum content and change at, 41, 159–60, 162, 165 (n. 14), 171 (n. 70), 224 (n. 53), 226 (n. 68); admissions policy of, 45 (n. 18), 193, 200 (n. 18); case method at, 60–61, 69 (nn. 54, 73), 113, 123 (n. 5); funding of, 72 (n. 90); origin and growth of, 77–78, 87 (n. 36); women at, 82; four-year program at, 159, 167 (n. 27); clinical program at, 162; problem method at, 228 (n. 84); and academic inbreeding, 287 (n. 83)

Oakland College of Law, 199, 204 (n. 65)
Oberlin College, 81
Ocean College of Law, 244
Office of Economic Opportunity (OEO), legal services program, 237, 241
Ohio: apprenticeship in, 14 (n. 2), 15 (n. 45), 174; condition of bar in, 16 (n. 50), 19 (n. 70); bar admission in, 32 (n. 41), 174, 182 (n. 26), 217 (n. 9), 254 (n. 61)
Ohio Northern University Law School, 260 (n. 126)
Ohio State University Law School, 213, 214–15, 226 (n. 66), 227 (n. 78)
Oklahoma, bar admission in, 217 (n. 9)
Oleck, Howard, 214

Oliphant, Herman, 133–34, 155; and curriculum reform, 137, 138, 139, 147 (n. 55), 148 (n. 62); and Johns Hopkins Institute, 140
Olney, Warren, 61
O'Melveny, Henry, 29 (n. 17), 31 (n. 28)
O'Melveny and Myers, 29 (n. 17)
One L, 246, 263 (n. 147)
Oral Roberts University Law School, 261 (n. 129)
Oregon, bar admission in, 217 (n. 9)

Pace University Law School, 251 (n. 33)
Pacific Coast University Law School, 220 (n. 32)
Paper Chase, 246
Paralegal personnel, 236, 247 (n. 3), 252 (n. 40)
Parker, Isaac, 4, 12 (n. 19), 15 (n. 46)
Parker School of Foreign and Comparative Law (Columbia), 22 (n. 42)
Parsons, Theophilus, 10 (n. 5), 17 (n. 52)
Part-time schools: origins and success of, 40, 49–50 (n. 49), 74–75, 77, 79, 86 (n. 24), 243; and case method, 70 (n. 78), 79, 109 (n. 74), 121, 129 (n. 54), 192; and differentiated bar, 92, 121; and ABA and AALS, 97–98, 101–2, 107 (n. 39), 109 (n. 65), 115, 173, 174, 176, 190 (n. 72), 193–95, 200 (n. 23), 220 (n. 28); Reed's view of, 121, 124 (n. 10), 125 (n. 12), 193; and Root Report, 126 (n. 18); students at, 177, 183 (nn. 31, 33), 185 (n. 45)
Patton, Francis, 73
Peabody Law School, 199, 204 (n. 65)
Pearson, Richard, 13 (n. 21)
Pennsylvania: condition of bar in, 8, 282 (n. 27); law schools in, 15–16 (n. 47); bar admission in, 32 (n. 41), 86 (n. 27), 179, 217 (n. 9), 219 (n. 24)
Pennsylvania (Gettysburg) College, 16 (n. 47)
Pennsylvania Railroad, 29 (n. 17)
Pennsylvania State University, 251 (n. 32)
People's College of Law, 244, 259 (n. 120)
Petty, Robert, 86 (n. 21)
Philadelphia, law schools and law firms in, 86 (n. 27), 267

Philadelphia Bar Association, 178
Pincus, William, 240, 241, 283 (n. 40)
Pluralism. See Differentiated bar; Graded bar
"Policy-science" approach, 265–66, 267, 268, 269–70, 272, 280 (nn. 7, 13, 14)
Pollock, Frederick, 142 (n. 3), 143 (n. 7)
Pomeroy, John, 66 (n. 14)
Porter, James, 16 (n. 47), 49 (n. 43)
Porter, Noah, 43 (n. 6)
Portia Law School, 83, 90 (nn. 83, 94), 194, 198
Posner, Richard, 272
Pound, Roscoe, 55, 119, 134, 136–37, 144 (n. 36), 155, 197
Powell, Thomas Reed, 147 (n. 58)
Pow Wow Club, 127 (n. 32)
Practitioners: and academic lawyers, 38–39, 98, 176, 238–40; and case method, 54–55, 57–58, 62, 67–68 (n. 29); and ABA, 96; and American Law Institute, 133
Price, George, 126 (n. 18)
Princeton University, 8, 35, 73, 84 (n. 5), 197, 236, 250–51 (n. 31)
Pritchett, Henry S., 103 (n. 2), 112, 123–24 (n. 7), 126 (n. 20)
Problem method, 215, 216, 228–29 (nn. 83, 84, 87)
Process approach, 157, 271, 272
Professionalism: and institutionalization, 20–22, 24; and creation of ABA, 27–28; and legal education, 51, 65 (n. 7), 74, 75–76, 85 (n. 13), 206–7, 232, 237; and standardization, 92–95, 232; and elitism, 101–2; and specialization, 238, 255 (n. 70)
Progressive movement, 160
Proprietary schools: origins and success of, 3, 5, 35, 75–76, 103, 112, 172, 180 (n. 2), 185 (n. 49); and university law schools, 5, 35, 77–81, 207; ABA-AALS opposition to, 95, 97–98, 112, 176, 178; Redlich's view of, 113, 124 (n. 8); Reed's view of, 125 (n. 12); in California, 190 (n. 75); and G. I. Bill, 205–6
Prosser, William L., 221 (n. 35)

Queen's College (CUNY), 247, 251 (n. 32)
Quincy, Josiah, 13 (n. 22)

Radcliffe College, 83
Raynor, Thomas, 65 (n. 7)
Realism, 134, 136, 172; and scientism, 122, 123; and New Deal, 141, 168–69 (n. 45); origins and contributions of, 155–57, 164 (nn. 6, 7, 9); criticism and modification of, 264, 272, 273, 275, 279–80 (n. 4)
Redlich, Josef, 68 (n. 41), 112–13, 117–19, 129–30 (n. 56), 133
Redlich Report, 112–13, 123–24 (nn. 7, 8), 128–29 (n. 42)
Reed, Alfred Z., 126 (n. 20), 127 (n. 28), 177; and differentiated bar, 10 (n. 23), 113–14, 115–16, 124 (nn. 10, 11), 125 (n. 13), 233; and pluralistic legal education, 107 (n. 39), 121, 124–25 (nn. 12, 13), 193, 233; and Redlich, 113, 124 (n. 7), 133; and case method, 117, 120–21, 129 (n. 50), 133, 143–44 (n. 18), 161; education and career of, 123 (n. 4); and law school curriculum, 211
Reed, John, 16 (n. 47)
Reed reports: first (1921), 103 (n. 2), 112, 114, 115, 116–17, 126 (n. 20), 128–29 (n. 42); second (1928), 159, 161–62, 170–71 (n. 64), 174–75, 183 (n. 30)
Reeve, Tapping, 3
Reich, Charles, 275
Restatements. *See* American Law Institute
Reynolds, John, 16 (n. 50)
Rhode Island, bar admission in, 32 (n. 41)
Richards, Henry, 61
Richards, Joseph, 77
Richmond College of Law, 70 (n. 78)
Robert H. Terrell Law School, 202 (n. 38)
Robinson, Edward, 140, 150 (n. 75)
Robinson, William C., 87 (n. 34)
Rockefeller, John D., 29 (n. 17), 42 (n. 2), 76
Rodell, Fred, 165 (n. 13)
Rogers, Henry Wade, 46 (n. 22), 57, 69 (n. 54), 84 (n. 9), 106 (n. 33), 120
Roman law, 40, 45, 49 (n. 43), 57, 69 (n. 48), 104 (n. 10), 135
Roosevelt, Franklin D., 168 (n. 44)

Root, Elihu, 31 (n. 28), 66 (n. 14), 115, 181 (n. 4)
Root Report, 115, 125–26 (n. 18), 172
Ropes and Gray, 47 (n. 32)
Rostow, Eugene V., 224 (n. 52), 279 (n. 3)
Royall, Isaac, 12 (n. 19)
Royall bequest, 4, 12 (n. 19)
Rule 13, 239, 240, 255–56 (n. 80)
Russell Sage Foundation, 163, 226 (n. 68), 286 (n. 62)
Ruud, Millard, 243

Sacks, Albert, 240, 242, 257 (nn. 88, 89), 271, 277
St. John's University Law School, 88 (n. 46), 247 (n. 2)
St. Lawrence University, 78–79
St. Louis, lawyers and law schools in, 76, 82
St. Louis Law School. *See* Washington University Law School (St. Louis Law School)
St. Mary's University Law School, 259 (n. 115)
St. Paul College of Law, 79
Saltonstall, Leverett, 31 (n. 28)
San Fernando Valley Law School, 220 (n. 32), 244
San Francisco, law schools and law firms in, 76, 198–99, 203 (n. 55), 267
Savoy, Paul, 244
Scaber, Gordon, 257 (n. 88)
Schlegel, John Henry, 141
Schwarz, Ralph, 61
Scientism: and Hoffman, 12 (n. 17); and institutionalization, 20; and American universities, 51–52; and case method, 52–55, 56, 64, 118–19, 121–23, 128 (n. 39); and standardization, 93; and elitism, 99, 101; and Flexner, 102; criticism of, 134, 156
Scott, James, 64
Section of Legal Education and Admissions to the Bar (ABA), 177, 178, 247 (n. 6); establishment of, 95, 105 (n. 26); and upgrading of legal education, 96, 114, 175–76, 186 (n. 49), 207, 242, 245; elitism of, 100; and AALS, 109 (n. 65), 114–15
Sedgwick, Arthur, 36

464　　　　　　　　　　　　　　　　　　　　　　　　　　　　　　　　　　　　　　　　法学院

Seminars, 158, 163, 166–67 (nn. 24–26), 211, 213, 226 (n. 66), 275
Seymour, Whitney North, 261 (n. 129)
Shafroth, Will, 177, 178, 179, 188 (n. 57), 189 (n. 61), 190 (n. 75), 194, 201 (n. 29)
Sharswood, George, 15 (n. 47)
Shearman, Thomas G., 22, 29 (n. 17)
Shearman and Sterling, 22, 29 (n. 17), 92, 267, 281 (n. 20)
Sheffield, Joseph E., 47 (n. 28)
Sheffield Scientific School (Yale), 37, 47 (n. 28)
Sheldon, Edwin W., 197
Shepard, Charles, 48 (n. 41)
Sheppard's Citations, 274
Shirley, John, 103–4 (n. 4)
Silber, John, 260 (n. 126)
Silliman, Benjamin, 23, 42 (n. 1)
Simmons University Law School, 195, 202 (n. 34)
Smith, Gustavus, 5
Smith, Reginald Heber, 115, 126 (n. 20), 267
Smith, Richard J., 152–53 (n. 86)
Smith, Walter George, 109 (n. 69)
Smith, Y. B., 138, 139–40, 149 (nn. 65, 67, 69)
Smithdeal-Massey College of Law, 206
Snodgrass, David, 221 (n. 34)
Social science(s): efforts to incorporate in law school curriculum, 39, 48 (n. 41), 49 (n. 43), 57, 134–35, 137–41, 145–46 (nn. 34, 36), 150–51 (nn. 73, 75), 158, 171 (n. 69), 211, 213, 222 (n. 43), 226 (n. 63), 266, 272–73, 278, 284 (n. 44), 286 (n. 62); and scientism, 51–52, 64 (n. 5); and case method, 123; and Realism, 164 (n. 7); and "policy-science" approach, 265, 280 (n. 6)
Socratic method: use of, independent of case method, 13 (n. 21), 66 (n. 18); developed along with case method, 53, 55, 63, 66 (n. 18); and student-faculty ratio, 63; Redlich's view of, 117–18; and Realism, 156; student complaints about, 161, 234, 249 (nn. 17, 21), 276; and legal ethics, 237; psychology of, 276, 288 (n. 87); significance of, 283 (n. 40), 284 (n. 45)

South Bend University Law School, 190 (n. 76)
South Carolina: bar admission in, 14 (n. 42), 15 (n. 45), 65 (n. 17), 182 (n. 27), 239–40; condition of bar in, 250 (n. 23)
South Dakota, bar admission in, 182 (n. 27), 217 (n. 9)
Southeastern University Law School, 192, 195, 199 (n. 9), 205
Southern Methodist University Law School, 194, 226 (n. 69), 259 (n. 115)
Southern University Law School, 217 (n. 6)
Southwestern University Law School, 190 (n. 76), 220 (n. 32)
Sovern, Michael, 239, 242
Squillante, Alphonse, 260 (n. 126)
Standardization: as ABA-AALS objective, 92–94, 103–4 (nn. 3, 4, 11), 176, 199, 206–7, 209, 210; opposition to, 174–75, 218 (n. 15); and National Conference of Bar Examiners, 177
Stanford University Law School, 242, 255 (nn. 74, 75); establishment of, 37, 73, 84 (n. 6); case method at, 61, 69 (n. 73); four-year program at, 167 (n. 33); admissions policy of, 193; and depression, 197–98, 203 (n. 55); clinical program at, 231 (n. 98); student attitudes and activism at, 250 (n. 28); and academic inbreeding, 287 (n. 83)
Stanley, Justin, 242
State College of South Carolina Law School, 217 (n. 6)
State University of New York at Binghamton, 252 (n. 41)
State University of New York at Buffalo Law School, 145 (n. 31), 213
Sterling, John W., 22
Sterling bequests, 151 (n. 77), 169 (n. 48)
Stiles, Ezra, 4
Stokes, Donald E., 250 (n. 31)
Stolz, Preble, 242
Stone, Alan A., 288 (n. 87)
Stone, Harlan Fiske, 128 (n. 42), 132, 137, 147 (n. 58)
Storey, Moorfield, 60
Storey, Robert, 226 (n. 69)
Story, Joseph, 5, 8, 13 (n. 25), 15 (n. 46), 49 (n. 44)

Student-faculty ratio: and case method, 63, 118, 268, 282 (n. 30); ABA-AALS guidelines on, 173, 179, 182 (n. 13), 207, 282 (n. 29); higher in law than in other graduate and professional studies, 181–82 (n. 13), 256 (n. 86), 263 (n. 152), 268, 278, 282 (n. 29); and curriculum change, 210

Students, law school: and case method, 117, 118, 137, 157, 161, 170 (n. 60), 214, 234, 247, 268, 276; and legal research, 158, 165 (n. 16); interest of in practical training, 210, 213, 216, 240, 241, 277; general attitudes and activism of, 232, 234–35, 236, 237, 246–47, 249 (nn. 15, 17, 152), 278. *See also* Student-faculty ratio

Sturges, Wesley, 140, 152 (n. 86)

Suffolk Law School, 112, 175; establishment and growth of, 80, 86 (n. 28), 183 (n. 33), 198; and ABA and AALS, 194, 207

Sullivan and Cromwell, 22

Supreme Court (U.S.), 6, 8, 9, 17 (n. 58), 82, 237, 245

Supreme courts, state, 3, 14 (n. 34), 94, 95

Swan, Thomas, 62, 101, 135–36, 144 (n. 29), 145 (n. 34)

Sweatt, Herman, 217 (n. 6)

*Swift v. Tyson*, 8

Syracuse University Law School, 28 (n. 4), 193, 200 (n. 18), 260 (n. 126)

Taft, William Howard, 61, 70 (n. 74), 115, 126 (n. 18)

Taylor, Chancellor Creed, 13 (n. 21)

Teaching methods. *See* Case method; Lecture method; Problem method

Temple University Law School, 16 (n. 47), 224 (n. 52)

Tennessee: bar in, 14 (n. 42), 188 (n. 57), 218 (n. 11); law schools in, 194, 201 (n. 31), 259 (n. 118)

Terriberry, George, 32–33 (n. 43)

Texas: bar in, 182 (n. 27), 250 (n. 25), 254 (n. 64), 255 (n. 71); law schools in, 259 (n. 118)

Texas Southern University Law School, 217 (n. 6)

Thayer, James B., 47 (n. 32), 67 (n. 28), 83

Thompson, Alexander, 16 (n. 47)

Thompson, Lucas Powell, 13 (n. 21)

Three-year law program: developed at Harvard, 36–37, 45 (n. 20); at Columbia, 45 (n. 19); acceptance and standardization of, 37, 70 (n. 81), 191, 193, 206, 209, 242; and case method, 61, 70 (n. 81); ABA-AALS endorsement of, 95, 96, 97, 206

Thurman, Samuel D., 259 (n. 111)

Title XI (Higher Education Act), 230 (n. 97), 257 (nn. 86, 96)

Tocqueville, Alexis de, 6, 7, 14 (n. 40), 264

Toledo YMCA Law School, 80–81

Transylvania University, 12, (n. 15), 17 (n. 50)

Trinity College, 42 (n. 2). *See also* Duke University Law School

Tucker, Henry St. George, Jr., 13 (n. 21)

Tugwell, Rex, 168 (n. 44)

Tulane University Law School, 5, 33 (n. 49), 35, 61, 70 (n. 79)

Two-year law program, 97, 209, 233, 242–43

Unger, Roberto, 275

Uniform Sales Act, 144 (nn. 21, 23)

Union College of Law, 77–78, 82

Union University, 78

Unitary bar: and Root Report, 115; efforts to achieve, 116–17, 199, 206, 218 (n. 12), 266, 278; and Reed studies, 113–14, 124 (nn. 10, 11), 174–75

*United Steelworkers of America v. Weber*, 261 (n. 136)

University of Alabama Law School, 8, 37, 191, 199 (n. 3), 213, 226 (n. 66)

University of Buffalo Law School, 74, 85 (n. 13), 217 (n. 7), 252 (n. 41)

University of California at Berkeley, 252 (n. 41)

University of California at Berkeley Law School, 225 (n. 61), 255 (nn. 74, 75); and Hastings Law School, 88 (nn. 42, 49); establishment of, 88 (n. 49); and Columbia Law School, 147 (n. 56); four-year program at, 167 (n. 27); admissions policy of, 193, 200 (n. 18), 221 (n. 38); and depression, 197–98, 203 (n. 55); prominence of, 213; electives at, 224 (n. 52);

curriculum content and change at, 226 (nn. 68, 69), 277; and academic inbreeding, 287 (n. 83)
University of California at Los Angeles Law School, 213, 214
University of California at Santa Barbara, 236
University of Chicago, 76, 86 (n. 29), 137–38, 140, 145 (n. 35), 252 (n. 41)
University of Chicago Law School, 161, 255 (nn. 74, 75); establishment of, 39–40; case method at, 60, 113, 123 (n. 5); funding of, 71 (n. 89); admissions policy of, 106 (n. 33), 200 (n. 18), 251 (n. 37); curriculum content and change at, 159–60, 167 (n. 31), 224 (n. 52), 272; tutorial program at, 212, 225 (n. 56); clinical program at, 229 (n. 91); Jewish students at, 262 (n. 142); and academic inbreeding, 187 (n. 83)
University of Cincinnati Law School, 61, 78, 162, 231 (n. 98)
University of Colorado Law School, 20, 214, 228 (n. 84), 229 (n. 92)
University of Connecticut Law School, 213, 214, 250 (nn. 22, 25, 28), 281–82 (n. 25), 283 (n. 42)
University of Delaware, 251 (n. 32)
University of Denver Law School, 77, 162, 207, 216, 222 (n. 41), 230 (n. 96)
University of Detroit Law School, 224 (n. 52)
University of Georgia Law School, 21–22, 28–29 (n. 10), 256 (n. 83)
University of Illinois Law School: curriculum content and change at, 41, 225–26 (nn. 62, 66, 69); admissions policy of, 193, 200 (n. 17), 221 (n. 38); prominence of, 213; and academic inbreeding, 287 (n. 83)
University of Iowa Law School: admissions policy of, 46 (n. 22), 73, 84 (n. 8), 221 (n. 38); case method at, 69 (n. 73); establishment of, 73, 84 (n. 7); women at, 82; prominence of, 213; seminars at, 226 (n. 66); career patterns of graduates of, 235, 281–82 (n. 25), 283 (n. 42); student attitudes and activism at, 249 (n. 15), 250 (n. 28); and academic inbreeding, 287 (n. 83)

University of Kansas Law School, 182 (n. 13), 226 (n. 69)
University of Kittering, 16 (n. 47)
University of Louisiana, 33 (n. 49). See also Tulane University Law School
University of Louisville Law School, 214
University of Maryland Law School, 4, 12 (n. 17), 74, 104 (n. 12), 202 (n. 36)
University of Michigan Law School, 86 (n. 23), 255 (n. 75); admissions policy of, 45 (n. 18), 193, 200 (n. 18); funding of, 71 (n. 90), 151 (n. 77); establishment of, 73, 84 (n. 9); women at, 82; and case method, 113, 123 (n. 5); curriculum content and change at, 127 (n. 32), 149 (n. 69), 159–60, 163; combined programs at, 222 (n. 41); electives at, 224 (n. 52); clinical programs at, 228 (n. 80), 230 (n. 96); problem method at, 228 (n. 84); and academic inbreeding, 287 (n. 83)
University of Minnesota Law School: admissions policy of, 37, 170 (n. 56), 221–22 (n. 38); night program at, 74, 79, 85 (n. 18); four-year program at, 159, 167 (n. 33), 222–23 (n. 41); prominence of, 213; clinical program at, 216, 228 (n. 80), 230 (n. 86); combined program at, 222 (n. 41); and academic inbreeding, 287 (n. 83)
University of Mississippi Law School, 195, 202 (n. 42)
University of Missouri Law School, 202 (n. 36)
University of Montana Law School, 191, 192
University of Nebraska, 136
University of Nebraska Law School, 182 (n. 13), 225 (n. 53), 227 (n. 80)
University of Nevada, Las Vegas, 251 (n. 32)
University of New Mexico Law School, 226 (n. 66)
University of New Orleans, 251 (n. 32)
University of North Carolina Law School: establishment of, 5, 13 (n. 28), 78; funding of, 72 (n. 90), 78; and case method, 191–92; admissions policy of, 193; curriculum content and change at, 213, 215, 226 (n. 66), 227 (n. 80)

索 引

University of Notre Dame Law School: case method at, 70 (n. 78), 191, 199 (n. 4); admissions policy of, 193, 200 (n. 18), 221 (n. 38); problem method at, 215; curriculum content at, 224 (n. 52); clinical program at, 227 (n. 76), 230 (n. 96); women at, 248 (n. 12)
University of Oklahoma Law School, 70 (n. 80)
University of the Pacific Law School, 257 (n. 88)
University of Pennsylvania, 15 (n. 47), 36, 252 (n. 41)
University of Pennsylvania Law School, 181 (n. 5), 242, 255 (nn. 74, 75), 277; revival of, 21, 28 (n. 9); graduate program at, 37, 46 (n. 22), 74, 84–85 (n. 12); case method at, 69 (n. 73); funding of, 72 (n. 90); law review at, 128 (n. 34); clinical program at, 162; admissions policy of, 193, 251–52 (n. 37); career patterns of graduates of, 250 (nn. 22, 25), 281–82 (n. 25), 283 (n. 42); and academic inbreeding, 287 (n. 83)
University of Pittsburgh Law School, 97, 193, 226 (n. 69)
University of San Francisco Law School, 198, 203 (n. 57), 263 (n. 152), 287 (n. 85)
University of Santa Clara Law School, 198, 203 (n. 57), 252 (n. 39)
University of South Carolina Law School, 49 (n. 44), 217 (n. 6), 256 (n. 82)
University of Southern California Law School: establishment of, 78; and football coach, 88 (n. 44); clinical program at, 162, 165 (n. 14); admissions policy of, 169–70 (n. 54), 192–93, 200 (n. 18); case method at, 191; curriculum content and change at, 215, 228 (n. 81), 276; career patterns of graduates of, 250 (nn. 22, 25), 281–82 (n. 25), 283 (n. 42); night program at, 259 (n. 11)
University of Tennessee Law School, 169 (n. 54), 214
University of Texas Law School, 182 (n. 13); dean "insufficiently Texan," 199 (n. 2), 213, 217 (n. 6), 255 (n. 75), 287 (n. 83)

University of Toledo Law School, 80–81, 193, 218 (n. 15)
University of Utah Law School, 226 (n. 66)
University of Virginia, 4–5, 42 (n. 1)
University of Virginia Law School, 71 (nn. 86, 90), 86 (n. 23), 192, 213, 255 (n. 75), 287 (n. 83)
University of Washington Law School, 167 (n. 33), 182 (n. 13), 213
University of the West Law School, 190 (n. 76)
University of West Los Angeles Law School, 220 (n. 32)
University of Wisconsin, 252 (n. 41)
University of Wisconsin Law School, 70 (n. 81), 193, 200 (n. 18); case method at, 61; establishment of, 79; and Redlich Report, 113; curriculum content and change at, 166 (n. 20), 226 (n. 68), 277; clinical program at, 162, 214, 227–28 (n. 80), 231 (n. 99); prominence of, 213; and academic inbreeding, 287 (n. 83)
Utah, bar admissions in, 217 (n. 9)

Valparaiso University, 42 (n. 4), 43 (n. 7)
Valparaiso University Law School, 42 (n. 4), 62, 70 (n. 81), 87 (n. 38)
Vance, William Reynolds, 62, 79, 88 (n. 51)
Vanderbilt, Cornelius, 29 (n. 17)
Vanderbilt University Law School, 195, 202 (n. 42), 203 (n. 58), 226 (n. 66)
Vanderport, J. W., 181 (n. 3)
Van Norman Law School, 220 (n. 32)
Van Schaak, Peter, 13 (n. 21)
Veblen, Thorstein, 51, 64–65 (n. 6)
Vermont, bar and law schools in, 32 (n. 41), 255 (n. 71), 259 (n. 118)
Vermont Law School, 245
Vietnam War, 232, 235, 236
Virginia: bar in, 3, 11 (n. 5), 33 (n. 49), 219 (n. 23), 255 (n. 71); law schools in, 13 (n. 21), 180 (n. 2)
Virginia College of Commerce and Law, 219 (n. 23)
Virginia Union University Law School, 195, 201–2 (n. 34)

Wake Forest University Law School, 78
Wall Street: and corporate law firms, 22, 29

(n. 16), 92, 96; student attitudes toward, 23, 234, 249 (n. 20), 253 (n. 47); and elitism, 96, 266, 267, 281 (n. 16)
Walter E. Meyer Research Institution of Law, 226 (n. 68), 286 (n. 62)
Wambaugh, Eugene, 49 (n. 47), 53–54, 68 (n. 40), 131, 142 (n. 2)
Warren, Charles, 6–7
Warren, Edward H., 67–68 (n. 29), 137
Washington, bar in, 174, 254 (n. 64), 255 (n. 71)
Washington, D.C.: part-time law schools in, 40, 74; law school competition in, 76–77, 247 (n. 2); law school enrollment in, 84, 91 (n. 88), 187 (n. 54); elite law schools in, 195–97
Washington and Lee University Law School, 46 (n. 22), 70 (n. 78)
Washington College of Law, 83, 90 (n. 79), 91 (n. 88), 195, 207, 231
Washington University Law School (St. Louis Law School), 78, 87 (n. 37), 94, 167 (n. 33), 228 (n. 84), 259 (n. 115)
Watergate, 236, 237
Webb, Nathan, 103 (n. 4)
Weber, Max, 133, 275
Welling, James C., 40, 86 (n. 29)
Werner, Joseph, 164 (n. 13)
Western Association of Schools and Colleges, 260 (n. 125)
*Western Jurist*, 24, 32 (n. 38)
*Western Law Journal*, 17 (n. 50)
Western State University College of Law, 220 (n. 32), 244–45, 259 (n. 121), 260 (n. 125)
Western University, 16 (n. 47)
Westminster University Law School, 193–94, 201 (n. 25), 207
West Publishing Company, 132, 133, 143 (n. 10), 274
West Virginia, bar admission in, 108 (n. 52), 174, 180–81 (n. 83), 182 (nn. 26, 27), 217 (n. 9)
White, G. Edward, 284–85 (n. 49), 285–86 (n. 61)
Wigmore, John Henry, 45 (n. 20), 60, 69 (n. 54), 100, 159, 169 (n. 54)
William, George, 80
Williston, Samuel, 45 (n. 20), 68 (n. 40), 133, 142 (n. 5), 144 (n. 21)
Wilmer, Cutler and Pickering, 253 (n. 47)
Wilson, James, 11–12 (n. 15), 15 (n. 47)
Wilson, Woodrow, 250–51 (n. 31)
Wisconsin: bar admission in, 15 (n. 44), 108, 174, 182 (n. 27), 217 (n. 9); condition of bar in, 178, 179, 250 (n. 25), 254 (n. 64)
Wolfman, Bernard, 242
Women: access of to legal education, 74, 81, 82–83, 169 (n. 51), 194, 195, 199, 201 (n. 28), 203–4 (n. 63), 234, 246, 248 (nn. 11, 12); status of in legal profession, 81–82, 83, 90 (n. 81), 246, 262 (n. 146), 252 (n. 40)
Women Lawyers' Club of New York, 83
*Women Lawyers' Journal*, 83
Women's movement, 232, 234, 236, 246
Woodard, Calvin, 279 (nn. 2, 3)
Woodward, Frederick, 128 (nn. 38, 42)
Woolsey, Theodore, 135, 191
Wrighten, John, 217 (n. 6)
Wyoming, bar in, 174, 217 (n. 9), 254 (n. 64), 255 (n. 71)
Wythe, George, 4, 10–11 (nn. 5, 14)

Yale College: teaching of law at, 4, 5, 12 (n. 15), 35, 36, 43 (n. 6); resists becoming university, 35, 61; modernizes curriculum, 42 (n. 1); and Yale Law School, 153–54 (nn. 93, 95)
*Yale Law Journal*, 128 (n. 34)
Yale University, 42 (n. 3), 46–47 (n. 22), 101, 252 (n. 41)
Yale University Law School, 152 (n. 77), 182 (n. 21), 209, 223 (n. 46), 242, 255 (nn. 74, 75); and Litchfield School, 13 (n. 24); admissions policy of, 45 (n. 18), 106 (n. 32), 160–61, 169–70 (nn. 50, 54, 57), 193, 200, 221 (n. 32); graduate program of, 37, 45 (n. 21), 160, 169 (n. 48); curriculum content and change at, 39, 41, 49 (nn. 43, 46), 134–36, 139, 140–41, 144–47 (nn. 29, 33–35, 55), 150 (n. 73), 155, 158, 159, 162–63, 211, 213, 222 (n. 42), 225 (n. 60), 226 (n. 68), 270, 284 (n. 44); case method at, 61–62, 228–29 (n. 87); funding of, 72 (n. 90), 151 (n. 77), 170 (n. 58), 238 (n. 35); women at,

索 引

469

82–83, 84, 169 (n. 51), 204 (n. 63); moots at, 127 (n. 32); law review at, 128 (n. 34); elitism of, 141, 153–54 (nn. 93–95), 181 (n. 5), 266, 281 (n. 16); combined program at, 160, 169 (n. 48); and depression, 186–87 (n. 53); tutorial program at, 212; student attitudes and activism at, 213, 225 (n. 60), 235, 249 (n. 15), 250 (n. 28), 251 (n. 35); clinical program at, 215, 229 (nn. 91, 92), 230–31 (n. 98); electives at, 224 (n. 52), 276, 277; career patterns of graduates of, 235, 250 (n. 25), 266, 281–82 (nn. 16, 25), 283 (n. 42); and academic inbreeding, 287 (n. 83). *See also* Institute of Human Relations (Yale University)

Yale University Medical School, 283 (n. 35)

YMCA law schools, 80–81, 195, 198, 199 (n. 11). *See also* individual schools

Yntema, Hessel, 139, 140, 155

Younger, Judith, 260 (n. 126)

Youngstown YMCA Law School, 81

# 译后记

最近一周，都在参加律师协会组织的实习律师执业培训。

作为"新人"，坐在教过的学生，甚至教过的学生的学生旁边，内心颇多焦虑。

法学院老师做兼职律师，并不是什么奇谈，"兼修得道"者更是大有人在。之所以焦虑，大体无关于"后下海者"所面临的追赶困境，却源自暧昧不清的自身职业认同。

我是谁？

经常自责，人生最好的时光，都是在残酷的生存压力面前，努力将自己包装成一名所谓"学者"，以"学术"的名义，更加努力地去贩卖自己。从需要在这个世界上生存的"人"的层面，这似乎是一个没有选择的选择。不管多么扭捏和惆怅，学者，像这个世界的其他人一样，需要将自己彻底地投身于这个无比庞大的交易体系当中，通过某种形式的价值评估体系进行评估和兜售，从而换取生存所需的资源。

每每此时，都会想起韦伯那篇名为《学术作为一种志业》的讲演。这些年来，一直和大多数从事这个职业的人一样，"被锁在山洞里，面对石壁，浑然不知身后的光，只关心光在石壁上的影像，并努力揣想它们彼此之间的关系。"于是，更加焦虑起来，因为知道，转身，就可以看到太阳，但会被嘲讽为疯子；砸开锁链，就可以离开山洞，但会到一个未知的世界，只能循那丛林的法则。

就这样，犹豫了十数年。

直到最近，受北京大学出版社之邀，重译经典《法学院——美国法学教育百年史：19世纪50年代至20世纪80年代》(*Law School*：*Legal*

*Education in America from the 1850s to the 1980s*)时,读到了哈佛大学法学院奠基人兰德尔这样描述:"一位法学教师,应当是可以陪伴生徒走上法学新路之人,对此,教师应当具备足够的经验,足以从容应对。"瞬间自惭。能够给予学生的经验,除了在洞中追寻那光的投影,以及揣想那光怪陆离的缥缈关系之外,还有什么?!

如果把法学老师等同于法学学者,甚至法学家,那么在这二者的关系中,学生作为一个概念,不具有存在的意义或价值,前者不需要,也没必要为后者提供任何"足够的经验"。如果承认学生的存在意义,那么法学老师就应该在与学生的互动过程中,仅仅告诉他们,洞中有光的投影,更应该告诉他们,如何去寻找光的源头。因为"光在你们中间还有不多的时候,应当趁着有光行走,免得黑暗临到你们;那在黑暗里行走的,不知道往何处去"(约12:35)。

于是,决定转身,跟跄着,顶着光,走出幽闭已久的洞口。

不知道能够走到哪儿,走多远,但不遗憾,这个世界并不缺少一名三流法学学者,但或许希求一位有经验的法学老师。即使在某处倒下,相信也会留有一座无字墓碑,提示远远而来的法科学生,"此路不通"。

李立丰

2016年8月28日于长春